Europäisches Privatrecht

Salzburger Studien zum Europäischen Privatrecht

Herausgegeben von Prof. DDr. J. Michael Rainer

Band 12

PETER LANG
Frankfurt am Main · Berlin · Bern · Bruxelles · New York · Oxford · Wien

J. Michael Rainer

Europäisches Privatrecht

Die Rechtsvergleichung

2., überarbeitete und ergänzte Auflage

PETER LANG
Europäischer Verlag der Wissenschaften

Bibliografische Information Der Deutschen Bibliothek
Die Deutsche Bibliothek verzeichnet diese Publikation in der Deutschen Nationalbibliografie; detaillierte bibliografische Daten sind im Internet über <http://dnb.ddb.de> abrufbar.

Gedruckt auf alterungsbeständigem, säurefreiem Papier.

ISSN 1435-6090
ISBN-10: 3-631-52767-5
ISBN-13: 978-3-631-52767-2

Europäischer Verlag der Wissenschaften
Frankfurt am Main 2002
2., überarbeitete und ergänzte Auflage 2007

Printed in Germany 1 2 3 4 5 7

www.peterlang.de

Alla memoria del
Professore Giovanni Pugliese

Maestro di Diritto Romano
e della Comparazione Giuridica

Vorwort

Diese zweite Auflage des Europäischen Privatrechtes I – die Rechtsvergleichung, wurde sorgsam überarbeitet und – was Gesetzgebung, Rechtsprechung, Literatur und statistische Material anbelangt – auf den neuesten Stand gebracht. Dieses Buch konnte mit großem Nutzen für die Teilnehmer im Rahmen der von mir und Prof. *Johanna Filip-Fröschl* geleiteten „Summer School" European Private Law als Lehrbehelf eingesetzt werden. Diese „Summer School", an der inzwischen Einführungen in alle Rechtsordnungen der Europäischen Union, sowie grundlegende Fragen der Rechtsvergleichung und Rechtsvereinheitlichung gelehrt werden, sehe ich als vorläufige Krönung meiner Tätigkeit als Rechtsvergleicher. Sowohl die Erfahrungen im Zusammenhang mit der „Summer School", wie bei meiner Lehrtätigkeit in Salzburg und an anderen europäischen Rechtsfakultäten, insbesondere an jener von Roma III, haben meine Überzeugung zutiefst bekräftigt, dass die Rechtsvergleichung nicht vordergründig betrieben werden kann, sondern stets ein tiefes Verständnis der jeweiligen Rechtskulturen zur Voraussetzung hat. Neben dem bereits in der ersten Auflage erwähnten lieben Kollegen und Freunden, *Letizia Vacca* und *Javier De Los Mozos*, möchte ich mit Dank den gesamten Lehrkörper der „Summer School" bedenken, insbesondere die Gründungsmitglieder, *P. Ancel* (St. Etienne), *D. Pugsley* (Exeter) und *P. Vecchi* (Roma Tre), aber auch die später hinzugekommenen *I. Kull* (Tartu), *J. Pisulinski* (Krakau), *A. Pereira* (Coimbra), *M. Schermaier* (Bonn), *M. Juhart* (Ljubljana), *V. Heutger* (Amsterdam), *A. Steven* (Edinburgh), *E. Van den Haute* (Brüssel).

Allen schulde ich auf dem Weg einer vertieften Erkenntnis europäischer Rechtskultur großen Dank. Dieser Dank gebührt, wie stets meiner engsten Salzburger Mitarbeiterin, Prof. *Johanna Filip-Fröschl*. Herr *F. Eder* hat dankenswerterweise wichtige Hilfen bei Literaturrecherchen geleistet. Zu großen Dank bin ich weiters meiner Sekretärin, Fr. *Martina Pachler*, verpflichtet, die in mustergültigerweise dieses überaus schwierige Manuskript druckreif vorbereitet hat.

Salzburg, 15. Mai (Festtag der heiligen Sophia) 2006
J. Michael Rainer

Inhaltsverzeichnis

Abkürzungsverzeichnis

Die im Text mit dem Namen des Autors zitierte Literatur ergibt sich entweder aus der zu Beginn des § 1 oder der im jeweiligen Paragraphen Literatur.

ABGB	Allgemeines Bürgerliches Gesetzbuch (Österreich)
AC	(Law Reports) Appeal Cases (seit 1891)
AJCL	American Journal of Comparative Law
App Cas	Law Reports Appeal Cases (1875-1890)
All ER	All English Reports (seit 1936)
BGB	Bürgerliches Gesetzbuch (Deutschland)
BGH	Bundesgerichtshof (Deutschland)
BGHZ	Entscheidungen des Bundesgerichtshofes in Zivilsachen
Bull. Civ.	Bulletin des arrets de la Cour de Cassation, Chambres Civiles
CA	Cour d'Appel
Cass.	Massimario della Corte di Cassazione
CC	Je nach Kontext Code Civil, Codice Civile, Codigo Civil
Ch	(Law Reports) Chancery Division (seit 1891)
Ch D	(Law Reports) Chancery Division (1875-1890)
Civ	Chambre Civil de la Cour de Cassation
Com	Chambre Commerciale et financière de la Cour de Cassation
D	Recueil Dalloz (ab 1965 et Sirey) de doctrine, de jurisprudence et de legislation
DI	Digesto Italiano
DJZ	Deutsche Juristenzeitung
ED	Enciclopedia del Diritto
Eng. Rep.	English Reports (1307-1865)
HL	House of Lords
JBl	Juristische Blätter
JCP	La Semaine Juridique
JZ	Juristenzeitung
KB	(Law Reports) King's Bench (1901-1951)
LQRev	The Law Quarterly Review

LR	Law Reports
NBW	Nieuwe Burgerlijk Wetboek
NJW	Neue Juristische Wochenschrift
OGH	Oberster Gerichtshof (Österreich)
ÖJZ	Österreichische Juristenzeitschrift
OR	(Schweizerisches) Obligationenrecht
QB	(Law Reports) Queen's Bench (1891-1900 una ab 1952).
RabelsZ	Rabels Zeitschrift für ausländisches und internationales Privatrecht
RDC	Rivista Italiana di diritto comparato
RGZ	Entscheidungen des Reichsgerichts in Zivilsachen
RIDC	Revue internationale de droit comparé
RTDC	Revue trimestrielle de droit civil
S (englisch)	Section
Ss	Subsection
SZ	Entscheidungen des Österreichischen Obersten Gerichtshofes in Zivilsachen
TGI	Tribunal de Grande Instance
Th	Thèse
TLR	Tulane Law Review
TS	Tribunal Supremo
ZSR	Zeitschrift für Schweizerisches Recht
ZEuP	Zeitschrift für Europäisches Privatrecht

1. Teil: Die Rechtsvergleichung: Die wissenschaftliche Positionierung einer Disziplin

§ 1 Methodisch-Systematische Grundlagen und Begriffe

Literatur[1]: Grundlegend *Zweigert/Kötz*, Einführung in die Rechtsvergleichung[3] (1996); *E. Lambert*, Lya fonction du droit civil comparé (1903); *Rabel*, Gesammelte Aufsätze (GA) I: Arbeiten zum Privatrecht 1907-1930 (Hrsg *Leser*) (1965), II: Arbeiten zur internationalen Rechtsprechung und zum internationalen Privatrecht 1922-1951 (Hrsg *Leser*) (1965), III: Arbeiten zur Rechtsvergleichung und Rechtsvereinheitlichung 1919-1954 (Hrsg *Leser*) (1967), IV. Arbeiten zur altgriechischen, hellenistischen und Römischen Rechtsgeschichte 1905-1949 (Hrsg *H. J. Wolff*) (1971); *Arminjon/Nolde/Wolff*, Traité de droit comparé I-III (1950-1952); *L. J. Constantinescu*, Traité de droit comparé I: Indroduction au droit comparé (1974); *M. Rheinstein*, Einführung in die Rechtsvergleichung (1974); *David/Jauffret*, Les grands systèmes des droits contemporains[9] (1988); *A. Watson*, Roman Law and Comparative Law (Athens – Georgia 1991); *A. Watson*, Legal Transplants[2] (Athens – Georgia 1993); *Gambaro/Sacco*, Trattato di Diritto Comparato (5 Bände), darunter vor allem: *Sacco*, Introduzione al diritto comparato (1994) und *Gambaro/Sacco*, Sistemi giuridici comparati (1996); *Posch*, Grundzüge fremder Privatrechtssysteme (1995); R. Sacco, Einführung in die Rechtsvergleichung (2001); P. Legrand, Comparative Legal Studies (2003); von beachtlicher Qualität, aber vielfach auf Grundzüge beschränkt: *R. David* (Hrsg), International Encyclopaedia of Comparative Law, unzählige Hefte seit 1971 laufend bis 2006; Band 1 (Hrsg *Knapp*) gibt anhand von Länderberichten (national Reports) einen Überblick über alle Rechtsordnungen der Welt; seit 1971 erscheinen Hefte zum 2. Band (Hrsg *R. David*), The Legal Systems of the World, their Comparison and Unification; in weiteren 15 Bänden, die nur zT erschienen sind, sollen eingehendere Behandlungen der einzelnen Rechtsmaterien erfolgen: IPR, Personen- und Familienrecht, Erbrecht, Eigentum und Trust, Allgemeines Vertragsrecht, Besonderes Vertragsrecht, Handelsrecht, Quasi-Verträge, Schadensrecht, Transportverträge, Unternehmensrecht, Urheberrecht, Arbeitsrecht, Zivilprozess, Staatsrecht. Einen nützlichen Überblick bieten *Alpa/Bonell/Corapi/Moccia/Zeno-Zencovich*, Diritto privato comparato (1999).

Die wichtigsten Zeitschriften sind: Rabels Zeitschrift für ausländisches und internationales Privatrecht (RabelsZ); Zeitschrift für Europäisches Privatrecht (ZEuP), Revue internationale de droit comparé (RIDC)[2], Rivista italiana di diritto comparato (RDC), American Journal of Comparative Law (AJCL).

---

1 Bei jenen Büchern, die meiner Erfahrung nach etwas schwieriger aufzufinden sind, habe ich den Erscheinungsort mitangegeben. Für die Literatursuche im Internet erweist sich etwa die „SWB-Datenbank“ als sehr hilfreich: http://www.swbv.uni-konstanz.de.

2 Die Zeitschrift wurde 1949 als 72. Band des Bulletin de la société de legislation comparé begründet.

I. Begriffsbestimmungen und allgemeine Voraussetzungen

1. Die Rechtsvergleichung ist jener Bereich der Rechtswissenschaft, dem die Erforschung der unterschiedlichsten rechtlichen Phänomene in den einzelnen Rechtsordnungen der Welt sowie deren vergleichende Betrachtung und Auswertung vorbehalten ist. Die Rechtsvergleichung ist somit eine Teildisziplin der Rechtswissenschaft.

Der Begriff der Rechtsordnung ist primär als Ausdruck politischer Realitäten zu verstehen. Die Rechtsordnung ist die Gesamtheit aller Normen (rechtswirksamer Verhaltensregeln) in einem konkreten historisch-sozialen Rahmen. Diese Normen erlangen auf dem Gebiete eines Staates ihre Wirksamkeit kraft spezifischer Entstehungsregeln. Ihre Existenz und Durchsetzbarkeit beruht auf einer konkreten vom Staate bestimmten Organisation. Für den Fall, dass der kulturell-geistige Aspekt einer Rechtsordnung hervorgehoben werden soll, empfiehlt es sich, den Begriff Rechtskultur zu verwenden. Üblicherweise führt die Souveränität eines Staates zur Ausbildung einer spezifischen Rechtsordnung. Bisweilen können auf dem Territorium eines Staates auch mehrere Rechtsordnungen koexistieren. Dies ist im Falle moderner Staaten äußerst selten und beruht auf besonderen geschichtlichen Entwicklungsprozessen. Als bedeutende Beispiele mögen hier Großbritannien sowie Kanada hervorgehoben werden. Im Rahmen dieser Staaten weisen Schottland und Québec eine vom übrigen Territorium verschiedene Rechtsordnung auf.

Was das materielle Recht anbelangt, wird seit den Tagen der alten Römer zwischen Privatrecht und öffentlichem Recht unterschieden.[3] Als weiteres klar bestimmbares Gebiet einer jeden Rechtsordnung kann das Strafrecht bezeichnet werden. Den drei Hauptbereichen einer Rechtsordnung kann als formeller Aspekt der Aufbau einer Gerichtsbarkeit und die Rechtsdurchsetzung zugeordnet werden. So bestehen vielenortes jeweils besonders ausgeprägte Gerichtsbarkeiten des Privatrechts, des öffentlichen Rechtes und des Strafrechtes. Daher gibt es Rechtsvergleichung im Bereiche des Privatrechtes, des öffentlichen Rechtes und des Strafrechtes. Die Tätigkeit in jedem dieser Bereiche setzt eine spezifische Ausbildung voraus, so dass heute zumeist die Rechtsvergleichung in diese drei „Unterdisziplinen" unterteilt werden muss, die von Spezialisten betrieben werden.

Nach wie vor spielt die Rechtsvergleichung auf dem Gebiete des Privatrechts eine besondere Rolle. Dies ist auf zwei Gründe zurückzuführen: Erstens entstand

---

3 So der römische Jurist Ulpian in D. 1,1,1,2, der das öffentliche Recht als Recht des Staates bezeichnet, weshalb man auch in der deutschen Rechtssprache nach wie vor von Staatsrecht spricht.

die Rechtsvergleichung als wissenschaftliche Disziplin durch vergleichende Untersuchung des Privatrechts und zweitens wurden in diesem Bereich auch die nach wie vor gültigen methodischen Grundlagen entwickelt. Dies hat zur Folge, dass man auch heute noch vielfach der Einfachheit halber von Rechtsvergleichung spricht, auch wenn man darunter eigentlich die Rechtsvergleichung im Bereiche des Privatrechtes versteht.

2. Nach der herkömmlichen Terminologie füllen in materieller Hinsicht das Bürgerliche Recht, auch Zivilrecht genannt, und das Handelsrecht den Begriff des Privatrechtes aus. Das Arbeitsrecht ist sowohl in materieller wie formeller Hinsicht zu einem eigenen Rechtsgebiet herangereift, das zahlreiche Bezugspunkte zum öffentlichen Recht aufweist. Sonderbereiche wie Wirtschaftsrecht, Umweltrecht, Arztrecht usf. enthalten mehr oder minder große Bereiche des Privatrechts. Nach wie vor kommt bei der Betrachtung, Erfassung und Erklärung einer Privatrechtsordnung dem klassischen Zivilrecht eine zentrale Rolle zu. Dies hängt damit zusammen, dass das Handelsrecht als Sonderprivatrecht sowohl der Terminologie als auch der Methode nach von den Kernbereichen des Zivilrechtes, dem Sachen- und Schuldrecht abhängt und innerhalb dieser Kernbereiche Lösungen anbietet.

Der Umfang des bürgerlichen Rechts ist seit dem klassischen römischen Recht des 1. Jhdts n Chr abgesteckt und umfasst folgende Teilbereiche: Recht der Personen und Familien, Eigentum und andere dingliche Rechte, Schuldverhältnisse sowie Erbrecht. Die deutsche Rechtswissenschaft des 19. Jhdts hat ausgehend von diesem Stoff ein großartiges Gerüst von allgemeinen Lehren geschaffen. Aus diesen Lehren hat der deutsche Gesetzgeber am Ende des 19. Jhdts den allgemeinen Teil des BGB und den allgemeinen Teil des Schuldrechts geschaffen. Für den deutschen Juristen und weltweit für zahlreiche Juristen, die von der deutschen Rechtswissenschaft geprägt worden sind, gilt seither die klassische Einteilung des Zivilrechtes in: Allgemeiner Teil unter Einschluss des Personenrechts, Schuldrecht, Sachenrecht, Familienrecht und Erbrecht.

Während der Allgemeine Teil, das Schuldrecht und das Sachenrecht eine starke funktionale Einheit bilden – bestimmt einerseits durch die handelnde Person und ihre Möglichkeiten, rechtlich relevante Akte zu setzen, andererseits durch die den Personen zur Verfügung stehenden Rechte an Sachen – stellen das Familienrecht und das Erbrecht zwei weitere, durchweg separate Einheiten dar. Je nach persönlichem Einsatz und Zielen wird der Privatrechtsvergleicher sich einer dieser Einheiten in besonderem Ausmaße zuwenden. Innerhalb derselben gilt es, die grundlegenden Strukturen insbesondere ihrer Funktion nach zu bestimmen, ohne die das Wesen einer Privatrechtsordnung nicht erkannt werden kann.

Für den Bereich des Sachen- und Schuldrechts ist dies in erster Linie das Eigentum, wobei Erwerb und Schutz desselben sowie jenen Rechtsgeschäften, die es den Personen ermöglichen, darüber zu bestimmen, eine zentrale Bedeutung zukommt. Was die Rechtsgeschäfte betrifft, so stehen die Verträge im Vordergrund, wobei die Gültigkeitsvoraussetzungen, die Erfüllung und die möglichen Leistungsstörungen grundlegend sind. Auch die gesetzlichen Schuldverhältnisse, insbesondere das Recht des Schadensersatzes und der Bereicherung, sind ein wichtiger Bestandteil einer Privatrechtsordnung. Aus den anderen Bereichen wären die Ehe, die Auflösung derselben, das Kindschaftsrecht, die gesetzliche sowie die gewillkürte Erbfolge zu nennen.

3. Schon aus der Bezeichnung der Disziplin kann entnommen werden, dass es zumindest zweier Rechtsordnungen bedarf, damit eine vergleichende Betrachtung überhaupt möglich ist. Da auch heute noch ein hoher Prozentsatz an Juristen vornehmlich in einer bestimmten Rechtsordnung ausgebildet wird, bedarf es zwangsläufig als unmittelbaren Zugang zur Rechtsvergleichung der Untersuchung innerhalb einer zweiten Rechtsordnung, auf dass die Ausgangsrechtsordnung mit der weiteren verglichen werden kann. Die Ausgangsrechtsordnung bestimmt anfangs die Untersuchungen sowohl dem Inhalt wie auch der Begrifflichkeit nach.

Die Rechtsvergleichung kann grundsätzlich auf mehreren Ebenen durchgeführt werden. Die wichtigsten sind:

a) der institutionelle oder primäre Vergleich
b) der systematische Vergleich
c) der globale Vergleich.

Von der methodischen Vorgangsweise her gesehen baut der systematische Vergleich auf dem institutionellen, der globale auf den anderen beiden auf. Das bedeutet, dass am Beginn rechtsvergleichender Tätigkeit stets konkrete Einzeluntersuchungen angestellt werden müssen.

Ad a) Der institutionelle oder primäre Vergleich betrifft die Erfassung, Untersuchung, Bestimmung, vergleichende Gegenüberstellung und Erklärung einzelner Rechtsinstitute (rechtlicher Einrichtungen). Als Rechtsinstitute[4] können in diesem Zusammenhang jene juristischen Gebilde verstanden werden, die zumeist auf das römische Recht zurückgehen und im Laufe einer jahrtausendelangen Entwicklung einer ständigen Präzisierung unterworfen waren. Für die moderne Rechtswissenschaft war die Tätigkeit von *Friedrich Carl von Savigny* (1779-1861) und seines

4 Ich ziehe bewusst diesen von *Savigny* verwendeten Terminus anderen wie Rechtsfigur oder Rechtsbegriff (so *Puchta*) vor. Er unterstreicht den juristisch-normativen Charakter. Phänomen oder Erscheinung sind als weiter gefasst zu verstehen und weisen nicht notwendigerweise auf den normativen Charakter hin. Dazu *Larenz*, Methodenlehre der Rechtswissenschaft[6] (1991) 14 ff (zu *Savigny*), 19 ff (zu *Puchta*).

Schülers *Georg Friedrich Puchta* (1798-1846) sowie ihrer Anhänger von immenser Tragweite. Auf ihren Arbeiten gründet sich auch heute noch die Begrifflichkeit des Privatrechtes in deutscher Sprache. Weltweit hat sich die Rechtswissenschaft mit den Lehren und den Begriffen der so genannten historischen Schule auseinandergesetzt und sie vielerorts auch übernommen. Als Rechtsinstitut bezeichnet man beispielsweise das Eigentum, den Besitz, den Vertrag als allgemeine Kategorie, einzelne Verträge, die deliktische Haftung, die Ehe, das Testament usf.

Ein Rechtsinstitut sollte unter den verschiedensten Aspekten untersucht werden, bevor es einer endgültigen juristischen Bestimmung zugeführt werden kann. Solche Aspekte sind etwa der historische, somit die Entwicklung im Laufe der Zeit, der soziale, somit die Praxis des Institutes in einer konkreten gesellschaftlichen Umwelt und der dogmatische, der die juristisch-logischen Strukturen hervorkehren soll. Auf diese Weise wird man beispielsweise den Inhalt des Eigentums, seine Entstehung und Übertragung, die Besonderheiten des Liegenschaftserwerbs, die Ansprüche des Eigentümers bei Verlust der Sache und vieles mehr bestimmen können. Aus diesen und weiteren Bestimmungen wird man schlussendlich die Tragweite des Rechtsinstitutes als solches erkennen können. Der institutionelle Vergleich muss sich erstens auf die normativen Lösungen, zweitens auf die Erkenntnisse der Rechtswissenschaft und drittens auf die Rechtsprechung stützen. Ein purer normativer Vergleich etwa zwischen dem deutschen und französischen Deliktsrecht (primär Art 1382 ff Code Civil und §§ 823 ff BGB) als Gegenüberstellung gesetzlicher Lösungen wäre unzureichend und kann nur den notwendigen Ausgangspunkt darstellen. Die Untersuchung einzelner Rechtsinstitute in verschiedenen Rechtsordnungen mit dem Ziele einer Gegenüberstellung hat grundsätzlich den Vorteil, den Blick für die Gesamtheit der einzelnen Rechtsinstitute zu schärfen und so zu einem klareren begrifflichen Verständnis beizutragen.

Ad b) Der systematische Vergleich betrifft den Vergleich einer Vielzahl von Rechtsinstituten verschiedener Rechtsordnungen. Voraussetzung ist die vollständige institutionelle Erfassung zumindest eines der grundlegenden Bereiche des Zivilrechts. Ziel des systematischen Vergleiches ist die Erkenntnis, welche Einrichtungen für eine Privatrechtsordnung als typisch bezeichnet werden können. Der systematische Vergleich ist von der Methode her gesehen der einzige Weg, um überhaupt ein System erkennen zu können. Dabei müssen die Zusammenhänge und das Zusammenwirken der Institute untereinander in den einzelnen Rechtsordnungen berücksichtigt werden. Auf dem Wege der Gegenüberstellung können Unterschiede, Ähnlichkeiten oder Gleichheiten unterstrichen werden. Dabei ist es wünschenswert, dass allgemeine Tendenzen, Besonderheiten oder sogar Prinzipien ermittelt werden. So kann über die Bedeutung des freien Willens der rechtlich Handelnden, der zentralen Rolle des Eigentums, der verschiedenen Verträge oder der Möglichkeit, auf dem Weg von Rechtsgeschäften unter Lebenden wie von Todes wegen Eigentum zu übertragen etc ein System etwa des deutschen, französischen oder englischen Vermögensrechtes bestimmt werden.

Ad c) Der globale Vergleich hat die vollständige Erfassung verschiedener Rechtsordnungen zur Voraussetzung. Dabei spielt die historische Entwicklung, die gesellschaftliche Realität und die Bedeutung der einzelnen Rechtsquellen genauso eine Rolle wie die systematische Erfassung der Institute, der Aufbau der Gerichtsbarkeit, die Rechtsdurchsetzung, die juristischen Berufe, die Ausbildung der Juristen und die Rechtswissenschaft. Auf Grund einer Vielzahl von Prämissen kann eine Rechtsordnung in ihrer Globalität, also möglichst vollkommen, erkannt und anderen Rechtsordnungen gegenübergestellt werden. Durch die Gegenüberstellung vollständig erfasster Rechtsordnungen wird einerseits die Erkenntnis der einzelnen Rechtsordnungen gefördert und andererseits Antworten auf die Frage nach der oder den Funktionen des Rechts ermöglicht.

4. Die Rechtsvergleichung sollte nicht a priori irgendwelche Rechtsordnungen von ihren Betrachtungen ausnehmen, sie kann alle in ihre Untersuchungen und Überlegungen mit einbeziehen, doch wird die schier unendliche Fülle des Materials Einschränkungen notwendig erscheinen lassen. Diese Feststellung gilt im besonderen Ausmaße für Lehr- und Handbücher. Wie also beginnen? Damit man überhaupt zu Vergleichbarem gelangt, bedarf es zumindest zweier Rechtsordnungen. Als Ausgangspunkt der Untersuchungen wird zumeist diejenige Rechtsordnung gewählt, der der jeweilige Rechtsvergleicher entweder juristisch entsprungen ist oder die er seinen begrifflichen und inhaltlichen Überlegungen bevorzugt zu Grunde legen möchte (Ausgangsrechtsordnung). Ein deutscher Rechtsvergleicher wird dabei in der Regel schon der methodischen Klarheit halber die deutsche Privatrechtsordnung zur Grundlage und zum Ausgang seiner vergleichenden Studien machen, ein österreichischer Jurist die österreichische. Der Kern der deutschen Privatrechtsordnung ist zweifellos nach wie vor das BGB. Damit ist bereits gesagt, dass es in Deutschland eine der Bedeutung nach zentrale Quelle des Privatrechtes gibt und dass diese Quelle ein Gesetzbuch ist. Rechtsordnungen, in denen Gesetzbücher dominieren, sind vom Gedanken der Kodifikation geprägt, dh der möglichst vollständigen Zusammenfassung und Ordnung von Rechtsmaterien in systematischen Büchern. Dies ist in Deutschland keineswegs immer der Fall gewesen, im Gegenteil, bis zum Inkrafttreten des BGB hat es in Deutschland durchaus beachtliche Gebiete gegeben, in denen kein Privatrechtsbuch im Sinne eines kodifizierten Rechts galt. Die Beschäftigung mit dem BGB wird erst jene begrifflichen und inhaltlichen Grundvoraussetzungen schaffen, ohne die ein institutioneller Vergleich nicht denkbar ist. Gleiches gilt in Österreich für das ABGB. Es geht somit darum, jene Rechtsinstitute begrifflich und inhaltlich klar zu formulieren, die man den rechtsvergleichenden Untersuchungen zugrunde legen möchte, um selbige in einer anderen Rechtsordnung erfassen zu können. Rechtsgeschäft, Vertrag, Eigentum, Besitz, Pfandrecht, Ehe und Erbschaft wären zu nennen, aber auch Kauf, Miete, Werkvertrag, Eheschließung, Ehescheidung, Kindschaftsrecht, Vermächtnis und vieles mehr. Was die zweite Rechtsordnung bzw. die weiteren anbelangt (Vergleichsrechtsordnung), so bleibt dem Rechtsvergleicher die Auswahl unbenommen, wiewohl man durchaus auf Grund entweder allgemeiner Nützlichkeit oder persönlicher Affinität Vorgaben aufstellen könnte (vgl IV).

II. Der globale Vergleich

Geht man von der Prämisse aus, dass es auf dem Territorium eines jeden Staates zumindest eine Privatrechtsordnung gibt, so kann man bei einer so großen Vielzahl an Privatrechtsordnungen bereits bei einer ersten summarischen Betrachtung festhalten, dass sich solche finden, die einander der Form und dem Inhalt nach näher oder ferner stehen. Grundsätzlich ist aber darauf hinzuweisen, dass keine Rechtsordnung der anderen entspricht. Die Gründe dafür sind mannigfaltig und sie können nur durch eine wissenschaftlich fundierte Gegenüberstellung der Rechtsordnungen erkannt, analysiert und verstanden werden. Darin liegt die fundamentale Bedeutung des globalen Vergleichs. Wenn wir uns zum Zwecke des Vergleichs einzelnen Rechtsordnungen zuwenden und diese einander gegenüberstellen, so wird deutlich, dass regelmäßig teils Ähnlichkeiten und sogar Identitäten, teils Verschiedenheiten festzustellen sind. Die Frage nach dem Warum dieser Ähnlichkeiten oder Verschiedenheiten bedeutet zugleich, jene bestimmenden Faktoren (Determinanten oder bestimmende Grundvoraussetzungen) hervorheben zu müssen, die eine Rechtsordnung prägen. Diese Faktoren werden im Folgenden in sieben Gruppen zusammengefasst. Jede dieser Gruppen setzt sich aus einem unterschiedlich großen Bündel an bestimmenden Elementen zusammen, deren Bedeutung im jeweiligen konkreten Fall vom Bearbeiter zu erläutern ist. Während die Zahl der determinierenden Faktoren mit acht festgeschrieben ist und ein Außerachtlassen eines dieser Faktoren einer in der jeweiligen Rechtsordnung gelegenen besonderen Begründung bedarf, wird die Bezugnahme auf die verschiedenen bestimmenden Elemente und ihre Wertung nicht selten vom methodischen Ansatz und der spezifischen wissenschaftlichen Ausrichtung des betrachtenden Juristen abhängen. Zur Erläuterung der Faktoren und Elemente wird im Weiteren beispielhaft nur die Ausgangsrechtsordnung, hier die deutsche Rechtsordnung herangezogen.

1. Die Rechtsquellen: Am Beginn einer jeden Untersuchung, die den Zweck hat, eine Rechtsordnung zu bestimmen, sollte man sich den Rechtsquellen zuwenden. Dabei ist einerseits die Frage nach der Entstehung und andererseits die Frage nach der Form der Rechtsquellen zu stellen: Wie entstehen Regeln oder Normen und in welcher Form existieren sie?

Was die Entstehung von Rechtsquellen anbelangt, sind typischerweise die Tätigkeit eines Gesetzgebers, die Entscheidungen der Richter und die Schriften der Rechtsgelehrten zu nennen. Nicht zu vernachlässigen ist weiters die spontane Erzeugung von Recht, die uns in Form von Gewohnheiten und Bräuchen entgegentritt. In der Geschichte der Menschheit haben aber auch den Menschen vorgegebene metaphysische Rechtsordnungen – man denke nur an das Naturrecht – eine wichtige Rolle gespielt, auch heute wird deren Existenz von vielen nicht in Frage gestellt[5].

Was den Gesetzgeber anbelangt, so muss betont werden, dass dieser je nach politischem System verschiedene Formen annehmen kann: Parlamente, Volksversammlungen, aber auch einzelne Personen, die entweder kraft ihres Amtes berufen sind, Normen zu schaffen, wie Herrscher und Priester, oder die mit dieser Aufgabe eigens betraut wurden. Im Rahmen eines Gesetzesrechtes ist weiterhin beachtenswert, ob es sich um eine weitgehend unzusammenhängende und unsystematische Entwicklung handelt oder ob einzelne oder sogar alle Materien und Bereiche eines Teilgebiets der Rechtsordnung systematisch zusammengefasst wurden. In letzterem Falle spricht man von Kodifikationen und kodifiziertem Recht, das in speziellen Gesetzbüchern (lateinisch *codex*, englisch *code*, französisch *code,* italienisch *codice*, spanisch *codigo*) aufgezeichnet ist. Bei näherer Betrachtung der Gesetzbücher wird man der Form und dem Inhalt nach auf Grundsätzliches stoßen. Dies könnte sein: der systematische Aufbau des Gesetzbuches, abstrakte oder kasuistische Formulierung der Normen, eine wissenschaftlich-juristische oder allgemein verständliche Sprache und Terminologie, das Vorhandensein oder Fehlen von Rechtsinstituten oder besonderen Kombinationen derselben wie allgemeine Teile. Somit besteht über die Behandlung der einzelnen bestimmenden Elemente die Möglichkeit, den determinierenden Faktor Rechtsquelle einer wissenschaftlich fundierten Darstellung zuzuführen, die zum Ausgangspunkt der Darstellung eben dieses Faktors in einer weiteren Rechtsordnung werden soll.

Die deutsche Privatrechtsordnung ist in weiten Bereichen auf der Grundlage von kodifiziertem Gesetzesrecht zu erfassen: Das klassische Zivilrecht wird durch das BGB geregelt, das Handelsrecht durch das HGB, das formelle Recht

5 Zum Naturrecht vgl etwa *Sériaux*, Le droit naturel (Paris 1999); J. Messner, Das Naturrecht (Berlin 1984).

durch die ZPO. Alle diese Gesetzbücher sind noch in den letzten 20 Jahren des 19. Jhdts entstanden, sie wurden von Juristen vorbereitet, erarbeitet und in die heute noch geltende Form gebracht. Schließlich wurden sie nach zwar eingehenden, aber für die Endfassung im Wesentlichen unbedeutenden Diskussionen vom Parlament angenommen und vom Kaiser promulgiert. Da seit dem Inkrafttreten inzwischen über hundert Jahre verstrichen sind, in welchen in Deutschland das Kaiserreich durch die Weimarer Republik, diese durch den Nationalsozialismus und letzterer schlussendlich durch die demokratische Bundesrepublik abgelöst wurde, kann es nicht Wunder nehmen, dass seither – und in verstärktem Ausmaße in den letzten Jahrzehnten – sowohl die Gesetzbücher reformiert als auch eine große Anzahl von Einzelgesetzen erlassen wurden, die der gesellschaftlichen Entwicklung und den juristischen Notwendigkeiten Rechnung getragen haben.

Diese Anpassung betrifft auch durchaus zentrale Bereiche des klassischen Zivilrechtes. So reichen jene Neuerungen, die man heute gemeinhin unter Verbraucherschutz zusammenfasst und die vielfach auf Grund von europäischen Richtlinien entstanden sind, in entscheidende Gebiete des Vertrags- und Deliktsrechtes hinein. Dennoch bleiben jene Bestimmungen, die der historische Gesetzgeber im BGB programmatisch zusammengestellt hat, die Grundlage der Betrachtung, um Aussagen zum Wesen der Privatrechtsordnung treffen zu können, die ihrerseits zum institutionellen und systematischen Vergleich mit anderen Rechtsordnungen herangezogen werden müssen.

Im Rahmen des globalen Vergleichs sind auch der Aufbau und die Ordnung der Rechtsquelle sowie die Sprache des Gesetzgebers von Bedeutung. So besteht das BGB aus mehreren Büchern: Allgemeiner Teil, Schuldrecht (Allgemeiner Teil/Besonderer Teil), Sachenrecht, Familienrecht und Erbrecht. In dieser Ordnung fällt insbesondere das Vorhandensein allgemeiner Teile auf. Das Gesetzbuch enthält in den einzelnen Bereichen zahlreiche Lösungen rechtlicher Probleme. Zum besseren Verständnis sind diese Lösungen tatbestandsmäßig abstrakt gefasst, was die Formulierung von Rechtsbegriffen und Rechtsinstituten ermöglicht und ihre systematische Erfassung erleichtert. Terminologie und Sprache müssen als im hohem Maße juristisch-wissenschaftlich bezeichnet werden.

Auch die Österreichische Privatrechtsordnung ist durch kodifiziertes Recht bestimmt. Das ABGB trat bereits 1812 in Kraft, die ZPO gegen Ende des 19. Jhdts, das deutsche HGB wurde 1938 in Österreich eingeführt. Ebenso wie das deutsche BGB hat auch das österreichische Zivilgesetzbuch große politische, soziale und ökonomische Umbrüche überstanden. Im Gegensatz zum BGB wurde aber das ABGB zu Beginn des 20. Jhdts einer weitgehenden Reform unterzogen, die insbesondere durch die 3. Teilnovelle 1916 vor allem im Bereiche des Schuldrechtes zu einer Annäherung des österreichischen Gesetzes an das deutsche geführt hat. Das österreichische ABGB besteht nur aus drei Büchern und folgt damit dem Institutionensystem der Römer; allgemeine Teile fehlen. Die Sprache ist, wenngleich sie heute teilweise als veraltert und überholt und damit auch für weite Teile der Bevölkerung als unverständlich erscheinen mag, zur Zeit der Entstehung des Gesetzes durchaus von Eleganz und Allgemeinverständlichkeit und wesentlich weniger von juristischem Technizismus bestimmt gewesen.

2. Die Gerichtsbarkeit: Als bestimmende Elemente sind der Aufbau, die Organisation und die Funktion der Gerichtsbarkeit hervorzukehren. Die Regeln und der Ablauf des Zivilprozesses sind ein weiteres Objekt der Betrachtung, ebenso wie Möglichkeit, gegen ein Urteil zu berufen. Von besonderer Bedeutung ist in diesem Zusammenhang die Rolle des Höchstgerichts, das in letzter Instanz Recht spricht. Dabei ist auch auf die Form und den Stil der Urteile Wert zu legen[6]. Schließlich wird man auch nach der Existenz eines Verfassungsgerichtes und dessen Funktion in Bezug auf das Privatrecht fragen müssen.

3. Die historische Dimension[7]: Um einen bestimmten Staat und seine Rechtsordnung erfassen zu können, ist weiters die historische Dimension unerlässlich. Dies bedeutet, dass man nicht nur das Sein einer Rechtsordnung in Begrifflichkeit und Inhalt erfassen muss, sondern auch das Werden derselben. Die historische Betrachtungsweise erweist sich als außerordentlich hilfreich, um Antworten auf die Frage nach den Ursachen der Besonderheiten einer Rechtsordnung zu erteilen. Aus der Geschichte ergibt sich die Entwicklung der einzelnen Rechtsinstitute und ihr Zusammenwirken innerhalb eines Systems, die Bedeutung der einzelnen Rechtsquellen innerhalb einer Rechtsordnung, der Aufbau der Gerichtsbarkeit sowie die Art und Weise, Recht zu sprechen. Die Frage nach den Wurzeln des geltenden Rechts mag zwar den modernen Praktiker weniger kümmern und interessieren, sie ist aber auf dem Gebiet der Rechtsvergleichung von großer Wichtigkeit, wenn man die Lösungen der einen Rechtsordnung mit der einer anderen in Beziehung bringen möchte. Ob die Unterschiede nur im Begriff liegen oder in der Substanz, das wird durch die historische Aufarbeitung zumeist erst klar und evident. Wem die historische Dimension verschlossen bleibt, dem sei dringend angeraten, sich der Rechtsvergleichung und insbesondere der wissenschaftlichen Beschäftigung mit ihr fernzuhalten. Das Ergebnis einer rein inhaltlich-begrifflichen Untersuchung verschiedener Rechtsordnungen erschöpft sich

---

6 Inzwischen grundlegend: *I. Vacca* (Hrsg), Lo stile delle sentenze e l'utilizzazione dei precedenti (=Seminario ARISTEC Perugina 1999) (Torino 2000).

7 *Kötz*, Was erwartet die Rechtsvergleichung von der Rechtsgeschichte? JZ 1992, 20; *Flessner*, Die Rechtsvergleichung als Kundin der Rechtsgeschichte, ZEuP 1999, 513; *Luig*, Was kann die Rechtsgeschichte der Rechtsvergleichung bieten? ZEuP 1999, 521; *Alpa*, La cultura delle regole: Storia del Diritto Civile (Roma – Bari 2000); 44, 65, 307; so schon beeindruckend *R. Saleilles*, Le code civil et la méthode historique, in livre du centenaire 97.

im institutionellen Vergleich. Wer ausgehend von diesem primären Vergleich zu einer vollständigen Erfassung von Rechtsordnungen gelangen möchte und damit die Gefahr, aus den erzielten Ergebnissen übereilte oder sogar falsche Schlüsse zu ziehen, bannen möchte, wird auf die Historie schwerlich verzichten können.

Für die deutsche Rechtsordnung bedeutet dies vornehmlich eine Auseinandersetzung mit der Entstehung des BGB, das am 1.1.1900 in Kraft trat. Dabei wird man unmittelbar in die Realität des 19. Jhdts geführt und wird feststellen können, dass diese Realität nicht nur auf einem politischen Ereignis fußt, nämlich der Gründung des 2. Deutschen Kaiserreichs im Jahre 1871, sondern auch in einer juristischen Tradition, die zumindest auf den Beginn des 20. Jahrhunderts zurückgeht, begründet liegt. Die Schriften eines der bedeutendsten deutschen Juristen überhaupt, *F.C. v. Savigny*, Rechtstheoretiker wie in der Praxis wirkender Jurist, gefeierter Professor des Römischen Rechts und Begründer der historischen Schule, sind dabei von unverzichtbarem Wert. Ohne Kenntnis der historischen Schule, ihrer immensen Literatur, ihrer zahllosen Kontroversen und Lösungsvorschläge kann kein tieferes Verständnis des BGB erzielt werden. Bei der Beschäftigung mit der Entstehung des BGB und seiner geistigen und konkreten Wurzeln im Rahmen der historischen Schule wird man sehr bald auf eine historische Rechtsordnung stoßen, die einerseits zur damaligen Zeit in der Form des gemeinen Rechts in manchen deutschen Gebieten noch unmittelbare Anwendung fand, andererseits für fast alle Juristen des 19. Jhdts von zentraler Bedeutung war, und zwar das Römische Recht. Man wird weiters darauf stoßen, dass es in Deutschland bereits kodifiziertes Privatrecht gegeben hat, etwa das Allgemeine Landrecht in Preußen (ALR) und den französischen Code Civil (CC) in den linksrheinischen Gebieten und in Baden. Man wird weiters auf die Gründung eines einheitlichen Höchstgerichtes stoßen, dem Reichsgericht (RG), das schon 20 Jahre vor Inkrafttreten des BGB nach den verschiedenen damals geltenden Rechtsordnungen urteilte. Die Bedeutung dieses Gerichtes ist umso größer, wenn man bedenkt, dass sein Urteilsstil und insbesondere seine Funktion im Rahmen der Gerichtsbarkeit vom jetzigen deutschen Höchstgericht, dem Bundesgerichtshof (BGH) übernommen wurden.

Für die Österreichische Rechtsordnung hat man sich mit der umfangreichen Vorgeschichte zum ABGB seit Kaiserin Maria Theresia, dem geistesgeschichtlichen Hintergrund insbesondere hinsichtlich der Naturrechtslehren, der eigentlichen Kodifikation unter *Franz von Zeiller*, der Anwendung des Gesetzes seit 1812 und der Hinwendung der österreichischen Rechtskultur zur historischen Schule seit der Mitte des 19. Jhdts und ihre weit reichenden Auswirkungen auf Gesetzgebung (3. Teilnovelle), Rechtsprechung und Rechtswissenschaft zu befassen.

4. Der geistige Hintergrund[8]: In Betrachtung zu ziehen sind auch der geistige Hintergrund im Allgemeinen und ideologische Strömungen im Besonderen sowohl bei der Entstehung einer Rechtsordnung wie auch bei deren weiterer Entwicklung bis zum gegenwärtigen Zeitpunkt. Was die Entstehung der deutschen, auf dem BGB beruhenden Rechtsordnung anbelangt, so ist dieser geistige Hintergrund primär jener des 19. Jhdts, was Österreich anbelangt, jener der Naturrechtslehren und der philosophischen Strömungen des Vernunftsrechts (*Kant*) der 2. Hälfte des 18. Jhdts Von den großen philosophischen Richtungen des 19. Jhdts standen insbesondere *Hegel*[9] sowie der Gedanke einer allumfassenden und abstrakten Wissenschaftlichkeit an der Wiege des BGB. *Savigny* und die historische Schule[10], Pandekten und Pandektistik führten unmittelbar zum BGB, worin durchaus eine sehr bewusste Abkehr der deutschen Rechtskultur des 19. Jhdts von der jener davor liegenden Jahrhunderte gesehen werden kann, die in der Abneigung der historischen Schule gegenüber dem Naturrecht begründet liegt. Vom ökonomischen Standpunkt aus betrachtet bestimmte das Gedankengut des Liberalismus und des frühen Kapitalismus das Gesetz. Nach dem Verständnis von Rechtsordnungen, denen eine Kodifikation zugrunde liegt, bedeutet die Kodifikation den Abschluss der Tätigkeit des Gesetzgebers und ein Entlassen des Gesetzes in die Unabhängigkeit der Anwendung. Jede Rechtsordnung bestimmt Auslegungsregeln und -maßstäbe: Nach der Rechtstheorie der historischen Schule musste sich der Richter streng an das Gesetz halten und durfte außerjuristische Faktoren nicht in den Entscheidungsprozess miteinbeziehen. Dennoch, auch bei strengster Vorgabe, die Anwendung erfolgte durch unabhängige Richter und diese sind, bei aller Gesetzestreue und Bildung am und durch das Gesetz, den eigenen geistigen Strömungen verbunden: Höchstrichter des wilhelminischen Reiches, der überaus freien Weimarer Republik, des nationalsozialistischen Unrechtssystems sowie der Bundesrepublik Deutschland haben das BGB ausgelegt und angewendet. Und bei aller Hochschätzung, die sie der Begrifflichkeit des Rechts gegenüber aufbrachten, kann man durchaus häufig die Periode, in der das Urteil entstanden ist, am Urteil selbst erkennen. Ebenso erfuhr das Gesetz seine Weiterentwicklung auf Grund neuer geistiger Strömungen insbesondere nach Beendigung des 2.Weltkrieges. Familienrechtsreform und Konsumentenschutz stehen durchweg im Zeichen einer ständigen geistigen wie politischen Demokratisierung der Gesellschaft.

---

8 Einen beeindruckenden Überblick über den geistigen Hintergrund der europäischen Rechtskultur bietet *G. Tarello*, Storia della cultura giuridica moderna (Bologna 1976).

9 Zur Bedeutung *Hegels* für die deutsche Rechtswissenschaft des 19. Jhdts *Wieacker*, Privatrechtsgeschichte der Neuzeit^2 (1967) 413 ff.

10 *Windscheid*, Die geschichtliche Schule in der Rechtswissenschaft, in *Oertmann* (Hrsg), Gesammelte Reden und Abhandlungen (1904).

5. Die soziale (soziologische) Dimension[11]: Das Recht ist als Ausdruck menschlichen Zusammenlebens, als Regelungsmechanismus menschlicher Beziehungen eine zutiefst in der Gesellschaft wurzelnde Realität. Die soziale Dimension des Rechtes wird gerade bei rechtsvergleichender Betrachtungsweise deutlich. Ebenso wie die historische Dimension gibt sie uns Auskunft über eine Rechtsordnung, hilft sie begreifen, und ist daher Voraussetzung eines sinnvollen Vergleichs. Die sozialen und ökonomischen Faktoren, die zur Begründung einer bestimmten Rechtsordnung geführt haben, werden bereits in der historischen Betrachtungsweise aufscheinen. Der Rechtsvergleicher muss sich aber auch mit dem jeweiligen aktuellen sozialen Hintergrund und Umfeld derjenigen Rechtsordnungen beschäftigen, die er bearbeitet. Darunter fallen weiters Fragen nach der Funktion des Privatrechtes in der Gesellschaft sowie nach dem Einfluss desselben auf Wirtschaft und Gesellschaft. Andererseits sollte man Untersuchungen anstellen, ob und in welchem Ausmaße Wirtschaft und Gesellschaft ihrerseits Anwendung und Weiterentwicklung des Privatrechtes beeinflussen oder sogar prägen. Dabei wird man bei zahllosen Rechtsproblemen auf eine eminent wichtige Rolle der sozialen Dimension stoßen: Nicht nur im Familienrecht, wo dies selbst eingefleischten Begriffsjuristen in zunehmendem Ausmaße einleuchtet, sondern auch in vielen anderen Bereichen, wie der Erfassung der Begriffe Treu und Glauben oder der Guten Sitten, der Enteignung und Bürgenhaftung, um nur einige zu nennen. Es geht dabei stets darum, in welchem Ausmaß gesellschaftliche Vorstellungen und Notwendigkeiten wirksam werden oder auch, wie sehr diese vom Recht, geradezu in einer Wechselbeziehung, bestimmt werden können. Diese Betrachtungsweise wird insbesondere bei der Erklärung der Anwendung des Rechtes, somit bei seiner Durchsetzung, von großem Nutzen sein. Dabei spielt die Funktion der Zivilprozesse, ihre Häufigkeit und ihre Dauer ebenso eine Rolle wie ihr Verhältnis zu anderen Formen der Streitbegrenzung oder Streitschlichtung. In diesem Zusammenhang ist auch die gesellschaftliche Funktion der in der Praxis tätigen Juristen zu sehen, ihre Bedeutung, ihr Ansehen oder auch ihr schlechter Ruf.

6. Die Rechtswissenschaft: Um eine Rechtsordnung näher bestimmen zu können, bedarf es der Kenntnisse über die Funktion der Rechtswissenschaft. In diesem Zusammenhang ist sowohl die Rolle der Juristen als Wissenschafter und Rechtslehrer wie auch die wissenschaftliche Literatur (Kommentare, Handbücher, Einzelpublikationen, Fachzeitschriften) zu beachten. Daraus ergibt sich primär die Frage, ob eine bestimmte Rechtsordnung überhaupt neben der praktischen Jurisprudenz eine wissenschaftliche kennt. Ist diese Frage positiv beant-

11 Zur Darlegung grundsätzlicher methodischer Standpunkte nach wie vor grundlegend *M. Weber*, Wirtschaft und Gesellschaft (1922): das gesamte 7. Kapitel.

wortet worden, so muss der Stellenwert, die Autorität und das Ansehen der wissenschaftlichen Jurisprudenz insgesamt geklärt werden: Kommt ihr die Funktion einer Rechtquelle zu, wird sie von den Gerichten zumindest beachtet oder herrscht eine völlige Isolation derart, dass der Rechtswissenschaft bei der Rechtsanwendung gar keine Bedeutung zukommt? Gibt es außer dem Gesetzesrecht, dem Richterrecht auch ein Professorenrecht?

7. Die juristische Ausbildung: Es kann keineswegs als sekundär bezeichnet werden, wie in einer Rechtsordnung der juristische Nachwuchs geformt und ausgewählt wird. Dabei wird man folgende Fragen zu beantworten haben: Wird die Ausbildung in erster Linie auf Universitäten oder Hochschulen betrieben, ist sie speziellen Schulen vorbehalten oder bilden die einzelnen Berufe ihren Nachwuchs selbst aus? Sollte der Schwerpunkt auf universitärer Ausbildung liegen, so hat man weiters Studienvoraussetzungen, Studienpläne und Prüfungsmodalitäten zu beachten. Auch die Rolle der Professoren bei der Ausbildung angehender Juristen und ihre Publikationstätigkeit auf dem Gebiet der Lehrbücher darf nicht vernachlässigt werden.

8. Aus dem bisher Gesagten geht hervor, dass der globale Vergleich solider und umfassender Grundlagen bedarf, um überhaupt zu Vergleichbarem zu gelangen. Es geht stets darum, dass sich der Rechtsvergleicher ein möglichst umfassendes Wissen über jene Rechtsordnungen aneignet, die er einem Vergleich zu unterziehen beabsichtigt. Die hier aufgezählten bestimmenden Grundvoraussetzungen oder Determinanten einer Rechtsordnung sollen uns nachhaltig ermahnen, das Recht auch in der Ausgangsrechtsordnung, also zumeist derjenigen Rechtsordnung, in der man selbst juristisch aufgewachsen und tätig ist, keineswegs einseitig zu betrachten, zu erfassen und zu erkennen. Die in diesem Buch aufgezeigten Determinanten von Rechtsordnungen bestimmen selbstverständlich die Ausgangs-rechtsordnungen ebenso wie die Vergleichsrechtsordnungen. Nur die Kenntnis sämtlicher Aspekte, aus denen sich eine Rechtsordnung zusammensetzt, kann die Erfassung der Totalität einer Rechtsordnung und somit einen sinnvollen Vergleich ermöglichen. Das alleinige Erlernen von Begriffen und Rechtsinstituten sowie der rein technischen Anwendung des Rechts birgt die Gefahr, dass die Erfassung der Rechtsordnung als solche schlichtweg ausgeschlossen ist. Rechtsvergleichung im Sinne eines globalen und somit abschließenden Vergleichs ist nicht auf das Aneinanderreihen und Gegenüberstellen von Begriffen und Normen beschränkt, sondern hat die Erfassung von mehreren Rechtsordnungen in ihrer Gesamtheit zur Voraussetzung.

III. Recht und Sprache[12]

Literatur: *F. Müller/J. Burr*, Rechtssprache Europas (= Schriften zur Rechtstheorie 224) (Berlin 2004)a) Einführung in die Rechtssprachen: *Byrd*, Einführung in die angloamerikanische Rechtssprache[2] (2001); *V. Heutger*, Law and Language in the European Union, in: Global Jurist Topics 3 (2003) Art.3; *V. Heutger*, Towards a Common European Legal Understanding, in: London Law Review 1 (2005) 205ff.; *Mestre/Oellers-Frahm*, Einführung in die französische Rechtssprache (1998); *Daum/Blanco-Ledesma*, Einführung in die spanische Rechtssprache (1998); *Cavagnoli/Woelk*, Einführung in die italienische Rechtssprache (1997); *Roschmann/Ramos da Silva*, Einführung in die portugisisch-brasilianische Rechtssprache (2001); b) Rechtswörterbücher: *Dietl/Lorenz*, Wörterbuch für Recht, Wirtschaft und Politik I: Englisch-Deutsch, 6. Auf. (2000), II: Deutsch-Englisch[6] (2002); *Doucet/Fleck*, Wörterbuch der Rechts- und Wirtschaftssprache I: Französisch-Deutsch[5] (1997), II: Deutsch-Französisch[5] (1994); *Becher*, Wörterbuch der Rechts- und Wirtschaftssprache[5] I: Spanisch-Deutsch, II: Deutsch-Spanisch (1999); *Jayme/Neuss*, Wörterbuch der Rechts- und Wirtschaftssprache I: Portugiesisch-Deutsch (1994); II: Deutsch-Portugiesisch (1990); *Conte/Boss*, Wörterbuch der Rechts- und Wirtschaftssprache I: Italienisch-Deutsch[5] (2001), II: Deutsch-Italienisch[5] (1995); *Langendorfer/Scheer*, Wörterbuch der deutschen und niederländischen Rechtssprache I: *Troike-Strambacci/Helffrich-Mariani*, Wörterbuch für Recht und Wirtschaft I: Deutsch-Italienisch[2] (1997), II Italienisch-Deutsch[2] (1999); *Langendorfer/Scheer*, Wörterbuch der deutschen und niederländischen Rechtssprache I: Niederländisch-Deutsch[2] (1996), II: Deutsch-Niederländisch (1989). Nützlich sind weiters die von *G. Köbler* bearbeiteten Bände Rechtsenglisch (2005), Rechtsfranzösisch (2001), Rechtsspanisch (2002) und Rechtsitalienisch (2002). Zur Übersetzung: F. Houbert, Guide Pratique Traduction Juridique Anglais-Francais (Paris 2005). Grundlegend das von *P. A. Crépeau* begründete und unter der Leitung von *N. Kasirer* und *M. Devinat* vom Centre de recherche de droit privé comparé de Québec (Montréal 2004) herausgegebene Dictionnaire de droit privé et lexiques bilingues: Les obligations (Auch als Private Law Dictionary). G. Reichelt (Hrsg) Sprache und Recht unter besonderer Berücksichtigung des Europäischen Gemeinschaftsrechts (2004); I. Schübel-Pfister, Sprache und Gemeinschaftsrecht-Die Auslegung der mehrsprachig verbindlichen Rechtstexte durch den Europäischen Gerichtshof (2004); R. Sacco (Hrsg) L'interprétation des textes juridiques rédigés dans plus d'une langue (2002)

Die intensive Beschäftigung mit einer Rechtsordnung hat den ständigen Gedankenaustausch mit Juristen, die in dieser Rechtsordnung leben und tätig sind, zur notwendigen Folge, zumeist wird die Arbeit vor Ort, die Autopsie, unverzichtbar sein. Dies bedeutet, dass die Kenntnis der Sprache der betreffenden Rechtsordnung ebenso unverzichtbar ist. Betreibt man Rechtswissenschaft in der eigenen Sprache, so wird die zentrale Bedeutung der Sprache als Mittler des Rechts vielfach verborgen bleiben. Erst die Beschäftigung mit einer weiteren Rechtsordnung, die sich einer anderen Sprache bedient, kann den Sinn für die

12 *Beaupré/Kitamura/De Groot/Herbots/Sacco*, La traduction juridique, in: Les cahiers du droit 1987 (Québec-Montréal 1987) 733.

Rolle der Sprache schärfen. Bereits in unserer eigenen Sprache finden sich drei verschiedene Rechtsordnungen, die deutsche, die österreichische und die schweizerische. Sowohl der Lektüre der Gesetze wie der rechtswissenschaftlichen Literatur als auch der Urteile kann entnommen werden, dass die Rechtssprache nicht immer übereinstimmt, und dass bei allzu schnellen Gleichsetzungen Vorsicht geboten ist. Dies ist umso bemerkenswerter, als die juristische Terminologie Deutschlands, Österreichs und der Schweiz in hohem Maße von der Begrifflichkeit der historischen Schule des 19. Jhdts geprägt wurde. Gerade deshalb und unter Bedacht auf die jeweilige eigenständige Entwicklung ist es dennoch möglich, durch ergänzende Erklärungen den Inhalt und Sinn der Verschiedenheiten zu erkennen.

Die Sprache mit all ihren Besonderheiten, ihren Stärken und Schwächen ist dasjenige Medium, ohne welches die Rechtsordnung dem Normadressaten nicht vermittelt werden kann. Ohne sehr eingehende Kenntnisse der jeweiligen Sprache wird das Eindringen in eine fremde Rechtsordnung nicht möglich sein, die Folge ist „an der Oberfläche bleiben", somit Oberflächlichkeit. Sprache und Stil des Gesetzgebers, Form und Inhalt von Urteilen sowie wissenschaftliche Literatur können nie ohne eingehende Sprachkenntnisse erfasst und ausgewertet werden. Gerade die Sprache der Juristen ist seit jeher und in den meisten Rechtsordnungen – und dies trotz immer wiederkehrender Kritik – eine besonders ausgeprägte Fachsprache. Diese Fachsprache ist zwar, was die Institute des Rechts anbelangt, in jenen Rechten, die mehr oder weniger auf das Römische Recht zurückgehen, dem Betrachter verständlich, doch hüte man sich vor Vereinfachungen und Verallgemeinerungen, da die Begriffe der Rechtssprache nicht nur aus der historischen Wurzel bestehen, sondern auch aus der Entwicklung innerhalb einer modernen Rechtsordnung. Das bloße Erlernen der Begriffe einer fremden Rechtsordnung ist für das tiefere Verständnis derselben zu wenig, da das Vokabular einer Fachsprache aus dem allgemeinen linguistischen Zusammenhang gerissen und damit oftmals nicht im erforderlichen Ausmaße aussagekräftig ist. Aus diesem Grunde kommt niemand, der sich als Rechtsvergleicher mit einer fremden Rechtsordnung im Sinne des globalen Vergleichs eingehend auseinandersetzen möchte, um die Notwendigkeit herum, sich die Sprache dieser Rechtsordnung anzueignen, ohne die er auch keinen Zugang zur entsprechenden Kultur des Landes gewinnen wird und so die Voraussetzung, die Rechtsordnung in ihrer Gesamtheit zu erfassen und zu erkennen, nicht erfüllen kann. Nur wer die Sprache als solche beherrscht, wird sich auch einen Zugang zur Fachsprache verschaffen können. In diesem Zusammenhang sind „Einführung in die Rechtssprache", ein relativ junges Produkt der Linguistik, durchaus von Nutzen, ebenso Fachwörterbücher, obwohl gerade wegen der nötigen dort vorgenommenen Selektion nicht selten Ungenauigkeiten und Missverständnisse auftreten, die nicht zuletzt vom kundigen Rechtsvergleicher aufzudecken sind.

IV. Die Auswahl von Rechtsordnungen im Hinblick auf den Vergleich

1. Nach den bisherigen Ausführungen könnte man mit Recht die Frage stellen, ob denn die in diesem Buch geforderten Voraussetzungen vom Rechtsvergleicher als Menschen überhaupt nur annähernd erfüllt werden können, gibt es doch hunderte Rechtsordnungen und noch mehr Sprachen auf der Erde. Stellt man die geforderten Voraussetzungen zu den tatsächlichen Gegebenheiten in eine vernünftige Relation, so kann daraus nur folgen, dass sich kein Rechtsvergleicher mit allen Rechtsordnungen intensiv beschäftigen kann. Man muss daher ein Auswahlverfahren entwickeln und entsprechende Kriterien aufstellen. Als unverzichtbare Voraussetzung bleibt die Ausgangsrechtsordnung, die dem Inhalt und der Terminologie nach die Untersuchung einleiten muss und die Untersuchung zumindest einer weiteren Rechtsordnung. Dabei kann es keine allgemeine Regel bezüglich der Auswahl der weiteren Rechtsordnung geben, da es jedem Rechtsvergleicher freigestellt bleiben muss, mit welchen Rechtsordnungen er sich zu beschäftigen gedenkt. Der Nutzen einer derartigen „freizügigen" Vorgangsweise für die Rechtsvergleichung als wissenschaftliche Disziplin liegt zweifellos schon darin, dass auf diesem Wege möglichst viele Rechtsordnungen eine systematische Untersuchung und eine eingehende Darstellung erfahren könnten, was für die wissenschaftliche Erfassung des globalen Phänomens „Recht" von großem Vorteil ist. Das heißt, das erste Selektionskriterium bleibt die persönliche Vorliebe, gegründet auf den persönlichen wissenschaftlichen Möglichkeiten des Rechtsvergleichers, wozu insbesondere auch die Beherrschung von Sprachen zählt.

2. Hinsichtlich unserer Ausgangsrechtsordnungen, also der deutschen und der österreichischen Rechtsordnung auf dem Gebiet des Privatrechts, lassen sich aber durchaus weitere, objektive Selektionskriterien vorschlagen:

a) Die politische Nähe zu anderen Staaten und Rechtsordnungen: Deutschland ist als Gründungsmitglied der EWG von Beginn an im europäischen Integrationsprozess verankert, Österreich 1995 zur EU hinzugestoßen. Die Verträge von Maastricht in der erweiterten Form des Vertrages von Amsterdam und Nizza haben die Grundlagen eines neuen politischen Gebildes, der EU, gelegt, starke Vereinigungstendenzen zeichnen sich zumindest ab. Gesamteuropäische Gerichtshöfe sowie eine eigene Normerzeugungskompetenz der Union lassen auch die rechtliche Vereinheitlichung nicht mehr abwegig erscheinen, so dass eine intensive Beschäftigung mit den Rechtsordnungen der übrigen Mitgliedsstaaten der EU von größtem Wert sein muss. Da eine Aufnahme weiterer Mitglieder höchst wahrscheinlich geworden ist, sollten auch diese Rechtsordnungen in die Betrachtung miteinbezogen werden. Doch auch dieses Selektionskriterium bedarf weiterer Ergänzungen, da für einen einzelnen Rechtsvergleicher die umfassende Betrachtung der Rechtsordnungen von Belgien, Dänemark, England, Estland, Finnland, Frankreich, Griechenland, Irland, Italien, Lettland, Litauen, Luxemburg, Malta, Niederlande, Portugal, Schottland, Schweden, Slowakei, Slowenien, Spanien, Tschechien, Ungarn und Zypern unter Voraussetzung der sprachlichen Befähigungen und der Erfassung aller Determinanten undenkbar ist. Hinzu kommen weiters zumindest Bulgarien und Rumänien und weitere wie Kroatien und die Türkei könnten folgen.

b) Als weiteres Kriterium könnten enge kulturelle und wirtschaftliche Beziehungen Deutschlands und Österreichs zu anderen Ländern herangezogen werden. In diesem Zusammenhang wird man unmittelbar auf die Schweiz und die USA stoßen, auch Japan und das ökonomische Hoffnungsland China wird man hierunter reihen können. Enge Beziehungen gibt es auch zu Norwegen, Island und Kanada.

c) Ausgehend vom Gedanken, dass bestimmte historische Entwicklungen zur Verbreitung von europäischen Rechtsordnungen in außereuropäische Länder geführt haben, erscheint es durchaus legitim, im Zusammenhang mit der Mutterordnung auch deren Abkömmlinge zu betrachten. Dabei wird man insbesondere in Lateinamerika (Code Civil Frankreichs), aber auch in Australien und Neuseeland (Englisches *Common Law*) oder Kanada (englisches und französisches Recht) fündig werden.

d) Angesichts der Tatsache, dass heute zwischen 8 und 10% der Wohnbevölkerung Deutschlands und Österreichs aus Bürgern unterschiedlichster ausländischer Abstammung besteht, kann es sinnvoll sein, sich den Rechtsordnungen der Ursprungsländer dieser Mitbürger zuzuwenden. In dieser Gruppe wird sich insbesondere die türkische Rechtsordnung finden. Bürger dieses Landes, aber auch anderer Länder, in denen die islamische Religion vorherrscht, bekennen sich in unterschiedlicher Intensität zu dieser Religion. Teile des Rechtes, man denke an das Familienrecht, die für diese Menschen wichtig sind, werden in diesen Staaten in unterschiedlicher Weise vom islamischen Recht geprägt. Eine bessere Kenntnis desselben ist dabei ein durchaus wichtiges Anliegen.

e) Als weiteres wichtiges Kriterium können auch besondere historische Beziehungen gelten. Es werden dabei jene Rechtsordnungen miteinander verglichen, die im historischen Entwicklungsprozess Deutschlands und Österreichs und ihrer Rechte eine besondere Rolle gespielt haben. Dazu zählen insbesondere die beiden jeweils anderen Rechtsordnungen deutscher Sprache, somit unter Hinzuziehung der Schweiz. Am intensivsten müssen aber gerade die Beziehungen unserer beiden Ausgangsrechtsordnungen angesehen werden. Die österreichische

Rechtsordnung ist überhaupt als deutsche Rechtsordnung entstanden, als Österreich ein Teil des deutschen Reiches war, und Österreich hat auch in seiner Entwicklung am intensivsten an der allgemeinen Entwicklung in Deutschland Anteil gehabt. Das historische Kriterium kann auch zur Beschäftigung mit dem jüdischen Recht führen, das über lange Zeit das Leben von Millionen unserer Mitbürger in mehr oder minder starker Weise bestimmt hat. Die außerordentlichen Beziehungen zwischen den Juden einerseits und den Deutschen und Österreichern andererseits lassen eine intensive Beschäftigung mit dem jüdischen Recht sowie dem Recht des Staates Israel wünschenswert erscheinen.

f) Auch spezifische Ausbildungen von Rechtsordnungen können diese ganz besonders geeignet für einen Vergleich erscheinen lassen. Als Rechtsordnungen, die für den Rechtsvergleicher besonders auffallend sind, müssen jene genannt werden, die aus verschiedenen Elementen gebildet sind, die also nicht auf eine einheitliche Rechtsentwicklung zurückblicken können, sondern in denen verschiedene Rechtsordnungen aufeinander getroffen sind. Man bezeichnet derartige Rechtsordnungen gemeinhin mit einem englischen Begriff als *mixed legal systems*, als gemischte Rechtsordnungen. Bekannte Beispiele sind Schottland und Südafrika, aber auch -wenn auch in geringerem Ausmaße, da sie eindeutig kontinentallastig sind – Louisiana, Puerto Rico und Malta sowie Zypern, das Common Law-lastig ist.

g) Nimmt man die erste Gruppe, die Mitglieder der EU sowie potentielle Bewerber, so könnte man zwei weitere Unterkriterien heranziehen: zum einen die für die deutsche oder österreichische Rechtsordnung wichtigsten Rechtsordnungen und zum anderen die neuesten Rechtsordnungen.

Bei dem ersten Unterkriterium wird man auf eine Rechtsordnung unmöglich verzichten können, nämlich auf jene Frankreichs. Die stets außerordentlich engen Beziehungen zwischen Deutschen und Franzosen haben ihren Niederschlag auch in den jeweiligen Rechtsordnungen gefunden. Beide beruhen auf unterschiedlichen historischen und geistigen Prämissen, haben aber stets auf die jeweils andere Rechtsordnung ausgestrahlt. Der Code Civil Napoleons galt in wichtigen Gebieten Deutschlands bis 1900, ein eigener Senat des Reichsgerichtes (der rheinische) urteilte nach französischem Recht und es entwickelte sich eine reiche rechtswissenschaftliche Literatur in deutscher Sprache zum französischen Recht. Zum anderen bewegten die Theorien der deutschen historischen Schule viele französische Juristen. Dennoch, beide Rechtsordnungen behielten ihre Eigenständigkeit, und damit ihre oft erstaunliche Gegensätzlichkeit, was sie somit in ganz besonderem Ausmaße zum Gegenstand der Rechtsvergleichung werden lässt.

Nach dem zweiten Unterkriterium wird man sich der niederländischen Neukodifikation zuwenden müssen.

3. Die vorgeschlagenen Kriterien und die daraus gebildeten Gruppen sind als Hilfestellung im Sinne einer Objektivierung zu betrachten und zu bewerten und nicht als unumstößliche methodische Voraussetzung. Als methodische Voraussetzung bleibt die systematische Durchdringung zumindest einer weiteren Rechtsordnung in ihrer Gesamtheit neben der Ausgangsrechts-ordnung. Jedes weitere Erfassen einer Rechtsordnung bedeutet einen Vorteil für die Erkenntnisse der Rechtsvergleichung, um so zu einem möglichst weitreichenden und aussagekräftigen Vergleich zu gelangen. Während auch heute die Rechtsvergleichung mit mehr oder minder großer Überzeugung an der Lehre von den Rechtskreisen oder Systemen festhält (siehe eingehende Diskussion unter § 3), glaube ich nicht, dass die Systematisierung von Rechtsordnungen überbewertet werden sollte. Gewiss gibt es unter Umständen sehr große Ähnlichkeiten unter den Rechtsordnungen (Deutschland – Österreich, Frankreich – Belgien, England – USA), so dass Gruppenbildungen möglich erscheinen, was die Erfassung von mehr als einer Rechtsordnung erleichtern könnte, dies um so mehr, wenn die Barriere einer weiteren Sprache wegfällt, wie im Falle der lateinamerikanischen Rechtsordnungen, die mit Hilfe der französischen, spanischen oder portugiesischen Rechtsordnung und Sprache relativ leicht zu erfassen sind oder der US-amerikanischen, australischen und neuseeländischen Rechtsordnung, zu denen es mit Hilfe der englischen einen unmittelbaren Zugang gibt.

V. Der Vergleich

Im Gegensatz zum Rechtsgelehrten, der sich intensiv mit anderen Rechtsordnungen als der eigenen – zumeist einer einzigen – beschäftigt und dadurch zum Experten dieser einen Rechtsordnung wird, dient dem Rechtsvergleicher die Erfassung anderer Rechtsordnungen nur zur Grundlage seiner Erkenntnis, als Mittel zum Zweck, wiewohl – und dies muss stets betont werden – die Erfassung der zu vergleichenden Rechtsordnungen eine möglichst umfassende sein muss. Der Vergleich beginnt als institutioneller Vergleich eines oder mehrerer Rechtsinstitute; er kann in der Folge zu einem systematischen ausgeweitet werden. Sollen Rechtsordnungen global verglichen werden, so muss dies unter Heranziehung jener Prämissen erfolgen, die unter den Punkten II 1 – 7 dargestellt wurden. Dabei werden je nach der besonderen Ausprägung innerhalb einer Rechtsordnung die Punkte verschieden eingehend zu behandeln sein. Verglichen werden muss einmal mit einer von vorneherein feststehenden Ausgangsrechtsordnung sowie im weiteren, falls dies gewünscht ist, mit den übrigen untersuchten Rechtsordnungen. Dabei müssen Gemeinsamkeiten, Ähnlichkeiten und Unterschiede hervorgehoben werden. Als nächster Schritt gilt es, dieses Ergebnis zu deuten und zu erklären. Gerade bei diesem abschließenden Schritt wird eine Verbindung zur historischen Entwicklung im weitesten Sinne sowie zur gesellschaftlichen Realität unter Miteinbeziehung der geistig-ideologischen Faktoren unerlässlich sein, da nicht einzusehen ist, wie die Unterschiede oder Gemeinsamkeiten sonst zu erklären sind. Das Resultat ist somit eine umfassende Erklärung des Verhältnisses der miteinander verglichenen Rechtsordnungen zueinander. Dass eine derartige Tätigkeit bei Heranziehung mehrerer Rechtsordnungen die Kräfte des einzelnen Rechtswissenschafters in mannigfaltiger Hinsicht übersteigen kann, liegt auf der Hand. Die Rechtsvergleichung ist deshalb eine Disziplin, in welcher Gruppenarbeit (*teamwork*) besonders angebracht ist. Die Gründung der rechtsvergleichenden Institute zu Beginn unseres Jahrhunderts war ein wichtiger Schritt in die richtige Richtung. Heute kommt in Deutschland dem Hamburger Max-Planck-Institut für Rechtsvergleichung eine wichtige übergreifende und koordinierende Funktion zu.

§ 2 Die Entwicklung der Rechtsvergleichung als Wissenschaft

I. Grundlagen

Nicht immer hat die Neugierde, fremde Kulturen kennen zu lernen, auch dazu geführt, dass man sich mit den politischen Systemen und Rechtsordnungen anderer Völker auseinandergesetzt hat. Gerade in Zeiten besonderer Dominanz bestimmter Staaten und ihrer Rechte war dieses Interesse häufig auffallend gering: Von den römischen Juristen beispielsweise sind uns kaum Gedanken zu anderen Rechtssystemen überliefert, obwohl die griechische Welt eine vielschichtige und äußerst interessante Rechtskultur hervorgebracht hatte. Auch die Neuordnung Europas nach dem Zusammenbruch des Römischen Reiches und der Sesshaftwerdung der Germanen brachte vorderhand eher ein Nebeneinander als ein Miteinander von Völkern und Kulturen, und dies gerade auch in rechtlicher Hinsicht. Im Mittelalter entwickelte sich neben dem römischen und germanischen noch das kanonische Recht als Recht der Kirche. Erst die Nationalstaaten der Neuzeit schufen auf der Grundlage bereits bestehender partikularrechtlicher Besonderheiten unabhängige Rechtsordnungen, die mehr oder weniger von den drei genannten Rechten geprägt waren.

Es waren die Vorläufer naturrechtlichen Denkens *Bacon* (De dignitate et augmentis scientiarum 1623) und *Leibnitz* (Theatrum legale 1667), die die Dimension und den Nutzen der Vergleichung verschiedener Rechte erkannten. Dieser grundsätzliche Nutzen wurde auch von den großen Naturrechtslehrern der Folgezeit nicht in Frage gestellt, galt es doch, über die verschiedenen Ausprägungen das natürliche Vernunftrecht des Menschen zu erkennen. *Savigny* und seine Anhänger hatten dagegen weit weniger Verständnis für fremde Rechte und Rechtsvergleichung.

In Deutschland sollte die Untersuchung der Rechtsquellen im wesentlichen auf das römische Recht und seine dogmatische Entwicklung bis zum 19. Jhdt zurückgeführt werden, wobei dem genuin deutschen Recht sowie dem kanonischen Recht eine gewisse Existenzberechtigung nicht abgestritten werden sollte. Der Wert der geltenden nationalen Rechtsordnungen wurde dagegen für gering erachtet. Die historische Schule hielt sich mit einer schier unüberbietbaren Akribie an diese Grundaussagen, was zur absoluten Dominanz der Quellen des römischen Rechts führen musste. Anhand dieser Quellen entstanden umfassende Lehr- und Handbücher des römischen Rechtes in seiner modernen Fassung, Pandekten genannt; auf der Grundlage dieser Rechtskultur, die man auch als Pandektismus bezeichnen kann, entstand das neue deutsche Zivilrecht, das trotz der Existenz verschiedener Rechtsordnungen und auch Gesetzesbücher auf deutschem Boden, man denke nur an den französischen Code Civil, und trotz der unbestreitbar rechtsvergleichenden Recherchen, die zum BGB geführt haben, von außerpandektistischen Quellen im wesentlichen unberührt geblieben war.[13] Zwar flossen verschiedene Entwürfe – im besonderen der Dresdner Entwurf – sowie bestehende Gesetze, vorwiegend das preußische ALR, das österreichische ABGB sowie schweizerisches Recht und selbst der Code Civil in die Diskussion der zur Erstellung des Gesetzbuches berufenen Kommissionen ein, sie konnten aber allesamt in keiner Weise die Herrschaft der Pandekten und somit des römischen Rechtes beseitigen. Insofern ist es völlig klar, dass die deutsche Zivilistik von allem Anfang an als nationale Wissenschaft auf sich selbst konzentriert war und als Fortentwicklung des Pandektismus zu bewerten ist.[14]

II. Frankreich

1. Den eigentlichen Ausgang nahm die Wissenschaft von der Rechtsvergleichung in Frankreich. Dort wurde 1869 die *Société de législation comparée* gegründet, nachdem schon 1846 ein Lehrstuhl für vergleichendes Strafrecht an der Pariser Universität eingerichtet worden war. Im französischen Justizministerium wurde zwar schon 1876 ein *Office de législation étrangère et de droit international* etabliert, aber erst 1902 konnte man sich zur Gründung eines Lehrstuhles für Zivilrechtsvergleichung entscheiden. Dieser Gründung war ein von den französischen Komparatisten *Édouard Lambert*[15] und *Raymond Saleilles* im Rahmen der Pariser Weltausstellung 1900 organisierter Kongress für Rechtsvergleichung vorausgegangen. Fortschrittsglaube und Weltoffenheit sollten zu einem einheitlichen

---

13 Zu optimistisch *Zweigert/Kötz*, Rechtsvergleichung 50, die das BGB als Beispielsfall erfolgreicher legislativer Rechtsvergleichung bezeichnen; *Coing*, Rechtsvergleichung als Grundlage von Gesetzgebung im 19. Jahrhundert, Ius Commune 7 (1978) 168; *ders*, Europäisches Privatrecht II (1998) 56.

14 *Savignys* radikale Ausrichtung auf das römische Recht blieb freilich nicht unwidersprochen. Sein frühester und wohl bekanntester Widersacher, *J. v. Thibaut*, schrieb in seiner Abhandlung Über die Notwendigkeit eines allgemeinen bürgerlichen Rechts für Deutschland, in: Civilistische Abhandlungen 1814, 433, dass „zehn geistvolle Vorlesungen über die Rechtsverfassung der Perser und Chinesen (...) mehr wahren juristischen Sinn wecken (würden) als hundert über die jämmerlichen Pfuschereyen, denen die Intestat-Erbfolge von Augustus bis Justinian unterlag". Die programmatischen Schriften von *Thibaut* und *Savigny* sind gesammelt von *H. Hattenhauer*: Thibaut und Savigny: Ihre programmatischen Schriften (1973); etwa zeitgleich sind *Feuerbachs* Überlegungen zur Rechtsvergleichung. Dazu *Mohnhaupt*, Universalgeschichte, Universal-Jurisprudenz und rechtsvergleichende Methode im Werk von P. J. Feuerbachs, in *Mohnhaupt* (Hrsg), Rechtsgeschichte in den beiden deutschen Staaten (1991) 97.

15 *E. Lambert* (1866-1947), Romanist, Zivilist und Rechtsvergleicher, war Begründer des Institut de Droit Comparé in Lyon (1921).

Recht für die gesamte Menschheit führen; *Lambert*, dessen Ausführungen geradezu als Programm unserer Disziplin aufgefasst werden können[16], war davon überzeugt, dass komparatistische Studien in hohem Ausmaße die Zufälligkeiten verschiedener Rechtsentwicklungen deutlich machen würden und so ihren vorläufigen und nicht zwangsläufigen Charakter unterstreichen würden. Dabei verwies er insbesondere auf die Wichtigkeit, die neue Materie dauerhaft in der universitären Ausbildung zu verankern. Dadurch könnten nicht nur die Kenntnisse in anderen Rechtsordnungen wesentlich gesteigert werden, sondern auch der internationale Austausch, insbesondere die Wirtschaft, würden wichtige Impulse erlangen. Rechtsvergleichung war für *Lambert* in erster Linie Vergleichung auf dem Gebiete des Privatrechts. Dieser Sparte komme auch aus methodischen Überlegungen eine große Bedeutung zu, da nur so die tiefen sozialen Bezüge des Rechtes erkannt werden können. Einer ausschließlich an der Interpretation von Normen ausgerichteten Jurisprudenz sprach *Lambert* sogar die Wissenschaftlichkeit ab und forderte daher über drei Semester jeweils 4stündige Kurse aus Rechtsvergleichung. Offenbar hatten die französischen Zivilisten gut daran getan, sich nicht in den Bann von Historischer Schule, Pandekten und Pandektismus ziehen zu lassen, vielmehr hatte die bereits 1869 gegründete Zeitschrift für Rechtsvergleichung (heute *Revue Internationale de droit comparé*) das notwendige internationale Diskussionsforum bereitgestellt, das sich zu einem entscheidenden Nährboden rechtsvergleichender Studien entwickeln sollte. Wenn auch nicht in dem von *Lambert* geforderten Ausmaße, so nimmt das *droit privé comparé* in Frankreich – mit je nach Fakultät unterschiedlicher Ausgestaltung – im allgemeinen einen wichtigen Stellenwert ein.

2. Beispielhaft für die Bedeutung der Rechtsvergleichung im Rahmen der französischen Rechtswissenschaft soll das Werk und der wissenschaftliche Werdegang von Raymond Saleilles17 (1855-1912) vorgestellt werden. Saleilles lehrte anfänglich Römisches Recht, Rechtsgeschichte und Verfassungsrecht an der Universität von Dijon, ab 1895 Strafrecht in Paris, später Zivilrecht ebendort. Seit 1902 hatte er den von ihm stets geforderten und für ihn geschaffenen Lehrstuhl für Rechtsvergleichung inne. Saleilles enormes Verdienst lag darin, den französischen Juristen nicht nur das Recht, sondern die Rechtskultur anderer Länder im weitesten Sinne näher gebracht zu haben. Wenn sein Interesse auch stets dem anglo-amerikanischen Rechtsbereich, dem italienischen Recht, dem schweizerischen Recht und anderen europäischen Rechten gelten sollte, so war Saleilles dennoch ein veritabler Meister des deutschen Rechts, auch wenn er

---

16 *Lambert*, Conception générale et définition de la science du droit comparé I (1905).

17 *E. Gaudemet*, Raymond Saleilles, in: Revue (bleu) politique et littéraire 22 (1912) 161-293; *R. Beudant et al*, L'oeuvre de Raymond Saleilles (1914).

selbst nie deutschen Boden betreten hatte. In umfassenden Arbeiten hat er in Frankreich den Geist und die Methode der historischen Schule verbreitet, ohne sein Engagement wäre das BGB jenseits des Rhein nicht in gebührender Weise beachtet worden. Schon im Jahre 1890 publizierte Saleilles die Untersuchung: Théorie *générale de l'obligation d'après le projet de Code Civil allemand*, im Jahre 1901 folgte *La Déclaration de volonté dans le Code Civil allemand*, ab 1904 wurde die kommentierte Übersetzung des BGB in Angriff genommen und eine Einführung in das deutsche Zivilrecht vorgestellt. Saleilles war vor allem darum bemüht, unter Einschluss der historischen Entwicklung die grundlegende soziologische Rolle des Rechts hervorzukehren. Gesetz und Kodifikation waren seiner Ansicht nach stets nur Ausgangspunkte, der Rechtsprechung sollte die grundlegende Funktion der Weiterentwicklung des Rechts und der Anpassung an die soziale und ökonomische Realität zukommen, womit der Richter im Zentrum der Rechtserzeugung steht. Als ideale Vorbilder bezeichnete er den Richter des Common Law, einzig wirklicher Erbe der Richter des Römischen Rechts. Wie sehr Saleilles auch von den Erkenntnissen und der Methode der historischen Schule geprägt war, so lehnte er deren strikten Dogmatismus und die damit verbundene überspitzte Begrifflichkeit ab. Zwei Beiträge von Saleilles sind auch heute noch von grundlegender Bedeutung für das Verständnis der Beziehungen zwischen der deutschen und der französischen Rechtskultur: In *L'Ecole historique et le droit naturel* (RTDC 1901) erfolgt eine Kritik an der historischen Schule wegen der Hintanstellung der grundlegenden Prinzipien von Gerechtigkeit und Billigkeit zugunsten der logischen Abstraktion und Begrifflichkeit. Im Livre du Centenaire wird die Beziehung zwischen Code Civil und historischer Schule einer tiefgehenden Untersuchung unterzogen. In der Rechtsvergleichung sah Saleilles zum einen entscheidenden methodischen Fortschritt, zum anderen einen wesentlichen Beitrag zur Erkenntnis des Phänomens Recht als solchem und der Entwicklung der einzelnen nationalen Rechte. Durch ausgewogene Berücksichtigung von Geschichte, Soziologie und Ökonomie bediene sich die Rechtsvergleichung einer innovativen Methode, durch die Erforschung verschiedener Rechtsordnungen könne das Phänomen Recht erst in seiner Totalität begriffen werden. Das Verständnis anderer Rechtsordnungen und ihrer spezifischen Entwicklungsprozesse sei geeignet, die nationalen Gesetzgebungen, die jeweilige Rechtswissenschaft und Rechtsprechung positiv zu beeinflussen. In seinen grundsätzlichen Ausführungen anlässlich des Weltkongresses des Jahres 1900, *La conception et l' objet de la science du droit comparé*, stellt Saleilles insbesondere den aus einer Vielzahl von sozial ähnlichen Rechtsordnungen ermittelbaren Idealtypus der verschiedensten rechtlichen Einrichtungen in seiner Objektivität den beschränkten nationalen Erfahrungen in ihrer Subjektivität gegenüber.

III. Deutschland

1. In den meisten europäischen Ländern, allen voran Italien, spielt die Privatrechtsvergleichung in der Juristenausbildung inzwischen eine teils große, teils beträchtliche und teils zumindest zufrieden stellende Rolle – mit einer großen Ausnahme: Deutschland. Dies hätte so nicht sein müssen und auch heute darf man sich keinesfalls mit diesem Stand der Dinge abfinden! Denn auch die deutsche Privatrechtsvergleichung kann durchaus auf Leistungen von Weltrang verweisen! Nachdem die Rechtsvergleichung infolge *Savignys* Dominanz in die Bedeutungslosigkeit abgedrängt worden war, entwickelten sich im Windschatten der Pandekten in kleinen Randgebieten und Nischen Forschungszweige, die durchaus auch oder sogar vornehmlich rechtsvergleichende Züge trugen. Sie waren meist mit historischen, soziologischen und vor allem ethnologischen, also naturwissenschaftlichen Untersuchungen verbunden. In diesem Zusammenhang wird auch von ethnologischer Jurisprudenz gesprochen. Die wichtigsten Vertreter dieser Richtung sind *A. H. Post* (Bausteine für eine allgemeine Rechtswissenschaft auf vergleichend-ethnologischer Grundlage I [1880]) und *J. Kohler* (Einleitung in die vergleichende Rechtswissenschaft [1885]). Auch die stark historisch geprägte Zeitschrift für vergleichende Rechtswissenschaft (Begründer *Bernhöft* und *Cohn* 1878) wäre hier zu nennen, ebenso wie die 1894 gegründete Internationale Vereinigung für vergleichende Rechtswissenschaft und Volkswirtschaftslehre. Der Gründer war ein Praktiker, der Berliner Kammergerichtsrat *F. Meyer*. Auf universitärer Ebene muss jedoch *Ernst Rabel* als Gründer der Rechtsvergleichung angesehen werden.

2. Dass sich die Rechtsvergleichung in Deutschland als Disziplin durchsetzte, ist in erster Linie Verdienst des Österreichers *Ernst Rabel* (1874-1955)[18], der weltweit als einer der bedeutendsten Rechtsvergleicher bezeichnet werden muss. *Rabels* Biographie und sein wissenschaftlicher Werdegang können als besonders aufschlussreich für die Entwicklung der deutschen Rechtsvergleichung, ihre Höhen und Tiefen angesehen werden. Von jüdischer Abstammung, absolvierte *Rabel* seine juristischen Studien an der Universität Wien, wo er insbesondere durch den Romanisten *Ludwig Mitteis* eine nachhaltige Prägung erfuhr. Nach Abschluss des Studiums und einigen Lehrjahren in der Anwaltei des Vaters folgte er *L. Mitteis* nach Leipzig, wo er sich 1902 habilitierte. *L. Mitteis*, der zwar selbst zum

18 *Kegel*, Ernst Rabel – Werk und Person, RabelsZ 54 (1990) 1; *v. Caemmerer*, Das deutsche Schuldrecht und die Rechtsvergleichung – zum Tode von Ernst Rabel, NJW 1956, 569; *ders*, Nachruf Ernst Rabel, NJW 1956, 582; *M. Rheinstein*, In Memory of Ernst Rabel, AJCL 5 (1956) 185; *H. J. Wolff*, Nachruf Ernst Rabel, SZ/Rom. 73 (1956) XI-XXVIII; Grundlegend zuletzt *T. Utermark*, Rechtsgeschichte und Rechtsvergleichung bei Ernst Rabel (2005)..

einen ein glänzender Lehrer des Pandektenrechts war, zum anderen aber sich stets um die tiefer gehende historische Begründung des Rechts bemüht hatte, lehrte den jungen Juristen anhand der Quellen des antiken Rechts die Bedeutung der historischen Rechtsvergleichung und stärkte gleichzeitig seinen Sinn für Dogmatik. Entwicklungsabläufe in verschiedenen Rechtsordnungen und zu verschiedenen Zeiten miteinander zu vergleichen, musste zur Erkenntnis führen, wie sehr Recht und Gesellschaft voneinander abhängen. Klassisches Römisches Recht, griechisches Recht sowie juristische Papyrologie hat *Rabel* bei *Mitteis* erlernt, er ist diesen Disziplinen zeitlebens treu geblieben und ist darin ein wahrer Meister geworden. Zahlreiche Aufsätze zur antiken Rechtsgeschichte erschienen in der Zeitschrift der *Savigny*-Stiftung für Rechtsgeschichte (Romanistische Abteilung), die *Rabel* zusammen mit Fachkollegen 1926 – 1934 herausgab. 1915 verfasste er eine Gesamtdarstellung des Römischen Privatrechts. Regelmäßig lehrte er auch im Unterricht Römisches und antikes Recht. Als Österreicher war *Rabel* durch die Schule des ABGB gegangen, sein erster Aufsatz ist dem geltenden österreichischen Urheberrecht gewidmet, seine weitere Tätigkeit an der Seite *L. Mitteis'* in Leipzig bedeutete ein Einarbeiten in das soeben in Kraft getretene BGB. *Rabel* wurde 1906 als Professor nach Basel berufen und hatte dort die Möglichkeit, sich sogleich intensiv mit dem neuen schweizerischen Zivilrecht zu beschäftigen. Allein dieser berufliche Werdegang kann sein besonderes Interesse für verschiedene Privatrechtsordnungen erklären. 1910 wurde *Rabel* in Kiel und bereits 1911 in Göttingen zum ordentlichen Universitätsprofessor ernannt. Bedeutsam sollte für *Rabel* die 1916 erfolgte Berufung nach München werden. Zur Voraussetzung für die Annahme der Professur machte er die Gründung eines Instituts für Rechtsvergleichung, des ersten in Deutschland. 1926 verließ er München, folgte einem Ruf an die Berliner Universität und gründete dort das Kaiser-Wilhelm-Institut für vergleichendes und internationales Privatrecht (heute: Max-Planck-Institut in Hamburg). Von 1927 an gab er die Zeitschrift für ausländisches und internationales Privatrecht heraus, die jetzt seinen Namen trägt. 1924 erschien der programmatische Aufsatz: „Aufgaben und Notwendigkeit der Rechtsvergleichung". Auf dem Gebiete der institutionellen Rechtsvergleichung hat sich *Rabel* mit großem Engagement um das Kaufrecht bemüht. Dabei erfolgte eine enge Einbeziehung des *Common Law*. In „Das Recht des Warenkaufs" wurden diese wichtigen Erkenntnisse 1936 veröffentlicht. Die Vereinheitlichung des Warenkaufrechts war ihm ein besonderes Anliegen. Im vom Völkerbund gegründeten Institut zur Vereinheitlichung des Privatrechts (jetzt UNIDROIT) in Rom, in dessen Rat und Exekutivausschuss er tätig war, betrieb er dieses Unternehmen mit großer Energie. Letztlich wäre das Wiener Abkommen der Vereinten Nationen zum Warenkauf vom 11. 4. 1980 ohne sein beständiges Wirken undenkbar. Sehr spät, erst 1939, emigrierte der Jude *Rabel* nach Amerika und konnte dort auf

Grund von Stipendien des American Institute of Law, der Universität Michigan und der Harvard University sein Auslangen finden. Im Auftrag des American Law Institute verfasste *Rabel* ein monumentales Werk in 4 Bänden: *„The Conflict of Laws: A comparative study"*, ein wahres Meisterwerk am Schnittpunkt zwischen Rechtsvergleichung und IPR. Ausgangspunkt sollte der *„Restatement of the Law of Conflict of Laws"* sein. Grundsätzlich verglich *Rabel* die einzelnen Probleme der wichtigsten Rechtsordnungen sehr eingehend, ohne sich streng an die *sections* (Paragraphen) des Gesetzes zu halten. Eine ganze Reihe weiterer kollisionsrechtlicher Aufsätze folgte. *Rabels* wissenschaftlicher und persönlicher Lebensweg hat seine Methode geprägt, sie unterstreicht Geschichtlichkeit und Gesellschaftsbezogenheit des Rechts. Die Rechtsvergleichung wird so zum entscheidenden Mittel, das Recht in seiner Gesamtheit zu erfassen, insbesondere Trennendes und Vereinigendes zu begreifen und zu erklären. Wie *Rabel* dies verstanden wissen wollte, belegen am besten folgende Worte aus seinem Aufsatz über Aufgaben und Notwendigkeit der Rechtsvergleichung: „Der Stoff des Nachdenkens über die Probleme des Rechts muss das Recht der gesamten Erde sein, vergangenes und heutiges, der Zusammenhang des Rechts mit Boden, Klima und Rasse, mit geschichtlichen Schicksalen der Völker – Krieg, Revolution, Staatengründung, Unterjochung –, mit religiösen und ethischen Vorstellungen; Ehrgeiz und schöpferischer Kraft von Einzelpersonen; Bedürfnis von Gütererzeugung und Verbrauch; Interesse von Schichten, Parteien, Klassen. Es wirken Geistesströmungen aller Art – denn nicht bloß Feudalismus, Liberalismus, Sozialismus erzeugen jeder ein anderes Recht – und die Folgerichtigkeit eingeschlagener Rechtsbahnen, und nicht zuletzt die Suche nach einem staatlichen und rechtlichen Ideal. Alles das bedingt sich gegenseitig in sozialer, wirtschaftlicher, rechtlicher Gestaltung. Tausendfältig schillert und zittert unter Sonne und Wind das Recht jedes entwickelten Volkes. Alle diese vibrierenden Körper zusammen bilden ein noch von niemanden mit Anschauung erfasstes Ganzes"[19].

IV. Die Rechtsvergleichung als neue Disziplin

1. *R. Schlesinger* und die *Cornell*-Seminare: Auf dem Wege der Verfeinerung der Methode der Rechtsvergleichung stellen die in den Jahren 1957-1968 an der Cornell University unter Leitung des bedeutenden amerikanischen Rechtsverglei-

19 *Rabel*, Aufgabe und Notwendigkeit der Rechtsvergleichung, RheinZ 13 (1924) 283 = Sonderdruck München 1925= GA III, 5.

chers *R. Schlesinger* abgehaltenen Seminare einen wahren Meilenstein dar.[20] Einzelne nationale Berichterstatter erarbeiteten auf Grund eines einheitlichen Fragenkataloges zur Entstehung von Verträgen schriftliche Länderberichte. Der Fragenkatalog war dabei so verfasst worden, dass sämtliche relevante Umstände aller in Betracht kommenden Rechtsordnungen Berücksichtigung fanden. Zur Verdeutlichung der Fragestellungen stellte *Schlesinger* den Bearbeitern reale Fälle zur Verfügung. Die Verpflichtung, auf alle gestellten Fragen zu antworten, führte dazu, dass auch diejenigen Umstände aufgedeckt wurden, die bislang nicht einer bestimmten Rechtsordnung zugerechnet wurden. Die vorläufigen Länderberichte wurden sodann in drei mehrmonatigen intensiven Seminaren vorgestellt und diskutiert. Erst auf Grund der Diskussionen gingen die nationalen Bearbeiter daran, ihre endgültigen Berichte zu verfassen. Die eigentlich rechtsvergleichenden Zusammenstellungen und Konklusionen wurden von den Teilnehmern gemeinsam erarbeitet und dargelegt. Abgesehen von zahlreichen konkreten Ergebnissen, die das Wissen bezüglich des Vertragsrechtes in den einzelnen nationalen Rechtsordnungen deutlich erweiterten, konnten grundlegende methodische Erkenntnisse gewonnen werden:

a) Nicht alle die Rechtsordnungen bestimmenden Faktoren sind allen Rechtsordnungen in gleicher Weise und in gleichem Ausmaße eigen. Auch das Zusammenwirken derselben kann in den einzelnen Rechtsordnungen von sehr unterschiedlicher Tragweite sein.

b) Die Rechtsvergleichung bewirkt für jede der untersuchten Rechtsordnungen eine Vertiefung der Erkenntnisse, die ausschließlich innerhalb der Rechtsordnung tätige Juristen nicht erzielen können.

2. Als wichtigstes Ergebnis der neuen, aber alsbald gefestigten Disziplin „Rechtsvergleichung" ist folgende Erkenntnis zu betrachten: Nicht nur bestimmte, insbesondere von Gesetz, Gesetzen oder sogar Kodifikationen vorgegebene Einrichtungen und Lösungen sind zum Zwecke des Vergleiches zu untersuchen, sondern grundsätzlich alle rechtlichen Phänomene in ihrem gesellschaftlichen und historischen Zusammenhang. Der Erkenntnis der Funktion der einzelnen rechtlichen Erscheinungen kommt in diesem Zusammenhang allergrößte Bedeutung zu: Damit ist es nun tatsächlich möglich, beginnend von Einzelproblemen, das Phänomen Recht auf der gesamten Welt bei allen Völkern und Kulturen, in allen Dimensionen in ihrer Entwicklung und Gegenwärtigkeit zu erkennen. Dabei war die seit der Jahrhundertwende in zunehmendem Maße von kontinentaleuropäischen Juristen praktizierte Beschäftigung und Auseinandersetzung mit dem *Common Law* von nicht zu unterschätzender Bedeutung. In diesem Zusammen-

---

20 *Schlesinger* (Hrsg), Formation of Contracts I and II (New York – London 1968); *Sacco*, Un metodo di lavoro nuovo: il seminario di Cornell, RDC 1972, 172.

hang konnte man jedoch sehr bald erkennen, dass auf den ersten Blick so unterschiedlich strukturierte Rechtsordnungen, die verschiedene Art der Rechtsfindung, schließlich auf ganz anderen Prämissen beruhende Beschäftigung mit dem Recht, zumindest vordergründig in Ermangelung vergleichbarer Erscheinungen einen sinnvollen Vergleich verhindern würden. Gerade durch diese vordergründigen Unterschiede trat aber die Notwendigkeit auf, die Frage nach dem Warum dieser Unterschiede zu stellen und um so intensiver den historischen Entwicklungsprozess und die soziale Realität zu erforschen, damit über die Erkenntnis der Funktion der rechtlichen Phänomene Aussagen getroffen werden konnten, in welchem Ausmaße die Unterschiede tatsächlich auch dem Inhalt und der Substanz nach existierten und sich nicht bloß in der Form erschöpften.

Die Bedeutung der Rechtsvergleichung ist selbst heute nicht im Allgemeinen außer Zweifel gestellt. Sie wird mit um so größerer Härte und Beharrlichkeit von jener Richtung der Zivilistik bekämpft, die nach wie vor in der puren und reinen nationalen Dogmatik ihr Heil zu finden glaubt und die um ihre Position in den Fakultäten und im Unterricht ringen muss. Dieser an und für sich unerfreuliche Zustand wird gerade in Deutschland und Österreich noch dadurch verstärkt, dass manche Lehrstühle die Bezeichnung Rechtsvergleichung führen, ohne dass die betreffenden Inhaber in Wahrheit das Fach bevorzugt vertreten würden.

§ 3 Rechtskreise und Rechtsfamilien[21]

I. Die Entstehung der Lehre von den Rechtskreisen

Seit den Anfängen der Rechtsvergleichung stand die Frage im Raum, was man eigentlich zum Gegenstand der Vergleichung machen sollte. Wurde ein positivistischer Standpunkt vertreten, so musste der Satz „ein Staat – eine Rechtsordnung" seine Berechtigung haben und es mussten zumindest ebenso viele zu vergleichende Rechtsordnungen geben, wie es Staaten gab. Darüber hinaus machte man alsbald die Beobachtung, dass es in ein und demselben Staatswesen infolge des spezifischen staatlichen Aufbaus und der besonderen Entwicklung mehrere Rechtsordnungen geben konnte. Angesichts der Vielzahl der zu beobachtenden Phänomene innerhalb einer großen und stets steigenden Anzahl von Rechtsordnungen – man bedenke, dass die Anzahl der heute souveränen Staaten zumindest um die Hälfte größer ist als noch zur Jahrhundertwende – tauchte bald die Frage auf, ob denn das zu Vergleichende auf dem Wege der Generalisierung nicht wieder reduziert werden könne. Hier spielte die historische Wurzel der Rechtsvergleichung eine entscheidende Rolle, musste doch sofort auffallen, dass eine große Anzahl der modernen Rechtsordnungen auf das Römische Recht direkt oder indirekt zurückgingen. So lag der Versuch nahe, aus einer schier unabsehbaren Zahl Gruppen herauszufiltern, um so Strukturen und Grundsätzliches miteinander vergleichen zu können.

Bereits am Pariser Kongress des Jahres 1900 schlug *A. Esmein* (*Le droit comparé et l'enseignement du droit, in: Congrès international de Droit comparé Procès verbaux des séances et documents I [1905]*) vor, die Rechtsordnungen in Rechtskreise zu gliedern: römischer, germanischer, angelsächsischer, slawischer, islamischer. Die im Französischen verwendete Bezeichnung lautete *famille* oder *groupe de droit*. Dabei betonte *Esmein* die historische Entwicklung, die grundlegenden Strukturen und die hervorzuhebenden Unterscheidungsmerkmale innerhalb jeder dieser Rechtsfamilien. Während nach weiteren möglichen Einteilungskriterien Ausschau gehalten wurde, erschien 1950 das bedeutende Handbuch von *Arminjon/Nolde/Wolff: Traité de droit comparé I.* Nach Auffassung der Verfasser sollten die Besonderheiten einer jeden Rechtsordnung in Bezug auf Originalität und Herkunft sowie die Gemeinsamkeiten der Rechtsordnungen untereinander die Möglichkeit eröffnen, Gruppenbildungen vorzunehmen. In der Abhandlung werden insgesamt sieben vorgeschlagen, die man im Deutschen herkömmlicherweise als Rechtskreise bezeichnet: französischer, germanischer, englischer, russischer, islamischer, hinduistischer, fernöstlicher. Besondere Aufmerksamkeit

---

21 *Kötz*, Abschied von der Rechtskreislehre, ZEuP 1996, 493.

verwendete *R. David* der Unterteilung in Rechtskreise. Als wichtigste Unterscheidungskriterien hob er Philosophie, Religion, Ökonomie und soziale Strukturen hervor. Die *conception de la justice*, die Idee der Gerechtigkeit innerhalb der Systeme schien ihm dabei auf den vorangegangenen Faktoren zu fußen und so eine eindeutige Zuordnung zu ermöglichen. Während er im ebenfalls 1950 erschienenen Handbuch (*Traité élémentaire de droit civil comparé*) fünf Rechtsfamilien vorschlug – die okzidentale, die sowjetische, die islamische, die hinduistische und die chinesische – gelangte er später (*Les grands systèmes du droit contemporain,* 1964[22]) zu folgender Präzisierung: Neben der romanisch-germanischen Rechtsfamilie, der sozialistischen und der des *Common Law* sollten alle anderen Rechtsordnungen, gegliedert nach Gruppen wie Islamisches Recht, Hinduistisches Recht, Jüdisches Recht, Recht Schwarzafrikas, als *autres systèmes* (andere Systeme) zusammengefasst werden.

II. Die deutsche Rechtsvergleichung: K. Zweigert/H. Kötz

Als Zentrum der Rechtsvergleichung in Deutschland ist das von E. Rabel begründete und nach dem 2.Weltkrieg in Hamburg wiedereröffnete Max-Plank-Institut für ausländisches und internationales Privatrecht anzusehen[23], das inzwischen von Reinhard Zimmermann geleitet wird. Sehr eingehend, tiefgehend und fruchtbringend haben sich *Konrad Zweigert* und *Hein Kötz*, beide Direktoren an eben diesem Institut, mit dem Problem der Rechtskreise auseinandergesetzt: Dabei erfährt die von *Arminjon/Nolde/Wolff* vertretene Lehre von den Rechtskreisen grundsätzlich Unterstützung, wobei gleich eingangs hervorgehoben wird, dass für die Lehre von den Rechtskreisen der Grundsatz der materienbezogenen Relativität gelte[24]. Dies ist in der Tat augenscheinlich. Einmal ist in unserem Bereich die Materie durch das nach herkömmlicher Auffassung bestehende Privatrecht vorgegeben. Zum zweiten kann es natürlich auch innerhalb des Privatrechtes selbst zu materienbezogenen Verschiedenheiten kommen.

Weiters unterstreichen *Zweigert/Kötz* die Zeitbedingtheit des zu vergleichenden Stoffes. Diese an und für sich bereits wichtige Erkenntnis kann nicht hoch genug bewertet werden, sind doch die Entwicklungsprozesse innerhalb der ein-

---

22 Die 10. Auflage erschien unter Mitwirkung von *C. Jauffret-Spinosi* 1992.

23 Auch anderswo entstanden Zentren der Forschung ausländischer Privatrechte, insbesondere in München, wo sich *M. Ferid und später W. Sonnenberger* intensiv mit dem französischen Recht befassten, später auch in Heidelberg (*Jayme*) und Freiburg (*Schlechtriem/Blaurock/Hohloch*) und Osnabrück (*v. Bar/Schmitt-Kessel*). Aber auch andereortes wie Münster (*Großfeld/R. Schulze*) wird die Rechtsvergleichung gepflegt.

24 *Zweigert/Kötz*, Rechtsvergleichung[3], 64.

zelnen Rechtsordnungen und auch in Bezug untereinander von entscheidender Bedeutung für die Realität des Rechtes. Daraus ergibt sich für *Zweigert/Kötz* insbesondere die Bildung neuer Rechtskreise sowie die Möglichkeit, dass eine Rechtsordnung von einem Rechtskreis in einen anderen gelangt. Als möglicher neuer Rechtskreis wird in diesem Zusammenhang der „afrikanische Rechtskreis" genannt, also jene Rechtsordnungen, die südlich der Sahara existieren. Als Beispiel einer Verschiebung innerhalb der Rechtskreise wird Japan angeführt, das, so *Zweigert/Kötz*, nicht mehr zusammen mit China dem fernöstlichen Rechtskreis zuzuordnen ist. Alles in allem habe der Grundsatz der zeitlichen Relativität zu gelten[25].

Von besonderer Bedeutung sind die weiteren Ausführungen von *Zweigert/Kötz* bezüglich derjenigen Unterscheidungskriterien, die die konkrete Einteilung in Rechtskreise erst rechtfertigen können. Am Beginn steht dabei folgende Behauptung: „Einzelne Rechtsordnungen und ganze Gruppen von Rechtsordnungen haben jeweils bestimmte Stile. Die rechtsvergleichende Forschung muss danach trachten, diese Rechtsstile in den Griff zu bekommen und die Gruppierung in Rechtskreise und die Zuweisung einzelner Rechtsordnungen an diese Rechtskreise nach den entscheidenden Stilelementen, nach stilprägenden Faktoren vorzunehmen."[26] Dabei gelte es zuerst zu klären, welche Faktoren in ihrem Zusammenwirken den Stil bestimmen können, wobei diese wichtig und wesentlich sein müssen.

Fünf derartige stilprägende Faktoren werden von *Zweigert/Kötz* genannt:

a) Historische Herkunft und Entwicklung einer Rechtsordnung
b) Eine in ihr vorherrschende spezifisch juristische Denkweise
c) Besonders kennzeichnende Rechtsinstitute
d) Die Art der Rechtsquellen und ihre Auslegung
e) Ideologische Faktoren

Die historische Entwicklung beispielsweise würde die Unterscheidung zwischen einem romanischen und einem germanischen Rechtskreis durchaus rechtfertigen, hätten doch Deutschland, die Schweiz und Österreich nicht an der Kodifikationsbewegung in Folge des Code Civil teilgenommen. Die spezifisch juristische Denkweise im Rahmen des deutschen und des romanischen Rechtskreises sei der Zug zur Abstraktion der rechtlichen Normen, das Einfangen ganzer Rechtsgebiete in wohlgegliederte Systeme und schließlich der Denkprozess der juristischen Konstruktion. Als wichtige Gegenüberstellung könne man hier im Bereiche des *Common Law* das Fallrecht heranziehen. „Die Wissenschaft des *Common Law* ist so in ihrem Ursprung forensisch, die kontinentale scholastisch.

---

25 *Zweigert/Kötz*, Rechtsvergleichung^3, 66.
26 *Zweigert/Kötz*, Rechtsvergleichung^3, 67.

Die großen Juristen in England waren Richter, auf dem Kontinent Professoren (...) hier abstraktes Denken in Institutionen – dort konkretes Fall-Denken“[27]. Als weiteres Beispiel wird von *Zweigert/Kötz* das Prinzip genannt, das von *Jhering* mit Kampf um das Recht bezeichnet wurde; somit die Überzeugung, dass das Ziel des Rechts der Friede sein müsse, das Mittel dann aber der Kampf. Im Fernen Osten dagegen habe man ganz andere Mittel gepflegt, um auf dem Wege der präventiven Konfliktlösung den Frieden aufrechtzuerhalten. Friedlicher Ausgleich, gütliche Schlichtung müssen der kontradiktorischen Entscheidung des Richters gegenübergestellt werden.

Bezüglich der bestimmenden Rechtsinstitute heben *Zweigert/Kötz* für das *Common Law* die *consideration*-Lehre, den *trust agency*, die Vielfalt im Rahmen des Deliktsrechts (*torts*), die verschiedenen Arten und Stufen des Eigentums, den Gang des Nachlasses an einen *administrator* oder *executor* sowie die Eigenheiten des Beweisrechts, für den deutschen Rechtskreis die Generalklauseln als Einfallstore des Richterrechtes, die Lehre vom abstrakt dinglichen Vertrag, die Haftung aus *culpa in contrahendo*, der Wegfall der Geschäftsgrundlage, die intensive Erfassung des Instituts der ungerechtfertigten Bereicherung sowie das Grundbuch, für den romanischen Rechtskreis die *cause*, die *action directe*, sowie die Versionsklage, hervor. Allen kontinentalen Rechten gemeinsam, aber dem *Common Law* unbekannt, sei das Institut der *negotiorum gestio* (GoA).

Bei den Arten der Rechtsquellen und den Methoden der Auslegung wird häufig Gesetzesrecht dem typischen Richterrecht des *Case Law* gegenübergestellt. Nach *Zweigert/Kötz* werden diese Unterschiede freilich im Allgemeinen überschätzt, so dass sie zur Auffassung gelangen können: „Überhaupt hat die Rechtsquellenlehre für die rechtsvergleichende Forschung im allgemeinen und für die Lehre von den Rechtskreisen im besonderen nur relativ geringe Bedeutung“.[28]

Dem fünften und letzten der stilbildenden Faktoren, der Ideologie, messen *Zweigert/Kötz* im Bereiche des islamischen Rechts, des Hindu-Rechtes sowie der ehemaligen sozialistischen Rechte zwar eine Bedeutung zu; sie erkennen die Ideologie aber nicht als Unterscheidungskriterium innerhalb der „westlichen“ Rechtsordnungen an. Der stilbildende Faktor Ideologie bedeutet vielmehr die von Religion oder politischer Idee geprägte Vorstellung über die richtige Ordnung des sozialen und wirtschaftlichen Lebens.

Abschließend unterstreichen *Zweigert/Kötz*: „Diese stilbildenden Faktoren bestimmen die Rechtskreise selbst und die Zuordnung einzelner Rechtsordnungen an einen Rechtskreis nach dem relativen Gewicht ihrer jeweiligen Unter-

---

27 *Zweigert/Kötz*, Rechtsvergleichung³, 69.
28 *Zweigert/Kötz*, Rechtsvergleichung³, 71.

scheidungskraft".[29] Dies bedeutet, dass je nach Rechtsordnung die einzelnen Faktoren von unterschiedlicher Tragweite sein können, je nachdem wie sie selbst diese Rechtsordnungen geprägt haben. Dies setzt somit voraus, dass die einzelnen Faktoren innerhalb der Rechtsordnungen untersucht werden müssen und sie erst in einem weiteren Arbeitsvorgang in vergleichender Weise herangezogen werden können. *Zweigert/Kötz* halten nach Festlegung der stilbildenden Faktoren zwar an der von *Arminjon/Nolde/Wolff* vorgenommenen Einteilung fest, präzisieren diese aber auf Grund der genannten Faktoren:

a) Romanischer Rechtskreis
b) Deutscher Rechtskreis
c) Nordischer Rechtskreis
d) Rechtskreis des *Common Law*

Im Weiteren sprechen *Zweigert/Kötz* nicht mehr von Rechtskreisen, sondern vom Recht der Volksrepublik China, dem japanischen Recht, dem islamischen Recht und dem Hindu-Recht.

Bereits *R. David* hatte sich mit der Frage nach der Sinnhaftigkeit der Einteilung in Rechtskreise beschäftigt und betonte, dass der Begriff *famille de droit* keineswegs als biologische Realität zu verstehen, sondern didaktischen Zwecken untergeordnet sei. Dadurch könne man Ähnlichkeiten und Unterschiede besser erkennen und darstellen. Grundsätzlich sei eine Klassifizierung sinnvoll und die Klassifizierungen könnten je nach den angemessenen Prämissen auch anders erfolgen und ebenso nützlich sein.[30]

Auch *Zweigert/Kötz* wollen sich dieser Auffassung nicht verschließen. Auch sie heben den didaktischen Wert und Nutzen der Einteilung hervor, warnen aber auf sehr eindringliche Weise vor einer Überbewertung der Lehre von den Rechtskreisen, insbesondere unter dem Hinweis auf die zeitliche und materielle Relativität der Rechtsordnungen und der damit verbundenen Schwierigkeit, sie dem einen oder dem anderen Rechtskreis zuzuordnen: „Überhaupt ist jede Einteilung in Rechtskreise, wie sich gerade am Beispiel der ‚hybriden' Rechtsordnungen zeigt, nur ein erstes grobfingriges Hilfsmittel, das namentlich dem Anfänger brauchbare Dienste bietet, indem es die zunächst verwirrende Vielfalt der Rechtsordnungen der Welt in eine lockere Ordnung bringt. Gerade der fortgeschrittene Rechtsvergleicher aber, der sich durch Übung mit Erfahrung ein Gespür für den besonderen Stil eines nationalen Rechtssystems erworben hat, wird dieses Hilfsmittels bald nicht mehr bedürfen oder wird es mit den Vorbehalten benützen, die stets am Platze sind, wenn man so komplexe soziale Phänomene,

29 Siehe vorangegangene FN.
30 *R. David,* Les grands systèms 22.

wie es lebende Rechtsordnungen sind, in eine notgedrungen schematische äußere Ordnung zu bringen sucht."[31]

III. Die italienische Rechtsvergleichung: G. Gorla und R. Sacco

In Italien spielt die Rechtsvergleichung in Lehre und Forschung die Rechtsvergleichung heute eine wichtige Rolle. Auch wenn die Anzahl an Rechtsvergleichern, die zum Fortschritt dieser Wissenschaft beigetragen haben, außergewöhnlich ist, so ist doch heute *R. Sacco* und seiner Schule eine zentrale Bedeutung nicht abzusprechen. Doch die Grundlagen für diesen durchschlagenden Erfolg wurden freilich bereits von *G. Gorla*[32] gelegt. Noch früher, bereits im Jahre 1927, wurde von *S. Galgano* die Zeitschrift *Annuario di Diritto Comparato* gegründet. Die bahnbrechenden Untersuchungen von *G. Gorla* haben aber mehr bewirkt als eine Sonderdisziplin im Rahmen der italienischen Rechtswissenschaft zu konsolidieren, sie haben dazu geführt, dass die rechtsvergleichende Methode und Dimension in ungewöhnlich starker Weise in der modernen Zivilistik präsent ist[33]. *Gorlas* Meisterwerk ist eine eingehende Untersuchung zum Vertrag auf rechtsvergleichender Basis: Il contratto. Problemi fondamentali trattati con il metodo comparativo e casistico[34]. Die von *Gorla* entwickelte Methode stützt sich zum einen auf die Betrachtung verschiedener Rechtsordnungen, insbesondere unter Miteinbeziehung des Common Law, und zum anderen auf tiefgehende Studien zur Entwicklung der einzelnen rechtlichen Aspekte. Sie unterstreicht vor allem den Nutzen der rechtshistorisch-rechtsvergleichenden Betrachtung für die Erkenntnis und auch Weiterentwicklung der einzelnen nationalen Rechtsordnungen. Während *Gorla* von der reinen Zivilistik zur Rechtsvergleichung gefunden und auf diese Weise die gesamte Wissenschaft vom Privatrecht zutiefst beeinflusst hat, beschritten andere den Weg vom Römischen Recht zur Rechtsvergleichung. Zu nennen wäre hier insbesondere *G. Pugliese*[35].

---

31 *Zweigert/Kötz* , Rechtsvergleichung[3], 72.

32 Zu *Gino Gorla* vgl *G. Pugliese* in: Scintillae iuris, Studi in memoria di G. Gorla I, 29 (Torino 1994).

33 *Gorlas* Leistung wird gebührend von *Alpa* 327 f gewürdigt.

34 Band I: Lineamenti generali, Band II: Casistica e problemi (Milano 1955).

35 Giovanni Pugliese (1914-1995) war ursprünglich Professor für Römisches Recht in Triest, Mailand und Rom und wurde zum Ende seiner Laufbahn Nachfolger von G. Gorla als Komparatist an der Sapienza zu Rom. Pugliese hat sich als Komparatist intensiv mit dem Phänomen Louisiana beschäftigt und hat insbesondere die unverkennbaren Parallelitäten zwischen Römischem und Englischem Recht hervorgekehrt.

Im Folgenden sollen in aller Kürze *Saccos* Ansichten zur Klassifizierung von Rechtsordnungen und seine methodischen Grundlagen der Rechtsvergleichung dargestellt werden.[36]

Grundsätzlich erkennt auch *Sacco* die Nützlichkeit der Klassifizierung der auf das Systematische reduzierten Rechtsordnungen (*sistemi*) in Rechtskreise (*famiglie*) an. In diesem Zusammenhang wird ausdrücklich nur auf *R. David* verwiesen, dessen Ansichten er prinzipiell gutheißt. Die Unterteilung des Publikationsprogrammes innerhalb der *Académie internationale de droit comparé*, ebenso wie der Lehrplan der *Faculté de droit comparé* in Straßburg seien als durchaus wichtiges Indiz zugunsten des von *R. David* vorgeschlagenen Modells anzusehen. Die Notwendigkeiten der Didaktik erfordere im Übrigen eine Klassifizierung[37], wobei auch *Sacco* die Probleme der Klassifizierung nicht verborgen bleiben. Grundsätzlich könnten sehr viele Unterscheidungskriterien gefunden werden, weil jene Faktoren (*elementi*), die zum Zwecke der Klassifizierung herangezogen werden können, von großer Zahl seien. Unter den vielen möglichen Unterscheidungskriterien nennt *Sacco* als die bedeutsamsten:

a) die Geschichte

b) die Legitimation der Macht

c) den Einfluss, um nicht zu sagen die Vereinnahmung einer Rechtsordnung durch metajuristische Lehren wie Religion und Politik

d) den Entwicklungsstand der Rechtsordnungen (etwa Zentralisierung, kritische Erfassung der Rechtsordnungen selbst)

e) die Bewertung der einzelnen Rechtsquellen: Rechtswissenschaft, Präjudizyen, autoritative Rechtsschöpfung

f) die Grundwerte der Rechtsordnungen

g) die Begrifflichkeit der Rechtsordnungen

Als besonderes einer eindeutigen Klassifizierung im Wege stehendes Hemmnis nennt *Sacco* die Dynamik der Rechtsordnungen und ihre Veränderlichkeit.[38] Diese Dynamik sei gerade in den letzten zwei Jahrhunderten immer intensiver geworden und führe auch heute zu dauernden Veränderungen innerhalb der Rechtsordnungen. Erschwerend komme hinzu, dass den einzelnen Rechtsordnungen in der Regel Modelle zugrunde liegen. Während die Rechtsordnung als das Konkrete bezeichnet wird, sind die Modelle das Abstrakte, das von Juristen und Sozialwissenschaftlern aus einer Vielzahl von Rechtsordnungen extrapoliert wird. Derartige Modelle sind beispielsweise Recht mit oder ohne Gesetzgeber, Recht mit oder ohne Juristen, Recht mit oder ohne Staat, übernatürliches Recht,

---

36 *Sacco* in *Gambaro/Sacco* 19 ff.

37 *Sacco* in *Gambaro/Sacco* 17 und 19.

38 *Sacco* in *Gambaro/Sacco* 20.

rechtlicher Pluralismus. Die eigentliche Klassifizierung und der Vergleich müssen sich freilich auf die Rechtsordnungen und die aus ihnen bestehenden Rechtskreise konzentrieren. Nur die Rechtsordnung ist real und in der historischen Dimension bestehend. *Sacco* ist weiters der Überzeugung, dass, wenn auch alle wichtigen Rechtsordnungen in einem Handbuch behandelt werden sollten, denjenigen eine zentrale Bedeutung zukommen müsse, die in zunehmendem Ausmaße die Welt bestimmen werden. Dies seien unabhängig von den Differenzen alle so genannten westlichen Rechtsordnungen. Innerhalb der westlichen Rechtsordnungen würde nach wie vor der wichtigste Gegensatz zwischen jenen sein, die sich auf das Römische Recht zurückführen lassen, und jenen des *Common Law*. Daneben, so *Sacco*, ist es nach wie vor sinnvoll, alle nur möglichen Rechtsordnungen zu untersuchen, man muss sich jedoch stets vor Augen halten, dass ihre Bedeutung was die politische und kulturelle Dimension anbelangt auf geographisch bestimmte Gebiete beschränkt bleibt und dass sie allesamt dem steigenden Einfluss der westlichen Rechtsordnungen ausgesetzt sind.

Von der Methode her schlägt *Sacco* zwei Ansatzpunkte vor, die die Sinnhaftigkeit rechtsvergleichender Tätigkeit unterstreichen können: Zum einen sollte durch die Erkenntnis und die systematische Erarbeitung der exemplarischen Elemente einer einzigen Rechtsordnung diese als Prototyp eines ganzen Kreises dargestellt werden, zum anderen sollten in weiterer Folge diejenigen Elemente hervorgehoben werden, die für einen ganzen Rechtskreis typisch sind.[39]

IV. Kriterien zur Gruppenbildung

1. Als Ergebnis der Untersuchungen von *Zweigert/Kötz* und *Sacco*, die zu den zwei wichtigsten der jüngsten Bücher auf dem Gebiete der Rechtsvergleichung geführt haben, könnte man hervorkehren, dass die Klassifizierung in Rechtskreise zwar grundsätzlich positiv aufgenommen wird, dass sich die Autoren aber nicht den Problemen, die mit dieser Klassifizierung zusammenhängen, verschließen.

2. In der Tat ist die Diskussion nach wie vor sehr offen und es gilt, zum einen die von den bisherigen Autoren bereits aufgezeigten Faktoren zu würdigen, zum anderen mögliche weitere Elemente zu erkennen und einer systematischen Erfassung zuzuführen. Dabei wird man von den einzelnen Rechtsordnungen, ihrer Realität und ihren Besonderheiten auszugehen haben. Jede dieser weltweit überaus zahlreichen Rechtsordnungen ist in mehr oder minder starker Weise von verschiedenen rechtlichen und außerrechtlichen Faktoren geprägt und davon bestimmt, wie bereits in § 1 Abs 2 1-7 aufgezeigt wurde. Im Folgenden sollen jene

---

39 *Sacco* in *Gambaro/Sacco* 22.

grundlegenden Faktoren systematisch dargestellt werden, die nach meiner Auffassung besonders geeignet erscheinen, um eine Einteilung in Gruppen rechtfertigen zu können. Es geht darum festzustellen, in welchem Ausmaße und in welcher Form auf Grund von strukturellen Ähnlichkeiten oder sogar Gleichheiten einzelne Rechtsordnungen zusammengefasst werden können. Diese Gruppen können aus einer sehr unterschiedlichen Anzahl von Rechtsordnungen bestehen. Sobald sie sich aber aus zahlreichen Rechtsordnungen zusammensetzen, spreche ich mich dafür aus, den im Deutschen inzwischen geläufigen Begriff Rechtskreis beizubehalten.

a) Die Rechtsinstitute: Zuerst muss ergründet werden, in welcher Weise die verschiedenartigsten Probleme des Privatrechts einer normativen Lösung zugeführt werden. Auf der Grundlage der hier angenommenen Kernbereiche Schuldrecht, Sachenrecht, Personenrecht, Familienrecht und Erbrecht stellt sich die Frage, auf welche Weise die einzelnen Bereiche des Privatrechts geregelt werden und in welcher Form die Rechtsinstitute dem Begriff und dem Inhalt nach erscheinen. In diesem Zusammenhang muss auch auf das Fehlen von Lösungen in den einzelnen Rechtsbereichen sowie auf das Fehlen von spezifischen Rechtsinstituten eingegangen werden, die dem Betrachter aus anderen Rechtsordnungen geläufig sind. Die vorhandenen Rechtsinstitute müssen grundsätzlich nach den Prinzipien der juristischen Methode erfasst, das bedeutet beschrieben und funktional analysiert werden. Nach einer analytisch-systematischen Darstellung der Rechtsinstitute der Ausgangsrechtsordnung erfolgt nach dem eingeschlagenen Muster die Darstellung in weiteren Rechtsordnungen.

b) Die Entstehung der Normen: Betrachtet man die normative Lösung eines gesellschaftlichen Problems, so hat man auf die Entstehung der Norm einzugehen, und zwar an erster Stelle, inwieweit entweder die Erzeugung der Normen durch vom Menschen geprägte Regeln stattfindet, oder ob die Regeln, außer- oder metajuristisch, als göttliches Recht, als Naturrecht etc zu bewerten sind. Ist letzteres nicht der Fall, so hat man sich zu fragen, ob die Normen durch Brauch und Gewohnheit entstehen oder typischerweise durch einen Gesetzgeber, einen Richter oder durch die Rechtswissenschaft. Ein Gesetzgeber wiederum kann versuchen, die einzelnen Probleme des Privatrechts anhand von Einzelgesetzen oder sehr speziellen Regeln einer Lösung zuzuführen, er kann aber auch geneigt sein, den gesamten Bereich auf dem Wege einer Kodifikation zu ordnen. Es muss sogleich betont werden, dass die eine Art keineswegs andere auszuschließen vermag, dass man ganz im Gegenteil häufig ein Nebeneinander der Normerzeugung feststellen können wird, wobei wiederum zu beachten ist, ob es innerhalb einer Rechtsordnung vorwiegende Erzeugungsmechanismen gibt oder nicht.

c) Die Anwendbarkeit der Norm in der Praxis: Es ist zu prüfen, wie die bestehenden Normen innerhalb einer Rechtsordnung im konkreten verstanden und einer Anwendung zugeführt werden. Hier wird man sich die Frage stellen, auf welche Weise und von wem die Anwendung durchgeführt wird. Während unter Punkt a) deskriptiv die Norm und das Normengefüge, die Rechtsinstitute für sich und im Zusammenhang als bestimmender Faktor beschrieben werden, ist bei diesem Punkt die Realität des Rechtslebens und der juristischen Praxis in den Vordergrund gestellt.

d) Die Organisation der Rechtsfindung: Bei diesem Faktor ist zu ergründen, an wen der Rechtsuchende sich zu wenden hat, wer ihn dabei unterstützen kann, wer letztlich das Problem konkret lösen wird. Dabei geht es in erster Linie um die Existenz einer Gerichtsbarkeit, um die Ausgestaltung und Organisation derselben, um die Frage der Unabhängigkeit der Gerichte von anderen Institutionen eines Staates, um die Möglichkeit der Berufung und die Rechtskraft der Entscheidungen. Es geht aber auch um das Vorhandensein anderer rechtskundiger Berufe, die auf dem Wege der Rechtsfindung behilflich sein können.

e) Die Juristen – Ausbildung und Karrieren: Dabei muss als Vorfrage geklärt werden, wie man die Funktion des Juristen in einer Gesellschaft und Rechtsordnung überhaupt bestimmen kann. Insbesondere muss darauf Wert gelegt werden zu ergründen, ob die Tätigkeit des Juristen als eigenständiger Beruf bezeichnet werden kann, in welchem Ausmaße diese Tätigkeit funktional ausschließlich auf das Recht und seine Anwendung zu beziehen ist oder ob sie gleichsam als Teil- oder Nebenbeschäftigung angesehen wird. Die Ausschließlichkeit der juristischen Tätigkeit ist keineswegs vorgegeben, wenn man bedenkt, unter welch verschiedenen historischen, kulturellen und sozialen Bedingungen etwa Priester oder politische Funktionäre das Recht „mitbetreut“ haben. Gelangt man durch Klärung der Vorfrage zum Ergebnis, dass der Jurist im wesentlichen, also hauptberuflich, dem Recht verbunden ist, so wird man gerade bei der Erforschung der Ausbildung und der programmatischen Karrieren der Juristen vieles über ihren geistigen Hintergrund erfahren, ihre eigene Geisteshaltung, ihre Rolle innerhalb der staatlichen Einrichtungen und ihre Bedeutung innerhalb der Gesellschaft.

f) Die Bedeutung einer wissenschaftlichen Durchdringung des Rechtes und die Frage nach der Rolle der Rechtswissenschaft: Bei diesem Faktor geht es darum, inwiefern sich überhaupt innerhalb einer Rechtsordnung Juristen allgemein, abstrakt und jenseits von konkreten Fällen mit dem Recht und seinen verschiedenartigen Erscheinungen beschäftigen oder nicht. In diesem Zusammenhang stellt sich auch die Frage nach der wissenschaftlichen Durchdringung von Teilen des Rechtsstoffes oder seiner Gesamtheit, und ob die Ausbildung der praktischen Juristen auf allgemein bildenden Einrichtungen wie Universitäten oder aber speziellen Rechtsschulen Auswirkungen auf die Wissenschaftlichkeit des Rechtes haben kann. Weiters muss man hier prüfen, inwieweit die Rechtswissenschaft, der Gesetzgeber und die Rechtsfinder zusammenarbeiten, einander beachten oder aber einander ignorieren. Ebenso wird die Interdisziplinarität unter den Juristen und die Verbindung zu anderen Disziplinen, insbesondere im Bereich weiterer Sozialwissenschaften, eine beträchtliche Rolle spielen.

g) Die soziologische Dimension: Von eminenter Bedeutung ist die Frage, in welcher politischen, gesellschaftlichen und kulturellen Realität eine bestimmte Rechtsordnung lebt. In diesem Bereich ist die Frage nach der Staatlichkeit selbst und ihrer Grundsätze zu stellen, die historische Entwicklung in Betracht zu ziehen und eben jene außer- und metajuristischen Elemente zu berücksichtigen, die gemeinhin mit Religion und Ideologie umschrieben werden; weiters alle jene Faktoren, die als geistige Kraft und Größen die Gesellschaft als solche oder Teile derselben und ihre Einrichtungen beeinflussen und prägen. In diesem Zusammenhang wird zwar immer auf die marxistische Lehre in den ehemals „sozialistischen" Staaten sowie auf den Islam hingewiesen, was jene Rechtsordnungen anbelangt, die in den Staaten islamischen Glaubens existieren, jedoch kann man in fast allen Gemeinwesen viele andere Faktoren aufdecken, die entweder im Entstehungsprozess einer Rechtsordnung auf diese eingewirkt haben oder nach wie vor auf sie einwirken – sei es bei der praktischen Anwendung des Rechtes, sei es bei seiner Weiterentwicklung.

Während auf Entstehung und Entwicklung von Rechtsordnungen vielfach große geistige Strömungen einen prägenden Einfluss haben können, so kann dies bei der Anwendbarkeit in der heutigen praktischen Realität ganz anders sein. Zwar sind die Rechtsordnungen europäischer Provenienz als solche immer noch von den großen geistigen Strömungen – wie Antike, Christentum oder Aufklärung – geprägt, im Einzelnen wird aber vielfach auf besondere geistige Entwicklungen, die im Bereiche einer bestimmten oder mehrerer Rechtsordnungen auftreten können und durchaus beachtliche Konsequenzen auf die jeweilige Praxis haben können, Bezug zu nehmen sein.

3. Diese Punkte scheinen mir die wesentlichen zu sein, nach denen man Rechtsordnungen zu Gruppen zusammenschließen und klassifizieren könnte. Es soll nicht verschwiegen werden, dass sich weitere finden ließen, von denen aber in diesem Buch bewusst Abstand genommen wird. Die vorgeschlagenen Kriterien sollen von vornherein verdeutlichen, wie schwierig Klassifizierungen vor allem im Detail sind. Das Recht als soziales Phänomen wird von der konkreten gesellschaftlichen Wirklichkeit geprägt und diese ist vielfach – wenn auch nicht ausschließlich – mit der jeweiligen staatlichen Realität eng verwoben, so dass stets die reale Existenz von Einzelrechtsordnungen im Vordergrund steht. Gerade deshalb, aber wohl auch aus der Vielzahl anderer möglicher Kriterien, ergibt sich eine begründete Skepsis gegenüber der traditionellen Klassifizierung in Rechtskreise. Nichtsdestotrotz wird man nach wie vor bemüht sein und auch bemüht sein müssen, Einteilungen vorzunehmen, um auf diese Weise strukturelle und systematische Gemeinsamkeiten hervorheben zu können.

Bei der Frage nach der Entstehung einer normativen Lösung ist weiters jene Frage von erheblicher Bedeutung, ob die konkrete Lösung von der jeweiligen Rechtsordnung eigenständig gefunden wurde oder ob vielmehr eine bereits bekannte Lösung übernommen wurde. Desgleichen stellt sich die Frage, inwiefern auch im Rahmen der übrigen Faktoren Elemente einer Rechtsordnung von einer anderen übernommen wurden. Die Frage nach der Einflussnahme einer Rechtsordnung auf eine andere kann bei der Einteilung von Rechtsordnungen in Gruppen oder gar Rechtskreisen von großer Wichtigkeit sein und diese vor allem auch erleichtern.

Ein nicht allzu engmaschiges Raster im Bereiche der Prämissen 2.a-g, das sich auf substantielle Gemeinsamkeiten beschränkt, muss die Möglichkeit eröffnen, Gruppenbildungen vorzunehmen. Im Bereiche der Gruppenbildung erachte ich die Grundstufe, also den institutionellen Vergleich, von unverzichtbarer Bedeutung. Sind im institutionellen Bereich bereits die Gemeinsamkeiten oder zumindest die Ähnlichkeiten zu gering, um eine Gruppenbildung vorschlagen zu können, erübrigt sich eine weitere Untersuchung hinsichtlich der übrigen Faktoren. Die Einteilungen auf Grund des institutionellen Vergleichs sind somit die eigentliche Voraussetzung; die mögliche Heranziehung von Elementen weiterer Faktoren dient dem Feinschliff und somit einer Untermauerung oder Ablehnung der vorgenommenen Gruppenbildungen. Der Rechtsvergleicher, der sich anschickt, Gruppen, Familien oder Rechtskreise zu bestimmen, muss im Rahmen der Faktoren 2.b-g stets begründen, welche Elemente er zum Zwecke der Gruppenbildung für unerlässlich erachtet und welche dabei seiner Meinung nach keine entscheidende Rolle spielen sollen. Sieht man von den unverzichtbaren institutionellen Faktoren ab, so können vom Betrachter solche Aspekte außer Acht gelassen werden, die er ausdrücklich und begründet als nebensächlich bezeichnet hat.

Auch wenn in diesem Zusammenhang immer wieder kritisch von einer eurozentrischen Betrachtungsweise gesprochen wird, so muss man doch hervorheben, dass eine solche sich allein aus dem konkreten Standpunkt des jeweiligen Rechtsvergleichers ergibt. Ein Rechtsvergleicher aus Indien, China oder einem arabischen Land wird notwendigerweise andere Ansätze vorfinden und auch voraussetzen als ein Rechtsvergleicher aus Deutschland, Frankreich oder einem anderen europäischen Land.

V. Die Rechtskreise des Europäischen Privatrechtes: Der Römischrechtliche Rechtskreis und der Rechtskreis des Common Law

1. Je breitmaschiger man die Klassifizierungskriterien ansetzt, umso eher wird man zu Gruppenbildungen gelangen können. Nach wie vor am wichtigsten für einen europäischen Juristen scheint mir die Unterscheidung zwischen jenen Rechtsordnungen zu sein, die in mehr oder weniger direkter Weise auf das Römische Recht zurückzuführen sind, und jenen, die gemeinhin als Rechtsordnungen des *Common Law* bezeichnet werden. Als Oberbegriff schlage ich für erstere einfach Römischrechtliche oder Kontinentale Rechtsordnungen vor. Man spricht von kontinentalen Rechtsordnungen, weil sie sich am europäischen Festland entwickelt haben und nicht auf den britischen Inseln. Da es sich bei diesen Rechtsordnungen innerhalb und außerhalb Europas um eine große Gruppe handelt, die aus mehreren Dutzend Mitgliedern besteht, so halte ich den Begriff Kontinentaler oder Römischrechtlicher Rechtskreis für gerechtfertigt. Dazu zählen alle Rechtsordnungen Europas unter Einschluss der ehemals kommunistischen Staaten Mittel- und Osteuropas mit Ausnahme der durch das *Common Law* geprägten Rechtsordnungen Englands, Wales´ und Irlands, sowie der Mischsysteme in Schottland, Zypern und Malta. Außerhalb von Europa sind diesem Rechtskreis die Rechtsordnungen Lateinamerikas, größtenteils Québecs und Louisianas zuzurechnen; weiters die Rechtsordnungen derjenigen Staaten, die bewusst europäische Kultur und Rechtsordnungen rezipiert haben wie die Türkei oder Japan. Substantielle Gemeinsamkeiten in allen in Frage kommenden Prämissen (IV 2 a – g) können festgestellt werden.

2. Betrachten wir nun die kontinentalen Rechtsordnungen nach den unter IV 2 a-g aufgestellten Kriterien: Dabei kann zu Punkt 2a festgehalten werden, dass die wesentlichen Rechtsinstitute des Schuldrechtes, Sachenrechtes, Personenrechtes, Familienrechtes und Erbrechtes im Kern in allen Rechtsordnungen vorhanden sind und dass auch in der Frage der Terminologie Übereinstimmung herrscht. Was die Entstehung der Normen anbelangt (2b), so kann als Wesensmerkmal aller dieser Rechtsordnungen – sieht man von wenigen doch eher marginalen Rechtsordnungen wie jener von San Marino ab –, hervorgehoben werden, dass sie, was die klassischen Hauptgebiete des Zivilrechts anbelangt, über kodifiziertes Recht, also Gesetzbücher, verfügen. In allen Ländern steht das Gesetzesrecht in der Hierarchie der Normen klar an der Spitze. De iure ist für Richterrecht und Präzedentien kein Raum. Innerhalb dieser Gruppe lassen sich vier Gesetzbücher hervorheben. Das älteste ist der französische Code Civil (1804), gefolgt vom österreichischen ABGB (in Kraft getreten 1812), vom BGB (1900) und schließlich vom italienischen Codice Civile (1942). Alle vier wurden durch besondere Merkmale zu einer bemerkenswerten und wohl einmaligen Leistung der jeweiligen nationalen Rechtswissenschaft. Die meisten unter den anderen Gesetzbüchern gehen entweder auf den Code Civil, das BGB oder (auch über Zwischenglieder) auf beide zurück. Dem italienischen Gesetzbuch, dessen Wurzeln seinerseits sowohl in der französischen wie auch in der deutschen Rechtswissenschaft zu suchen sind, war nicht derselbe Einfluss beschieden, was aber nicht an der Qualität desselben lag, sondern vielmehr an der Tatsache, dass die meisten in Betracht kommenden Staaten bereits über ein Zivilgesetzbuch verfügten, als 1942 der Codice Civile in Kraft trat. Das einzige privatrechtliche Gesetzbuch, das weder unmittelbar auf den Code Civil noch auf das BGB zurückzuführen ist, ist das österreichische ABGB von 1811. Dessen Hauptredaktor, *Franz v. Zeiller*, hatte sich jedoch allein aus dem Zeitgeist heraus intensiver mit dem Code Civil auseinandergesetzt als man dies bislang wahrhaben wollte. Auch die Anwendung des ABGB stand über viele Jahre im Bann allgemeiner französischer Vorgaben. Durch die Reformen am Beginn des 20. Jhdts, insbesondere durch die 3. Teilnovelle, haben das BGB und die historische Schule als solche einen tief greifenden Wandel in der österreichischen Rechtsordnung bewirkt.

Die Organisation der Rechtsfindung (2c und 2d) mit einer mehrstufigen Gerichtsbarkeit, juristischen Berufen wie Berufsrichtern, Anwälten und Notaren und kodifiziertem Zivilprozessrecht ist allen Rechtsordnungen eigen. Auch die Rolle der Juristen (2e), insbesondere ihre Ausbildung auf wissenschaftlicher Ebene im Bereich der Universitäten und eine spätere, aber klare Trennung der Karrieren, kann als Faktor im Sinne einer Gruppenbildung herangezogen werden. Auch die Rolle der Rechtswissenschaft (2f) als Basis der wissenschaftlichen Juristenausbildung und als Unterstützung der Rechtsprechung, nicht aber als unmittelbare Rechtsquelle spielt in den römischrechtlichen Rechtsordnungen durchaus eine vergleichbare Rolle. Was die soziologische Dimension (2g) anbelangt, so müssen die auf Antike, Christentum und Aufklärung beruhenden gemeinsamen Wurzeln betont werden.

3. Besonders kennzeichnend für den Rechtskreis des *Common Law* ist die eigentümliche Entwicklung der einzelnen Rechtsinstitute im Rahmen der englischen Rechtsgeschichte seit 1066, dem Jahr der normannischen Eroberung Englands, weiters die Bedeutung des Richterrechtes als Rechtsquelle, insbesondere die Bindungswirkung der Urteile (*stare decisis*-Lehre) und das damit verbundene Fallrecht. Wenngleich auch die Rechtsordnungen des *Common Law* eine durchaus intensive Tätigkeit des Gesetzgebers kennen, so verfügen sie allesamt nicht über eine systematische Kodifikation des Privatrechtes. Die Ausbildung der *Common Law*-Juristen erfolgt in weit geringerem Ausmaße ausschließlich an Universitäten, sondern vielmehr im Bereiche von Law Schools und im praktischen Berufsleben; auch dies ist ein Grund, weshalb die Rechtswissenschaft im Bereiche des *Common law* lange Zeit eine stiefmütterliche Rolle gespielt hat. Das

Common Law entstand unter besonderen historischen Gegebenheiten in England und wird heute dort selbst, in Wales und Irland, in den USA, den englischsprachigen Provinzen Kanadas, in Australien und Neuseeland als geltendes Recht gelebt. In mehr oder minder starkem Ausmaße ist *Common Law* auch in anderen ehemaligen britischen Kolonien präsent, am stärksten in Zypern.

VI. Besondere Schwierigkeiten bei der Klassifizierung und Unterteilung in Rechtskreise

1. Da in diesem Buche die Existenz zweier Rechtskreise im Rahmen der europäischen und westlichen Rechtsordnungen vertreten wird, stellt sich die Frage nach dem Schicksal derjenigen Rechtskreise, die bislang von verschiedenen Rechtsvergleichern vorgeschlagen worden waren: Wie verhält es sich mit dem germanischen (deutschen), romanischen oder nordischen Rechtskreis? Warum wurde die Unterteilung in vier Rechtskreise des Europäischen Privatrechtes auf lediglich zwei reduziert? Die Problematik der Unterteilung in romanischen, germanischen und nordischen Rechtskreis ist durchaus dazu angetan, sich der Unterteilung mit großer Vorsicht zu nähern. Besagte Rechtskreise können immerhin nach klaren geographisch-linguistischen Kriterien definiert werden: Dem romanischen Rechtskreis würden dann all jene Rechtsordnungen zuzurechnen sein, die auf das römische Recht zurückzuführen sind und in einem Land gelten, in welchem eine romanische Sprache gesprochen wird, sei es französisch, italienisch, spanisch, portugiesisch oder rumänisch. Der nordische Rechtskreis wäre auf Skandinavien, der deutsche auf die deutschsprachigen Länder unter Einschluss der gesamten Schweiz beschränkt.

2. Der Codice Civile von 1942 und die italienische Rechtsordnung belegen, wie schwer es ist, germanischen und romanischen Rechtskreis auseinander zuhalten. 1865 trat in Italien das neue Zivilgesetzbuch für den soeben begründeten Einheitsstaat in Kraft. Dieser erste Codice Civile folgte in allen wesentlichen Punkten dem französischen Vorbild. Die besonders intensive Durchdringung der italienischen Rechtswissenschaft mit den Ideen der deutschen Pandektenwissenschaft ab dem Ende des 19. Jhdts führte dazu, dass von vielen namhaften Rechtsgelehrten eine Neukodifikation des Zivilrechtes gefordert wurde. Diese Neukodifikation verwertete zwar in mancher Hinsicht das Gedankengut der deutschen Rechtswissenschaft, hielt aber zum anderen durchaus am Althergebrachten fest. Während die Rechtswissenschaft in ihrer umfangreichen Publikationstätigkeit sowie die juristische universitäre Ausbildung dem deutschen Vorbild verhaftet blieb, hat sich die Rechtsprechung im vollen Bewusstsein strikt an die französischen Vorbilder gehalten. Die italienische Rechtsordnung könnte somit mit juristischen Kriterien nicht eindeutig einem germanischen oder romanischen Rechtskreis zugeordnet werden, so dass für einen germanischen Rechtskreis nur mehr das linguistische Kriterium eine Rolle spielen könnte. Aber auch in anderen Rechtsordnungen des so genannten romanischen Rechtskreises ist die Einflussnahme deutscher Rechtswissenschaft und deutscher institutioneller Lösungen weit vorgedrungen, dies betrifft vor allem Brasilien und Portugal, aber auch Chile und Argentinien.

3. Auf Grund der bisherigen Ausführungen ist davon auszugehen, dass man nur mit viel theoretischer Mühe weiterhin einen deutschen – mit Sicherheit aber keinen germanischen –, Rechtskreis als Pendant zu einem romanischen Rechtskreis weiterhin aufrechterhalten kann.

Code Civil und BGB sind gewissermaßen Holz vom selben Stamm, sie sind die jeweils bedeutendsten Rechtsordnungen auf der Grundlage des Römischen Rechts. Sie haben ihrerseits auf die verschiedensten Rechtsordnungen der Welt Einfluss genommen, nicht selten sogar gemeinsam. Sie sind auch heute von einer bedeutenden nationalen Rechtswissenschaft und Rechtsprechung umgeben, wobei im Falle der deutschen Rechtsordnung jene universelle Rechtswissenschaft, die auf *Savigny* zurückgeht, von noch größerer Bedeutung ist als jene, die das BGB selbst hervorgebracht hat.

Auch die österreichische Rechtsordnung erweist sich gerade wegen ihrer naturrechtlichen Wurzeln und der Verbindungen zum Code Civil, die sich alleine schon auf Grund der zeitgleichen Entstehung feststellen lassen, als geeignet, um sie grundsätzlich den Ordnungen des Römischen Rechtes zuzuordnen und nicht einem fiktiven deutschen Rechtskreis; dies, obwohl es – sieht man von der äußerst engen Beziehung zwischen Frankreich und Belgien ab – keine so verwandten Rechtsordnungen gibt wie jene zwischen Österreich und Deutschland. Durchaus eigenständig, zum einen pandektistisch geprägt, zum anderen von örtlichen Gegebenheiten abhängig, ist die Rechtsordnung der Schweiz, die ihrerseits ohne weiteres als Kodifikation römischrechtlicher Institute in die Ordnung des Römischen Rechts passt. Gerade am Beispiel der Schweiz mag man gut erkennen, wie schwach letztlich die alleine vom BGB ohne Einbeziehung der historischen Wurzeln getragene deutsche Rechtswissenschaft war. Während die namhaftesten Schweizer Zivilisten des vergangenen Jahrhunderts sich geradezu als Teil der historischen Schule verstanden und deren Gedankengut sehr wohl in die Schweizer Kodifikation einfließen ließen, konnte die deutsche Zivilistik auf der Grundlage des BGB in der Schweiz nicht überzeugen oder gar Fuß fassen.

4. Auf der Suche nach eindeutig zuzuordnenden Unterscheidungskriterien hinsichtlich der Beibehaltung des deutschen und des romanischen Rechtskreises gerät man regelmäßig dann in Schwierigkeiten, wenn man auf Grund der möglichen bestimmenden Faktoren eine unumstößliche, gut begründete Trennlinie errichten soll. Der deutsche Rechtskreis lässt sich am ehesten mit Hilfe eines historischen Beweises rechtfertigen: Die Dominanz der historischen Schule in Methode, Begrifflichkeit und Terminologie. Diese verbindet nach wie vor in außerordentlich intensiver Weise Deutschland, Österreich und die Schweiz. Wenn man sich aber auf die Stufe des institutionellen Vergleichs begibt, so wird man alsbald feststellen müssen, dass Gemeinsamkeiten und Verschiedenheiten gleichermaßen Deutschland, Österreich und die Schweiz verbinden, wie jede dieser „deutschen" Rechtsordnungen mit anderen aus dem römischrechtlichen Bereich verbunden ist. Alle Versuche, grundlegende Unterschiede in den entscheidenden Rechtsinstituten des Privatrechtes zwischen Deutschland, Österreich und der Schweiz einerseits und den romanischen Rechtsordnungen andererseits ausfindig zu machen, sind zum Scheitern verurteilt. So existiert die im Allgemeinen als deutschrechtlich verstandene Hervorhebung des Besitzes und seine Bedeutung im Zusammenhang mit dem gutgläubigen Erwerb von Mobiliareigentum in Deutschland, Österreich und der Schweiz, aber auch in Italien, Frankreich und Spanien. Besondere Begünstigung erfährt der gutgläubige Besitzer in Italien und Frankreich. Bei außerordentlich engmaschigen Unterscheidungskriterien könnte man das Grundbuch und insbesondere seine konstitutive Funktion beim Erwerb der dinglichen Rechte an Immobilien zum Distinguens seines eigenen Rechtskreises schaffen, was dann tatsächlich Deutschland, Österreich und die Schweiz, aber auch Griechenland und insbesondere England verbinden würde. Doch nach den aufgestellten Kriterien muss eine derart vom Detail abhängige Unterscheidung abgelehnt werden – insbesondere wegen der Gefahr, auf diese Art eine Vielzahl von Rechtskreisen erfinden zu müssen.

5. Die Sprache schlussendlich ist eine Komponente *sui generis*, sie ist aber als ausschlaggebendes Kriterium für die Existenz von Rechtskreisen denkbar ungeeignet. Dies lässt sich dadurch beweisen, dass weder die deutsche noch die französische oder die spanische, aber auch nicht die englische Sprache ausschließliche Rechtskreise bezeichnen können. Da das linguistische Kriterium weder in den unter IV 2.a – 2.g aufgeführten Faktoren eine Rolle spielt, noch als solches bei der Bildung von Rechtskreisen eine Rolle spielen sollte, erachte ich die Einteilung in romanischen und deutschen Rechtskreis für hinfällig.

6. Die nordischen Staaten haben, wie die Ausführungen zu Skandinavien zeigen werden, in vieler Hinsicht zahlreiche verbindende Elemente in ihren Rechtsordnungen, die sich sowohl aus der historischen Entwicklung wie auch durch die Anwendung des geltenden Rechtes ergeben. Dennoch, die wesentlichen, bestimmenden Elemente aller nordischen Rechtsordnungen unterscheiden sich nicht von den übrigen kontinentalen Rechtsordnungen. Das Zivilrecht beruht im Wesentlichen entweder auf kodifiziertem oder zumindest gesatztem Recht, das in seinen Rechtsfiguren und Lösungen typischerweise aus dem römischen Recht herrührt.

Auch die Anwendung des Rechtes durch richterliche Interpretation sowie die Bedeutung von Lehre und Rechtsprechung, weiters die Juristenausbildung und die juristischen Karrieren lassen im Fall der nordischen Rechte keine grundlegenden Differenzen zu anderen Rechtsordnungen römischrechtlicher Herkunft erkennen, so dass eine eigene Untergruppe „nordische Rechte" innerhalb des kontinentalen Rechtskreises einem eigenen Rechtskreis vorzuziehen ist.

7. Hinsichtlich der nicht von den europäischen Rechten geprägten Rechtsordnungen wäre festzuhalten, dass auf der Grundlage der These, einem Staat entspreche zumindest eine Rechtsordnung, eine große Vielzahl anzunehmen ist, die unter Umständen gleichermaßen durch vereinigende Elemente zusammengehalten werden können. In erster Linie wäre hier das islamische Recht zu nennen. Die Annahme islamischer, also von der Religion geprägter, Rechtsvorschriften ist durchaus zutreffend, wiewohl es zu bedenken gilt, dass Anwendung und Intensität des islamischen Rechtes je nach Staat von unterschiedlicher Ausprägung sind. Dennoch befürworte ich wegen der großen Anzahl von Staaten, die über ein in irgendeiner Weise vom Islam geprägtes Recht verfügen, die Existenz eines islamischen Rechtskreises. Auch Hinduismus und Konfuzianismus haben nachhaltig das Rechtsleben ihrer Völker geprägt; allerdings sind außerhalb von Indien und China kaum Rechtsordnungen derart von der indischen oder chinesischen Rechtskultur bestimmt, dass es gerechtfertigt wäre von eigenen Rechtskreisen zu sprechen. Ebenso wenig sinnvoll ist es, von einem afrikanischen Rechtskreis zu sprechen, da zum einen romanistische Rechtsordnungen, namentlich der Code Civil, und zum anderen *Common Law* sowie islamisches Recht in den meisten modernen afrikanischen Staaten mit unterschiedlicher Intensität Fuß gefasst haben. Dabei sind die lokalen Gewohnheiten, Stammes- und Volksrechte oft sehr verschieden ausgeprägt. Allemal handelt es sich um äußerst dynamische Rechtsordnungen mit zurzeit unabsehbaren Entwicklungen. Bis Anfang der neunziger Jahre des 20. Jhdts war es in der Tat sinnvoll, von einem sozialistischen Rechtskreis zu sprechen, wurde doch in der Sowjetunion und ihren Satellitenstaaten die Privatrechtsordnung massiv und mehr oder minder einheitlich von sozialistischem Gedankengut bestimmt. Infolge der politischen Veränderungen und einer den kontinentalen Grundsätzen verpflichteten Gesetzgebung sind die Rechtsordnungen der europäischen Staaten der ehemaligen Sowjetunion sowie jene ihrer ehemaligen europäischen Verbündeten inzwischen dem römischrechtlichen Rechtskreis zuzuordnen.

8. Von besonderem Interesse, ebensolcher Bedeutung und auch Kuriosität für den Rechtsvergleicher sind jene Rechtsordnungen, die von mehreren anderen Rechtsordnungen bestimmt oder zumindest beeinflusst wurden. Dies kann sowohl innerhalb eines Rechtskreises sein, wie der Codice Civile Italiens belegt, der Elemente der französischen und deutschen Rechtskultur in sich birgt, oder aber in einer Kombination von Elementen verschiedener Rechtsordnungen, die auch verschiedenen Gruppen oder Rechtskreisen angehören. Für letztere hat sich in der angelsächsischen Literatur der Begriff *mixed legal systems* durchgesetzt. Für den europäischen Juristen gehören dazu insbesondere jene, die Elemente des Römischen Rechts und der romanistischen Rechtsordnungen und solche des *Common Law* aufweisen: Es sind dies Südafrika und Malta als autonome Staaten, Louisiana, Puerto Rico, Québec und insbesondere Schottland als autonome Gebilde innerhalb größerer staatlicher Einheiten. Auch Israel, Sri Lanka, die Seychellen und Mauritius wären dazuzuzählen.

§ 4 Die Verbreitung von Rechtsordnungen und Rechtskulturen

Bei der systematischen Betrachtung und Einteilung der Rechtsordnungen in Familien, Gruppen oder Rechtskreise muss naturgemäß der Verbreitung von Elementen einer bestimmten Rechtsordnung in anderen Staaten eine besondere Bedeutung zukommen. Dabei kann es sich um eine einfache Übernahme von Gesetzen oder Kodifikationen, aber auch von weiteren bestimmenden Faktoren der Rechtskultur, auf Grundlage derer eine neue Rechtsordnung entstehen kann, handeln. Innerhalb des kontinentalen Rechtskreises kommt in diesem Zusammenhang sowohl der französischen wie auch der deutschen Rechtsordnung und Rechtskultur eine überragende Bedeutung zu.

I. Die Verbreitung französischer Rechtskultur und des Code Civil

1. Die Gesetzbücher des 19. Jhdts sind größtenteils stark vom Code Civil beeinflusst und geprägt worden. Es gibt, sei es der Ordnung nach, sei es der Wertung nach, mehr oder minder große Unterschiede, die teils auf lokalen Traditionen, teils aus Überzeugung der jeweiligen Kodifikatoren beruhen. Der Code Civil selbst wurde im Zuge der napoleonischen Eroberungen und der anschließenden politischen und administrativen Neuordnung in vielen europäischen Ländern eingeführt. Doch auch nach dem Sturze Napoleons (1815) und einer neuerlichen Umstrukturierung Europas vielfach im restaurativen Sinne, also einer Rückkehr zu vornapoleonischen Organisationsformen, wollten viele Staaten nicht mehr auf die zivilrechtlichen Reformen verzichten, im Gegenteil, auch im Europa des Vormärz konnte der Code Civil sich behaupten und seinen Einfluss noch verstärken. Auch die Grundstrukturen der französischen Gerichtsorganisation, insbesondere die Bedeutung einer kassatorischen Höchstgerichtsbarkeit nach dem Vorbild der Cour de Cassation, wurden vielfach als Vorbild herangezogen.

2. Bis heute ist der Code Civil in wesentlichen Teilen in Belgien geltendes Recht, gleiches gilt für Luxemburg. Auch nach dem Wiener Kongress von 1815 blieb der Code Civil in allen linksrheinischen Gebieten Deutschlands (und Teilen der preußischen Rheinprovinz) in Geltung und lebte im Großherzogtum Baden als Badisches Landrecht[40], in der Form einer behutsam angepassten Übersetzung weiter. Noch zu Beginn des 20. Jhdts erkannte ein eigener Senat des Reichsgerichtes – der rheinische – nach französischem Recht.

Auch das bis vor kurzem geltende Burgerlijk Wetboek der Niederlande von 1838, dessen Geist natürlich auch das neue niederländische Zivilrecht mitgeprägt

---

40 *N. Gross*, Der Code Napoléon in Baden und sein Verleger C. F. Müller (1997).

hat, ist in weiten Bereichen als unmittelbare Filiation des Code Civil zu bezeichnen. In anderen Teilen Europas ergingen weitere Zivilgesetzbücher unter Einfluss des Code Civil und der französischen Rechtswissenschaft: Die Gesetzbücher der italienischen Partikularstaaten vor 1860 und der 1. Codice Civile von 1865[41], der portugiesische Codigo Civil von 1867 und insbesondere der spanische von 1889, aber auch der rumänische von 1864 (Codul civil)[42].

3. In den ehemals französischen Kolonialgebieten Louisiana und Québec konnte sich gleichfalls die Tradition des französischen Rechtes gestärkt durch den Code Civil durchsetzen, obwohl beide Territorien inzwischen politisch englischsprachigen Staaten verbunden waren: In Louisiana führte dies zu mehreren Gesetzgebungen (Civil Codes: 1808/1825/1870) in englischer Sprache, in Québec[43] 1866 und 1994 zu Gesetzbüchern (Code Civil) in französischer Sprache [44]. In Haiti ist der Code Civil seit 1825 in der Originalfassung in Kraft[45].

4. Ähnliches gilt für viele Kodifikationen Lateinamerikas[46]. Bewusst griffen diese Staaten, sobald sie ihre Unabhängigkeit erreicht hatten, in programmatischer Absicht auf das Gesetzbuch Frankreichs, dem Fanal der Freiheit, zurück. Auch die Persönlichkeit Napoleons diente vielen der ersten Staatsmänner der neuen lateinamerikanischen Staaten zum Vorbild[47]. Der Code Civil war 1809 in Madrid in die spanische Sprache übersetzt worden.

Als erster lateinamerikanischer Staat kodifizierte Bolivien unter dem Diktator Santa Cruz 1830 das Zivilrecht unter starker Anlehnung an Frankreich[48], dieser Código wurde erst 1975 abgelöst. Das neue Gesetz lehnt sich stark an den italienischen Codice Civile von 1942 an. In der Dominikanischen Republik, die sich im Jahre 1844 endgültig von Haiti abgespalten hatte, galt der Code Civil in französischer Sprache von 1845 bis 1884, ab diesem Zeitpunkt in der spanischen

---

41 *G. P.Chironi*, Le Code Civil et son influence en Italie, in: Le livre du centenaire 763; *C.Ghisalberti*, Unità nazionale e unificazione giuridica in Italia (1979) 223.

42 *C. G. Dissescou*, L'influence du Code Civil français en Roumanie, in: Le livre du centenaire 849; *V. Zlatescu-Moroianu-Zlatescu*, Le droit roumain dans le grand système romano-gérmanique, RIDC (1991) 829.

43 *P. B. Mignault*, Le Code civil au Canada, in: Le livre du centenaire 725.

44 *C. Stoetzer*, El pensamiento politico en la America española durante el período de la Emancipación (Madrid 1966).

45 *Guzmán Brito,* La codificatión civil en Iberoamerica Siglos XIX y XX (Santiago de Chile 2000) 289.

46 *Schipani*, La codificazione del diritto romano comune (1996) zu Lateinamerika S. 83-157; *C. Ramos-Nunez*, El Codigo napoleonico y su recepción en America Latina (Lima 1997).

47 *C. Stoetzer*, El pensamiento politico en la America española durante el período de la Emancipación (Madrid 1966).

48 *Guzmán Brito* 307.

Übersetzung[49]. Auch die erste mexikanische Kodifikation, jene des Freistaates von Oaxaca (1827-1829), die nur bis 1838 in Kraft blieb, folgte dem Code Civil[50].

5. Es muss weiters daran erinnert werden, dass die meisten der ehemaligen französischen Kolonien in Afrika französisches Zivilrecht und französische Rechtskultur übernommen haben. Diese Rezeption ist freilich je nach Staat inzwischen mehr oder weniger großen Schwankungen ausgesetzt, je nachdem, wie sehr sich die ehemalige Kolonie mit dem ehemaligen Mutterland identifiziert oder inwiefern eigene Wege gesucht werden sollen. Dabei spielen lokale Traditionen, insbesondere auch das islamische Recht, eine nicht unbeträchtliche Rolle. Es handelt sich um die Nordafrikanischen Staaten Tunesien, Marokko und Algerien, um die westafrikanischen Staaten Benim, Burkina Faso, Camerun, Gabun, Guinea, Volksrepublik Kongo, Elfenbeinküste, Togo und Senegal, die zentralafrikanischen Staaten Zentralafrikanische Republik, Tschad, Niger, Mali, Mauretanien, die ostafrikanischen Staaten Tschibuti und Madagaskar. Weiters wären die ehemals belgischen Kolonien Kongo, Ruanda und Burundi zu beachten.

Getreu dem egalitären Auftrag der großen Revolution haben die Franzosen immer wieder versucht, die Bewohner der Kolonien der französischen Kultur zuzuführen. Auch heute bestehen diese Bestrebungen im Rahmen der Frankophonie fort. Damit verbunden war die Möglichkeit, auch auf französisches Zivilrecht zurückzugreifen, eine Ehe einzugehen, den Erbgang zu regeln, Verträge abzuschließen. Die lokale Juristenausbildung erfolgt daher in französischer Sprache und vieler der Mitglieder der „juristischen Eliten" werden in Frankreich ausgebildet.

II. Die Verbreitung deutscher Rechtskultur und des BGB[51]

1. Wenn es gilt die Ausstrahlung und Einflussname des deutschen Rechts zu behandeln, so ist zum einen das BGB selbst, zum anderen die deutsche Rechtswissenschaft des 19. Jhdts heranzuziehen. Seit *Savignys* bahnbrechenden Studien zum Römischen Recht und insbesondere auch seit der Entwicklung der Methodik

49 *Guzmán Brito* 293; vgl den interessanten Sammelband *Trabajos* commemorativos del primer centenario de la adopción de los codigos franceses como leyes nacionales (Santo Domingo 1985); *F. Alvarez*, République dominicaine, Travaux Capitant 44 (1993) 191.

50 *Guzmán Brito* 303.

51 *E. Kramer*, der Einfluss des BGB auf das schweizerische und österreichische Privatrecht, in: AcP (2000) 385ff.

und Begrifflichkeit der Rechtswissenschaft durch *Savigny* selbst und seine Schüler, vornehmlich durch *Puchta*, erreichte die deutsche Rechtswissenschaft eine bislang unerreichte dogmatisch-theoretische Vollkommenheit. So ist es leicht verständlich, dass die eigentliche und wirklich bedeutsame Ausbreitung des deutschen Rechtes auf die Zeit vor Inkrafttreten des BGB zurückzuführen ist.

2. Primär wirkten sich die Erkenntnisse der historischen Schule *Savignys* überall dort aus, wo an den Universitäten in deutscher Sprache gelehrt wurde – in erster und entscheidender Linie in Österreich, wo das durch die Brille des Naturrechtes kodifizierte Römische Recht, das dem Code Civil durchaus sehr nahe stand, durch die Lehren der historischen Schule eine ganz tiefgehende Wende erhielt. Als die Erkenntnisse der historischen Schule und der deutschen Kodifikation im Bereiche des BGB unmittelbar ins ABGB aufgenommen wurden (3. Teilnovelle 1916), bedeutete dies, dass Österreich in unnachahmbarer Weise vom deutschen Recht geprägt war. Nicht in gleichem Ausmaße, aber doch immerhin in bedeutendem Umfang, hatten die Gedanken der historischen Schule Eingang in die Schweizer Juristenfakultäten gefunden. Als erstes wichtigstes Ergebnis dieses Einflusses ist das Gesetzbuch des Kanton Zürich zu nennen, das von *Bluntschli*, einem Schüler *Savignys*, geschaffen wurde (1853/1855). Auch die heute noch geltende Zivilrechtskodifikation der Schweiz, das Obligationenrecht (OR) und das Zivilgesetzbuch (ZGB) steht zu einem großen Teil in der Tradition der historischen Schule.

3. Die Lehren der Historischen Schule hielten auch Einzug in andere Gebiete der Habsburgermonarchie, insbesondere in Ungarn, wo man das seit kurzem geltende ABGB 1861 wieder außer Kraft setzte; Ergebnis war eine nachhaltige Durchdringung der ungarischen Rechtskultur, die sogar zu drei Zivilgesetzbuchentwürfen führte – 1900, 1911-1915 und 1928, die zwar nie Gesetzesrang erhielten, wohl aber in Ermangelung einer Kodifikation in der Praxis der Rechtsprechung eine bedeutende Rolle spielten. Sie sind allesamt eng dem BGB verbunden, ohne freilich dessen Allgemeinen Teil übernommen zu haben.

4. Besonders stark war der Einfluss deutscher Rechtswissenschaft auf die so genannten baltischen Länder, also die heutigen Staaten Litauen, Lettland und Estland. 1865 trat für die damaligen Länder Livland, Estland, Kurland, allesamt Teil des russischen Reichs, ein von *F. von Bunge* (1802-1897), Professor an der Universität Dorpat in Estland, in deutscher Sprache verfasstes Privatrecht in Kraft, das sodann in die russische Sprache übersetzt wurde.[52] Diese Privatrechtsordnung wurde von den unabhängigen baltischen Staaten 1918 übernommen.

---

52 Vgl zB *Balog*, Il diritto vigente in Lituania, ADC 1927 I 143; *Meder*, Fonti e lineamenti della legislazione lettone, ADC 1930 I 73; *Blase*, Bedeutung und Geltung des

5. Starken Einfluss hatten die deutsche Lehre des 19. Jhdts, die Kodifikation und die Rechtsfindung in Deutschland nach 1900 auch auf die griechische Kodifikation, die auf eine solide Kultur und Ausbildung im Sinn des Pandektenrechts zurückblicken konnte. Das 1946 in Kraft getretene Zivilgesetzbuch hat insbesondere vom BGB den allgemeinen Teil übernommen. Freilich haben sich die herausragenden griechischen Juristen nicht um die Gelegenheit bringen lassen, auch andere Lösungen, insbesondere des Schweizer Rechts, des französischen und italienischen Rechtes in Betracht zu ziehen. Hinzu kam, dass die Griechen auch unter türkischer Herrschaft *lege Romana* lebten, also jenes Recht benützten, das durch den spätrömischen Kaiser Justinian (527-565) kodifiziert und bereits zu seinen Lebzeiten, aber insbesondere durch seine Nachfolger für die griechische Bevölkerung aufbereitet worden war. So entstanden umfassende Sammlungen des Römischen Rechts in griechischer Sprache (so die Basiliken im 9. Jhdt), die den Griechen als selbständige Rechtsquelle dienten.

6. Nicht vergessen werden sollte der Einfluss, den die deutsche Rechtswissenschaft und die verschiedenen Vorläufer des BGB wie der Dresdner Entwurf und das sächsische Bürgerliche Gesetzbuch, sowie das BGB selbst auf die chinesischen Juristen ausgeübt hat. Das Endprodukt dieser Bestrebungen war das Zivilgesetzbuch von 1930, das heute noch zum Teil in Taiwan in Kraft ist.

III. Neue Rechtsordnungen durch französische und deutsche Einflussnahme

1. Zutiefst geprägt durch seinen Kodifikator *Andrés Bello*[53] ist das hervorragende chilenische Gesetzbuch (1855). Der bedeutende Rechtswissenschaftler *Bello* lehnte sich zwar stark an die napoleonische Kodifikation an, war aber auch mit den Errungenschaften der historischen Schule vertraut, so dass Rechtsfiguren wie Vertrag zugunsten Dritter, fiduziarisches Eigentum und juristische Person erstmals in einem Gesetzbuch aufschienen. *Bellos* Código Civil wurde von Ecuador (1860), Kolumbien (1873), Nicaragua (1867), Honduras (1880) und El Sal-

---

Römischen Privatrechts in den baltischen Gebieten, in Leipziger Rechtswissenschaftliche Studien 99 (1936) 70.

53 *Andres Bello* (1781-1865), geboren in Caracas im heutigen Venzuela, war ein Mann umfassendster Bildung und Begabung. Als Mitstreiter *Bolivars* für die Unabhängigkeit und Einheit Lateinamerikas verbrachte er 1810-1829 im Londoner Exil. Seine umfassenden Schriften, Obras completas, hrsg vom Ministerio de la Educacion (1954) enthalten neben dem Código Civil ein Lehrbuch des Völkerrechtes sowie ein umfassendes Handbuch des Römischen Rechtes auf der Grundlage einer Übersetzung von *Heineccius*, sowie eine hervorragenden Grammatik der spanischen Sprache nebst zahlreichen literarischen Werken. Grundlegend *Guzmán Brito*, Andrés Bello Codificador I und II (Santiago de Chile 1982).

vador (1859) direkt übernommen; beeinflusst wurden die venezuelanische (1862) und uruguayanische (1868) Gesetzgebung.

2. Auch der argentinische Código Civil wurde von einem bedeutenden Rechtswissenschafter erarbeitet: *Dalmacio Vélez-Sarsfield* (1808-1875). Er trat 1871 in Kraft. Anhand dieses Gesetzbuches lassen sich nebeneinander der Einfluss des alten spanischen Rechtes, des Code Civil, der französischen Rechtswissenschaft des 19. Jhdt und der Historischen Schule nachweisen. In umfangreichen Fußnoten hat der Kodifikator Motive insbesondere hinsichtlich der verwendeten Quellen erstellt. 1876 wurde das Gesetz im Wesentlichen von Paraguay übernommen.

3. Ebenso wie das chilenische und argentinische beruht auch das brasilianische Gesetzbuch, das 1916 in Kraft trat, aber bereits 1899 von *Clovis Bevilaqua* abgeschlossen worden war, sowohl auf französischen als auch auf deutschen Einflüssen[54]. Es wurde 2003 durch einen neuen Codigo abgelöst, der aber den Vorgänger zum primären und wesentlichen Vorbild nahm.

4. In vieler Hinsicht, wenn auch keinesfalls ausschließlich durch das deutsche Recht geprägt, ist das japanische BGB, das 1898 in Kraft trat[55]. Nachdem der auf dem Code Civil beruhende Vorschlag des französischen Rechtsgelehrten *Boissonade*[56] aus politischen Gründen[57] sowie infolge der Kritik durch japanische Juristen[58] gescheitert war, erarbeitete eine aus vornehmlich drei japanischen Pro-

---

54 *H. Valladão*, Der Einfluß des deutschen Rechts auf das brasilianische Gesetzbuch (Rio de Janeiro 1973).

55 *A. Ishikawa-Leetsch*, Das japanische BGB in deutscher Sprache (1985); *H. P. Marutschke*, Einführung in das japanische Recht (1993).

56 *Gustave Emile Boissonade de Fontarabie* (1825-1910) war nicht nur Jurist, sondern auch Historiker. Seit 1867 lehrte er an der Sorbonne. Seine Publikationstätigkeit war durchaus rechtshistorisch geprägt, auch ökonomischen Aspekten rechtlicher Phänomene stand er mit Interesse gegenüber. Bereits im Jahre 1873 erhielt er von der japanischen Regierung den Auftrag, ein Strafgesetzbuch und eine Strafprozessordnung zu verfassen, seit 1879 arbeitete er an einem Zivilgesetzbuch, wobei er die Bestimmungen zum Personenrecht, dem Familienrecht und dem Erbrecht (1. Buch) japanischen Kollegen überließ. Zu *Boissonade* siehe *Y. Okubo*, G. Boissonade Père français du droit japonais moderne, Revue historique du droit français et étranger 59 (1981) 29.

57 Das kaiserliche Japan sah nach dem Sturz des japanischen Justizministers *Etoh*, der die Rezeption französischen Rechts gefördert hatte, das Vorbild in der deutsch-preussischen Monarchie. Im übrigen fühlten sich die japanischen Juristen durch die kodifikatorische Tätigkeit in Deutschland diesem Land in höherem Ausmaß verbunden als Frankreich, das seine Kodifikation längst durchgeführt hatte. Die neue Verfassung, die die Meiji-Regierung 1889 verabschiedet hatte, war von preußischen Vorbildern geprägt. Der japanische Staatsminister *Ito* war von den Lehren der deutschen Staatsrechtler und des deutschen politischen wie rechtlichen Systems nachhaltig begeistert.

58 Manifest vom 14.4.1892 von 11 japanischen Juristen, die eher vom angelsächsischen Recht überzeugt gewesen waren.

fessoren[59] bestehende Kommission innerhalb weniger Jahre einen neuen Entwurf aus, der weit weniger dem französischen Recht verbunden war. Bereits die 1890 in Kraft getretene ZPO stimmte vielfach mit der deutschen überein. Im konkreten wird man zwar die auf das intensive Studium der historischen Schule von Seiten der Japaner zurückgehende Begrifflichkeit wieder finden; alleine die Tatsache, dass das gesamte Zivilgesetzbuch nur aus 1044 Artikeln besteht, zeigt allerdings klar, dass die Japaner unmöglich das BGB als solches rezipieren wollten und konnten. Wesentliche Lösungen des Römischen Rechtes in pandektistischer Gewandung – wie die Bedeutung des Eigentums oder die Vertragsfreiheit, sowie die typischen Verträge – prägen zwar das Gesetz, die konkreten Lösungen weichen aber vielfach vom BGB ab: So wird das Eigentum wie im Code Civil allein aufgrund der vertraglichen Willensübereinkunft übertragen (Art 176) und zu Beginn des Deliktsrechtes findet man im Art 709 eine sehr an das französische Recht erinnernde Generalklausel. Die eingehende Befassung mit deutscher und französischer Rechtskultur, die Übernahme zahlreicher Normen und Einrichtungen materieller wie formeller Art aus dem deutschen und französischen Recht lassen es geboten erscheinen, die Rechtsordnung Japans dem römischrechtlichen Rechtskreis zuordnen, wiewohl auf Grund der sehr eigenständigen japanischen kulturellen Entwicklung nicht alle für die Zuordnung zu einem Rechtskreis möglichen Faktoren einbezogen werden können. Lange Zeit war in Japan das gesatzte Recht und die Möglichkeiten, die der Zivilprozess bot, nur eine der von der Rechtsordnung angebotenen Optionen, um Streitigkeiten zu schlichten; andere, in der sozialen Tradition begründete und auf der Gewohnheit beruhende, gaben ganz im Gegenteil den Ton an und sind auch heute keinesfalls aus der Rechtsrealität verschwunden.

Mit Sicherheit kann es jedoch zum anderen keinen fernöstlichen Rechtskreis unter Einschluss Chinas und Koreas geben: Zu verschieden sind die historische und juristische Entwicklung, aber auch die soziale Realität und die Kultur der einzelnen Länder.

5. Das koreanische BGB entstand 1960 und wurde durchwegs von Juristen geschaffen, die an japanischen Universitäten studiert hatten. Im Gesetz selbst ist deutsches und französisches Gedankengut verarbeitet, die Kürze von 1118 Artikeln weist auf die Nähe zum japanischen Recht hin[60].

6. Unter den neueren Kodifikationen muss auf die portugiesische verwiesen werden. Der portugiesische Gesetzgeber von 1967 lehnte sich, zumindest der Systematik nach, stark an das BGB an, bei den Einzellösungen findet sich vielfach französisches und auch italienisches Rechtsdenken.

---

59 *N. Hozumi* (1855-1926), *M. Tomii* (1858-1935) und *K. Ume* (1860-1919).
60 *Cho*, Koreanisches Bürgerliches Gesetzbuch (Frankfurt 1980).

7. Die Untersuchungen betreffend die Verbreitung der französischen und deutschen Rechtskultur, des Code Civil und des BGB lassen mit aller Deutlichkeit die unterschiedliche Gewichtung der verschiedenen bestimmenden Faktoren bei der Rezeption erkennen. Vom französischen Recht wurden in erster Linie das Gesetz selbst oder einzelne Institutionen desselben übernommen sowie der Aufbau und die Funktion der Gerichtsbarkeit. Am deutschen Recht interessierte vor allen Dingen die von der historischen Schule entwickelte Rechtswissenschaft; es nimmt daher nicht Wunder, dass deshalb der sehr wissenschaftliche Allgemeine Teil des BGB sowie der allgemeine Teil des Schuldrechts die Aufmerksamkeit fremder Rechtsordnungen erregte.

Code Civil, BGB, französische und deutsche Rechtskultur, mögen sie auch noch so verschieden sein, mögen sie auch von sehr unterschiedlichen Rechtswissenschaften hervorgebracht worden sein und ihrerseits die nationalen Rechtskulturen auf sehr verschiedene Weise geprägt haben, mögen sie schließlich zu einer sehr unterschiedlichen Anwendung des Rechts auf der Grundlage einer sehr unterschiedlich agierenden Gerichtsbarkeit geführt haben, so gründen sie doch auf jenen Rechtsfiguren, die nicht nur dem Inhalt nach, sondern auch von der Methode her durch die Tradition des Römischen Rechts vorgegeben sind. Beide Rechtsordnungen gehören, wie bereits hervorgehoben wurde, einem Rechtskreis an. Dies ist zweifellos die Antwort auf die Frage, wie es denn möglich ist, dass seit den Tagen von *A. Bello* neue Zivilgesetzbücher sowohl französisch wie auch deutsch geprägt sein können.

IV. Die Rezeption fremder Rechtsordnungen: Modelle und Systeme

1. Die Übernahme (Rezeption) von Gesetzen und Gesetzbüchern, des Aufbaues der Gerichtsbarkeit, des Zivilprozesses und der Rechtsprechung, der Juristenausbildung und der Rechtswissenschaft aus einer Rechtsordnung durch eine andere kann total oder partiell sein. Allein die vielfach nachweisbare Tatsache der Rezeption rechtlicher Phänomene zeigt auf, das der Ansatz, Rechtsordnungen durch bestimmende Faktoren (Determinanten) zu erfassen, zielführend ist. Gerade diese Faktoren und die sie kennzeichnenden Elemente zeigen das Ausmaß der Übernahme an. Da Rechtsordnungen einzelne Elemente oder sogar ganze bestimmende Faktoren anderer Rechtsordnungen zum Vorbild heranziehen, ist der Begriff des Modells für diejenigen Rechtsordnungen, die als Vorbilder gelten können, treffend. Werden von einem Modell eine bedeutende Anzahl bestimmender Elemente oder sogar bestimmende Faktoren zur Gänze übernommen, so bietet sich der Begriff der systematischen Rezeption an: Ein ganzes System wird übernommen. Unter den europäischen Rechtsordnungen kann man insbesondere die französische und die englische Rechtsordnung, aber auch die deutsche und in geringerem Ausmaße die italienische als Modell bezeichnen. Auch die neue niederländische Kodifikation könnte sich als Modell durchaus eignen. Im Falle des französischen und englischen Modells war die Übernahme sogar vielfach systematischer Natur. Der italienischen Rechtswissenschaft, insbesondere *R. Sacco* ist die tief greifende Analyse dieses grundlegenden Aspektes der Rechtsvergleichung zu verdanken[61]. Besonders einprägsam ist der Begriff *circolazione dei modelli*, der zum Ausdruck bringen soll, dass Modelle „wandern" können. Im Bereiche des materiellen Rechts kann die Übernahme einzelne Rechtsinstitute betreffen, Teilgebiete des Privatrechts, einzelne Gesetze oder ganze Gesetzbücher. Gesetzbücher und einzelne Normen können entweder wortwörtlich oder dem sinngemäßen Inhalt nach übernommen werden. Im Bereiche der Rechtsquellen kommt weiters der Übernahme oder Ablehnung des Modells der Präjudizien eine entscheidende Bedeutung zu. Auch die Organisation der Gerichtsbarkeit, strukturell wie funktional, die Ausbildung der Juristen und die besondere Ausprägung juristischer Berufe können zur Gänze oder teilweise übernommen werden. Schließlich kann auch die wissenschaftliche Jurisprudenz als Vorbild zum Modell werden. Besonders eindrucksvoll lässt sich dies an der „Zirkulation" der deutschen Rechtswissenschaft der historischen Rechtsschule des 19. Jhdts nachweisen. Nur der globale Vergleich bietet die notwendigen methodischen Instrumente, um die teilweise oder systematische Übernahme von Modellen zu erhellen und zu erklären.

2. Diese mehr oder minder starken Einflussnahmen und Übernahmen, die anhand des Code Civil und des BGB aufgezeigt wurden, können nicht darüber hinwegtäuschen, dass jede der abgeleiteten oder beeinflussten Zivilrechtsordnungen seit jenem Tage ein Eigenleben führt, an dem sie selbst positives Recht wurde, also als Recht eines eigenständigen Staates (autonomen Staatsteiles) in Geltung trat. Ab diesem Zeitpunkt wird sie der konkreten Anwendbarkeit ausgesetzt, ebenso wie der wissenschaftlichen Bearbeitung durch „interne" Juristen, also solchen, die sich ausschließlich oder zumindest vornehmlich mit dieser partikularen Rechtsordnung beschäftigen. Auf der Ebene der Rechtswissenschaft, der Richterschaft oder anderer juristischer Berufe mag es durchaus weiterhin Kontakte zur „Mutterrechtsordnung" geben; jedoch lebt aller Regel nach jede Rechtsordnung ihr eigenes Leben, determiniert gewiss durch die Entstehung, die Wurzeln, aber eben auch durch die Besonderheiten der Entwicklung, wenngleich die gemeinsa-

61 Grundlegend *Sacco*, Introduzione al Diritto comparato[5] (1992); 187-216 (zu den Systemen), 217 (zu den Modellen). Die italienische Rechtsvergleichung betont den systematischen Charakter der Rechtsordnungen und den systematischen Vergleich. Der II. Band von Saccos Rechtsvergleichungshandbuch ist den *sistemi giuridici comparati* gewidmet.

men institutionellen Grundlagen des Römischen Rechts und weitere bestimmende Faktoren der Mutterrechtsordnung ein stark vereinheitlichendes Band zu bleiben pflegen. Zu beobachten ist allenthalben ein großes wissenschaftliches Interesse von Juristen aus abgeleiteten Rechtsordnungen an jener des Vorbildes, also etwa Frankreichs und Deutschlands.

3. Innerhalb der entweder auf den Code Civil oder auf das BGB zurückgehenden Rechtsordnungen gibt es zwei, die eine besondere Nahebeziehung zu den Mutterordnungen aufweisen: Belgien (und Luxemburg) zu Frankreich sowie Österreich zu Deutschland. In beiden Fällen gibt es eine dominante Rechtsordnung und eine weitere, die in außergewöhnlicher Weise von der anderen abhängt. Weder die belgische Rechtswissenschaft noch die österreichische, spätestens seit den ersten Jahren des 20. Jhdts, können eine besondere Eigenständigkeit oder Originalität in Anspruch nehmen, was bei dem in vieler Hinsicht dem französischen Gesetz entsprechenden Code Civil der Belgier immerhin weniger verwunderlich ist als in Österreich, wo der Urtext des ABGB aus dem Jahre 1811 in vielen Paragraphen noch existiert. Dort hat man sich aber mit der Übernahme der Historischen Schule und der Novellierung des ABGB im Wesentlichen auch der rechtswissenschaftlichen Eigenständigkeit begeben. Dies ist anhand der Entscheidungen des österreichischen Höchstgerichtes (OGH) wie im Schrifttum gleichermaßen nachweisbar. Der typische österreichische Zivilist besucht aber in der Regel nicht deutsche Ausbildungsstätten, er informiert sich aus dem deutschen Schrifttum und den Urteilen des BGH. Eine tiefer gehende Kenntnis irgendeiner weiteren Rechtsordnung ist in Österreich üblicherweise überhaupt nicht gegeben, nicht einmal jene der Schweiz ist präsent, von jener Frankreichs oder Italiens ganz zu schweigen. Aber selbst im Falle Belgiens und Österreichs wird man nicht ohne weiteres von rein französischer oder rein deutscher Rechtsordnung und Rechtskultur sprechen können. Immerhin gibt es bei der Anwendung des Rechtes durchaus Unterschiede, die zum einen historisch-kulturell-sozial bedingt sind und zum anderen, insbesondere im Falle Österreichs, auf erheblichen Unterschieden bei der Juristenausbildung beruhen.

4. Während in der Vergangenheit die Besonderheiten einer jeweiligen staatlichen Gemeinschaft im geistigen, sozialen und ökonomischen Bereich dem rezipierten Modell im Laufe der Zeit eine besondere Ausprägung verliehen haben und so zur Entwicklung typischer nationaler Rechtsordnungen geführt haben, bedeutet heute eine zunehmende soziale, ökonomische und auch kulturelle Annäherung vieler Staaten Europas und Amerikas (und auch solcher, die in anderen Teilen der Welt unmittelbare europäische Wurzeln aufweisen, wie Australien und Neuseeland), dass die Bedeutung der nationalen Dimension des Rechts im Sinken begriffen ist. Dieser Vorgang kann sogar zu einer weitgehenden „Entnationalisierung“ von Rechtsordnungen führen, so dass der Übernahme von Modellen eine direktere und unmittelbarere Funktion zukommen wird.

§ 5 Ziele und Nutzen der Rechtsvergleichung

I. Die Erweiterung der Erkenntnisse für die nationalen Rechtsordnungen

Für die jeweilige nationale Rechtsordnung bedeutet die Beschäftigung mit anderen Rechtsordnungen eine wesentliche, um nicht zu sagen unverzichtbare Bereicherung. Man kann aus dem Aufbau, der Struktur, den Komponenten anderer Rechtsordnungen bedeutsame Schlüsse für die eigene Rechtsordnung ziehen. Man versteht im Licht der Vergleichung die Lösungen der eigenen Rechtsordnung besser, kann sie der Entstehung und der Funktion nach besser einordnen und vor allem kann man gerade auf dem Wege des Vergleiches die eigenen Vorstellungen, Erklärungen und Lösungen in Frage stellen. Die Rechtsvergleichung wird auf diesem Weg zu einem unentbehrlichen Kontrollinstrument, welches Stärken und Schwächen von Rechtsordnungen aufzudecken vermag. Die Untersuchung betrifft sowohl das normative Gerüst, also die Betrachtung der einzelnen Normen, als auch die Rechtsanwendung im Rahmen der einzelnen Entscheidungen. Von größter Bedeutung ist weiters der Vergleich der Rechtswissenschaften, der Lehre, sowie der Austausch von Gedanken und Rechtslehrern: Wissenschaft ist ohne Grenzen, ist typischerweise grenzüberschreitend: Dies hat auch für die Wissenschaft vom Recht zu gelten. Wissenschaftlicher Austausch verhindert Provinzialismus, verhindert auch nachhaltig, dass bestimmte Bereiche, bestimmte Themen immer wieder in geringen Abänderungen auf ein und dieselbe Weise behandelt werden. Nationale Gesetzgebungen, nationale Rechtsordnungen als Gegenstand wissenschaftlicher Betrachtung können leicht deren Betrachter, den Interpreten und Anwender dazu verleiten, nicht über den zu erfassenden Gegenstand hinweg zu blicken, also letztlich eine a priori Beschränkung vorzunehmen. Das kann nur allzu leicht sowohl in den Ansätzen als auch in den Erkenntnissen, Lösungen und Ausführungen dazu führen, dass der Jurist zum stilistisch immer perfekteren Wiederkäuer wird. Isolation und Borniertheit sind die Folge sowie Unverständnis gegenüber Neuerungen. Andere Rechtsordnungen können formell wie materiell andere Lösungen anbieten, sie beleben allemal die Diskussion und zwingen ganz einfach durch eine neue Auseinandersetzung, neue Argumente zu suchen und ins Treffen zu führen. Sowohl die Lehre als auch die Gesetzgebung können dadurch nachhaltigen Gewinn erzielen, aber gleichermaßen auch – und dies sei ausdrücklich hervorgehoben – die Rechtsprechung, die durch die vergleichende Beschäftigung mit anderen Rechtsordnungen wesentliche Erkenntnisse für die eigene Tätigkeit gewinnen kann. Bei der Weiterentwicklung der Gesetzgebung, Rechtswissenschaft und der Rechtsprechung innerhalb einer Rechtsordnung ist der Rechtsvergleichung somit besondere Bedeutung beizumessen.

II. Möglichkeiten eines besseren Verständnisses anderer Rechtsordnungen

Grundsätzlich liegt der Nutzen der Rechtsvergleichung aber schon im Kennen lernen, Erfassen und Begreifen anderer Rechtsordnungen. Die Vergleichung selbst schärft dabei den Blick für Besonderheiten anderer Rechtsordnungen. Sie vermittelt dem Juristen das Verständnis, warum andere Rechtsordnungen gleich, ähnlich oder verschieden sind. Im Rahmen der allgemeinen Globalisierung kommt somit dem Rechtsvergleicher die wichtige Funktion zu, Juristen aller Alters- und Ausbildungsstufen in rechtlichen Belangen auf das globale Zusammenwachsen vorzubereiten. Je mehr deutsche oder österreichische Juristen in anderen Rechtsordnungen umfassend geschult und ausgebildet werden, umso größer wird auch in ökonomischen Belangen der Nutzen für den Standort Deutschland oder Österreich sein. Die Globalisierung der Wirtschaft, die Verflechtung der Staaten und der Menschen bedürfen international gebildeter und geschulter Juristen, sei es bei der Beratung im Rechtsverkehr, sei es an den Gerichten. Nirgendwo wird man ohne Kenntnisse und insbesondere ohne Verständnis anderer Rechtsordnungen existieren können. Die eigentlichen umfassenden Kenntnisse anderer Rechtsordnungen kann man nur auf dem Wege der Rechtsvergleichung erlangen. Je tiefer und fundierter die Kenntnisse einer anderen Rechtsordnung sind, je intensiver sich der Jurist irgendeiner Ausgangsordnung nach den hier aufgezeigten methodischen Regeln gebildet hat, umso größer werden seine eigenen Möglichkeiten werden, in den verschiedensten juristischen Berufen eingesetzt zu werden. Dies ergibt sich schon heute in der Praxis großer Betriebe und bei Anwälten, aber ebenso bei der alltäglichen Anwendung von Kollisionsnormen, also im IPR-Bereich. Die Regeln des IPR sind zwar primär formeller Natur, doch die Verweise bedeuten allemal eine Auseinandersetzung mit den materiellen Grundvoraussetzungen und Inhalten. Eine intensive Beschäftigung mit den jeweiligen nationalen formellen wie materiellen Rechten stellt somit die Grundlage für die sinnvolle Anwendung des Kollisionsrechtes dar.

III. Die Rechtsvereinheitlichung

1. Seit ihren Ursprüngen ist die Rechtsvergleichung mit der Rechtsvereinheitlichung in Zusammenhang gebracht worden. Jene Juristen, die wie *Lambert* und *Saleilles* um die Jahrhundertwende wesentlich an der Begründung und Verbreitung der Rechtsvergleichung beteiligt waren und die anlässlich der Pariser Weltausstellung 1900 den 1. Internationalen Kongress der Disziplin organisiert hatten, waren von der Überzeugung geprägt, dass früher oder später ein Weltrecht entstehen könne. Es sollte also darum gehen, bei allen Unterschiedlichkeiten Ähnliches und Gemeinsames hervorzukehren, um so zu den Grundlagen eines einheitlichen Privatrechtes zu gelangen. Der seither verstrichene Zeitraum, also etwa ein Jahrhundert, beweist, auf welche Schwierigkeiten dieses Konzept gestoßen ist. Allerdings hat es durchaus auch Fortschritte gegeben: Völkerbund und UNO als Ausdruck der internationalen Staatengemeinschaft haben immer wieder versucht, allgemeine Regeln für bestimmte Bereiche des Privatrechtes in Empfehlungen vorzuschlagen. Als wichtigstes Produkt dieser Bestrebungen muss das UN-Kaufrecht nach der Wiener Konvention von 1980 betrachtet werden. Dieses betrifft den Warenkauf, wenn die Vertragspartner ihren Wohnsitz in verschiedenen Signatarstaaten haben. Für jene Staaten, die das Abkommen ratifiziert haben, gelten seine Bestimmungen unmittelbar als nationales Recht, das allerdings dispositiven Charakter aufweist.

Dazu wurde noch unter dem Eindruck der ersten Welle der Rechtsvergleichung und als Folge der Gründung des Völkerbundes ein eigens der Rechtsvereinheitlichung bestimmtes Institut ins Leben gerufen: UNIDROIT, das wegen des damals enormen Prestiges des italienischen Juristen *V. Scialoja* in Rom seinen Sitz finden sollte. Die Tätigkeit des Instituts ist überaus verdienstvoll, allerdings haben sich die Rechtsträger nie zu einer entsprechenden finanziellen Ausstattung durchringen können, so dass die rechtsvergleichende Erfassung und Darstellung sämtlicher Rechtsordnungen Utopie geblieben ist. Von den erarbeiteten Vorschlägen ist insbesondere jene zum Warenkaufrecht zu nennen, die auf eine Initiative von *E. Rabel* zurückgeht[62].

Was die Ausbildung zum Rechtsvergleicher anbelangt, so muss hier an erster Stelle die im Auftrag der *Association Internationale de Droit Comparé* von *R. David* gegründete *Faculté Internationale de Droit Comparé* in Straßburg genannt werden. In drei Zyklen wird alljährlich zumeist in Straßburg, aber auch in anderen Städten, eine solide Ausbildung in fremden Rechtsordnungen und der Privatrechtsvergleichung geboten.

2. Völlig neue, konkrete und 1900 nicht vorhersehbare Neuerung hat die europäische Einigungsbewegung mit sich gebracht, die insbesondere seit dem EGV politische und juristische Gestalt angenommen hat. Die neue Europäische Union ist nicht nur das Beobachtungsobjekt der Rechtswissenschafter in der Diskussion, ob eine Privatrechtsvereinheitlichung stattfinden soll oder nicht, sondern sie hat auch in ihrem wichtigsten staatsrechtlichen Fundament, dem EGV, ausdrückliche Normerzeugungsmechanismen vorgesehen, die dieser Vereinheitlichung Vorschub leisten sollen. Es handelt sich dabei um Verordnungen (Art 249 Abs 2

---

62 *E. Kramer*, Die Gültigkeit der Verträge nach den Unidroit Principles, ZEuP 1999, 209; *M. J. Bonell*, Un „Codice" Internazionale del Diritto dei Contratti. I principi UNIDROIT dei Contratti Commerciali Internazionali (1995).

EGV.), die unmittelbar für alle Mitgliedstaaten wirksam werden und um Richtlinien Art 249 Abs 3 EGV.), die von den einzelnen nationalen Rechtsordnungen in das Gewand der jeweiligen Rechtsordnung zu kleiden sind. Hinzukommen die über die nationale Gerichtsbarkeit hinausgehenden Kompetenzen der europäischen Gerichtshöfe. Diese von der Union – somit auch dem politischen Willen der einzelnen Mitgliedstaaten entsprechend – selbst statuierte Rechtsvereinheitlichung ist ein starkes Indiz dafür, dass diese auch weiterhin und in verstärktem Ausmaße zu den politischen Zielen der Union zählen wird. Für die Rechtsvergleichung ergeben sich daraus Konsequenzen entsprechend dem Stand und dem Ausmaße der erwünschten Vereinheitlichung privatrechtlicher Ordnungen:

a) Da die direkte oder indirekte Rechtsschöpfung der EU[63] offenbar die Vereinheitlichung der Rechtsordnungen auf bestimmten Gebieten zum Ziel hat, ja diese geradezu als ratio legis zu verstehen ist, so bedeutet eine intensive unter rechtsvergleichenden Aspekten erfolgte Vorbereitung die beste Voraussetzung dafür, dem Ziel gerecht zu werden. Eine weitere Funktion kann die Rechtsvergleichung bei der Umsetzung der Richtlinien in das nationale Recht und dessen Anwendung erfüllen. Dabei geht es darum, Umsetzung und Anwendung im nationalen Recht zu verfolgen und im Rahmen der Union zu vergleichen, stets unter dem Gesichtspunkt, inwieweit der Grundgedanke der Rechtsvereinheitlichung dabei erfüllt wird. Insbesondere kann dieser Vergleich als Gradmesser dafür verwendet werden, wie sehr trotz Umsetzung der Richtlinien die nationalen Rechtsordnungen als Hemmschuh der Rechtsvereinheitlichung im Wege stehen, wie stark somit das nationale Element bleibt.

b) Bei entsprechender politischer Willensbildung könnte die EU darangehen, eine teilweise oder gänzliche Vereinheitlichung des Privatrechtes in die Wege zu leiten. In welcher Form auch immer dies erfolgen soll, der Rechtsvergleichung wird bei diesem Prozess der Vereinheitlichung eine zentrale Rolle zukommen müssen, damit auf dem Wege von konkreten Vorschlägen unter Bezugnahme auf sämtliche bestehende Rechtsordnungen der EU dem Gesetzgeber ein möglichst umfassendes Material zur Verfügung gestellt werden kann. Auch in diesem Zusammenhang wird die möglichst umfassende Beschäftigung mit jeder Rechtsordnung in ihrer Gesamtheit nach den hier aufgestellten methodischen Voraussetzungen die Grundlage jedes Vergleichs sein müssen, der im Weiteren zu den konkreten Vorschlägen führen muss. Ohne diese Grundelemente und diese wahrhaft europäische Tätigkeit kann eine seriöse in Wissenschaft und Praxis gleichermaßen fundierte und von der Gesellschaft akzeptierte Rechtsvereinheitlichung nicht in die Wege geleitet werden. Diese in Tendenzen bereits vorhandene

63 *W. Odersky*, Rechtsfragen zur Anwendung von Recht der EU in Mitgliedsstaaten, ZEuP 1998, 486

und vom politischen Willen zumindest zT getragene Ausrichtung erfuhr durch die mit der Währungsunion vorläufig zum Abschluss gebrachte wirtschaftliche Integration der Teilnehmerstaaten einen durchaus verständlichen und nachhaltigen Auftrieb. Die Geschichte lehrt, dass Wirtschafts- und Währungsgemeinschaften auf dem Wege zur Staatlichkeit nach weiteren starken Symbolen der Einheit suchen. Ein einheitliches europäisches Privatrecht, das sowohl für den Wirtschaftstreibenden wie auch in vielen Bereichen für den einzelnen Bürger Vorteile mit sich bringen könnte, und damit von allgemeinem Nutzen sein könnte, wäre eines von mehreren möglichen Symbolen[64] Zum anderen muss aber betont werden, dass das Recht als unmittelbarer Ausfluss der Gesellschaft ein unverzichtbarer Teil derselben ist und dass die Nähe des Rechtes am Bürger zweifellos ein unabdingbares Element menschlichen Zusammenlebens und sozialer Selbstverständlichkeit ist. So erscheint die Beschäftigung mit der Rechtvereinheitlichung als positive Ergänzung nationaler Rechtsordnungen, doch sollten zumindest im gegenwärtigen Stadium, die Möglichkeiten einer Vereinheitlichung wissenschaftlich wie praktisch sehr sorgsam und bedächtig ausgelotet und erprobt werden. Viele Gruppen von Juristen der Wissenschaft und der Praxis sollten sich dem Phänomen widmen, um durch die Vielzahl von Lösungsansätzen und Vorschlägen die Komplexität des Problemes der Allgemeinheit bewusst machen. Funktionierendes und allgemeinen akzeptiertes nationales Recht nur der Symbolkraft willen durch ein übergeordnetes abstraktes, möglicherweise unverständliches Gebilde zu ersetzen, würde die europäische Einheit schwächen und nicht stärken. Die undifferenzierte Abschaffung historisch gewachsener Rechte und Rechtsordnungen und die Neueinführung von aus der Schublade gezogenen und nicht allgemein bekannten und akzeptierten Projekten erscheint ebenso unsinnig und kontraproduktiv wie die Abschaffung der nationalen Sprachen und die Einführung des Englischen beispielsweise als einzige Amts- oder gar europäische Volkssprache. Recht ist ebenso wie Sprache Teil und Charakteristikum eines Volkes und kann nicht durch Oktroyierung neuer Regeln ersetzt werden.

64 *J. Taupitz*, Europäische Privatrechsvereinheitlichung heute und morgen (1993).

2. Teil: Die Grundlagen für einen globalen Vergleich

Im Folgenden soll zunächst ein möglichst eingehender Überblick über wichtige Rechtsordnungen in ihrer historischen Entwicklung geboten werden: Deutschland, Frankreich, Italien, Spanien, Österreich und England. In knapperer Form werden die Rechtsordnungen der Schweiz, Schwedens, Griechenlands und Portugals sowie die *mixed legal systems* vorgestellt. Dem neuen niederländischen BGB ist eine eingehendere Behandlung vorbehalten. Es folgt die Darstellung des islamischen, israelischen, indischen, chinesischen und japanischen Rechts. Auch der Aufbau der Gerichtsbarkeit und, wo erforderlich, des Zivilprozesses werden als bestimmende Faktoren der Rechtsordnung vorgestellt. Beispielhaft soll damit gezeigt werden, nach welchen Ansätzen Rechtsordnungen erforscht werden müssen, um einen globalen Vergleich durchführen zu können.

§ 6 Deutschland

Literatur: Als Einführung insbesondere für den nichtdeutschen Juristen sei empfohlen: *D. Medicus*, Grundwissen zum bürgerlichen Recht. Basisbuch zu den Anspruchsgrundlage[3] (2000); *D. Medicus*, Bürgerliches Recht: Eine nach Anspruchsgrundlagen geordnete Darstellung zur Examensvorbereitung[20] (2004); *D. Schwab*, Einführung in das Zivilrecht[15] (2002); *H. J. Musielak*, Grundkurs BGB[9] (2005); *H. P. Westermann*, Grundbegriffe des BGB: Eine Einführung anhand von Fällen[15] (1999); *D. Reich/P. Schmitz*, Einführung in das Bürgerliche Recht. Grundlagen des BGB: Allgemeiner Teil, Allgemeines Schuldrecht, Besonderes Schuldrecht, Sachenrecht[3] (2000). Die wichtigsten Kommentare sind *Staudingers* Kommentar zum Bürgerlichen Gesetzbuch (13. Aufl ab 1995) und der Münchner Kommentar zum BGB (Allgemeiner Teil[4] [2001]; Schuldrecht Allgemeiner Teil[4] [2001]; Schuldrecht Besonderer Teil 1[4] [2004] und 2[4] [2004]; Sachenrecht[4][2004]; Familienrecht I[4] [2000] und II[4][2002 Erbrecht 2004); EGBGB, IPR (2006) (Loseblatt-Ausgabe). Unverzichtbar ist der „ausführliche Kurzkommentar“ zum BGB, der „Palandt“ 2006 in der 65. Auflage erschienen.

Die wichtigsten zivilrechtlichen Zeitschriften sind: Archiv für Zivilistische Praxis, Neue Juristische Wochenschrift (NJW), Juristenzeitung (JZ). Die Entscheidungen des BGH werden in der BGHZ publiziert.

I. Die historischen Grundlagen

Literatur: *G. Boehmer*, Grundlagen der bürgerlichen Rechtsordnung II/1: Dogmengeschichtliche Grundlagen des bürgerlichen Rechts (1951); *ders*, Einführung in das bürgerliche Recht[2] (1965); grundlegend und unübertroffen: *F. Wieacker*, Privatrechtsgeschichte der Neuzeit[2] (1967) §§ 20-25; *H. Schlosser*, Grundzüge der Neueren Privatrechtsgeschichte[10] (2005); *G. Wesener/G. Wesenberg*, Neuere deutsche Privatrechtsgeschichte[4] (1984). Zu Savigny grundlegend, *J. Rückert*, Idealismus, Jurisprudenz und Politik bei Friedrich Carl v. Savigny (1984).

1. Das BGB kann als der Höhepunkt der rechtswissenschaftlichen Bestrebungen im Deutschland des 19. Jhdts angesehen werden, seine Vorgeschichte seit *F. C. v. Savigny*[65] als das größte Ruhmesblatt deutscher Rechtswissenschaft. Dabei darf jedoch nicht vergessen werden, welche entscheidenden Faktoren das deutsche Privatrecht vor 1800 geprägt hatten, und somit *Savigny* und der historischen Schule als Ausgangspunkt ihrer Diskussionen dienten: In Gestalt des *ius commune* das Römische Recht, die Naturrechtslehre des ausgehenden 17. und insbesondere 18. Jhdts, sowie Gesetzgebungen, die von aufgeklärten Regierungen zumeist im Sinne des Naturrechts in Angriff genommen worden waren. Kodifiziertes

65 *H. Hammer*, Die Bedeutung Friedrich Carl von Savignys für die allgemeinen dogmatischen Grundlagen des deutschen Bürgerlichen Gesetzbuches (Berlin 1983).

Recht fand man am Beginn des 19. Jhdts in Preußen (Allgemeines Landrecht [ALR] von 1794) und Österreich (Allgemeines Bürgerliches Gesetzbuch [ABGB] von 1811)[66]. Auf der Grundlage naturrechtlichen Gedankengutes wurde dabei gemeines Recht erstmalig in eine allgemein verständliche deutsche Sprache gegossen.

Der Ruf nach politischer Einheit wurde in Deutschland besonders nach den gegen Napoleon siegreich geführten Freiheitskriegen laut. Das Bewusstsein um die Bedeutung der eigenen Kultur und ihre Wurzeln, Sprache und Geschichte als verbindendes Element sollte zu einem nationalen Neubeginn führen, wobei den Menschen die großen Nationalstaaten Frankreich und England als Vorbild dienten. Die politische Einigung hat es 1815 nicht gegeben, das alte Reich (1806 aufgelöst) wurde nur in der losen Form des deutschen Bundes reaktiviert, wobei auch zumindest geistig einigende Einrichtungen, wie das Reichskammergericht nicht wieder auflebten. Dennoch wurde der Gedanke nicht aufgegeben, man möge doch wenigstens das Recht – und insbesondere das Zivilrecht – nach dem Vorbild Frankreichs für alle deutsche Staaten gemeinsam kodifizieren.

2. *A. F. J. Thibaut* (1772-1840) veröffentlichte 1814 die Schrift *„Über die Notwendigkeit eines allgemeinen bürgerlichen Rechts für Deutschland"*. *Thibaut*, Professor in Heidelberg, sah darin eine wesentliche Voraussetzung für einen demokratisch bestimmten deutschen Einheitsstaat. Die wissenschaftlich-politische Antwort auf *Thibauts* Thesen stammt von einem zum damaligen Zeitpunkt schon berühmten Juristen, *F. C. v. Savigny* (1779-1861), der heute als der größte Rechtswissenschafter gilt, den es in Deutschland je gegeben hat. Der bedeutendste Rechtshistoriker unseres Jahrhunderts, *F. Wieacker*, hat *Savigny* als „Klassiker der Rechtswissenschaft, Fürst der Wissenschaft, Meister unserer Sprache" bezeichnet.[67]

Gebürtig aus Frankfurt am Main, aber aus altem reichslothringischem Geschlecht stammend und protestantischen Glaubens, verheiratet mit *Gunda von Brentano*, der *Schwester Bettina von Arnims*, wurde *Savigny* 1803 an jener Universität Professor, an der er selbst studiert hatte, in Marburg. Nach einer kurzen Zwischenzeit in Landshut (Vorgänger der Universität München) zählte *Savigny* 1810 zu den Gründern der Berliner Universität, an der er bis 1842 lehrte. Nachdem er bereits 1829 zum Staatsrat ernannt worden war, bekleidete er von 1842-1848 das Amt eines preußischen Gesetzgebungsministers. *Savignys* berufliche

---

66 In Bayern hatte es mit dem Codex Maximilianeus Bavaricus schon um die Mitte des 18. Jhdts den Versuch gegeben, die Normen des Zivilrechtes zusammenfassend zu regeln. Doch die gewählte Vorgangsweise sowie die teilweise Subsidiarität des Gesetzbuches lassen die bayrische Kodifikation noch nicht als Teil der modernen Gesetzesbücher erscheinen.

67 Privatrechtsgeschichte^2, 383.

Laufbahn mutet beeindruckend an, sie zeigt vor allem auch die enge Beziehung zur Praxis auf. Sein Ruhm gründet freilich in seinen wissenschaftlichen Leistungen und den Lehren, die auch wir heute aus ihnen ziehen können. Bereits seine erste grundlegende Schrift „Das Recht des Besitzes" (1803) enthielt die wesentlichen Charakteristika einer neueren Rechtswissenschaft in Substanz und Form. Es handelt sich dabei weder um elegante Antiquitätenforschung noch um naturrechtlich-philosophische Abstraktion, sondern um die Gesamtdarstellung eines Rechtsinstituts als organische Einheit unter Hervorhebung der Wesensbestimmenden Elemente, wie dem Besitzwillen. Dabei sollten Bedeutung, aber auch Grenzen der historischen Dimension deutlich werden. Ausgangspunkt und primäres Objekt der wissenschaftlichen Betrachtungsweise sollte das Römische Recht in seiner justinianischen Überlieferung sein. *Savigny* wollte keinesfalls bloßer Rechtshistoriker sein, sondern gleichermaßen moderner Zivilist, unter zT bestimmender Berücksichtigung des historischen Entwicklungsprozesses. Damit waren die Grundlagen der Symbiose zwischen Rechtsgeschichte und Rechtsdogmatik gelegt. Das Buch sollte zum Vorbild aller bedeutenden Monographien der deutschen Rechtswissenschaft des 19. Jhdts werden.

Von 1815 bis 1831 widmete sich *Savigny* einem monumentalen Unterfangen, der Untersuchung des Römischen Rechts im Mittelalter, die in sieben Bänden dargelegt wurde. Dabei ging es ihm darum, sowohl anhand der allgemeinen Entwicklung als auch durch die Demonstration am Detail die geistige Vermittlung des antiken Römischen Rechts in der europäischen Rechtskultur zu verdeutlichen. Was die Rezeption des römischen Rechtes im mittelalterlichen Europa anbelangte, hob er die Rolle der Glossatoren des 12. und 13. Jhdts hervor, die in verdienstvoller Weise am justinianischen Text festgehalten hätten. Bei der Lektüre dieses Werkes wird in einmaliger Weise deutlich, wie *Savigny* die Einheit der europäischen Rechtskultur fühlte und diese in erster Linie als Geschichte juristischer Bildung und Lehre verstanden wissen wollte.

Bereits im Jahre 1814 hatte *Savigny* zusammen mit *K. F. Eichhorn* (1781-1854) die Zeitschrift für geschichtliche Rechtswissenschaft gegründet. In der programmatischen Einleitung der Zeitschrift wird betont, dass der Stoff des Rechtes mit unentrinnbarer Notwendigkeit an die geschichtliche Vergangenheit der Nation gebunden ist. Daraus folge, dass bei unhistorischem Vorgehen, wenn also die Erkenntnis außerhalb der historischen Dimension erfolgt, Recht willkürlich erzeugt wird. Am besten und auch am schnellsten kann man sich auch in einer schnelllebigen Zeit wie der unsrigen mit *Savignys* Gedanken vertraut machen, indem man sich seiner pamphlethaften Schrift „Vom Beruf unserer Zeit für Gesetzgebung und Rechtswissenschaft" zuwendet. Auch heute sollte dieses Büchlein, das in einer eleganten, ja geradezu klassischen Sprache verfasst wurde, zum Rüstzeug eines jeden gebildeten Juristen zählen. Die Ideenvielfalt, der Reichtum an allgemeinen rechtstheoretischen Überlegungen, ist überwältigend. Man genieße jedoch die Terminologie mit der gebotenen Vorsicht des besonderen historischen Augenblickes, besonders bedenke man, dass der Begriff Volk zwar im Sinn der beginnenden Romantik bezogen auf die Schaffung eines gemeinsamen Rechtes zu verstehen ist, dass Volk aber nichts mit völkisch oder gar mit Rasse zu tun hat. Unsere eigene Geschichte, die über 12 Jahre lang in ihrer finstersten Zeit das Völkische zum obersten Prinzip erhoben hat, hat dem Begriff Volk einen bisweilen in die Irre führenden Beigeschmack aufgedrückt.

Nach *Savigny* ist die Kodifikation[68], solange sie unorganisch ist, auch schädlich. Das Recht eines Volkes bildet sich aus der Volksüberzeugung, die man in der Gewohnheit eines Volkes erkennen kann, insbesondere auch in Form von Rechtswissenschaft und Gerichtspraxis. Das Recht ist organisch, da es in der Entwicklung lebt. Die Ausbildung der Theoretiker wie der Praktiker erfolgt auf Grund derselben wissenschaftlichen Schulung, Richter und Professoren bilden gleichermaßen das Recht weiter. Das Rechtsleben ist ein Teil des Volkslebens. Dieser so wichtige Gedanke, der Bezug zwischen Recht und Gesellschaft, zwischen Recht und historischer und besonders sozialer und geistiger Entwicklung, bedeutet programmatisch, gegen die Lehre des Naturrechts vorgehen zu müssen. Natürliches, vernünftiges Recht kann, so *Savigny*, dem Volk nicht aufgezwungen werden, wie „bodenloser Hochmut und völlig unerleuchteter Bildungstrieb" der Naturrechtsgesetzgeber geglaubt hatte. Volk verstand *Savigny* als idealen Kulturbegriff, als eine Gemeinschaft, die durch gemeinsame Bildung auf kulturelle und geistige Weise verbunden ist. Das Römische Recht ist einerseits organisch rezipiertes Recht und somit deutsche Rechtsgeschichte und deutsches Rechtsgut, es ist aber auch das Verbindungsglied zwischen dem deutschen Recht und der europäischen, allgemeinen Rechtskultur. Wissenschaftlich ist daher das geltende Recht in seiner gesamten historischen Dimension zu erfassen. Die Auswirkungen der Schrift, die im Übrigen als Antwort auf *Thibaut* gedacht war, waren für die deutsche Rechtskultur des 19. Jhdts von fundamentaler Tragweite. Sie führten dazu, dass das BGB erst 1900 in Kraft trat.

Ab 1840 arbeitete *Savigny* am „System des heutigen Römischen Rechts". Auch diesem Werk kann man die bereits unterstrichenen Grundsätze entnehmen: weder abstrakt-spekulative, noch antiquarisch-historische Rechtswissenschaft! Nicht umsonst nennt er die Schrift in Bezug auf das „heutige Römische Recht". Dem System kommt dabei eine entscheidende Rolle zu. Das Werk ist eine großartige Einführung in den allgemeinen Teil des Pandektenrechtes. Wille und

---

68 *P. Caroni*, Savigny und die Kodifikation, in Zeitschrift Savigny Stiftung Germ. Abt. 86 (1969) 97ff.;

Rechtsgeschäft werden als Eckpfeiler des Systems entwickelt. Als letztes Werk hinterließ *Savigny* ein fragmentarisches Obligationenrecht (1851-1853).

Savignys Methode, der Inhalt seiner Lehren und seiner grundlegenden Erkenntnisse erfassten die gesamte deutsche Rechtswissenschaft und wurden zu Trägern einer Schule von Weltgeltung, der historischen Schule.

3. Von besonders großer Bedeutung war beim Entstehungsprozess der historischen Schule die Rolle von *G. F. Puchta* (1798–1846)[69], einem begeisterten Anhänger *Savignys*. Er hat durch weitergehende methodische Vorgaben der Schule ein entscheidendes Fundament vermittelt, und zwar die Begrifflichkeit. Er unterstrich als Endphase der Rechtsentwicklung der Völker die Wissenschaftlichkeit von Recht und sah für die Phase der Wissenschaftlichkeit des Rechtes nur den Juristen zur Rechtserzeugung befugt. Dieser sei als Organ des Volkes über Theorie und Praxis berufen, das Recht weiterzuentwickeln. Damit wurde das Volk zum Statisten, die Rolle des gebildeten Juristen ist die allein ausschlaggebende. Die Lehre vom Volksgeist wird zur Lehre von den Rechtsquellen, wie sie in beeindruckender Weise im zweibändigen „Gewohnheitsrecht“ (1828 und 1837) dargestellt wird. Das Gewohnheitsrecht und die Bücher des Römischen Rechtes aus der Zeit Kaiser Jusitinians, besonders die Pandekten, hielt *Puchta* für erforschenswert. Daraus könne man die einzelnen Rechtseinrichtungen erkennen und begrifflich fassen. Aus Begriffen müsse ein systematisch-logisches Gebäude errichtet werden, das die Erkenntnis ermögliche, dass das gesamte Recht aus Begriffen bestehe, denen eine rein intellektuelle Existenz zukomme. Jeder Begriff müsse durch Verbindung, durch Relation mit anderen bestimmt werden. Die Legitimität der Rechtssätze ergebe sich infolge der logisch-systematischen Richtigkeit und Vernünftigkeit. Der oberste Begriff sei in seiner ganzen Dimension der Rechtsbegriff Die Rechtsbildung in Form von Lehrsätzen und Entscheidungen erfolge in Form von Ableitungen (Deduktionen) aus Begriffen[70]. Eingriffe des Gesetzgebers lehnte er strikt ab. So erhielt *Savignys* breitmaschiges System der Rechtsfiguren durch Begriff und Begrifflichkeit strengere methodische Voraussetzungen. Diese wurden von *Puchta* in den „Pandekten“ und im „Cursus Institutionum“ auf den zur Verfügung stehenden Stoff des Römischen Rechtes angewendet. Beide Werke erfuhren eine große Verbreitung und wirkten nachhaltig. Der Wissenschaft vom Recht war dadurch ein Instrumentarium zur Verfügung gestellt, das zuerst in Deutschland und sukzessive in vielen anderen Ländern

69 *J. Bohnert*, Über die Rechtslehre Georg Friedrich Puchtas (1975); *P. Landau*, Puchta und Aristoteles, Überlegungen zu den philosophischen Grundlagen der historischen Schule und zur Methode Puchtas als Zivilrechtsdogmatiker in: Zeitschrift der Savigny Stiftung Romanistische Abt. 109 (1992) 1ff.; *H.-P. Haferkamp*, Georg Friedrich Puchta und die „Begriffsjurisprudenz“ (2004)

70 *Puchta*, Cursus Institutionum I 101.

übernommen wurde. Die Gefahr des allzu Theoretischen war allerdings bereits im Ansatz vorhanden, sie bestand und besteht darin, Formalismus und Begrifflichkeit vor den gesellschaftlichen Wirklichkeitsbezug zu setzen.

4. Die Wissenschaft vom Zivilrecht, die, zum System ausgebaut, das weitere 19. Jhdt beherrschen, sollte, wird gemeinhin Pandektenwissenschaft genannt. Diese Bezeichnung wurde ihr auf Grund der zahllosen Lehr- und Handbücher, die den Namen Pandekten[71] trugen, zuteil. Wie bereits im Zusammenhang mit der Begrifflichkeit zum Ausdruck gebracht wurde, muss die Pandektenwissenschaft als rechtswissenschaftlicher Positivismus bezeichnet werden. Außerjuristische Wertungen spielen keine Rolle, ihnen kommt nicht rechtserzeugende oder rechtsverändernde Kraft zu. Recht ist nie außerjuristisch zu betrachten oder schon gar zu rechtfertigen. Soziale, ethnische, religiöse Dimensionen, sie alle sollten dem Recht so weit wie nur möglich fernbleiben. Die Rechtsordnung gilt entweder überhaupt als lückenlos oder sie muss wissenschaftlich ergänzt werden. Der Theorie nach sollte der Richter zum Subsumptionsautomaten degradiert werden. Die Pandektenwissenschaft schuf als Ideal den nur dem Recht verpflichteten Juristen. Der Formalismus hatte den Zweck, den Juristen vom politischen Tagesgeschehen fernzuhalten. Die Pandektenwissenschaft hat eine Fülle von begnadeten Juristen hervorgebracht, die das Niveau der gesamten deutschen Rechtswissenschaft in besondere Höhen trieben. Eine Unzahl von Einzeldarstellungen und Aufsätzen in den verschiedensten Fachzeitschriften legen darüber ein beredtes Zeugnis ab. Alle Bereiche des Zivilrechts wurden einer intensiven und innovativen Bearbeitung unterzogen, kein noch so geringes Problem, das nicht die Aufmerksamkeit der Pandektisten erregt hätte. Ausgangspunkt waren dabei stets die Quellen des römisch-justinianischen Rechts, die einer kontinuierlichen Interpretation unterzogen wurden. Im Gegensatz zu dem großen Vorbild *Savigny* waren jedoch die Juristen der zweiten Hälfte des 19. Jhdts viel zu sehr von Begriff, Begrifflichkeit und System geprägt, als dass sie die Entwicklung des Römischen Rechtes untersuchen hätten wollen. So waren sie Rechtsdogmatiker, wobei ihre Dogmatik auf dem Römischen Recht beruhte[72]. Im Gegensatz zu manchen programmatischen Behauptungen unterließen sie aber nicht eine Betrachtung deutscher geltender Rechtspraxis, allerdings, um sie zumeist aus begrifflichen oder systematischen Überlegungen abzulehnen. Zahlreiche Rechtslehrer schrieben neben Traktaten und Einzeluntersuchungen Lehrbücher des Pandektenrechtes. Insbesondere diese Lehrbücher führten in der Tat zu dem, was *Savigny* stets bewirken wollte, zu einer einheitlichen deutschen Zivilrechtswissenschaft, die bald

71 Das griechische Wort für Digesten, dem wichtigsten der justinianischen Rechtsbücher.

72 *Windscheid*, Recht und Rechtswissenschaft, Leipziger Rektoratsrede 1884.

durch gezielte Berufungen bedeutender Professoren in Österreich und in der Schweiz Fuß fasste.

5. Trotz der zahlreichen hervorragenden Pandektenlehrbücher (*Dernburg, Brinz, Baron, Arndts, Keller, Regelsberger, Vangerow* beispielsweise) muss doch das Lehrbuch der Pandekten von *Bernhard Windscheid* als bedeutendstes, in vieler Hinsicht als das abschließende Werk dieser Epoche bezeichnet werden. *Windscheid* (1817–1892), Professor in Basel, Greifswald, München, Heidelberg und Leipzig, veröffentlichte es 1862, in der siebten Auflage erschien es 1891, *Th. Kipp* brachte nach 1900 eine achte Auflage heraus.

Windscheids Pandekten waren für seine Zeit weit mehr als ein Lehrbuch für Studenten, es war auch in der Praxis in ganz Deutschland von großer Wichtigkeit, eine an ihm geschulte Richterschaft betrachtete es immer mehr als den Ersatz eines fehlenden, einheitlichen Gesetzbuches. Den Vätern des BGB (in der ersten Kommission war *Windscheid* selbst Mitglied) diente es oft genug als Leitfaden.

Als fundamentales Erbe hinterließ die Pandektistik messerscharf definierte Begriffe und ein in sich schlüssiges System. System bedeutet auch Verallgemeinerung; und wo nur möglich, suchte man die Begrifflichkeit in systematischer Zusammenschau ganzer Institute, um daraus das Recht funktional zu erklären. Wie sonnenklar erschien auf diese Weise das zur Begrifflichkeit gewordene und erhobene Zivilrecht, wie allgemein verständlich gegenüber der Zerfahrenheit des *ius commune* und der rechtsfremden Philosophie des Naturrechts. Das Recht, gebannt in drei Bände: welche Verlockung, nun zur ersten systematisch-logischen Kodifikation zu schreiten! Doch es soll nicht verschwiegen werden, dass es auch unter den Pandektisten *„dissenting opinions"* gab, und dass immer wieder Kräfte versuchten, traditionelles Rechtsdenken und in der Geschichte gelegene typische Rechtsfiguren aufzudecken um so eine neue Kodifikation im Sinne der Begrifflichkeit zu verhindern.

6. Während die Pandektenjuristen in ihrer programmatischen Bezugslosigkeit zu den tatsächlichen Gegebenheiten, insbesondere zur sozialen Wirklichkeit, vor allem zum freien Willen des Individuums als Beteiligtem am Recht eine zentrale Rolle einräumten, den Willen dabei völlig abstrakt sahen und ihn deshalb wo nur möglich nicht einzuschränken trachteten, gab es Juristen, die besonders auf Grund ihrer Beschäftigung mit der mittelalterlichen deutschen Geschichte und dem deutschen Recht andere Wege einschlugen. Diese Richtung, die zwar die Begrifflichkeit der Pandekten nicht a priori ablehnte, wird am deutlichsten von *Otto v. Gierke* (1841-1921) vertreten, der ab 1887 als Professor in Berlin wirkte. Besonders die sozialen Aspekte des Rechtes erfahren bei *Gierke* eine weitaus positivere Berücksichtigung, der Individualismus ist zugunsten sozialer Gedanken, zumal von Genossenschaftsgedanken zurückgedrängt. Doch auch innerhalb der führenden Pandektistik regte sich vereinzelter Widerstand. Eine besondere Persönlichkeit war in diesem Zusammenhang *Rudolf von Jhering* (1818-1892), Professor in Basel, Rostock, Kiel, Gießen, Wien und Göttingen. *Jhering* war ohne Zweifel ein profunder Kenner der Pandekten. In seiner 1857 gegründeten Zeitschrift „Jahrbücher für zivilrechtliche Dogmatik" (auch einfach Jherings Jahrbücher genannt), finden sich eine ganze Reihe von dogmatisch wichtigen Abhandlungen. Ab 1852 erschien *Jherings* bedeutendstes Werk. „Der Geist des Römischen Rechts auf den Stufen seiner Entwicklung" – ein Werk, das durchaus im Sinne der historischen Schule *Savignys* Entwicklungstendenzen aufzeigte, freilich, wie schon im Titel programmatisch festgelegt, Wert auf außerjuristische Faktoren legte. Vom Geiste des Rechtes hatten sich *Savignys* Jünger auf dem Wege zu einem reinen System relativ weit entfernt. Bezeichnungen wie Geist und Entwicklung bedeuteten bereits Kritik an der reinen Lehre. In der Tat ist *Jhering* nicht müde geworden[73], die von der Realität losgelöste Begrifflichkeit zu kritisieren. Als programmatisch pamphlethafte Gegenschrift diente ihm dazu „Der Kampf ums Recht". Das Recht wird zum Mittel der Interessendurchsetzung, damit wird eine außerjuristische Dimension eingebracht, die dazu führt, dass es für das Individuum wie für die Gesellschaft schutzwürdige Interessen geben kann. Allemal wird dadurch die gesellschaftlich relevante Dimension des Privatrechtes unterstrichen. Zu Recht aber wird *Jhering* als Vorläufer und geistiger Vater der Interessensjurisprudenz bezeichnet, die zu Beginn des neuen Jahrhunderts in *Philipp Heck*[74] einen überzeugten Vertreter fand. Der Interessenjurisprudenz wird seither die Begriffsjurisprudenz gegenübergestellt.

7. Die deutsche Rechtswissenschaft des 19. Jhdts wurde eine universelle Wissenschaft. Nicht nur in den Ländern deutscher Sprache, sondern weltweit war ihre Wirkung beeindruckend. So richtete sich die bedeutende italienische Rechtswissenschaft nach ihr aus und erfuhr dadurch eine grundlegende Erneuerung[75]. Begriff und Begrifflichkeit erlangten auch in Frankreich eine bemerkenswerte Verbreitung, ohne dass jedoch die Rechtswissenschaft ihren eigenen Stil aufgegeben hätte. Die bedeutendsten lateinamerikanischen Juristen schulten sich an der historischen Schule. In Chile, Argentinien und Brasilien, aber auch in anderen Ländern bedeutete die Lehre vom Zivilrecht, auf den Spuren der Pandektisten zu wandeln. Auch Spanien und noch mehr Portugal wurden Einzugsgebiete der

---

73 Vgl *Jhering*, Scherz und Ernst in der Jurisprudenz[13] (Leipzig 1924).

74 Interessensjurisprudenz und Gesetzestreue, DJZ 1905, 1140; Was ist diejenige Begriffsjurisprudenz, die wir bekämpfen? DJZ 1909, 1157.

75 Auch auf die benachbarten Länder wie besonders die Niederlande mit ihrer eigenen großen Rechtskultur, auf Skandinavien, und Rußland, übte sie beträchtlichen Einfluß aus.

deutschen Zivilistik, und vor allem auch die großen Länder des Fernen Ostens, allen voran Japan, aber auch China.

Vielfach führte dies nicht nur zur methodischen Übernahme der neuen Lehren und ihrer wissenschaftlichen Ergebnisse, sondern auch zu Auswirkungen auf Gesetzgebung und Kodifikation. Es kam zu zahlreichen Übersetzungen deutscher Werke in die italienische, spanische und französische Sprache. Juristen aller Herren Länder kamen nach Deutschland, um dort vor Ort die Pandektenwissenschaft zu erlernen und zu begreifen. Zahlreiche Studenten und Doktoranden fanden den Weg an deutsche Universitäten.

Das 19. Jhdt endete eindeutig als deutsches Jahrhundert der Rechtswissenschaft, so wie es eindeutig als französisches begonnen hatte. Deutsch war die Weltsprache wissenschaftlicher Jurisprudenz. Der Grund lag gewiss in der Methode, der klaren Begrifflichkeit, der überragenden Systematik. Das Recht schien perfekt in *Windscheids* drei Bände gefasst worden zu sein. Auf Grund dieser Begrifflichkeit und Systematik musste es ein Einfaches sein, überall dort, wo es auf Grund des Römischen Rechtes eine Wissenschaft vom Recht als Entscheidungsgrundlage für Gesetzgebung und Rechtsprechung gab, diese Lehren sinnvoll anzuwenden. Zu wenig beachtet ist freilich der Umstand, dass es sich um einen konkreten Normenkomplex handelte, auf dessen Grundlage *Savigny* und *Puchta* Methode und System entworfen hatten und unzählige weitere Juristen ihre Untersuchungen betrieben und ihre Werke verfasst hatten: das Römische Recht, eine universelle Rechtsordnung eines längst untergegangenen Staates zum einen, zum anderen ein ideales System, das allem und jedem offen stand, das allen als Gemeingut gehörte, und das nicht verdächtigt werden konnte, nationale Interessen zu vertreten oder gar zu bekräftigen.

II. Die Kodifikation des Bürgerlichen Rechtes in Deutschland[76]

1. Dies war die Lage der Rechtswissenschaft in Deutschland als nach dem deutsch-französischen Krieg 1870/71 im Januar 1871 in Versailles das deutsche Kaiserreich unter preußischer Dominanz ausgerufen wurde. Die politische Vereinigung, allerdings unter dem Ausschluss von etwa 10 Millionen deutschen Österreichern, gilt für viele als Startschuss der Rechtsvereinheitlichung. Pate stand hierbei aber das besiegte Frankreich, dessen solide Kodifikation als die Nation

76 *Coing* in *Staudinger*, Kommentar zum BGB[13] Einleitung Rz 74 ff; *F. W. Maitland*, The Making of the German Civil Code, in *A. L. Fisher* (ed), Collected Papers of F. W. Maitland III (1911) 474 ff; sehr interessant ist die positive Stellungnahme des angelsächsischen Gelehrten.

einendes Element von den Deutschen bewundert wurde. Bereits vor der Staatsgründung hatte es Gesetzgebungsinitiativen gegeben, so den Dresdner Entwurf eines allgemeinen deutschen Obligationenrechtes (1865), das noch zum Vorbild der chinesischen Gesetzgebungen von 1912 geworden ist. In Sachsen wurde 1865 ein BGB erlassen, das dem Pandektensystem folgt und einen Allgemeinen Teil kannte. Von besonderer Bedeutung auf dem Wege zur Rechtsvereinheitlichung war die am 1.1.1879 erfolgte Gründung des Reichsgerichtes in Leipzig. Dieses urteilte als meritorisches Höchstgericht für das gesamte deutsche Kaiserreich in mehreren Senaten, die für den preußischen, den rheinischen (Code Civil) und den gemeinrechtlichen Bereich zuständig waren.

2. Bereits 1873 war durch die so genannte *Lex Lasker* die Reichskompetenz für das ganze bürgerliche Recht erklärt worden. Eine erste Kommission mit dem Ziel, die Rechtsvereinheitlichung vorzubereiten, wurde jedoch erst 1881 eingesetzt. Die Kommission bestand aus elf Mitgliedern. Vorsitzender wurde *H. E. Pape*, bis 1878 Präsident des Reichsoberlandesgerichtes, prominenteste Mitglieder waren *B. Windscheid* und *G. Planck* (1824–1910), der spätere Präsident des Reichsgerichtes. Auch die übrigen Mitglieder waren Professoren und angesehene Praktiker. Diese Kommission hatte zum Ziel, das in Deutschland geltende Privatrecht auf seine Zweckmäßigkeit, innere Wahrheit und Folgerichtigkeit zu prüfen. 1887 erschien ein Entwurf in fünf Bänden, in denen auch die Motive erklärt wurden. Die Kritiker meldeten sich prompt zu Wort, wenig Kontakt zu Wirtschaft und juristischer Praxis war wohl ein zu Recht erhobener Vorwurf. Die Umständlichkeit der Sprache sowie Lebensfremdheit wurden gleichermaßen angeprangert. Unter den etwa 600 Stellungnahmen ragen von Seiten der Wissenschaft zwei hervor, jene von *Otto von Gierke* (Entwurf eines Bürgerlichen Gesetzbuches und das deutsche Recht [1888]), der besonders die Vernachlässigung des deutschen Privatrechts anprangerte, sowie jene von *Anton Menger*, Professor für Ökonomie in Wien, der die mangelnde soziale Kompetenz des Gesetzes geißelte (Das bürgerliche Recht und die besitzlosen Volksklassen [1908]). Die Regierung und das Parlament erachteten dagegen den Entwurf als durchaus akzeptable Grundlage, allerdings sollten bei einer Überarbeitung das deutsche Recht und die wirtschaftlichen Bedürfnisse in verstärktem Maße berücksichtigt werden. Diese Forderung führte zur Einsetzung einer zweiten Kommission, der zehn ständige Mitglieder (neben Professoren, Praktikern der Justiz und Ministerialbeamten auch Fachleute aus der Wirtschaft) und zwölf nichtständige Mitglieder angehörten. Aus der ersten Kommission gehörten weiterhin *G. v. Planck* und der Familienrechtler *Mandry* dem Gremium an. Die Kommission arbeitete zügig und im Licht der Öffentlichkeit. 1896 wurde dieser zweite Entwurf im Reichstag angenommen.

III. Das BGB

Literatur: Grundlegend, um sich einen intensiven Überblick über den Geist des Gesetzes zu machen *H. Coing/H. Honsell*, Einleitung zum BGB in Staudingers Kommentar zum Bürgerlichen Recht: Eckpfeiler des Zivilrechts (Berlin 2005)

1. Am 1.1.1900 trat das BGB in Kraft. Das Gesetz ist dem Aufbau nach vom Pandektensystem bestimmt. Ein herausragendes Merkmal des Gesetzes sind seine beachtlichen allgemeinen Teile. Das Werk der Redaktoren ist das Werk von Juristen verschiedenster beruflicher Provenienz, allen zu Eigen ist jedoch die tiefe Prägung, die sie während ihrer Ausbildung und in ihrer beruflichen Tätigkeit durch die Pandekten erfahren hatten. Somit sind die Lösungen des BGB in vielen, ja in den meisten Bereichen und Problemen von der Pandektenwissenschaft vorgezeichnet. Das BGB ist zugleich krönender Abschluss wie auch Überwindung einer Epoche. Die scharfe Begrifflichkeit der Pandektistik sowie ihr Glaube an System und Systematik sind die Eckpfeiler des BGB. Diese Systematik wird in beeindruckender Weise durch die sehr ausführlichen allgemeinen Teile verdeutlicht. Auf einen wirklichen Allgemeinen Teil (§§ 1 – 240) folgt ein Allgemeiner Teil des Schuldrechtes (§§ 241 – 432). In den besonderen Teilen, vor allem im Schuldrecht und im Sachenrecht ist daher regelmäßig auf die allgemeinen Teile bedacht zu nehmen.

2. Das BGB ist entsprechend den Forderungen der Pandektenwissenschaft abstrakt gefasst und entbehrt jeder Kasuistik. Daraus ergibt sich Kürze und Bündigkeit sowie Klarheit im Begrifflichen. Allerdings ist das Gesetz bar jeder Allgemeinverständlichkeit: es ist kodifiziertes Juristenrecht, für Juristen und nur für diese verständlich und begreifbar. Diese Aussage steht durchaus im Einklang mit dem potentiellen Adressatenkreis. Wiewohl die Pandektenwissenschaft absolute Bezugslosigkeit zum Menschen und zur Gesellschaft gefordert hatte – gewiss in der lobenswerten Überzeugung, dass nur über die Abstraktheit die Wertneutralität allen gegenüber und somit die Gerechtigkeit garantiert werden könne – so musste doch von allem Anfang an klar sein, auf welcher Seite das neue Gesetz stehen würde: Die absolute Willensfreiheit verbunden mit der Geschäftsfähigkeit sollte zwar für alle gleichermaßen gelten, es ist aber evident, dass eine derartige Freiheit jene begünstigen würde, denen wirtschaftlich-rationales Handeln eine Selbstverständlichkeit war. Liberalismus und Frühkapitalismus waren sicher nicht die Verlierer, auf sozial Schützenswerte wurde dagegen wenig Rücksicht genommen.

Traditionen eines gemeinschaftlichen Zusammenlebens, der Solidarität, sei es, dass sie der christlichen Tradition entstammten, sei es, dass sie der bäuerlichen Gesellschaft angehörten oder dem Handwerksstande, werden kaum berücksichtigt. Der frei handelnde Wirtschaftstreibende verkörperte den modernen Menschen, ihm sollte das BGB den entsprechenden gesetzlichen Rahmen bieten. Dazu diente in erster Linie ein nahezu unbeschränktes Eigentum, das der Disposition des Eigentümers unter Lebenden und von Todes wegen unterlag. Hinzu kommt das Prinzip der nahezu unbeschränkten Vertragsfreiheit. Von gerechtem Preis oder einer laesio enormis ist keine Rede, wiewohl §138 Abs 2 (Wucherparagraph) einen gewissen Ausgleich schuf.

Hin und wieder wurden Begriffe aufgenommen, die sich als Sprengstoff der pandektistischen Begrifflichkeit erweisen sollten, besonders Treu und Glauben (§ 242 und § 157) wie auch die guten Sitten (§ 138). Diese Begriffe konnte man allerdings im Sinne von dogmatisch erfassbaren Erscheinungen deuten, wofür es genügend Anhaltspunkte im Schrifttum gab. Erst die Rechtsprechung, vornehmlich nach dem I. Weltkrieg, hat daraus Generalklauseln von allgemeiner Bedeutung geschaffen, die den strengen Rahmen der Begrifflichkeit nachhaltig gesprengt haben. Die im Gesetz vorhandenen Grundlagen, die den Richter von seiner Funktion als Subsumptionsautomaten befreien, die eine durchaus notwendige richterliche Billigkeitsjurisprudenz ermöglichen, sind die eigentlichen Motoren der Rechtsanpassung und Entwicklung, ohne sie wäre die heute geübte Anwendung des BGB um vieles schwerer und wohl auch mit der Gerechtigkeit unvereinbar.

3. Mit dem Inkrafttreten des BGB hatte Deutschland, etwa hundert Jahre nach Frankreich, sein allgemeines bürgerliches Gesetzbuch. Da das Buch in Geist und Wort der Pandektenwissenschaft entsprungen war, bereitete seine Anwendung vor den Gerichten und in der Lehre an den Universitäten, da die Juristen in dieser Wissenschaft geschult waren, keine nennenswerten Schwierigkeiten. Der Übergang erfolgte durchweg nahtlos. Sehr eindrucksvoll lässt sich dies an der Spruchpraxis des Reichsgerichtes erkennen. Zwar mussten notwendigerweise die bis zum 1.1.1900 geltenden Rechte weiterhin berücksichtigt werden, doch schneller als man dies annehmen konnte, setzte sich das BGB durch.

4. Viele in den Pandekten geschulte Juristen aus aller Welt hatten die deutsche Kodifikation mit großem Interesse verfolgt und der Gedanke lag nahe, dass das BGB ebenso wie der Code Civil vor 100 Jahren zu einer neuen Leitordnung des Zivilrechts werden könnte und so den Code Civil ablösen würde. Doch Erstaunliches trat ein, sieht man von Österreichs dritter Teilnovelle ab, in der das BGB Berücksichtigung fand, erfuhr das deutsche Gesetzbuch keine unmittelbare Rezeption. In Österreich kam weiters die ausgeprägte Schulung in den Pandekten hinzu, so dass das neue deutsche Gesetz einen natürlichen und irgendwie selbstverständlichen Bezugspunkt darstellen musste. Kein einziges Land hat sich unmittelbar infolge des BGB zu einer Kodifikation oder Neukodifikation des Zivilrechtes entschlossen. Selbst Italien, das auf das engste der Pandektenwissenschaft verbunden war und 1942 tatsächlich ein neues Zivilgesetzbuch erließ, konnte sich nicht entschließen, das BGB zum Vorbild zu nehmen. Will man unter den bestimmenden Elementen des BGB seinen Aufbau mit den beiden Allgemeinen Teilen sowie seine ausgeprägte Begrifflichkeit zum Vergleich heranziehen, so kann man auf Grund dieser Prämissen festhalten, dass das BGB sehr wohl auf das griechischen Zivilgesetzbuch von 1946 und den neuen portugiesischen Codigo Civil von 1966 gewirkt hat.

Einen – funktional anders strukturierten – Allgemeinen Teil findet man auch im brasilianischen BGB, das allerdings zeitgleich mit dem BGB entstand. Selbstverständlich haben sich auch die Väter des japanischen BGB intensiv mit den verschiedenen Entwürfen des BGB beschäftigt, auslösend für die japanische Kodifikation war die deutsche freilich nicht. Der neue Gesetzgeber in den Niederlanden hat sich intensiv mit dem BGB auseinandergesetzt. Die Einzellösungen divergieren jedoch vielfach vom BGB.

Angesichts der Tatsache, warum die Auswirkungen des BGB auf andere Rechtsordnungen trotz des unglaublichen Weltruhmes der Pandektenwissenschaft bescheiden waren, muss auf mehrere Ursachen hingewiesen werden: Die Wissenschaft kann sich natürlich höchster Abstraktion, Begrifflichkeit und Systematik erfreuen, der Praktiker muss mit einem Gesetz leben, er hat die tagtägliche Anwendung zu bewerkstelligen. Diese besondere zu Paragraphen gewordene Pandektenwissenschaft, die dem deutschen Juristen nach drei Generationen intensiver universitärer Ausbildung zu Eigen geworden war, musste auch dem deutschen Praktiker zur Selbstverständlichkeit werden. In anderen Ländern, wo die Wissenschaft der Pandektistik zwar ergeben war oder ihr wohlwollend gegenüberstand, hatte nie in diesem Ausmaße der Schulterschluss mit der Praxis stattgefunden. Die außerdeutschen Praktiker, eingeschworen auf durchaus zufrieden stellende Gesetze, zumeist in der Tradition des Code Civil, sahen überhaupt keinen Anlass, sich der begrifflichen Abstraktion der Deutschen anzuschließen.

5. Hinzu kam die politische Komponente. Historische Schule und Pandekten waren zwar in Deutschland entstanden und hatten dort die Rechtswissenschaft bestimmt, sie waren aber typischerweise universell. Das Inkrafttreten des BGB bedeutete, dass es nunmehr ein deutsches, ein nationales Gesetzbuch gab. Nationale Gesetzbücher sind Ausdruck eines Staates und seiner Position, seines Images. Die deutsche Geschichte und das Ansehen, das das Land genoss und genießt, ist voller Widersprüchlichkeiten und nicht immer dazu angetan, dass man anderenortes ohne Wenn und Aber geistige Errungenschaften der Deutschen, die überdies noch als Symbol der Nation gelten, rezipiert. Gewiss wurden das deutsche Recht und die deutsche Wissenschaft weiterhin beachtet und geachtet, aber ein deutsches Gesetz zu übernehmen und damit eine tiefe institutionelle Verbundenheit mit Deutschland zu unterstreichen, ein wesentliches Symbol des deutschen Einheitsstaates wie das BGB zur Grundlage der eigenen nationalen Rechtsordnung zu machen, da hätte es auch politischer Vermittlungstätigkeit und Überzeugungsarbeit bedurft. Doch die Politik des wilhelminischen Deutschlands vor dem 1. Weltkrieg war dazu nicht in der Lage, hatte sie doch nachhaltig anderen Völkern das Bild vom schulmeisterlichen oder militärischen Deutschen (im besten Fall) vermittelt. Der erste Weltkrieg und die vernichtende Niederlage von 1918 haben den Rest besorgt. Das BGB blieb ein von Gelehrten im Ausland respektiertes Recht, einen neuen Kodifikationsschub hat es nicht bewirken können.

IV. Die deutsche Rechtswissenschaft nach Inkrafttreten des BGB

1. Doch auch in der deutschen Rechtswissenschaft vollzog sich anfangs unbemerkt, alsbald aber unverkennbar ein durch das BGB bewirkter Wandel. Während ehrgeizige Kodifikatoren (*Napoleon*, aber auch *F. von Zeiller* in Österreich) der Ansicht waren, mit ihrem Werk den Gipfel des Zivilrechtes erreicht zu haben, den Abschluss der Entwicklung in ihrer Perfektion, und davon ausgingen, dass fortan Rechtsprechung und Rechtswissenschaft ans Gesetz gebunden sein mussten, und besonders die Brücke zur Vorgeschichte abzubrechen sei (so im übrigen schon der römische Kaiser Justinian als Kodifikator des Römischen Rechts), hatten die aus kühlen, rationalen Juristen zusammengesetzten Kommissionen keinen Anlass, durch das Inkrafttreten des BGB Vorgaben bezüglich Geschichte und Weiterentwicklung zu geben. Was die Fortentwicklung anbelangt, so waren sie von der Fähigkeit der Richter überzeugt, ein an und für sich lückenloses Recht anzuwenden, was die Geschichte anbelangt, so fühlten sie sich allesamt und sonders der historischen Schule und der Pandektenwissenschaft verbunden, so dass sie nicht annehmen konnten, dass das BGB irgendetwas daran ändern könnte. Sie sahen im BGB das Endprodukt einer Wissenschaft, das fortan im Rahmen dieser Wissenschaft als sein natürlicher Nährboden existieren sollte. Doch es sollte anders kommen und dies innerhalb von nur wenigen Jahren. Das BGB verdrängte seine eigene Vorgeschichte und damit die Historische Schule in kürzester Zeit[77]. Die Universitäten stellten rasch auf die ausschließliche Ausbildung auf Grund des Gesetzestextes ab und es entstand eine reiche Literatur zum Gesetz. Wenn auch nicht sofort die Lehr- und Handbücher der Pandektenwissenschaft und ihre weitere enorme literarische Produktion beiseite gelegt wurden, so erfolgte die Abkop-

---

77 Beeindruckend *R. Zimmermann*, Das BGB als Gefängniszelle, JZ 2000, 172; das Wort vom BGB als Gefängniszelle geht auf *H. Wüstendörfer*, Die deutsche Rechtswissenschaft am Wendepunkt, AcP 110 (1913) 224 zurück; vgl auch *R. Sohm*, Das Studium des römischen Rechts, DJZ 1908, 39; *E. Zitelmann*, Die Gefahren des bürgerlichen Gesetzbuches für die Rechtswissenschaft (1896).

pelung doch auf sehr radikale Weise. Übrig blieben freilich als gewichtiges Erbe des 19. Jhdts die Begrifflichkeit und die logisch-deduktive Methode, sowie die Systematik der Allgemeinen Teile. Es gab aber für die BGB-Juristen keine Verbindung zur Rechtslage vor 1900, es gab auch keinen unmittelbaren wissenschaftlichen Zusammenhang mehr: Das Jahr 1900 ist in vieler Hinsicht als das Jahr 0 der deutschen Zivilistik anzusehen. Innerhalb kürzester Zeit vergaß man im wahrsten Sinne des Wortes all jene wissenschaftliche Literatur, die in Form und Inhalt das BGB hervorgebracht hatte, man vergaß die historischen Zusammenhänge, innerhalb derer die Lösungen gefunden worden waren. Die deutsche Zivilrechtswissenschaft schien mit dem neuen Jahrhundert begonnen zu haben. Ein monumentales Schrifttum und eine monumentale Rechtskultur gingen verschütt. *Windscheids* Pandekten, der Stolz der deutschen Rechtswissenschaft, ein Werk von Weltgeltung, erlebte gerade noch 1906 eine Neuauflage und verschwand dann. Neue Lehrbücher wie das von *L. Enneccerus* eroberten den Markt. Doch was geschah mit den Pandektenwissenschaftern als den Schöpfern und Wahrern einer universellen Rechtskultur? Sie spalteten sich in zwei grundsätzliche Richtungen: Die einen fühlten sich von vornherein dem neuen Gesetz als Krönung der Pandekten verpflichtet und waren der Ansicht, dass nur das BGB zu beachten sei, allerdings mit dem Instrumentarium und der Methode der Pandektenwissenschaft, die anderen, der Historizität des Rechtes verpflichtet, wandten sich der Rechtsgeschichte zu: seither entwickeln sich Rechtsgeschichte und römisches Recht sowie Zivilrechtswissenschaft getrennt. Die immense Bedeutung, die die Erforschung der Geschichte am Ende des 19. Jhdts in Deutschland erfahren hatte, insbesondere die Hinwendung zu Griechen und Römern ließ eine intensive historische Beschäftigung mit den Römischen Rechtsquellen und dem antiken Recht in einem neuen Kontext als überaus sinnvoll erscheinen. Daraus entstand die Richtung der Antiken Rechtsgeschichte, die in *L. Wenger* in München ihren namhaftesten Vertreter fand. Die *Zeitschrift der Savigny-Stiftung für Rechtsgeschichte* wurde zum hauptsächlichen Publikationsorgan dieser Richtung. Von der Zivilistik übernommen wurde dagegen eine der ältesten Zeitschriften der Pandektenwissenschaft, das *„Archiv für civilistische Praxis"*. Die deutsche Zivilistik des 20. Jhdts bewegte sich seit ihren Anfängen dergestalt durch die vorangegangene Ausbildung in den Pandekten und der Technik dieser Wissenschaft auf einem hohen wissenschaftlichen Niveau. Der logische Aufbau, die strenge Deduktion, die Systematik bestimmten deshalb das Bild, die Praxis und insbesondere die Rechtsprechung des Reichsgerichts und später des BGH wurden und werden regelmäßig in die wissenschaftlichen Überlegungen miteinbezogen. Aber auch die Höchstgerichte haben sich in immer intensiverer Weise mit der Lehre auseinandergesetzt, so dass man diese Diskussion, diese Zusammenschau oder sogar das Zusammenwirken zwischen Lehre und Rechtsprechung als einen bestimmenden Faktor der deutschen Zivilrechtsordnung hervorheben kann. Als besonderes Kennzeichen deutscher juristischer Literatur ist die Kommentarliteratur zu würdigen. In großen Kommentaren, die – was bedeutsam ist – in relativ kurzen Zeitabständen einer Überarbeitung unterzogen werden, erfolgt der unmittelbare Austausch zwischen Lehre und Rechtsprechung am intensivsten. Ob es „der Staudinger“, „der Soergel“, „der RGRK“ oder der „Münchner Kommentar“ ist – sie sind Ausdruck dieses engen Dialoges, der zu wechselseitiger Durchdringung führt. Ich würde so weit gehen, sie als äußerst wichtigen Ausdruck der deutschen Zivilrechtsordnung zu bezeichnen. Auch die Hand- und Lehrbücher sind dieser Richtung verpflichtet. Besonders die Handbücher zum Allgemeinen Teil weisen einen hohen wissenschaftlichen Standard auf; eine beherrschende Rolle nehmen etwa *Werner Flumes* Werk über das Rechtsgeschäft[78], aber auch der „Allgemeine Teil“ von *Dieter Medicus*[79] ein. Von den Handbüchern zum Besonderen Teil des Schuldrechts sei nur die von *Wilhelm Canaris* wesentlich überarbeitete Fassung von *Karl Larenz*‘ Schuldrecht, Besonderer Teil, 2. Halbband (1994) genannt, der eine moderne Darstellung des Delikts- und Bereicherungsrechts enthält.

2. Das hohe allgemeine Niveau der deutschen Publikationen im Bereiche des Zivilrechts darf aber nicht darüber hinwegtäuschen, dass das Zivilrecht größtenteils – unter wesentlicher Anreicherung durch die Rechtsprechung – nach wie vor auf dem Instrumentarium der Pandektenwissenschaft fußt, freilich ohne dass man im Allgemeinen sich dieser Tradition verpflichtet fühlt. Das führt zumeist zwar zu immer größerer technischer Vollkommenheit, impliziert aber auch die Gefahr von Wiederholungen, die oft nur durch Einbringung neuer oder vermeintlich neuer Rechtsprechung überwunden werden können. Diese Sterilität wird besonders bei der relativ hohen Anzahl an Publikationen, sei es in Zeitschriften oder Monographien deutlich. Zuletzt seien die Lehrbücher genannt, die sich aller Regel nach – bei anerkannt hohem technischem und didaktischem Wert[80] doch ausschließlich auf Systematik und Begrifflichkeit stützen.

3. Die Wissenschaft vom deutschen Zivilrecht, die heute einen bestimmenden Einfluss auf die Rechtsprechung des BGH ausübt, ist jedoch nicht in dem Ausmaß universelle Zivilistik, wie dies die Pandektenwissenschaft gewesen war. Die Ursachen sind vielschichtig, sie liegen aber in erster Linie darin, dass sie stets die Wissenschaft eines nationalen Rechts war, ist und letztlich sein will. Der BGB-

---

78 *Flume*, Allgemeiner Teil des Bürgerlichen Rechts II: Das Rechtsgeschäft[3] (1979) sowie unveränderte 4. Aufl (1992).

79 Allgemeiner Teil des Bürgerlichen Rechts[7] (1997).

80 Exemplarisch und auch international führend die Bände Schuldrecht – Allgemeiner Teil und Schuldrecht – Besonderer Teil von *Medicus* in den Juristischen Kurz-Lehrbüchern.

Jurist ist stolz auf sein Gesetz, er hebt das nationale Element stets hervor, zT sogar mit dem mehr oder minder verborgenen Hintergedanken, doch als Jurist dem besten Zivilrecht dienen zu dürfen. Die Abschottung des deutschen Juristen wurde von *E. Rabel* derart charakterisiert, dass sich die deutsche zivilrechtliche Gesetzgebung in das Vorbild der chinesischen Mauer zu verlieben beginne[81]. Derartige Ansichten, verbunden mit Mängeln im Ausbildungssystem, verleiten vielfach dazu, tatsächlich nur den Ist-Zustand der eigenen Rechtsordnung zum Gegenstand der wissenschaftlichen Betrachtungen zu machen.

Trotz der großen Anzahl der deutschen Zivilisten, hervorragender Persönlichkeiten und verschiedener Betrachtungsweisen kann dies dazu führen, dass sich die Zivilrechtswissenschaft als solche im Kreis zu drehen beginnt. Universelle Rechtswissenschaft bedeutet aber auch Öffnung anderen Juristen gegenüber. Dies muss vor allem auch die Studenten betreffen. Der wissenschaftlichen und seit 1990 auch der politischen Bedeutung entsprechend, sollte die deutsche Zivilistik sich durchaus ihrer Rolle auf internationaler Ebene bewusst werden. Fast nie gelingt es in der Ausbildung, die Verbindung zu den Wurzeln wiederherzustellen, damit es den angehenden Juristen klar wird, dass die deutsche Zivilrechtswissenschaft nicht erst 1900 begonnen hat. Eine Auseinandersetzung mit der Tradition, beginnend mit *Savigny* und der historischen Schule, wäre der erste unverzichtbare Schritt, um eine universelle deutsche Rechtswissenschaft und nicht nur eine, im besten Fall, nationale, im schlechteren aber provinzielle zu betreiben. Die Öffnung kann aber keineswegs nur eine historische sein, sie muss auch dazu führen, dass sich die deutsche Zivilistik dem Dialog und der Auseinandersetzung mit anderen Zivilrechtsordnungen stellt. Die Dimension der Rechtsvergleichung als wesentliche Befruchtung der eigenen Rechtsordnung ist den deutschen Zivilisten in ihrer großen Mehrheit fremd. Gerade diese Auseinandersetzung kann aber die deutsche Zivilistik, deren Grundlagen weltweit für die Juristen von großem Interesse sein könnten, wieder zu einer universellen Wissenschaft machen. Genau diese hohe Begrifflichkeit und Systematik in Verbindung mit einem in dieser Form außerordentlichen, aber exemplarischen Dialog zwischen Rechtswissenschaft und Rechtsprechung könnte sich als Exportschlager erweisen. Heute besuchen Kollegen aus dem Ausland deutsche Universitäten in aller Regel, um die großen Traditionen der Pandektenwissenschaft aufzuspüren. Darin liegt auch heute noch der Ruf und das Ansehen deutscher Rechtswissenschaft. Insofern ist es geradezu bezeichnend, dass die Feierlichkeiten zum 100. Geburtstag des BGB in keinem großen oder gar nationalen Rahmen erfolgten.

81 GA III, 13.

Keine Festschrift wurde dem BGB gewidmet – was für ein Unterschied zum Code Civil oder auch zum österreichischen ABGB![82]

Wichtige Beiträge über die Wirkung des BGB im Ausland wurde in der ZEuP veröffentlicht[83]. Das mehr oder minder bewusste Abschotten der deutschen Zivilistik vom Rest der Zivilistenwelt[84] (Österreich und in bescheidenerem Maße die Schweiz ausgenommen), führt dazu, dass wesentliche und wichtige Entwicklungen ignoriert werden. Die Internationalisierung der Rechtskultur über Geschichte und Vergleichung ist dazu angetan, der deutschen Zivilistik neue Impulse zu geben und sie wieder in das Rampenlicht der universellen Zivilistik zu stellen.

V. Der Inhalt des BGB[85]

Erstes Buch. Allgemeiner Teil	§§ 1-240
Erster Abschnitt. Personen	§§ 1-89
Erster Titel. Natürliche Personen	§§ 1–12
Zweiter Titel. Juristische Personen	§§ 21–89
I. Vereine	§§ 21–79
1. Allgemeine Vorschriften	§§ 21–54
2. Eingetragene Vereine	§§ 55–79
II. Stiftungen	§§ 80–88
III. Juristische Personen des öffentlichen Rechts	§ 89
Zweiter Abschnitt. Sachen. Tiere	§§ 90-103
Dritter Abschnitt. Rechtsgeschäfte	§§ 104-185
Erster Titel. Geschäftsfähigkeit	§§ 104-113
Zweiter Titel. Willenserklärung	§§ 116-144
Dritter Titel. Vertrag	§§ 145-157
Vierter Titel. Bedingung. Zeitbestimmung	§§ 158-163

82 Zwei Symposien wären zu nennen: 1) 100 Jahre BGB und 100 Jahre Staudinger in München 1998, dazu: *M. Martinek/P. Sellier* (Hrsg), 100 Jahre BGB – 100 Jahre Staudinger (1999). 2) *U. Falk/H.Mohnhaupt* (Hrsg), Das Bürgerliche Gesetzbuch und seine Richter: Fallstudien zur Reaktion der Rechtspraxis auf die Kodifikation des deutschen Privatrechts (1896-1914) (2000). Verstreut erschienen folgende Beiträge (in Auswahl): *R. Stürner*, Der hundertste Geburtstag des BGB – eine nationale Kodifikation im Greisenalter, JZ 1996, 741; *M. Schmökel*, 100 Jahre BGB: Erbe und Aufgabe, NJW 1996, 1697; *R. Schulze*, Ein Jahrhundert BGB – deutsche Rechtseinheit und europäisches Privatrecht, DRZ 1997, 369.

83 *M. Pédamon*, Le Centenaire du BGB (1997) 1; *G. Cian*, Hundert Jahre BGB aus italienischer Sicht (1998); *T. Kono*, Theorienrezeption und Theorienfunktion: Zum hundertjährigen Bestehen des BGB aus japanischer Sicht (1999) 417; *L. Puig Ferrol*, Das deutsche bürgerliche Gesetzbuch und das spanische Zivilrecht (2000) 391.

84 Dieses Problem wurde schon klar von *H. Isay* 1924 erkannt: Die Isolierung des deutschen Rechtsdenkens.

85 Bürgerliches Gesetzbuch vom 18. August 1896, RGBl 195.

Vierter Titel. Vermächtnis	§ 2147–2191
Fünfter Titel. Auflage	§§ 2192–2196
Sechster Titel. Testamentsvollstrecker	§§ 2197–2228
Siebenter Titel. Errichtung und Aufhebung eines Testament	§§ 2229–2264
Achter Titel. Gemeinschaftliches Testament	§§ 2265–2273
Vierter Abschnitt. Erbvertrag	§§ 2274–2302
Fünfter Abschnitt. Pflichtteil	§§ 2303–2338
Sechster Abschnitt. Erbunwürdigkeit	§§ 2339–2345
Siebenter Abschnitt. Erbverzicht	§§ 2346–2352
Achter Abschnitt. Erbschein	§§ 2353–2370
Neunter Abschnitt. Erbschaftskauf	§§ 2371-2385

VI. Die Entwicklung nach Inkrafttreten des BG

1. Die Gesetzgebung: Abgesehen von der europaweit üblichen Reform des Familienrechtes mit Auswirkungen auf das Erbrecht ab 1976[86] bis 1999 gab es mehrere Stoßrichtungen der Reformen durch den Gesetzgeber, die im Gegensatz zur Reform des Familienrechtes nicht zu Veränderungen des BGB geführt haben, sondern in Einzelgesetzen erfolgt sind.

a) Schutz des Verbrauchers: Gesetz zur Regelung der Miethöhe (1974), Gesetz zur Regelung des Rechts der Allgemeinen Geschäftsbedingungen (AGBG, 1976), Gesetz über den Widerruf von Haustürgeschäften (Haus TWG, 1986), Produkthaftungsgesetz (ProdHaftG, 1988), Verbraucherkreditgesetz (1990), Teilzeit-Wohnrechtegesetz (1996).

b) Umweltschutz: Umwelthaftungsgesetz (1990).

Bereits 1951 war das Gesetz über das Wohnungseigentum erlassen worden.

2. Die Rechtsprechung: Aufgrund der bereits 1914 beginnenden sozialen und ökonomischen Instabilität und der damit eintretenden Veränderung derjenigen Realitäten, die das BGB vorausgesetzt hatte, sowie unter dem Einfluss der Rechtswissenschaft entwickelte die Rechtsprechung in einer Reihe von Entscheidungen das Recht fort: Noch im Kaiserreich wurde die positive Vertragsverletzung anerkannt, in der Weimarer Republik die Bedeutung von Treu und Glauben im Sinne einer der Fallgerechtigkeit dienenden Generalklausel auf Grund der §§ 242 und 157, der Wegfall der Geschäftsgrundlage aus § 242, nach dem 2. Weltkrieg das allgemeine Persönlichkeitsrecht, das Anwartschaftsrecht beim Kauf unter Eigentumsvorbehalt, der Vertrag mit Schutzwirkung zugunsten Dritter, die Verkehrspflichten.

Die punktuelle Rechtsentwicklung durch Gesetz und Richterrecht haben die Anpassung an völlig veränderte, politische, soziale, wirtschaftliche und kulturelle

---

86 BGBl 1976 I 1421.

Verhältnisse seit Ende des 19. Jhdts in überaus zufrieden stellender Weise bewältigt. Nicht zuletzt aus diesem Grunde war es um die in den siebziger Jahren geforderte Gesamtreform des Schuldrechtes trotz starker Befürwortung durch die Rechtswissenschaft[87] wieder ruhig geworden.

3. Die Schuldrechtsreform: Nach mehreren Gutachten war 1984 vom Bundesjustizminister eine Kommission eingesetzt worden, die einen Vorschlag zur Gesamtreform des Schuldrechtes vorbereiten sollte. Der Kommission, die vom zuständigen Ministerialdirektor geleitet wurde, gehörten vier Vertreter der Landesjustizverwaltungen, fünf Richter, ein Anwalt, ein Notar und vier Professoren des Zivilrechtes (*U. Diederichsen, H. Kötz, D. Medicus* und *P. Schlechtriem*) an. Die Zusammensetzung wird an dieser Stelle ausdrücklich erwähnt, da es nicht gleichgültig sein kann, welche Interessen durch welche Berufsgruppen vertreten werden. So ist es auffällig, dass fünf Richtern und vier Professoren nur ein Anwalt oder Notar gegenüberstand, Vertreter der Wirtschaft und anderer Interessensverbände sowie der Konsumenten fehlten schlechthin. Die Parallelen zu jenen Kommissionen, die das BGB geschaffen haben, sind unverkennbar. Nach 22 mehrtägigen Sitzungen wurde 1992 ein Abschlussbericht vorgelegt.[88]

Die Vorschläge der Kommission betrafen allgemein die Leistungsstörungen, Kauf und Werkvertrag sowie die Verjährung.[89] Das Übereinkommen der Vereinten Nationen zum internationalen Warenkauf vom 11.4.1980 (CISG) wurde im Sinne einer Systematisierung der Leistungsstörungen vielfach herangezogen. Neuere Entwicklungen auf der Ebene des europäischen Gemeinschaftsrechts, insbesondere die Richtlinie 1999/44 EG über bestimmte Aspekte des Verbrauchsgüterkaufs und der Garantien für Verbrauchsgüter ließen eine Schuldrechtsreform wieder in greifbare Nähe rücken. Das Bundesministerium für Justiz hat im August 2000 bereits einen richtlinienkonformen Gesamt(diskussions)entwurf (Schuldrechtmodernisierungsgesetz) vorgelegt.

Der Entwurf sah die Aufnahme der in den Bereich des Konsumentenschutzes fallenden so genannten Nebengesetze (AGBG, HausTWG, VerbrKrG, TzWrG, Fernabsatzgesetz) in das BGB und eine Systematisierung des gesamten Leistungsstörungsrechtes vor. Die Umsetzung dieses Entwurfes sollte zu einer umfas-

87 Vgl die Tagungsberichte des 60. Deutschen Juristentages in NJW 1994, 3070, in JZ 1995, 190 und ZEuP 1995, 303.

88 Vgl in diesem Zusammenhang die Beiträge zum 58. Deutschen Juristentag von *Rolland, Medicus, Haas* und *Rabe* in NJW 1992, 2377-2400.

89 Gutachten und Vorschläge zur Überarbeitung des Schuldrechtes I-III (1981-1983) und Abschlußbericht der Kommission zur Überarbeitung des Schuldrechtes 1992 (jeweils hrsg vom Bundesminister für Justiz).

senden Reform des allgemeinen Schuldrechts und Teilen des besonderen Schuldrechts führen. Er wurde der von Wissenschaft und Praxis heftig diskutiert[90].

Dabei sei auf die tief schürfende Kritik von zwei bedeutenden deutschen Rechtsgelehrten, *Heinrich Honsell* und *Reinhard Zimmermann* hingewiesen: Anhand von zwei Problemen, der Integration der Nebengesetze und der Regelverjährung von drei Jahren, zieht *Honsell*[91], der sich grundsätzlich zum Kodifikationsgedanken bekennt, ein äußerst negatives Fazit: „Die neuen Paragraphen sind zum Teil in einem sprachlich geschwätzigen, terminologisch unpräzisen und mit unnötigen Adjektiven überladenen „Brüssler Neudeutsch" abgefasst." Die Nebengesetze würden nach Systematik, Stil und Inhalt einen Fremdkörper darstellen. Die Regelverjährungsfrist von drei Jahren sei im allgemeinen zu kurz und damit verfehlt. Die grundlegendste Kritik *Zimmermanns*[92] richtet sich gegen die Tatsache, dass die neuere internationale Entwicklung nicht zur Kenntnis genommen worden sei. Darunter falle vor allem das Neue Burgerlijk Wetboek der Niederlande, die *Principles of European Contract Law* der *Lando*-Kommission und die *Principles of International Commercial Contracts* von UNIDROIT. „Ansonsten muss auf jeden unbefangenen Beobachter das, was in Deutschland vorbereitet wird, provinziell und veraltet wirken." Ganz allgemein sei der Entwurf nicht auf dem Stande der Zeit, er müsse daher viel gründlicher vorbereitet werden.

Anlässlich der heftigen Kritik wurden hochrangige Arbeitsgruppen gebildet. Am 6.3.2001 wurde dann eine „Konsolidierte Fassung des Diskussionsentwurfs eines Schuldrechtsmodernisierungsgesetzes" (KF) vorgelegt, die eine überarbeitete Fassung des Leistungsstörungsrechts enthält; am 22.3.2001 folgte eine Konsolidierte Fassung zum Verjährungsrecht. Seit 9.5.2001 gibt es einen entsprechenden Regierungsentwurf.[93] Das Schuldrechtmodernisierungsgesetz trat am

90 *W. Ernst*/*R. Zimmermann* (Hrsg), Zivilrechtswissenschaft und Schuldrechtsreform (Tübingen 2001); dieser Band enthält die Beiträge illustrer deutscher Zivilisten, die anlässlich einer Tagung in Regensburg im November 2000 als Vorträge gehalten wurden. Der Band enthält weiters eine umfangreiche Literaturübersicht zur gesamten Problematik der Schuldrechtsreform. Die Herausgeber des Sammelbandes und somit Initiatoren der wissenschaftlichen Diskussion entstammen beide dem Wissenschaftsbereich des Römischen Rechts und der Rechtsvergleichung. *H. Honsell*, Einige Bemerkungen zum Diskussionsentwurf eines Schuldrechtsmodernisierungsgesetzes, JZ 2001, 18; *R. Zimmermann*, Schuldrechtsmodernisierung, JZ 2001, 171. *Zimmermanns* bestechender Beitrag endet mit den Worten: „Mehr und gründlicher nachdenken!".

91 Zitat aus FN 85.

92 Zitat aus FN 85.

93 BT-Drucksache 14/6040.

1.1. 2002 in Kraft. Das Leistungsstörungsrecht[94] und das Verjährungsrecht wurden dadurch grundsätzlich verändert. Im Bereiche der Leistungsstörungen wurden in das Gesetz aufgenommen: die positive Vertragsverletzung (PVV) §§ 280ff iVm § 241 Abs.2, die culpa in contrahendo der Vertrag mit Schutzwirkung für Dritte §§ 311 Abs.2 iVm § 241 Abs. 2, die Störung der Geschäftsgrundlage § 313, die Kündigung von Dauerschuldverhältnissen aus wichtigem Grund § 314. Als zentraler Begriff der Leistungsstörung wurde nach dem Vorbild der Wiener Kaufrechtkonvention die Pflichtverletzung eingeführt. § 311a statuiert bei anfänglicher Unmöglichkeit eine Schadensersatzpflicht. Die Gewährleistung wurde in den §§ 434ff und 633ff an die Verbraucherkaufrichtlinie 1999/44 EG angepasst. AGBG, HWiG, VerbrKrG und FernAbsG wurden in das BGB integriert. Im rahmen des verjährungsrechtes wurde im § 195 die allgemeine Verjährungszeit von 30 Jahre auf drei Jahre reduziert, freilich beginnt diese erst bei Kenntnis bzw. grobfahrlässiger Unkenntnis zu laufen und ist somit eine relative Frist. Als absolute Frist wurde im Regelfalle 10 Jahre eingeführt.

Die Reform findet durchaus ihre Befürworter – so etwa *Canaris*[95]. Die grundsätzlichen Bedenken, wie sie beispielsweise *Zimmermann* und *Honsell* geäußert hat, bleiben.

VII. Der Aufbau der Zivilgerichtsbarkeit

In der Zivilgerichtsbarkeit bestehen folgende Gerichte:

Amtsgericht
Landgericht
Oberlandesgericht
(Bayerisches Oberstes Landesgericht)
Bundesgerichtshof in Zivilsachen

Die genauen Zuständigkeiten und die Besetzung dieser Gerichte findet sich im Wesentlichen im Gerichtsverfassungsgesetz (GVG). Welches die Eingangsinstanz ist, richtet sich vor allem nach dem Streitwert der Klage.

1. Amtsgerichte: Beim Amtsgericht werden alle Geschäfte grundsätzlich durch Einzelrichter geführt. Damit finden die Verhandlungen auch nur vor Einzelrichtern statt. Etwas anders ist das für Strafsachen (siehe unten). Die Verteilung der Fälle zwischen den verschiedenen Richtern ist eine Frage der Geschäfts-

94 Vgl. die überaus nützliche Zusammenfassung von *R. Zimmermann*: Remedies for Non-Performance, the revised German Law of Obligations, in: Edinburgh Law review 6 , 271ff.

95 Die Reform des Rechts der Leistungsstörungen, JZ 2001, 499.

verteilung und wird gerichtsintern geregelt. Dazu erlässt das Präsidium des Amtsgerichtes im Voraus einen Geschäftsverteilungsplan. Die Einhaltung dieses Planes wird durch das verfassungsrechtlich normierte Recht auf den gesetzlichen Richter unterstützt, jedoch nur, wenn die Zuteilung einer Sache an den nach der Geschäftsverteilung unzuständigen Richter willkürlich erfolgte. Bloß versehentliche Zuteilungen zu einem an sich nicht zuständigen Richter verstoßen nicht gegen das Recht auf den gesetzlichen Richter.

In erster Instanz ist das Amtsgericht zuständig für Streitsachen über Werte bis maximal 5.000 Euro (§ 23 Z 1 GVG). Dies ist der bei weitem häufigste Fall in der Praxis.

Unabhängig vom Wert des Streitgegenstandes ist das Amtsgericht zuständig für Streitigkeiten aus und über Wohnraummietverhältnisse. Seltener kommen Streitigkeiten zwischen Reisenden und Reiseveranstaltern, Wirten und ähnlichen Personengruppen vor. Darüber hinaus werden Viehmängel und Wildschäden sowie Leibgedings-, Altenteils- und sonstige Verträge vor den Amtsgerichten verhandelt. Auch das Aufgebotsverfahren findet vor den Amtsgerichten statt.

Neben diesen allgemeinen Zivilsachen sind die Amtsgerichte auch zuständig für Kindschafts-, Unterhalts- und Ehesachen (§ 23 a GVG).

Eine eigene Abteilung der Amtsgerichte bilden die Familiengerichte. Sie sind für eine in § 23 b GVG genau aufgezählte Reihe von Familiensachen zuständig.

2. Landgerichte: Bei den Landgerichten entscheiden grundsätzlich Kammern, die mit drei Richtern besetzt sind, von denen einer den Vorsitz führt (§ 75 GVG). Für die Verteilung der Fälle unter den Kammern gilt das zu den Amtsgerichten Gesagte entsprechend. Bei besonders einfach gelagerten Fällen kann der Rechtsstreit auch auf einen Einzelrichter aus der Kammer übertragen werden.

Die Landgerichte sind in erster Instanz zuständig für die Streitigkeiten, deren Wert 5.000 Euro, also die Zuständigkeit des Amtsgerichts übersteigt. Darüber hinaus werden vor ihnen zivilrechtliche Ansprüche gegen Richter und Beamte wegen Pflichtwidrigkeiten verhandelt. Für Amtshaftungsansprüche gegen den Staat oder Körperschaften des öffentlichen Rechtes legt sich die Bundesgesetzgebung nicht fest. Es bleibt nach § 71 Abs 2 GVG vielmehr der Landesgesetzgebung überlassen, ob sie diese Streitigkeiten den Landgerichten ausschließlich zuweisen will.

Eine Besonderheit bilden die Kammern für Handelssachen (§§ 93 ff GVG), die im Wege der gesetzlichen Geschäftsverteilung für die Streitigkeiten zwischen Kaufleuten, aus dem Wechsel- und Scheckrecht und einigen anderen Gebieten des HBG zuständig sind (§ 95 GVG).

In zweiter Instanz entscheiden die Landgerichte über Berufung und Beschwerde gegen die vor den Amtsgerichten erstinstanzlich verhandelten Sachen.

Nur die Familiensachen nach § 23 b GVG fallen nicht in den zweitinstanzlichen Zuständigkeitsbereich des Landgerichts.

3. Oberlandesgerichte: Die Oberlandesgerichte entscheiden in Senaten zu drei Richtern, einschließlich des Vorsitzenden.

Im Zivilrecht haben die Oberlandesgerichte keine erstinstanzliche Zuständigkeit. Vielmehr sind sie nach § 119 GVG reine Rechtsmittelinstanzen. Sie entscheiden über Berufungen gegen familienrechtliche Endurteile und Beschwerden gegen familienrechtliche Entscheidungen der Amtsgerichte.

Darüber hinaus sind sie Berufungsinstanzen für die erstinstanzlichen Endurteile der Landgerichte und entscheiden über die Beschwerden gegen landgerichtliche Entscheidungen.

4. Bundesgerichtshof (BGH): Die Senate des Gerichtshofes entscheiden in einer Besetzung von fünf Richtern, einschließlich des Vorsitzenden.

An Entscheidungen über Beschwerden (außer Beschwerden über Beschlüsse, welche die Eröffnung des Hauptverfahrens abgelehnt wird, oder das Hauptverfahren wegen eines Verfahrenshindernisses eingestellt wird) sind nur drei Richter einschließlich des Vorsitzenden beteiligt.

Will ein Senat bei seiner Entscheidung von der Ansicht eines anderen Senates abweichen, so muss die Streitfrage zur Entscheidung dem großen Senat vorgelegt werden (§ 132 Abs 2 GVG). Will ein Straf- von einem Zivilsenat abweichen, oder umgekehrt, muss der Vereinte Große Senat angerufen werden. Die großen Senate können auch bei Rechtsfragen von besonderer Bedeutung angerufen werden.

Der große Senat für Zivilsachen besteht aus dem Präsidenten des Bundesgerichtshofes und je einem Mitglied jedes Zivilsenates. Der Vereinigte Große Senat besteht aus den Präsidenten und den Mitgliedern beider Großer Senate.

Zurzeit gibt es 12 Zivilsenate, die von einem Vorsitzenden geleitet werden. Hinzu kommt ein Stellvertreter und jeweils 5 Beisitzende Mitglieder. Somit sind 84 Richter der Zivilgerichtsbarkeit zugeteilt. Nach § 125 Abs. 1 GVG werden die Richter am BGH durch den Bundesminister für Justiz gemeinsam mit dem Richterwahlausschuss berufen und vom Bundespräsidenten ernannt. Der Richterwahlausschuss besteht aus den 16 Landesjustizministern und 16 vom Bundestag gewählten Mitgliedern (die nicht Mitglieder des Bundestages sein müssen.). Die Geschäftseinteilung kann alljährlich geändert werden, im Wesentlichen werden von den Zivilsenaten entschieden:

I. Urheberrecht, Verlagsrecht, Wettbewerbsrecht, Speditions-Frachtrecht

II. Gesellschaftsrecht, Seerecht, Besitz-Eigentum-Pfand-Nießbrauch an beweglichen Sachen

III. Schadenersatz gegen Staat , Entschädigung bei Enteignung und Aufopferung, Maklerrecht, Notarhaftung

IV. Erbrecht, Versicherungsrecht
V. Liegenschaftsrecht
VI. Schadenersatz aus Delikt
VII. Werkverträge
VIII. Kauf-Tausch beweglicher Sachen, Wohnraummiete, Leasing
IX. Schadenersatz bei Anwälten, Notaren, Steuerberater, Bürgschaft, Insolvenz
X. Patent, Werkverträge, Reiseverträge
XI. Bank-Börsen-Wertpapiere, Bürgschaft
XII. Personen-Familienrecht

Zuständig ist der Bundesgerichtshof im Wesentlichen für die Verhandlung und Entscheidung über das Rechtsmittel der Revision gegen Endurteile der Oberlandesgerichte. Die Revisionsfrist beträgt einen Monat ab Zustellung des Berufungsurteiles (§ 548 ZPO). Auch möglich ist es, gleich gegen ein landgerichtliches Urteil Sprungrevision einzulegen (§ 566a ZPO). Daneben entscheidet er noch über Beschwerden gegen bestimmte oberlandesgerichtliche Entscheidungen.

Nach § 543I ZPO kann eine Revision nur stattfinden, wenn diese von der Berufungsinstanz zugelassen wurde oder der BGh sie aufgrund einer Beschwerde gegen die Entscheidung des Berufungsgerichtes betreffend die Nichtzulassung. Nach Abs. II § 543 darf eine Revision nur zugelassen werden, „wenn die Rechtssache grundsätzliche Bedeutung hat oder die Fortbildung des Rechtes oder die Sicherung einer einheitlichen Rechtsprechung eine Entscheidung des Revisionsgerichtes erfordert". Nach § 545 ZPO kann die Revision nur auf eine Verletzung des Bundesrechtes gestützt werden, nach § 546 ZPO gilt das Recht als verletzt, „wenn eine Rechtsnorm nicht oder nicht richtig angewendet worden ist". Nach § 563 Abs. III ZPO hat das Revisionsgericht „in der Sache selbst zu entscheiden, wenn die Aufhebung des Urteils nur wegen Rechtsverletzung bei Anwendung des Gesetzes auf das festgestellte Sachverhältnis erfolgt und nach letzterem die Sache zur Endentscheidung reif ist." Die Urteile des BGH publiziert in BGHZ sind von bemerkenswerter Dichte und juristischer Aussagekraft. Sie müssen als die eingehendsten bezeichnet werden, die Höchstgerichte eine kontinentaleuropäischen Rechtes verfassen. Intensiv ist die Auseinandersetzung mit der vorangegangenen Spruchpraxis, intensiv aber insbesondere der Dialog, ja geradezu der wissenschaftlich-juristische Disput mit der Lehre, wie sie in Kommentaren, aber auch Monographien oder Zeitschriftartikeln aufscheint.

Im Jahre 2005 wurden 3.233 Revisionen in Zivilsachen zugelassen, im Wesentlichen wurde eine ebenso hohe Anzahl entschieden. Die Entscheidungen sind auf der Homepage des BGH (www.bundesgerichtshof.de) einsehbar.

5. Bayerisches Oberstes Landesgericht: In Bayern besteht gegenüber dem üblichen, bundeseinheitlichen Gerichtsaufbau eine Besonderheit, die ihre Berechtigung in § 8 EGGVG hat.

Danach können in einem Bundesland, das mehrere Oberlandesgerichte hat, sog. Oberste Landesgerichte errichtet werden, die dann – in bürgerlichen Rechtsstreitigkeiten – über die Revisionen verhandeln und entscheiden, die eigentlich zur Zuständigkeit des Bundesgerichtshofes gehören. Voraussetzung ist jedoch, dass für die Entscheidung kein Bundesrecht in Betracht kommt, bzw. im Wesentlichen landesrechtliche Rechtsnormen Anwendung finden.

Neben den Zuständigkeiten nach § 8 EGGVG weist § 11 Abs 3 BayAGGVG dem obersten Landesgericht noch die Zuständigkeit über sog weitere Beschwerden in Grundbuchs- und FGG-Sachen sowie Rechtsbeschwerden und Revisionen in Landwirtschaftssachen zu.

Die Zivilsenate beim BayObLG werden nach den Vorschriften über den BGH besetzt (§ 10 Abs 2 aE EGGVG); also mit fünf Richtern einschließlich des Vorsitzenden.

Im Grundbuchsachen sowie Angelegenheiten der Freiwilligen Gerichtsbarkeit richtet sich die Besetzung der Senate nach den Regeln für die Oberlandesgerichte, also drei Richter einschließlich des Vorsitzenden.

VIII. Verfassungsrecht und Privatrecht

Literatur: vgl die ausgezeichnete Einführung in den Problemkreis bei *Larenz/Wolf,* Allgemeiner Teil des deutschen Bürgerlichen Rechts[8] (1997) § 4 III.

Nach der Normenhierarchie gebührt dem Grundgesetz primäre Bedeutung. Jede Norm muss verfassungskonform sein; widrigenfalls ist sie ungültig. Bei vorkonstitutionellen Gesetzen (vor 1949) sowie bei Rechtsverordnungen und Satzungen ist die Verfassungskonformität von jedem Gericht festzustellen. Bei nachkonstitutionellen Gesetzen fällt dies in die Kompetenz des Bundesverfassungsgerichts (BverfG), wobei die befassten Gerichte das BVerfG anrufen müssen (Art 100 GG). Jedes Gericht muss aber versuchen, ein Gesetz verfassungskonform auszulegen, selbst dann, wenn dieses prima facie verfassungswidrig erscheint. Eine derartige Auslegung ist allen anderen Auslegungskriterien vorzuziehen, insbesondere auch der historischen. Wurde das Gesetz bereits auf andere, nicht verfassungskonforme Weise ausgelegt, so hat das angerufene Gericht die verfassungskonforme Auslegung vorzuziehen. In Übereinstimmung mit den Rechtsgrundsätzen der Verfassung dürfen Gerichte auch Gesetzeslücken schließen. Wann immer die Gerichte Maßstäbe zu konkretisieren haben oder Rechtsinstitute neu bestimmen müssen, werden sie sich auf die Gesamtheit des Wertesystems der Verfassung stützen und insbesondere jene geschützten Rechtsgüter heranziehen, die im Rahmen des Rechtsinstitutes von Bedeutung sind, und erforderlichenfalls hinsichtlich der Rechtsgüter eine Abwägung vornehmen müssen. Im Rahmen der Auslegung des BGB spielen die „Wertbegriffe" wie Treu und Glaube (§§ 157 und 242) oder die Guten Sitten (§§ 138, 826) eine erhebliche Rolle. Ihre Konkretisierung muss im verfassungsrechtlichen Rahmen erfolgen. Ebenso muss die Konkretisierung des Begriffes „sonstiges Recht" im § 823 Abs 1 nach den Grundsätzen einer verfassungskonformen Auslegung erfolgen. In diesem Zusammenhang wäre die Konkretisierung des Allgemeinen Persönlichkeitsrechts zu nennen. In diesem Zusammenhang stellt sich die Frage, ob gegen den letztinstanzlichen Entscheid eines ordentlichen Gerichtes, also auch des BGH, das BVerfG angerufen werden kann. Ist das BVerfG somit die höchste und letzte Instanz auch in Zivilrechtsstreitigkeiten? Das BVerfG bejaht diese Kompetenz, schränkt sie aber zur gleichen Zeit stark ein. Das BVerfG kann demnach angerufen werden, wenn die Entscheidung des Zivilgerichtes „auf einer grundsätzlich unrichtigen Anschauung von der Bedeutung des einen oder anderen der Grundrechte, insbesondere vom Umfang ihrer Schutzbereiche beruht."[96] Dies hat den Anstoß zur Anerkennung des Allgemeinen Persönlichkeitsrechtes und der Anwendbarkeit der Sittenwidrigkeit bei Bürgschaften naher Angehöriger[97] gegeben. In allen anderen Fällen können die Zivilgerichte die ausschließliche Zuständigkeit beanspruchen. Im allgemeinen gilt weiters das Prinzip, dass die Grundrechte und Verfassungsgrundsätze keine unmittelbare Drittwirkung entfalten können. Selbige können nur über die Auslegung und Konkretisierung privatrechtlicher Normen zur Geltung kommen.

---

96 BVerfG 30, 173, 196 f (sog Mephisto-Entscheidung).
97 BGHZ 120, 272.

§ 7 Frankreich

Literatur: In deutscher Sprache grundlegend: *M. Ferid,* Das Französische Zivilrecht I: Allgemeine Lehren[2] (1994), II: Die einzelnen Schuldverhältnisse und Sachenrecht, völlig neu bearbeitet von *H. J. Sonnenberger*[2] (1986), III: Familienrecht, Erbrecht[2] (1987), IV Ergänzungen, völlig neu bearbeitet von *H. J. Sonnenberger*[2] (1993) (2. Aufl jeweils völlig neu bearbeitet von *H. J. Sonnenberger*); *H. J. Sonnenberger,* Einführung in das französische Recht (2000); Hübner/Constantinescu, Einführung in das französische Recht 4. Aufl.(München 2001) Unter den zahlreichen aktuellen französischen Lehrbüchern sei besonders empfohlen: *Jean Carbonnier,* Droit Civil: Introduction[27] (2002), I: Les personnes[21] (2000), II: La famille[21] (2002), III: Les biens[19] (2000), IV: Les obligations[22] (2000) – jeweils erschienen in der Reihe Themis/Verlag PUF. Von großer Bedeutung *Jacques Ghestin/Gilles Goubeaux,* Traité de Droit Civil[4] (ab 1994); einen hervorragenden Überblick und Einblick in das französische Zivilrecht ermöglicht *Dalloz,* Encyclopédie Juridique/Répertoire de Droit Civil in 10 Bänden (hrsg von *Raynaud/Aubert/Savaux*). Die Enzyklopädie wird laufend ergänzt durch *„mises à jour"*.

Die wichtigste Zeitschrift ist die Revue trimestrielle de droit civil. Unentbehrlich sind der Recueil Dalloz de Doctrine, de Jurisprudence et de Legislation, eingeteilt in Chroniques, Jurisprudence (auch sommaires commentés) und Legislation. Über das Netz sind die Actualités Dalloz jederzeit abrufbar und die Semaine Juridique (ursprünglich: Jurisclasseur Périodique, daher die Abkürzung JCP), eingeteilt in Actualité, Doctrine (I), Jurisprudence (II), Textes (III) und Sommaires de Jurisprudence (IV) auch abrufbar im Netz unter Lexis/Nexis Juris Classeur. Beide Sammlungen erscheinen wöchentlich.

I. Die historischen Grundlagen

Literatur: *C. Lovisi*, Introduction historique au droit (2001) ; Le livre du centenaire du Code Civil I und II (Paris 1904); zu den vorbereitenden Arbeiten: *P. A. Fenet*, Recueil complet des travaux préparatoires du Code Civil I-XV (1827–1828); *E.Gaudemet*, L'interprétation du Code Civil en France depuis 1804[2] (Paris 1935); *A. J. Arnaud*, Les origines doctrinales du code civil français (1969); *F. Ewald* (Hrsg), *A. J. Arnaud*, La culture des revues juridiques françaises (1988, Biblioteca per la storia del pensiero giuridico moderno 29); *F.Ewald* (Hrsg), Naissance du Code Civil, an VIII-an XII (1800-1804) (Paris 1989); *J. L. Halpérin*, L'impossible Code civil (Paris 1992); A. Bürge, Das französische Privatrecht im 19. Jhdt (1991) ; *R. Schulze* (Hrsg), Französisches Zivilrecht in Europa während des 19. Jahrhunderts (1994); *J. Fr. Niort*, Homo Civilis: repères pour une histoire politique du Code Civil, (Th Paris I 1996) ; *A. Bürge*, Zweihundert Jahre Code Civil des Francais : Gedanken zu einem Mythos, in : ZEuP (2004) 5ff. ; *J. Ph. Dunant/ B. Winiger* (Hsgg.) Le Code Civil français dans le droit Européen (2005) ; Le Code Civil 1804-2004 Livre du Bicentenaire (2004); Naissance du Code Civil : Auswahl aus den Travaux préparatoires Hsg. *F. Ewald* (2004); Le Discours et le Code : Portalis deux siècles après le Code Napoléon (2004) ; *R. Badinter*, Le plus grand bien (2004) ; *J.-L. A.*

Chartier, Portalis, père du Code Civil (2004); *J-N. d'Onorio*, Portalis, l'esprit des siècles (2005).

Zur französischen Privatrechtsgeschichte: *J. P. Ourliac/J. L. Gazzaniga*, Histoire du droit privé de l'an mil au Code Civil (1985); *C. Sarzotti*, J. *Domat*, Fondamento e metodo della scienza giuridica (Torino 1995); *J. C.Halpérin*, Histoire du droit privé français depuis 1804 (1996).

1. Frankreichs berühmtes Zivilgesetzbuch, der Code Civil, ist nicht aus dem Nichts plötzlich ins Licht der Welt getreten, er kann vielmehr als krönender Abschluss einer Jahrhunderte währenden Zivilrechtstradition gelten. Der französische Staat entstand im 6. Jhdt n Chr aus einer romanischen Bevölkerung und einer fränkischen Oberschicht, war, was die Rechtsquellen des Zivilrechtes anbelangte, bis zur französischen Revolution in zwei große Gebiete unterteilt. Nördlich einer imaginären Demarkationslinie Genf – Bordeaux wurde nach teilweise stark fränkisch-germanisch beeinflusstem Gewohnheitsrecht Recht gesprochen (*Pays des Coutumes, droit coutumier*), südlich davon nach aufgezeichnetem Römischen Recht wie der *Lex Romana Visigothorum* oder später den verschiedenen Ausgaben des Corpus iuris civilis, insbesondere auch den glossierten Fassungen, *(Pays du droit écrit*). Für die Rechtsprechung selbst wurden die Parlamente von entscheidender Bedeutung, sie waren die Nachfolger der obersten Gerichtsherren der einzelnen Landesteile. Mit dem modernen Begriff Parlament haben sie nichts zu tun. Je nach Stärke oder Schwäche des Königs befanden sie sich in einem Zustand der Abhängigkeit oder Unabhängigkeit von der Monarchie.

Im Bereich des Gewohnheitsrechtes entwickelte sich die Rechtsprechung des Pariser Parlaments zu besonderer allgemeiner Bedeutung. Bereits ab der Mitte des 15. Jhdts hatte man auf königlichen Befehl (*Ordonnance sur les faits de justice* erlassen in Montils-lès Tours von Karl VII im Jahre 1454) begonnen, die Gewohnheiten aufzuzeichnen. Die Pariser *coutumes*, die mehrmals reformiert wurden, lagen 1580 in einer endgültigen Fassung vor. Vornehmlich Advokaten beim Pariser Parlament leisteten durch eine intensive literarische Tätigkeit den Rechtsentwicklungen Vorschub, die selbst eigentlich im Rahmen der Rechtsprechung als Rechtsquelle erfolgte. Zum einen stellt die Praxis der Parlamente und die Bedeutung ihrer Entscheidungen als Rechtsquelle eine interessante Parallele zum englischen Recht dar, zum anderen verblieb die Juristenausbildung in ganz Frankreich stets an den großen Rechtsfakultäten wie Paris, Orléans, Montpellier, Aix, Bourges, Poitiers ua, so dass wissenschaftlich erzogene und gebildete Juristen die Praxis beherrschen.

Besonders unter Ludwig XIV, dem *Roi Solei*l kam es zu zentralen Vereinheitlichungstendenzen über königliche *Ordonnances*: 1667 *Ordonnance civi*l zum Zivilprozessrecht, 1670 *Ordonnance criminelle* zu Straf- und Strafprozessrecht, 1673 *Ordonnance de commerce* (genannt nach dem Pariser Handelsherren

Savary, dessen Einfluss bei der Entstehung maßgeblich gewesen war Code Savary) und 1681 unter Federführung des berühmten Finanzministers *Colbert Ordonnance de la marine* zum Seerecht. Unter Ludwig XV versuchte Kanzler *Daguesseau* (1668-1751) eine Gesamtkodifikation, die jedoch aus politischen Gründen scheiterte: wiederum wurden *Ordonnances* erlassen zu Schenkungen (1731), Testamenten (1735) und fideikommissarischen Substitutionen (1747).

2. Die bedeutenden Werke der Pariser Advokaten, allen voran jene von *C. Du Moulin* (1500-1566)[98] bildeten die Grundlage einer großen Rechtswissenschaft. Die Werke dieser Juristen waren rechtsvergleichend bestimmt, sie behandelten die verschiedenen *coutumes* und führten weiters die große Tradition des römischen Rechts in Frankreich in ihre Überlegungen ein, so dass auf Grund dieser rechtsvergleichenden Methode ein *droit civil commun* entstehen konnte Besonders interessant ist in diesem Zusammenhang das Werk von *F. Bourjon*[99], einem bedeutenden Advokaten am Pariser Parlament: *Le droit commun de la France et la coutume de Paris: réduits en principes* (1747), *Bourjon* war jener Jurist, auf den die klassische Formulierung des gutgläubigen Erwerbs zurückgehen soll: *En fait des meubles la possession vaut titre.* Die geltenden *coutumes* wurden zu klaren Rechtsgrundsätzen zusammengefasst, die in geordneter, rationaler Weise dargestellt wurden: Personen, Güter und Gütererwerb, jene Einteilung, die später vom Code Civil übernommen werden sollte.

3. Aber auch die gelehrte Jurisprudenz und damit die Erneuerung des Römischen Rechts erreichte in den hundert Jahren vor der französischen Revolution einen Höhepunkt. Dabei spielten die Schriften von *Jean Domat* (1625-1695)[100] und *Robert Joseph Pothier* (1699-1772) eine entscheidende Rolle. *Domat*, geboren in Clermont-Ferrand, übte in seiner Heimatstadt an die zwanzig Jahre lang bis 1681 den Beruf des Richters aus, den Rest seines Lebens verbrachte er als königlicher Pensionär in Paris, wo ihn eine enge Freundschaft mit dem bedeutenden Philosophen *B. Pascal* verband. Dort entstanden seine grundlegenden Werke, insbesondere *Les loix civiles dans leur ordre naturel* (3 Bände 1689-1694)[101]. Das grundlegende Ziel von *Domat* kann man bereits dem Titel seines Werkes

---

98 Grand coustumier général 1567.

99 *M. Martinage-Baranger*, Bourjon et le Code Civil (Paris 1971).

100 *R. F. Voeltzel*, Jean Domat, Thèse Nancy (1936); *P. Nourisson*, Un ami des Pascal: Jean Domat, Paris 1939; *N. Matteucci*, Jean Domat un magistrato giansenista, Bologan 1959; H. Ryffel, Recht und Staat in Pascal, in: Archiv für Sozialphilosophie (1964*); G. Tarello* Sistemazione e ideologia nelle loix civiles di J. Domat, in: Materiali per una storia della cultura giuridica ed. G. Tarello II (1972) 127ff.; *M.-F. Renaoux-Zagamé*, Du droit de Dieu au droit de l'homme (2003).

101 Zur Breitenwirkung von *Domat* siehe *G. Gorla*, Atteggiamenti di Domat verso la giurisprudenza e la dottrina, in Quaderni del Foro Italiano 1968.

entnehmen, die Zivilgesetze nach ihrer natürlichen Ordnung. Dabei handelt es sich vornehmlich um Schriften und Urteile im Bereiche des römischen Rechtes, wie es eben im Raum von Clermont, der Region Domats Verwendung fand. Im weiteren wollte sich *Domat* mit dem öffentlichen Recht auseinandersetzen, dem Feudalrecht sowie dem Recht der Königlichen Ordonnancen. Grundsätzlich war *Domat* davon überzeugt, dass das Recht mit Hilfe der Vernunft erkannt werden kann und dass die Dimension des Rechtes aufgrund der in ihr innewohnende Vernunft des Gesetzes (ratio legis) dargestellt werden könne. Die den Gesetzen innewohnende Vernunft bezeichnete *Domat* mit *esprit des lois*. Im Gegensatz zu allen anderen Juristen, die sich zuvor mit der Systematik des Rechtes und mit philosophischen Elementen des Rechtes beschäftigt hatten, ging *Domat* von einer neuen grundlegenden Unterscheidung des gesamten Rechtes aus. Es ist dies die Unterscheidung zwischen unabänderbaren Gesetzen (loix immuables) und den Gesetzen, die einer dauerhaften Veränderung ausgesetzt sind (loix arbitraires)[102]. Auf den Grundlagen dieser allen anderen Unterscheidungen übergeordneten Klassifizierung entwickelt sich im Weiteren die von *Domat* entworfene Systematik: Im Bereiche der unabänderbaren Gesetze nennt *Domat* zwei grundlegende, die besonders weit gefasst zu weiteren Konkretisierungen führen müssen. Es handelt sich dabei um die Liebe zu Gott und die Liebe zum Nächsten. Alle übrigen Gesetze entspringen diesen beiden Grundgesetzen. *Domat* nennt es notwendige Folge (:Traité des lois Kap. XI). Wie kann man nun aber diese als notwendige Folge der ersten beiden Grundgesetze genannten Gesetze erkennen? In diesem Bereich wird deutlich, wie sehr *Domat* als einer der bedeutendsten Intellektuellen seiner Zeit bewertet werden muss. In ihm vereinten sich die Rechtswissenschaft, die Philosophie und die Naturwissenschaften derart, dass er daraus ein für die Rechtswissenschaft praktikable Methode der Erkenntnis entwickelt konnte. Das Universum, die Welt aber auch alles Sein und alle Existenzen sind beherrscht von unabänderlichen Gesetzen, denen stets ein natürlicher Charakter zukommt. Für *Domat* beziehen sich daher die Naturgesetze nicht nur auf jenen Bereich, den man heute im engeren Sinne damit zu bezeichnen pflegt, sondern auch auf das soziale und damit rechtliche Handeln der Menschen. Die Gesetze des Universums ebenso wie die Gesetze des menschlichen Handels können als objektive erfasst werden. Aus diesem Grunde können sie zum einem, was die Grundelemente anbelangt, intuitiv erkannt werden und in weiterer Folge aufgrund der menschlichen Vernunft über einen deduktiv logischen Prozess systematisch er-

102 Zu den unabänderbaren Gesetzen: *s'apellent ainsi parce qu'elles sont naturellement et tellement justes toujours, et par tout, qu'aucune autorité ne peut, ni les changer ni les abolir* dagegen sind die veränderbaren Gesetze *sont celles qu'une autorité légitime peut établir, changer et abolir selon le besoin* (traité des loix cap.XI art.1.

kannt werden. Ausgehend von den Grundprinzipien gelangt man zu den natürlichen Gesetzen des Rechtes und dieses sah *Domat* im Privatrecht und vornehmlich im römischen Recht. Das Privatrecht ist der Kern der unabänderlichen Gesetze im Gegensatz zum öffentlichen Recht, das durch eine Zeit gebundene Gesetzgebung charakterisiert ist. Wie konnte *Domat* nun behaupten, dass die natürlichen Gesetze im römischen Privatrecht aufgefunden werden können? Die Antwort besteht darin, dass er annahm, dass aufgrund der Stabilität der römischen Rechtsfiguren und Rechtsregeln der immerwährende Charakter derselben geradezu durch Empirie (Erfahrung) erkannt werden könne. Die Erfahrung in der Anwendung des Rechtes über hunderte und hunderte von Jahren, über hunderte und aberhunderte von Generationen müsse dahin führen, dass diese Gesetze als unabänderlich erkannt werden können. Diesen Gesetzen kommt ebenso natürlicher Charakter zu, wie jenen Gesetzen, die das Universum bestimmen. Die rechtlichen Gesetze sind gleichermaßen wissenschaftlich erkennbar. Und das System der juristischen Gesetze kann mit Hilfe einer wissenschaftlichen Methode erkannt und dargestellt werden. Die Erfahrung der Menschen, die sich in der Anwendbarkeit der natürlichen Gesetze ergibt, kann zur wissenschaftlichen Erkenntnis aufgrund der Vernunft des Menschen führen. Der enge Schulterschluss zwischen Naturwissenschaft und Rechtswissenschaft, der in so eindrucksvoller Weise von *Domat* praktiziert wurde, spiegelt das intellektuelle Wesen dieses bedeutenden Intellektuellen des 18. Jahrhunderts wieder. Seine tiefe Freundschaft und enge geistige Beziehung zu B. Pascal machten aus dem ursprünglichen Juristen auch einen Experten der Naturwissenschaften, der Mathematik wie der Physik. Die Hinwendung zum Jansenismus führten ihn zu philosophisch moralischen Abstraktionen als notwendige Grundlage der Erkenntnis des rechtlichen Systems (Insbesondere nachzulesen im Vorwort (préface) zu den Zivilgesetzen.) Das römische Recht wird als die Summe der natürlichen Gesetze, als die Summe einer praktischen Erfahrung, die jedenfalls und zu jeder Zeit Bestätigung gefunden hat, dargestellt. Nach *Domat* ist das römische Recht natürlich weil es die größte historische Ansammlung von wissenschaftlichem Recht und Vernunft bedeutet. *Domat* verwendet in diesem Zusammenhang für Summe das Wort dépôt. Dieses dépôt, diese Summe oder Masse an Regeln, an Erfahrungen, an Anwendungen des Rechtes ist im Grundgerüst eben an keine Zeit und an keinen historischen Augenblick gebunden. Es ist damit zeitlos, unabänderlich. Und gerade aus diesem Grund zu Systematisierungen geeignet. Die natürlichen Gesetze sind wegen ihrer Zeitlosigkeit auch unabhängig von den einzelnen Schriften, von den Kommentaren oder der juristischen Praxis, in die sie gekleidet sind. Um diese Zeitlosigkeit zu unterstreichen verwendete *Domat* die französische Sprache, die ihm zur Systematisierung dieser natürlichen Gesetze zeitlich näher stehender und in der Ausdrucksform präziser und damit vernünftiger erschien. Schon vor *Domat* hatten Juristen sich der französischen Sprache bedient, aber ausschließlich um damit den genuin französischen Charakter des Rechtes hervorzuheben und gegen das römische Recht zu polemisieren. *Domat* hingegen versuchte das System des römischen Rechtes in französischer Sprache darzustellen. Das römische Recht soweit es in der Auveragne im 18. Jahrhundert praktiziert wurde, habe sich als unzureichend und ungenügend erwiesen. Es sei voller Widersprüchlichkeiten. Aus diesem Grunde müsse man daran gehen, ein für alle Zeiten und für alle Länder gültiges System der unabänderlichen Gesetze, die im römischen Privatrecht verankert sind, zu entwerfen und zur Darstellung zu bringen. *Domat* dachte noch nicht an eine Kodifikation. Er wollte auf wissenschaftlicher Basis die natürlichen Gesetze erkennen und in systematischer Form eben als zeitloses und unabänderbares Recht darstellen. Die Systematisierung des römischen Rechtes in französischer Sprache ist aber zu einer der wesentlichen geistigen Grundlagen der Kodifikation überhaupt geworden. Die Systematisierung *Domats* hat tatsächlich die Prinzipien der einzelnen Rechtsinstitute und die systematischen Zusammenhänge aufgezeigt. Der konkrete Aufbau des Buches ist folgender: Nach dem einführenden traité des lois, aus dem sich in vieler Hinsicht die Philosophie des Rechtes bei *Domat* ergibt, folgt ein einführendes Buch, das in drei Titel eingeteilt ist. 1. über die Rechtsregeln, 2. über die Personen, 3. über die Sachen. Nach diesem einführenden Buch folgen noch zwei weitere Teile, der 1. ist den Obligationen gewidmet, das 2. dem Erbrecht. Diese beiden großen Teile sind wiederum eingeteilt in Bücher, Titel, Sektionen und Artikel. Aus dem einführenden Buch ergibt sich, dass es die Funktion der Gesetze sind, Sachen Personen zuzuordnen. Im Rahmen der Personen unterscheidet *Domat* Qualitäten. Und zwar Qualitäten, die sich aus dem Naturrecht ergeben und nicht natürliche und somit abänderbare Qualitäten, die im Bereiche des öffentlichen Rechtes eine große Rolle spielen. Die natürlichen Qualitäten sind beispielsweise das Geschlecht, Vaterschaft, Kindschaft, die Erzeugung, der Postumus, der Umstand, dass man physisch und psychisch gesund oder krank ist, das Alter. Die Eigenschaften, die sich auf abänderbare Gesetze (*loix arbitraires*) gründen, sind jene des Sklaven oder Freien, des Adeligen oder des Bürgers, des Vasallen oder aber auch die Alterstufen der Geschäftsfähigkeit. Es ist interessant, dass *Domat* den dinglichen Rechten keine systematische Aufmerksamkeit geschenkt hat. Das hängt damit zusammen, dass eben die Sachen grundsätzlich den Personen zugeordnet sind und diese Zuordnung kann nur aufgrund von „Rechtsgeschäften unter Lebenden = Obligationen, oder von Todeswegen = Erbrecht“ erfolgen. So ist der Teil hinsichtlich der Obligationen folgendermaßen unterteilt. 1. über die freiwilligen und beidseitigen Obligationen vermittels Übereinkunft. 2. über die Obligationen, die ohne Übereinkunft entstehen. 3. über die Ereignisse, die zu den Obligationen hinzukommen oder diese verstärken. 4. über die Ereignisse, die die Obligationen zum erlöschen bringen oder sie vermindern. Was das Erbrecht angelangt, so ist in 5 Bücher eingeteilt. Diese behandeln die Erbfolge im Allgemeinen, die gesetzliche Erbfolge, die testamentarische Erbfolge, die Legate, und die übrigen Bestimmungen *mortis causa*, etwa Fideikommisse oder Substitutionen. Es kann kein Zweifel darüber bestehen, dass Jean *Domat* einer der ganz großen Juristen der europäischen Rechtskultur gewesen ist. Dies zum einen als Theoretiker, der die Erkenntnislehre des Rechtes entwickelte zum andern als Systematiker, der aufgrund einer immensen, vielfach widersprüchlichen Überlieferung des römischen Rechtes klare und verständliche Grundprinzipien entwickeln konnte und diese in einem vernünftigen System zur Darstellung vervollkommnte. Zum ersten Mal wohl gab es die Möglichkeit, die Rechtsinstitute des römischen Rechtes in einer aufgrund wissenschaftlicher Erkenntnis und wissenschaftlicher Methode systematisierten Form zu erfassen. Wir verdanken *Domat* die grundsätzliche Möglichkeit der Abstraktion des Rechtes. Wir verdanken *Domat* die Erkenntnis von der Zeitlosigkeit des Rechtes und wir verdanken *Domat* die Möglichkeit einer systematischen Darstellung eines in der Geschichte gewachsenen, nun aber zeitlos gewordenen Rechtes. Die Idee der Abstraktion und der Systematik wird als Erbe *Domat* in die Gesetzgebung einfließen. Die konkreten Lösungen, die eben im Laufe des Rechtsvereinheitlichungsprozesses im Zusammenhang mit einer umfangreichen Kasuistik von *Pothier* entwickelt worden waren, werden was die konkreten Einzellösungen anbelangt gleichermaßen als Erbe in der Kodifikation aufgehen. Die Einteilung der Obligationen wie wir sie im Code Civil wieder finden, entstammt unmittelbar dem traité des obligations: 1. Gründe für Obligationen a.) Verträge, andere Gründe, somit Quasi-Kontrakte, Delikte, Quasi-Delikte, Gesetze, 2. verschiedene Arten der Obligationen, 3. das Erlöschen der Obligationen, 4. Beweis der Obligationen.

Von extremer Klarheit und bestrebt, die juristischen Unterschiedlichkeiten innerhalb Frankreichs auf Grund einer wissenschaftlich-dogmatischen Erneuerung des Römischen Rechtes zu überwinden, so könnte man die Schriften von *Pothier* bezeichnen. Darunter müssen vorrangig seine Abhandlungen: *Traités* gerechnet werden: Besitz, Eigentum und locatio-conductio *(louage)*, sowie generell der *Traité des obligations*, Werke, die bereits im 18. Jhdt eine ungeheure Verbreitung fanden und auch in vielen Editionen während des 19. Jhdts verlegt wurden[103]. *Pothier* besticht zum einen durch seine systematische Präzision, zum an-

103 Die wichtigste Ausgabe ist jene von *Dupin* in XI Bänden herausgegebene und betreute (samt überaus nützlicher Einleitung insbesondere zu Leben und Wirken des bedeutenden Juristen): Pothier, Oeuvres, Bruxelles 1824/1825. Von dieser Ausgabe gibt es eine zweite Auflage in VIII Bänden (Paris ab 1831). Eine weitere empfehlenswerte Ausgabe ist die von *Bougnet* in 10 Bänden herausgegebene: Oeuvres complètes de Pothier. Diese Ausgabe erfuhr 1861/1862 in Brüssel eine Neuauflage in X Bänden.

deren durch seine enorme Kasuistik. Gerade letztere hat schließlich nicht nur zur Rechtsvereinheitlichung in Frankreich beigetragen, sondern diese wesentlich geprägt. Theorie und Praxis haben auch das Leben von *Pothier* geprägt. Er wurde 1699 in Orléans geboren, absolvierte ebendort seine Studien und übte dort zeitlebens das Richteramt aus. Im Jahre 1749 wurde er auch zum Professor an der Universität seiner Heimatstadt ernannt. Dem unmittelbaren Gewohnheitsrecht seiner Heimat ist auch seine erste Schrift gewidmet: *La coutume d'Orléans avec des observations nouvelles* (2 Bde) aus dem Jahre 1740[104]. Nach dieser ersten der Praxis gewidmeten Untersuchung verfasste *Pothier* ein umfangreiches systematisches Werk zum Römischen Recht ganz in der Tradition von *Domat*, aber unter ausschließlicher Behandlung des Privatrechtes: *Pandectae justineaneae in novum ordinem digestae cum legibus codicis et novellae*, 1748-1752. Die geniale Verbindung dieser beiden Werke auf methodischer Ebene bildete fortan die Grundlage von *Pothiers* weiterem Schaffen, das sich in zahlreichen Abhandlungen, *traités*[105], wieder findet. Der am Ende seines Lebens erschienene Traktat über das Eigentum zeigt mit unglaublicher Konsequenz, wie in einem starren Feudalsystem, in welchem es eine Unzahl von „Eigentumsarten" und Berechtigungen geben konnte, der grundlegende römischrechtliche Begriff des Eigentums dazu verwendet wurde, um sämtliche Arten Abarten des damals geltenden feudalen Systems zumindest der Theorie nach zu überwinden. Die *traités* haben sowohl vom Inhalt wie auch von der Terminologie her stets das Verbindende in den Vordergrund gestellt: Sie haben der Praxis durch die schier unerschöpfliche Masse von Fällen einen festen Leitfaden geboten, sie haben aber gleichermaßen den Rechtsgelehrten und später zahlreichen Gesetzgebern durch die klare Systematik und präzise Terminologie des Römischen Rechts ein eindrucksvolles theoretisches Konstrukt hinterlassen. Die Darstellung der Materien erfolgte nach dem so genannten Institutionensystem, das auf den römischen Juristen Gaius zurückgeht und von Kaiser Justinian übernommen wurde: Personen, Sachen (darunter auch

---

104 Überarbeitete Neuauflage 1760.

105 Traité des obligations I et II (1761/1764); Traité du contrat de vente (1762); Traité des retraits (1762); Traité du contrat de constitution de rente (1763); Traité du contrat de louage (1764); Traité du contrat de bail à rente (1764); Traité du contrat de société (1764); Traité des contrats de louage maritime (1765); Traité de cheptels (1765); Traité des contrats de bienfaisance I et II (1766); Traité du contrat de pret de consomption (1766); Traité du contrat de dépot et de mandat (1766); Appendice du quasi-contrat de negotiorum gestio (1766); Traité du contrat de natissement (1767); Traité des contrats aléatoires I-III (1767); Traité du contrat de mariage I et II (1766); Traité de la communauté I et II (1769); Traité du duaire (1771); Traité du droit de domaine de propriété (1772); Traité de la possession et de la prescription (1772); Traité sur différentes matières de droit civil et de jurisprudence française I-IV (1773-1774).

Obligationen und Erbrecht, wobei im Gegensatz zu *Domat* bei Pothier die eigentlichen dinglichen Rechte eine große Rolle spielen.) und Klagen (konkrete Ausgestaltung der Ansprüche). Der Code Civil übernahm genau diesen Aufbau. Auch im Konkreten wurden zahlreiche Lösungen des Code Civil den Werken *Pothiers* entnommen, vor allem im Bereiche des Obligationenrechts ist *Pothiers* Vaterschaft kaum irgendwo zu leugnen. Die Vereinheitlichung des französischen Privatrechts wurde somit in erster Linie von der Rechtswissenschaft erarbeitet. Mit der Praxis eng vertraute, wissenschaftlich geschulte Juristen wie *Domat*, *Bourjon* und vor allem *Pothier* haben dieses epochale und auch für alle Zukunft wegweisende Werk vollbracht. Die große Bedeutung *Pothiers* liegt in der Entwicklung einer einheitlichen Rechtsterminologie zum einem und in der Beistellung einer enormen explikativen Kasuistik. Die einheitliche Rechtsterminologie fand *Pothier* zum Teil bei *Domat* vor. Er ergänzte diese aber, wo es ihm notwendig erschien, aus Erfahrungen des *droit coutumier*. Das massive Einfließen der juristischen Praxis in den Vereinheitlichungsprozess des Rechtes muss als wesentlicher Unterschied zu *Domat* bezeichnet werden. Gewiss ohne die strenge wissenschaftliche Systematik *Domats* wäre die Rechtsvereinheitlichung für *Pothier* nicht möglich gewesen. *Domat* und *Pothier* sind gleichermaßen die Vorläufer, die geistigen Väter des Code Civil. Nur das Werk beider, in all seinen verschiedenen Aspekten, ermöglichte die unter der Federführung von Portalis in den Jahren 1800-1804 durchgeführte Kodifikation. Es ist interessant, dass es in den anderen Ländern, wo es nicht die geistig-juristische „Kombination" *Domat Pothier* gegeben hat, auch zu keinen einschlägigen Kodifikationen kommen konnte. Erst die immense Arbeit von Savigny und der historischen Schule hat eine zweite Kodifikation, nämlich die des deutschen Rechtes im BGB. ermöglicht. Insofern ist es auch nicht richtig, *Pothier* als den Vater des Code Civil und *Domat* als den Großvater des Code Civil zu bezeichnen. Abgesehen davon, dass der eigentliche Vater des Code Civil Portalis war, so ist die uneingeschränkte und unverzichtbare Bedeutung sowohl des Juristen aus dem 17. Jahrhundert (*Domat*) wie jene des Juristen des 18. Jahrhunderts (*Pothier*) insofern von völlig gleicher Bedeutung, als sie beide gleichermaßen die unverzichtbare und nicht wegzudenkende Grundlage für die Juristen des beginnenden 19. Jahrhunderts darstellten. Somit bin ich fest davon überzeugt, dass bei der Genese des Code Civil *Domat* und Poitier zu gleichen Anteilen als Paten bereitstanden. Es ist das immense Verdienst von Portalis, dass er aus den Erkenntnissen und den Ergebnissen dieser beiden wirklich großartigen Juristen etwas völlig Neues, nämlich die erste wirkliche europäische Kodifikation geschaffen hat.

Diejenige Bedeutung, die *Savigny* für die deutsche Rechtskultur zukommt, gebührt zweifellos *Pothier* und *Domat* gemeinsam für die französische.

4. Diese grundlegende Verbindung zwischen universitärer Rechtswissenschaft und Praxis, zusammen mit dem Willen der absoluten Monarchen, die spätestens ab Ludwig XIV. als Gesetzgeber in allen Bereichen fungieren wollten, erklären hinreichend, weshalb sich das französische Recht anders fortentwickelte als das englische Recht. Dieses zum Zeitpunkt der Revolution bestehende Privatrecht wird als *ancien droit* bezeichnet. Man hat es mit vier Schlagworten bezeichnen wollen, die einige wichtige Grundprinzipien widerspiegeln: *confessionnel*: konfessionsgebunden, da der katholischen Kirche auch im Recht, besonders im Eherecht, eine wichtige Funktion zukam; *inégalitaire:* ungleich, da die Zugehörigkeit zu einem bestimmten Stand Folgen nach sich zog, etwa im Erbrecht; *communautaire*: gemeinschaftlich, da Gruppen und Gemeinschaften gegenüber dem Individuum eine wichtige Rolle spielten und *terrien*: bodenbezogen, da Grund und Boden besondere Bedeutung beigemessen waren. Dies ist gewiss richtig, insbesondere wegen des stets zu betonenden engen Zusammenhangs zwischen Recht und Gesellschaft, dennoch darf man nicht vergessen, dass die Schriften der Juristen, sowie die Sammlungen der Gewohnheiten ein abstraktes Bild wiedergeben, in welchem sehr viele juristische Figuren und Lösungen aufscheinen, die zwar in der vorrevolutionären Gesellschaft eine geringere Bedeutung gehabt haben mögen, die aber sehr wohl zur Grundlage des neuen Rechts des Bürgertums werden konnten.

II. Die Entstehung des Code Civil

1. Nach mehreren Versuchen der Kodifikation während der Revolution, die von *Cambacérès*[106] vorangetrieben wurden, erfolgte nach dem Staatsstreich des 18. Brumaire (1799) die Einsetzung einer Kommission durch Napoleon. Gewiss, die Jahre von 1789-1796 hatten bereits wesentliche Veränderungen im Bereiche des Zivilrechts mit sich gebracht, weshalb man von einer Zwischenphase, dem *droit intermédiaire*, spricht. Die Erklärung der Menschenrechte von 1789 führte zwangsläufig zu Reformen im zivilrechtlichen Bereich. Im Konkreten führte man die Zivilehe und die Ehescheidung, die Gleichstellung der unehelichen Kinder im Bereich des Erbrechtes, sowie die Öffentlichkeit von Hypotheken und Eigentumsübertragungen an Liegenschaften[107] ein.

2. Ebenso aus der Zeit der Revolution stammt die Neuorganisation der Gerichtsbarkeit. Obwohl nicht wenige das Wahlrichteramt befürworteten, entschied

---

106 *J. F. Pinaud*, Cambacérès (1996).

107 Vgl allgemein *C. Petit* (Hrsg), Derecho Privado y revolución burguesa (Madrid 1990).

man sich für eine hierarchisch strukturierte staatliche Behörde: Gerichte in fast jedem großen Ort, *Tribunaux d'instances,* in größeren Orten Appellationsgerichte und das (damals noch so genannte) *Tribunal de Cassation.* Dieser Kassationsgerichtshof[108] war schon damals derart konzipiert worden, dass er nur über Rechtsfragen entscheiden sollte. Bereits im Jahre 1790 wurde ein Gesetz erlassen, das die Vorgangsweise des Gerichtshofes regeln sollte, ein weiteres folgte 1797. Bestätigt demnach der Gerichtshof ein Urteil, so ist er nicht angehalten, die in Frage kommende Norm anzugeben, dies muss er freilich tun, wenn er das Urteil kassiert, somit aufhebt und an die Berufungsinstanz zurückverweist. Alljährlich hat der Gerichtshof an die Legislative zu referieren, welche Normen Interpretationsschwierigkeiten mit sich gebracht hätten, damit Abhilfe geschaffen werden könne; auch heute noch berichtet der Gerichtshof alljährlich dem Justizminister.

3. In der Verfassung des Jahres 1791 stand bereits, dass ein Code Civil zu verfassen sei, dessen Gesetze *„simples, claires et communes à tout le royaume"*, also: „einfach, klar und einheitlich für das ganze Königreich" sein sollten. Die Kommission, die im August 1800 konstituiert wurde, bestand lediglich aus 4 Männern, *Tronchet* (1726-1806) Präsident des Kassationsgerichtshofs und ehemaliger Verteidiger Ludwigs XVI., *Portalis*[109] (1746-1807), provenzalischer Anwalt und politisch im Sinne *Napoleons* engagiert, *Bigot de Préameneu* (1747-1825) Regierungskommissär beim Kassationsgerichtshof und ehemaliger Anwalt am Parlament von Rennes sowie *Maleville* (1741-1824) zuvor Anwalt am Parlament in Bordeaux und später Richter am Kassationsgerichtshof. Gewiss, die vier waren keine Revolutionäre, aber auch keineswegs gewillt, zurzeit vor 1789 zurückzukehren. Sie entsprachen der anfänglich durchaus revolutionären[110], aber inzwischen gemäßigten Richtung des Konsuls *Napoleon Bonaparte.* Federführend war *Portalis*, der den 1. Entwurf dann auch selbst im *Discours préliminaire* vorstellte[111]. Der 1. Entwurf (*projet*) war innerhalb von 4 Monaten fertig und enthielt noch einen rechtsphilosophischen Vorspann, *Du droit et des lois*, geprägt vom naturrechtlichen Gedankengut. Nach Begutachtung durch den Kassationsge-

108 *Halpérin*, Le tribunal de cassation et ses pouvoirs sous la Révolution (1790 – 1799) (Th Paris II 1987).

109 *M. A. Plesser*, Jean Etienne Marie Portalis und der Code Civil (Paris 1997); *E. Leduc*, Portalis (Paris 1990); *M. Long/J. C. Monier,* Portalis, l'esprit de justice (Paris 1997).

110 Viel zu oft wird vergessen, wie tief vom Jakobinismus geprägt *Bonaparte* war.

111 Der Discours préliminaire ist heute zugänglich in der Edition der Schriften Portalis Discours et rapports sur le Code civil, die 1844 von seinem Sohn Frédéric herausgegeben wurden (Neudruck Caen 1990), jetzt leicht zugänglich und kommentiert von führenden französischen Juristen in einem Sammelband: Le Discours et le Code (Lexis-Nexis LITEC, Paris 2004).

richtshof und durch die Appellationsgerichtshöfe wurde der Vorschlag sehr eingehend in 102 Sitzungen vom Staatsrat diskutiert, 57 dieser Sitzungen wurden von Napoleon persönlich geleitet.

4. Der Code Civil ist somit keineswegs eine marginale Errungenschaft, ein zufälliges Nebenprodukt der Revolution, er muss vielmehr als zentrales Anliegen Napoleons im Sinne der endgültigen Befriedung der Bürgergesellschaft bezeichnet werden, dem er viel Zeit schenkte und auf den er über die Maßen stolz war[112]. Doch nicht nur der Mentor und geistige Vater war ein Bewunderer des Gesetzbuchs, Generationen von Juristen und Nichtjuristen konnten seiner Faszination nicht widerstehen. Und dies aus gutem Grund. Die erste moderne Kodifikation sollte weltweit zugleich die monumentalste, ausgewogenste und perfekteste bleiben. Zu diesem überragendem Resultat haben mehrere Komponenten beigetragen. Der Code Civil verzichtet nicht auf wichtige Errungenschaften der Revolution, er ist ein Gesetzbuch für alle, jede Privilegien des Ranges bleiben abgeschafft, er ist ein Gesetzbuch der Freiheit des Individuums, das auf Grund seines freien Willens am Geschäfts- und Rechtsleben teilnimmt. Von zentraler Bedeutung ist der Schutz des unverletzlichen Eigentums, an dem alle Bürger – zumindest der Theorie nach – partizipieren können. Im Gegensatz zum teilweise weitergehenden Recht der Revolutionszeit (*droit intermédiaire*) bedeutete der Code Civil eine erneute Stärkung der traditionellen Familienbande, wie die Anerkennung der Rolle des Ehemanns als Oberhaupt der Familie mit entsprechender Kontrolle der Ehefrau, die bis zur Geschäftsunfähigkeit letzterer reichte. Die Rolle der unehelichen Kinder wurde wieder zurückgedrängt, ebenso die Testierfreiheit zugunsten der Erbrechte von Familienangehörigen. Berühmt wurde das inzwischen aufgehobene Verbot, die Vaterschaft unehelicher Kinder festzustellen. Der Code Civil ist somit juristischer Ausdruck eines tiefen gesellschaftlichen Wandels, der zur Herrschaft des Bürgertumes geführt hatte. In den zentralen Bereichen des Zivilrechts, im Sachen- und Schuldrecht, hielten sich die Redaktoren an die Schriften jener großen Juristen, die das Gewohnheitsrecht wissenschaftlich mit dem Römischen Recht kombiniert hatten, insbesondere an *Pothier*. Wissenschaftliches Recht, lang erprobte Praxis, sowie die in der Revolution verwirklichten Ideen des Naturrechts wurden so zu einem einmaligen Ganzen zusammengeschweißt. Dieses Zusammenschweißen auf Grund eingehender Vorarbeiten verschiedener Strömungen auf der Grundlage einer soliden eigenständigen und anerkannten Rechtstradition erfolgte sprachlich in einer Weise, der man nur an-

112 Im Exil auf St. Helena soll sich *Napoleon* folgendermaßen geäußert haben: „Ma gloire n'est pas d'avoir gagné quarante batailles. Ce que rien n'effacera ce que vivra éternellement, c'est mon Code Civil", zitiert nach *Durand*, Etudes sur le Conseil d'Etat Napoléonique I (Paris 1940) 21; vgl auch *Sorel*, Livre du Centenaire I 24 ff.

erkennende Bewunderung zollen kann. Der Code Civil ist ein Meisterwerk der französischen Sprache und in seinem Genre der Weltliteratur. Die 2281 Artikel stellen den von den Juristen oft ersehnten aber selten erreichten Ausgleich zwischen Abstraktheit und Konkretisierung dar. Die Norm wird so gefasst, dass sie sofort allgemein verständlich wirkt, also ohne beschwerende Erklärungen, nie so, dass sie einer unsinnigen Kasuistik verfällt, wie dies den Redaktoren des ALR passiert war. Vervollständigt wird der positive Eindruck durch die Präzision der Wortwahl sowie die Eleganz der Formulierungen. *Stendal* und *Victor Hugo*, zwei der größten Meister der französischen Sprache, haben den Code außergewöhnlich geschätzt und seine Lektüre als überaus sprachbildend empfunden und empfohlen.

III. Der Inhalt des Code Civil

1. Der Code Civil folgt im Wesentlichen der von *Pothier* vorgenommenen Einteilung des Römischen Rechts. Nach einem kurzen Vorspann (Titre préliminaire: De la publication, des effets et de l'application des lois en général, Art 1-6) folgt das 1. Buch über die Personen. Es ist in folgende Titel unterteilt:

I.	Des droit civils (Art 7-16) (Bürgerliche Rechte)
I.b	De la nationalité française (Art 17-33) (frz Staatsbürgerschaft)
II.	Des actes de l'état civil (Art 34-101)(Standesamtliche Maßnahmen)
III.	Du domicile (Art 102-111) (Wohnsitz)
IV.	Des absents (Art 112-132) (Abwesende)
V.	Du mariage (Art 144-228) (Ehe)
VI.	Du divorce (Art 229-310) (Ehescheidung)
VII.	De la filiation (Art 311-342) (Abstammung)
VIII.	De la filiation adoptive (Art 343-370) (Adoption)
IX.	De l'autorité parentale (Art 371-387) (Elterliche Gewalt)
X.	De la minorité, de la tutelle et de l'émancipation (Art 388-487) (Minderjährige, Vormundschaft)
XI.	De la majorité et des majeurs protégés par la loi (Art 488-514) (Volljährigkeit und Schutz Volljähriger)
2. Buch:	Des biens et des différentes modifications de la propriété (Über die Güter und die verschiedenen Arten des Eigentums)
I.	De la distinctions des biens (Art 516-543) (Unterscheidung der Güter)
II.	De la propriété (Art 544-577) (Eigentum)
III.	De l'usufruit de l'usage et de l'habitation (Art 578-636) (Nießbrauch, Gebrauch, Wohnrecht)
IV.	Des servitudes ou services fonciers (Art 637-710) (Dienstbarkeiten)

3. Buch: Des différentes manières dont on acquiert la propriété
Dispositions générales (Art 711-717) (Allgemeine Regeln)

I.	Des successions (Art 718-892) (Erbfolge)
II.	Des donations entre vifs et des testaments (Art 893-1100) (Schenkung unter Lebenden und Testamente)
III.	Des contrats ou des obligations conventionnelles en général (Art 1101-1369) (Allgemeines Vertragsrecht)
IV.	Des engagements qui se forment sans convention (Art 1370-1386) (Quasi-Verträge/Delikte)
IV.b	De la responsabilité du fait des produits défectueux (Produkthaftung)
V.	Du contrat de mariage et des régimes matrimoniaux (Art 1387-1581) (Ehegüterschaft)
VI.	De la vente (Art 1582-1701) (Kauf)
VII.	De l'échange (Art 1702-1707) (Tausch)
VIII.	Du contrat de louage (Art 1708-1831) (Miete, Pacht, Dienst-, Werkvertrag)
VIII.b	Du contrat de promotion immobilière (Maklervertrag)
IX.	De la société (Art 1832-1873) (Gesellschaft)
IX.b	Des conventions relatives à l'exercice des droits indivis (Art 1873-1 à 1873-18) (Ausübung der Rechte an ungeteilten Sachen)
X.	Du prêt (Art 1874-1914) (Leihe)
XI.	Du dépôt et du séquestre (Art 1915-1963) (Verwahrung, Streitverwahrung)
XII.	Des contrats aléatoires (Art 1964-1983) (Glücksverträge)
XIII.	Du mandat (Art 1984-2010) (Auftrag)
XIV.	Du cautionnement (Art 2011-2043) (Bürgschaft)
XV.	Des transactions (Art 2044-2058) (Vergleich)
XVI.	Du compromis (Art 2059) (Vergleich)
XVII.	Du nantissement (Art 2071-2091) (Faustpfand)
XVIII.	Des privilèges et hypothèques (Art 2092-2203) (Hypotheken)
XIX.	De l'expropriation forcée et des ordres entre les créanciers (Art 2204-2218) Zwangsenteignung und Gläubigerränge)
XX.	De la prescription et de la possession (Art 2219-2283) (Verjährung und Besitz)

2. Angesichts der Normierung von nur 2283 knapp gefassten Artikeln mussten die Redaktoren bewusst Gesetzeslücken in Kauf nehmen. Dazu haben sie selbst Stellung genommen[113]: Eine Menge von Dingen werden notwendigerweise

113 *Portalis*, Discours préliminaire, in *Fenet* (Hrsg), Recueil complet des travaux préparatoires du code civil I (Nachdruck 1968) 463 ff, besonders 467, 469 f.

der Anwendung, der Diskussion der Gebildeten, der Entscheidung der Richter überlassen. Es ist Aufgabe des Gesetzes, in großen Zügen die Prinzipien des Rechts (*maximes générales*) festzulegen. Dabei geht es darum, Grundsätze zu entwickeln, aus denen sich Konsequenzen ableiten lassen, und nicht in jedes Detail der Fragen hinabzusteigen, die sich in jedem Bereich ergeben können. Die Richter und der Rechtsgelehrte, vom Geist der Gesetze erfüllt (*de l'esprit général des lois*), müssen die Anwendung in die richtigen Bahnen lenken.

Entscheidend ist dabei wohl, und dies voll und ganz in der Tradition der großen französischen Rechtskultur, dass sowohl die Rechtsprechung (*jurisprudence*) wie auch die Rechtswissenschaft (*doctrine*) sich um die Interpretation, Anwendung und damit auch Weiterentwicklung des Rechtes zu kümmern haben[114].

IV. Die Zeit nach Inkrafttreten des Code Civil

Das 19. Jhdt. war von drei bemerkenswerten Faktoren geprägt:

a) die Kommentierung des Code Civil,
b) die Rechtsprechung durch den Kassationsgerichtshof,
c) die Auseinandersetzung mit der deutschen Rechts-wissenschaft.

1. Die Kommentierung des Code Civil erfolgte tatsächlich Artikel für Artikel, ohne dass – sehr bewusst – systematische Konstrukte errichtet wurden. Die Kommentare setzten sich zwar sehr wohl mit verschiedenen Lehrmeinungen auseinander, unterstrichen aber, je weiter die Zeit voranschritt, die Entscheidungen des Kassationsgerichtshofs als das eigentlich geltende Recht. Man hat die Richtung, die im übrigen keineswegs ahistorisch war, da man sich sehr wohl der Bedeutung des vorrevolutionären Rechts bewusst war und *Domat*, aber insbesondere *Pothier*, als Maßstab und Vorbild heranzog, als rein exegetisch bezeichnet. Freilich, man hielt sich – so dies nur möglich war – ans Gesetz, zeigte aber, wie man Lücken schließen konnte und wie man das Gesetz durch vorsichtige Auslegung stets zeitangepasst und zeitgemäß machen konnte. Man hat später diese Kommentatoren als eigene Richtung, um nicht zu sagen Schule, zusammengefasst: *École des Exégèses*[115]. Als wichtiges Werk wird das von *M. Merlin* ab der

---

114 Dazu beeindruckend *Carbonnier*, Droit Civil, Introduction, 2.Kapitel: Les autorités en droit civil.

115 Dazu *Bonnecase*, L'école de l'Exégèse en droit civil: les traits distinctifs de sa doctrine et de ses méthodes d'après les professions de foi de ses plus illustres représentants^2 (Paris 1929) ; *E. Gaudemet*, L'interprétation du Code Civil en France depuis 1804 (Neuauflage 2004).

3. Ausgabe betraute *Répertoire universel et raisonné de jurisprudence* angesehen, die wichtigste ist die vierte Ausgabe (Paris 1812-1825). Die Entwicklung nahm ihren Ausgang von einem der Väter des Code Civil – *Maleville*, dessen Werk auch heute als besonders bemerkenswert anzuempfehlen ist: *Analyse raisonnée de la discussion du Code Civil au Conseil d'État*[116]. Der erste eigentliche Kommentar wurde vom langjährigen Dekan der Pariser Juristenfakultät, *C. E. Delvincourt*, in drei Bänden verfasst: *Instituts de droit civil français.*[117] Die Kommentierung Artikel für Artikel geht auf *Ch. B. M. Toullier* zurück: *Le droit civil français suivant l'ordre du Code Civil*[118]. Vervollständigt wurde das Werk von *R. Th. Troplong* (1795-1869), der den Code Civil ab dem Kaufvertrag in 28 Bänden kommentierte (1833-1858), freilich unter Zusammenfassung und damit Hervorhebung einzelner Rechtsinstitute. *Troplong*, hoch gebildet, hat sich ebenfalls stark mit dem vorrevolutionären Recht beschäftigt. *Troplong* war nie Professor, sondern verbrachte seine gesamte Berufslaufbahn in der Richterschaft, ab 1852 als erster Präsident des Kassationsgerichtshofes. Als krönender Abschluss dieser ersten Phase der Kommentierung des Gesetzes könnte man den Kommentar in 33 Bänden (1869-1887): *Principes de droit civil* von *F. Laurent* ansehen. Sowohl bei *Toullier* wie auch bei *Laurent* finden sich als Einleitung wichtige Passagen über die Interpretation der Rechtsquellen. Die in den Kommentaren von Praktikern und Professoren vorgeschlagenen Lösungen, die allemal vor dem Kassationsgerichtshof Beachtung fanden, sind in vieler Weise von einem Prinzip geprägt, bald explizit, oft implizit, das dem Code Civil in seiner Ausdrücklichkeit fremd ist: die in Form der Billigkeit aufscheinende Gerechtigkeit: *l'équité*. Als Ausdruck dieser Epoche, die sich so strikt an den Code Civil gehalten hat, könnte man den Satz des Pariser Professors *J. J. Bugnet* ansehen: Ich kenne nicht das Zivilrecht, ich lehre den Code Napoléon.

2. Seit Bestehen des Code Civil hat der Kassationsgerichtshof, im Sinne seiner Funktion als Hüter der rechtskonformen Auslegung des Gesetzes und damit der Einheitlichkeit der Rechtsprechung, einen eigenen Urteilsstil gepflegt[119]. Dieser besteht in einer unglaublichen, ja geradezu grandiosen Kürze und Prägnanz.

---

116 II Bde (Paris 1804/05).

117 Paris 1808/1809.

118 XIV Bde (unvollständig), Paris ab 1811.

119 Zuletzt: *A. Gambaro*, Lo stile della sentenza francese, in *L. Vacca* (Hrsg), Lo stile delle sentenze e l' utilizzazione dei precedenti (2000) 121. Mitte der 70er Jahre des 20. Jhdts wurde die Besonderheit der unbegründeten Urteile in Frankreich selbst von Rechtsprechung und Rechtswissenschaft scharf kritisiert: *A. Touffait/A. Tunc*, Pour une motivation plus explicite des décisions de justice, notamment de celles de la Cour de cassation, RTDC 1974, 487. *Touffait* war Oberstaatsanwalt am Kassationsgerichtshof, *Tunc* Professor für Zivilrecht an der Sorbonne. Diese Diskussion hat zu keinerlei Konzessionen von Seiten des Kassationsgerichtshofes geführt.

Kein Höchstgericht der Welt hat jemals diese Perfektion und diese Konsequenz erreicht, die im Wesentlichen unverändert bis auf den heutigen Tag geblieben ist. Die Entscheidungen des Höchstgerichtes, die *arrêts*, die vielfach aus einem – formuliert mit verschiedenen *attendu* – Satz bestanden, bestehen selbst heute aus sehr wenigen Sätzen, so dass man sagen kann, dass die ursprüngliche Substanz voll und ganz erhalten geblieben ist. Diese besteht im Wesentlichen darin, dass das Höchstgericht einzig auf Grund seiner eigenen, höchsten Autorität entscheidet. Dabei wird prinzipiell weder auf kontroversielle Lehrmeinungen, noch auf den Inhalt und die Rechtsmeinungen der kassierten Urteile eingegangen. Weder wurden historische Argumente, noch überhaupt eine über das Konkrete hinwegführende Argumentationsführung geboten, es gilt ohne Abschweife die Rechtslage für den konkreten Fall zu klären. Nicht nur die Parteien werden mit keinem Argument versorgt, sondern auch die Gerichte müssen die angeführte Rechtsmeinung als die einzig richtige hinnehmen. Auch im Sinne einer Fallgerechtigkeit bietet die Vorgangsweise des französischen Höchstgerichts einen viel zu wenig bedachten Vorteil: sie bindet zwar de facto alle Gerichte, doch ermöglicht das skeletthafte Erkenntnis größere Entscheidungs- und Beurteilungsfreiheit derjenigen Richter, die in Zukunft mit ähnlichen Fällen beschäftigt sein werden. Nur das Höchstgericht selbst wird entscheiden, ob der Fall tatsächlich ähnlich gelagert war und auch entsprechend zu lösen sein wird. Dabei darf man keineswegs annehmen, dass die französischen Höchstgerichte sich nicht eingehend mit dem vorliegenden Schrifttum auseinandersetzen würden, oder die Rechtsmeinungen der Appellationsgerichte nicht hinreichend analysieren und diskutieren würden. Das Gegenteil ist natürlich der Fall. Es handelt sich um die crème de la crème, einer aller Regel nach höchstgebildeten und an Hand des Code Civil, seiner Quellen und seiner Auslegungen seit den Anfängen geschulten Richterschaft, der *Pothier* weit mehr bedeutet als einem deutschen Höchstrichter *Windscheid*. Man muss daher von sehr eingehenden, auch historisch-philosophisch-sozial geprägten Diskussionen ausgehen. Der Tiefe der Diskussion entspricht geradezu spiegelbildlich der monolithische, keinen Widerspruch erlaubende, Charakter der Urteile. Anhand eines Beispieles sei die rechtsschaffende Kraft der *Cour de Cassation* im 19. Jahrhundert erläutert, der *actio de in rem verso*. Nach Vorläufern[120] bedeutete der bekannte *arrêt Boudier* aus dem Jahre 1892 die endgültige Anerkennung im Sinne einer bereicherungsrechtlichen Generalklausel.[121] Der Kassa-

120 Bull. civ. 1824, no. 36: Rückzahlung einer Geldsumme seitens einer Gesellschaft, deren nicht bevollmächtigter Vertreter mit der Gläubigerin einen Darlehensvertrag abgeschlossen hatte.

121 *H. Capitant/F. Terré/Y. Leqette*, Les grandes arrêts de la jurisprudence civile[10] (Paris 1994) no. 154.

tionsgerichtshof hatte sich im Urteil auf die Lösung des Römischen Rechts bezogen.[122]

3. Die Auseinandersetzung mit der deutschen Rechtswissenschaft[123], insbesondere mit den Lehren *Savignys* und der historischen Rechtsschule, war intensiv und alleine schon durch die Präsenz des Code Civil im linksrheinischen Deutschland sowie in Baden geradezu vorgegeben. Mit der deutschen Literatur zum französischen Zivilrecht gelangte auch deutsche Rechtswissenschaft nach Frankreich. Ausgangspunkt hierfür war das Lehrbuch von *Zachariae von Lingenthal*: Handbuch des französischen Zivilrechts (erstmalig erschienen 1808). Dieses wurde auf der Grundlage der 3. Deutschen Auflage 1838-1844 von *C. Aubry* und *C. F. Rau* ins französische übersetzt und den französischen Notwendigkeiten angepasst. Die vierte französische Auflage (1869-1878), die noch persönlich von den Autoren besorgt wurde, nannte sich nunmehr *Cours de droit civil français: d'après la méthode de Zachariae*, also nach der Methode von Zachariae. *Aubry* und *Rau* haben die über *Zachariae* tradierte Systematik für das französische Zivilrecht entwickelt. Von großer Bedeutung ist in diesem Zusammenhang der letztlich auf *Savigny* zurückgehende einheitliche Vermögensbegriff (*théorie du patrimoine*). Daraus wurden Eigentums- und Vertragstheorien entwickelt. Im Gegensatz zu den Exegeten bedeutete die Hinwendung zur deutschen Rechtswissenschaft eine Verwissenschaftlichung, eine Verankerung der theoretischen Konstrukte. Aber selbst ein der deutschen Rechtswissenschaft zweifellos aufgeschlossener Rechtsgelehrter wie *Aubry* warnte in einem Bericht über den Rechtsunterricht an französischen Fakultäten vor ausländischen Einflussnahmen, die den Willen des Gesetzgebers verwässern könnten[124]. Dennoch, die deutschen

---

122 *Pomponius* D. 12, 6, 14. Attendu que cette action déviant du principe d'équité qui défend de s'enrichir au détriment d'autrui et n'ayant été réglementée par aucun texte de nos lois; vgl dazu *F. Laurent*, Principes du droit civil XX 20, 363 f, 1876; *A. Bürge*, Vom Beitrag des römischen Rechts zur Entwicklung des französischen und europäischen Privatrechts im 19. Jahrhundert, in: Recht und Gesetz im deutsch-französischen Dialog (1997) 33.

123 Von höchstem Interesse sind in diesem Zusammenhang geradezu spiegelbildlich die Beiträge von drei bedeutenden deutschen Juristen im Sammelband zur Jahrhundertfeier des Code Civil: *C. Crome*, Les similitudes du Code Civil Allemand et du Code Civil Français (587); *J. Kohler*, Le Code Civil Français dans la théorie et pratique allemandes (617) und *E. Müller*, Le Code Civil en Allemagne (627); *A. Bürge*, Der Einfluss der Pandektenwissenschaft auf das französische Privatrecht im 19. Jhdt, in: Europäische Rechts- und Verfassungsgeschichte 3 (1991) 221ff; *A. Bürge*, Ausstralhlung der historischen Rechtsschule in Frankreich, in ZEuP (1997) 643ff.; *E. Wadle*, Französisches Recht in Deutschland (2002); *K. Luig*, R-J. Pothier und die Rechtsprechung des Reichsgerichts in Zivilsachen, in ZEuP 10 (2002 489ff.

124 „La mission du professeur appelé à dispenser au nom de l'Etat l'enseignement juridique, est de proterste avec mesure sans doute, mais aussi avec fermeté, contre toute

Kodifikationsbemühungen und insbesondere deren großartigstes Produkt, das BGB, erregten das Aufsehen der Gelehrtenwelt. Auch in diesem Zusammenhang ist vornehmlich einer der Begründer der modernen Rechtsvergleichung, *Saleilles*, zu nennen: In mehreren grundlegenden Arbeiten hat er das BGB der französischen Rechtswissenschaft nahe gebracht[125]. Als abschließendes Werk des 19. Jhdts müssen die Schriften von *Francois Gény*[126] angesehen werden, die zum einen die steril gewordene Exegetik überwanden, zum anderen aber letztlich eine Dominanz der historischen Rechtsschule und somit der deutschen Rechtswissenschaft in Frankreich verhinderten. Seither spricht man von einer *École scientifique* im Gegensatz zu einer *École des Exégèses*. Diese Wissenschaftlichkeit liegt insbesondere in der Erkenntnis, dass Recht und Gesetz nicht zwangsläufig übereinstimmen müssen, dass das Recht und seine Einrichtungen als Grundsätze theoretische Behandlung finden können. Nichtsdestotrotz hat *Gény* nie den Primat des Gesetzes als Rechtsquelle in Frage gestellt und stets der Interpretation des positiven Rechts eine zentrale Rolle eingeräumt. Er hat freilich als notwendiges Mittel zu diesem Zweck die wissenschaftlich-theoretische Behandlung des Rechtes anerkannt. Insbesondere hat *Gény* die soziale Dimension des Rechts und damit die Möglichkeit einer wechselseitigen Beziehung zwischen Recht und Gesellschaft erkannt. Von Seite der Rechtsquellenlehre hat Gény auf die Bedeutung der Rechtsprechung als eigenständige Rechtsquelle hingewiesen. Dies war zwar dank der Tätigkeit des Kassationsgerichtshofs notwendigerweise seit längerem de facto der Fall, die theoretische Anerkennung stellte die Rechtsprechung auch für die Wissenschaft in ein neues Licht. Typisch hierfür ist der Aufsatz, mit welchem die heute wichtigste zivilrechtliche Zeitschrift: *Revue trimestrielle du Droit Civil* 1902 durch *A. Esmein* vorgestellt wurde (Mitbegründer war übrigens einer der

---

innovation qui tendait à substituer une volonté étrangère à celle du législateur": *Aubry*, Rapport sur l'enseignement dispensé dans les facultés (1877), zitiert nach: *Husson*, Analyse critique de la méthode de l'Exégèse, in Arch. phil. du droit (1976) 115.

125 *R. Saleilles*, Introduction à l'étude du droit civil allemand: à propos de la traduction française du Bürgerliches Gesetzbuch (Paris 1904) (Mélanges de droit comparé 1); *ders*, Etude sur la théorie générale de l'obligation: d'après le premier projet de code civil pour l'Empire Allemand^3 (Paris 1925); *ders*, De la déclaration de volonté: contribution à l'étude de l'acte juridique dans le code civil allemand: Art 116-144 (Paris 1904).

126 *F. Gény*, Méthode d'interprétation et sources en droit privé positif (Paris 1899; 2. Aufl Paris 1919); *ders*, Science et technique en droit privé positif: nouvelle contribution à la critique de la méthode juridique I-III (Paris 1914); in 2. Aufl IV Bde (Paris 1922-1924); vgl Francois Gény e la scienza giuridica del novecento = Quaderni Fiorentini per la storia del pensiero giuridico moderno 20 (1992); *Faculté de Droit de Nancy* (Hrsg), Le Centenaire du doyen Francois Gény (Paris 1963).

Gründungsväter der Rechtsvergleichung, *Saleilles*): *„La jurisprudence et la doctrine"*, darin wird dafür eingetreten, dass die Lehre (*doctrine*) sich hauptsächlich mit der Rechtsprechung zu beschäftigen habe (*jurisprudence*). Mit Hilfe rechtsvergleichender und rechtshistorischer Methode sollte das Fallrecht wissenschaftlich bearbeitet werden. Etwa zeitgleich erschien das Handbuch von *M. Planiol* in drei Bänden (1899): *Traité élémentaire de droit civil conforme au programme officiel des Facultés de droit*. Eine Systematisierung im Sinne erhöhter Wissenschaftlichkeit ist unverkennbar In den 50er Jahren erfuhr das Buch eine bemerkenswerte Neuauflage herausgegeben von *Ripert* und *Boulanger*. *Planiol* war auch zusammen mit *Ripert* Herausgeber eines 14-bändigen Kompendiums des Zivilrechts: *Traité pratique de droit civil* (1924-1935).

Zum 100. Jahrestag des Code Civil wurde 1904 eine bemerkenswerte Tagung abgehalten. Die Referate wurden im *Livre du Centenaire* abgedruckt. Der zweibändige Tagungsbericht besteht aus vier Teilen: Allgemeine Fragen, besondere Probleme, Verbreitung des Code Civil und Revision des Gesetzbuches. *Esmain* und *Saleilles* schrieben grundlegende Beiträge zum typologischen und methodischen Verständnis des Code Civil, *Gaudemet* und *Planiol* sprachen sich entschieden gegen eine Generalrevision des Gesetzbuches aus. Ich würde dieses Werk auch heute noch als grundlegend einerseits für das Verständnis des Code Civil selbst und andererseits für das universelle Ausmaß der französischen Rechtskultur bezeichnen.

Die Rechtsprechung selbst, wiewohl sich die Höchstrichter selbstverständlich mit den neuen Ideen und dem neuen Schrifttum beschäftigten, wich keinen Deut von ihrer eigenen Methode ab, so dass sich nie ein systematischer Dialog zwischen Rechtswissenschaft und Rechtsprechung entwickeln konnte. Unbestritten blieb der Vorrang, um nicht zu sagen der Primat der Rechtsprechung.

4. Der Code Civil erfuhr seit seinem Inkrafttreten zahlreiche Änderungen. Diese liegen vor allem im Personen- und Familienrecht und spiegeln die gesellschaftliche Entwicklung wider. Als Folge familienrechtlicher Reformen treten immer wieder Anpassungen auch im Bereiche des Erbrechts auf. So fiel 1912 das Verbot, die außereheliche Vaterschaft zu erforschen, 1942 erlangte die Frau volle Geschäftsfähigkeit, 1970 wurde die elterliche Gewalt anstelle der väterlichen eingeführt, das uneheliche Kind dem ehelichen gleichgestellt (1972), die partnerschaftliche Ehe (1965 und 1985) eingeführt. Im einzelnen gab es seit 1958 an die 170 wichtige gesetzgeberische Eingriffe. Dabei kann entweder der Text des Code Civil selbst emendiert werden oder eigene Gesetze werden als solche dem Code Civil beigegeben. Beigegeben ist tatsächlich die richtige Ausdrucksweise, da in den herkömmlichen Gesetzessammlungen die entsprechenden Gesetze bei der jeweiligen Norm des Code Civil eingefügt werden. Einen schönen übersichtlichen, chronologisch geordneten Überblick über die Gesetze erhält man durch den

Anhang des alljährlich bei *Dalloz* erscheinenden Code Civil. Daraus wird ersichtlich, dass es während des gesamten 19. Jhdts insgesamt nur 37 Eingriffe des Gesetzgebers gegeben hat, von 1958 an gleich 317, die freilich zum Teil Minimales abändern oder ergänzen. Dennoch sieht man eben von Personen- und Familienrecht und Teilen des Erbrechts ab, so hat sich das System des Code Civil in den Kernbereichen bestens erhalten und dient auch heute einer Rechtsprechung, die gewillt ist, sich den Gegebenheiten der Moderne anzupassen, als höchst willkommene, unverzichtbare Grundlage.

V. Die juristischen Berufe

1. Die Richterschaft (*magistrature*): Die Richter[127] im Bereiche der Zivilgerichtsbarkeit (*juges* – „sitzende Richterschaft", *magistrature assise/du siège*) sind ausgebildete Juristen (üblicherweise mit einem Abschluss der *Maîtrise en droit*) und dienstrechtlich besoldete Staatsbeamte – sieht man einmal von den Sonderformen der Gerichte in Handelssachen, den *prud'hommes* (Beisitzer beim Arbeitsgericht) und der Landpacht ab, in welchen es auch gewählte Nichtjuristen gibt.

Die Unabhängigkeit der Richter ist verfassungsrechtlich geschützt (Artt. 64ff der Verfassung 1958). Der Richterschaft steht vollkommene Selbstverwaltung zu. Nur der *Conseil supérieur de la magistrature*[128] kann Richter suspendieren, versetzen oder gar des Amtes entheben. In die Richterschaft gelangt man üblicherweise über die *Ecole nationale de la Magistrature*. Diese Schule befindet sich in Bordeaux und bietet sowohl praktischen wie theoretischen Unterricht. Die Aufnahme erfolgt auf dem Wege verschiedener äußerst anspruchsvoller Auswahlverfahren (*concours*)[129], bei bestandener Aufnahme wird man *auditeur de justice*.

---

127 Im Jahre 2004 gab es insgesamt 7.434 Richter : *R. Perrot*, Institutions judiciaires 9. Aufl. (Paris 2000); *J. Chazal*, Les magistrats (Paris 1978) ; *J. Vincent/S. Guinchard/G. Montagnier/A. Varinard*, Institutions judiciaires 8. Aufl. (2005).

128 Besteht aus 9 vom Präsidenten der Republik ernannten Mitgliedern, 3 entstammen der Cour de Kassation, 3 der übrigen Richterschaft, 1 dem Consul d'Etat und 2 Persönlichkeiten, die nicht zur Richterschaft gehören. Vorsitzender ist der Präsident der Republik, sein Stellvertreter der Justizminister. Üblicherweise führt bei den Sitzungen der Präsident des Kassationsgerichtshofes den Vorsitz.

129 Einer ist denjenigen Kandidaten vorbehalten, die ausschließlich über einen ordentlichen Studienabschluss verfügen (*concours étudiants*), ein weiterer Beamten (*concours fonctionnaires*), ein dritter erfolgt auf Grund besonderer fachlicher Qualifikation (*concours sur titre*). Im Jahre 2004 bewarben sich aus der ersten Gruppe 2.866 Kandidaten, 223 wurden aufgenommen, aus der zweiten 103, von denen 18 aufgenommen wurden, aus der dritten 65, von denen 6 aufgenommen wurden.

Im Jahre 2004 wurden von 3.034 Kandidaten 247 aufgenommen[130]. Die mit einem Gehalt (etwa 1200 Euro im Monat) verbundene Ausbildung dauert dort 31 Monate, von denen 14 in Form von Praktika bei Gericht absolviert werden. Am Ende stellt eine Prüfungskommission die Fähigkeit zur definitiven Übernahme in den Justizdienst fest. Die Kommission setzt auch eine Reihung der Kandidaten fest. Nach erfolgreichem Abschluss erfolgt die Ernennung zum Richter oder Staatsanwalt. (Der Staatsanwalt nimmt in Zivilsachen an folgenden Verfahren teil: Abstammung, Schutz der Geschäftsunfähigen, Konkurs (schriftliche Stellungnahme). Er kann dies auch von Amts wegen bei folgenden Verfahren tun: Aberkennung der Vaterschaft, Tutel bei Volljährigen, bei Unstimmigkeiten zwischen nicht verheirateten Eltern, bei der Frage, ob jemand Franzose ist oder nicht. Die Staatsanwaltschaft wird als „stehende Richterschaft“ (*magistrature debout, parquet*) bezeichnet.

2. Der *greffier*: Dies ist heute allgemein der juristisch ausgebildete Verwaltungsbeamte der Gerichte. Es gibt annähernd 10.000 *greffiers*. Insofern als jeder Akt eines Richters in Gegenwart eines *greffier* abgefasst sein muss, sind letztere Teil der Gerichtsbarkeit. Der *greffier* verwahrt die authentischen Urkunden und stellt authentische Kopien aus.

3. Die Anwälte: Der Berufsstand ist seit 1990 (*loi*, 31. Dec. 1990 1259) neu geregelt. Bis zu diesem Zeitpunkt war der *avocat* derjenige, der mündlich (*plaidoyers*) in der Streitverhandlung die Parteien vertrat, der *avoué* derjenige, der die einzelnen Prozessschritte einleitete und weiterverfolgte (*postuler*), die *conseils juridiques* – die Rechtsberater – diejenigen, die auch Privaturkunden verfassten. Auch heute noch gibt es Spezialisierungen entsprechend dieser alten Dreiteilung. Seit 1992 können sich die Anwälte zu Berufsgesellschaften (*sociétés civiles professionnelles*) zusammenschließen, was zum Entstehen großer Kanzleien geführt hat. Die Vertretung durch einen Anwalt ist bei den *tribunaux de grande instance* (TGI) erforderlich. Die Anwälte sind in so genannten *barreaux* organisiert, die öffentlichrechtliche Stellung genießen, der jeweilige Vorsitzende ist der *batonnier*. Um Anwalt zu werden – es gibt keinen numerus clausus –, hat man sich bei einem *barreaux* um die Aufnahme zu bemühen. Voraussetzung ist ein abgeschlossenes Studium der Rechtswissenschaften (*maîtrise*) und ein Zeugnis, das die Fähigkeit zum Anwaltsberuf bescheinigt (etwa von einem Anwalt). Im Bereich des Appellationsgerichts spielt die alte Unterteilung in *avocat* und *avoué* insofern noch eine Rolle, als man das Vorantreiben der Prozesse in den einzelnen Verfahrensschritten noch straffen wollte und den *avoués*, die hierfür zuständig sind, den Status ministerieller *officiers* beließ. Die *avocats à la Cour de Cassa-*

130 Daneben gibt es noch ein unmittelbares Aufnahmeverfahren der Justiz (recrutement latéral) im Ausmaß von etwa 10% im Verhältnis zur Ecole nationale.

tion vereinigen wieder die Rollen, auch sie genießen halbamtlichen Status als *officiers ministériels*. Gerichtssachverständige nennt man in Frankreich *techniques de la justice*.

VI. Der Aufbau der Zivilgerichtsbarkeit[131]

1. Die Zivilgerichtsbarkeit wird in Frankreich zusammen mit der Strafgerichtsbarkeit dem *ordre judiciaire* zugerechnet. Die französische Zivilgerichtsbarkeit kennt sachliche (*compétence d' attribution*) und örtliche (*compétence territoriale*) Zuständigkeit. Die örtliche Zuständigkeit ergibt sich prinzipiell aus dem Wohnsitz des Beklagten (*domicile du demandeur,* Art 42 CPC). Freilich sind andere Gerichtsstände denkbar, etwa jener des Ortes der Vertragserfüllung, oder der Schadenszufügung (Art 44 CPC). Innerhalb der Gerichtsbarkeit unterscheidet man zwischen ordentlicher Gerichtsbarkeit (*juridiction de droit commun*) und außergewöhnlicher (*juridiction d' exception*). Dabei gilt eine grundsätzliche Zuordnung aller Zivilprozesse zur ordentlichen Gerichtsbarkeit, es sei denn, Gegenteiliges ist ausdrücklich bestimmt.

2. Als Erste Instanz der ordentlichen Zivilgerichtsbarkeit sind die *tribunaux (civils) de grande instance* (TGI) zu nennen. Jeder ordentliche Zivilprozess hat von dort seinen Ausgang zu nehmen (C.O.J.; R. 311-1). Im Mutterland (*métropole)* existieren 175 derartige Gerichte (zumindest eines pro *département*), in den französischen Überseegebieten (*départements d' outre mer*) sechs. Die bedeutenden dieser Gerichtshöfe bestehen aus Kammern, die nach Spezialisierungen zusammengesetzt werden (31 immerhin in Paris). Üblicherweise entscheidet ein Senat von drei Richtern, wobei bei Einverständnis der Parteien der Fall auch von einem Richter entschieden werden kann. Einzelrichter von Gesetzes wegen ist der Familienrichter (*juge aux affaires familiales*), der nach Ermessen den Fall an den Senat weiterverweisen kann. Der Familienrichter als Einzelrichter ist in folgenden Fällen zuständig:

a) Scheidungsangelegenheiten und Regelung der Beziehungen nach der Scheidung (*l' après divorce*);

b) Unterhaltsangelegenheiten (*pensions alimentaires*);

c) Gegensätze anlässlich der Ausübung der elterlichen Gewalt (*autorité parentale*);

d) Name des unehelichen Kindes, Änderung des Vornamens.

---

131 Mit der Verfassung der V. Republik 1958 wurde auch das Gerichtswesen neu geregelt: Ordonnance 58-1273 22.dec.1958. Das statistische Zahlenmaterial entnimmt man dem Annuaire statistique de la Justice, insbesondere den chiffres-clés (www.justice.gouv.fr).

Grundsätzlich sind Gerichtsverhandlungen öffentlich. Abweichungen von dieser Regel gibt es freilich im Außerstreitverfahren (*juridiction gracieuse*): Wo es keinen Gegner gibt, muss auch das Argument wegfallen, dass nur die Öffentlichkeit Gleichheit der Parteien bedeutet. In solchen Fällen tagt das Gericht in der Ratskammer (*chambre du conseil* oder *à huis clos*, vgl Art 433 f CPC), etwa im Falle von Adoptionsverfahren. Doch auch im Fall streitiger Verfahren (*juridiction contentieuse*) kann es zum Ausschluss der Öffentlichkeit kommen, etwa in Familienangelegenheiten.

Abgesehen von der Wertgrenze von 3.800 Euro (bei der ausschließlichen Zuständigkeit im Bereiche des Immobiliarrechts) kann gegen alle Urteile (*jugements*) der TGI Berufung (*appel*) eingelegt werden.

3. Als Zweite Instanz ordentlicher wie außerordentlicher Zivilgerichtsbarkeit fungieren die *Cours d' Appel*. Es gibt 30 Appellationsgerichtshöfe im Mutterland (Paris, Versailles, Amiens, Douai, Rouen, Caen, Reims, Nancy, Metz, Colmar, Besancon, Dijon, Bourges, Orléans, Angers, Rennes, Poitiers, Limoges, Riom, Lyon, Chambéry, Grenoble, Bordeaux, Agen, Pau, Toulouse, Nimes, Aix, Montpellier, Bastia) und fünf in Übersee. Sie alle bestehen aus einem ersten Präsidenten (*chef de cour*), den Kammerpräsidenten und den Räten (*conseillers*). Üblicherweise setzt sich der entscheidende Senat zusammen aus einem Kammerpräsidenten und zwei Räten (*audience ordinaire*). Bei Berufungen gegen Urteile, die unter Ausschluss der Öffentlichkeit vom TGI gefällt worden waren, tagt die *chambre de conseil* ebenfalls unter Ausschluss der Öffentlichkeit. Wird ein Urteil eines Appellationsgerichtshofes vom Kassationsgerichtshof (*Cour de Cassation*) an einen Appellationsgerichtshof zurückverwiesen, so tagt die *Cour d' Appel en audience solennelle*, ein Präsident und vier Räte. Der *Appel* (Berufung, Rekurs, Art 542 ff CPC) ist gegen jedes Urteil möglich, es sei denn, er scheitert an der ökonomischen Geringfügigkeit des Anspruchs (zur Zeit 3.800 Euro), kann aber nur einmal angewendet werden. Gegenüber den TI und TGI wird an die Appellationsgerichtshöfe innerhalb von Monatsfrist ab Zustellung des Urteils (*notification de la décision*) berufen (*interjeter appel*), dadurch wird die Wirkung des ersten Urteils aufgehoben (*effet suspensif*) und der gesamte Prozess, so wie er vor dem Gericht 1. Instanz behandelt worden war, nunmehr vom Appellationsgerichtshof (*effet dévolutif*) abgehandelt. Das bedeutet, dass sowohl die Tatsachenfrage wie auch die Rechtsfragen erneut einer Prüfung unterzogen und einer Entscheidung zugeführt werden. Neue Ansprüche können nicht eingeführt werden, wohl aber neue Mittel (*moyens*), um das bereits Vorgetragene zu bekräftigen. Urteile der *Cour d'Appel* heißen *arrêts*. Die Appellationsgerichtshöfe erstellen alljährlich Listen von Sachverständigen, die sie so den Richtern anempfehlen.

4. *Juridictions à compétence exceptionnelle* (außerordentliche Gerichtsbarkeit):

a) Dazu zählt die französische Gerichtsverfassung insbesondere die *tribunaux d'instance* (TI) 476 an der Zahl, an denen ausschließlich vom Einzelrichter entschieden wird. Sie gehen auf die früheren Friedensrichter *(juges de paix)* zurück. In der Regel sind alle Fälle, deren Streitwert 7600 Euro nicht übersteigt, vor das Gericht zu bringen, nicht aber all jene Probleme, die Liegenschaften und Familienrechte betreffen. Unterhaltsprobleme *(pensions alimentaires*) und Vormundschaftssachen *(tutelles*) sowohl Unmündiger wie Behinderter gehören inzwischen allerdings in ihre Kompetenz. Mietrechtsstreitigkeiten sind grundsätzlich beim TI einzubringen. Ein greffier registriert den PACS (*Pacte civil de solidarité*) die vertragliche Beziehungen von hetero- und homosexuellen Lebensgemeinschaften. Liegt der Streitwert unter 3.800 Euro, so entscheidet der Einzelrichter definitiv, liegt der Streitwert darüber, so besteht die Möglichkeit einer Berufung. Die Richter werden stets auf drei Jahre von den TI bestimmt und dazu gewissermaßen abgestellt. Die TI haben somit keine eigenständige Gerichtsorganisation. Anwaltszwang gibt es keinen.

b) *Tribunaux de Commerce*, Handelsgerichte: Sie sind ausschließlich aus gewählten[132] Vertretern von Handel, Gewerbe und Industrie zusammengesetzt. Insgesamt gibt es 191 (plus 7 so genannte Handelskammern im elsässisch-lothringischen Bereich und 4 gemischte Gerichte in den Überseedepartements). Am größten Handelsgericht, demjenigen von Paris, sind 166 Richter tätig. Sie entscheiden prinzipiell alle Rechtsstreitigkeiten, die sich im Bereiche des Handels, des Gewerbes und der Industrie ergeben, wobei alle Beteiligten einer dieser Gruppen angehören müssen.

c) *Conseils de prud'hommes*[133] (wörtlich: Räte der weisen Männer): Die *conseils*, 270 an der Zahl, sind zuständig für die individuelle Arbeitsgerichtsbarkeit, wozu auch die Ausbildungsverhältnisse *(apprentissage*) zu zählen sind, wobei die sich aus Kollektivverträgen ergebenden Fragen ausgeklammert bleiben. Die Mitglieder setzen sich aus paritätisch gewählten Vertretern von Arbeitgebern und Arbeitnehmern zusammen. Primäre Aufgabe wäre die Streitschlichtung *(conciliation*), wobei je ein Arbeitgeber- und ein Arbeitnehmervertreter bei persönlicher Anwesenheit der Streitparteien die Schlichtung versuchen. Inzwischen gelingt die Schlichtung bei nicht einmal mehr 10% der Fälle, so dass es zum Rechtsstreit kommt. Dieser wird von vier *prud'hommes,* je zwei Vertretern der Arbeitgeber *(conseillers employeurs)* und zwei der Arbeitnehmer *(conseillers salariés*) entschieden (*bureau de jugement*). Bei Stimmgleichheit muss der Fall im Beisein

132 In der ersten Amtsphase auf zwei Jahre, dann (verlängerbar) auf vier Jahre.
133 Auf fünf Jahre (verlängerbar) von den Arbeitnehmern und Arbeitgebern gewählt.

des territorial zuständigen *juge d' instance*, der nunmehr stimmberechtigt den Vorsitz führt *(juge départiteur)* nochmals verhandelt und entschieden werden.

d) *Tribunaux paritaires des baux ruraux:* Ihnen kommt eine ausschließliche Kompetenz in Pachtsachen zu. Sie sind bei jedem *tribunal d'instance* eingerichtet und treten nur bei Notwendigkeit zusammen. Das Gericht besteht aus fünf Mitgliedern, den Vorsitz führt ein Richter des *tribunal d'instance*, die Beisitzer werden paritätisch von Vertretern der Landeigentümer *(bailleurs)* und der Pächter *(preneurs)* besetzt.

e) Eine Sondergerichtsbarkeit besteht auch im Bereiche der Sozialversicherung: *tribunaux des affaires de sécurité sociale*. Sie entscheiden in Senaten, die aus einem Berufsrichter (ehrenamtlich) und jeweils einem Vertreter der Versicherten und der Arbeitgeber bestehen, die auf Vorschlag Sozialversicherungen vom 1. Präsidenten des territorial zuständigen Appellationsgerichtshofes ernannt werden.

5. Im Jahre 2004 wurden 205. 457 Verfahren in Zivilsachen auf Grund von Entscheidungen erster Instanz in ordentlicher und außerordentlicher Gerichtsbarkeit vor den Appellationsgerichthöfen begonnen (plus 5,9%) und 211.257 beendet (plus 3,4%) (Durchschnitt 16,5 Monate); vor den *tribunaux de grande instance* wurden 617.113 Verfahren begonnen (plus 0,3%) und 593.621 beendet (plus 1,3%) (Durchschnitt 9,5 Monate), darunter etwa 120.000 Scheidungsverfahren; vor den *tribunaux d'instance* wurden 508.019 Verfahren begonnen (plus 1,9%) und 482.200 beendet (minus 1,5%) (Durchschnitt weniger als 5 Monate), vor den *tribunaux de commerce* wurden 211.289 (plus 1,5%) Verfahren begonnen und 211. 532 beendet (plus 4,9%), vor den *conseils des prud'hommes* wurden 164.396 Verfahren begonnen (plus 1,5%) und 166.793 beendet (plus 1,5%); vor den *tribunaux paritaires des baux ruraux* wurden etwa 4.000 Verfahren begonnen und ungefährt ebenso viele beendet, vor den Sozialgerichten wurden 237.726 Verfahren begonnen und 102.682 (plus 4,9 %) beendet.

Analysiert man diese Zahlen, deren Rohdaten zwar in den letzten Jahren um wenige Prozentpunkte gesunken sind, so ergibt sich das Bild einer sehr hohen Streitigkeitsinzidenz. Es muss allerdings hinzugefügt werden, dass von dieser enormen Masse in der ersten Instanz viele Fälle im Scheidungsrecht und Schuldrecht, insbesondere die Zahlungsaufforderung nach Art 1405 Code Civil, nicht strittig waren[134].

6. Das Verfahren ist im *Code de Procédure Civile (CPC)* geregelt[135], es besteht aus schriftlichen wie mündlichen Schritten. Im folgenden sollen die wichtig-

134 Dazu eindrucksvoll: *Cadiet*, Le spectre de la société contentieuse, in Hommage Cornu (1994) 29.

135 *Cornu/Foyer*, Procédure civile (1996); *Vincent-Guinchard*, Procédure civile (1996).

sten Punkte eines Verfahrens vor einem *tribunal de grand instance* vorgestellt werden. Die Klage (*action*) ist schriftlich einzubringen (*demande en justice*), der Prozess (*instance, procès*) wird durch Übersendung der eines Schriftstückes (*assignation*) durch den *greffier* an den Beklagten eingeleitet. Darin erfährt der Beklagte den Gegenstand des Streites sowie den Namen des Anwaltes des Klägers. Innerhalb von 15 Tagen hat der Beklagte einen Anwalt zu bestellen. Der nächste Schritt bedeutet zwangsläufig, dass der Gerichtspräsident selbst nach Anhörung der Anwälte und Prüfung der Schriftstücke zu entscheiden hat, ob der Prozess sofort zur Entscheidung an die Kammer verwiesen werden kann, oder ob zur eingehenderen Klärung des Falles ein Einzelrichter (*juge de la mise en état*) mit weiteren Untersuchungen zu befassen ist. Dieser hat den „loyalen" Prozessablauf zu garantieren und wenn möglich einen Schlichtungsversuch (*conciliation*) zu unternehmen. Er kann weiters vorläufige Maßnahmen verfügen. Nach Abschluss seiner Tätigkeit verweist er das Verfahren an die mündliche Verhandlung (*audience*) unter Umständen unter Hinzufügung eines schriftlichen Berichtes. Die Verhandlung erfolgt mündlich und wird bei einem aus drei Richtern bestehenden Kollegium vom Präsidenten geleitet. Die persönliche Anwesenheit der Parteien ist nicht erforderlich, kann aber vom Gericht angeordnet werden. Das Verfahren steht unter dem Grundsatz der *„loyauté procédurale"*, was bedeutet, dass beide Parteien gleichermaßen zur Wahrheitsfindung verpflichtet sind. Das Abschlussplädoyer steht dem Anwalt des Beklagten zu. Die Entscheidung erfolgt auf dem Wege einer Abstimmung (*vote*), der eine Beratung (*délibération*) vorausgegangen sein muss. Zu diesem Zwecke kann das Gericht die Öffentlichkeit ausschließen. Die Inanspruchnahme der zivilen Gerichte ist keineswegs kostenlos. Die Prozesskosten (*dépens*) werden üblicherweise der unterlegenen Partei aufgebürdet (Art 695 und Art 696 CPC), gewisse Kosten (*frais*) können auch dem Prozessgewinner verbleiben (Art 700 CPC). Grundsätzlich können mittellose Streitparteien Prozesshilfe (*aide juridique,* loi 10.7.1991) in Anspruch nehmen. Dazu zählt auch die Möglichkeit, sich vorab über das Recht zu informieren.

VII. Cour de Cassation

Literatur: Sammelbände: La cour judiciaire suprême: une enquête comparative, 1978; L'image doctrinale de la Cour de Cassation, 1994; La Cour de cassation et la Constitution de la République, 1995; *J.L. Halpérin*, Le tribunal de Cassation (1790-1799) (Th.Paris 1985); *M. N. Jobard-Bachellier/X. Bachellier*, La technique de cassation (1993); *F.Ferrand*, Cassation française et Révision allemande (1993); *T. Le Bars,* Le défaut de base légale en droit judiciaire privé (Paris 1997); *J.Boré*, La Cour de Cassation en matière civile (1997).

Außer dem offiziellen Bulletin des *arrêts de la Cour* sei unter den Privatsammlungen 1. jene 1845 von *Dalloz* gegründete in Erinnerung gerufen. Diese erscheint wöchentlich und ist in drei Teile eingeteilt: *chroniques doctrinales* (Zitierweise: D + Jahr + chr. + laufende Nummer), *jurisprudence* (D. + Jahr + J. + laufende Nummer; da in diesem Bereich bei weitem am meisten Zitate anfallen wird das J oft weggelassen, also folgendermaßen zitiert: D. 99, 229), Gesetzestexte (D. + Jahr + L. + laufende Nummer), sowie 2. *Semaine Juridique* (*Juris classeur périodique*) seit 1927 (Abkürzung J.C.P. + Jahr, dann die auch bei *Dalloz* geführte Dreiteilung – *Doctrine, Jurisprudence, Législation* – allerdings mit 1/2/3 (oder I/II/III) abgekürzt , schließlich die fortlaufende Nummer, also beispielsweise: J.C.P. 99, 2, 2754). Der Kassationsgerichtshof verfügt über eine hervorragende Homepage: www.courdecassation.fr, insbesondere die Bulletins sind abrufbar (BICC).

1. Das französische Höchstgericht (*Cour suprême*) muss weltweit als einer der bedeutendsten und ehrwürdigsten Gerichtshöfe angesehen werden. Ebenso wie bei seinem englischen Pendant ist die Autorität dieses Gerichts über die Jahrhunderte ungebrochen. Sein knapper, äußerst prägnanter Urteilsstil blieb seit der Gründung unverändert und wurde in vielerlei Hinsicht zum Vorbild europäischer Rechtskultur. Aus jedem Urteil (*arrêt*) spricht der Geist der Rechtsordnung und die Überzeugung, dass die Höchstrichter nur Kraft ihrer eigenen Autorität die Lösung finden müssen. Zwischen der bewussten Knappheit der französischen höchstrichterlichen Urteile und dem eingehenden, bisweilen überladenen Begründungsstil des deutschen Bundesgerichtshofes liegen juristische Welten. Sitz des französischen Höchstgerichtes ist die *Île de la Cité*, der *Palais de Justice*. Einzige Aufgabe des Kassationsgerichtshofes ist die Überprüfung der Entscheidungen des Appellationsgerichtshofes auf ihre Gesetzeskonformität hin. Der Gerichtshof setzt sich aus dem 1. Präsidenten (*le Premier*), 6 Kammerpräsidenten und 85 Räten zusammen. Dazu sind 43 Ratsreferendare (*conseillers référendaires*) zu zählen. Letztere sollten dazu beitragen, die Entscheidung vorzubereiten. Sie können nur dann an der Abstimmung teilnehmen, wenn ihnen ausdrücklich die Rolle des Berichterstatters (*rapporteur*) für den besonderen Fall zuerkannt worden war. Der Gerichtshof zerfällt in 6 Kammern, davon ist eine ausschließlich der Strafgerichtsbarkeit vorbehalten. Die Aufteilung nach Materien erfolgt zu Beginn eines jeden Gerichtsjahres durch den 1. Präsidenten. Normalerweise werden folgende Materien folgenden Kammern zugewiesen:

1. Zivilkammer (Civ^1): Grundsätzliches; (Vorsitzender, Doyen 12 Conseillers)

2. Zivilkammer (Civ^2): Scheidungen, Schadensersatz aus Delikt, Zivilprozess; (Vorsitzender, Doyen, 20m Conseillers).

3. Zivilkammer (Civ^3): Dingliche Rechte, Kauf, Miete, Kreditsicherung; (Vorsitzender, Doyen 13 Conseillers)

4. Kammer: *Commerciale et financière* (Handel- und Finanzangelegenheiten); (Vorsitzender,, Doyen, 13 Conseillers)

5. *Chambre Sociale*: Arbeits- und Sozialrecht (Vorsitzender, Doyen 17 Conseillers).

Üblicherweise sollte die Kammer in 5er Senaten tagen. Von dieser allgemeinen Regel gibt es jedoch eine sehr nennenswerte Ausnahme, und zwar diejenige, dass alle Zivilsachen eingangs von einem 3er Senat begutachtet werden. Erscheint der Fall ohne Probleme, so gelangt bereits dieser Senat zur endgültigen Entscheidung. Erst wenn sich nennenswerte Probleme ergeben, erfolgt eine Weiterverweisung an den 5er Senat. Auf Parteienantrag oder auf Antrag des Generalanwaltes oder von Amts wegen kann der Premier oder der Kammerpräsident entscheiden, dass auf die präventive Prozedur vor dem 3er Senat zu verzichten ist.

Chambre mixte: Richter aus zumindest 3 verschiedenen Kammern tagen gemeinsam. Die gemischte Kammer setzt sich zusammen aus dem 1. Präsidenten, jeweils 2 Richtern der betroffenen Kammern sowie den jeweils dienstältesten Richtern der jeweiligen Kammern (*doyens*). Zur gemischten Kammer muss es dann kommen, wenn entweder Fälle Grundsatzfragen aufwerfen (*questions de principe*) oder aber die Fälle in mehreren Kammern anzusiedeln wären. Auch bei Stimmengleichheit in einzelnen Kammern ist an die gemischte Kammer weiterzuverweisen.

Die Vollversammlung (*assemblée plénière*): Sie setzt sich zusammen aus dem 1. Präsidenten, den *doyens* und den Präsidenten aller 6 Kammern sowie weiteren jeweils 2 Richtern, die alljährlich von den einzelnen Kammern bestellt werden, alles in allem somit 25 Richter. Die Urteile dieser Vollversammlung werden als *arrêts solennels* (feierliche Entscheidung) bezeichnet. Sie muss zwangsläufig dann entscheiden, wenn nach der Kassierung eines Urteils und Zurückweisung an die entscheidende Instanz (*juridiction de renvoi*) diese, somit die *Cour d' Appel,* erneut ihrem Urteil diejenige Rechtsmeinung zugrunde legt, die zur Aufhebung des ersten Urteils durch den Kassationsgerichtshof geführt hat. Fakultativ kann die Vollversammlung auch prinzipielle Probleme entscheiden.

2. Die Bedeutung der Rechtsprechung und des Instanzenzugs

Über die enorme Bedeutung der *Arrêts de la Cour de Cassation* war bereits die Rede. Hier einige Details:

Der *Pourvoi en cassation* (Revision, Revisionsrekurs, Art 604 CPC ff):

Dieser muss innerhalb von 2 Monaten ab der gerichtlichen Zustellung des Urteils des Appellationsgerichtshofs (*signification*), durchgeführt durch den Gerichtsbeamten (*huissier*), eingebracht werden. Die zweimonatige Frist gilt auch bei *pourvois* gegen erstinstanzliche Urteile, die nicht rekursfähig sind, deren Überprüfung durch den Kassationsgerichtshof aber sehr wohl geschehen kann.

Im Gegensatz zum *appel* kommt dem *pourvoi* weder eine suspensive noch eine devolutive Wirkung zu. Im Gegenteil, es wird sogar verlangt, dass der Revisionswerber mit dem Vollzug des Urteils begonnen hat (Ausnahme etwa Scheidung). Die *Cour* kann sich weiters nur mit der Überprüfung von Rechtsfragen befassen. Es dürfen auch keine neuen Zeugen beigeholt werden, höchstens neue Argumente. Grundsätzlich ist Gegenstand des Prozesses die Frage, ob das Gesetz verletzt wurde, und zwar durch verfehlte, also falsche, nichterfolgte oder ungenaue Anwendung desselben. Der Gerichtshof weist entweder zurück (*rejeter*) und schließt damit endgültig den Prozess (Art 21 CPC) oder er kassiert.

Dabei stehen dem Höchstgericht zwei Möglichkeiten offen: 1. kassieren ohne Rückverweisung (selten); 2. kassieren und rückverweisen (*renvoyer*); dabei wird das Verfahren nicht etwa an das selbe Gericht zurückverwiesen, gegen dessen Entscheidung rekurriert worden war, sondern an ein anderes Gericht derselben Kategorie – demnach zumeist an einen anderen Appellationsgerichtshof, in der Regel der geographisch nächst gelegene. Das Gericht, vor dem der Prozess erneut aufgerollt wird, muss sich nicht an die Rechtsmeinung des Kassationsgerichtshofes halten. Vertritt auch dieses zweite Gericht die Rechtsmeinung des ersten Gerichts, dessen Entscheidung kassiert worden war, kann dagegen erneut vor dem Höchstgericht berufen werden. Dieser erneute *pourvoi* wird nun freilich vor die *Assemblée plénière* gebracht. Diese gelangt zu einem *arrêt solennel*, das entweder die Berufung verwirft (*rejeter le pourvoi*) oder ihn akzeptiert. In letzterem Fall wird die Rechtssache an ein drittes Gericht zurückverwiesen, das nur mehr die Aufgabe hat, im Sinne des „feierlichen Urteils" des Kassationsgerichtshofes das Urteil ergehen zu lassen. Man spricht sogar von Registrierung des *arrêt* des Kassationsgerichtshofs.

Trotz wissenschaftlicher Kontroversen besteht in Frankreich wenig Zweifel darüber, dass die Rechtsprechung des Kassationsgerichtshofs nicht als Rechtsquelle verstanden werden kann.[136] Insbesondere ist der Gerichtshof selbst nicht an seine eigene Rechtsprechung gebunden. Klar ist aber gleichermaßen, dass den Urteilen eine enorme Autorität zukommen, die ihrerseits sowohl auf die Rechtswissenschaft als auch auf die Entscheidungen aller anderen Gerichte eine besondere Ausstrahlung ausübt. Bezüglich der Technik der Urteile wäre hinzufügen, dass unterschieden wird zwischen *dispositif*, der eigentlichen Entscheidung, und den *motifs*, die Entscheidungsgrundlagen, die in die Form der *attendues* und *considérants* gekleidet sind.

---

136 *C. Dupeyroux*, La doctrine française et le problème de la jurisprudence, source de droit, in: Etudes Marty 1978. Als Rechtsquelle insbesondere *Esmein,* La jurisprudence et la loi, in R.T. 1952, 17 f; *D. Delon*, La jurisprudence, source de droit (Th Paris II 1980).

Je nach Jahren erfolgen bis zu 30.000 *Recours en Cassation*, im Jahre 2005 waren es 18.830 gewesen, der Gerichtshof konnte 24.776 Fälle entscheiden. Die Pendenz betrug 23.661. Die durchschnittliche Dauer beträgt 513 Tage.

VIII. Verfassungsgerichtsbarkeit und Zivilrecht

Inzwischen ist allgemein anerkannt, dass dem *Conseil constitutional* (Verfassungsrat) die Normenkontrolle bezüglich der Verfassungskonformität zusteht (Art 56 ff der Verfassung 1958). Verfassungskonform bedeutet dabei in Übereinstimmung mit dem *bloc de constitutionalité*: die Verfassung von 1958, die Erklärung der Menschenrechte 1789, die Präambel der Verfassung von 1946. Angenommen wird weiters, dass bei Ungereimtheiten die Erklärung von 1789 vorrangig zu behandeln ist. Die Normenkontrolle ist freilich äußerst beschränkt, und zwar sowohl hinsichtlich des Zeitpunktes als auch des Kreises der Einspruchsberechtigten. Grundsätzlich muss betont werden, dass sich der einzelne Bürger nie an den Verfassungsrat wenden kann. Dies können nur der Präsident der Nationalversammlung und des Senates sowie (seit 1974) 60 Abgeordnete oder 60 Senatoren (entweder als Gruppe oder jeder für sich). Der Einspruch erstreckt sich auf den Zeitpunkt zwischen parlamentarischer Annahme des Gesetzes und Verkündung (*promulgation*) durch den Präsidenten der Republik (*secours suspensif de promulgation*).

Dem Verfassungsrat stehen zur Entscheidung entweder 1 Monat, oder, falls die Regierung die Wichtigkeit des Gesetzes (*urgence*) beschlossen hat, überhaupt nur 8 Tage zur Verfügung. Die Entscheidung hat begründet zu ergehen[137].

---

137 *L. Favoreu/L. Philip*, Les grands décisions du Conseil Constitutionnel[12] (1995); *D. Rousseau*, La justice constitutionnelle en Europe (1995/1996); *J. Foyer*, De l'influence de la Constitution sur le droit privé en France, RIDC 81, 539;

§ 8 Italien

Literatur: Grundlegend *G. Alpa*, La cultura delle regole: Storia del Diritto Civile Italiano (Roma – Bari 2000); *ders,* Trattato di Diritto Civile diretto da R.Sacco I und II (1998); *P. Rescigno*, Introduzione al Codice Civile (Bari 1992); *L. Ferrajoli*, La cultura giuridica nell'Italia del Novecento (Roma – Bari 1999); *A. Trabucchi*, Istituzioni di diritto civile[41] (Padova 2004); Grundlegend *C. M. Bianca*, Diritto Civile: I. La norma giuridica , i soggetti 2. Aufl. (2002) II La famiglia-le successioni 4. Aufl. (2005) III il contratto 2. Aufl. (2002) IV l'obbligazione (1993) V la reysponsabilità civile (1994) VI la proprietà (1999); *P. Kindler*, Einführung in das italienische Recht (1993); *G. Köbler*, Rechtsitalienisch (2001); *R. Rübesamen*, Das italienische Zivilgesetzbuch (2000). Vgl das Jahrbuch für italienisches Recht seit 1988.

Die wichtigsten zivilistischen Zeitschriften sind die Rivista italiana di diritto civile und der Foro italiano. Die Entscheidungen der Corte di Cassazione werden in Auszügen „massime" vom Massimario des Gerichtshofes publiziert.

Als profunder „Schnellkommentar" grundlegend *G. Cian/A. Trabucchi*, Commentario Breve al Codice Civile 7. Aufl. (2005).

I. Historische Grundlagen

Literatur: Grundlegend *G. Alpa*, La cultura delle regole: Storia del diritto civile italiano (Roma-Bari 2000); *V. Sclopis*, Storia della legislazione italiana dall'epoca della rivoluzione francese I-III (Torino 1863-1864); *G. Tarello*, La scuola dell'esegesi e la sua diffusione in Italia: Scritti per il XL della morte de Bensa (1969); *P. Perlingieri*, Tendenze e metodi della civilistica italiana (1979); *C. Ghisalberti*, La codificazione del diritto in Italia 1865-1942 (Roma-Bari 1985); *N. Irti*, Scuole e figure del diritto civile (1982); *ders,* Codice civile e società politica (Roma-Bari 1995); *R.Teti*, Codice civile e regime fascista (Milano 1990); *A. Mazzacane/R.Schulze*, Die deutsche und italienische Rechtskultur im Zeitalter der Vergleichung (1995); *P.Grossi*, Assolutismo giuridico e diritto privato (Milano 1998); *ders,* Scienza giuridica italiana: un profilo storico 1860-1950 (Milano 2000). Von großem Nutzen die von *P. Grossi* geleiteten Quaderni Fiorentini per la storia del pensiero giuridico und die Einzelschriften in Biblioteca per la storia del pensiero giuridico moderno.

1. Für den Rechtsvergleicher sind der Codice Civile von 1942 und seine Vorgeschichte von besonderem Interesse. Lange Jahrhunderte waren in Italien spanische und österreichische Fremdherrschaft sowie staatlicher Partikularismus dominierend. Aus der mittelalterlichen Welt der Stadtstaaten hatten sich bis 1500 das Königreich Neapel im Süden, der Kirchenstaat und die Toskana in Mittelitalien, Piemont, die Lombardei unter Mailand und die Republik Venedig als wichtigste Staaten entwickelt. Vor allem die Lombardei, aber auch der süditalienische Flächenstaat gerieten alsbald unter die Herrschaft Spaniens, ab Beginn des 18. Jhdts fiel die Lombardei den Österreichern zu, die auch nach den napoleonischen

Kriegen 1815 die Reste des venezianischen Staates für sich beanspruchen konnten. Für das Privatrecht war diese andauernde Zersplitterung von geringer Bedeutung, galt doch zum einen das im *ius commune* weiterlebende Römische Recht, wobei die großen mittelalterlichen Traktate von *Bartolus* und *Baldus* weiterhin großes Ansehen genossen. Daneben entwickelte sich in vielen Universitätsstädten – wie Padua, Bologna, Pavia oder Neapel – eine häufig auf lokale Dimensionen beschränkte juristische Literatur, die aber durchaus in der allgemeinen Entwicklung des gesamteuropäischen *ius commune* ihren Platz fand, waren doch seit Erfindung des Buchdruckes alle großen Werke der juristischen Literatur, sei es, dass diese aus Frankreich, den Niederlanden oder Deutschland kamen, auch in Italien verfügbar. Daneben galt besonders in Mittel- und Süditalien im Erbrecht und im Ehegüterrecht langobardisches Gewohnheitsrecht. Die Einbindung Italiens in den napoleonischen Staat hatte zur Folge, dass auch dessen Gesetzgebung übernommen wurde. Für das Privatrecht bedeutete dies Rechtsprechung nach dem Code Civil. 1806 trat die italienische Fassung (gleichzeitig mit der französischen und lateinischen) für das Königreich Italien in Kraft[138]. Napoleon selbst hatte angeordnet, dass das neue Zivilrecht allenortes unter Heranziehung des römischen Rechtes zu lehren sei. Auch die wichtigsten Editionen des Gesetzbuches zeigen den intensiven Dialog mit den römischrechtlichen Quellen[139]. Dieser wurde auch nach der Restauration der italienischen Staaten nach 1815 nicht überall abgeschafft[140]. Immer mehr Staaten gingen allerdings dazu über, eigene Gesetzesbücher, die so genannten *codici preunitari*[141] zu schaffen, wobei die ersten Kodifikationen, jene des Königreiches Neapel (1819) und jene des Herzogtumes Parma (1820) sich überaus eng an den Code Civil anlehnten, während die späteren in Piemont (1837)[142] und Modena (1851) eine eigentümli-

---

138 Zur Übernahme des Code Civil in Italien *G. P.Chironi*, Le Code Civil et son influence en Italie, in Le livre du centenaire 763 ff.

139 Codice Civile di Napoleone il Grande con confronto delle Leggi Romane, (Milano 1809) (III Bde).

140 Abgeschafft im Kirchenstaat, dem Königreich Sardinien-Piemont außer Genua, der Toskana und Modena.

141 *C. Ghisalberti*, Unità nazionale e unificazione giuridica in Italia (Roma – Bari 1979) 223 ff; *Alpa* 84 ff.

142 Dieses Gesetzbuch wird auch nach dem zu jener Zeit regierenden König Carlo Alberto „Codice Albertino“ genannt. Von Interesse ist in diesem Zusammenhang die von einem französischen Juristen, *J. M. Portalis*, geäußerte harsche Kritik: Quelques observations à l'occasion du Code Civil pour les Etats de S.M. le roi de Sardaigne nouvellement promulgué, Revue de legislation et de jurisprudence (Paris 1838). In eben diesem Band befindet sich die Replik und Verteidigung der Gesetzgebung durch den piemontesischen Juristen und Politiker *F. Sclopis*.

che Mischung aus fortschrittlichem Code Civil und reaktionären Landesgesetzen darstellen. In den österreichischen Gebieten galt ab 1816 das ABGB[143].

2. Die italienische Eigenstaatlichkeit war 1860 (zwar noch ohne Venetien, das 1866 gewonnen werden konnte, und kleinen Teilen des Kirchenstaates um Rom, die erst 1870 erobert wurden) dank des außerordentlichen militärischen und politischen Engagements des Königreiches Piemont (offiziell *Regno di Sardegna*) und seines französischen Verbündeten zur Realität geworden. Man schritt alsbald zur Rechtsvereinheitlichung. Die Kodifikation von 1865 stand ganz im Banne des Code Civil. Dies ist aus der Sicht der politischen und geistigen Entwicklung durchaus verständlich, war doch die italienische Einigungsbewegung in entscheidender Weise von Frankreich unterstützt und die napoleonische Kodifikation auf Grund ihres römischrechtlichen Erbes und ihrer fortschrittlichen Ideen in Italien von allem Anfang an als nationales Recht verstanden und begrüßt worden. Auf Grund der außerordentlich engen Anlehnung an den Code Civil konnte das italienische Gesetzbuch innerhalb weniger Monate verfasst werden. Zugleich mit der weitgehendsten Übernahme des Code Civil wuchs paradoxerweise der Einfluss der deutschen Rechtskultur. Alsbald begann, anfangs kaum bemerkbar, dann jedoch in Form eines unaufhaltsamen Siegeszuges, der Einfluss der deutschen historischen Schule auf die italienischen Rechtsfakultäten. Die Rechtskultur Italiens ist somit bestimmt vom Interesse für außeritalienisches Recht. Dies führte aber nicht zu einer Abhängigkeit gegenüber anderen Rechtskulturen, sondern zu einer Aufgeschlossenheit, die den Horizont des italienischen Juristen seither in bemerkenswerter Weise prägt. Französisches und deutsches Recht wurden eifrig studiert und über eine Vielzahl von Übersetzungen einem außerordentlich breiten Kreis an Interessierten nahe gebracht. Im Gegensatz zur französischen und deutschen Rechtskultur, die größtenteils wenig Aufgeschlossenheit gegenüber anderen Rechten zeigten, wurde der italienische Jurist somit grundsätzlich zum europäischen Juristen.[144] Noch dominierten die Hand- und Lehrbücher zum Code Civil, alle wichtigsten Werke der *École de l' exégèse* wurden wiederholt und von verschiedener Seite ins Italienische übersetzt[145]. Im Verlaufe des gesamten 19. Jhdts wurden allein in Neapel etwa 500 französische Werke übersetzt (etwa 100 deutsche), in Mailand waren es an die 200 (etwa 100 deutsche), und in Florenz etwa 100 (40 deutsche). Bereits 1820 hatte man in Neapel *Touilliers* monumentalen Kommentar übersetzt, auch der berühmte *Cours* von *Aubry* und *Rau* erschien bereits 1851/52 in Neapel, *Toullier* wurde übrigens ab 1844 in Venedig in

143 *Basevi*, Annotazioni pratiche al codice civile austriaco[4] (Milano 1851).
144 Diese wichtige Erkenntnis wurde von *Alpa* 126 entwickelt.
145 *G. Rotondi*, La letteratura civilistica francese e italiana, in *P. de Francisci* (Hrsg), Studi di diritto romano ed attuale (Milano 1922) 498.

11 Bänden übersetzt, ab 1852 in Palermo in 10 Bänden. Als letztes übersetztes Werk erschien *Baudry-Lacantinerie. Planiol* beispielsweise wurde nicht mehr ins Italienische übersetzt. Interessanterweise kümmerte sich die italienische Rechtsprechung seit jeher kaum um ihr illustres Gegenüber in Frankreich. In den entsprechenden Handbüchern zum italienischen Zivilrecht sind die Hinweise auf Entscheidungen der *Cour de Cassation* auffallend rar. Übersetzungen der *arrêts* wurden nicht durchgeführt.

Bis 1923 gab es in Italien fünf Kassationsgerichtshöfe (Torino, Firenze, Roma, Napoli, Palermo), was der unmittelbaren Einheitlichkeit der Rechtsprechung zwar abträglich war, letztlich aber eine Rechtsvereinheitlichung durch behutsame Berücksichtigung lokaler Traditionen von der Wurzel auf wirkte.

3. Der Einfluss der historischen Schule war in der ersten Hälfte des 19. Jhdts durchaus gedämpft[146] – auch dies aus politischen Gründen, da der natürliche Vermittler, die österreichische Rechtskultur jener Jahre, der historischen Schule noch durchaus ablehnend gegenüberstand. *Savignys* Schriften, die der gelehrten Fachwelt in deutscher Sprache bekannt waren, wurden zögerlich übersetzt: Erst im Jahre 1839, also doch mit einer beachtlichen Verzögerung, erschien in Florenz die Übersetzung vom „Recht des Besitzes", in Neapel 1845 das „System" und „Vom Beruf unserer Zeit" und 1844 in Florenz die „Geschichte des Römischen Rechts im Mittelalter". *Savigny* selbst hatte Italien mehrmals besucht, Vom Spätsommer 1826 bis zum Herbst 1827 lebte er in Florenz, Rom und Neapel[147]. Insbesondere von Neapel, seiner Kultur und seinen Menschen war *Savigny* sehr angetan. Auch die Rechtskultur des süditalienischen Staates schien ihm weitaus interessanter als die der anderen italienischen Staaten. Nach seiner Rückkehr nach Deutschland publizierte *Savigny* im ersten Band der Zeitschrift für geschichtliche Rechtswissenschaft (1828, 201-228) den Beitrag: Über den juristischen Unterricht in Italien. In dieser Schrift wird die italienische Juristenausbildung auf das schärfste kritisiert, aber auch die italienische Rechtskultur als solche erhält kein gutes Zeugnis – insbesondere weil ein unwissenschaftliches Vorgehen vorherrschend gewesen sei. Nach vollzogener staatlicher Einigung und Neu-

146 Wichtig *F. Ranieri*, Savignys Einfluss auf die zeitgenössische italienische Rechtswissenschaft, Ius Commune (1979) 196.

147 Dazu *L. Moscati*, Italienische Reise; Savigny e la scienza giuridica della restaurazione (Roma 2000). Kürzere Reisen unternahm er im Herbst 1825 nach Oberitalien, im Sommer-Herbst 1833 wiederum nach Oberitalien und im Jahre 1834 anlässlich der Hochzeit seiner Tochter Bettina mit seinem Schüler und damaligen griechischen Justizminister *Konstantin Demetrios Schinas* nach Ancona. In diesem hervorragenden Buch hat die Autorin den unveröffentlichen Nachlass der Universitätsbibliothek Marburg herangezogen (MS 979/8-10). Die dort aufscheinenden Nachrichten über *Savignys* Reisen und Begegnungen sind von außerordentlichem Interesse für die kulturellen Beziehungen zwischen Deutschland und Italien.

strukturierung der gesamtitalienischen Universitäten sowie durchaus freundschaftlicher politischer Beziehungen zum neu errichteten deutschen Kaiserreich konnten die programmatischen Ideen *Savignys* und seiner Schule immer schneller und durchdringender Fuß fassen. Wie so häufig wurde auch in diesem Falle die Entwicklung durch einige herausragende Rechtswissenschaftler nachhaltig geprägt. Diese waren allesamt Professoren für Römisches Recht, die auch in der Praxis sowie in der Wissenschafts- und Bildungspolitik tätig waren. Drei seien stellvertretend für alle genannt: *V. Scialoja* (1856-1933), *F. Serafini* (1831-1897), *C. Fadda* (1853-1931). Diesen Autoren, die an verschiedenen Universitäten lehrten – *Scialoja* zuletzt in Rom, *Serafini* in Pavia und *Fadda* in Neapel – und die jeweils bedeutende Schulen begründeten, ist die unmittelbare und massive Verbreitung deutscher Rechtskultur in Italien zu verdanken[148]. *Serafini* zusammen mit *P. Colgiolo* hatte den monumentalen *Glück'*schen Pandektenkommentar – übrigens versehen mit eigenen Fußnoten und Kommentaren – in 44 Bänden ins Italienische übersetzt (1888 – 1909), *Savignys* System des heutigen römischen Rechts wurde von *Scialoja* in acht Bänden übersetzt und kommentiert (1886–1898) und *Fadda* übersetzte und kommentierte zusammen mit *P. E. Bensa Windscheids* Pandekten in fünf Bänden (1902-1904). Gerade durch die Handlichkeit letzteren Werkes war seine Wirkung auf die italienische Rechtswissenschaft und die italienischen Juristen im allgemeinen enorm. *Serafini* schuf mit dem noch heute existierenden renommierten *Archivio Giuridico* ein geeignetes Sprachrohr zur Verbreitung der neuen Ideen. Wichtige Aufsätze deutscher Juristen wie zB *Jhering* wurden hier in italienischer Sprache publiziert. Wie die juristische Ausbildung in jenen Jahren erfolgte und wie prägend die neuen Lehren sein würden, kann man etwa den Worten eines der bedeutendsten italienischen Zivilisten der 1. Hälfte unseres Jahrhunderts, *G. Pacchioni*, entnehmen. Dieser schrieb in der Einleitung seines *Diritto Civile Italiano*, Teil I, Bd. I:

„Noch als junger Mann folgte ich mit regem Interesse dem Unterricht meiner ersten hervorragenden Lehrer der Jurispudenz: P. Cogliolo und P. Melucci. Pasquale Melucci stützte sich nach dem Vorbild seines eigenen großen Lehrers E. Pacifici Mazzoni auf die Kommentatoren des Code Napoléon und vor allem auf Laurent, der zu jener Zeit sowohl in der Praxis als auch auf der Universität vorherrschend war. Pietro Cogliolo dagegen war der Schule von F. Serafini sehr verbunden, stützte sich auf Savigny und die großen Pandektisten des vergangenen Jahrhunderts: Windscheid, Brinz, Bekker usf. Damit ist bereits zum Ausdruck gebracht, wie sehr diese beiden berühmten Lehrer unterschiedlicher Auffassung waren hinsichtlich der Methode, die beim Studium des Zivilrechtes an-

148 Zur Bedeutung der Pandektistik für die italienische Rechtswissenschaft nun grundlegend *Alpa* 150 ff.

zuwenden sei. Melucci hielt sich an den Wortlaut des Gesetzes, er erklärte ihn und verdeutlichte ihn anhand kurzer Bezugnahmen auf das vergangene Recht sowie auf das Römische Recht und mit eindringlicher Logik führte er diese Erklärung bis zur letzten Konsequenz. Sollte diese zum Ergebnis führen, dass sie inadäquat oder schlimmer noch ungerecht erschien, so beschränkte er sich darauf, mit resignierender Miene auszurufen: „dura lex sed lex."

Cogliolo dagegen stützte sich auf das alte Römische Recht und indem er die Entwicklung der Ideen über die Jahrhunderte verfolgte, gelangte er zu unserem Zivilgesetzbuch, das er mit gelehrten soziologischen und teleologischen Ausführungen einer Wertung unterzog.

Wiewohl meine juristische Bildung zu jener Zeit äußerst anfängerhaft war – und obwohl meine Bewunderung gegenüber Meluccis klaren und durchdringenden Geist anlässlich seiner Kommentierung des Geschehens groß und aufrichtig war, so hatte ich mich schon damals und ohne Umschweife davon überzeugt, dass die Methode der Kommentatoren, im besonderen jene von Laurent, nicht der Methode der historischen Schule in Deutschland, die nun als Verdienst ursprünglich von F. Serafini und vor allem dann durch V. Scioloja immer größeren Anhang in Italien fand, standhalten könne. Der Satz „dura lex sed lex" ist nie besonders tief in mein Gehirn eingedrungen."

Keine gelehrte Untersuchung könnte besser wiedergeben, was die Erfahrungen eines jungen Studenten der damaligen Zeit so eindringlich zeigen. *Serafini* und *Scialoja* hatten den Anstoß gegeben, die neuen, nun national organisierten Universitäten und Rechtsfakultäten waren bald auf Grund des Systems der nationalen *concorsi* (Auswahlverfahren) von Professoren bestimmt, die eine Ausbildung im Sinne der Pandektenjurisprudenz genossen hatten. Doch wurden die Ergebnisse keineswegs unkritisch verarbeitet. Zu verschieden war die Ausgangsposition und das politisch-sozial-juristische Umfeld, in welchem *Savigny* und seine Schule und die italienischen Juristen ab den letzten zwei Jahrzehnten des 19. Jhdts operierten. Die Übersetzungen von *Savignys* Werken, von *Windscheids* Pandekten sowie des *Glück'*schen Pandektenkommentars waren Meilensteine, die aber wie die eigenständige Kommentierung beweist, nicht etwa zur Gänze als solche übernommen wurden. *Savignys* historische Schule hatte vom Meister geradezu programmatisch den Auftrag erhalten, eine neue gesamtdeutsche Rechtswissenschaft auf der Grundlage der Quellen des Römischen Rechts zu schaffen, damit daraus ein neues, einheitliches deutsches Zivilgesetzbuch entstehen konnte. Diese Aufgabe war im Wesentlichen erfüllt, als die Saat der historischen Schule in Italien erst richtig aufging. In Italien dagegen gab es ein Zivilgesetzbuch, das in der Tradition des Landes stand, und das durchaus seinen Zweck erfüllte. Die Praxis, Anwälte und Richter, die zuvor in ständig wachsendem Ausmaße durch die Schulung von italienischen Vertretern der historischen Schule gegangen war, akzeptierten gewiss die wissenschaftliche Dominanz der neuen Richtung und zollten ihr gebührende Anerkennung, waren aber der Auffassung, mit dem Codice Civile und dem damit vorgegebenen französischen Modell gut leben zu können. Die Professoren des Römischen Rechts und des Bürgerlichen Rechts dagegen waren zwar in bemerkenswertem Ausmaße von der historischen Schule geprägt, aber auch sie richteten ihren Blick keineswegs ständig nach Deutschland. Es waren vor allem Methode, Systematik und Begrifflichkeit, die hinreichend über die bereits genannten übersetzten Werke von der italienischen Rechtswissenschaft aufgenommen und rezipiert worden waren und fortan die Gattung der juristischen Literatur bestimmen sollten[149], viel weniger angesichts eines existierenden und funktionstüchtigen Zivilgesetzbuches der konkrete Inhalt des Rechtes.

In diesen konkreten Bereichen arbeiten die italienischen Juristen aber eigenständig, dies sowohl in der Grundlagenforschung, also im Römischen Recht, wie auch im Bereiche des Zivilrechts. Als hervorragender Zivilist der ersten Jahrzehnte des Einheitsstaates muss der Süditaliener *E. Gianturco*[150] bezeichnet werden. Seine noch heute beachtenswerten Werke *Istituzioni di diritto civile* (1886) und *Sistema di diritto civile italiano* (wichtigste Auflage 1894) zeugen von einer intelligenten, eigenständigen Verarbeitung pandektistischer Systematik und Methode für die italienische juristische Realität auf der Grundlage eines „französischen“ Gesetzbuches. Beide Werke sind fern jeglicher dogmatisch-begrifflicher Übertreibung und beweisen, wie erfrischend realitätsbezogen ein wissenschaftlich-systematisch dargestelltes Privatrecht sein kann. Im *Sistema* bezieht sich *Gianturco* ausdrücklich auf *Joseph Ungers* System des Österreichischen Privatrechts[151].

4. Im weiteren sind die Zeitverschiebung, mit welcher in Italien die deutschen Lehren sich durchzusetzen begannen und die daraus erwachsenden Konsequenzen, zu berücksichtigen: Die historische Schule war – und dies nicht nur für die italienischen Juristen – so faszinierend, weil sie nicht an ein bestimmtes Gesetzbuch gebunden war, sondern auf Grund allgemeiner, ja universeller Rechtsquellen, die des Römischen Rechtes eben, Methode und Begriff entwickelt hatte und natürlich auf dem Wege umfassender Einzeluntersuchungen zu vielen äußerst interessanten Aspekten und Lösungen vorgedrungen war. Die Geltung einer Vielzahl von positiven Rechtsordnungen in jenen Gebieten Deutschlands, in welchen die Historische Schule blühte, führte weiters dazu, dass viele Aspekte einer durchaus unterschiedlichen Praxis einflossen und stets der Gesichtspunkt einer

149 Beispielhaft waren in diesem Zusammenhang *Scialojas negozi giuridici* (= die Rechtsgeschäfte) (1893).

150 Zu *Gianturco* siehe *Alpa* 178 ff.

151 *Joseph Ungers* grundlegendes Werk wurde 1877 in Zara von *F. Kirchmayer* in die italienische Sprache übertragen.

längeren Entwicklung, sowie einer allgemeinen Prognose eine Rolle spielte. Diese durchaus unnationalen Aspekte machten es möglich, dass die historische Schule Weltgeltung erlangte. Damit war es aber sehr rasch nach 1900 vorbei und sehr schnell bemühte man sich, das BGB als einzigen Heilbringer darzustellen, es von seiner Vergangenheit und Entwicklung radikal abzukoppeln und im Sinne eines strengen Positivismus anzuwenden. Grundlagenforschung war nicht mehr erwünscht, die Pandektenlehrveranstaltungen fristeten zwar weiterhin je nach Alter der Lehrstuhlinhaber ein befristetes und bescheidenes Dasein, Romanisten und Zivilisten teilten sich das Erbe streng auf und trennten sich endgültig in dem Sinne, dass das Römische Recht als rein historische Wissenschaft ohne Bezug zum neuen Recht seinen Anfang nahm in Form der Antiken Rechtsgeschichte. Die Zivilisten zum anderen ließen neben und vor allem vor dem BGB kein Recht und keine Rechtswissenschaft bestehen. Die Gründe mögen vielschichtig sein[152], das Ergebnis war ziemlich eindeutig. Ab 1900 dominiert die vom BGB geprägte Zivilistik. Die Juristenausbildung wurde streng auf das Gesetz ausgerichtet, auch die Richter selbst, die durchaus pandektistisch geschulten Richter des Reichsgerichtes sahen keinen Anlass, außer bei der Aufarbeitung von Fällen vor 1900, sich irgendwie rechtshistorisch oder rechtsvergleichend zu engagieren. Wissenschaft wie Rechtsprechung waren somit zur Gänze auf das BGB ausgerichtet und von ihm geprägt. Damit war die deutsche Zivilrechtswissenschaft wieder eine wirklich deutsche geworden, der Universalismus war binnen kürzester Zeit nicht nur zurückgedrängt, sondern völlig aufgegeben. Nationale Aspekte begannen ihre eindeutige Dominanz. Neben einer typisch deutschen Rechtswissenschaft entwikkelte sich eine typisch deutsche Rechtsprechung. Die politische Entwicklung in Deutschland und insbesondere der 1. Weltkrieg haben dazu beigetragen, dass in Italien die juristische Beziehung zu Deutschland auf Sparflamme gestellt wurde. Eigentliche Kontakte zwischen deutscher und italienischer Zivilistik hat es nur wenige gegeben, so dass von einer deutschen am BGB verhafteten Rechtswissenschaft und von einer italienischen Rechtswissenschaft, die einerseits auf einem vom Code Civil abhängenden Rechtsbuch und zum anderen aus den selbständigen Weiterentwicklungen der historischen Schule beruhte, auszugehen ist[153]. Bereits im Jahre 1906 wurde vom Justizminister eine Kommission eingesetzt mit dem Ziel, den Codice Civile zu reformieren. Diese Kommission sollte insbesondere den veränderten sozialen und ökonomischen Gegebenheiten sowie dem technischen Fortschritt Rechnung tragen. Die Reformvorstellungen wurden durch den 1. Weltkrieg zum Erliegen gebracht. Nach dem 1. Weltkrieg führten die besonderen politischen Verhältnisse zu einer singulären italienisch-französischen

---

152 Vgl dazu oben die Ausführungen zu Deutschland.

153 *G. Cian*, Hundert Jahre BGB aus italienischer Sicht, ZEuP 1998, 215.

Kooperation: Im Jahre 1924 wurde eine Kommission eingesetzt, die unter dem Vorsitz von *Scialoja* und *Larnaude* im Jahre 1927 einen Vorschlag zur Vereinheitlichung des Obligationenrechtes beider Länder vorlegte. Auch wenn der Vorschlag keine unmittelbare Umsetzung fand, so kann man doch viele Ansätze im Codice Civile von 1942 wieder finden[154].

II. Die Entstehung des Codice Civile

Scialoja leitete bis zu seinem Tode (1933) die vom Justizminister *A. Rocco* eingesetzte Kommission zur Revision des Codice Civile. An seine Stelle trat der Präsident des Kassationsgerichtshofes *M. D'Amelio*. Selbst der zutiefst von der historischen Schule geprägte *Scialoja* war sehr wohl der Auffassung gewesen, dass das Gesetz nicht völlig neu gestaltet werden, sondern dass es behutsam angepasst werden müsse. Federführend bei der endgültigen Redaktion des Gesetzbuchs war *F. Vassalli*[155], ein Jurist römischrechtlicher Prägung, der als Professor auch Zivilrecht lehrte, sowie als angesehener Anwalt tätig war. Versuche, die politisch engen Beziehungen zwischen dem nationalsozialistischen Deutschland und dem faschistischen Italien auch auf der Ebene der Gesetzgebung zu erweitern, scheiterten: Zwar war 1938 und 1939 eine Arbeitsgemeinschaft für deutsch-italienische Rechtsbeziehungen unter dem Vorsitz der Justizminister beider Länder (*Frank* und *Solmi*) zusammengekommen, um gemeinsame Reformprojekte zu beraten, doch konnten die Italiener mit den von der Akademie für Deutsches Recht erarbeiteten Vorschlägen wenig anfangen: Insbesondere schieden sich verständlicherweise die Geister an der Rolle des Römischen Rechts, das den Deutschen wenig galt, von den Italienern dagegen allgemein hoch geachtet wurde[156]. Faschistisches Gedankengut beherrschte das Personenrecht, aber auch das Vermögensrecht, das im Sinne eines korporativen, solidarischen Staates interpretiert werden sollte. Sieht man von den gravierenden Änderungen des Personenrechtes im demokratischen Sinne ab, konnte das Gesetzbuch ohne nachhaltige Veränderungen nach dem Sturz des Faschismus weiter bestehen[157]. Die unter *Vassalli* sehr rasch erfolgte Endredaktion ließ viele Lösungen des bestehenden, auf dem Code Civil beruhenden, Gesetzbuches intakt. Die Sprache erscheint dabei modern und versucht eine allzu strikte Begrifflichkeit zugunsten des allgemeinen Verständnisses zu vermeiden. Der *Codice* kennt keinen allgemeinen Teil, kann

154 Den Text findet man im von *G. Levi* herausgegebenen Band: Il progetto franco-italiano di codice delle obbligazioni = Inchieste di diritto comparato 8 (1980).

155 *F. Vassalli*, Motivi e caratteri della codificazione civile, in: Studi III, 2 605 (1960).

156 *R. Bonini*, Disegno Storico del diritto privato italiano[2] (Bologna 1990) 114.

157 Zur Zeit des Faschismus *Alpa* 263 ff.

aber auf einen sehr intensiv durchdachten und strukturierten allgemeinen Teil des Obligationenrechts verweisen. Konkrete Lösungen des BGB wie das Abstraktionsprinzip, die bedeutende Rolle des Bereicherungsrechts, die deliktischen Regeln nach § 823 BGB wurden ebenso wenig rezipiert wie die Generalklauseln der §§ 157 und 242 BGB. Selbst der Begriff vom Rechtsgeschäft fehlt nicht nur der Terminologie nach, sondern ist dem Codice als solcher im wesentlichen fremd geblieben.

Um die Einheit des Privatrechtes zu unterstreichen, wurde bewusst auf ein Handelsgesetzbuch verzichtet und die entsprechenden Normen in den Codice, vor allem im 5. Buch, aufgenommen. In diesem Buche finden sich weiters systematisch geordnet arbeitsrechtliche Bestimmungen, was als weitere Besonderheit des Codice Civile gewertet werden sollte. Neue Gesetze haben bereits vor der Richtlinienpraxis der EU diese Einheit wieder in Frage gestellt, man denke nur an zwei sehr wichtige familienrechtliche Gesetze, die Ehescheidung (erstmals 1970) und die Annahme an Kindes Statt (1983) sowie das Mietrecht (erstmals 1978; letzte Novelle 1998). Alle drei wichtigen zivilrechtlichen Gesetze wurden nie in das Gesetzbuch eingearbeitet. Des weiteren hat sich eine intensive Gesetzgebung im Bereiche des Handels- und Gesellschaftsrechtes sowie im Arbeitsrecht entwickelt. Seit dem Jahre 1988 mit dem Inkrafttreten des Produkthaftungsgesetzes (*responsabilità del produttore*) ist eine intensive Übernahme des Gemeinschaftsrechtes im Bereiche des Konsumentenschutzes feststellbar.

Möchte man zu einer abschließenden Bewertung und Zuordnung der italienischen Kodifikation von 1942 gelangen, so wird man feststellen, dass zwar einzelne Rechtsfiguren wie die juristische Person oder die Vertretung der historischen Schule entstammen; die Redaktoren haben sich andererseits aber doch über weite Bereiche an den alten Codice von 1865 gehalten oder verarbeiteten eigenständiges Gedankengut der italienischen Rechtswissenschaft und Rechtsprechung. So fehlt die dem BGB eigene, strenge Begrifflichkeit, und das im vollen Bewusstsein der Tragweite einer derartigen Entscheidung. Auch einen allgemeinen Teil hat man abgelehnt, so dass der Schluss zulässig ist, dass der Codice Civile zwar von Juristen geschaffen wurde, die der Ausbildung nach der historischen Schule nahe standen, so dass gewiss Gedankengut derselben in das Gesetz eingebracht wurde, dass aber der eigenständige Weg, der in vielen Fällen auf den Code Civil letztendlich zurückführte, vorgezogen wurde. Daraus ergibt sich, dass die italienische Rechtsordnung auf der Grundlage des neuen Codice Civile als wichtige und eigenständige Rechtsordnung innerhalb der römischrechtlichen Ordnung zu begreifen ist.

III. Der Inhalt des Codice Civile[158]

Das italienische Zivilgesetzbuch zerfällt in sechs Bücher:

Libro Primo. Delle persone e della famiglia (Personen und Familienrecht) Art 1-455

I.	Delle persone fisiche (Physische Personen)
II.	Delle persone giuridiche (Juristische Personen)
III.	Del domicilio e della residenza (Wohnsitz)
IV.	Dell'assenza e della dichiarazione di morte presunta (Abwesenheit und Todeserklärung)
V.	Della parentela e dell'affinità (Verwandtschaft und Schwägerschaft)
VI.	Del matrimonio (Ehe)
VII.	Della filiazione (Kindschaft)
VIII.	Dell'adozione di persone maggiori di età (Apoption Volljähriger)
IX.	Della potestà dei genitori (Elterliche Gewalt)
X.	Della tutela e dell´emancipazione (Vormundschaft)
XI.	Dell´affiliazone e dell´affidamento (Anvertrauung)
XII.	Dell´infermità di mente, dell´interdizione e dell´inabilitazione (Geisteskrankheit)
XIII.	Degli alimenti (Unterhalt)
XIV.	Degli atti dello stato civile (Personenstand)

Libro Secondo. Delle successioni (Erbrecht) Art 456-809

I.	Disposizioni generali sulle successioni (Allgemeine Bestimmungen)
II.	Delle successioni legittime (Gesetzliche Erbfolge)
III.	Delle successioni testamentarie (Testament)
IV.	Della divisione (Teilung)
V.	Delle donazioni (Schenkung)
	Libro Terzo. Della proprietà (Eigentum (dingliche Rechte)) Art 810-1172
I.	Dei beni (Güter)
II.	Della proprietà (Eigentum)
III.	Della superficie (Erbbaurecht)
IV.	Dell´enfiteusi (Erbpacht)
V.	Dell´usufrutto, dell´uso e dell´abitazione (Nießbrauch, Gebrauch, Wohnrecht)
VI.	Delle servitù prediali (Dienstbarkeiten)
VII.	Della comunione (Gemeinschaft)

158 Der wichtigste Kommentar ist nach wie vor der von *Scialoja* iniziierte und von *Branca* fortgesetzte, in unzähligen Bänden (Commentario del Codice Civile).

VIII. Del possesso (Besitz)
IX. Della denunzia di nuova opera e di danno temuto (Baustopp und Gefährliche Gebäude)

Libro Quarto. Delle obbligazioni (Schuldrecht)Art 1173-2059
I. Delle obbligazioni in generale (Allgemeine Bestimmungen)
II. Del contratti in generale (Allgemeines zu Verträgen)
III. Dei singoli contratti (Einzelne Verträge)
IV. Delle promesse unilaterali (Einseitige Versprechen)
V. Dei titoli di credito (Kreditscheine)
VI. Della gestione di affari (Geschäftsführung)
VII. Del pagamento dell´indebito (Zahlung der Schuld)
VIII. Dell´arricchimento senza causa (Bereicherung)
IX. Dei fatti illeciti (Delikt)

Libro Quinto. Del lavoro (Arbeits- und Handelsrecht)Art 2060-2642

Libro Sesto. Della tutela dei diritti (Schutz der Rechte)Art 2643-2969 (darunter auch die Pfandrechte)
I. Della trascrizione
II. Delle prove
III. Della responsabilità patrimoniale, delle cause di prelazione e della conservazione della garanzia patrimoniale
IV. Della tutela giurisdizionale dei diritti
V. Della prescrizione e della decadenza

IV. Die Rechtswissenschaft seit 1945

Jene Charakeristika, welche die italienische Rechtswissenschaft bereits in der 2. Hälfte des 19. Jhdts ausgezeichnet hatten, und zwar die intensive Beschäftigung mit anderen Rechtskulturen, die Verarbeitung derselben auf dem Wege der Synthese sowie eine betonte methodische und inhaltliche Eigenständigkeit sind in verstärktem Ausmaße zu beobachten, so dass Italien heute weltweit eine der bemerkenswertesten, aktivsten und originellsten Rechtskulturen aufzuweisen hat. Für den Bereich des Privatrechts bedeutet dies eine Erweiterung der traditionellen juristischen Methode auf andere Wissenschaftszweige, wie Ökonomie, Soziologie, Philosophie, Linguistik, Kulturgeschichte und insbesondere Rechtsvergleichung. Am besten findet der Ausländer Zugang zu dieser juristischen Hochkultur über das kürzlich erschienene Buch eines der bedeutendsten zeitgenössischen Juristen des Landes, *Guido Alpa*: *La cultura delle regole – Storia del diritto civile italiano* (Die Kultur der Regeln – Geschichte des italienischen Zivilrechts). Dieses Buch enthält nicht nur in sehr ausführlicher Weise den unabdingbaren historischen Zugang zum italienischen Zivilrecht, sondern es kann als methodischer Wegweiser für die Zukunft gelten. Das letzte Kapitel ist den modernen Herausforderungen der Zivilistik gewidmet, daraus seien als wichtigste Aspekte folgende hervorgehoben:

-Das Privatrecht als gemeinsames Recht und als Leitpfad für neue Methoden

-Das Privatrecht als ursprüngliches Recht und als Quelle spontaner Rechtserzeugung

-Privatrecht und öffentliche Interessen

-Das Privatrecht als gemeinsames Recht des Marktes

-Das Privatrecht als Komplex einheitlicher Normen

-Das Privatrecht als Quelle der Selbstregulierung derjenigen Verhältnisse, die auf ethischen Werten und deontologischen Vorschriften beruhen

-Das Privatrecht als Regelkomplex und als Garantie des Individuums in der Informations- und Teletechnologiegesellschaft

-Das Privatrecht als außergerichtliche Lösungstechnik

-Verbindende Elemente von Privatrecht und öffentlichem Recht: Allgemeine Prinzipien und „Status“

-Verrechtlichung der Interessen

-Der Markt als juristische Form

Abschließend unterstreicht *Alpa*, dass die Globalisierung der Märkte zumindest in Europa den Weg für ein gemeinsames europäisches Privatrecht, ein *ius commune europaeum,* bereits geebnet hat und dass unsere Zeit die Verschmelzung der Rechtskulturen erlebt, wobei dem Privatrecht die zentrale Rolle zukommen müsse, die Interessen der Individuen als Recht des Individuums über die Interessen des Marktes und das Recht des Marktes zu stellen. Ein Buch wie jenes von *Alpa* ist nach wie vor im Bereiche der deutschen und österreichischen Zivilistik undenkbar, weshalb zwecks einer eingehenden Diskussion und in der Hoffnung, dass diese zu einer Erweiterung des zivilistischen Horizontes in diesen beiden Ländern beitragen möge, die Übersetzung dringend anempfohlen werden muss.

V. Der Aufbau der Zivilgerichtsbarkeit

1. Mit dem Gesetzesdekret vom 19.2.1998[159] änderte sich am 1.6.1999 die Struktur der Zivilgerichtsbarkeit in grundlegender Weise. Dadurch verschwand eine der traditionellsten Figuren unter den Richtern (*magistrati*): der *pretore*, der

---

159 Norme in materia di istituzione del giudice unico di primo grado, Suppl. ad. n. 1 alla Gazzetta Ufficiale Serie gen. n. 66 del 20 Marzo 1998.

überall präsent in vielen Belangen als Richter erster Instanz tätig geworden war. Allgemeine Zuständigkeit in erster Instanz kommt nun dem „Gericht" (*tribunale*) zu. Hatte es bislang 165 *preture* (Gerichte Erster Instanz) sowie 420 *sezioni distaccate di pretura*, also von größeren Preturen abhängige Ableger, gegeben, so wird es heute bei den schon existierenden 164 *tribunali* bleiben, dazu kommen 218 Ableger der *tribunali* (*sezioni distaccate di tribunali*). Die vielfach vorgeschlagene Übersetzung nach dem Vorbild der deutschen Gerichtsordnung halte ich für verfehlt, da dadurch der Eindruck entstehen kann, es handle sich um gleiche Kompetenzen. Hinzu kommen seit 1995 die Friedensrichter (*giudice di pace*) an insgesamt 848 Orten mit relativ geringen Kompetenzen: Allgemeiner Streitwert bis 2.582,28 Euro, bei Verkehrsunfällen bis 15.493,71 Euro. Gegen Urteile des Friedensrichters geht die Berufung (*appello*) an den Einzelrichter beim tribunale, gegen Entscheidungen des Einzelrichters am *tribunale* an die *Corte d'Appello*. Diese entscheidet in Dreiersenaten. In Italien gibt es 26 Appellationsgerichtshöfe (Torino, Milano, Brescia, Trento, Venezia, Trieste, Genova, Bologna, Firenze, Perugia, Ancona, Roma, L'Áquila, Campobasso, Napoli, Salerno, Bari, Lecce, Potenza, Catanzaro, Reggio di Calabria, Palermo, Messina, Caltanissetta, Catania, Cagliari) und drei *sezioni distaccate* (Bozen, Taranto, Sassari), also Ableger in anderen Städten. Gegen die Entscheidung des Appellationsgerichtshofes kann als Oberster Gerichtshof die *Corte di Cassazione* angerufen werden.

2. Der Grundgedanke, der der Neuordnung zugrunde lag, war die Straffung der Justiz in der Hoffnung, effiziente Gerichte zu schaffen. Das bedeutet, dass heute ein Großteil der Zivilprozesse vor dem Einzelrichter des *tribunale* (*giudice unico*) ihren Anfang nehmen. Nach Art 50 des Gesetzesdekretes entscheidet ein Senat des *tribunale* (3 Richter) in ganz speziellen Fragen, etwa im Bereiche des klassischen Zivilrechts die Anfechtung von Testamenten allgemein und die Probleme, die sich infolge zu geringen Pflichtteils ergeben. Der Prozess vor dem Einzelrichter sollte von größter Schnelligkeit bestimmt sein. So bestimmt Art 281 quinquies, dass nach Ende der obligatorischen mündlichen Verhandlung der Richter den Parteien einen Termin für die Endbewertungen des Falles zu bestimmen hat, und 30 Tage nach Ablauf des Termins das Urteil im Gerichtsbüro (*cancelleria*) zu hinterlegen hat. Der Richter hat aber auch die Möglichkeit, die nötigen Schlüsse sofort zu präzisieren und sie in derselben mündlichen Verhandlung diskutieren zu lassen, er kann sogar daraufhin unmittelbar das Urteil aussprechen.

3. In Berufungssachen können die Parteien, wenn sie ihre *conclusioni* vorlegen, eine mündliche Verhandlung verlangen. Der Vorsitzende setzt diese innerhalb von 60 Tagen an und bestimmt einen Berichterstatter. Die mündliche Verhandlung beginnt mit den Ausführungen des Berichterstatters (*relatore*). Das Urteil ist innerhalb von 60 Tagen in der Kanzlei zu hinterlegen.

4. Gegen Urteile des Berufungsgerichtes und auch gegen Urteile der ersten Instanz (Art 360 CPC) gibt es einen *ricorso in cassazione*, der sich ausschließlich auf Rechtsfragen stützen kann. Wird die Sache an die Instanz zurückverwiesen, so ist diese an die Rechtsauffassung der *Cassazione* gebunden (Art 384 CPC). Zurückverweisen bedeutet das Urteil zu kassieren (*annullare*). Der Kassationsgerichtshof kann aber das Urteil bestätigen oder selbst auf Grund der vorhandenen Fakten abändern (Art 384 CPC). Am Kassationsgerichtshof gibt es in Zivilsachen Fünfersenate, die von den *sezioni civili* bestimmt werden. Insgesamt gehören dem Kassationsgerichtshof 288 Richter *(consiglieri*) an. Der Präsident des Gerichtshofes leitet die Sitzungen der gemeinsamen Senate (*udienze a sezioni unite*), an der insgesamt 9 Richter teilnehmen. Durch den Umstand, dass während eines Verfahrens mehrere *ricorsi* zum Höchstgericht denkbar sind, ist dieses in einer in Europa einmaligen Weise belastet. Im Beobachtungszeitraum 1. 1. 2005 bis 31. 12. 2005 gab es 31.730 Rekurse in Zivilsachen (im Jahr zuvor: 28.577 somit eine Steigerung von etwa 11%), insgesamt konnten 31.221 Fälle zum Abschluss gebracht werden . Die insgesamt am Kassationsgerichtshof anhängigen Fälle in Zivilsachen stiegen jedoch auf 94.235. Die durchschnittliche Dauer des Verfahrens vor dem Kassationsgerichtshof beträgt derzeit etwa 32 Monate, vor den Appellationsgerichtshöfen 28 Monate, vor den Gerichten 1. Instanz 13-14 Monate.. Etwa 30 % der Rekurse hatten erfolgt, das Urteil des Appellationsgerichtshofes wurde kassiert, etwa 47 % wurden wegen materieller Unrichtigkeit zurückgewiesen, die übrigen Rekurse hatten wegen verfahrensmäßiger Mängel keinen Erfolg.[160] Sieht man von der bindenden Rechtsauffassung des Kassationsgerichtshofes ab, die jedoch nur für das Instanzengericht im konkreten Fall gilt, so gibt es in der Rechtsordnung keine Bindungswirkung von Zivilurteilen. In der Tat üben in der Praxis die Entscheidungen der *Corte di Cassazione* eine sehr starke vereinheitlichende Wirkung aus. Dies hängt nicht so sehr mit dem Stil oder der Autorität dieser Urteile zusammen, sondern mit einer Besonderheit, nämlich den Entscheidungsleitsätzen. Damit werden die oft viel ausführlicheren Urteile des Gerichtshofes gegenüber der *Cour de Cassation* in Frankreich auf wenige Sätze beschränkt. Zur Erstellung derselben – *massime* – besteht am Kassationsgerichtshof ein eigenes Amt (*ufficio del massimario*) und ein Publikationsorgan, *Massimario della Cassazione*. Die Leitsätze sind erstens klar und übersichtlich und sehr kurz gefasst, und zweitens sehr leicht zugänglich, so dass in der Praxis ihre Bedeutung enorm

---

160 Die Zahlen und Fakten sind der Relazione sull'amministrazione della giustizia nell'anno 2000 del Procuratore Generale della Repubblica presso la Suprema Corte di Cassazione entnommen.

ist. Die üblichen in der Praxis von Anwälten und Richtern benützten kommentierten Gesetzesausgaben, so *der Commentario breve al Codice Civile* von *G. Cian/A. Trabucchi*, verwenden zum Nachweis der Rechtsprechung fast ausschließlich die *massime*. Die Urteile des Kassationsgerichtshofes enthalten ebenfalls eine reiche Auseinandersetzung mit den massime, zumeist derart, dass ergangene Urteile zur Begründung der neuen herangezogen werden. Auch wenn der Begriff Präjudiz fehl am Platz ist, kommen den *massime* vielfach de facto diese Funktion zu. Die Urteile dürfen weiters nicht Zitate juristischer Autoren enthalten (Art 118 III disp. att. c. p. c.).[161], damit ist die Rechtsprechung nicht berechtigt, in den wissenschaftlichen Disput einzugreifen. Freilich, die Höchstrichter lassen es sich nicht nehmen, allgemein, also ohne Zitierung des Autors, auf die Wissenschaft (*dottrina*) einzugehen, und auch Lehrmeinungen einer eingehenden Prüfung zu unterziehen. Die Lehre ihrerseits beschäftigt sich eingehend mit der Rechtsprechung, bereits in erster Instanz spielen die Urteile der Cassazione in Form der *massime* eine wichtige Rolle in der Argumentationsführung der Parteien. Dies ist nicht immer so gewesen. Wissenschaft/Lehre (*dottrina*) und Rechtsprechung (*giurisprudenza*) haben einander oft und lange ignoriert. Dies hatte historische Gründe: der Codice Civile von 1865 war französisch in Geist und Wort, die crème de la crème italienischer Zivilistik immer mehr an der historische Schule und später zT sogar am BGB orientiert. Die Rechtsprechung nahm davon keine Kenntnis und hielt sich mit Beharrlichkeit an die französischen Vorbilder. Grundsätzlich hat daran auch der neue Codice Civile von 1942 wenig geändert, die italienische Rechtswissenschaft blieb zu stark der extremen Begrifflichkeit der deutschen Rechtswissenschaft verbunden, wie der enorme von *Branca* herausgegebene Kommentar (*Branca/Scialoja*) und viele Monographien deutlich belegen. Erst die wissenschaftlichen Entscheidungsbesprechungen, vor allem in der renommierten Zeitschrift *„Il foro italiano“* haben die gewiss erfreuliche Verbindung zwischen Lehre und Rechtsprechung anbahnen können.

5. Die soziale Realität der Zivilrechtsordnung ist in Italien von einer besonders hohen Konfliktualität bestimmt, dh die Schwelle zum Gericht wird häufig und vielfach wegen der kleinsten Kleinigkeit überschritten. Fast 3,5 Mio Zivilprozesse sind zurzeit in erster Instanz anhängig, im Jahre 2004 wurden 1.737.341 (840.970 beim Friedensrichter, 896.371 vor Gericht) neue Prozesse begonnen, im selben Jahr wurden 1.793.139 (843.424 vor dem Friedensrichter, 949.715 vor dem Gericht) erledigt. Bei den Appellationsgerichtshöfen waren 2004 253. 571

161 In ogni caso deve essere omessa ogni citazione di autori giuridici. Dazu *G. Gorla*, Die Bedeutung der Präzendenzentscheidungen der Senate von Piemont und Savoyen im 18. Jahrhundert – Rechtsvergleichende Bemerkungen, in Rheinstein-FS I (1969) 103.

Fälle anhängig, 76.659 wurden erledigt. Jedes Verfahren kann durch die Möglichkeit von Berufung und Kassationsrekurs von fünf, sechs oder sogar noch mehr Gerichten geprüft und entschieden werden. Durchschnittlich dauert ein Zivilprozess, der bis zum Höchstgericht gelangt, daher fast sieben Jahre (Durchschnitt bisher bei *tribunali* erster Instanz fast vier Jahre, in der Berufung fast drei Jahre[162]). Da wundert es nicht, dass die Zahl der Anwälte inzwischen weit über 100.000 beträgt, während die der Richter bei knapp 9.000 stagniert. Der durchschnittliche Italiener wettert zwar über Justiz, Anwälte, Recht und Gerechtigkeit, macht von ihnen aber in ständig steigender Weise Gebrauch. Die Zivilgerichte werden von Massen an Menschen heimgesucht, die Gebäude scheinen in den großen Städten aus allen Fugen zu geraten und in den Vorzimmern der Richter sowie auf den langen Korridoren geht es zu wie am Jahrmarkt. Dies soll aber keineswegs bedeuten, dass das juristische Können der Praktiker gering sei, im Gegenteil, Richter wie Anwälte sind aller Regel nach bestens ausgebildet, verfügen über enormes juristisches Sachwissen und insbesondere über einen realitätsbezogenen Sachverstand.

VI. Die juristischen Berufe

1. Die einheitliche Richterschaft (*magistratura* zur Zeit etwa 9.500 im eigentlichen Berufe aktive Mitglieder, die genaue Zahl beträgt 10.109) ist unabhängig und unterliegt der Selbstverwaltung durch den *Consiglio Superiore della magistratura*[163]. Die Karrieren von Richtern (*giudici*) und Staatsanwälten *(procuratori della repubblica*) sind nicht streng getrennt und wechselseitig durchlässig[164]. Die Aufnahme in die magistratura ist von einem bekanntermaßen sehr strengen Auswahlverfahren abhängig. Jeder Absolvent der juristischen Studien (*laureato in giurisprudenza)* kann daran teilnehmen. Der *concorso*, der in der Regel alljährlich abgehalten wird, besteht aus einem schriftlichen Teil (3 Klausuren, Zivilrecht/Strafrecht/Öffentliches Recht) und einem mündlichen Teil. Ein geringer Teil der Bewerber erreicht die mündliche Prüfung, in der neben dem mate-

162 Dabei konnten von den Corti d´ Appello die durchschnittliche Dauer des Verfahrens von 1. 144 Tagen (1998) auf 952 (1999) reduziert werden.

163 Dem Gremium gehören von Gesetzes wegen der Präsident der Republik, der Präsident des Kassationsgerichtshofes, der Generalprokurator beim Kassationsgerichtshof, 20 gewählte Vertreter der Richterschaft und 10 vom Parlament gewählte Vertreter (keine Parlamentarier!), die entweder Anwälte oder Professoren der Rechtswissenschaft sein müssen, an.

164 Hier sind mögliche Veränderungen teils weit fortgeschritten, teils geplant, die freilich den politischen Wechseln unterliegen können.

riellen Recht auch das Prozessrecht sowie die historischen Bezüge, besonders das Römische Recht, Gegenstand sind. Wer auch die mündliche Prüfung besteht, wird zum *uditore giudiziario* ernannt. Die Abwicklung eines *concorso* kann je nach Anzahl der Teilnehmer zwischen ein und zwei Jahren dauern. Neben privaten Vorbereitungskursen werden seit neuestem auch von den Universitäten Postgraduiertenkurse für zukünftige Richter angeboten.

2. Die Karriere als Anwalt beginnt man als Auszubildender bei einem Anwalt. Einzige Voraussetzung ist das abgeschlossene Studium der Rechtswissenschaften. Als Praktikant muss man zumindest zwei Jahre die Tätigkeit in einer Kanzlei (*studio legale*) ausüben. Nach Ablauf dieser Frist kann man zur Anwaltsprüfung antreten (*esame di avvocato*). Dieses wird *von Ordine degli avvocati* in den Appellationsgerichtssprengeln alljährlich abgehalten. Die Prüfungen sind je nach Sprengel von unterschiedlicher Tiefe und Strenge, weshalb bestimmte Sprengel sich bei den Kandidaten größerer Beliebtheit erfreuen. Im Allgemeinen ist aber eine Verschärfung der Voraussetzungen erkennbar. Gegenstand der schriftlichen Prüfung ist materielles Zivil- und Strafrecht sowie die Verfassung eines gerichtlichen Schriftstückes. Neben anwaltlichem Standesrecht kann der Kandidat 5 Fächer aus folgendem Kanon für die mündliche Prüfung wählen: Verfassungsrecht, Zivilrecht, Handelsrecht, Arbeitsrecht, Verwaltungsrecht, Steuerrecht, Strafrecht, Zivilprozess, Strafprozess, Internationales Privatrecht und Staatskirchenrecht.

Nach erfolgreichem Abschluss wird man *avvocato*. Nach weiteren acht Jahren kann der Anwalt die Zulassung zum Kassationsgerichtshof beantragen und wird *avvocato patrocinante in Cassazione*. Der Stand ist ein einheitlicher, Funktion von *Procuratore* und *Avvocato* sind außer den oben erwähnten Unterschieden identisch, dies ist ein wesentlicher Unterschied zu England, Frankreich und Spanien, zeigt aber die Ähnlichkeiten zu Deutschland auf.

3. Richter, Staatsanwälte, aber auch Anwälte genießen in Italien hohes Ansehen, ebenso wie die Notare (*notaio*), die auf Grund extrem schwerer Prüfungen auf die wenigen durch numerus clausus bestimmten Notariate ernannt werden. Ihnen kommt wie anderswo eine entscheidende Rolle bei der Beurkundung von Rechtsgeschäften zu. Wie hoch die Juristen im Ansehen der Bevölkerung stehen, belegen die Zeitungsberichte und der Respekt vor den Staatsanwälten, die mit großer Entschiedenheit gegen organisierte Kriminalität und Korruption vorgehen. Manch einer musste in Sizilien dafür mit seinem Leben bezahlen (*G. Falcone, P. Borsellino*). Der so genannte Pool der Mailänder Staatsanwaltschaft unter *F. S. Borelli* stand seit Jahren im Rampenlicht der Öffentlichkeit als Vorkämpfer gegen alle Arten von Korruption. *A. Di Pietro*, der aus einfachen Verhältnissen in Süditalien stammt und zeitweise Gastarbeiter in Deutschland war, wurde gerade zum gefürchteten Inbegriff des Korruptionsbekämpfers. Inzwischen ist er wie so mancher *magistrato* in die Politik abgewandert. Auf Italiens Universitäten hat man vom *„effetto Di Pietro"* gesprochen: die Zahlen der Neuzugänge beim Jurastudium schossen gleichsam in die Höhe. Das hohe Ansehen der Justiz kann freilich durch die inzwischen recht deutliche Durchlässigkeit zur Politik, deren Ansehen in Italien bei weitem nicht so hoch ist, angekratzt oder sogar beeinträchtigt werden. Auch im Selbstverwaltungsgremium, dem *Consiglio Supreriore della Magistratura*, der vor allem unmittelbar die Vorschläge für die höchsten Richter-Staatsanwaltsposten begutachtet, spiegeln sich die politischen Strömungen wider. Aber auch einem *avvocato* wird allgemeiner Respekt gezollt. Die Figur des *Azzeccagabugli* aus *A. Manzonis* berühmtem Roman „I promessi sposi" , ein armseliger korrupter Rechtsverdreher, ist im kollektiven Bewusstsein vielfach von den *principi del foro* (Fürsten der Gerichte) aller Jahrhunderte beginnend mit *Cicero* ersetzt worden. Italiens berühmtester Großindustrieller und Eigner des FIAT Konzerns, *G. Agnelli*, wurde Zeit seines Lebens gemeinhin einfach als *avvocato* bezeichnet und angesprochen.

VII. Verfassungsgerichtsbarkeit und Zivilrecht

Literatur: *Alpa* 341 ff; *F.Galgano*, Il diritto privato tra codice e costituzione (Bologna 1986); *P. Perlingieri*, Il diritto civile nella legalità costituzionale^2 (Napoli 1991).

Seit der Verfassung von 1947 gibt es in Italien einen Verfassungsgerichtshof (*Corte Costituzionale*), der aus 15 für die Zeitdauer von 9 Jahren bestimmten Richtern besteht.[165] Auch für das Privatrecht ist das erste Urteil des Gerichtshofes, das erst im Jahre 1956 erging, von großer Bedeutung. Darin wurde festgelegt, dass die verfassungsrechtlichen Normen von allgemein zwingender Natur (natura precettiva) seien. Nach *Alpa* ein wichtiger Schritt in Richtung einer Osmose zwischen öffentlichem und privatem Recht[166]. Die ordentliche Gerichtsbarkeit kann dem Verfassungsgerichtshof zu jedem Zeitpunkt eines anhängigen Verfahrens die Frage nach der Verfassungsmäßigkeit und somit der verfassungskonformen Interpretation einer Norm stellen. Dies ist in der Tat nicht selten vorgekommen, so dass der Verfassungsgerichtshof im Bereiche des Personenrechtes,

---

165 Costituzione della Repubblica Italiana Art 135: Zu einem Drittel werden die Richter vom Parlament in gemeinsamer Sitzung von Kammer und Senat gewählt, zu einem Drittel vom Präsidenten der Republik ernannt, zu einem weiteren Drittel von den ordentlichen und administrativen Höchstgerichten bestimmt. Als Richter können nur ordentliche oder administrative Höchstrichter, Ordentliche Professoren der Rechtswissenschaft und Rechtsanwälte mit 20jähriger Berufserfahrung ernannt werden.

166 *Alpa* 342.

des Familienrechtes, des Arbeitsrechtes, des freien Marktes und der Solidarität unter Bezugnahme auf den Gleichheitsgrundsatz wesentlich zur Entwicklung des Privatrechtes beigetragen hat.

§ 9 Spanien

Literatur: *K. Adomeit/G. Frühbeck*, Einführung in das Spanische Recht (2001); *I. Ibán*, Einführung in das Spanische Recht (Baden-Baden 1995; Neuauflage in spanischer Sprache 2000); *J. Castan Tobenas/J. L. De Los Mozos,* Derecho Civil español, común y foral (1984); *ders,* Derecho Civil: Método, sistemas y categorías jurídicas (Madrid 1988); *L. Díez-Picazo/A. Gullon*, Instituciones de Derecho Civil I (2003), Dies. Sistema del Derecho Civil: Derecho de Cosas-Derecho Immobiliar (2001).*Castan Tobenas*, Derecho Civil común y foral I Introducción y parte general (2005).*M. de Lemus*, Derecho Civil, parte general (2006); *Sierra Gil de la Cuesta* (Hsg) Comentarios al Codigo Civil (2006); *W. Sohst*, Das spanische BGB, Text und Kommentar (Berlin 2. Aufl. 2003)

I. Die historischen Grundlagen

Literatur: *A. Iglesia Ferreiros*, La creacion del derecho: Una historia de la formación de un derecho estatal español I^2 (1996); *J. F. Lasso Gaite*, Cronica de la Codificación española 4, Codificación civil I und II (Madrid 1970); *Clavero/Grossi/Tomas y Valiente* (Hrsg), Entre derechos proprios y derechos nacionales I und II (1990; Biblioteca per la storia del pensiero giuridico moderno 34/35); *R. Becker*, Der Ursprung der Rechtsspaltung im spanischen Privatrecht: Eine historische Betrachtung der Foralrechte, ZeuP 1996, 88; *M. Scheppach*, Las Siete Partidas. Entstehung und Wirkungsgeschichte (1991).

1. Das spanische Zivilrecht in seiner besonderen Entwicklung und auch seine modernen Besonderheiten können unmöglich ohne einen Blick auf die Rechtsgeschichte verstanden werden. Nach den Stürmen der Völkerwanderungszeit gelang es dem germanischen Volk der Westgoten in der 2. Hälfte des 5. Jhdts auf der iberischen Halbinsel eine dauerhaftere Herrschaft zu etablieren. Zentrum dieses Staates war Toledo. Während ursprünglich die große Mehrheit der romanischen Bevölkerung nach römischem Recht lebte und die Westgoten, die nie mehr als 5% der Gesamtbevölkerung ausmachten, nach eigenem germanischem Recht, erfolgte im Laufe der Zeit eine Verschmelzung beider Volkselemente. Der Westgotenkönig Reckesswinth erließ 654 auf der Grundlage der bisherigen westgotischen Rechtsbücher, insbesondere auch der für die Romanen erlassene *Lex Romana Visigothorum* eine Gesetzessammlung für alle Bürger, den *Liber Iudiciorum*, der auch während der langen mohammedanischen Herrschaft (ab 711) den Christen als Grundlage des Rechts diente und als das Gesetzbuch schlechthin, der *Liber*, galt. Im Zuge der Jahrhunderte während der Wiedereroberung Spaniens durch die christlichen Heere entwickelten sich auf dem Gebiete des heutigen Spaniens Staatlichkeiten von unterschiedlicher Größe und Bedeutung: Kastilien unter Einschluss des Baskenlandes und Galizien, Aragon, Katalonien, Navarra, die Balearen, die ihrerseits auf der Grundlage des römisch-westgotischen Rechtes sowie lokaler Besonderheiten eigene Partikularrechte entwickelten. Wegen der entscheidenden Rolle, die das kastilische Gemeinwesen bei der Einigung Spaniens spielte, ist die Rechtsentwicklung in diesem Lande vorrangig zu berücksichtigen. Besondere Bedeutung kommt der auf den kastilischen König Alfons X., den Weisen, zurückgehende Gesetzessammlung, *Siete Partidas* (1256 – 1263) zu. Darin findet sich auf der Grundlage von mittelalterlichem römischem sowie kanonischem Recht eine Vielzahl von Regelungen zum Eherecht, Vertragsrecht, Erbrecht sowie Verfahrensrecht. In Katalonien, dem Gebiet von Valencia und den Balearen entwickelte sich ab dem 13. Jhdt auf Grund der engen wirtschaftlichen und politischen Beziehungen zu Südfrankreich und Italien ein stark vom gelehrten Römischen Recht geprägtes Zivilrecht. Bis auf unsere Tage gilt in Katalonien und den Balearen das Römische Recht subsidiär. Die Herausbildung verschiedener Rechtsterritorien wurde keineswegs durch die Kodifikation endgültig überwunden, noch heute gelten in bestimmten Bereichen die lokalen Rechte, die man als Foralrechte bezeichnet (*fuero*: Recht, Rechtsordnung von lat. *forum*).

2. Seit dem Ende der napoleonischen Kriege, die in Spanien in besonders drückender Weise als Eroberungskriege ertragen werden mussten, was die Aversion gegen alles Französische, somit auch gegen den Code Civil erklärt, gab es Ansatzpunkte und Debatten, selbst Vorschläge (1851) einer gesamtspanischen Zivilrechtskodifikation. Zum anderen regte sich vor allem in Katalonien heftiger Widerstand dagegen. Über den Juristen *Durán y Bas* gelangten die Ideen *Savignys* und der historischen Schule vor allem nach Katalonien. Dennoch gelang es in den achtziger Jahren des 19. Jhdts unter Federführung des Juristen und liberalen Politikers *Alonso Martinez* einen Código Civil zu entwerfen, der 1889 in Kraft trat. *Martinez* war zuvor freilich an den Einführungsbestimmungen gescheitert. Erst die *Leyes de Bases* (Grundvoraussetzungen) des Jahres 1885 ebneten den Weg für die Annahme des Código Civil. Von allergrößter Bedeutung war und ist dabei die auf Grund der Artikel 5/6/7 der *Ley de Bases* und des Artikels 13 Código Civil geltende Subsidiaritätsklausel gegenüber den Foralrechten, also letztlich der Primat des Foralrechtes, wobei sogar den Foralrechten immanente Subsidiaritäts-Grundsätze weiterhin bestehen sollten. Unter den Partikularrechten muss jenes von Katalonien besonders genannt werden. Nachdem durch die Verfassung von 1978 die Generalitat, also der katalanische Staat, die ausschließliche Kompetenz betreffs der Erhaltung, Änderung und Entwicklung des katalanischen Zivilrechtes wieder gewonnen hatte, erhob das Parlament 1984 einen Entwurf des katalanischen Zivilrechtes, die *Compilació de Dret Civil de*

Catalunya, zum Gesetz. Die Kodifikation katalanischen Zivilrechtes, also in Abweichung zum Codigo Civil, enthält immerhin 344 Artikel.[167]

II. Der Código Civil

1. Der Código Civil folgt im Aufbau dem französischen Vorgänger und damit letztlich dem Institutionensystem. Er besteht im Gegensatz zum französischen Gesetz allerdings aus 4 Büchern, mit dem Ziel, auf diesem Wege zu einer erhöhten Übersichtlichkeit zu gelangen. Ob ein den allgemeinen Bestimmungen des Obligationenrechtes vorbehaltenes Buch dazu ausreichend ist, muss wohl bezweifelt werden. Die systematische Gestaltung der Materien erfolgt in 1976 Artikel. Die Bücher sind in Titel unterteilt, diese in Kapitel, diese uU in Sektionen, sowie in Artikeln und Absätzen (*apartado*).

Titulo preliminar: De las normas jurídicas, su aplicación y eficacia (Über die juristischen Normen, ihre Anwendung, ihre Wirkung) Art 1-17

1. Buch: *De las personas* (Über die Personen)

I. *De las españoles y extranjeros* (Über Spanier und Ausländer) Art 18-28

II. *Del nacimiento y la extintión de la personalidad civil* (Über Begründung und Erlöschen der bürgerlichen Persönlichkeit) Art 29-39

III. *Del domicilio* (Über den Wohnsitz) Art 40-41

IV. *Del matrimonio* (Über die Ehe, somit Ehescheidung) Art 42-107

V. *De la paternidad y filiación* (Über Vaterschaft und Abstammung) Art 108-141

VI. *De los alimentos entre parientes* (Über den Unterhalt) Art 142-153

VII. *De las relaciones paterno filiales* (Über die Eltern-Kind-Beziehungen) Art 154-180

VIII. *De la ausencia* (Über die Abwesenheit) Art 181-198

IX. *De la incapacitación* (Über die Geschäftsunfähigkeit) Art 199-214

X. *De la tutela, de la curatela y de la guarda de los menores o incapacitados* (Über die Vormundschaft, Pflegschaft und den Schutz der Minderjährigen oder Geschäftsunfähigen) Art 215-306

XI. *De la mayor edad y de la emancipación* (Über die Entlassung aus der elterlichen Gewalt und von der Volljährigkeit) Art 314-324

---

167 *Arroyo-Amayuelas/Gonzales-Beilfuss*, Die katalanische Rechtsordnung und das Zivilrecht Kataloniens, ZEuP 1995, 564;

XII. *Del Registro del estado civil (*Über das Personenstandsregister) Art 325-332

2. Buch: *De los bienes, de la propiedad y de sus modificaciones* (Über die Güter, das Eigentum und seine Veränderungen)

I. *De la clasificación de los bienes* (Über die Einteilung der Güter) Art 333-347

II. De la propiedad (Über das Eigentum) Art 348-391

III. *De la comunidad de bienes* (Über die Gemeinschaft der Güter) Art 392-406

IV. *De algunas propiedades especiales* (Über einige spezielle Eigentumsformen) Art 407-429

V. *De la posesión* (Über den Besitz) Art 430-466

VI. *Del usufructo, del uso y de la habitación* (Über Nießbrauch, Gebrauchs- und Wohnrecht) Art 467-529

VII. *De las servidumbres* (Über die Dienstbarkeiten) Art 530-604

VIII. *Del Registro de la Propiedad* (Über das Grundbuch) Art 605-608

3. Buch: *De los diferentes modos de adquirir la propiedad* (Über die verschiedenen Arten des Eigentumserwerbs)

Disposición preliminar Art 609

I. *De la ocupación* (Über die Aneignung) Art 610-617

II. *De la donación* (Über die Schenkung) Art 618-656

III. *De las sucesiones* (Über die Erbfolge) Art 657-1087

4. Buch: *De las obligaciones y contratos* (Über Obligationen und Verträge)

I. *De las obligaciones* (Über die Obligationen) Art 1088-1253

II. *De los contratos* (Über die Verträge) Art 1254-1314

III. *Del régimen económico matrimonial* (Über das Ehegüterrecht) Art 1315-1444

IV. *Del contrato de compra y venta* (Über den Kauf) Art 1445-1537

V. *De la permuta* (Über den Tausch) Art 1538-1541

VI. *Del contrato de arrendamiento* (Über Miete, Pacht, Werk- und Dienstvertrag) Art 1542-1603

VII. *De los censos* (Über erbpachtliche Rechte) Art 1604-1664

VIII. *De la sociedad* (Über die Gesellschaft) Art 1665-1708

IX. *Del mandato* (Über den Auftrag) Art 1709-1739

X. *Del préstamo* (Über die Leihe) Art 1740-1757

XI. *Del depósito* (Über die Verwahrung) Art 1758-1789

XII. *De los contratos aleatorios o de suerte* (Über Glücksverträge) Art 1790-1808

XIII. *De las transacciones y compromisos* (Über den Vergleich) Art 1809-1821

XIV. *De la fianza* (Über die Bürgschaft) Art 1822-1856

XV. *De los contratos de prenda, hipoteca y anticresis* (Über Pfandrecht und Hypotheken) Art 1857-1886

XVI. *De las obligaciones que se contraen sin convenio* (Über die Obligationen, die ohne Vertrag entstehen) Art 1887-1910

XVII. *De la concurrencia y prelación de créditos* (Über die Konkurrenz und Einteilung von Forderungen) Art 1911-1929

XVIII. *De la prescripción* (Über die Verjährung und Ersitzung) Art 1930-1975

Diposición final (Schlussbestimmungen) Art 1976

2. Der Código Civil regelt im Wesentlichen die liberalen Grundfreiheiten, wie Schutz eines starken Eigentums, Freiheit der Eigentumsübertragung, Vertragsfreiheit. Das 4. Buch enthält eingangs einen langen allgemeinen Teil des Obligationenrechts, in welchem die verschiedenen Arten der Obligation (bedingte/unbedingte/befristete/alternative/teilbare/unteilbare), die Erlöschung der Obligation (auch Aufrechnung und Novation), sowie Beweisfragen Behandlung finden (Art 1088 – 1253). Auch im 2. Titel über die Verträge wird Allgemeines an den Beginn gestellt. Hier finden sich die Bestimmungen bezüglich der Gültigkeit und des Zustandekommens von Verträgen (Willensübereinstimmung, Inhalt, *causa*; Art 1261 – 1277), die Wirksamkeit, die Interpretation (Art 1290 – 1299) und die Nichtigkeit (Art 1300 – 1314). Der Form nach und in mancher Hinsicht auch dem Inhalt nach ist das französische Modell unverkennbar. Aber auch das argentinische Gesetzbuch wurde bei der Kodifikation herangezogen. In vielen Bereichen war man freilich bedacht, gemein Spanisches aufzunehmen, ausgleichend zu wirken, um so die allgemeine Akzeptanz des Gesetzes in einem rechtlich so zersplitterten Land zu fördern. Die Väter des Código waren praktische Juristen, die sich äußerst verdienstvoll um allgemein verständliche Formulierungen bemühten. Diese allgemeine volksnahe Verständlichkeit sollte durchaus als Pluspunkt der spanischen Gesetzgebung angesehen werden und nicht als Zeichen einer minderwertigen Rechtswissenschaft.

Demgegenüber steht eine Sprache, die verglichen mit der des Code Civil, vor allem an Eleganz, aber auch an Präzision zu wünschen lässt. Das Fehlen einer wissenschaftlichen Untermauerung der Kodifikationsarbeiten wird im Besonderen dadurch deutlich, dass viele Lösungen schwerfällig wirken und dass insgesamt der Mangel an einer stringenten Systematik nicht verleugnet werden kann. Dennoch ist zu Recht betont worden, dass sich der Código gegenüber früheren modernen gesetzgeberischen Versuchen in Spanien deutlich positiv abhebt. Was die spätere Gesetzgebung in Zivilsachen in Spanien anbelangt, so ist diese von einer besonders behäbigen Sprache gekennzeichnet, deren unglaublich kasuistische Texte nicht enden wollen.

Wichtige Gesetze im Bereiche des Zivilrechts sind die *Ley Hipotecaria* (8.2.1946) und der *Reglamento Hipotecario* (14.2.1947), in denen sich viele allgemeine Bestimmungen zum Eigentumsregister finden, das Mietengesetz (*Ley de arrendamientos urbanos*; 24.11.1994, auf der Grundlage eines Gesetzes aus dem Jahre 1964), das Stockwerk(Wohnungs-) eigentum (*Ley sobre propiedad horizontal*; 21.7.1960). Natürlich gab es auch wesentliche Reformen im Familienrecht, 1981 wurde der gesamte VII. Titel des 1. Buches bezüglich des Eltern-Kindverhältnisses (13.5.1981) neu gestaltet. Im Ehe- und Scheidungsrecht wurden im gleichen Jahre neue Weichen gestellt (Gesetz vom 7.7.1981). 2005 wurde die gleichgeschlechtliche Ehe und die Möglichkeit für gleichgeschlechtliche Eheleute, Kinder zu adoptieren.

III. Die Foralrechte

Selbst unter *Francos* Herrschaft wurde die Existenz der Foralrechte nicht angetastet, es kam sogar zur systematischen Aufzeichnung derselben (Vizcaya 1959, Katalonien 1960[168], Balearen 1961, Galicia 1963, Aragon 1967, Navarra 1973). Dadurch erhielt das Foralrecht sogar eine wesentliche Verstärkung solcherart, dass erstmals die Normen auf verständliche Weise und systematisch zusammengefasst wurden. So wurden auch kaum benützte Bestimmungen wieder aus der Versenkung geholt, wenn auch nach wie vor die Besonderheiten vornehmlich auf dem Gebiete des Ehegüterrechts und des Erbrechts zu suchen sind. Die Verfassung von 1978 hat den spanischen Dualismus im Zivilrecht in den Verfassungsrang erhoben[169]. Darin wird insbesondere auch bestimmt, dass die einzelnen „*Comunidades Autonomas*“, in denen es foralrechtliche Bestimmungen gibt, diese bewahren, verändern und weiterentwickeln können. In diesem Bereich kommt somit dem Sondergesetzgeber die Kompetenz zu, in zivilrechtlichen Sachen tätig zu werden.

Im Art 149.1.8 *Constitución Española* ist weiterhin für folgende Bereiche exklusive Kompetenz des staatlichen Gesetzgebers vorgesehen:

a) Regeln bezüglich der Anwendung und Wirkung von Normen
b) Die Form der Eheschließung

---

168 In Katalonien geht die Reform des lokalen Rechtes auf dem Wege der Teilkodifikation weiter, zuletzt wurde das Familienrecht kodifiziert: Codi de Familia de Catalunya Vgl. *A. Lamarca i Marques*, Das neue Familien Gesetzbuch Kataloniens, in: ZEuP 10 (2002) 557ff.

169 Art 143 Constitución Española.

c) Die öffentlichen Register

d) Die Grundlagen der vertraglichen Obligationen

e) Normenkontrolle unter Respektierung des Foralrechts

Die Subsidiarität staatlichen Rechts (*supletoriedad*) wird von der Verfassung garantiert[170], was wohl zur Annahme führen muss, dass dort, wo es keine foralrechtlichen Bestimmungen gibt und diese auch nicht durch die Weiterentwicklung (*desarrollo*) erzeugt werden können, primär staatliches Recht, somit der Código Civil gelten muss.

Selbst die *Comunidad Autonoma de Valencia*, wo es seit dem Beginn des 18. Jhdts kein Foralrecht mehr gab, nimmt für sich in Anspruch, in diesem Bereich, also gemäß der Rechtslage vor 1707, Recht zu schaffen (*Decreto de Nueva Planta* von *Philipp V.*, als unter Zurückdrängung der partikularen Rechte dem gemeinen, also dem kastilischen Recht der Vorrang eingeräumt wurde und insbesondere die zentrale Gesetzgebungskompetenz des Staates hervorgekehrt wurde). Die *Comunidades Autonomas* haben dieses Recht inzwischen weitgehend genützt und in dem ihnen vorbehaltenen Bereich legislative Maßnahmen ergriffen.

In der Regel wird dabei weder von Foralrecht noch von „Partikularrecht" gesprochen, sondern von eigenständigem Zivilrecht. Daraus ergeben sich mannigfaltige Probleme bei der praktischen Anwendung des Zivilrechts in Spanien. Im 4. Kapitel des *Titulo preliminar* sind daher Vorkehrungen getroffen, die unter Beachtung folgender Regeln in den weiteren Bereich des Kollisionsrechtes fallen:

a.) Der persönliche Status wird bestimmt von der *vecindad civil*. Diese – wörtlich übersetzt: „Bürgerliche Nähe" – ist ein von der zeitlichen Dauer des Wohnsitzes an einem Ort abhängender Mittelpunkt der Lebensinteressen. Die Mindestdauer beträgt dabei bei ausdrücklicher Willenserklärung 2 Jahre, wurde keine Erklärung abgegeben, so führt ein 10jähriger Wohnsitz zum Erwerb derselben (Art 14.5 und 6), im Zweifelsfall zählt der Geburtsort.

b.) Jene Bestimmungen des IPR, die eine Anwendbarkeit von Normen untersagen, wenn diese gegen spanisches Recht verstoßen, müssen entfallen, da Foralrecht dem nationalen Recht auf Grund der Verfassung vorgeht.

IV. Die Organisation der Gerichtsbarkeit

1. An unterster Stelle befinden sich die *Juzgados de Paz* (Friedensgerichte), bei denen Rechtsstreitigkeiten bis zur Höhe von 90 Euro entschieden werden (LEC Art. 47), wobei nach Art. 250 LEC gewisse Sachkompetenzen (insbesonde-

170 Art 149.3 Constitución Española.

re im Bereiche des Immobilarrechtes, des Besitzes und der Alimente) gleichermaßen dem Gericht 1. Instanz vorbehalten sind.. Das nächst höhere Gericht ist der *Juzgado de Primera Instancia* (Entscheidung durch den Einzelrichter) für alle weiteren Verfahren. Appellationsinstanzen in Zivilsachen sind die *Audiencias provinciales* (Entscheidung durch Senate aus drei Richtern) und als Höchstgericht mit kassatorischer Funktion der *Tribunal Supremo de Justicia.*

Der *Tribunal Supremo* besteht aus einem Präsidenten für jede der folgenden Kammern (*sala*) – Zivil/Straf/Verwaltung/Sozial/Militär – und den Richtern (magistrados 69). Die Kammern entscheiden in Senaten zu je drei Richtern, wobei einer als Referent (*ponente*) fungiert. Die Urteile werden öffentlich verlesen, der Gerichtsbeamte (*secretario*) gibt die Urteile zum Protokoll des Gerichtes – ein offizielles Publikationsorgan gibt es nicht, wohl aber sind die Urteile über die *cronicas* eingeteilt nach salas einsichtbar – und stellt eine Kopie den Parteien zu. 2004 wurden von der 1. *sala*, die sich ausschließlich mit traditionellem Zivilrecht auseinandersetzt, 1254 Fälle entschieden entschieden, fast die gleiche Anzahl neu eingebracht.

2. Für die Abwicklung des Zivilprozesses stehen seit der Reform des Zivilprozessrechts[171] zwei Verfahren zur Verfügung, die grundsätzlich vom Streitwert bestimmt sind. Die offiziellen Gerichtssprachen sind Spanisch, Katalanisch, Galizisch und Baskisch, wird dies von einer Partei gewünscht, sind alle Dokumente ins Spanische zu übersetzen. Der Kläger heißt auf spanisch *demandante, demandado* ist der Beklagte.

a) *Juicio verbal* (mündliches Verfahren): Streitwert bis 3.000 Euro (vor dem Friedensgericht bis 90 E dann vor Gericht 1. Instanz). Das Verfahren beginnt zwar mit einer schriftlichen Klageschrift, es folgt aber ein vereinfachtes, mündliches Schnellverfahren.

b) *Juicio ordinario* (wörtlich: ordentliches Verfahren): Streitwert ab 3.000 Euro. Auch dieses Verfahren wird vor den Gerichten 1. Instanz durchgeführt, es beruht auf dem Gedanken der raschen Entscheidungen. Nach Einbringung der Klageschrift (*demanda* Art. 399 LEC) hat die Klagebeantwortung (*contestación de la demanda* Art. 405 LEC) hat innerhalb von 20 Tagen stattzufinden (Art. 404 LEC). Es folgt eine mündliche Verhandlung (*audiencia previa al juicio*), die 3 Tage nach Einlangen der Antwortschrift innerhalb von 20 Tagen anzuberaumen ist (Art. 414 LEC), wobei der Richter einen Schlichtungsversuch durchzuführen hat und die erforderlichen Beweismittel anzuführen sind, wobei die Parteien und das Gericht noch weitere Beweisaufnahmen fordern können, es herrscht Anwalts-

171 Ley de Enjuiciamiento Civil (LEC), Gesetz N.1, 07.01.2000: Tage sind im LEC Werktage; *Ramos Mendez*, Derecho procesal civil[5] (Barcelona 1992); *M. Á. Fernández López*, Derecho procesal practico I-VI (Madrid 1998).

zwang. Nach erneuter öffentlicher Verhandlung (*el juicio*), die innerhalb von Monatsfrist (wenn die Beweisverfahren größtenteils außerhalb des Gerichtsortes durchzuführen sind zwei Monate Art. 429 LEC) anzuberaumen ist, und Beendigung des Verfahrens, hat der Richter innerhalb von 20 Tagen zu entscheiden (Art. 434 LEC „*sentencia*").

Die *Ley de Enjuiciamiento Civil (LEC)* kennt nach Art 429 folgende Beweismittel: Parteienbefragung (*confesión en juicio*), Öffentliche Urkunden, Private Urkunden und Schriftstücke, Handelsbücher, Sachverständigen-Gutachten (*dictamen de peritos*), Gerichtlicher Augenschein (*reconocimiento judicial*), Zeugenvernehmung (*prueba de testigos*).

Zu beweisen hat derjenige, der etwas behauptet (Beweislastverteilung). Die Parteien und die Zeugen dürfen zumeist nur mit „Ja" oder „Nein" antworten.

Nach Abschluss des Beweisaufnahmeverfahrens (*fase de prueba*) können die Parteien mündlich ihre eigenen Schlüsse dartun (Art. 433 LEC). Sollten noch Unklarheiten verbleiben, könnte der Richter selbst weitere Beweise anordnen, um sich endgültig Klarheit zu verschaffen (Art. 435 LEC). Nach Abschluss auch dieses Vorgangs schließt der Richter den Fall und lädt gleichzeitig die Parteien zur Urteilsverkündung (*dictar sentencia*) (in der Regel innerhalb von 20 Tagen). Das Urteil hat die Sachverhaltsdarstellung zu enthalten, die Beweiswürdigung, sowie die Rechtsgrundlagen und die Möglichkeiten der Berufung.

Die Klage muss von einem *procurador* eingebracht werden, dieser betreibt nach dem Vorbild des ehemaligen französischen *avoué* die bürokratische Abwicklung des Prozesses, während dem *abogado* die Abfassung von Klage und Plädoyer zukommt. Die durchschnittliche Prozessdauer dieser Verfahren beträgt siebeneinhalb Monate (2004). Im Jahre 2004 wurden insgesamt in der 1. Instanz 1.196.498 Zivilprozesse begonnen, 1. 1.158.090 (davon 490.562 beim Einzelrichter *primera instancia*) beendet, somit eine überaus hohe Beendigungsquote.

3. Berufung innerhalb von 5 Tagen gegen die Entscheidung des Friedensrichters an das Gericht 1. Instanz oder gegen das Urteil des Gerichtes 1. Instanz an die Audiencia Provincial ist möglich (Art. 455 LEC), wobei auch neue Beweise, die unverschuldet bislang keine Beachtung fanden, vorgebracht werden können. In der Regel erscheinen nur die Anwälte und nicht die Parteien selbst. Im Durchschnitt erfolgt die Anberaumung eines Termins wenige Monate nach dem Urteil 1. Instanz. Bei geforderter und vom Berufungsgericht anerkannter neuer Beweiswürdigung *(vista* Art. 464 LEC) muss diese innerhalb von Monatsfrist durchgeführt werden. Innerhalb von 10 Tagen nach Abschluss des neuerlichen Verfahrens ist das Urteil zu sprechen, ist es zu keiner neuerlichen, mündlichen Beweisaufnahme gekommen, so hat das Berufungsgericht innerhalb von Monatsfrist ab Zustellung der Akten zu entscheiden (art. 465 LEC).

4. Es besteht die Möglichkeit des Kassationsrekurses *(recurso)* gegen alle Entscheidungen der *Audiencia Provincial*, deren ursprünglicher Streitwert 150.000 Euro (Art. 477 LEC) übersteigt, sowie in Statusangelegenheiten und weiters in solchen Angelegenheiten, deren Streitwert ökonomisch nicht abschätzbar ist, an den *Tribunal Supremo*. Dabei sind folgende weiteren Voraussetzungen zu beachten:

a) Bei schweren prozeduralen Fehlern (Kompetenz oder Anwendung von formellen Recht) (Art. 468 ff *recurso extraordinario por infracción procesal*).

b) Bei möglicher fehlerhafter Anwendung des Rechts, also bei allen Rechtsfragen mit *interés casacional* (kassatorischem Interesse), somit bei Abweichungen gegen die Rechtsprechung des *Tribunal Supremo* oder bei widersprüchlicher Rechtsprechung der Audiencias Provinciales. Dies betrifft auch ausdrücklich das lokale Recht der Teile Spaniens.

Diese Tatsache hat auch in Spanien Anlass dazu gegeben, über die Rechtsprechung *(jurisprudencia)* als Rechtsquelle zu diskutieren, was freilich abgelehnt wurde, und zwar angesichts der klaren Formulierung des Art 1 Código Civil, der die Rechtsquellen erschöpfend aufzählt.

Das oberste Gericht kann das Urteil kassieren, also zurückverweisen bzw den Rekurs verwerfen.

Was die Urteilsform betrifft, gilt folgendes: Nach einer ziemlich eingehenden Wiedergabe des bisherigen Verlaufes der Verfahren unter der Überschrift *Antecedentes de hecho* setzt sich der *Tribunal Supremo* mit der rechtlichen Beurteilung auseinander (*fundamentos de derecho*). Dabei wird ausschließlich die Interpretation der in Frage kommenden Normen vorgenommen und auf die Rechtsprechung des Höchstgerichtes hingewiesen bzw diese kommentiert. Danach erfolgt unter der Überschrift *fallamos* der eigentliche Urteilsspruch. Bisweilen geht das Höchstgericht auch auf die Rechtssprechung anderer Höchstgerichte, insbesondere des italienischen Kassationsgerichtshofes ein.

Betrifft das Urteil des Appellationsgerichts Partikularrecht – insbesondere Foralrecht – so ergeht der Kassationsrekurs an den *Tribunal Superior de la Comunidad Autonoma*.

5. In Spanien gibt es zum einen eine Normenkontrolle, *recurso de inconstitutionalidad* an den *Tribunal Constitucional* (12 Mitglieder von Juristen aller Sparten mit mindestens 15jähriger Berufserfahrung). Sie sind 9 Jahre im Amt. 8 werden mit 2/3 Mehrheit vom Parlament gewählt, 2 von der Regierung, 2 vom *Consejo Superior de la Magistratura* ernannt. Diese *Recurso* ist innerhalb von drei Monaten nach Veröffentlichung der anzufechtenden Norm anzubringen. Je nach Gesetz können Ministerpräsident, Ombudsmann, die Regierungen der *Comunidades autonomas*, deren gesetzgebende Versammlungen, 50 Abgeordnete oder Senatoren den Rekurs anbringen.

Während eines jeden Gerichtsverfahrens – also auch eines zivilrechtlichen – kann entweder der Richter oder jede der Parteien Zweifel an der Verfassungsmäßigkeit einer in Frage stehenden Norm äußern. Der Richter selbst muss entscheiden, ob er die Frage dem Verfassungsgericht vorlegt. Der Zweifel reicht aus (Art 1633 LEC): *cuestion de inconstitucionalidad*[172].

V. Die juristischen Berufe

1. Die Richterlaufbahn (*juez/magistrado*) beginnt man üblicherweise nach Abschluss der juristischen Studien und Erlangung der *licenciatura en derecho* (juristisches Diplom) durch Teilnahme an einer Aufnahmeprüfung zum *Centro de Estudios Judiciales*. Sodann hat man ebendort die vorgeschriebenen Kurse zu absolvieren und eine Abschlussprüfung abzulegen, wonach man von der Richterselbstverwaltung (*Consejo General del Poder Judicial*) zum Richter (*juez*) ernannt werden kann. Ein Viertel der zu besetzenden Posten werden auserwählten Anwälten mit mindestens 6jähriger Praxis vorbehalten. Zum höheren Richter (*magistrado*) wird man entweder auf Grund der richterlichen Laufbahn selbst (1/3 der Stellen), Prüfungsauswahl unter den Richtern (1/3) und durch Selektion unter Anwälten, die mindestens 10 Jahre praktiziert haben. Zum Richter am Höchstgericht wird man entweder auf Grund der Karriere in der Richterschaft (zumindest 10 Jahre als einfacher Richter und 10 weitere als *magistrado*), was 4/5 der Stellen betrifft, oder was das letzte Fünftel der Stellen anbelangt, durch eine Auswahl unter renommierten Anwälten (zumindest 20 Jahre Praxis) bestellt. Richter sind von verfassungs wegen[173] unabhängig, unabsetzbar und nur dem Gesetz verantwortlich. Zur Zeit gibt es 3.437 *magistrados* und 838 *juezes*

2. Die Voraussetzung zur Ausübung des anwaltlichen Berufs liegen einmal in einem abgeschlossenem Jura-Studium und zweitens in der Aufnahme in ein *Colegio de Abogados* (Rechtsanwaltskammer). Nur in diesem Sprengel kann man den Beruf ausüben, es sei denn im Falle von Berufungen. Es gibt 84 *colegios* und annähernd 100.000 eingeschriebene Anwälte. Aufnahmevoraussetzungen sind neben dem Studienabschluss (*licenciatura en derecho*): EU-Staatsbürgerschaft, keine Straftaten, Einschreibgebühren und Teilnahme an gemeinsamer Vorsorgekassa. Der *abogado* setzt selbst die Gebühren fest, eine Absprache hinsichtlich der *quota litis* ist unzulässig. Eine Tendenz zu größeren Sozietäten ist zu beob-

---

172 Vgl *A. López Pina*, Der gerichtliche Grundrechtsschutz in Spanien, KritVJschr 1990, 34 ff; *ders* (Hrsg), Spanisches Verfassungsrecht: Ein Handbuch (Heidelberg 1993).

173 Art 117 Constitución Española.

achten. Wer als ausländischer EU-Anwalt in Spanien praktizieren möchte, kann dies tun, sofern er zugelassener Anwalt im eigenen Land ist und er mit einem in Spanien niedergelassenen Anwalt zusammenarbeitet. Auch EU-Studenten mit Jura-Abschluss können sich nach Ergänzungsprüfungen in Spanien als Anwalt niederlassen.

3. Der Notar ist ein vom Justizministerium abhängiger juristischer Freiberufler, der in den *Colegios de Notarios* (Notariatskammer) organisiert ist und zum Teil im Namen des Staates auftritt, zum Teil in freier Ausübung seines Berufes juristischen Rat erteilt. Voraussetzung ist gleichermaßen die *licenciatura en derecho*. Nach schwierigen Aufnahmeprüfungen werden die Kandidaten auf ein freies Notariat ernannt (*numerus clausus*). Notare verleihen allen möglichen Urkunden im Rechtsverkehr Authentizität. Diese Funktion kommt ihnen ausschließlich zu.

4. *Procuradores* (Prozessvertreter) ist eine eigene von den *abogados* unterschiedene Berufskategorie. Sie sind ebenfalls in *colegios* organisiert, der Titel wird vom Justizministerium vergeben, was typologisch auf eine quasi öffentliche Funktion hindeutet. Voraussetzung ist *licenciatura en derecho*. Wichtigste Aufgabe des *procurador* ist die bürokratische Abwicklung von Zivil- und Strafprozessen. Während ursprünglich der Mandant den *procurador* aufsuchte, diesen mit einer Vertretungsvollmacht ausstattete und ihm alles weitere – auch die Auswahl eines *abogado* überließ, ist die Praxis heute umgekehrt, man lässt sich vom *abogado* beraten und dieser wählt den *procurador* aus.

§ 10 Österreich

Literatur: Nach wie vor grundlegend *Koziol/Welser*, Grundriss des Bürgerlichen Rechts I: Allgemeiner Teil, Sachenrecht, Familienrecht[13] (bearbeitet von *A. Kletecka*) (2006), II: Schuldrecht und Erbrecht[12] (bearbeitet von *Welser*) (jeweils Wien 2001); *Hausmanninger*, The Austrian Legal System[3] (Wien 2003). Grundlegende Kommentare unter Mitarbeit zahlreicher hervorragender Juristen sind: *Rummel* (Hrsg), Kommentar zum ABGB I[3] (Wien 2000) und II[3] (Wien 2003) (nicht nur bester Kommentar, sondern auch auf höchstem wissenschaftlichen Niveau mit zT außergewöhnlichen Ideen und Lösungsvorschlägen); *Schwimann* (Hrsg), Praxiskommentar zum ABGB samt Nebengesetzen I-VIII[3] (Wien 2005-2006).

Überaus nützlich ist das von *R. Welser* herausgegebene Fachwörterbuch zum bürgerlichen Recht (2005).

Die wichtigsten Zeitschriften für den Bereich des Zivilrechtes sind: Juristische Blätter (JBl), Österreichische Juristenzeitung (ÖJZ).

Die Entscheidungen des Obersten Gerichtshofes werden (in Auszügen) publiziert in den SZ: Entscheidungen des österreichischen Obersten Gerichtshofes in Zivilsachen.

I. Die historischen Grundlagen

Literatur: *L. Pfaff/F. Hofmann*, Excurse über österreichisches bürgerliches Recht Beilagen zum Kommentar 1. Bd. (1877); Festschrift zur Jahrhundertfeier des ABGB I und II (1911); *A. Ehrenzweig*, System des österreichischen allgemeinen Privatrechts I/1[2] (1950); W. Selb/H. Hofmeister, Forschungsband Franz von Zeiller (1980); 1-45; *Baltl/Kocher*, Österreichische Rechtsgeschichte[8] (Graz 1995); *Kocher*, Grundzüge der Privatrechtsentwicklung und der Geschichte der Rechtswissenschaft in Österreich (1997).

1. In Österreich hatte sich bereits um die Mitte des 18. Jhdts unter Kaiserin Maria Theresia die Vorstellung von einer grundlegenden Modernisierung des Staates durchgesetzt.

Auch das Zivilrecht sollte einer Kodifikation zugeführt werden, um so das in den österreichischen Erblanden in unterschiedlicher Weise geltende Gemeine Recht auch unter dem Blickwinkel des Vernunftrechtes zu vereinheitlichen. Besonders unter den aufgeklärten Herrschern Josef II. und Leopold II. wurden diese Bemühungen verstärkt, so dass unter Federführung des Wiener Professors für Naturrecht *C. A. v. Martini* tatsächlich 1797 ein Gesetzbuch fertig gestellt werden konnte, das mit Wirkung von 1798 zunächst probeweise in Westgalizien (das Land um Krakau in Polen) eingeführt, später auch in Ostgalizien in Kraft gesetzt wurde. Probeweise bedeutete, dass man praktische Erfahrungen sammeln und einschlägige Gutachten politischer Instanzen sowie der drei damaligen juristischer Fakultäten Österreichs (Wien, Prag, Freiburg im Breisgau) einholen wollte. Eine 1801 eingesetzte Hofcommission sollte zur Endredaktion des Gesetzes schreiten. Prominentestes Mitglied dieser Hofcommission war der Nachfolger *Martinis* am Wiener naturrechtlichen Lehrstuhl, *Franz von Zeiller* (1753 – 1828). Er sollte zum eigentlichen Vater des Allgemeinen Bürgerlichen Gesetzbuches (ABGB) werden.

Das ABGB wurde nach zahlreichen Beratungen[174] am 1. 6. 1811 publiziert und trat am 1. 1. 1812 für die deutschen Erblande in Kraft. Dazu zählten nicht nur die heutigen Österreichischen Länder (noch ohne Salzburg und Burgenland), sondern auch Welschtirol (das heutige Trentino), Krain (heute Slowenien), die Lombardei (1815-1859/65), Venetien (1815-1866), Görz und Triest sowie Böhmen und Mähren (heutiges Tschechien). In der späteren ungarischen Reichshälfte der Habsburgermonarchie ist das Gesetz nur zeitweilig und ohne Tiefenwirkung in Kraft gewesen. Der Untergang des österreichischen Vielvölkerstaates brachte in jenen Ländern, die wie die tschechischen oder slowenischen Gebiete nunmehr anderen Staaten zugehörten, noch nicht das Ende des ABGB. Es wurde dort vielmehr erst durch die kommunistischen Machthaber nach dem 2. Weltkrieg durch Zivilgesetzgebungen abgelöst. In den ehemals österreichischen Ländern Italiens gilt das ABGB heute nicht mehr, sieht man von den grundbücherlichen Bestimmungen ab. Die kommunistische Herrschaft in der Tschechoslowakei und Jugoslawien hat das ihrige dazu beigetragen, das ABGB immer mehr aus dem juristischen Bewusstsein jener Völker zu verdrängen. Selbst die neu erlangte politische Freiheit und Unabhängigkeit in Tschechien und Slowenien hat nicht dazu geführt, dem ABGB neue Beachtung zu schenken. In beiden Ländern sucht man andere Lösungen, wendet sich Deutschland, Frankreich und den Niederlanden zu. Das ABGB ist somit nur in Österreich selbst und im Fürstentum Liechtenstein, wo es 1812 durch fürstliche Verordnung, mit Ausnahme des Erbrechts (dieses 1846) eingeführt wurde, in Kraft.

Infolge der weitgehenden Ablehnung durch die ehemaligen habsburgischen Länder ist auch keine Beeinflussung dieser Rechtsordnungen durch das ABGB erkenntlich.

2. Gemeines Recht und Naturrecht waren jene Anhaltspunkte und Kriterien, an welche sich die österreichischen Gesetzgeber seit Maria Theresia hielten. Gemeines Recht bedeutete auch in den österreichischen Ländern vielfältig strukturiertes, vermischtes, oft verballhorntes Römisches Recht in der von Kaiser Justinian gegebenen Fassung. Gemeines Recht bot allerdings den gelehrten Juristen die Möglichkeit des Rückgriffes auf die unmittelbaren römischen Quellen. Naturrecht bedeutete in der Nachfolge der großen deutschen Rechtslehrer *Pufendorff, Wolff, Thomasius* und vieler anderer, neue Gedanken aufzugreifen und zu verar-

---

174 *J. Ofner*, Der Ur-Entwurf und die Beratungs-Protokolle des Österreichischen Allgemeinen bürgerlichen Gesetzbuches I und II (1889).

beiten. Das ABGB ist oft als naturrechtliches Gesetzbuch bezeichnet worden, unter mancherlei Aspekten aus gutem Grund. *Zeiller* war Professor für Naturrecht, er hatte nicht nur die großen Rechtslehrer des 18. Jhdts studiert, sondern sich auch mit der Philosophie des ausgehenden 18. Jhdts vertraut gemacht, vor allem mit *Immanuel Kant*[175]. *Zeillers* Ansichten über die Kodifikation, die Rechtsquellen und die Interpretation sind uns wohl bekannt[176]. Von besonderem Interesse ist dabei seine rechtsvergleichende Vorgangsweise, sein Interesse für rechtshistorische Bezüge, speziell für das Römische Recht sowie seine profunde Kenntnis der preußischen Kodifikation und der französischen Rechtsentwicklung bis zum Code Civil. In programmatischen Ausführungen hat er grundsätzlich zum Römischen Recht, dem Naturrecht, dem ALR und dem Code Civil[177] Stellung genommen.

Dabei hat er besonders gegen das Römische Recht argumentiert und sich damit der Kritik der Naturrechtslehrer des 18. Jhdts angeschlossen. Man könnte fast so weit gehen und behaupten, dass die Aussagen *Zeillers* geradezu in abschließender Weise, und dies in aller Prägnanz, naturrechtliches Gedankengut im Gegensatz zum Römischen Recht auf den Punkt bringt.

Zeillers ABGB ist das Produkt dieser Geistesrichtung und es spiegelt vornehmlich genau jene Gegensätze wieder, die wir auch in seinen programmatischen Schriften finden können. Die Vorgangsweise der großen Naturrechtslehrer war stets die Auseinandersetzung mit dem Römischen Recht gewesen und es ist unbestritten, dass in den Lehren der betreffenden Juristen immer versucht wird, Gegenpositionen zu entwickeln. Diese wurden immer radikaler, je mehr die philosophische Komponente in den Vordergrund gerückt wurde. Das Programm war gegen das Römische Recht gerichtet und mit Hilfe der ausgeklügeltsten philosophischen Lehren wurden stets neue Lösungen angeboten. *Zeiller* dagegen war viel zu sehr Jurist, um diesen oft realitätsfremden Versuchen beitreten zu können. Auch wenn er im Programm Naturrechtslehrer und somit diesbezüglich dem Römischen Recht gegenüber kritisch blieb, so zeigt doch gerade das ABGB, was an naturrechtlichem Gedankengut sinnvollerweise übernommen werden konnte. Es war dies in erster Linie der Gedanke, ein Gesetz für das ganze Volk zu schaffen: Dies war nur denkbar, wenn man die primäre Rechtsquelle in der Landessprache verfasste. Die Kritik der Naturrechtslehrer hatte sich in der Tat gegen ein Recht in einer fremden Sprache gewandt. Dieses Recht, das Römische in der Form des *ius commune*, das ursprünglich bereits von beträchtlichem Ausmaß gewesen war,

175 E. Swoboda, Franz von Zeiller, Graz-Wien.-Leipzig 1931.

176 Empfehlenswert der gesamte *F .v. Zeiller* gewidmete Forschungsband, herausgegeben von *Selb/Hofmeister* (1980).

177 Dazu *Pfaff/Hofmann*, Exkurse über österreichisches allgemeines bürgerliches Recht (1877) 36 ff.

war durch die nicht abreißende Fülle an Kommentaren, juristischen Schriften und Traktaten aller Art sowie einer Unzahl von gerichtlichen Entscheidungen – alle zumeist in lateinischer Sprache – zum Gegenstand einer derartigen Arkanwissenschaft geworden, dass es selbst die Experten nur mit Mühe handhaben konnten. Vor allem war die Vorhersehbarkeit der Entscheidungen auf ein Minimum reduziert, was das allgemeine Vertrauen in das Recht und die Juristen auf einen Tiefpunkt sinken hatte lassen. Auch diesbezüglich setzt das ABGB zum ersten Mal in deutschen Landen neue Akzente. In 1502 Paragraphen sollte der gesamte Rechtsstoff dargeboten werden, klar und übersichtlich geordnet, allgemein verständlich, leicht zu handhaben, ein wahrer Neuanfang ohne den unendlichen Wust, den das Römische Recht seit den Tagen Justinians mit sich schleppte. In dieser Hinsicht ist das ABGB geradezu ein klassisches Produkt der Naturrechtslehre. Wenn man freilich zum Inhalt des Gesetzes vordringt, so wird man bald merken, dass *Zeiller* viel zu sehr praktisch denkender Jurist war, um sich in den verschiedenen Richtungen der Naturrechtsphilosophie zu verstricken und zu verlieren. Naturrechtliches Gedankengut findet sich in § 7, was die Auslegung des Gesetzes anbelangt, sowie in § 16 – eine weit reichende, programmatische Regelung der Persönlichkeit und ihrer Rechte. Ansonsten wird man, was die Substanz des Inhalts betrifft, kaum irgendwo auf naturrechtliches Gedankengut stoßen.

Während die der sozialen Realität nahe stehenden Bereiche des Gesetzes wie Personen- und Familienrecht und teilweise das Erbrecht der lokalen Tradition und Entwicklung unter Einfließung aufgeklärter, etatistischer Strömungen geregelt wurden, handelt es sich bei dem Kernbereich des Bürgerlichen Rechts, also Sachen- und Schuldrecht, um römischrechtliche Grundsätze und Lösungen. Wie sehr *Zeiller* auch programmatisch gegen das Römische Recht eingestellt war, so sehr bevorzugte er im Detail die unmittelbare Anknüpfung an das Römische Recht.

Römischrechtlich ist auch der grundsätzliche Ansatz, das Gesetz auf möglichst wenige Grundtatbestände zu beschränken und damit der Kasuistik durch den Gesetzgeber eine klare Abfuhr zu erteilen. Zielpunkt seiner Kritik war dabei in erster Linie das preußische Allgemeine Landrecht (ALR). Ebenso wie mit dem Römischen Recht ist *Zeiller* mit dem Code Civil verfahren. Programmatisch und durchaus politisch lehnte er ihn als Produkt der französischen Revolution ab. Wie eingehend er sich aber damit beschäftigt haben muss, beweisen die zahlreichen Hinweise auf den Code Civil in seinen späteren Schriften. Gerade das politische Motiv ist beim Inkrafttreten des ABGB nicht zu vernachlässigen. Österreich war nach der preußischen Katastrophe von Jena und Auerstätt der einzig ernstzunehmende deutsche Staat geblieben. Während im Gefolge Napoleons dessen Code Civil auch in Deutschland vielfach Annahme fand, wurde in Österreich das ABGB publiziert – gleichsam als die deutsche Antwort auf den siegreichen Franzosen. Mit dem Sieg über Napoleon und die Rückkehr zum Partikularismus unter zunehmend preußischer Dominanz in Deutschland hatte das ABGB dann aber wenig Chancen, diese nationale Karte auszuspielen.[178]

3. Neue Strömungen in der Rechtswissenschaft – insbesondere *Savigny* und die historische Schule – ließen das eben erst auf die Welt gekommene ABGB alt erscheinen, in den Augen vieler sogar als obsolet. Der strenge österreichische Etatismus und das politische System des Vormärz unter Metternichs Führung bedeutete weiters, dass das ABGB mit diesem System identifiziert wurde.

Zeiller selbst hatte als Redaktor sein ABGB kommentiert und damit geradezu authentische Maßstäbe gesetzt.[179] Im Sinne eines jeden strengen Gesetzgebers erachtete er es für förderlich, dass sich die Richter möglichst eng am Gesetz orientierten, eine Maxime, die dem Staat durchaus sinnvoll zu sein schien. Auch der wissenschaftliche Jurist sollte sich streng an das Gesetz halten und nur ausgehend vom Gesetz ohne Bezug auf Theorien oder soziale und politische Realitäten das Gesetz interpretieren und kommentieren. So entwickelte sich in Österreich eine der *École des Exégèses* sehr ähnliche Rechtswissenschaft und Rechtsprechung. Eine grundlegende Veränderung bahnte sich aber zur Jahrhundertmitte bereits an: *Savignys* Ideen und Lehren von der Reform der Rechtswissenschaft auf wissenschaftlich-universitärer Ebene verhallten auch in Österreich nicht ungehört[180]. Schüler und Anhänger von *Savignys* Historischer Schule wurden nach Wien und andere österreichische Universitäten berufen, ihre Lehren fielen bald auf fruchtbaren Boden unter den besten der angehenden österreichischen Juristen. Insbesondere *Joseph Unger* (1828 -1913), einer der bedeutendsten österreichischen Juristen aller Zeiten, war es, der das Gedankengut der historischer Schule massiv in die Österreichische Lehre, aber auch Praxis einführte und nachhaltig festigte. Insofern kann sein Werk als exemplarisch bezeichnet werden. Trotz gelegentlichen Widerstandes mit Hinweisen auf die Andersartigkeit des ABGB und auf seinen genuin österreichischen Charakter[181] befindet sich die österreichische Privatrechtswissenschaft seither im Fahrwasser der deutschen Zivilistik, oder, pointierter ausgedrückt: sie ist ein Teil derselben. Verstärkt wurden diese grundsätzlichen Tendenzen durch die Einführung gleicher Gesetze, wie das Handelsge-

178 *P. Caroni,* Der unverstandene Meister? Savignys Bemerkungen zum österreichischen ABGB, in: Festschrift Baltl (1978) 107ff.

179 Commentar über das allgemeine bürgerliche Gesetzbuch I-IV (Wien – Triest 1811 – 1813).

180 *Lentze*, Naturrecht und Historische Schule in der österreichischen Rechtswissenschaft, in Wissenschaft und Weltbild 23 (1970), 38; *Brauneder*, Privatrechtsfortbildung durch Juristenrecht in Exegetik und Pandektistik, ZNR 1983, 22.

181 *J. Unger*, System des österreichischen allgemeinen Privatrechts I und II (1856; 4. Aufl 1894).

setzbuch (HGB; in Österreich seit 1939) und das deutsche Ehegesetz (1938). Doch bereits zuvor war massiv Gedankengut und Legistik des BGB nach Österreich gedrungen, vor allem über die so genannte dritte Teilnovelle, die 1916 in Kraft trat[182] und im wesentlichen schuldrechtliche Bestimmungen zum Inhalt hatte. Unter den Materialien scheint dabei ganz explizit das BGB auf.

II. Das ABGB

1. Einleitung: Von den bürgerlichen Gesetzen überhaupt	§§ 1-14
Erster Teil: Von dem Personenrechte	§§ 15-283
1. Hauptstück. Von den Rechten, welche sich auf persönliche Eigenschaften und Verhältnisse beziehen	§§ 15-43
2. Hauptstück. Von dem Eherechte (§§ 101 – 136 aufgehoben)	§§ 44-100
3. Hauptstück. Von den Rechten zwischen Eltern und Kindern	§§ 137-186a
4. Hauptstück. Von den Vormundschaften und Kuratelen	§§ 187-283
Zweiter Teil: Von dem Sachenrechte	§§ 285-1341
Von Sachen und ihrer rechtlichen Einteilung	§§ 285-308
1. Abteilung. Von den dinglichen Rechten	§§ 309-858
1. Hauptstück. Von dem Besitze	§§ 309-352
2. Hauptstück. Von dem Eigentumsrechte	§§ 353-379
3. Hauptstück. Von Erwerbung des Eigentums durch Zueignung	§§ 380-403
4. Hauptstück. Von Erwerbung des Eigentums durch Zuwachs	§§ 404-422
5. Hauptstück. Von Erwerbung des Eigentums durch Übergabe	§§ 423-446
6. Hauptstück. Von dem Pfandrechte	§§ 447-471
7. Hauptstück. Von Dienstbarkeiten (Servituten)	§§ 472-530
8. Hauptstück. Von dem Erbrechte	§§ 531-551
9. Hauptstück. Von der Erwerbung des letzten Willens überhaupt und den Testamenten insbesondere	§§ 552-603

182 Die drei Teilnovellen wurden zu unterschiedlichen Zeitpunkten in Kraft gesetzt. Die erste (Personen-, Familien-, Erbrecht) 1914, die zweite (Erneuerung und Berichtigung der Grenzen) 1915 und die dritte 1916. Die Novellierung erfolgte nach eingehenden Beratungen (1904-1911) auf Anregung *Ungers* (GrünhutsZ 31 (1904] 389 ff). Den Entwurf als Gesamtheit legte das so genannte „Subkomitee“ zunächst der Juristenkommission des Herrenhauses, diese wiederum nach einzelnen Änderungen der Vollversammlung des Herrenhauses vor, das ihn Ende 1912 verabschiedete. Vor dem I. Weltkrieg konnte das Gesetz nicht mehr die zweite Kammer (Abgeordnetenhaus) passieren, weshalb die Bestimmungen als Teilnovellen mittels Notverordnung in Kraft gesetzt wurden. Für den Berichterstatter *Schey* (in *Klang*, ABGB I^{2} [1964] 1, 18) ist das Ergebnis ein reformiertes ABGB, das nach wie vor als geschlossener Kodex die Grundlage unseres Bürgerlichen Rechtes zu bilden hat.

10. Hauptstück. Von Nacherben und Fideikommissen	§§ 604-646
11. Hauptstück Von Vermächtnissen	§§ 647-694
12. Hauptstück. Von Einschränkung und Aufhebung des letzten Willens	§§ 695-726
13. Hauptstück. Von der gesetzlichen Erbfolge	§§ 727-761
14. Hauptstück. Von dem Pflichtteile und der Anrechnung in den Pflicht- oder Erbteil	§§ 762-796
15. Hauptstück. Von Besitznehmung der Erbschaft	§§ 797-824
16. Hauptstück. Von der Gemeinschaft des Eigentums und anderer dinglichen Rechte	§§ 825-858
2. Abteilung: Von den persönlichen Sachenrechten	§§ 859-937
17. Hauptstück. Von Verträgen und Rechtsgeschäften überhaupt	§§ 859-937
18. Hauptstück. Von Schenkungen	§§ 938-956
19. Hauptstück. Von dem Verwahrungsvertrage	§§ 957-970c
20. Hauptstück. Von dem Leihvertrage	§§ 971-982
21. Hauptstück. Von dem Darlehensvertrage	§§ 983-1001
22. Hauptstück. Von der Bevollmächtigung und anderen Arten der Geschäftsführung	§§ 1002-1044
23. Hauptstück. Von dem Tauschvertrage	§§ 1045-1052
24. Hauptstück. Von dem Kaufvertrage	§§ 1053-1089
25. Hauptstück. Von Bestand-, Erbpacht- und Erbzinsverträgen	§§ 1090-1150
26. Hauptstück. Von Verträgen über Dienstleistungen	§§ 1151-1174
27. Hauptstück. Von dem Vertrage über eine Gemeinschaft der Güter	§§ 1175-1216
28. Hauptstück. Von den Ehepakten	§§ 1217-1266
29. Hauptstück. Von den Glücksverträgen	§§ 1267-1292
30. Hauptstück Von dem Rechte des Schadensersatzes und der Genugtuung	§§ 1293-1341

Dritter Teil: Von den gemeinschaftlichen Bestimmungen der Personen und Sachenrechte

1. Hauptstück. Von Befestigung der Rechte und Verbindlichkeiten	§§ 1342-1374
2. Hauptstück. Von Umänderung der Rechte und Verbindlichkeiten	§§ 1375-1410
3. Hauptstück. Von Aufhebung der Rechte und Verbindlichkeiten	§§ 1411-1450
4. Hauptstück. Von der Verjährung und Ersitzung	§§ 1451-1502

2. Der ursprüngliche Aufbau des ABGB ist beibehalten worden. Das Eherecht wurde, was die Eheschließung und die Aufhebung der Ehe anbelangt, 1938 durch das deutsche Ehegesetz ersetzt und somit aus dem ABGB ausgegliedert. Der Aufbau wird dem Institutionensystem zugeordnet, das über den römischen Juristen *Gaius* durch dessen in drei Teile (*personae, res, actiones*) gegliedertes Lehrbuch (*institutiones*) Verbreitung fand, wobei natürlich der prozessuale Aspekt im österreichischen Recht der ZPO zuzuordnen ist.

Bemerkenswert ist dabei, dass dem ABGB seit allem Anfang ein allgemeiner Teil des Schuldrechts bekannt war und zwar das 17. Hauptstück des 2. Teiles: Von Verträgen und Rechtsgeschäften überhaupt. Dort wird allgemein über die Verpflichtungsgründe (§ 859), die Abschließung von Verträgen (§§ 861-814a), die Erfordernisse eines gültigen Vertrages (insbesondere Geschäftsfähigkeit und Willensmängel, §§ 865-877), die Möglichkeit und Erlaubtheit (§§ 878-880a), die Form der Verträge (§§ 883-886), gemeinschaftliche Verbindlichkeit oder Berechtigung (§§ 888-896), Nebenbestimmungen bei Verträgen (§§ 897-900), den Beweggrund (§ 901), Zeit, Ort und Art der Erfüllung (§§ 902-913), Auslegungsregeln bei Verträgen (§§ 914-916), allgemeine Bestimmungen über entgeltliche Verträge und Geschäfte (§§ 917-921), Gewährleistung [hier wesentlicher Unterschied zum BGB, das die Gewährleistung im besonderen Teil regelt] (§§ 922-933), Schadloshaltung wegen Verkürzung über die Hälfte (§ 934) statuiert.

III. Die weitere Entwicklung

Seit dem Jahre 1975 (BGBl 1975/412) ist das Familienrecht tief greifenden Reformen unterzogen worden. Dabei wurde im wesentlichen die partnerschaftliche Ehe gesetzlich verankert, sowie die Rechte und Pflichten von Eltern und Kindern neu gefasst (BGBl 1977/403). Zuletzt wurde auch das Namensrecht den Gleichheitserfordernissen der Moderne angepasst (BGBl 1995/25). Diese Reformen sind alle innerhalb des ABGB erfolgt, ohne deshalb seinen Zusammenhalt oder seine Kompaktheit zu gefährden. Im Ehegesetz wurde § 68a dahingehend novelliert, dass ein verschuldensunabhängiger Anspruch auf Unterhalt nach Beendigung der Ehe bestehen kann. Das Familienrecht – und über selbiges auch das Erbrecht – haben sich der sozialen und geistigen Gegebenheiten aller Regel nach anzupassen und stellen einen sehr wechselhaften Teil des Bürgerlichen Rechts dar. Seit der Rückführung des deutschen Eherechts ins BGB könnte aber eine erneute Diskussion auch für Österreich sinnvoll erscheinen.

Daneben sind freilich zahlreiche Gesetze entstanden, die wesentliche Bereiche des Bürgerlichen Rechts neu regelten und welche die Einheit der Kodifikation ganz wesentlich gesprengt haben. Als wichtigste können folgende angesehen werden:

Im Bereich des Sachenrechts das Wohnungseigentumsgesetz (WEG 1975), das Eisenbahnenteignungsgesetz (EisbEG 1954, vorbildhaft für und somit anwendbar in allen Enteignungsfragen), das Wald- und Weideservitutengrundsatzgesetz (WWSGG 1951);

im Bereich des Schuldrechts das Mietrechtsgesetz (MRG 1975), das Landpachtgesetz (LPG 1969), das Konsumentenschutzgesetz (KSchG 1979), das Teilzeitnutzungsgesetz (TNG 1997), das Eisenbahn- und Kraftfahrzeughaftpflichtgesetz (EKHG 1959), das Produkthaftungsgesetz (PHG 1988/99) und das UN-Kaufrechtsübereinkommen (UN-KaufR 1988); Am 1. 1. 2002 trat das Gewährleistungsrechtsänderungsgesetz in Kraft. Dies bedeutete eine Anpassung der Gewährleistung an die Verbrauchsgüterkauf Richtlinie der EU (1999/44 25.5. 1999)[183].

Im Bereiche des Erbrechts das Anerbengesetz (AnerbG 1958).

Aus dem Angeführten ergibt sich klar und eindeutig die eminente Bedeutung der Gesetzgebung im Bereich des Bürgerlichen Rechts außerhalb des ABGB. Während etwa Produkthaftungsgesetz und UN-Kaufrechtsübereinkommen auf internationalen Verpflichtungen beruhen und anderswo vorgeschlagenes Gedankengut und rechtliche Lösungen ins nationale Recht transformieren, so sind etwa das EKHG und das Konsumentenschutzgesetz (KSchG) rein österreichische Gesetze, ebenso wie WEG und MRG. Gerade das KSchG ist von großer allgemeiner Bedeutung. Darin sind so wichtige Probleme wie AGB, Abzahlungsgeschäfte, Kreditgeschäfte von Ehegatten und Reiseveranstaltungsvertrag geregelt. Sehr eingehend sind auch die Bestimmungen zum Rücktrittsrecht geregelt. Interessant ist auch sie systematische Gliederung des Gesetzes in einen allgemeinen Teil (§§ 1-14) und einen besonderen Teil (§§ 16-31f).

IV. Der Aufbau der Gerichtsbarkeit

Literatur: *Fasching*, Lehrbuch des österreichisches Zivilprozessrechts[2] (1990); *Ballon*, Einführung in das österreichische Zivilprozessrecht[8] (1999); Rechberger/Simotta, Grundriss des österreichischen Zivilprozessrechts[6] (2003); Dolinar/Holzhammer, Zivilprozessrecht[4] (2003).

Die Entscheidungen des OGH finden sich in folgenden Sammlungen: GlU – Sammlung von zivilrechtlichen Entscheidungen des kk Obersten Gerichtshofes, hrsg von *Glaser* und *Unger* (1853-1897); GlUNF – *Glaser/Unger*, Neue Folge 1889-1915. SZ: Entscheidungen des österreichischen Obersten Gerichtshofes in Zivil- und Justizverwaltungssachen, veröffentlicht von seinen Mitgliedern seit 1919 bis heute.

1. Die Zivilgerichtsbarkeit in Österreich wird von den Bezirksgerichten (BG) den Landesgerichten (LG), den Oberlandesgerichten (OLG) sowie dem Obersten Gerichtshof (OGH) ausgeübt. Als erste Instanz werden entweder die Bezirksgerichte oder die Landesgerichte als Gerichtshöfe erster Instanz tätig. Dabei gibt es eine Wertzuständigkeit und eine Eigenzuständigkeit. Rechtssachen bis zu einem Streitwert von 10.000 Euro (JN § 49 Abs. 2) gehören vor die Bezirksgerichte, die Eigenzuständigkeit der Bezirksgerichte ergibt sich aus § 49 Abs.2 der Jurisdiktionsnorm (JN):

-Streitigkeiten über die Vaterschaft zu einem unehelichem Kind

-Streitigkeiten über die dem Vater eines unehelichen Kindes gegenüber diesem und der

183 *R. Welser/ B. Jud*, Die neue Gewährleistung (2001).

-Mutter des Kindes gesetzlich obliegenden Pflichten
-sonstige Unterhaltsstreitigkeiten
-Streitigkeiten über die eheliche Abstammung
-Ehesachen im engeren Sinn
-sonstige Streitigkeiten zwischen Ehegatten oder aus dem Eltern-Kind Verhältnis
-Grenzberichtigungs-, Dienstbarkeits- und Ausgedingestreitigkeiten
-Besitzstörungsstreitigkeiten
-Bestand- und Ablösesachen
-Streitigkeiten zwischen Reedern, Schiffern, Fuhrleuten, Wirten und ihren Auftraggebern,
-Reisenden und Gästen
-Viehmängelstreitigkeiten

Bezirks- und Landesgerichte sind bei gleich bleibender Wertgrenze auch in Handelssachen zuständig, nur in Wien gibt es ein eigenes Bezirksgericht für Handelssachen und ein Handelsgericht.

Grundsätzlich entscheidet in erster Instanz stets der Einzelrichter, bei Rechtssachen am Landesgericht kann jede Partei ein Verfahren vor einem aus drei Richtern bestehenden Senat verlangen, wenn der Streitwert 50.000 Euro (JN § 70 Abs. 2) übersteigt.

2. Gegen jedes Urteil 1. Instanz kann Berufung eingelegt werden (innerhalb von vier Wochen ab Zustellung des Urteils). Die Gründe für eine Berufung sind entweder formelle Mängel (Verfahrensfehler) wie Nichtigkeitsgründe und wesentliche Verfahrensmängel oder materielle Mängel wie unrichtige rechtliche Beurteilung und unrichtige Sachverhaltsfeststellung. Die Berufungsinstanz entscheidet regelmäßig in Dreier-Senaten. Gegen Urteile des BG ergeht die Berufung an das LG, gegen die Urteile des LG an die Oberlandesgerichte (Wien für Wien, Niederösterreich und Burgenland; Graz für Steiermark und Kärnten; Linz für Oberösterreich und Salzburg; Innsbruck für Tirol und Vorarlberg). Urteile bei einem Streitwert von unter 2.000 Euro können nur wegen Nichtigkeit oder unrichtiger rechtlicher Beurteilung angefochten werden (§ 501 ZPO). Der Entscheidung geht nur auf Parteibegehren (weniger als die Hälfte der Fälle) eine mündliche Verhandlung voraus.

3. Gegen jedes Urteil eines Berufungsgerichtes ist, falls diese vom Berufungsgericht zugelassen wird, Revision an den OGH zulässig. Diese ist normalerweise bei einem Streitwert von unter 4.000 Euro (§ 528 ZPO) unzulässig, bei einem Streitwert zwischen 4.000 und 20.000 Euro nur bei Rechtsfragen von erheblicher Bedeutung. Bei Übersteigen der Wertgrenze von 20.000 Euro öS kann, obwohl keine Rechtsfrage von erheblicher Bedeutung festgestellt wurde, die außerordentliche Revision eingebracht werden (§ 502 ZPO). Die Revisionsgründe sind Nichtigkeit des Berufungsurteils, wesentliche Verfahrensmängel des Berufungsverfahrens, Aktenwidrigkeit sowie unrichtige rechtliche Beurteilung durch das Berufungsgericht. Beim OGH entscheiden üblicherweise Senate aus fünf Richtern (es gibt 10 Senate für Zivilrecht, 5 für Strafrecht und einer fungiert als Kartellobergericht), bei Entscheidungen von grundsätzlicher Bedeutung 11 Richter (verstärkter Senat). Das Verfahren vor dem OGH ist ein Aktenverfahren. Der OGH hebt bei Nichtigkeit des Verfahrens bzw bei Klärungsbedarf der Tatsachen das Urteil des Berufungsgerichtes auf und verweist an die 1. oder 2. Instanz zurück. Er kann aber auch das Urteil des Berufungsgerichtes bestätigen, oder – bei unrichtiger rechtlicher Beurteilung durch das Berufungsgericht – die Entscheidung ganz oder nur teilweise abändern, also als letzte Instanz meritorisch entscheiden.

4. Die österreichischen Richter sind Berufsrichter. In besonderen Verfahren, wie in Arbeits- und sozialrechtlichen Fällen oder in Handelssachen, werden zusätzlich Laienrichter herangezogen. Voraussetzungen für die Übernahme in die Richterausbildung sind neben Staatsbürgerschaft und guter Leumund ein abgeschlossenes Studium der Rechtswissenschaften und Absolvierung des praktischen Jahres bei Gericht. Während dieser Zeit wird jeder Praktikant jeweils für mehrere Wochen Richtern aus allen gerichtlichen Tätigkeitsbereichen (vor allem aber in Zivil- und Strafsachen) am BG und LG zugeteilt, die ihn auszubilden und sowohl fachlich als auch persönlich zu beurteilen haben. Der an der Richterkarriere interessierte Praktikant muss sich als Übernahmswerber deklarieren und kann bei Existenz freier Planstellen zur Zeit der Bewerbung aufgrund von Prüfungen, der Beurteilungen der Ausbildungsrichter und psychologischer Tests als Richteramtsanwärter in die Richterausbildung übernommen werden. In weiteren etwa drei Jahren, in welchen der Kandidat möglichst alle Bereiche der Zivil- und Strafgerichtsbarkeit an den Gerichten der verschiedenen Instanzen durchlaufen und auch mehrere Monate in einer Anwaltskanzlei arbeiten muss, wird er nach wie vor von jedem Ausbildungsrichter beurteilt und zusätzlich in begleitenden Seminaren geschult. Nach 4 Jahren Ausbildung muss er die umfassende Richteramtsprüfung, die von hohem Schwierigkeitsgrad ist, ablegen. Besteht der Kandidat die Prüfung, so kann er sich als geprüfter Richteramtsanwärter auf jeden ausgeschriebenen Planposten eines Richters in Österreich bewerben. Mit der Ernennung zum Richter ist er auch durch das Bundesverfassungsgesetz geschützt, er ist unabhängig, unabsetzbar und unversetzbar (Art 87 und 88 B-VG). Derzeit sind zwischen 1700 und 1800 Richter im aktiven Dienst, davon 58 beim OGH (1 Präsident, 2 Vizepräsidenten, 12 Senatspräsidenten, 43 Hofräte).

5. Die Verfassungsgerichtsbarkeit[184] ist zwar in Österreich stark ausgebaut, kommt aber aus verschiedenen Gründen im Privatrecht selten zum Tragen. Grundsätzlich kann aber über einen Individualantrag jedermann eine Normenkontrolle begehren, wenn er durch das betreffende Gesetz in seinen Rechten unmittelbar nachteilig betroffen ist und kein anderer Weg der Rechtsverfolgung zugemutet werden kann (Art 140 B-VG). Der Verfassungsgerichtshof (VfGH) muss, wenn die Normenkontrolle ergibt, dass das Gesetz verfassungswidrig ist, dieses zur Gänze oder teilweise aufheben.

Die österreichische Lehre und Rechtsprechung steht auf dem Standpunkt, dass es keine absolute Drittwirkung der Grundrechte geben kann. Sie können daher nicht zur direkten Umgestaltung privatrechtlicher Normen führen. Wohl aber ist von einer mittelbaren Wirkung der Grundrechte auszugehen, was bedeutet, dass sie zur Interpretation privatrechtlicher Normen heranzuziehen sind. Als wichtiger Anwendungsbereich gilt auch in Österreich die Präzisierung von Generalklauseln wie im Falle des § 879 ABGB (Sittenwidrige Verträge)[185].

Die Urteile der Zivilgerichte können nur auf dem Berufungswege innerhalb der Zivilgerichtsbarkeit einer Kontrolle unterzogen werden. Die Urteile des Obersten Gerichtshofes unterliegen nicht der Kontrolle durch den VfGH.

---

184 *Adamovich/Funk/Holzinger*, Österreichisches Staatsrecht II (1998) Kapitel 39.

185 *F. Bydlinski*, Thesen zur Drittwirkung von Grundrechten im Privatrecht, in *Rack* (Hrsg), Grundrechtsreform (1985) 173; *ders*, Möglichkeiten und Grenzen der Präzisierung aktueller Generalklauseln, in Wieacker-FS (1990) 204.

§ 11 Das englische Recht

Literatur: *C. Graf v. Bernstorff*, Einführung in das englische Recht[2] (2000); *Lyall*, An introduction to British Law (1994); D. *Henrich/P. Huber*, Einführung in das englische Privatrecht (2002); *P. F. Smith/S. H. Bailey/M.J. Gunn*, The Modern English Legal System[4] (2002); Unmittelbaren Zugang zu den Rechtsquellen bieten die Sammlungen: *Halsbury*'s Laws of England und Halsbury's Statutes of England.

Das beste Abkürzungsverzeichnis im Bereiche des englischen Rechts findet man in *Halsbury*'s Laws of England.

Sehr nützlich zur begrifflichen Einführung ist das Oxford Dictionary of Law[4] (1997); *M. Partington*, Introduction to the English Legal System (2000).

I. Begriffsbestimmungen

Das englische Recht ist untrennbar mit dem Begriff des *Common Law* verbunden. In diesem Zusammenhang wird sogar vom System des *Common Law* gesprochen. Als erstes empfiehlt sich daher eine Begriffserklärung.

Unter *Common Law* versteht man dreierlei:

a) Das *Common Law* wird als prinzipieller Ausdruck des vornehmlich in England/Wales, Irland, den Vereinigten Staaten von Amerika (mit der Ausnahme von Louisiana), aber auch in anderen Staaten des ehemaligen Britischen Weltreichs, insbesondere in Kanada (mit der Ausnahme von Québec), in Neuseeland und in Australien geltenden Rechtes und der jeweiligen im materiellen als auch formellen Recht begründeten Rechtsordnungen verwendet. Dem gegenüber steht das *Civil Law*, also jenes auf Kodifikation beruhende, kontinentale europäische Recht.

b) Innerhalb dieser Rechtsordnungen wird das *Common Law* zwei weiteren Dimensionen des Rechtes gegenübergestellt:

ba) als Fallrecht (*case law*) dem Gesetzesrecht (*statute law*);

bb) als fester Normenkomplex der *Equity;*

c) In seinem Ursprung bedeutet *Common Law* das grundsätzlich allgemein gültige Recht der normannischen Könige Englands ab 1066.

II. Die historischen Grundlagen

Literatur: Nach wie vor grundlegend *Pollock/Maitland*, The History of English Law Hrsg Milson[2] (1968).

Der grundlegende Begriff des ältesten Normenkomplexes des englischen Rechts, das auf die normannische Eroberung von 1066 zurückgeht, ist der *writ.*[186]

186 *F. W. Maitland*, The Forms of Action at Common Law (Cambridge 1976).

Der *writ* war nichts anderes als eine von staatlich kompetenter Stelle erlassene Anordnung, im höchsten Falle vom König selbst über die *Chancery* (Kanzleigericht). Die *writs* waren ursprünglich im judiziellen Bereich auf konkrete Fälle bezogene Anweisungen an die örtlichen Gerichtsherren beschränkt. Über die *writs* sollte bewusst das allgemeine (*common*), das königlich normannische Recht gegenüber dem örtlichen angelsächsischen in den Vordergrund treten. Die ursprüngliche Fall-Rechtsprechung verdichtete sich alsbald zu allgemeinen Vorlagen, die sich als formelhaft abstrakt ergaben, wohl ähnlich den Formeln des Römischen Zivilprozesses. Diese Verdichtung und Verallgemeinerung zusammen mit der intensiven archivarischen Sammlung der *writs* (*Register of writs*) mussten dazu führen, dass man all jene Sachverhalte, die sich nicht in den *writs* wieder finden ließen, als nicht weiter rechtsrelevant behandelte: ‚*no writ – no right*'. Zu den ältesten *writs* zählen die *writs of right* (Streit bezüglich Eigentum an Grundstücken), *writs of deb'* (Zahlung einer Schuld) und *writs of trespass* (direkte, gewaltsame Personen- und Sachverletzung).

Als königliches Recht musste sich der Rechtssuchende zur königlichen Kanzlei begeben, um so das für seinen Fall entscheidende *writ* beim *Chancellor*[187] zu begehren, versehen mit dessen Unterschrift ging es weiter an den zuständigen Gerichtsherren. Über staatliche Eingriffe, sei es auf parlamentarischem, sei es auf administrativem Weg (Kanzler), erfolgte die Weiterentwicklung der *writs*.

Anhand der systematischen Weiterentwicklung konnte man ab dem 14. Jhdt auch eine auf dem Wege der strengen Analogie sehr behutsam betriebene Entwicklung durch die Gerichte feststellen, die auf Grund der vorliegenden Tatsachen und des Beweises, dass der Kläger tatsächlich durch den Beklagten in irgendeiner Weise geschädigt worden war, eine Klage *on the case* erlaubte. Das System der *writs* wurde erst um die Mitte des vorigen Jahrhunderts (*Common Law Procedure Act*) förmlich abgeschafft, damit wurden in vieler Hinsicht aber nur die Förmlichkeiten neuer, älterer und uralter *writs* beseitigt. Über das Fallrecht blieb und bleibt jedoch das in die Form der *writs* gegossene *Common Law* durchaus präsent und lebendig, die Form der ‚*writs*' und ihr Formalismus, der vielfach kritisiert worden ist, verschwanden größtenteils, nicht aber ihr Inhalt und schon gar nicht ihr Geist.[188]

---

187 Zum Amt des Lord Chancellors heute: *Behrens*, ZEuP 1996, 284.

188 Bezeichnend ist hierfür *Maitlands* Ausspruch: „The forms of action we have buried, but they rule us from their graves."

1. Die Starrheit der Bestimmungen des *Common Law* haben dazu geführt, dass andere Wege gesucht und begangen wurden, um doch auch in von den Tatbeständen nicht erfassten und erfassbaren Fällen zu einer annehmbaren Lösung zu gelangen. So entstand die *Equity* (Gerechtigkeit/Billigkeit), die sich auf Grund allgemeiner Gerechtigkeitsüberlegungen entwickelt hat. Alles sprach dafür, dass in diesen Fällen die Rechtsuchenden sich nicht an den örtlichen Gerichtsherren, sondern direkt an den König oder an dessen engsten Mitarbeiter, den Kanzler, wenden würden. Annehmbare Lösungen mussten insbesondere dann gesucht werden, wenn entweder kein adäquater Rechtsbehelf vorlag, oder wenn Rechtsbehelfe nicht zu der gewünschten, gerechten Lösung führten, etwa im Falle der Vertragsverletzung, bei welcher das *Common Law* ausschließlich Schadensersatz in Geld vorsah. Interessanterweise wandten sich auch jene an die Zentrale, die kein Vertrauen in die allgemeine, lokale Gerichtsbarkeit hatten, die die örtlichen Mächtigen fürchteten. So stand die Suche nach Gerechtigkeit bei der Rechtsprechung Pate, vielfach waren die Kanzler Kirchenmänner, so dass der Einfluss des kanonischen Rechtes nicht zu übersehen ist und über das kanonische Recht natürlich der des Römischen Rechtes. Berühmteste Beispiele von Kanzlern aus dem hohen Klerus sind Kardinal *Wolsey* und *Thomas Morus* (16. Jhdt).

2. Die besonderen Regeln, die sich im Laufe der Zeit herausbildeten *(rules)* wurden erst am Beginn des 19. Jhdts von Lord Chancellor Eldon fixiert. Vor allem muss darauf hingewiesen werden, dass die *Equity* das *Common Law* voraussetzt, es nur ergänzen bzw verbessern möchte (*Equity follows the law*). Es gibt eine große Anzahl[189] an *Equity rules*, einige davon seien hier genannt:

-„*Equity will not suffer a wrong to be without a remedy.*"

Diese Regel diente eigentlich als Grundlage der Rechtsfortbildung.

-„*He who seeks Equity must do Equity.*"

-„*He who comes to Equity must come with clean hands.*"

Die Rechtsprechung im Rahmen der Equity hat somit auf Beidseitigkeit zu beruhen, Arglistigkeit auf Seiten des Klägers würde somit die Gewährung spezieller Rechtsbehelfe der Equity vereiteln.

-„*Equity acts in personam.*"

Der Verurteilte soll primär freiwillig leisten, tut er dies nicht, so wird die Leistung erzwungen, heute eher durch Beugehaft oder Beschlagnahme des Vermögens. Wird im Prozess auf ein equitable remedy Bezug genommen, so wird

189 Man vergleiche dabei das kodifizierte *Equity*-Recht des US-amerikanischen Bundesstaates Montana c. 49 § 101 – 133.

das Gericht bei Aufenthalt des Beklagten in England seine Zuständigkeit erklären, auch, wenn sich der Streitgegenstand im Ausland befindet.

-*„Equity looks on that as done which ought to have been done."*

Dieser Satz wurde zur Grundlage eines äußerst wichtigen, besonderen Rechtsbehelfes, nämlich für die specific Performance, die den reinen Schadensersatz bei Leistungsstörung überwunden hat.

-*„Delay defeats Equity."*

Der jeweilige Rechtsbehelf ist ehest möglich zu beantragen.

-*„Where the equities are equal the law prevails."*

Wo equitable rights begründet werden, können diese einem Dritten gutgläubig und entgeltlichen Erwerber gegenüber nicht geltend gemacht werden.

3. Als wichtigste Rechtsbehelfe der *Equity* gelten *specific performances* und *injunctions*:

a) Specific Performance

Dabei handelt es sich um ein Dekret des Richters mittels dessen der Beklagte angehalten werden soll, den Vertrag als solchen zu erfüllen. Dieses wird allerdings nur dann gewährt, wenn der Schadensersatz in Geld nicht zu dem gewünschten Erfolg führt, weil: *„Equity follows the law"*. Sehr häufig wird dieser Rechtsbehelf bei Grundstückskäufen und *'species'*-Käufen von besonderem Wert angewendet. Bei Schenkungen ist der Rechtsbehelf ausgeschlossen: *„Equity will not assist a volunteer"*. Ebenso wenig kann es *specific performances* Minderjährigen gegenüber geben. Seit dem *Chancery Amendment Act* 1858 S 2 kann das Gericht auch im Falle von Gewährung des besonderen Rechtsbehelfes im Rahmen der *Equity*, auf Schadensersatz anstelle der Erfüllung oder, und dies ist von großer Bedeutung, auch zusammen mit der Erfüllung erkennen. Dies ist im übrigen ein beredtes Beispiel dafür, wie der Gesetzgeber sich im Bereich der *Equity* einzumischen vermag:

b) Injunctions

Es handelt sich dabei um gerichtliche Anordnungen, die ein gegen Vertrag oder Recht gerichtetes Verhalten untersagen sollen. Zuwiderhandeln bedeutet *contempt of court* und führt damit entweder zu einer Haftstrafe oder Geldbuße. Man unterscheidet zwischen *Prohibitory injunctions*, wobei in diesem Bereich das weite Feld der Immissionen fällt, und *mandatory injunctions*, etwa zur Beseitigung eines rechtswidrigen Zustandes.

4. Estoppel: Auch der *Estoppel* entstammt dem Bereich der *Equity*. Das Wort entstammt der französisch- normannischen Sprache und bedeutet „Stöpsel" bzw in der Verbalform „verschließen“. Das moderne englische Wort *stop* wird auch daraus abgeleitet. Im Bereich der *Estoppel* findet man ein selbst für das englische Recht eine auf der historischen Entwicklung beruhende Vielzahl von Bezeichnungen[190]. Der dem *Estoppel* zugrunde liegende Grundsatz ist das *factum proprium*: Jeder ist an seine eigene Verhaltensweise gebunden, muss also diesbezüglich den Mund halten, wie wenn er zugestoppelt worden wäre. Diese Verhaltensweise wird heute mit *representation* bezeichnet[191], sie kann ausdrücklich oder stillschweigend erfolgen. Dritte können dem bewussten Verhalten einen bestimmten Inhalt entnehmen, wenn sie sich entsprechend auf das Verhalten verlassen, binden sie damit denjenigen, der das Verhalten gesetzt hat. Daher kann allgemein von *Estoppel by representation* gesprochen werden, zur weiteren Unterteilung eignet sich auf das Verhalten bezogen *Estoppel by conduct* und *Estoppel by negligence*, andere fügen noch *Estoppel by words* hinzu. Daneben gibt es auch *Estoppel by deeds*, also auf Grund von förmlichen Urkunden, die im Bereich des Grundstückserwerbes oder bei Schenkungsversprechen eine wichtige Rolle spielen.

IV. Gesetzliche Regelungen als Rechtsquellen

1. Gerade was die Rechtsquellen anbelangt, gibt es tief greifende Unterschiede zu den kontinentaleuropäischen Rechten. Auch wenn das Gesetzesrecht in allen Sparten des englischen Rechtes eine durchaus bedeutsame Rolle spielt, so bleibt doch das nicht unmittelbar oder überhaupt nicht auf Gesetz beruhende Richterrecht anerkanntermaßen eine Quelle von besonderer Tragweite. Heute kann man allgemein zwischen *enacted law* (nach *act* = vom Parlament beschlossenes Gesetz) und *unenacted law* unterscheiden. Wiewohl die staatliche Tradition und damit auch die Rechtskultur Englands auf die normannische Eroberung

---

190 *Coke* sprach von *estoppel by matter of record, by matter of writing and by matter in pais*. Letzterer Begriff kommt vom französischen *pays* = Land. Dabei handelte es sich um Tatsachen, die von einer ländlichen Jury geklärt werden mussten.

191 Vgl *Hopgood v Brown* (1955) 1 All ER 550, 559: „Where one person (the representor) has made a representation to another person (the representee) in words or by acts or conduct, or being under a duty to the representee to speak or act) by silence or inaction, with the intention (actual or presumptive), and with the result, of inducing the representee on the faith of such representation to alter his position to his detriment, the representor, in any litigation which may afterwards take place between him and the representee is estopped, as against the representee, from making, or attempting to establish by evidence, any averment substantially at variance with his former representation, if the representee, at the proper time and in the proper manner, objects thereto.“

von 1066 zurückzuführen ist und es seither bis auf den heutigen Tag zahlreiche Gesetze gegeben hat, so liegt der Unterschied dieser äußerst langen und ununterbrochenen Staatlichkeit und der anderer europäischer Länder darin, dass einerseits die moderne Staatlichkeit in fast allen europäischen Ländern selten über späte Aufklärung und Französische Revolution hinausgeht und andererseits aber sämtliche kontinentalen Länder seit damals versucht haben, das Recht in Sachbereiche geordnet einer Kodifikation zu unterziehen. Dies ist in England bis auf den heutigen Tag unterblieben.

Allgemeiner Gesetzgeber und Souverän ist das Parlament.[192]

2. Die Gesetze hatten seit jeher als Widerpart eine selbstbewusste, wenn nicht sogar eigenwillige Richterschaft zu gegenwärtigen. Dies führte dazu, dass die Richter bei der Entscheidungsfindung, wo nur möglich, den Wortlaut des Gesetzes heranzogen, wozu sie zweifellos verpflichtet waren, dass sie aber nur in sehr engen Grenzen irgendwelche Auslegungen zuließen. Interpretationsmaximen finden sich ihrerseits im Gesetz, namentlich im *Interpretation Act 1978*.

Dabei sind zu beachten:

a) The Literal Rule

Diese hat die strenge semantische und grammatische Interpretation des Gesetzes zum Inhalt. Für den Fall, dass bereits auf diese Weise ein deutliches Ergebnis zustande kommt, das zweifelsfreie Rechtsschlüsse erlaubt, ist eine weitergehende Auslegung unzulässig.

b) The Golden Rule

Diese Regel geht auf *Lord Wensleydale* in *Grey v Pearson* ([1857] 6 HL Cas 61, 106) zurück, der zwar prinzipiell die strenge Auslegungsregel als Wert hervorhob, aber für den Fall, dass diese zu Unstimmigkeiten bei der Anwendung, im Hinblick auf die Gesamtheit des Gesetzes (*absurdity/repugnance/inconsistency*) führen würde, bestimmte, dass *"the grammatical and ordinary sense of words may be modified as to avoid that absurdity and inconsistency(...) but not further"*. Daraus ergibt sich die Notwendigkeit, das Gesetz als Ganzes einer Betrachtung und Interpretation zu unterziehen, worunter auch etwa Präambeln fallen würden. Auszugehen ist freilich von der Tatsache, dass der Gesetzgeber jedem Wort einen bestimmten Sinn beimessen wollte.

192 Zumeist werden Gesetze im Unterhaus, den *Commons* eingebracht. Dort erfolgen drei Lesungen der *bill*, sodann erfolgt die Weiterleitung an die *Lords*, welche Gesetze zurückweisen können (*reject*). Zuletzt erfolgt das *Royal Assent*.

c) The History of the Enactment

Die historische Betrachtungsweise sollte auf Vorgängergesetze, aber auch auf den allgemeinen rechtlichen, politischen, sozialen Hintergrund im Augenblick der Gesetzgebung beschränkt sein, nicht aber auf die Vorarbeiten, Motive, Materialien ausgedehnt werden dürfen. Eine neuere Entscheidung des House of Lords (*Pepper v Hart* [1993] 1 All ER 42) stellt diese enge Vorgangsweise in Frage. In der Entscheidung wird auf die Zulässigkeit der Verwendung der parlamentarischen Sitzungsprotokolle verwiesen. Bei Unklarheiten im Gesetzeswortlaut könne man durchaus auf Aussagen von Ministern oder Abgeordneten, die den Gesetzesantrag gestellt hatten, abstellen, falls sie der Klärung dienen.

d) The Mischief Rule

Diese Regel geht auf den *Heydon-Fall* ([1584] 3 Co Rep 7a) zurück. Darin werden folgende Grundsätze aufgestellt:

-wie war das *Common Law* vor dem Gesetz

-welcher Missstand (*mischief*) konnte durch das *Common Law* nicht beseitigt werden

-welche Abhilfe (*remedy*) wurde vom Parlament gegen den Missstand beschlossen

-was ist der wahre Grund dieser Abhilfe (*true reason*).

Um den Missstand klar bestimmen zu können, sind in diesem Fall sehr wohl Vorarbeiten oder vorangegangene Diskussionen heranzuziehen.

e) The eiusdem generis Rule

Dabei geht es um gesetzliche Bestimmungen, in denen nach bestimmten Aufzählungen verallgemeinernde Hinweise folgen. Die Frage, die sich in diesem Zusammenhang stellt, ist, welche konkreten Dinge tatsächlich *eiusdem generis*, also derselben Art zugehörig sind.[193]

---

193 Dazu *Evans* und *Cross* 1938: Hunde, Katzen und andere Tiere. Dabei sind nur Haustiere gemeint.

V. Die Bindungswirkung der Urteile (binding case), Judicial Precedent[194]

1. Die große Bedeutung der Urteile als Rechtsquelle liegt zum einen im Fehlen eines kodifizierten Rechtes begründet, zum anderen im hohen Ansehen, das die Richterschaft genießt. Über Jahrhunderte hinweg hat sich auf diese Weise ein Fallrecht entwickelt, das in dieser Konsequenz wohl als einzigartig angesehen werden muss. Fallrecht bedeutet durchaus auch systematisches Vorgehen und nicht Einzelfallbilligkeit, Vorhersehbarkeit und nicht Willkür. Über Entscheidung und Entscheidung hat sich dabei auf indirektem Wege ein Normenkomplex entwickelt, der auch bei Bestehen gesetzlicher Normen als mächtiges Bollwerk an der Seite des Gesetzes steht. Im einzelnen gilt dabei folgendes: Jedes Gericht ist an die Entscheidung eines höheren Gerichtes gebunden, wenn es einen ähnlichen Fall zu entscheiden hat. In einem streng hierarchischen System bedeutet das im Einzelnen: Jedes Gericht ist an die Entscheidung des *House of Lords* gebunden. Die Entscheidungen der nächst höchsten Instanz, des *Court of Appeal*, binden alle weiteren Gerichte. Der *Court of Appeal* ist gleichermaßen an seine eigenen Urteile gebunden[195], es sei denn, dieses Urteil wäre durch ein späteres Urteil des *House of Lords*, sei es ausdrücklich oder nicht, missbilligt – *overruled* – worden. Der *Court* ist weiter nicht an eigene Urteile gebunden, wenn er *per iniuriam* gegen ein zuvor ergangenes Urteil des *House of Lords* verstoßen hatte[196]. Die Richter des *High Court* sind zweifellos an Entscheidungen des *House of Lords* und des *Court of Appeal* gebunden, einem Richter des *High Court* steht es dagegen frei, eine von einer vorangegangenen Entscheidungen des *High Court* abweichende Entscheidung zu treffen. Richter der *County Courts* sind an alle Entscheidungen höherer Gerichte gebunden. Grundsätzlich sah sich auch das *House of Lords* an frühere Entscheidungen gebunden[197]. Seit dem 26.7.1966 nimmt das Höchstgericht das Recht in Anspruch von früheren Entscheidungen abzuweichen,

---

194 *A. L. Goodhart*, Precedent in English and continental law, LQR 50 (1934) 40. *Goodhart* sah gerade in den Präzedentien den Grund für die Vorherrschaft des englischen Rechtes. *Cross/Harris*, Precedent in English Law[4] (1991); besonders nützlich ist die 1999 wiederaufgelegte kleine Schriftensammlung von *Pugsley*, Lawyers and Precedents; *R. Wagner-Dobler*, Präjudizien im deutschen, englischen und US-amerikanischen Gerichtsentscheidungen, ein quantitativer Vergleich, RabelsZ 59 (1995) 113; Einen kurzen, aber präzisen Überblick bietet *P. G. Monateri*, Il precedente in Inghilterra, in *L. Vacca* (Hrsg), Lo stile delle sentenze e l'utilizzazione dei precedenti (2000) 103.

195 *Pugsley*, Precedent in the Court of Appeal, Civil Justice Quarterly 1983, 48 mit der Beschreibung sämtlicher wichtiger Fälle.

196 *Davis v Johnson* [1978] 1 All ER 1132.

197 Vgl dazu den rechtshistorisch ausgerichteten Aufsatz von *Pugsley*, London Tramways (1898), Journal of Legal History 17 (1996) 172.

wenn ihm dies richtig erscheint: *"depart from a previous decision when it appears right to do so"* (*Public Trustee v I.R.C.* [1966] 3 All ER 76)[198].

Diese weise Entscheidung diente letztlich der Beibehaltung der Urteile als Rechtsquellen und hielt damit gesetzliche Eingriffe zurück. Erwiesenermaßen hätten ansonsten unbillige Lösungen nur durch das *overruling* auf gesetzlicher Ebene ausgeschaltet werden können. Die Entscheidung des *Lord Chancellors* und *der Lords of Appeal in Ordinary* musste letztlich zu einer Stärkung des von der Gesetzgebung unabhängigen *Case Law Systems* führen. Die Entscheidung sollte aber nicht zu einer völligen, sondern nur zu einer äußerst behutsamen Abkehr von der Bindungswirkung führen. Üblicherweise – und dies angesichts der Gefahr, Bestehendes auf den Kopf zu stellen – würden sich die Lords weiterhin an ihre eigenen Urteile gebunden fühlen. Diese restriktive Vorgangsweise ist auch tatsächlich verfolgt worden, also Abweichen nur unter gravierenden Prämissen im Sinne der Gerechtigkeit.

2. Von besonderer Wichtigkeit ist im Rahmen der Urteile sämtlicher Gerichte die Unterscheidung zwischen *ratio decidendi* und *obiter dicta*. Nur die *ratio decidendi* als der Ausspruch der Rechtsmeinung hinsichtlich des konkreten Falls kann Bindungswirkung entfalten, sie ist das *precedent*. Alles übrige gilt als *obiter dictum* und führt zu keiner wie immer gearteten Bindung. Die *ratio decidendi*, die als *precedent* als Rechtsquelle zu beachten ist, kann sich natürlich sowohl auf Fälle beziehen, die auf irgendeine Art statutarisch geregelt sind oder auf solche, denen keine gesetzliche Grundlage im engeren Sinne zugrunde liegt. Hier wird also die Interpretation des Gesetzes gleichsam zu einer neuen Norm. In der Praxis wird sich bei der Vielschichtigkeit und Unterschiedlichkeit der vor Gericht gebrachten Fälle häufig kein klares und eindeutiges *precedent* finden lassen. Oft wird der Fall in mehr als eine bisher ergangene Entscheidung hineinspielen, bisweilen wird sich sogar gar kein *precedent* finden lassen. So spielt in der Praxis das *distinguishing* eine große Rolle, wenn es gilt, den zur Entscheidung anstehenden Fall bereits vorliegenden Entscheidungen zuzuordnen. Gerade beim *distinguishing* kann man die enorme Macht der Richter als Gesetzgeber erkennen, liegt es doch in jedem Einzelfall in ihrem Ermessen, neues Recht zu schaf-

198 Das House of Lords, hat folgendes festgehalten: – *Their Lordships regard the use of precedent as an indispensable foundation upon which to decide what is the law and its application to individual cases. It provides at least some degree of certainty upon which individuals can rely in the conduct of their affairs, as well as a basis for orderly development of legal rules. Their lordships nevertheless recognise that too rigid adherence to precedent may lead to injustice in a particular case and also unduly restrict the proper development of the law. They propose therefore to modify their present practice and, while treating former decisions of this House as normally binding, to depart from a previous decision when it appears right to do so.*

fen. Überaus komplex und gerade daher auch so vielfältig ist die Entscheidungspraxis, die bei Kollegialorganen auch *dissenting opinions* zulässt, und zwar nicht nur was das Urteil selbst anbelangt, sondern auch bezüglich der *ratio decidendi*, so dass folgende Richter durchaus eine große Auswahl an für sie bindenden *precedents* vorfinden können.

Wie bereits das Römische Recht als Fallrecht gelehrt hat, bedeutet auch das Englische Fallrecht keineswegs blinde Billigkeitsjurisprudenz ohne Vorhersehbarkeit und Systematik. Das Gegenteil ist der Fall. Jahrhunderte gediegener Praxis haben ein Regelwerk, ein System entstehen lassen, das sowohl durch die Masse der entschiedenen Fälle wie durch das hohe Verantwortungsgefühl der Richter vorhersehbar und gerecht ist, und dessen Verallgemeinerung man durchaus als ein Ebenbild der dem Mensch eigenen natürlichen Rechtsprinzipien bezeichnen könnte.

3. Ein funktionierendes Fallrecht, dessen Kern die *precedents*, also die absolute Bindung, darstellen, kann ohne handliche und effiziente Entscheidungssammlungen nicht existieren. Seit dem 13. Jhdt gibt es daher die *law reports*.

Während den ab 1238 bis 1535 geführten so genannten *Year-Books* (verfasst von Privaten oder Richtern in der Sprache des Hofes) heute geringe Bedeutung zukommt, nehmen die ab den 30er Jahren des 16. Jhdts geführten *Law Reports* auch heute noch eine durchaus anerkannte Position ein. Bedeutende Juristen legten diese Sammlungen an. Großes Ansehen genießen die von einem der bedeutendsten englischen Richter, *Edward Coke* (1552-1634), verfassten; sie werden schlicht *The Reports* genannt und betreffen die Jahre von 1572 bis 1616. Doch erst gegen Ende des 18. Jhdts begann man Sammlungen anzulegen, die systematisch von Richtern überarbeitet und autorisiert wurden. Viele dieser privaten *reports* wurden neu herausgebracht und zwar in den 176 Bände umfassenden *English Reports*. Auf Drängen der juristischen Berufe wurde 1865 der *General Council of Law Reporting* ins Leben gerufen. Dieses nach wie vor private Gremium hat die Aufgabe, die von den Richtern gleichsam autorisierten Fälle zu publizieren. Eben dieser *Council* bringt auch The *Weekly Law Report* heraus. Daneben gibt es freilich noch weitere Sammlungen, seit 1936 insbesondere die *All England Law Reports* (All ER), die ebenfalls wöchentlich erscheinen. In jedem Urteil, insbesondere auch in denen des *House of Lords* sind verständlicherweise diejenigen Fälle angeführt, die im Rahmen der Präzedentien eine Rolle spielen können. Auch die Tageszeitung „The Times" publiziert regelmäßig Law Reports.

4. Im Zusammenhang mit der Darstellung des Fallrechts müssen *the books of authority* genannt werden. Es handelt sich dabei um eine Auslese zumeist sehr alter und ehrwürdiger juristischer Werke, deren Autorität allgemein so hoch eingestuft wird, dass man ihnen zu folgen bereit ist, und zwar als ob es sich um *pre-*

cedents handeln würde. In diesem Sinne sind diese Bücher auch heute Rechtsquelle und unterscheiden sich dadurch ganz wesentlich der Funktion nach von jeder Art kontinentaleuropäischer Rechtsliteratur.

Die wichtigsten sind:

-*R. Glanvill*, Tractatus de legibus et consuetudinibus regni Anglie (um 1187);

-*H. Bracton*, De legibus et consuetudinibus Angliae (um 1250);

-*E. Coke*, Institute of the Laws of England (1628-1641);

-*W. Blackstone*, Commentaries on the Laws of England (1765).

Interessanterweise bewegen sich die englischen Gerichte heute immer mehr im Sinne mancher kontinentaler Gerichte hin zur Beachtlichkeit der juristischen Literatur im allgemeinen und der jüngsten im besonderen. Freilich findet diese dabei ebenso Verwendung wie in den kontinentalen Gerichten als Autorität im modernen Sinne und nicht als bindende Rechtsquelle.

Gerade angesichts der Vielschichtigkeit und enormen, ja einzigartigen historischen Dimensionen des Fallrechtes müsste dem Gewohnheitsrecht eigentlich eine außerordentlich geringe Bedeutung zukommen. Dennoch gilt die Gewohnheit, *custom*, als Rechtsquelle, die insbesondere geeignet ist, im engen lokalen Bereich an die Stelle allgemein geltenden Rechtes zu treten. Die Gewohnheit darf dabei nicht unvernünftig (*unreasonable*) sein, muss klar erkennbar und bestimmbar und seit unerdenklichen Zeiten in Kraft sein. Unerdenklich, *time immemorial*, heißt dabei ab 1189.

Freilich wird dieses Datum regelmäßig angenommen, wenn in dem in Frage kommenden Bereich eine jahrhundertelange Übung unumstritten ist.

Wiewohl aller Regel nach der englische Richter keine Rechtsquelle heranzieht, die nicht direkt oder indirekt aus dem *Common Law*-Bereich stammen würde, so gibt es doch bemerkenswerte Fälle, die unter Heranziehung der Rechtsvergleichung gelöst wurden. In *Henderson v Merrett Syndicates Ltd* (1994 3All ER 523-524) zog *Lord Goff of Chieveley* zu Vergleichszwecken das französische und deutsche Recht im Hinblick auf die Konkurrenz von vertraglichen und deliktischen Ansprüchen heran.Sogar das französische Recht wurde unmittelbar bemüht: In *Hadley v Baxendale* (1854 156 ER 145) hatte ein Mühlenbetreiber einen Teil des Mühlrades einem Frächter übergeben, auf das dieser das Stück zur Reparatur befördern solle. Der Frächter nahm sich für den Transport viel zu lange Zeit, so das dem Besteller ein erheblicher Schaden entstand, insbesondere im Bereiche des *lucrum cessans*. Im englischen Recht gab es zu jener Zeit keine Regel bezüglich des Schadensersatzes aus Vertrag. Die Richter entschieden auf der Grundlage des Code Civil (Art 1149-1151) und beriefen sich weiters auf *Domat*.

1. Die Gerichtsbarkeit genießt in England eine außergewöhnliche und höchst prestigeträchtige Stellung. In jedem Band der *All England Law Reports* und anderer Fallsammlungen kann man sämtliche Namen der Richter des *High Court*, des *Court of Appeal* und des *House of Lords* nachlesen. Insgesamt gibt es nicht einmal 800 (!) vollamtliche Richter in England. Seit 1875 gibt es den *Supreme Court of Judicature*. Dieser besteht aus dem *High Court of Justice* für Zivilsachen, dem *Crown Court* für Strafsachen und dem *Court of Appeal (*Vorsitzender Lord Chancellor). Der Name Höchstgericht könnte zu Missverständnissen führen, da ja über dem *Court of Appeal* noch die Gerichtsbarkeit der *Lords* existiert. In der Tat hatten die Reformer von 1875 daran gedacht, den Instanzenzug an das Oberhaus abzuschaffen.

2. Der heutige Aufbau der Gerichtsbarkeit gründet sich auf den *Supreme Court Act* von 1981. Im Gegensatz zur zwangsweisen Kompetenzzuordnung in den kontinentalen Rechtssystemen kann jeder Fall des Privatrechtes vor den *High Court* gebracht werden. Es besteht somit keine Notwendigkeit, den Fall bei der untersten Instanz, den *County Courts*, einzubringen.

a) Aus diesem Grund kommt dem *High Court of Justice* eine Schlüsselrolle in der englischen Zivilgerichtsbarkeit zu, man spricht richtig von Generalkompetenz in Zivilsachen. Die Gerichtsbarkeit hat ihren Sitz in London (*Royal Courts of Justice*), spricht aber auch je nach Notwendigkeit und Bedarf in anderen Orten von Wales und England Recht. Zur Zeit gibt es 107 Richter *(puisne* (sprich puny) *judges*), von ihnen gehören 17 der *Chancery Division*, 72 der *Queen's Bench Division* und 18 der *Family Division* an. Die Anrede lautet *My Lord*. Voraussetzung zur Ernennung ist „*right of audience*" am *High Court* für 10 Jahre oder zweijährige Tätigkeit als *Circuit Judge*. Der *High Court* ist unterteilt in *Queen' s Bench Division, Chancery Division* und *Family Division.*[199] Unter diesen Abteilungen nimmt die *Queen' s Bench* insofern eine zentrale Stellung ein, als sie eine allumfassende Kompetenz für Zivilsachen hat. Den Vorsitz führt der *Lord Chief Justice of England,*.der auch den Vorsitz in der strafrechtlichen Sektion des *Court of Appeal* führt. 51 weitere Richter gehören dem Gremium an. Innerhalb der

199 Dem *High Court* gehören der *Lord Chancellor* (LC), der eigentlich überhaupt Präsident des *Supreme Court* ist (weder der *Supreme Court*, noch der *High Court* tagen gemäß als solche), der *Lord Chief Justice* (LCJ), *der President der Family Division*, der *Vice Chancellor* (VC) und 80 weitere Richter an. Die Wertschätzung gegenüber der Richterschaft kann man auch den Remuneration entnehmen: So verdient der Lord Chancellor 225.000, die Law Lords 194.000, die Richter an der Court of Apped 184.000 und die Richter am High Court 162.000 Pfund im Jahr, während dem Prime Minister 189.000 Pfund im Jahr zustehen.

Queen' s Bench Division gibt es zwei Sondergerichtshöfe, den *Admirality Court*, dessen Kompetenz das Seerecht ist, sowie den *Commercial Court* in Handelsangelegenheiten. Beide Gerichtshöfe sind keineswegs überlastet, da für beide Bereiche die Schiedsgerichtsbarkeit von großer Bedeutung ist.

Der *Family Division* steht ein Präsident vor, der von 18 weiteren Richtern unterstützt wird. Der *Family Division* kommt die Kompetenz in Scheidungsangelegenheiten, in Verwandtschafts- und Adoptionssachen zu.

Die *Chancery Division*, die nominell vom *Lord Chancellor* geleitet wird, in der Praxis freilich vom *Vice Chancellor,* richtet immer noch über jene Bereiche, in denen die *Equity* eine beherrschende Rolle einnimmt. 13 weitere Richter gehören ihr an. Auflösung von *trusts* und gesellschaftsrechtliche Probleme sind ein weiteres Betätigungsfeld dieser *Division.* Ein Sondergerichtshof, *Patents Court*, behandelt urheberrechtliche Fälle.

Üblicherweise urteilt bei allen Fällen, die bei dem *High Court* eingebracht werden, ein Einzelrichter. Tagt eine *Division* als Berufungsgericht, so muss es zumindest aus zwei Richtern bestehen, zumeist besteht es freilich aus drei Richtern. Gegen jedes Urteil des *High Court* kann an den *Court of Appeal* berufen werden. In vielen Fällen kann die Entscheidung des *Court of Appeal* aber übersprungen werden (*leapfrogging*) und der Fall direkt dem *House of Lords* unterbreitet werden. Dazu müssen beide Parteien zustimmen, obendrein ist die Zustimmung des *Prozessrichters (trial judge*) erforderlich. Diese darf er freilich nur dann erteilen, wenn er der Ansicht ist, dass die Rechtsfrage von allgemeiner Bedeutung ist, und dass entweder ein gesetzliches Problem damit verbunden ist, oder es sich um einen Fall handelt, in welchem der Richter sich an eine Entscheidung des *Court of Appeal* oder des *House of Lords* gebunden fühlte.

b) Von den Untergerichten (*inferior courts*) ist hier nur der *County Court* zu erwähnen. England und Wales sind dabei in *circuits* und *districts* eingeteilt, die *County Courts* haben somit nichts mit der alten Einteilung in Grafschaften zu tun. Es gibt 218 dieser Gerichte. Als vollberuflicher Richter steht in jedem *County Court* zumindest ein Richter (*Your Honour*, *Circuit Judge*, zur Zeit sind es 643) zur Verfügung, daneben *District Judges* (433 an der Zahl)früher *Registrars*, die nur teilweise in der Rechtsprechung eingesetzt sind, da sie teilweise als *Solicitors* tätig sind. Die *Circuit*-Richter werden von der Königin auf Vorschlag des *Lord Chancellors* ernannt. Voraussetzung ist eine zumindest 10jährige Tätigkeit als Vertreter vor dem *County Court* oder (Strafrecht) *Crown Court*). Das Recht zur Vertretung nennt sich right of audience, dieses steht grundsätzlich den Barristers und den Solicitors zu. Auch eine dreijährige Tätigkeit als District Judge befähigt zur Ernennung zum *Circuit Judge. District Judges* wiederum müssen eine siebenjährige „*general qualification*“ vorweisen, die jedenfalls durch die Tätigkeit während dieses Zeitraumes als *Barrist*er oder *Solicitor* erfüllt ist. Das *right of* *audience* wird in der Regel vom „ *appropriate authorised body*" gewährt (*Courts and Legal Service Act* 1990). Solche Körperschaften sind: *The General Council of the Bar, the Law Society* aber auch *Council of Licensed Conveyances*

Die Kompetenz der *County Courts* ist vielschichtig. Sie betrifft alle Klagen aus Vertrag, *torts, trusts, mortages* (Bodenkredite), und allgemein Rechtsstreitigkeiten im Rahmen der *Equity*. Die konkurrierende Jurisdiktion *High Court-County Court* ist dann nicht gegeben, wenn bei Geldforderungen 15.000 Pfund nicht erreicht werden, im Falle von *personal injuries* sind es sogar 50.000. Geht es um Verfahren aus *equity*, so ist die Kompetenz der *County Courts* mit 30.000 Pfund beschränkt. In diesen Fällen besteht ausschließliche Kompetenz der *County Courts*. Nichtsdestotrotz können sowohl der *High Court* wie auch der *County Court* jedes eingebrachte Verfahren an das jeweils andere Gericht transferieren. Ehescheidungsklagen müssen grundsätzlich beim County Court eingebracht werden, freilich haben nur 180 von ihnen das Recht, die Verfahren durchzuführen, auch die Ehescheidungsklagen können zum High Court transferiert werden. Wesentlich kostengünstiger sind freilich die Prozesse vor den *County Courts*. Im übrigen läuft derjenige, der sich anstelle des *County Court* gleich an den *High Court* wendet Gefahr, dass ihm die Kosten nur im Ausmaße eines *County Court* Verfahrens ersetzt werden.

3. Der *Court of Appeal*[200]: Augenblicklich gibt es 36 *Lord Justices* (L.J.*) of Appeal,* den *Master of the Rolls* einen Vizepräsidenten, den *Lord Chancellor,* den *Lord Chief Justice* als Präsident der *Queen's Bench Division*. Der Zivilsektion steht der *Master of the Rolls*[201] vor. Der Premierminister schlägt sowohl den *Master of the Rolls* wie auch die *Lord Justices of Appeal* der Königin zur Ernennung vor. Nur Richter des *High Court* oder Personen mit zehnjährigem *right of audience* beim *High Court* kommen für die Ernennung in Frage. Üblicherweise urteilen drei Richter. Berufungen werden entweder gegen Urteile des *High Court* oder eines Untergerichtes erhoben, es sei denn, es gibt Sonderregelungen (etwa Konkurs vor dem *County Court* geht an die *Chancery Division* des *High Court*). Die Tätigkeit des Gerichtes bezeichnet man als *rehearing*. Dabei wird aber normalerweise weder die Beweisaufnahme wiederholt noch neue Beweise zugelassen, sondern der Fall anhand der zur Verfügung stehenden schriftlichen Dokumentation, insbesondere Notizen und Schriften des Richters überprüft.

4. *The House of Lords*: Rein technisch gesehen sind die Richter ein Komitee des *House of Lords*. Nur besonders bedeutende Richter oder *Barristers* finden

---

200 Eingeteilt in zwei *divisions*: *civil* und *criminal*.

201 Eigentlich ein Verwaltungsbeamter seit dem 13. Jhdt, der das königliche Archiv betreute, später auch als Richter im *Court of Chancery*. Erst im 19. Jhdt betraute man mit diesem Amt hohe Richter.

bei der Ernennung Berücksichtigung. Geschaffen wurde das Höchstgericht in dieser Form 1876 (*Appellate Jurisdiction Act*). Das *House of Lords* urteilt nicht etwa in seiner Gesamtheit als letzte Instanz in Berufungsangelegenheiten, – wiewohl rein theoretisch alle Mitglieder des Oberhauses über eine Berufung abstimmen könnten – sondern nur die *Lords of Appeal in Ordinary*, zur Zeit 12 Richter, darunter zwei aus Schottland. Der Präsident dieses höchsten im Übrigen auch für Schottland und Nordirland zuständigen Gerichtshofes ist der jeweilige *Lord Chancellor*. Üblicherweise besteht der entscheidende Senat aus fünf Richtern (*Law Lords*) (drei wären ausreichend, bisweilen werden auch sieben herangezogen). Die mit dem Fall betrauten nennt man *Appellate Committee*, bisweilen können zu den eigentlichen *Law Lords* auch ehemalige *Law Lords*, Richter der *High Courts* von England, Nordirland oder der schottischen *Court of Session* hinzugezogen werden, freilich unter der Voraussetzung, dass sie Mitglieder des *House of Lords* sind. Die Urteile werden regelmäßig im *House of Lords* bei einem *judicial sitting* verkündet.

Die Berufung muss entweder von dem Gericht 1. Instanz (bei *froglapping*), dem *Court of Appeal* oder dem *House of Lords* ausdrücklich zugelassen werden, was dann zu geschehen hat, wenn eine Rechtsfrage von allgemeinem öffentlichen Interesse betroffen ist. Im Falle des Erfolges der Berufung (*allowed*), erfolgt eine Zurückverweisung an das Gericht 1. Instanz, andernfalls wird die Berufung verworfen (*rejected*).

5. *Judicial Committee of the Privy Council:* Die Rolle dieses Organs als Gericht geht auf die Hochblüte des British Empire und das Commonwealth zurück. Aus allen Teilen der Welt sollte die Möglichkeit einer Berufung nach London bestehen. Ab 1931 konnten die Commonwealth-Staaten entscheiden, ob sie diese Berufung aufrechterhalten wollten oder nicht. Bis 2003 hatte als wichtiges Land nur mehr Neuseeland diese Möglichkeit bewahrt. Die *Law-Lords* sowie hohe Commonwealth-Richter sind *Privy Counsellors.*

VII. Die juristischen Berufe: Barrister – Solicitor

1. Der Beruf des *Barrister* (zur Zeit etwa 10.500) geht auf die mittelalterliche Prozessberatung zurück. Im Rahmen der mittelalterlichen Zünfte waren Rechtskundige in den verschiedenen *Inns of Court* organisiert. Sie dienten in erster Linie der Ausbildung des Nachwuchses und der Wahrung von Standesinteressen der *Barristers*. Heute gibt es noch vier *Inns*: *Inner Temple*, *Middle Temple*, *Lincoln's Inn*, *Gray's Inn*, die geradezu in Form von *colleges* aufgebaut sind. Dennoch ist die Organisation zentralisiert und gestrafft worden, insbesondere was Ausbildung und Leitung des Standes anbelangt. Das *Council of Legal Education* und die *Inns of Court School of Law* besorgen unter der Oberkontrolle des *Senate of the Inns of Court* and *Bar* die Ausbildung. Der *Barrister* ist grundsätzlich praktizierender Anwalt vor Gericht, also Prozessanwalt. In den hohen Gerichten ab dem *High Court* ist der *Barrister* der alleine ermächtigte Vertreter. *Barristers* sind hochspezialisierte Juristen, sie sind nicht Anlaufstelle von Rechtssuchenden, sondern werden je nach Notwendigkeit von den eigentlichen, unmittelbaren Rechtsberatern für einen ganz bestimmten Prozess ausgesucht und von diesen informiert. Sie haben oft gemeinsame Büros (*chambers*), die von einem *chief clerk* geführt werden, dürfen aber keine Sozietäten begründen. Innerhalb der *Barrister*s unterscheidet man zwischen *Silk* und *Junior*. *Silk* (= Seide) bedeutet einen Platz in der ersten Bank vor Gericht und zumeist die Notwendigkeit von einem *Junior*, der die gesamte vorbereitende Arbeit getätigt hat, begleitet zu werden. Der *Silk* ist dann nur mehr der eigentliche Advokat, der kraft seines Plädoyers in das Prozessgeschehen eingreift. Die seidene Robe ist nur der Ausdruck einer besonderen Auszeichnung und wird auf Antrag des *Lord Chancellor* von der Königin verliehen, dazu gesellt sich der Ehrentitel *Queen's (King's) Counsel* (QC). Fast alle Richter am *High Court* entstammen dem Q.C.

2. *Solicitors*(etwa 85.000) sind allgemeine Rechtsberater, die unmittelbar von den Rechtssuchenden aufgesucht werden. Sie bereiten Verträge vor, verfassen Testamente, sind Berater in Eigentumsfragen und im Eherecht. Sie sind auch die unmittelbaren Rechtsvertreter vor den Gerichten der untersten Instanz. Ab dem *High Court*-Verfahren muss er freilich einen *instruct counsel*, dh einen *Barrister* hinzuziehen. Der Stand wird durch die *Law Society* vertreten. Nur die Aufnahme in diese Gesellschaft berechtigt zur Berufsausübung, die Gesellschaft selbst organisiert Ausbildung und Prüfung, wobei die Ausbildung im eigenen *College of Law* erfolgt. Ebenso übt die Gesellschaft Disziplinargerichtsbarkeit aus. Zum anderen sind *Solicitor*s aber auch *Officers* des *Supreme Court*, wobei der *High Court* als weitere Disziplinarinstanz fungiert.

VIII. Der Zivilprozess

1. Die meisten Prozesse vor dem *Supreme Court* laufen nach einem seit den 70er Jahren des vorigen Jahrhunderts bestehenden Regelwerk, das bisweilen vom so genannten *Rule Committee* verändert wird: *Rules of the Supreme Court* (RSC).

Die RSC werden alljährlich im *"Annual Practice"* (*The White Book*) ediert. Ins Detail zu gehen würde wohl zu weit führen, insbesondere da die verschiedenen *Divisions* des *High Court* teilweise unterschiedliche Verfahrensregeln aufweisen. Da die meisten Zivilprozesse der *Queen' s Bench Division* zugewiesen werden müssen, sei hier kurz darüber ein Überblick gegeben: Der Kläger (*plain-*

tiff) leitet das Verfahren ein, indem er ein *writ of summons* begehrt. Dabei handelt es sich um einen Vordruck, der für den konkreten Fall auszufüllen und beim Central Office des *Supreme Court* (oder bei einem *district registry* außerhalb Londons) eingebracht werden muss. Dies wird als Klagebeginn angesehen. Das Klagebegehren (*substance of the claim*) muss in knapper Form substantiiert werden, um dem Beklagten (*defendant*) das Ausmaß des Anspruches deutlich zu machen. Sodann wird eine Kopie des eingegangenen *writ* an den Beklagten oder seinen *Solicitor* weitergegeben. Dieser hat 14 Tage Zeit, um eine Antwort zu geben, insbesondere ob er bereit ist, die Beklagtenrolle zu übernehmen. Nach dieser Eingangsphase kommt es zu den *pleadings,* Schriftstücke, die üblicherweise von *Barristers* verfasst werden. Die Schriftstücke sollen so knapp wie möglich verfasst sein, und sollen insbesondere der Sachverhaltsdarstellung dienen (*facts*). Auf '*the statement of claim*' des Klägers folgt die *defence* des Beklagten, gefolgt eventuell von einem *counterclaim.* Antworten beider Seiten sind auf das erste Schriftstück möglich (*replay*: Klage, *rejoinder*: Beklagter).

Es folgt die *interlocutory*-Phase. In dieser Phase werden Anträge der Parteien an die *Masters of the Supreme Court* (*Registrars* außerhalb Londons) gestellt. Diese Beamten können im Beisein beider Parteien verlangen, dass diese unter Eid schriftlich gestellte Fragen beantworten (*interrogatoring*). Ebenso kann die Vorlage von Beweisstücken angeordnet werden (*discovering of documents*: die Partei muss ein Schriftenverzeichnis jener Beweisstücke unter Eid erstellen, die sich in ihrer Hand befinden).

Nachdem in den *directions* weitere Vorgangsweisen (etwa die Prozessart) festgelegt wurden, erfolgt die Anordnung an den Kläger, die Klage (*action*) endgültig für den Prozess (*trial*) innerhalb einer bestimmten Frist vorzubereiten.

2. Die nächste Phase ist der eigentliche *trial.* Wenn auch die Parteien selbst vor Gericht erscheinen könnten, so werden sie doch aller Regel nach vom *Barrister* vertreten. Der Prozessvertreter des Klagenden legt den Fall dar und darf als erster die Zeugen befragen (*to examine the witnesses in chief*). Jeder Zeuge kann seinerseits vom Vertreter des Beklagten befragt werden *(cross-examination*), sodann kann wiederum der Vertreter des Klägers befragen. Zu diesem Zeitpunkt kann das Verfahren bereits enden, wenn klar wird, dass die Klage unbegründet war (*no-case*), ansonsten wird die Verteidigung, sprich die Vertreter des Beklagten, ihre Zeugen aufrufen, die nach dem zuvor beschriebenen Modus befragt, um nicht zu sagen, verhört werden. Schließlich folgt das Schlussplädoyer für den Kläger und zuletzt jenes für den Beklagten (*closing address*).

Daraufhin sollte der Richter unmittelbar Recht sprechen (*extemporary judgement*), wenngleich er auch noch den Fall selbst überlegen kann (*reserved judgement*).

§ 12 Das US-Amerikanische Recht[202]

Literatur: *Reimann*, Einführung in das US-amerikanische Privatrecht 2. Auflage (München 2004); *Hay*, Einführung in das amerikanische Recht[5] (2000); *Hay*, US-Amerikanisches Recht (München 2005); *Farnsworth*, An introduction to the legal System of the United States of America[3] (1996); Blumenwitz, Einführung in das Anglo – amerikanische Recht 7. Aufl. (2003).

I. Die Grundlagen

Im Folgenden werden jene Bereiche nicht mehr eingehend behandelt, die mit dem englischen Recht übereinstimmen.

Das amerikanische Recht ist ebenso wie das englische geprägt durch das System des Fallrechts. Wenn auch die amerikanische Gesetzgebung seit der definitiven Eigenstaatlichkeit (1788) in zahlreichen Rechtsgebieten einen von England teils auch sehr unterschiedlichen Weg beschritten hat, so bedeutet alleine die Eigendynamik des Fallrechts eine an der Wurzel liegende Nahebeziehung, die im Rechtsdenken und in der Rechtsanwendung beruht. Grundsätzlich teilten die Kolonien bis zur Unabhängigkeit mit dem Mutterlande das Recht. Diese Bande wurden nie so zerschnitten, dass man das englische Recht aufgegeben oder gar abgeschafft hätte. Im Gegenteil – nach einer ersten Trennungsphase wurde alsbald wieder stärker nach England geblickt. Die bedeutende englische Rechtsliteratur, insbesondere *Blackstones* Commentaries erlebten große Verbreitung. Dennoch wurde gerade in Opposition zum englischen Modell während der 1. Hälfte des 19. Jhdts sehr wohl über eine Kodifikation des Zivilrechtes diskutiert[203].

Ebenso wie in England gibt es mehrere Rechtsquellen, die teils schichtenförmig das Recht prägen, bald ineinander greifen, allemal aber zusammengehalten durch die Besonderheiten des Fallrechtes. Nach wie vor gilt *Common Law*, *Equity* und Statutarrecht. Dabei muss stets beachtet werden, dass der Bereich des Privatrechtes grundsätzlich in die Kompetenz der einzelnen Bundesstaaten fällt. *Common Law* und *Equity* sind entweder ausdrücklich durch amerikanische Gesetze rezipiert worden[204], oder aber sie sind auf dem Wege der Rechtsprechung übernommen worden. Wenn auch das Gerichtswesen vom englischen durchaus

202 *R. Zimmermann* (Hrsg), Amerikanische Rechtskultur und Europäisches Privatrecht (Tübingen 1995).

203 *Ch. M. Cook*, The American Codificatiom Movement. A Study of Antebellum Legal Reform (1981).

204 Vgl 1. Titel, Kapitel 3 des Montana Code Annotated (MCA) von 1993, § 1–3-101 und 1–3–2 01 – 234.

verschieden ist, so bedeuten doch in der Substanz des Rechts *Common Law* und *Equity* eine solide vereinheitlichende Rechtsgrundlage. Das bedeutet ganz konkret, dass die Rechtsfolge durch den gewählten Rechtsbehelf bestimmt wird. Gründet sich die Klage etwa auf das reine *Common Law,* so steht als Rechtsfolge nur der Schadensersatz zur Verfügung, liegt er in der *Equity* begründet, so können beispielsweise *specific performances* Berücksichtigung finden. Die Weiterbildung des Rechts kann durchaus im Rahmen des Fallrechtes erfolgen, oder durch gezielte Maßnahmen des Gesetzgebers, was freilich außerordentlich selten ist.

II. Der Aufbau der Gerichtsbarkeit

Das Fallrecht wirkt auf zwei Ebenen, dem Recht der Bundesstaaten und dem Recht des Bundes.

1.Die Gerichtsbarkeit in den Bundesstaaten: Die Gerichtsbarkeit ist dem bundesstaatlichen Charakter gemäß sehr unterschiedlich ausgebaut. Zumeist gibt es drei Instanzen, bisweilen auch nur zwei. Die Gerichte I. Instanz heißen *District Court, Circuit Court, Superior Court.* In Pennsylvania *Court of Common Pleas*, in New York *Supreme Court*! Zumeist kommt diesen Gerichten allgemeine Kompetenz zu, bisweilen gibt es auch nach Bereichen eingeteilte Sondergerichte 1. Instanz (etwa *Traffic Courts, Small Claim Courts*); gerade diese erfreuen sich großer Beliebtheit. Bis zu einem in der Regel mit $ 2500,-- bemessenen Streitwert kann der Prozess durchaus formlos und ohne Hinzuziehung von Anwälten als Schnellverfahren gestaltet werden. Wird Berufung gegen das Urteil eingelegt, so beginnt beim ordentlichen erstinstanzlichen Gericht der Prozess von neuem (*trial de novo*). Gibt es drei Instanzen, so heißt die mittlere (Berufungs-)Instanz zumeist *Court of Appeal* (New York: *Appellate Division* des *Supreme Court*). Normalerweise heißt die Revisionsinstanz *Supreme Court*, in New York *Court of Appeal* (in Conneticut: *Court of Errors*). Fast überall werden die Richter gewählt, oft für lange Amtsperioden (so 14 Jahre in New York), die Wiederwahl ist vielfach Bestätigung, also ohne Gegenkandidaten.

2. Erstinstanzliche Bundesgerichte sind: *District Courts* (zumindest ein Gerichtshof pro Bundesstaat). Die Verhandlung findet vor dem Einzelrichter statt. Als Berufungsinstanz fungieren die *Courts of Appeal.* Der Sprengel dieser Gerichtshöfe, der regelmäßig mehrere Staaten umfasst, wird *Circuit* genannt. Es gibt deren 12 (räumliche) plus einen *Federal circuit*, wobei damit keine räumliche Begrenzung, sondern vielmehr eine sachliche gemeint ist. Diese Gerichte tagen üblicherweise in Dreiersenaten. Revisionsinstanz ist der *Supreme Court*, diese besteht aus neun Richtern, die jeweils selbst entscheiden, ob die Revision angenommen wird.[205] Dazu bedarf es vier Stimmen. Wichtigster Entscheidungsgrund für die Zulässigkeit der Revision ist die Notwendigkeit der Rechtsvereinheitlichung. Die Anzahl der Zurückweisungen ist wesentlich höher als jene der Zulassungen, so dass alljährlich weniger als 200 Fälle meritorisch abgeschlossen werden. Der *Supreme Court* entscheidet grundsätzlich in voller Besetzung. Die Entscheidung in der Sache selbst erfolgt nach Mehrheitsbeschluss. Bei Stimmengleichheit gilt die Revision als verworfen (*affirmed*).

Dissenting opinions sind möglich, wird das Urteil der Vorinstanz aufgehoben (*reversed*), so kann der Fall an das Untergericht zurückverwiesen werden (*remanded*). Die Bundesrichter sind ausschließlich Berufsrichter und werden vom Präsidenten mit Zustimmung des Senates ernannt.

Die Bundesgerichte sind zuständig für:

a.) *federal question cases*: Der Fall beruht auf einer Norm des Bundes.

b.) *diversity of citizenship*: Beteiligt sind Bürger verschiedener Staaten (eben auch amerikanischer Bundesstaaten), der Streitwert liegt über $ 75.000,--. In diesem Fall wird das Recht jenes Staates angewendet, in welchem das Gericht seinen Sitz hat. Es gibt freilich ausschließliche Kompetenz der einzelnen Bundesstaaten wie in Scheidungs-Unterhalts und Sorgerechtsstreitigkeiten.

3. In der Zuständigkeit Personen betreffend hat sich eine bemerkenswerte Entwicklung vollzogen: Während sich lange Zeit der Gerichtsstand nach dem Wohnsitz (*domicile*) des Beklagten richtete, fand man es in zunehmenden Ausmaße unbillig, den Klägern zuzumuten, in entfernten Bundesstaaten Prozess zu führen. Ausgehend von Verkehrsunfällen – hier argumentierte man, dass mit dem Befahren einer Straße in einem bestimmten Bundesstaat gerade stillschweigend die Einwilligung zum Gerichtsstand des jeweiligen Staates erteilt worden sei – verlagerte sich die allgemeine Zuständigkeit immer mehr zugunsten des Klägers. In den meisten Staaten werden diesbezüglich so genannte *long-arm statutes* beschlossen, die die lokale Zuständigkeit ebenso auf dem Wege der Anwesenheit zugunsten der Kläger regelten (etwa, wenn der Beklagte in einem bestimmten Staat einen Vertrag abgeschlossen hatte). In Californien, New Jersey und Rhode-Islands ermächtigte der Gesetzgeber die Gerichte, ihre Zuständigkeit selbst *"within the limits of due process"* zu begründen. In der Praxis läuft alles in Richtung *forum actoris* und jeder muss sich vergegenwärtigen, in irgendeinem anderen als seinem Heimatstaat verklagt zu werden. Aus diesem Grund empfiehlt es sich bei Vertragsabschlüssen Klauseln bezüglich des Gerichtsstandes allemal aufzunehmen.

---

205 Anspruch der unterlegenen Partei: „*to petition for a writ of certiorari*".

4. Im Zivilprozessrecht[206] muss als wichtigste Besonderheit das Verfahren vor einer Jury angesehen werden, sowie das *adversary proceeding*, das Parteienverfahren, das insbesondere das Beweisverfahren in das Ermessen der Parteien legt. Die aus Laien zusammengesetzte Jury wird auf Verlangen einer Partei eingesetzt, in der Praxis geschieht dies bei Prozessen bezüglich Schadensersatzes wegen Körperverletzung fast immer. Die Jury entscheidet nach einer Rechtsbelehrung durch den Richter, über die Anwendbarkeit des in Frage stehenden Tatbestandes, somit für oder gegen den Beklagten. Ebenso entscheidet die Jury über das Ausmaß des Schadensersatzes (*verdict*). Auf Antrag der Parteien kann der Richter das Verdikt außer Kraft setzen. Dies wird er tun, wenn die Entscheidung der Jury nicht *supported by the evidence* ist. Seine Entscheidung unterliegt der Berufung. Wurde das Verdikt angenommen, so wird es einmal zwangsläufig zur Grundlage des Urteils. Gegen die Entscheidung der Jury gibt es keine Berufung – weder was die Bejahung des Tatbestandes noch was die Höhe des Schadensersatzes anbelangt. Diese muss sich somit auf Rechtsfragen beziehen.

III. Die Rechtsquellen – Das Fallrecht

1. Ebenso wie im englischen Recht ist das amerikanische Zivilrecht vom *Case Law* ganz wesentlich geprägt. Das bedeutet, dass jedes untere Gericht an die Entscheidungen höherer Gerichte gebunden ist. Bundesgerichte halten sich je nach zu entscheidendem Fall an die Entscheidungen höherer Bundesgerichte oder die der höheren Gerichte der Einzelstaaten. Nur das jeweils höchste Gericht kann von vorangegangenen höchstgerichtlichen Entscheidungen abweichen (*overruling*). Damit wird neues Recht geschaffen. Liegen keine Entscheidungen vor, so wird die Entscheidung eines hohen bzw höchsten Gerichtes zur Rechtsschöpfung. In der Praxis weicht kaum ein Richter einer unteren Instanz vom precedent ab, selbst wenn er von dessen Anpassungsbedürftigkeit überzeugt ist, so dass tatsächlich die Abkehr von der bestehenden Rechtsprechung fast ausschließlich von den kompetenten Höchstgerichten erfolgt. Ebenso wie in England berührt die Bindungswirkung ausschließlich die ratio decidendi und niemals die obiter dicta. Auch in Amerika erfolgt die Rechtsfortbildung durch Richterrecht anhand des '*distinguishing*' hinsichtlich des Sachverhaltes. Auch aus diesem Grund kann von

---

206 Vgl *Federal Rules of Procedure* ab 1938, die seither von der *Judical Conference* ständig überarbeitet wurden. Das Zivilverfahrensrecht der einzelnen Staaten ist vielfach im Detail unterschiedlich, wiewohl die *Federal Rules of Procedure* durchaus richtungsweisend gelten.

einem starren System gar keine Rede sein.[207] Üblicherweise beginnt man eine Recherche bezüglich von precedents anhand einer Enzyklopädie wie etwa Corpus Iuris Secundum, wer moderner vorgehen möchte, der bediene sich der Datenbanken , von denen LEXIS und Westlaw die bekanntesten sind.

2. Wichtig erscheinen in Bezug auf Statutarrechte die verschiedenen Ebenen: Bundesgesetze, Einzelstaatengesetze. Ebenso wie in England ist durchaus eine steigende Bedeutung der Gesetzgebung zu erkennen, wobei in Ermangelung einer verfassungsmäßigen Bundeskompetenz die Zivilgesetzgebung definitiv im Bereiche der Einzelstaaten verblieben ist. *Uniform Laws* können zwar empfohlen werden, doch aller Regel nach werden sie nicht oder nicht in allen Staaten befolgt. Besondere Bedeutung kommt in diesem Zusammenhang dem *Uniform Commercial Code*[208] zu, der das Recht des Warenkaufes im Allgemeinen, also nicht nur unter Kaufleuten vereinheitlichen sollte. Er ist in allen Bundesstaaten in wesentlichen Teilen einheitlich rezipiert worden. Der Code besteht aus neun so genannten Artikeln, die kontinentaleuropäischen Büchern entsprechen, Artikel 1 betrifft allgemeine, einführende Grundsätze sowie die Interpretationsmaximen, Artikel 2 behandelt den Verkauf beweglicher Sachen, die Artikel 3, 4, 5 betreffen die verschiedenen Versprechen und die Zahlungsmittel , Artikel 7 Transport und Spedition, Artikel 9 Mobiliarsicherungsrechte. Ein *Permanent Editorial Bord* beobachtet die Rechtsprechung und gibt Empfehlungen zur weiteren Vereinheitlichung weiter, ohne dass seine Empfehlungen irgendwie bindenden Charakter hätten. Das Gesetz unterliegt wie jedes andere Recht der Rechtsanwendung durch

---

207 Zum Auffinden der Entscheidungen: Die Entscheidungen sämtlicher Bundesgerichte werden regelmäßig publiziert und folgendermaßen abgekürzt zitiert:
Die offiziell herausgegebene Sammlung lautet: U.S. = *United States Reports*: Hier werden die Entscheidungen der *Supreme Federal Court* publiziert; F bzw F. 2nd = Federal/Federal Second = *Courts of Appeal*; F. Supp. = *Federal Supplement* = Gerichte 1. Instanz. Daneben gibt es den *Supreme Court Reporter* (S.Ct) und den *United States Supreme Court Reports Lawyers' Edition(L.Ed.).* Alle Entscheidungen bringen zuerst die Namen der Streitparteien.
Die einzelnen Staaten publizieren ebenfalls ihre höchstrichterlichen Entscheidungen, wobei Bundesrecht vor dem Recht des einzelnen Staates steht. Weiters gibt es zusammenfassende Regionalsammlungen. Die weitere Entwicklung eines Urteils und seiner Auswirkungen lassen sich anhand des *Stephard Citators* verfolgen, wobei *Citators* parallel zu allen Entscheidungssammlungen vorliegen und durch Verweise die einzelnen Entscheidungen miteinander in Zusammenhang bringen.

208 Das *American Law Institute* und die *National Conference of Commissioners on Uniform State Laws* betrieben die Kodifikationsarbeit, die unter der Leitung von *K. N. Llewellyn* stand. Die Arbeiten dauerten von 1942-1952. Die Übernahme des Gesetzesvorschlages durch die einzelnen bundesstaatlichen Gesetzgeber wurde insbesondere durch die *American Bar Association* betrieben, was den maßgeblichen Erfolg zumindest teilweise erklärt.

die Gerichte, die ihre Tätigkeit eben im Rahmen der Systematik des Fallrechts ausüben und damit unmittelbar zur entscheidenden Glosse des Gesetzes werden.

Restatements[209] sind Zusammenfassungen bestimmter Rechtsgebiete auf Grund umfassender wissenschaftlicher Untersuchungen, die vom *American Law Institute*[210] in Auftrag gegeben werden. Sie betreffen etwa so wichtige Einrichtungen wie *contracts, torts, trust, agency, property, conflict of laws*. Sie sollen die im Augenblick geltende Rechtslage wiedergeben. *Restatements* werden in der Tat nicht selten zur Entscheidungsfindung herangezogen, so dass man von einer Rechtsquelle *of secondary importance* sprechen kann.

---

209 *Restatements* sind das späte geistige Produkt der Verwissenschaftlichung des Rechtes in Amerika. Insbesondere der berühmte Harvarder Rechtsprofessor *C. C. Langdell*, tief beeindruckt von der deutschen Rechtswissenschaft der Pandekten, hatte seit 1871 eine strenge universitäre und wissenschaftliche Ausbildung der Juristen gefordert. Dabei sollten insbesondere die Grundprinzipien der einzelnen Rechtsfiguren erkannt und strukturell betont werden.

210 Das *American Law Institute* wurde 1923 auf Initiative der *American Bar Association* gegründet. Führende Richter, Anwälte und Professoren sollen an der Rechtsklarheit und Rechtsvereinheitlichung arbeiten.

§ 13 Weitere Länder mit ausschließlicher Geltung des Common Law

I. Australien

Literatur: *Derham/Maher/Waller*, An Introduction to Australian Law (8. Aufl.) (2000); *J. Carvan*, Understanding the Australian Legal System[5] (North Ryde, NSW 2005), The Laws of Australia (Butterworth), Halsbury's Laws of Australia; M. Neave, Sackville and Neave Property Law: Cases and Materials, Sydney 2004.

Australien bildete bis 1963 eine Rechtseinheit mit England, 1963 hat der *High Court of Australia* (höchstes Bundesgericht) aber festgestellt, dass es sich nicht mehr an die Urteile des *House of Lords* gebunden fühle. In der Praxis ist die englische Rechtsprechung aber nach wie vor von größter Bedeutung, auch wenn heute die Möglichkeit, das *Privy Council* in London als letzte Instanz anzurufen, weggefallen ist. In zunehmenden Ausmaße ist eine Hinwendung zum Rechtssystem und der Juristenausbildung der USA festzustellen. Australien gebührt im Rahmen der *Common Law*-Länder die Ehre, das System der Landregister mit der rechtlichen Relevanz derselben bei der Immobiliareigentumsübertragung verbunden zu haben. Dieses System, genannt nach dem Schöpfer *Torrens*, nahm um die Mitte des vorigen Jahrhunderts seinen Ausgang und diente dem englischen Gesetzgeber als Vorbild. Was den Eigentumserwerb an beweglichen Sachen anbelangt, so gilt ein im wesentlichen dem englischen *Sale of Goods Act* entsprechendes Gesetz. Das Law Reporting erfolgt sowohl auf Ebene der Bundesstaaten wie für die Urteile der High Court (Commonwealth Law Reports)

II. Neuseeland

Literatur: *J. A. B. O'Keefe/W. L. Farrands*, Introduction to New Zealand Law[4] (Wellington 1980); *R. D. Mulholland*, Introduction to the New Zealand Legal System[9] (Wellington 1999); Butterworth New Zealand Law Dictionary (2001), The Laws of New Zealand (Lexis Nexis).

Die Verbindungen Neuseelands zu England sind besonders eng, auch besteht heute noch die Möglichkeit, als letzte Instanz das *Judicial Committee of the Privy Council* anzurufen. Wie lange es diese Möglichkeit noch geben wird, ist ungewiss, man diskutiert derzeit auch über ein gemeinsames Höchstgericht für den ozeanischen Raum. Was die Organisation der Gerichtsbarkeit[211] anbelangt, so gibt es für Bagatellesachen ein *Disputes Tribunal*. Bis zu einem Streitwert von

211 *G. Zorn*, Das Gerichtswesen in Neuseeland, RZ 1999, 23.

NZ$ 200.000,-- (NZ$ 500.000,-- bei Grundstücken) ist der *District Court* zuständig. Alle übrigen Verfahren sind bei dem *High Court* anzustrengen. Bei diesem Gerichtshof arbeiten zur Zeit 32 Richter, die zumindest 7 Jahre als Anwälte praktiziert haben müssen. Berufungen gehen an den *Court of Appeal*, welche aus einem Vorsitzenden und 6 *High Court* Richtern, darunter der Vorsitzende des *High Court,* besteht. Dagegen kann eben beim *Privy Council* Berufung eingelegt werden. Allgemeines Interesse hat die neuseeländische Gesetzgebung zum Schadensersatz gefunden, insbesondere bei Verkehrsunfällen kommt es zu einem völlig verschuldensunabhängigen Ersatz, der über eigens eingerichtete Fonds abgewickelt wird[212].

III. Irland

Literatur: *B. Doolan*, Priciples of Irish Law[6] (2003); *R. Byrne/P. Mc Cuthean*, The Irish Legal System[4] (2001); *C. Blanaid*, Irish Law (2001).

In Irland gilt sowohl die Grundsubstanz des *Common Law* wie auch alle seine Prinzipien. *Equity* und die *Statutes* sind ebenso zu berücksichtigen. Das bedeutet, dass der Grundstock des irischen Rechtes auf die lange gemeinsame Geschichte mit England zurückgeht. So ist etwa als wichtiges Gesetz der *Sale of Goods Act* 1893 in Kraft. Die Bindungswirkung der Gerichtsurteile steht nicht zur Diskussion. Seit der irischen Unabhängigkeit wird freilich den Entscheidungen der englischen Lords nur die Bedeutung von *persuasive precedents* zuerkannt, daneben finden auch die Urteile anderer Höchstgerichte innerhalb des *Common Law*, insbesondere die der amerikanischen Gerichte, Beachtung. Was die Gerichtsverfassung anbelangt, so folgt auf den *District* oder *Circuit Court* der *High Court.* Das höchste Gericht ist der *Supreme Court.*

IV. Zypern

Literatur: W. Krawietz/S. Rogge Hsgg. Political and Legal System of the Republic of Cyprus(= Rechtstheorie 34/1) Berlin 2003. Es gibt eine umfangreiche Sammlung von Law Reports, größtenteils auf griechisch, die bereits 1894 einsetzte.

Als der Inselstaat Zypern 1960 in die Unabhängigkeit entlassen wurde, galt für die staatliche Gerichtsbarkeit, unabhängig von den rechtlichen Besonderhei-

---

212 Vgl dazu *A. Tunc*, L'indemnisation des dommages corporels des lois nord-américaines et néo-zélandaises, RIDC 1973, 684; *dens*, Quatorze ans après, le système d'indemnisation néo-zélandais, RIDC 1989, 139.

ten des griechischen und türkischen Bevölkerungsteiles insbesondere im Ehe- und Familienrecht, das bis zu diesem Zeitpunkt von den englischen Kolonialherren gesatzte Recht, das im wesentlichen auf die Kolonien gemünztes *statue law* Englands ab den letzten Jahren des 19. Jhdts widerspiegelt[213]. Die Engländer hatten die Insel 1878 besetzt und 1914 kurzerhand annektiert. Außerdem galt das *Common Law* als solches ebenso wie die englische *Equity* definitiv ab 1935. Der Stand des englisch-zypriotischen Rechtes zum 16.8.1960 wurde in Bausch und Bogen übernommen. Als wesentliches Element des *Common Law* wurde auch die Bindungswirkung der Urteile, insbesondere der Urteile des Höchstgerichtes beibehalten. Wenn auch im seit der türkischen Invasion von 1974 ausschließlich griechischen Staatsteil weiterhin all diese Rechtsquellen und Grundprinzipien im vollem Umfange aufrecht geblieben sind, so muss doch eine eigenständige zypriotische Privatrechtgesetzgebung berücksichtigt werden, insbesondere im Gefolge der Aufnahme in die EU. Den Entscheidungen englischer Gerichten, insbesondere denjenigen des *House of Lords*, kommt nach wie vor eine wichtige Rolle als Maßstab der Urteile zu. Die Urteile der Supreme Court of Cyprus können anhand der Law Reports erfasst werden.

V. Staaten des Commonwealt

In den meisten Staaten des ehemaligen britischen Weltreiches gilt auch heute noch, sofern man überhaupt westliches Recht beibehalten wollte, das für die einzelnen Territorien aufbereitete englische Common Law. Es sind dies neben Indien (§ 23)[214] Malaysien, Singapur[215] in Asien, Nigerien, Ghana, Gambia, Kenia, Uganda, Tanzanien, Malawi, Zambia, Botswana und Zimbabwe in Afrika[216].

---

213 *Tornaritis*, The Statue Law of Cyprus (1959).

214 Pakistan ist je nach politischer Dominanz mehr oder minder stark vom islamischen Recht geprägt.

215 *Sinnadurai*, The Law of Contract in Malaysia and Singapore – Cases and Commentary (1987); *Jenckel*, Das Rechtssystem der Republik Singapur (Eine Studie zur Rezeption des englischen Rechts im Commonwealth) (1986); *Müller*, Die Entwicklung des Privatrechts in Singapur (1999).

216 Zur Schwierigkeit eines gemeinafrikanischen Rechtes oder gar eines afrikanischen Rechtskreises: *Gambaro/Sacco* 541-577; besonders deutlich *Sacco*, Il diritto africano (1995).

§ 14 Kanada

Literatur: Nach wie vor sehr nützlich: *Smith/Kerby*, Le droit privé au Canada, Private Law in Canada: a comparative Study (1975); *G. Gall*, The Canadian Legal System 5. Aufl.(Toronto 2004); S. Handschug, Einführung in das kanadische Recht (München 2003). **II. Québec Literatur:** Code Civil du Québec, hrsg von *Baudoin/Renaud* (Montréal 2000); Ministère de la Justice, Code Civil du Québec/Civil Code of Québec (2004) ; *J.F. Niort*, Le nouveau Code Civil du Québec et la théorie de la codification, Droits 24 (1995) 135; Le Code Civil du Québec, Commentaire du ministère de la Justice, 1993; Code Civil du Québec, Texte annoté par *H. Kelada*; *M. A. Tancelin/Shelton*, Des Institutions, Branches et Sources du Droit (Montréal 1989); *G. Tremblay*, Une grille d'analyse pour le droit du Québec (Montréal 1987); wichtig sind in diesem Zusammenhang die Länderberichte des Jahreskongresses der *Association Henri Capitant*, die in der Regel einen Québec gewidmeten Beitrag enthalten. In der RTDC finden sich Berichte von *P. G. Jobin*: Chroniques du droit civil québecois ; J. E. C. Brierley, The Renewal of Quebec's Distinct Legal Culture : THe New Civil Code of Québec, in : The University of Toronto Law Journal 42 (1992) 484ff. ; A. Morel, Canadian Legal History, in Osgoode Hall Law Journal 21 (1983) Nr.2; N. Kasirer, Bijouralism in Law's Empire and in Law's Cosmos, in Journal of Legal Education 52 (2002) Nr. ½.

1. Der kanadische Staat setzte sich in der Verfassung des Jahres 1982 jene Regeln, nach denen das territorial zweitgrößte Land der Welt fortan rechtlich existieren sollte. Das Gesetz selbst wurde sowohl vom kanadischen, wie auch vom britischen Parlament als Canada Act verabschiedet. Zur Verfassung von 1982 zählt auch die *Canadian Charter of Rights and Freedoms*. Neben dem geschriebenen Text der Verfassung gibt es seit alters her Grundprinzipien, die so genannten *unwritten principles, federalism, democracy, rule of the law respect for minorities*. Staatsrechtlich übertrug zwar die Verfassung von 1982 definitiv und ausschließlich fast alle Kompetenzen an kanadische Organe, doch behielt sich die Krone Englands einen Teil der Rechte noch vor, insbesondere jenes des formellen Staatsoberhauptes. Die Königin von England ernennt als ihre Vertreterin eine Kanadierin oder einen Kanadier als Generalgouverneur für Gesamtkanada und Teilgouverneure für die einzelnen Provinzen. Was das Privatrecht anbelangt, so herrscht in neun kanadischen Provinzen, jenen, in denen mit großer Mehrheit auch die englische Sprache vorherrscht, englisches *Common Law*. Im Québec, wo die große Mehrheit der Bevölkerung Französisch spricht, gilt Civil Law, somit kontinentaleuropäisches Recht.

Historisch gesehen galt in den britischen Kolonien grundsätzlich englisches Recht. Dieses hielt sich auch in den verschiedenen staatsrechtlichen Gebilden, die auf dem Gebiete des heutigen Kanada seit dem amerikanischen Unabhängigkeitskrieg entstanden waren. Die staatsrechtlichen und damit impliziert privatrechtlichen Regelungen, begannen im Gefolge der definitiven und unabdingbaren Abspaltung der neuen amerikanischen Republik im Jahre 1792, wurden im Jahre

1867 fortgesetzt mit dem bekannten *British North America Act* oder *Constitution Act*, sowie dem *Statute of Westminster* aus dem Jahre 1937. Es darf daran erinnert werden, dass bis zu diesem Jahre das Parlament im Westminster ausschließlicher Gesetzgeber für Kanada gewesen ist. Erst im Jahre 1949 wurde die *Supreme Court of Canada* oberster Gerichtshof des Landes, bis zu diesem Zeitpunkt war somit die ab 1833 für das gesamte Empire zuständige Höchstgerichtsbarkeit auch für Kanada zuständig, in diesem Fall das *Privy Council.*

Die Verfassung des Jahres 1982 ist zum heutigen Tage von der Provinz Québec nicht ratifiziert worden, trotz intensiver Verhandlungen und Versuche einer alle – insbesondere die Québecois – zufrieden stellende Lösung. Im Gefolge mehrer Versuche sich selbst zu definieren, kam es 1995 zum letzten Referendum bezüglich der Souveränität Québecs, allerdings unter dem Hinweis einer bevorzugten Partnerschaft mit Kanada. Dieses Referendum ging für die Indipendentisten nur knapp verloren. Zuvor hatte das Parlament in Québec ein Gesetz verabschiedet, dass, wenn die Verhandlungen mit dem Bund und den übrigen Provinzen scheitern sollten, Québec einseitig die Souveränität beschließen werde können. Freilich urteilte im Jahre 1998 der Supreme Court, dass eine einseitige Sezession illegal sei, sehr wohl aber eine zu verhandelnde geführt werden könne, bei einem klaren Votum des betroffenen Volkes. Diese Verhandlungen müssten jedoch sowohl mit dem Bund, wie auch den einzelnen kanadischen Provinzen geführt werden. Das Urteil des obersten kanadischen Gerichtshofes vom 20. August 1998 war einstimmig. Das bedeutet, dass auch jene Richter so urteilten, die aus Québec stammten, somit laut kanadischem Recht zumindest drei von neun.

2. Nach der Darstellung des verfassungsmäßigen Rahmens und der verfassungsrechtlichen Probleme möchte ich mich jenem Bereiche zuwenden, der für den Rechtsvergleicher bei der Kategorisierung von Rechtsordnungen von großer, um nicht zu sagen entscheidender Bedeutung ist, nämlich dem Privatrecht. Welches Recht gilt nun in Kanada? Um es vorweg zu nehmen: es gibt grundsätzlich auf kanadischem Territorium zwei Rechtssysteme, jene Rechtsysteme, die grundsätzlich als die konträren nicht nur der europäischen Rechte, sondern inzwischen weltweit angesehen werden. Der Hinweis darauf, dass es zwei verschiedene Rechtsordnungen in Kanada gibt, gibt zugleich Aussage darüber, dass das kanadische Recht kein so genanntes Mischsystem darstellt. Es ist also, wie es die englische Terminologie bezeichnet, kein *Mixed Legal System*, also keine Durchmischung von kontinentaleuropäischem und englischem Recht, wie dies in anderen Rechtsordnungen, etwa in Südafrika, in Schottland, in Zypern oder Malta der Fall ist. Als 1937 die gesetzgeberische Kompetenz des Londoner Parlaments zum Ende gelangte und als 1949 der oberste kanadische Gerichtshof die ausschließliche und endgültige Kompetenz für alle kanadischen Provinzen erhielt, galt grundsätzlich in den anglophonen Provinzen Kanadas das englische Recht und zwar geradezu zwangsläufig das englische Recht, sowie unter Umständen – und das ist im Bereiche des Privatrechtes in der Regel eine quantité négligeable – besondere Gesetze *(statutes)*- die ausschließlich für einen bestimmten Teil des damaligen Empire erlassen wurden. Das gesamte englische Recht 1937 bzw. 1949 bedeutet 1. common law, 2. equity, 3. statutes und 4. *books of authority.* Ab 1937 gilt ausschließliche Erzeugung des Rechtes durch kanadische Gesetze, ab 1949 ausschließlich Erzeugung des Rechtes durch kanadische Gerichte. Damit ist auch klar – selbst für die, die sich nicht eingehend mit dem englischen Recht und seinen Ablegern beschäftigt haben – nach englischem Recht entsteht Recht nur zu einem teils bescheidenen Anteil durch Gesetze Statutes, sondern in viel größerer Weise durch die bindende Wirkung von Gerichtsurteilen. Durch die Neuerungen der Jahre 1937 und 1949 ist das englische Recht keineswegs aus Kanada verbannt. Da das gesamte *Common Law* und die *Equtiy* bis 1949 unmittelbar übernommen wurden, gilt englisches Recht theoretisch von dessen Anfang an, d.h. vom Jahre 1066 als die Normannen England besetzt haben auch für Kanada. In der Rechtspraxis bedeutet das allerdings, da die überlieferten Aussprüche von Höchstgerichten ab etwa 1300 in massiverer Weise einsetzen, dass vom jenem Zeitpunkt an, das Recht beachtlich erscheint. Dies gilt für alle anglophonen Provinzen gleichermaßen. Die Provinzen: Ontario, Saskatchewan, Manitoba, Alberta, British Columbia, Nova Scotia, New Brunswick, Newfoundland, Yukon Territories, North-West Territories, Prince Edward Island sind dem *Common Law* zuzurechnen. Das bedeutet, dass neben dem Gesetzesrecht der Konföderation und der Provinzen typischerweise die Grundprinzipien des *Case Law*, insbesondere das *stare decisis* zum Tragen kommen.Das ist das berühmte Prinzip des *Case Law* und dem in ihm begründeten Grundsatz des *stare decisis.* Der ganze Satz lautet: *et non quieta movere.* Das bedeutet, wenn eine Entscheidung gefallen ist und diese Entscheidung kohärent wirkt, so ist sie bindend. Es ist die Bindewirkung, die *stare decisis* impliziert oder das *precedent.* Dabei geht es darum, dass die *ratio legis* vermittels des distinguishing ermittelt werden muss. Das ist die große Kunst aller englischen und aller Common Law Gerichte. Bindend ist dabei nur die eigene Jurisdiktion. Etwa in ganz England und Wales. In Kanada aber die Provinz. Es gibt also eine Jurisdiktion von Ontario, gewiss die wichtigste oder von Manitoba und Alberta. Darüber freilich jene des *Surpreme Court.* Auswärtige *Jurisdictions*, etwa einer anderen kanadischen Provinz, aber insbesondere auch Englands und anderer Commonwealth Staaten, wie Australien und Neuseeland, viel weniger aber die Vereinigten Staaten von Amerika, stellen eine so genannte *persuasive Jurisdiction* dar. Diese Entscheidungen sind somit unter Umständen zu berücksichtigen. Innerhalb dieses Konzeptes des *persuasive* gelten die USA als *mildly persuasive* und England als *strongly persuasive.* Interessanterweise hat der *Supreme Court of Canada* noch nicht dezitiert zum Problem des *overruling* eigener Urteile Stellung bezogen. Das kanadische Höchstgericht hat zu diesem Problem nicht definitiv Frage bezogen, es bezieht selbstverständlich die Urteile des *Privy Council* ab 1833 in die Vorläuferstruktur und somit in die Bindewirkung mit ein.

3. Bevor ich auf die zweite Rechtsordnung eingehe, geradezu als Mittelstück und vermittelndes Element, ein kurzer Blick auf die Gerichte. Das Gerichtswesen Kanadas ist folgendermaßen organisiert. 1. Es gibt *provincial* oder *territorial courts*. Hier wird das gesamte Familienrecht, außer den Scheidungen, und Geldansprüche geringeren Ausmaßes – hier sind die Wertgrenzen je nach Provinz unterschiedlich – verhandelt. 2. Das Hauptgericht einer Provinz – und hier auch eigentlich in Anlehnung an die englische Gerichtsbarkeit, an die englische High Court – der so genannte *provincial* oder *territorial supreme court*. Diese bestehen unter verschiedenen Namen. Entweder *supreme court*, *superior court*, *court of justice* (etwa in Ontario) oder noch die traditionelle englische Bezeichnung *Court of Queen's Bench*, etwa in New Brunswick, Manitoba, Saskatchewan oder Alberta. Es handelt sich hier um die Gerichte allgemeiner *Jurisdiction*, insbesondere auch die Scheidungsangelegenheiten, weshalb es eine eigene Familiendivision gibt. Es ist noch hinzuzufügen, dass die Richter der *Supreme Courts* der einzelnen Provinzen vom Bundesstaat ernannt werden. 3. In jeder Provinz gibt es einen *Court of Appeal*. Auch ein *Court of Appeal* auf Bundesebene, allerdings dort nur für Sachen, die Bundesrecht sind – und das ist im Privatrecht denkbar wenig – interessanterweise das geistige Eigentum. Darüber über allen *Courts of Appeal* steht der *Supreme Court*, geleitet vom *Right Honourable Chief Justice*, es gehören dem Höchstgericht nur acht Richter an. Es ist die letzte Instanz und entscheidet selbst, ob die Revision zugelassen wird, das ist der *Leave to Appeal*. Laut Gesetz müssen zumindest 3 der Richter aus Québec stammen. Warum drei? Der oberste Gerichtshof entscheidet aller Regel nach in Dreiersenaten, sodass gewährleistet ist, dass Revisionen aus Québec ausschließlich von einem Senat aus der Provinz des Civil Law entschieden werden können. Das System des kanadischen *Case Law* ist nach Provinzen strukturiert, das bedeutet, dass Gerichte 1. Instanz durch vorangegangene Entscheidungen von Gerichten 1. Instanz und der *Court of Appeal* ein und derselben Provinz gebunden sind. Die *Courts of Appeal* einer Provinz sind an die eigenen Urteile gebunden. Alle kanadischen Gerichte sind an die Präjudizien des *Supreme Court* gebunden. Die Entscheidungen werden in *Law Reports* der Provinzen und den *Supreme Court* Reports gesammelt.[217]

---

217 Law Reports: Supreme Court Reports, Dominion Law Reports und Law Reports der einzelnen Provinzen. Als books of authority gelten, ebenso wie in England, jene des

4. Québec. Dieses wurde bekanntlich ab 1534 systematisch als Neufrankreich entdeckt und besiedelt. 1664 erfolgte eine Reform der Verwaltung und der Staatlichkeit in Abhängigkeit der Krone von Frankreich, wobei die Verwaltung der *Compagnie des Indes Occidental* übertragen wurde. Gleichzeitig wurde angeordnet, dass eben das in Frankreich geltende Recht in vollem Ausmaße gelten müsse, insbesondere die *Coutume de Paris*. Diese wurde zur Grundlage des Zivilrechtes in der neuen Welt. Verwaltung und Gerichtsbarkeit wurden dem *Conseil Souverain* unterstellt, das im Namen des Königs – damals Ludwig XIV – handelte. 1760 kam es im Zusammenhang mit Auseinandersetzungen auf dem europäischen Kontinent, in die bekanntlich auch Österreich und Preußen (Stichwort 7jähriger Krieg) verwickelt waren, in der Nähe der Stadt Québec zur Schlacht in der Abraham Ebene. Diese Schlacht endete für die französische Armee in verheerender Weise. Québec und die gesamte Nouvelle France wurden von britischen Truppen besetzt. 1763 musste Frankreich die gesamten Territorien der neuen Welt – ausgenommen zwei kleinen Inseln – an England abtreten. 1763 versuchte die englische Krone nun die englische Verwaltung – insbesondere das englische Recht – zum Durchbruch zu bringen und folglich englische Gerichte einzusetzen. Das Ergebnis war in dem für die damaligen Verhältnisse bereits überaus dicht besiedelten Land entlang des St. Lorenz Stromes ein totaler Boykott, eine harte Opposition der Einheimischen. Und so kam es schon – in geradezu erstaunlich rascher Weise – im Jahre 1774 zum so genannten *Québec Act* des englischen Parlamentes. Darin enthalten war insbesondere eine Garantie der Beibehaltung des geltenden französischen Rechtes und der katholischen Religion. 1791/92, also nachdem die Abspaltung der Vereinigten Staaten von Amerika von der britischen Krone endgültig geworden war, erfolgte eine Erneuerung der verbliebenen nordamerikanischen Besitzungen der Briten in ein Upper und Lower Canada, wobei Lower Canda auch Bas Canada genannt wurde, jener Teil, der zu großer Mehrheit von französischen Siedlern bewohnt war. In der Folge können wir eine gewisse Verwahrlosung der französischen Rechtskultur feststellen, bzw. in gewisser Hinsicht eine Anglisierung des Rechtes. Im Gegensatz zu Frankreich hat es in Québec nie eine französische Revolution gegeben. Das bedeutete z.B., dass das alte französische Feudalsystem, das ja aus bekannten historischen Gründen dem englischen nicht unähnlich war, bis 1854 in Nieder Kanada Bestand hatte. Die Sorge um das Überleben der eigenen Bevölkerungsgruppe und insbesondere die Sorge um das Bestehen des eigenen Rechtes – man sieht, wie diese Sorgen

---

Richters Coke aus dem 17. Jh. (Institutes)und die Commentaries von Blackstone aus dem 18. Jh..

Superior Court of Justice Act 1989 C65 SS 2,10:2. Courts have all the jurisdiction, power and authority historically exercised by courts of common law and equity in England.

eng aneinandergekoppelt waren – führte in den fünfziger Jahren zur Gründung der beiden auch heute noch existierenden wichtigsten Rechtsfakultäten des Landes, 1853 Mc Gill in Montréal und 1854 Laval in Québec. 1857 erstellte ein damals prominenter Jurist und Politiker George Etienne Cartier ein Programm zur Rettung des lokalen Rechtes, das insbesondere die Kodifikation des bestehenden französischen Rechtes vorsah. In der Tat wurde in den Jahren 1859 – 1865 Arbeiten am Code Civil du Bas-Canada und am Code de procédure civile getätigt, 1866 trat das Gesetzgebungskonvolut in Kraft. Die Kodifikatoren von damals – und hier beginnt eine überaus interessante Geschichte – waren mit mehreren Problemen konfrontiert gewesen. Sie hatten unterschiedliche Rechtsquellen zur Verfügung, von denen die Coutume de Paris die vornehmlichste und auch vornehmste war. Sie hatten das Problem der Sprache, da nicht verborgen bleiben konnte, dass man zwar in einer mit großer Mehrheit von Frankophonen bewohnten Provinz lebte, allerdings staatsrechtlich eben in Kanada das eine englischsprachige Mehrheit hatte und auch im Bas-Canada selbst lebte eine nicht unbeträchtliche anglophone Minderheit. Ein weiteres Problem war, und das betrifft jetzt die nicht allzu hohe Rechtskultur, es gab kaum eigenständige Rechtsliteratur als Kommentierungen des lokalen Rechtes, sodass man sich im Wesentlichen wohl auf die großen Kommentierungen des vorrevolutionären französischen Rechtes stützen musste. Viertens trat die Frage auf, ob man ausländische Modelle heranziehen sollte. Zur Sprache muss noch gesagt werden, dass die Folge des *Québec Acts* von 1774 sämtliche *Statutes*, die von Westminster beschlossen wurden, für Kanada und insbesondere für Lower Kanada, selbstverständlich in die französische Sprache übertragen wurden. Anders war es dagegen mit dem alten französischen Recht, das nur sehr fragmentarisch in die englische Sprache übertragen worden war. Daraus ergab sich für die frankophonen Juristen folgendes Problem: Wie Cartier bereits bemerkte, von Seiten der Engländer *une espèce d' aversion contre notre droit français qu'ils ne pourraient connaitre et apprecier*. Das ist also keine Kritik sozusagen an der verschiedenen forma mentis der Engländer, sondern vielmehr am Umstand, da es eben keine Übersetzung gibt, können die Engländer nicht unser Recht kennen und es schätzen. Aus dieser überaus interessanten Grundeinstellung Cartiers ergab sich die Wahl der Kommissäre. Es waren dies zwei frankophone und ein anglophoner, sowie zwei Sekretäre, die nach den Kriterien eines strengen Bilinguismus ausgesucht wurden, es handelt sich also um Herren, die hervorragend sowohl die englische, wie auch die französische Sprache beherrschten. Der Präsident der Kommission wurde der Richter am damaligen *Queen's Bench* Gericht und zwar der Präsident René-Édouard Caron, der 1873 Lieutenant-gouverneur von Québec wurde. August Norbert Morin war Anwalt in Québec und Charles Dewey Day Anwalt in Montréal und Kanzler der Universität Mc Gill. Die Sekretäre waren J. U. Beaudry und T. K. Ramsey.

Warum ich dies betone: einerseits weil mich Kodifikationen an und für sich interessieren, wie man ein Gesetze machen soll, insbesondere wie rechtsvereinheitlichende Gesetze gemacht werden sollen. In Québec haben wir es mit einem großen Modell zu tun, das nicht verschwiegen werden soll: es handelt sich um die erste bilinguale Kodifikation. Es war ohne wenn und aber tatsächlich eine intellektuelle und juristische Meisterleistung. Der Text wurde zweisprachig konzipiert, das bedeutet, dass jeweils die Normen zusammen entwickelt wurden, in englischer und französischer Sprache und es über die Entstehung der Norm Kurzprotokolle in beiden Sprachen gab. Es handelt sich im Endeffekt dann um ein synoptisches Aneinanderreihen, Artikel für Artikel, von profund ausdiskutierten Regelmechanismen, in englischer und französischer Sprache. Beide Texte sind gleichermaßen authentisch. Das heißt, es handelt sich nicht um Übersetzungen, sondern um gleichzeitige Entwicklungen, beide Texte wuchsen gemeinsam und wurden gemeinsam entwickelt. Was die auswärtigen Quellen anbelangt, so nahm man einmal grundsätzlich Bezug auf die Kodifikation von Louisiana, sowie bereits im Gesetz des Jahres 1857, das die Kommission einrichtete, auf Frankreich. Der Text von Louisiana war in den Jahren 1808 und 1825 ebenfalls in englischer und französischer Sprache erstellt worden und hielt sich relativ strikt an den Code Civil.

In den section 6 des Gesetzes stand "*to reduce into one Code, to be called the Civil Code of Lower Canada, those provisions of the Laws of Lower Canada which relate to Civil Matters and are of a general and permanent character*". Das heißt also, grundlegend sollte nicht auf die bestehenden Gesetze von Nieder Kanada verzichtet werden.

In section 7 stand „ *The said Codes shall be framed upon the same general plan, and shall contain. as nearly as may be found convenient, the like amount of detail upon each subject, as the French Codes known as the Code Civil*". Das bedeutet, dass es in der Tat darum ging, althergebrachtes französisches Recht zu respektieren.

In Form und Stil, im Aufbau und Systematik ist die Bezugnahme auf den Code Civil evident und ausschließlich. In der Memoire der Commission vom 7.6.1859 heißt es: „*Le code civil et le canavas sur lequel il faut travailler. Il faudra en suivre le plan et les divisions et comme règle général en adopter même quant à la rédaction tous les articles qui nous conviennent* ". Zu dem Modell wurden in Stil und Sprache unter Umständen typisch kanadische Ergänzungen gemacht. Und es wurde in einem eigenen Artikel betont, dass für den Fall, dass das Gesetzbuch keine Regel vorsehe, das alte Recht nach wie vor in Geltung sei. Der 1866 in Kraft getretene Code wies starke und grundsätzliche Affinitäten zum Code Civil Frankreichs auf. Ergänzungen zum Code Civil erfolgten ganz in der Dogmatik und dem Stil des französischen Gesetzes. Dass so unglaublich wenige

Differenzen substantieller Natur zwischen dem alten französischen Recht von Bas-Canada und dem postrevolutionären französischen Code Civil gab, liegt wohl darin, dass auch in Canada die Coutume von Paris große Bedeutung erlangt hatte und dass auch in Kanada *Pothiers* Schriften, die in vieler Hinsicht zur Grundlage des Code Civil werden sollten, Eingang gefunden hatten. Als wichtigster systematischer Unterschied zum französischen Recht muss betont werden, dass man in Kanada auf einen eigenen Code de commerce verzichtete und die entsprechenden Regelungen in den Code Civil einarbeitete.

Angesichts der sozialen Weiterentwicklung, auch im französischsprachigen Teil Kanadas, stellte sich bereits Mitte der 60iger Jahre des 20 Jh. die Frage, ob und in welchem Ausmaße, der Code Civil zu reformieren sei. 1965 wurde ein Bureau de Revision du Code Civil eingerichtet. Unterschiedliche Kommissionen, bestehend aus Professoren, Richtern und Praktikern, arbeiteten an der Reform des Code Civil, wobei jene durchaus reformbedürftigen Normen des Personen- und Familienrechtes bereits in den siebziger und achtziger Jahren in Kraft gesetzt wurden. 1989 waren die Arbeiten weitgehend abgeschlossen, es folgte eine längere parlamentarische Diskussion, 1991 wurde der Code Civil von der Assemblée National in Québec angenommen und ab 1994 ersetzte er das Gesetzbuch von 1866.

Die neue Kodifikation bedeutete gewiss Anpassung, Modernisierung und auch sprachlich – im moderaten Sinne – eine Modernisierung. Im gewissen Sinne bedeutete der neue Code Civil auch eine Purifizierung und eine dezidierte Abhebung von Anglismen, bzw. Referenzen zum Common Law als Rechtsquelle. Altertümlichkeiten im Immobiliarrecht, das im Code von 1866 tatsächlich Anglismen behalten hatte, wurden abgeschafft. Bezüge zum Trust wurden eliminiert durch die Kodifizierung des *patrimoine d'affectation* und der *fiducie*(Art. 1256 – 1298). Ein Kommentator hat gemeint, der neue Code sei noch zivilistischer, geradezu monistisch. Doch wie viele Zivilgesetzbücher öffnet er sich über Generalklausel, etwa der équité (Art. 975 oder 1453). Sehr interessant ist die Bezugnahme in den Dispositions préliminaires Dort heißt es „*Le Code civil du Québec régit, en harmonie avec la Charte des droits et libertés de la personne et les principes généraux du droit, les personnes, les rapports entre les personnes, ainsi que les biens*. In der Tat eine bemerkenswerte Formulierung vom Wesen eines Zivilgesetzbuches und – dies sei betont – der Hinweis auf die Principes généraux du droit, so allgemeine Rechtsprinzipien, ermöglicht bewusst eine flexible Interpretation des Gesetzes durch die Richter. In diesem Sinne ist der Gesetzgeber von 1994 ideologisch und faktisch auf dem berühmten discours préliminaire vom Portalis zurückgekehrt. Auch die neue Kodifikation wurde gestützt durch einen systematischen Bilinguismus im Recht, d. h., auch das neue Gesetzbuch von Québec wurde *bilingue* entwickelt.

Es handelt sich um eine klassische Kodifikation einer kontinentaleuropäischen römisch-rechtlichen Rechtsordnung. Die Abstraktion, sowie die sprachlich technische Exaktheit wurde beibehalten, wenn auch hin und wieder einer explikativ kassuistischen Ausdehnung Raum gemacht wurde, zum Glück freilich nur in seltenen Fällen. Nach wie vor steht der Code Civil du Québec besonders nahe dem französischen Code Civil. Die Einteilung erfolgt in 10 Bücher: Personen-, Familien-, Erbrecht, Sachenrecht (biens), Obligationen, Hypotheken, Beweisführungen, Verjährung, Publizität der Rechte, Internationales Privatrecht.

Als das Gesetz proponiert wurde, fand der damalige Justizminister von Québec, Gil Rémillard dazu folgende Worte: Un code civil reflète la vision qu'une société a d'elle même et ce qu'elle veut être, il rejoint la vie de tous les individus des leur naissance à leur décès. Was die politischen Einrichtungen der Provinz Québec anbelangt, so ist der oberste Vertreter der Königin von England der lieutenant-gouverneur. Die legislative Gewalt liegt bei der assemblée nationale die aus 125 Abgeordneten besteht, die im Mehrheitswahlrecht alle 5 Jahre gewählt werden. Die Exekutive liegt beim Gouvernement.

Die Gerichtsbarkeit ist folgendermaßen strukturiert: Die erste Instanz wird eingenommen von der Cour de Québec. Sie ist erste Instanz in Zivil-, Straf- und Jugendsachen, in Zivilsachen werden Streitigkeiten bis zu 70.000 kanadische Dollar angenommen. Die Cour de Québec besteht aus 270 Richtern, die von der Regierung ernannt werden. Voraussetzung ist Angehörigkeit beim Bar von wenigstens 10 Jahren. 2. Die Cour *Supérieure de Québec* verhandelt alle Zivilfälle ab 70.000 Kanadische Dollar, Familiensachen, sowie Konkurs- und Verwaltungssachen und jene Strafsachen, die von einer Jury entschieden werden müssen. 144 Richter gehören dieser Cour Supérieure an, davon 89 in der Division Monréal und 43 in der Division Québec. An dritter Stelle steht die *Cour d'Appel de Québec*. Es ist die allgemeine letzte Instanz, die 99 % aller Berufungsfälle entscheidet. Sie wurde 1849 für Bas-Canada eingesetzt. Bis 1974 hieß sie Cour du Banque de la Reine. Die Richter wurden und werden von der Bundesregierung ernannt. Der *Juge en chef de la Cour* heißt auch *Juge en chef du Québec*. Der Gerichtshof besteht aus 19 Richtern, die überlicherweise in dreier Senaten in Ausnahmefällen in fünfer Senaten entscheiden. Kompetenz ist eine allgemeine Revision bei über 50.000 kanadischen Dollar. Bei Adoptionsfragen, bei Obsorgefragen, Scheidung, Konkurs sowie grundsätzlich in allen anderen Fragen in denen der Appel vom Gerichtshof angenommen wird.

5. Zwei Rechtsordnungen ein Land. So kann man die kanadische Situation darstellen. Es handelt sich somit um kein *mixed legal system*. Wohl gibt es aber eine wesentliche gegenseitige Befruchtung. Dies betrifft die Gesetzgebung sowohl auf Bundesebene wie auch in der Provinz Québec. Die Technik der zivilistischen Gesetzgebung hat sich in nicht unbeträchtlichem Ausmaße auch auf jene, nicht allzu viele, Bundesgesetze ausgewirkt. Was die Provinz Québec anbelangt, so kann man bei allen Arten der Gesetzgebung die überaus sorgfältige, geradezu technisch perfekte bilinguale Vorbereitung feststellen. Als Basis hat sich die Wissenschaft von der Jurilinguistique entwickelt. Es handelt sich dabei weltweit um einmalige Forschungsleistung im Bereiche der Rechtssprache. In Québec gilt zwar nicht *Case Law* doch es gilt auch nicht das französische Prinzip der kassatorischen Gerichtsbarkeit. Der Stil der Urteile ist möglicherweise aus diesem Grund durchaus englisch. Die Cour d'Appel de Québec entwirft lange und explikativ eingehende Urteile. Vergangene Fälle werden in der Praxis vielfach beachtet, allerdings ist die Cour d'Appel, und das ist ihre zivilistische Wurzel, nicht an vorangegangene Urteile gebunden. Über die Tätigkeit des Supreme Court gelangt zum anderen rein über die Behandlung der Fälle durchaus auch französisch-kontinentales Rechtsgedankengut in den Bereich des Common Law. Es handelt sich somit durchaus um einen bemerkenswerten Einfluss des kodifizierten Rechtes auf ein *Case Law System*. Die Juristenausbildung in Kanada, insbesondere in Québec und dort an der Mc Gill Universität muss als stark rechtsvergleichend bezeichnet werden. Insbesondere in Québec herrscht die Möglichkeit, dass sich die Studierenden in beiden Rechtssystemen vertiefen.

In vieler Hinsicht kann Kanada als Vorbild bezeichnet werden, als Basis für das gegenseitige Verständnis von Rechtsordnungen und Rechtskulturen dient die linguistisch terminologische Klarheit, die fortdauernd gemeinsam von anglophonen und frankophonen Juristen entwickelt wird. Das Vorhandensein mehrerer Rechtsordnungen in einem Staat muss durchaus als positiv bezeichnet werden und ist mit wechselseitigen Vorteilen behaftet. Gerade der Umstand, des Fehlens einer einheitlichen Rechtskultur hat in Kanada zu einer Hochblüte des Rechtes, der Rechtsausbildung, der Gesetzgebung, der Rechtsprechung schlicht der Rechtskultur, geführt.

§ 15 Die Schweiz*

Literatur: 1. Zu den historischen Grundlagen: E. Huber, Erläuterungen zum Vorentwurf des eidgenössischen Justiz- und Polizeidepartements 2 Bde. 2. Aufl. (Bern 1914); *Rabel*, Bürgerliches Gesetzbuch und Schweizerisches Zivilgesetzbuch, DJZ 1910, 26; *R. Gmür*, Das Schweizerische Zivilgesetzbuch verglichen mit dem deutschen Bürgerlichen Gesetzbuch (1965); *Liver*, Das schweizerische Zivilgesetzbuch, Kodifikation und Rechtswissenschaft, ZSR 80 (1961) 193; *Liver/Merz*, Das Schweizerische Zivilgesetzbuch, Entstehung und Bewährung, ZSR 81 (1962) 9, 30; *Siehr*, Die Zeitschrift für Schweizerisches Recht und das schweizerische Privatrecht in der deutschen Rechtspraxis, ZSR 100 (1981) 51; **2. zum geltenden Zivilrecht**: *Wittibschlager*, Einführung in das schweizerische Recht (2002);
F. Dessemontet/T. Ansay, Introduction to Swiss Law, 3. Aufl. (2004); *Gauch/Schluep*, Schweizerisches Obligationenrecht: AT I und II[6] (2003); *Rey*, Die Grundlagen des Sachenrechts und das Eigentum; Grundriss des schweizerischen Sachenrechts I 2. Aufl. (2000); *Reimer*, Personenrecht des ZGB; Studienbuch und Bundesgerichtspraxis (2002); *Tuor/Schnyder/Schmid*, Das Schweizerische Zivilgesetzbuch 12. Aufl. (2002); *Th. Guhl/A. Koller/A.K. Schnyder/J.N. Druey*, Das Schweizerische Obligationenrecht 9. Aufl. (2000); *S. Aeppli*, Schweizerisches Obligationenrecht (2006); *H. Hauheer* Berner Kommentar zum Schweizerischen Privatrecht mit laufenden Updates (bis 2006); *P. Gauch/J. Schmid*, Zürcher Kommentar zum Schweizerischen Zivilrecht *Honsell/Vogt/Geiser* (Hrsg), (Basler)Kommentar zum Schweizerischen Privatrecht 1: Schweizerisches Zivilgesetzbuch I; Art 1-359 (1996) und II; Art 360-977 (1998); *Honsell/Vogt/Wiegand* (Hrsg), Kommentar zum Schweizerischen Privatrecht 2: Obligationenrecht I[2] (1996); *Honsell/Vogt/Watter* (Hrsg), Kommentar zum Schweizerischen Privatrecht 2: Obligationenrecht II (1993); Zur fundamentalen Rolle des Richters: *A. Meier-Hayoz*. Der Richter als Gesetzgeber: Zur rechtspolitischen Komponente richterlicher Tätigkeit, in FS Dr. iur Max Guldener Hsgg. *M. Kummer, H. U. Walde* (Zürich 1973); *A. Meier-Hayoz*, Strategische und taktische Aspekte der Fortbildung des Rechts, Zur Fragen nach den Grenzen richterlicher Rechtssetzung, in: Deutsche JZ 1981, 417ff. Sehr hilfreich als Einführung ist *P. Forstmoser/R. Ogorek*, Juristisches Arbeiten, eine Anleitung für Studierende 2. Aufl. (Zürich 2004).

I. Die historischen Grundlagen

1. Die Kodifikation der Schweiz gelangte am Beginn unseres Jahrhunderts zum Abschluss. Das Ergebnis, das um das Obligationenrecht (OR) erweiterte ZGB, beruht auf einer langen und naturgemäß höchst vielschichtigen Entwicklung. Hier, an der Schnittstelle zwischen Romanen und Germanen, in einem Land, in dem Menschen deutscher, französischer, italienischer und rätoromanischer Sprache seit vielen Jahren im wesentlichen friedlich zusammenlebten, ent-

---

* Großen Dank für zahlreiche wertvolle Hinweise schulde ich Dr. iur. Patricia M. Schiers- Rütimann (Zürich).

wickelten sich je nach Staat = Kanton auch verschiedene Privatrechtsordnungen. Die deutschsprachigen Kantone waren vielfach nicht in dem Ausmaß von der Rezeption des Römischen Rechts betroffen gewesen, wie dies in vielen Territorien des Reiches der Fall gewesen war, so dass man althergebrachtes alemannisches Stammesrecht bewahren konnte. Wichtig erscheint in diesem Zusammenhang, dass sich in den Landen deutscher Zunge infolge der Auseinandersetzung mit den Habsburgern seit Beginn des 14. Jhdts (Wilhelm Tell!) Gemeinwesen entwickelten, die grundlegend demokratisch strukturiert waren und nicht danach trachteten, moderne staatliche Verwaltung und Bürokratie aufkommen zu lassen. In der Rechtsprechung wird dies besonders durch die gewählten Laienrichter deutlich. Die französischsprachigen Kantone standen dagegen in der Tradition der französischen Rechtsgeschichte, das Tessin in jener der italienischen, was vor allem für letzteres, aber auch für erstere, eine starke Berücksichtigung des *ius commune* bedeutete. Nach dem Intermezzo der napoleonischen Kriege beschäftigte der Gedanke der Privatrechtskodifikation das gesamte 19. Jhdt, wobei bis zum Sonderbundkrieg 1848 die Eigenstaatlichkeit der Kantone nicht zur Debatte stand, das heißt, dass die Kodifikationsbestrebungen auf Ebene der Kantone erfolgten. Während sich die französischsprachigen Kantone am *Code Civil* orientierten, gab es in den Kantonen der deutschen Schweiz unterschiedliche Bestrebungen. Bereits Ende der Zwanziger Jahre (Abschluss 1832) hatte der Kanton Bern das Privatrecht auf der Grundlage des bodenständigen Rechts in der Systematik des ABGB kodifiziert. Die erste bedeutende moderne Kodifikation aber fand 1852/55 im Kanton Zürich statt. Vater des Gesetzbuchs war *J. K. Bluntschli* (1808-1881). *Bluntschli* und *F. L. Keller*, beide Schüler *Savignys*, hatten wesentlichen Anteil an der Einführung der historischen Schule in der Schweiz. Fortan waren schweizer Juristenfakultäten und Juristen wichtige Bollwerke der Pandektenwissenschaft. *Bluntschli* verfasste als Züricher Professor die Staats- und Rechtsgeschichte der Stadt und Landschaft Zürich (1838/1839) und später das bereits erwähnte Privatrechtliche Gesetzbuch für den Kanton Zürich. Dabei gelang ihm, bestens ausgewiesen sowohl in den Pandekten als auch in der lokalen Tradition, eine vorbildliche Synthese dieser beiden Grundelemente. Bluntschli – und dies ist bezeichnend für den einheitlichen wissenschaftlichen Raum der historischen Schule – wurde später Professor in München und Heidelberg [218].

2. 1874 kam es zu einer Verfassungsänderung des Bundesstaates, durch welche die Gesetzgebung im Bereich des Obligationenrechts, einschließlich des Handels- und Wirtschaftsrechts, Bundeskompetenz wurde. 1883 trat daraufhin das Obligationenrecht in Kraft, das aus einer Fülle von verschiedenen Quellen schöpfen konnte: aus dem Züricher Privatrecht, dem *Code Civil*, dem ABGB,

218 Zuletzt *Hochuli*, Johann Caspar Bluntschli (1808-1881), ZSR 101 I (1982) 87.

dem allgemeinen deutschen Handelsgesetzbuch und dem ersten Entwurf von 1866[219]. Damit war ein erster Schritt in Richtung Rechtsvereinheitlichung gesetzt.

Die komplette Kodifikation ist aber vor allem einem Mann zu verdanken, *Eugen Huber* (1849-1923). Ihn beauftragte der Schweizerische Juristenverein mit der vergleichenden Darstellung aller in der Schweiz geltenden Privatrechte. Der der historischen Rechtsschule (Germanistische Ausrichtung) angehörende *Huber* (1888-1892 Professor in Halle, dann in Bern)[220] legte diese Darstellung in 5 Bänden vor (1886-93): System und Geschichte des Schweizerischen Privatrechts. Das Werk führte dazu, dass *Huber* vom Vorsteher des schweizerischen Justizdepartments (Ministerium) mit der Abfassung eines Zivilgesetzbuches betraut wurde. Erst 1898 kam es durch eine erneute Verfassungsänderung zur allgemeinen Bundeskompetenz betreffend die Zivilgesetzgebung. *Huber* selbst hat als Nationalrat den parlamentarischen Werdegang seines Entwurfs stets begleitet, im wesentlichen ist das ZGB damit das Werk eines einzigen großen Juristen geblieben. In der parlamentarischen Arbeit wurde der von *Huber* in Zusammenarbeit mit einer großen Expertenkommission 1903 vorgelegte Entwurf kaum verändert, wohl aber wurden der französische und italienische Text verbindlich festgelegt. 1907 wurde das ZGB angenommen, am 1.1.1912 trat es in Kraft. Inzwischen war unter Federführung *Hubers* auch das Obligationenrecht überarbeitet worden. Systematisch ist es ein selbständiger Teil der Kodifikation.

II. Das ZGB

1. Das ZGB ist zwar Produkt der historischen Schule, unterscheidet sich aber dennoch grundlegend vom BGB. Dies ist besonders interessant, wenn man bedenkt, zu welch unterschiedlichen Ergebnissen und Abschlüssen die historische Schule führen konnte. Während die großen Gedankengänge der Pandektenwissenschaft dem Kern nach Aufnahme fanden, so ist die Form doch eine vom BGB grundverschiedene. Der allgemeine Teil fehlt im ZGB zur Gänze, wohl aber gibt es allgemeine Bestimmungen im Obligationenrecht. Auf Personenrecht folgen Familien- und Erbrecht sowie das Sachenrecht. Das Obligationenrecht als angefügter 5. Teil entspricht wiederum den systematischen Intentionen. Durch Aufnahme der arbeitsrechtlichen (Art 319-362 OR) und der handelsrechtlichen Bestimmungen besteht dieser fünfte Teil immerhin aus 1186 Artikeln. Die Sprache

---

219 *H. Merz*, Die Quellen des schweizerischen Obligationenrechts von 1881, in Zweigert-FS (1981) 667.

220 Vgl *M. Rümelin*, Eugen Huber (1923).

des ZGB zeichnet sich durch allgemeine Verständlichkeit aus, abstrakte juristische Terminologie wird möglichst vermieden, ebenso Verweisungen. Die Lükkenlosigkeit, die das BGB versucht hatte, war nie beabsichtigt. So stehen etwa im Erbrecht den 192 Artikeln des ZGB 464 §§ des BGB zu dieser Materie gegenüber.

2. Von vornherein setzte *Huber* auf Generalklauseln. In Art 2 ZGB wird etwa statuiert: *Jedermann hat in der Ausübung seiner Rechte und in der Erfüllung seiner Pflichten nach Treu und Glauben zu handeln.*

Der offenbare Missbrauch eines Rechtes findet keinen Rechtsschutz.

Die deutsche Rechtsprechung hat erst nach 1918 die §§ 242 und 157 BGB im Sinne von Generalklauseln verstanden, nicht aber die Väter des Gesetzes. Das Fehlen des allgemeinen Teils ist von den Schweizern von Anfang an nicht als Nachteil empfunden worden. Anstatt das Obligationenrecht, das sich in der Praxis bewährt hatte, nochmals umzubauen, statuiert Art 7 ZGB:

„Die allgemeinen Bestimmungen des Obligationenrechtes über die Entstehung, Erfüllung und Aufhebung der Verträge finden auch Anwendung auf andere zivilrechtliche Verhältnisse."

Erwiesenermaßen sind auch die im Allgemeinen Teil des BGB aufgestellten Grundsätze und Regeln in hohem Ausmaß für das Schuldrecht von Bedeutung.

Die „Lückenhaftigkeit" des ZGB ist aber stets im Zusammenhang mit dessen Art 1 zu sehen[221]:

„Das Gesetz findet auf alle Rechtsfragen Anwendung, für die es nach Wortlaut oder Auslegung eine Bestimmung enthält.

Kann dem Gesetze keine Vorschrift entnommen werden, so soll der Richter nach Gewohnheitsrecht und, wo ein solches fehlt, nach der Regel entscheiden, die er als Gesetzgeber aufstellen würde.

Er folgt dabei bewährter Lehre und Überlieferung."

Die zentrale Rolle des Richters, der ursprünglich nie als gelehrter Jurist sein Amt bekleidete und sich immer an die örtlichen Gewohnheiten hielt, lebt auch heute noch fort. Richter waren stets vom Volk gewählte Laienrichter, eine Tradition, die durchaus nicht überall aufgegeben wurde. Sehr wohl wird heute aber gerade in den wirtschaftlich bedeutenden Kantonen großer Wert auf juristische Bildung gelegt. Die Richter werden dort auf 6 Jahre vom Kantonsrat gewählt und zumeist auch wieder gewählt. Wo nach wie vor Laien gewählt werden, hilft ein juristisch gebildeter Gerichtsschreiber bei der Redaktion der Urteile.

---

221 Vgl die Kommentierung der Art 1 und 2 ZBG von *Mayer-Maly* im Kommentar zum Schweizerischen Privatrecht, hrsg von *H. Honsell/Vogt-Geiser* (1996).

Trotzdem, die an so prominente Stelle gesetzte Norm ist wahrlich eine Absage an die im BGB zu höchster Blüte gebrachte Begrifflichkeit und eine Abfuhr an den Subsumtionsautomaten der Begriffsjurisprudenz.

3. Besonders bemerkenswert sind die Unterschiede zwischen BGB und ZGB in der Auffassung und der Fassung des Deliktsrechts. Das schweizerische Recht ist von einer Generalklausel (Art 41 OR)[222] beherrscht. Von vornherein war den Schweizern der Schutz der Persönlichkeit wichtig (Art 28 Abs 1 ZGB und Art 49 OR). Dort wo die Persönlichkeitsverletzung besonders schwerwiegend ist, statuiert Art 49 OR ein Schmerzensgeld.[223] Damit war der immaterielle Schaden voll anerkannt. Der Richter bestimmt nach den Umständen des Falles und der Größe des Verschuldens sowohl Art als auch Umfang der Genugtuung. Zwar haben in Deutschland und auch in Österreich Lehre und Rechtsprechung nach vielen Jahren das starre System in dieser Frage aufzuheben gewusst – von der Gerechtigkeit der schweizerischen Lösung sind sie dennoch weit entfernt. Man muss sich nur vor Augen führen, wie in Deutschland und Österreich die Rechtsprechung nach wie vor versucht, die objektiv-abstrakte Schiene der Berechnung des Schadensersatzes zu fahren.

4. Im Bereich der Eigentumsübertragung unterscheidet das ZGB zwischen Liegenschaften und Fahrnissen: Art 656 bestimmt, dass es zum *„Erwerbe des Grundeigentumes der Eintragung in das Grundbuch"* bedürfe. Nach Art 657 ist bei Verträgen auf Eigentumsübertragung die öffentliche Beurkundung Voraussetzung für ihre Verbindlichkeit. Art 714 bestimmt hinsichtlich Fahrnissen das Traditionsprinzip, somit die Übertragung des Besitzes auf der Grundlage eines kausalen Rechtsgeschäftes.

5. Die Schweizerische Zivilrechtskodifikation hat gerade wegen ihrer geistigen Beziehung zur deutschen Kodifikation die deutschen Juristen gespalten. *Rabel* hat sie scharf kritisiert und abgelehnt[224], *Wieacker* hat sie in höchsten Tönen gelobt, als in Inhalt wie in Form und Stil dem BGB überlegen[225]. *Zweigert* und *Kötz* sind der Ansicht, dass der Stil der schweizerischen Kodifikation den zukünftigen Gesetzgebern des europäischen Zivilgesetzbuches zur Orientierung

---

222 „Wer einem andern widerrechtlich Schaden zufügt, sei es mit Absicht, sei es aus Fahrlässigkeit, wird ihm zum Ersatze verpflichtet.
Ebenso ist zum Ersatze verpflichtet, wer einem andern in einer gegen die guten Sitten verstossenden Weise absichtlich Schaden zufügt."

223 „Wer in seiner Persönlichkeit widerrechtlich verletzt wird, hat Anspruch auf Leistung einer Geldsumme als Genugtuung, sofern die Schwere der Verletzung es rechtfertigt und diese nicht anders wiedergutgemacht worden ist.
Anstatt oder neben dieser Leistung kann der Richter auch auf eine andere Art der Genugtuung erkennen."

224 RheinZ 2 (1910) 308; 4 (1912) 35.

225 Privatrechtsgeschichte 493 f.

dienen werden[226]. Hinzu kommt, abgesehen von der Vorzüglichkeit des Gesetzes selbst, seinem Inhalt, seiner Sprache, die Tatsache, dass es beste Akzeptanz in allen Teilen der Schweiz fand. Es wird in deutscher, französischer und italienischer Sprache angewendet. Es gibt fundamentale deutsche und französische (kaum aber italienische) Kommentierungen und Rechtsliteratur, also Lehre in diesen Sprachen. Insofern kann es tatsächlich der europäischen Rechtswissenschaft noch vor der gesamteuropäischen Kodifikation von immensem Nutzen sein. Vorbildlich sind die Entscheidungen des Bundesgerichts in Lausanne, auch sie ein höchst beredtes Beispiel von Mehrsprachigkeit[227]. Mag sich die Schweiz politisch von Europa distanziert halten, für die europäische Rechtskultur und für das Europäische Privatrecht ist sie von zentraler Bedeutung.

III. Die Wirkung der Kodifikation

Alle Kodifikationen haben seither auf das Schweizer Zivilrecht geblickt. Besonders intensiv waren die Auswirkungen auf das vorkommunistische China, auf die Nachfolgestaaten des Habsburgerreiches und nachhaltig auf Peru. Als einziges Gesetzbuch nach dem Code Civil kann die Schweiz auch auf eine Gesamtrezeption ihres Rechts verweisen: 1926 beschloss die türkische Nationalversammlung, ZGB und OR *in toto* zu übernehmen. Die Übersetzung erfolgte ausgehend vom authentischen französischen Text. Auf Grund verständlicher kultureller Verschiedenheiten blieben vor allem das Eherecht, aber auch andere Bereiche des Familienrechts lediglich Buchstaben des Gesetzes. Die obligatorische Zivilehe war zwar eingeführt, führte aber dazu, dass viele Familien, die sie ablehnten, plötzlich rechtlich nicht als Familien angesehen wurden (daher immer wieder Sondergesetze etwa zur Legitimierung der Kinder). Die Türkei ist für den europäischen Juristen ein unglaublich lebendiges Betrachtungsobjekt, kann man doch feststellen, wie sich ein Gesetz in einer völlig anderen Umgebung (sprachlich, sozial, kulturell, religiös, geistig) einlebte, welche Rechtsprechung es hervorrief, wie es selbst die türkische Gesellschaft beeinflusste[228].

Fazit ist, das schweizerische Zivilrecht hat sich wohl wegen der aufgezählten Vorzüge als rezeptionsfähig erwiesen, seine Anwendung konnte unter völlig an-

---

226 *Zweigert/Kötz*, Rechtsvergleichung[3], 175.

227 Entscheidungen des Schweizerischen Bundesgerichtes, Amtliche Sammlung = BGE. Die Entscheidungen sind über die Homepage www.bger.ch zugänglich.

228 *T. Ansay/D.Wallace*, Introduction to Turkish Law (Den Haag/London/Boston 1996); *Rumpf*, Einführung in das türkische Recht (2004).

deren Gegebenheiten erfolgen und es konnte fruchtbringend wirken. Es ist somit gewiss ein Vorbild für Europa.[229]

229 Dazu *E. E. Hirsch*, Das schweizerische Zivilgesetzbuch in der Türkei, SJZ 50 (1954) 337; *ders*, Vom schweizerischen Gesetz zum türkischen Recht, ZSR N.F. 95 I (1976) 223; *ders*, Rezeption als sozialer Prozess, erläutert am Beispiel der Türkei (1981); *J. G. Jonas*, Ein zeitgenössischer Rezeptionsprozess am Beispiel des türkischen Zivilrechts, JuS 1987, 266.

§ 16 Griechenland

Literatur: *K. D. Kerameus/Ph. J. Kozyris,* Introduction to Greek Law[2] (Deventer – Boston 1993); *A. Georgiades*, Der Einfluss des deutschen BGB auf das griechische Zivilgesetzbuch, AcP 200 (2000) 493 (Sonderheft); *K. Kerameus*, Die Kodifikation als Voraussetzung für Rezeptionen, in: *O. Behrends/W. Sellert* (Hrsg), Der Kodifikationsgedanke und das Modell des bürgerlichen Gesetzbuches (BGB) (Göttingen 2000) 208.

I. Die historischen Grundlagen

1. Seit dem 14. Jhdt waren immer größere Teile Griechenlands von den Türken besetzt worden. Als 1453 den Türken die Eroberung der Hauptstadt des damaligen griechischen Staates, Konstantinopel (Byzanz, daher byzantinischer oder oströmischer Staat) gelang, endete die griechische Eigenstaatlichkeit. Diejenigen Griechen, die diesen Staat regiert hatten, fühlten sich stets als Nachfolger Roms und bezeichneten sich als Römer. So spät endete die römische Staatlichkeit und somit die Geltung des Römischen Rechtes als staatliches Recht! Die Türken beherrschten keineswegs ganz Griechenland, die Venezianer konnten sich beispielsweise sehr lange auf der Peloponnes und anderen Inseln der Ägäis, vor allem auf Kreta, und auf den ionischen Inseln (Korfu) behaupten. Die Griechen hatten seit den Tagen des großen spätrömischen Kaisers Justinian nach kodifiziertem römischem Recht gelebt. Dieses Recht, besonders die Digesten und Institutionen, aber auch der Kodex wurden entweder zur Gänze oder doch zumindest in Auszügen in die griechische Sprache übersetzt. Besondere Bedeutung erlangte für die spätere Zeit die handliche Zusammenfassung, die der Jurist *Harmenopulos* im 14. Jhdt angelegt hatte. Dort wo die Venezianer regierten, konnten auf Grund der gemeinsamen römischrechtlichen Tradition keine besonderen Schwierigkeiten entstehen, aber auch in jenen Gebieten, die von den Türken besetzt waren, verblieb den Griechen ihr Recht und ihre Gerichtsbarkeit nach dem im Osmanischen Reich typischen Personalitätsprinzip.

2. Erst im Jahre 1830 konnte nach langem Freiheitskampf ein neuer griechischer Staat aus der Taufe gehoben werden. Dieser wurde seit 1832 von einer Nebenlinie der bayrischen Wittelsbacher regiert, König Otto war Sohn Ludwigs I. von Bayern. Trotz des unrühmlichen Endes seiner langen Herrschaft (1862) waren durch seine Regierung die Beziehungen zu Deutschland auf allen Ebenen besonders eng geworden. Juristische Berater befanden sich im Stab des Königs, deutsche Professoren lehrten an der im Jahre 1837 neu gegründeten Athener Universität, griechische Studenten fanden den Weg an deutsche Universitäten. Dies änderte sich auch nicht unter seinen Nachfolgern (der aus Schleswig-Holstein stammenden Dynastie Glücksburg-Sonderburg). Deutsche Beamte und

Militärs hatten das moderne Griechenland aufgebaut, und ein sehr reger Austausch sollte sich alsbald auch im Bereich der Bildung einstellen. So kann es eigentlich niemanden wundern, dass die griechische Rechtswissenschaft in besonderer Weise von der deutschen Pandektenwissenschaft abhing. Auch nach dem 2. Weltkrieg zog es griechische Jurastudenten nach Deutschland, die oft ihre Studien mit einer Promotion abschlossen, manchen von ihnen gelang sogar der Einstieg in die akademische Laufbahn in Deutschland.[230]

II. Das Zivilgesetzbuch (astikos nomos)

1. Vor diesem geistesgeschichtlichen Hintergrund ist auch die Kodifikation[231] zu betrachten, die erst 1946 als abgeschlossen betrachtet werden kann. Die Kommission bestand aus vier Professoren und einem Anwalt, war somit relativ klein, die Endredaktion führte ein Professor durch, nämlich Balis. Das griechische BGB gliedert sich wie das deutsche in fünf Bücher:

Allgemeiner Teil: Art 1 – 286
Schuldrecht Art : 287 – 946
Sachenrecht: Art 947 – 1345
Familienrecht: Art 1346 – 1709
Erbrecht: Art 1710 -2035

Gegenüber dem BGB ist das griechische Gesetz straffer, es bedient sich, wohl unter Schweizer Einfluss, einer betont einfachen und verständlichen Sprache. Einerseits fehlen Verweisungen, andererseits ist die in Deutschland durch Richterrecht erfolgte Rechtsfortbildung insofern berücksichtigt worden, als beispielsweise der Wegfall der Geschäftsgrundlage vom Gesetzgeber aufgegriffen wurde. Die Lösung des § 823 BGB wurde zugunsten einer Generalklausel nicht übernommen.

§ 242 BGB ist übernommen worden (Art 288 *kalí pisti*).

2. Was die Eigentumsübertragung anbelangt, so heißt es im Art 1033: *Zur Übertragung des Eigentums an einem Grundstück ist die Einigung des Eigentümers und des Erwerbers darüber erforderlich, dass das Eigentum an dem Grundstück aus einem gültigem Erwerbsgrunde an diesen übergehen soll.* Die Einigung erfolgt durch notarielle Beurkundung und unterliegt der Transkription. Die strenge Abstraktion ist durch die Nennung des gültigen Erwerbsgrundes in

---

230 Man denke dabei an die Herren *Spiros* und *Kostas Simitis*, von denen ersterer als deutscher Professor wirkt, der andere heute als griechischer Ministerpräsident amtiert.

231 *D. Gogos*, Das Zivilgesetzbuch von Griechenland (1951); *G. Plagianakos*, Die Entstehung des griechischen Zivilgesetzbuches (1963).

Frage gestellt. Das Abstraktionsprinzip kommt bei der Eigentumsübertragung an beweglichen Sachen deutlicher zum Ausdruck:

Art 1034: *Zur Übertragung des Eigentumes an einer beweglichen Sache sind die Übergabe des Besitzes der Sache vom Eigentümer an den Erwerber und die Einigung beider Teile, dass das Eigentum übergehen soll, erforderlich.*

Der gutgläubige Erwerb ist in den Art 1036-1038 geregelt. Dabei wird festgehalten, dass insbesondere der gute Glaube dann zum Eigentumserwerb führt, wenn der Nießbraucher, der Pfandgläubiger, der Verwahrer oder Mieter oder jemand in ähnlicher Position die Sache veräußert hat. Verlust und Diebstahl schließen nach Art 1038 den Erwerb aus.

Im Bereiche des Deliktsrechtes kennt das griechische Recht eine dem französischen Recht nahe kommende allgemeine Regelung im Art 914: *Wer gesetzwidrig einem anderen schuldhaft Schaden zufügt ist zum Schadensersatz verpflichtet.*

Nach Art 932 kann im Falle der Verletzung der Gesundheit, Ehre, Keuschheit und Freiheit immaterieller Ersatz gefordert werde. Bei Tötung sind die Angehörigen anspruchsberechtigt. Die Klage verjährt 5 Jahre nach Kenntnis des Schadens und des Täters, absolut 20 Jahre nach Schadenseintritt.

§ 17 Portugal

Literatur: Als sehr nützlich erweist sich *A. Prata*, Dicionário Juridico[4] (Coimbra 2005); sowie der fundamentale Kommentar *F. A. Pires de Lima/J. M. Antunes Varela*, Código Civil Anotado (Coimbra 1986); *M. Antunes Varela* Das Obrigacoes em General I7II (2000); zum Obligationenrecht vgl den Grundriss von *M. J. de Almeida Costa*, Direito das Obrigações[8] (Coimbra 2000); *E. Jayme*, Das Recht der lusophonen Länder (Baden-Baden 2000). Zur Rechtsgeschichte: *M. J. de Almeida Costa*, Historia do direito portugues 3. Aufl. (Coimbra 2000).

1. Fast genau hundert Jahre nach der ersten Kodifikation (Código Civil von *António Luís de Seabra*, 1867) trat 1966 der neue Código Civil in Kraft. Dieser ist sowohl vom französischen Code Civil als auch vom deutschen BGB und dem italienischen Codice Civile beeinflusst. Hinsichtlich des Aufbaus verdankt das Gesetzbuch viel dem BGB, gliedert es sich doch in 5 Bücher:[232]

Allgemeiner Teil (*parte geral*)
Obligationenrecht (*direito das obrigações*)
Sachenrecht (*direito das coisas*)
Familienrecht (*direito da família*)
Erbrecht (*direito das sucessões*).

Das erste Buch ist in zwei Titel unterteilt; der erste behandelt die Gesetze, ihre Auslegung und ihre Anwendung (*Das leis, sua interpretação e aplicação*), der zweite die Rechtsverhältnisse (*Das relações jurídicas*). Das zweite Buch besteht ebenso aus zwei Titeln: „Über die Obligationen im allgemeinen" (*Das obrigacões em geral*) und „Über die Verträge im Besonderen" (*Dos contratos em especial*). Es beinhaltet mehr als 1/3 der gesamten Bestimmungen. Das dritte, dem Sachenrecht gewidmete Buch enthält sechs Titel: Besitz (*Da posse*), Eigentum (*Do direito da propriedade*), Nießbrauch, Gebrauch und Wohnrecht (*Do usufruto, uso e habitação*), Erbbaurecht (*Da enfiteuse*), Wohnbaurecht (*Do direito de superficie*), Grunddienstbarkeiten (*Das servidões prediais*). Das vierte Buch über das Familienrecht (*Do direito da familia*) enthält vier Titel: Allgemeine Bestimmungen (*disposições gerais*), Über die Ehe (*Do casamento*), Über die Kindschaft (*Da filiação*), Über die Adoption (*Da adopção*) und Über den Unterhalt (*Dos alimentos*). Das fünfte Buch, Erbrecht (*Direito das sucessões*), enthält wieder 4 Titel: Allgemeiner Teil (*Das sucessões em geral*), Gesetzliche Erbfolge (*Da sucessão legítima*), Pflichtteilsrecht (*Da sucessão legitimária*) und Testa-

---

232 Die Bücher (*livros*) teilen sich weiters in Titel (*títulos*), diese in Kapitel (*capítulos*), letztere zumeist in Sektionen (*secções*), zuweilen noch in Untersektionen (*subsecções*) und zuletzt eventuell noch in *divisões*. Ausnahmen bestehen etwa im 2. Titel des 1. Buches, der sich in 4 Untertitel (*subtítulos*) gliedert. Ebenso wie die einzelnen Artikel haben alle Unterteilungen inhaltsbezogene Überschriften.

ment (*Da sucessão testamentaria*). Einige Rechte, wie etwa die Persönlichkeitsrechte (Recht auf den Namen, Recht auf das eigene Bild, körperliche und moralische Unversehrtheit usw) oder die Immaterialgüterrechte (geistiges und gewerbliches Eigentum) waren offenbar in diesem Schema nicht eindeutig zuzuordnen, weshalb sie in den allgemeinen Teil aufgenommen und der Spezialgesetzgebung unterworfen wurden.

2. Aufbau und Begrifflichkeit sind stark vom BGB geprägt, auch der port. CC geht etwa vom Begriff des Rechtsgeschäfts (*negócio jurídico*) aus, dem es ein ganzes Kapitel widmet (Livro I, Título II, Súbtítulo III Dos factos jurídicos, Capítuo I *negócio jurídico*); Auch im Deliktsrecht sind starke deutsche Einflüsse zu finden.

Doch kann man den port. CC mit gutem Grund eklektisch nennen, denn es finden sich ebenso klare Einflüsse des französischen und italienischen Rechts: das Eigentum wird......

Das port. Privatrecht kennt aber auch registerpflichtige bewegliche Sachen (*coisas móveis sujeitos a matrícula e a registo*[233], wie Kraftfahrzeuge[234], Schiffe[235] und Flugzeuge. Auch hier wirkt die Eintragung nicht konstitutiv, Dritten kann aber ein Recht bezüglich dieser Sachen nur entgegengehalten werden, wenn es im Register eingetragen ist (zB Eigentumsvorbehalt). im Unterschied zu den Immobilien ist die Registrierung hier vom Gesetzgeber vorgeschrieben, -unterläßt man sie, so macht man sich strafbar.

3. Überraschende Pekuliaritäten: Der CC weicht auch überraschend vom franz. Recht trotz Konsensprinzip ab: keine Regel *possession vaut titre*, das Gesetz folgt der römischrechtlicher Regel *nemo plus iuris transferre potest quam ipse habet*

Art. 892. statuiert die Nichtigkeit des Verkaufs, wenn der Verkäufer keine Verfügungsbefugnis hat. Der Codigo Civil kennt also keinen sofortigen Gutglaubenserwerb, der gutgläubige Erwerber ist beim Kauf vom Nichteigentümer auf die Ersitzung angewiesen.

Modernes portugiesisches Vertragsrecht versucht, ein Gleichgewicht zwischen dem Grundsatz der Vertragsfreiheit und dem Prinzip der *bona fides* (*boa fé*) zu finden. Das Prinzip von Treu und Glauben (*boa fé*) ist in verschiedenen

---

233 Dazu António Menezes Cordeiro, Tratado de Direito Civil Português, I Parte geral, Tomo II, Coisas, Coimbra 2000, 142 ff

234 Geregelt im Código da Estrada, Decreto-Lei n.° 39 987, vom 22. Dez. 1994 und nachfolgenden Änderungen. Nach art. 5.°/2 Decreto-Lei n. ° 54/75 vom 12, Feb. Ist die Eintragung des Eigentums und anderer Rechte, Änderung von Namen oder Wohnort oder Sitz der Eigentümer, obligatorisch. Bei fehlender Eintragung werden Fahrzeuge und Papiere beschlagnahmt.

235 Das *registo dos navios* ist im Código do Registo Comercial geregelt.

Normen zu finden: etwa in art. 227 (1) bei der Berücksichtigung der *culpa in contrahendo* (*Quem nogoceia com outrem para conclusão de um contrato deve, tanto nos preliminares como na formação dele, proceder segundo as regras da boa fé*) oder in art. 437 (1) bezüglich der *clausula rebus sic stantibus*. Von besonderer Bedeutung ist auch die Generalklausel bezüglich des Rechtsmissbrauchs (*abuso do direito*)in art. 334 (*È ilegítimo o exercício de um direito, quando o titular exceda manifestamente os limites impostos pela boa fé, pelos boms costumes ou pelo fim social ou económico desse direito*. Die Ausübung eines Rechtes ist ungesetzlich, wenn der Berechtigte (Rechtsträger) offenkundig die von Treu und Glauben, den guten Sitten oder dem sozialen oder wirtschaftlichen Zweck dieses Rechts gesetzten Grenzen überschreitet.

Auf die Billigkeit, die *equidade* wird in Art. 812 (1) bezüglich des richterlichen Mäßigungsrechts der Vertragsstrafe verwiesen, in Art. 271 wird die Nichtigkeit von Rechtsgeschäften unter sittenwidrigen Bedingungen statuiert (*condição ofensiva aos bons costumes*).

Während der Aufbau des Código Civil an das BGB erinnert, ist dies, was konkrete Lösungen anbelangt, weit weniger der Fall: das Eigentum wird allein auf Grund der vertraglichen Willensübereinstimmung übertragen (Art 1316 f), in Anlehnung an den Codice Civile ist von *contratos com eficácia real* (Verträge mit dinglicher Wirkung) die Rede:

Art 408 Abs 1: "*Die Begründung oder Übertragung von dinglichen Rechten an bestimmten Sachen erfolgt durch die bloße verbindliche Wirkung des Vertrages (mero efeito do contrato), vorbehaltlich der im Gesetz vorgesehenen Ausnahmen.*"

Ein Grundstücksregister (*Registo predial*) gibt es zwar, aber es entfaltet nur die bereits dem französischen, spanischen und italienischen Recht geläufige Drittwirkung (Art 413 Abs 1 und Art 932 Código Civil idF Gesetzesdekret 379/86 11. Nov. 1986; Art 5 *Código do Registo Predial*). Dem Deliktsrecht ist im Art 483 eine Generalklausel vorangestellt, die aus dem deutschen Recht das Schutzgesetz übernommen hat: *Wer vorsätzlich oder fahrlässig auf widerrechtliche Art eines anderen Recht oder eine Norm, die anderer Interessen schützen soll, verletzt, muss Schadensersatz leisten.*

Immaterielle Schäden werden auf Grund allgemeiner Billigkeitserwägungen bei schweren Verletzungen nach Art 496 ersetzt. Der Anspruch verjährt nach Art 498 drei Jahre nach Kenntnis des Schadens und Schädigers, absolut nach 20 Jahren.

Generalklauseln im Sinn der §§ 138 oder 242 BGB kennt das portugiesische Recht nicht.

§ 18 Skandinavien

Literatur: *Ring/Olsen-Ring,* Einführung in das skandinavische Recht (1999); *Sundberg,* Civil Law, Common Law and the Scandinavians, Scand.Stud. L. 13 (1969) 179; *Hellner,* Rechtsvereinheitlichung im skandinavischen Rechtskreis, in: Methoden der Rechtsvereinheitlichung 27 (= Arbeiten zur Rechtsvergleichung 69, 1974); *F. Korkisch,* Einführung in das Privatrecht der nordischen Länder I (Darmstadt 1977); *Gammeltoft-Hansen/Gomard/ Philip* (Hrsg), Danish Law: A General Survey (Kopenhagen 1982); *S. Strömholm,* An Introduction to Swedish Law (Deventer 1982); *G. Carsten,* Integration und nordische Zusammenarbeit auf dem Gebiet des Zivilrechts, ZEuP 1993, 335; *J. Pöyhönen,* An Introduction to Finnish Law (Helsinki 1993); *I. Dübeck,* Einführung in das dänische Recht (Baden-Baden 1996); *Tiberg/Sterzel/Cronhult* (Hrsg), Swedish Law (Stockholm 1994); *M. Bogdan,* Swedish Law in the new Millenium (Stockholm 2000).

I. Die historischen Grundlagen

Die engen Beziehungen der nordischen Länder auf rechtlicher Ebene ergeben sich aus überaus intensiven historischen Beziehungen. Über 126 Jahre (1397 – 1523) waren Norwegen, Dänemark und Schweden sogar unter einer Krone, Finnland war ab dem 13. Jhdt bis zum Jahre 1809 Teil des Königreichs Schweden. Norwegen, Dänemark und Island bildeten über Jahrhunderte bis 1814 eine Einheit, 1814 – 1905 waren Norwegen und Schweden vereinigt, Island war bis zum Ende des 2. Weltkriegs mit Dänemark verbunden. Finnland musste 1809 von Schweden an Russland abgetreten werden. Erst 1918 wurde es ein selbständiger Staat. Im wesentlichen war während der über 100 Jahre währenden russischen Herrschaft die gemeinsame Rechtskultur mit Schweden nicht verloren gegangen. Auf der Grundlage des alten germanischen Rechts, aber durchaus bereits unter kontinentaleuropäischem Einfluss, man denke nur an die traditionelle Rolle der Kirche bei der Vermittlung römisch-rechtlichen Gedankenguts, entstanden allerorts Stadt- und Landrechte. Nachhaltige Verbindungen zu England sind nicht erkennbar, wohl aber zu Schottland. In Dänemark erließ König Christian V. 1683 das *Danske Lov* (1687 *Norske Lov*), das die meisten Gebiete des Privatrechts, Strafrechts und der Rechtspflege enthielt, in Schweden erließ König Karl XII. 1734 das *Sveriges Rikes Lag.* Dieses – an die Traditionen anknüpfend – enthielt in 9 Abschnitten etwa 1300 Paragraphen. Eherecht, Erbrecht, Grundstücksrecht, Baurecht, Schuld-/Vertragsrecht sind die fünf ersten Abschnitte.

Das 17. Jhdt war das Jahrhundert Schwedens: Der Aufstieg zur europäischen Großmacht, die starke Teilnahme am 30jährigen Krieg und der Wille, zur protestantischen Führungsmacht aufzusteigen, führten zu einer engen Verflechtung vor allem mit Deutschland. Auch wenn sich Schweden letztlich nicht gegen die Habsburger durchsetzen konnte, so blieben nach dem Westfälischen Frieden

(1648) einige deutsche Gebiete an der Ostsee in schwedischer Hand (schwedisch Pommern samt Rügen, sowie Wismar). Diese Tatsache bedeutete regen kulturellen Austausch. Der Wunsch, in Deutschland an führenden protestantischen Universitäten zu studieren, führte viele Schweden nach Deutschland, zum anderen erfuhren die Universitäten Uppsala und Lund starke offizielle Unterstützung. König Gustav II. Adolf verkörperte wie kein anderer Schwedens Wunsch, europäische Großmacht zu werden. In Schweden selbst führte er eine umfassende Verwaltungs- und Gerichtsreform durch. Die heute noch existierenden schwedischen Obergerichte (*hovrätt*) in Stockholm und Göteborg wurden gegründet, und an deutschen, später vornehmlich an schwedischen Universitäten ausgebildete Juristen bekleideten die Richterämter. Geschult worden waren sie nicht nur in Deutschland, sondern auch in Schweden am Gemeinen Recht in der Form des *usus modernus*[236]. Dadurch wurde insbesondere die Begrifflichkeit des römischen Rechts für den Schwedischen Juristen zur Selbstverständlichkeit.

II. Die modernen Gesetzgebungen

Der Eindruck der Zivilrechtsgesetzgebung Napoleons war unter allen skandinavischen Ländern in Schweden besonders groß. 1826 wurde ein am Code Civil orientierter Entwurf vorgelegt, der zwar nie in Kraft trat, aber zum Vorbild für Einzelgesetzgebung wurde. Während die Gedanken der französischen Revolution und der Romantik die skandinavischen Völker dazu (ver)führten, Trennendes Nationales zu betonen, so gab es auch auf Grund der zahlreichen objektiv bestehenden Gemeinsamkeiten oder zumindest Ähnlichkeiten (etwa die Sprachen, sieht man vom Finnischen ab) auch Vernünftige, die das Vereinigende unterstrichen. Seit 1872, als zum ersten Mal eine Versammlung skandinavischer Juristen in Kopenhagen tagte, gab es gemeinsame Gesetzesprojekte: zur Jahrhundertwende kann man bereits von einem vereinheitlichtem Handelsrecht sprechen. Am Ende des 19. Jhdts gab es bereits Stimmen, die ein einheitliches skandinavisches Zivilgesetzbuch forderten. Daraus ist zwar nichts geworden, doch kam es zu mehreren Einzelgesetzgebungen, so das Kaufrecht (1905 Schweden, 1906 Dänemark, 1907 Norwegen, 1922 Island) sowie Verträge und andere Geschäfte auf dem Gebiet des Vermögensrechts (1915/1918 Schweden, Dänemark, Norwegen, 1929 Finnland).

Bei der Verfassung des Kaufrechts wurden der englische *Sale of goods Act 1893*, das BGB, aber insbesondere die Ansichten der Praktiker zu Rate gezogen.

---

236 *Jägerskiöld*, Roman Influence on Swedish Case Law in the 17th Century, Skand. Stud. L 11 (1967) 175.

Die rasche und unkomplizierte Art der Vertragsabwicklung ist dabei ebenso beachtlich wie die klare Begriffsbildung[237].

Das Gesetz über Verträge und Rechtsgeschäfte auf dem Gebiete des Vermögensrechts enthält die grundlegenden Regeln über Vertragsabschluß, Vollmacht und Ungültigkeit von Rechtsgeschäften. Für jeden Leser wird evident, wie sehr diese Gesetzgebung den Lehren der deutschen historischen Schule verbunden ist. Klarerweise stand nicht zuletzt das BGB Pate. Auch der Gesetzgebungsstil unterscheidet sich nicht in Aufbau, Sprache und besonders Begrifflichkeit von dem des übrigen Kontinentaleuropa. Als wichtiges Mittel der Auslegung dient die Analogie, eine weitere entscheidende Verbindung zum übrigen kontinentalen Recht. Sogar die allgemeine Anwendbarkeit der Grundsätze von Treu und Glauben wurden in Schweden ausgehend von einigen Sondergesetzen (über den Abzahlungskauf 1915; über den Versicherungsvertrag 1929) vom Obersten Gericht 1948 für alle Verträge verpflichtend gemacht. Von besonderer Bedeutung wurde in Skandinavien vor allem die Entwicklung des Konsumentenschutzes, hier kommt Schweden eine unverkennbare Vorreiterrolle zu (Konsumentenschutzgesetz 1973, Konsumentenkreditgesetz 1979). In diesem Zusammenhang ist erwähnenswert, dass dem Ombudsmann, jener sehr typischen Schutzeinrichtung für jedermann, das Recht zusteht, gegen Allgemeine Geschäftsbedingungen Klage zu erheben.

Der letzte Vorschlag, schon in einen Entwurf gekleidet, eines gemeinsamen nordischen Zivilgesetzbuches wurde 1948 vom dänischen Juristen *Vinding Kruse* vorgelegt. Zu einer Annahme ist es nirgendwo gekommen, man hat es in allen skandinavischen Staaten vorgezogen, die Partikulargesetzgebung – u.U. auch unter gemeinsamer Federführung – weiter auszubauen.

Abschließend muss hervorgehoben werden, dass sämtlichen nordischen Rechten die das *Common Law* kennzeichnenden Elemente fehlen, während alles Grundsätzliche Kontinentaleuropäische diese Rechtsordnungen prägt. Die nordischen Rechtsordnungen kennen weder die Prinzipien des *Case Law* noch das Richterrecht als Rechtsquelle, außerdem haben sie sich auf der Grundlage von Gesetzen entwickelt, die in Stil und Begrifflichkeit den übrigen kontinentalen entsprechen. Weiters sind die Richter wissenschaftlich geschulte Juristen, die das Recht nach den Regeln der kontinentalen Interpretation anwenden. Aber ein gewisser auf England und Amerika ausgerichteter Stil der Juristen soll nicht abgestritten werden, getragen auch von der großen Verbreitung der englischen Sprache und der Faszination, die gerade die amerikanische Kultur im Norden beglei-

237 *Rabel*, Das Recht des Warenkaufs I (Berlin 1936) 1311.

tet[238]. Dennoch, die Tatsache, dass man nicht wie in Deutschland und Italien die Begrifflichkeit der Pandektistik zum juristischen Dogma erhoben hat, bedeutet noch lange nicht, dass die nordischen Rechtsordnungen nicht zu den kontinentalen Rechtsordnungen zu zählen wären.

III. Der Aufbau der Gerichtsbarkeit in Schweden

In Schweden gibt es etwa 100 Bezirksgerichte und 6 Appellationsgerichte.

Versucht man Zivilrechtsfälle an schwedischen Gerichten darzustellen, dann lassen sich nach dem *Rättegångsbalken* (1942:740)[239] grundsätzlich zwei Hauptkategorien erkennen:

Dispositive Fälle können, müssen aber nicht bei Gericht anhängig gemacht werden. Hier besteht die Möglichkeit einer außergerichtlichen Einigung der Streitparteien. Dazu gehören Eigentums- und Besitzstreitigkeiten, Schadenersatzrecht, Arbeitsrecht, Mietrecht und das Seerecht.

Indispositive Fälle können in der Regel nicht ohne Einschaltung des Gerichtes geklärt werden. Den größten Anteil daran haben Familienrechtssachen, weiters Umweltrecht, Enteignung und Wasserrecht.

Bleibt der Streitwert bei einem dispositiven Rechtsfall unter dem Basisbetrag (*basbelopp*) von SKR 36.400 (nicht ganz 4000,-- Euro), so wird dieser Streit in einem vereinfachten Verfahren (*förenklat tvistemål*)[240] vom erstinstanzlichen Gericht behandelt und die etwaige Berufung benötigt eine Berufungsbewilligung (*prövningstillstånd*)[241].

Die örtliche Zuständigkeit richtet sich grundsätzlich nach dem Wohnsitz des Beklagten[242]. Am Gericht 1. Instanz (*tingsrätt*) entscheidet im Regelfall der Einzelrichter. Rund 97% aller Klagen werden von einem Richter behandelt.[243] Darunter fallen alle vereinfachten Verfahren, Verfahren, die schriftlich oder mündlich in einem beschleunigten Vorverfahren entschieden werden können und

238 In diesem Zusammenhang ist der Amerikanern und Skandinaviern gemeinsame Realismus des Rechtes zu nennen. *L. B. Orfield,* The growth of Scandinavian Law (1953); *Strömholm*, La philosophie du droit en Scandinavie, RIDC 1980, 5; *Strömholm/Vogel*, Le réalisme scandinave dans la philosophie du droit (1975).

239 Schwedisches Gesetz von grundlegender Bedeutung für das Zivilverfahren, vergleichbar mit der ZPO.

240 Das Gesetz ist eingeteilt in Abteilungen, Kapitel und §§, zuletzt novelliert 1999 (1999:293), Kap. 1 § 3d Rättegångsbalk (1942:740).

241 Kap 49 §§12, 13 Rättegångsbalk (1942:740).

242 Kap 10 §1 Rättegångsbalk (1942:740);

243 Kap 10 § 3 Rättegångsbalk (1942:740); *Jacobsson*, Civil Procedure, in *Tiberg/Sterzel/Cronhult* (Hrsg), Swedish Law (Stockholm 1994) 518.

schließlich Verfahren mit einer mündlichen Hauptverhandlung, die der Richter als „von einfacher Natur“ betrachtet.

Bei allen anderen dispositiven Verfahren, die eine Hauptverhandlung vorsehen, wird die Entscheidung von einem aus drei Richtern bestehenden Senat getroffen. Bei indispositiven Fällen bestimmen Spezialvorschriften[244] die Zusammensetzung des Gerichtes, das zusätzlich auch mit Laienrichtern besetzt sein kann.

Das Gericht der zweiten Instanz (Berufungsgericht/*hovrätt*) besteht bei Entscheidungen über eine Berufungsbewilligung[245] aus drei Richtern, in dispositiven Fällen bei mündlichen Hauptverhandlungen oder bei rein schriftlichen Verfahren aus drei oder fünf Richtern.[246] Bei mündlichen Hauptverhandlungen im Ehe- und Familienrecht besteht das *hovrätt* aus drei Richtern und 2 Laienrichtern.[247] Eine *reformatio in peius* ist nicht möglich, wenn nur eine Partei Berufung eingelegt hat. Das Vorbringen neuer Beweise im Berufungsverfahren ist erschwert.

Gegen die Entscheidungen der Berufungsgerichte steht die Berufung an den Obersten Gerichtshof (Högsta Domostolen) offen. Dieser entscheidet selbst, ob er den Fall behandeln möchte. Nur Fälle von großer rechtlicher Bedeutung, deren Entscheidung seitens des Höchstgerichtes auch in Zukunft richtungsweisend bleiben soll, werden angenommen. Wenn auch Tatsachenfragen durchaus dem Urteil des Höchstgerichtes unterliegen, so beschränkt sich in der Praxis die Kontrolle bei der überwältigen Mehrheit der Fälle auf die richtige Anwendung des Rechts. Üblicherweise entscheidet der Gerichtshof in der Sache selbst, wenn auch der Fall begründetermaßen an den Appellationsgerichtshof zurückverwiesen werden könnte. Dem Stil nach erscheinen die Urteile ausführlich und wohl begründet, dies in der Annahme, dass die Urteile allen anderen Gerichten in Zukunft zur Grundlage dienen sollen . Wenn auch der Grundsatz des stare decisis der schwedischen Rechtsordnung de iure fremd ist, so ist doch in der Praxis die Präzedentienwirkung der Urteile des Höchstgerichtes unbestritten. Die Zulässigkeit der Berufung und somit die Annahme durch den Gerichtshof wird üblicherweise von einem Richter, in Ausnahmefällen von drei Richtern entschieden. Üblicherweise wird die Entscheidung selbst von einer Kammer bestehend aus 5 Richtern getroffen. Weicht die Entscheidung grundlegend von der bisherigen Spruchpraxis ab,

---

244 So zB im Ehe- und Familienrecht: Kap 14 §17 äktenskapsbalk (1987:230) und Kap 20 §1 föräldrabalk (1949:381).

245 Diese ist bei allen vereinfachten Verfahren und bei allen anderen Verfahren mit einem Streitwert unter dem *basbelopp* vorgesehen.

246 Kap 2 § 4 Rättegångsbalk (1942:740).

247 Kap 2 § 4 Abs 1 Rättegångsbalk (1942:740); Kap 14 § 18 Äktenskapsbalk (1987:230) vgl auch Kap 20 § 1 Föräldrabalken (1949:381) (1 Richter, drei Laienrichter).

so wird der Fall der Vollversammlung aller Mitglieder des Gerichtshofes oder einer kleinen Vollversammlung bestehend aus 9 Richtern vorgelegt. Während üblicherweise die Entscheidung auf Grund der Aktenlage getroffen wird, besteht für den Gerichtshof durchaus die Möglichkeit, die Parteien vorzuladen und die Entscheidung infolge einer mündlichen Verhandlung zu treffen. Es herrscht kein Anwaltszwang, obwohl aller Regel nach die Parteien von Anwälten vertreten werden. Die 17 Richter werden von der Regierung ernannt, sie bleiben bis zum Eintritt in den Ruhestand im Amt. Auch der Vorsitzende wird von der Regierung ernannt. Üblicherweise werden bisherige Richter, Anwälte oder Universitätsprofessoren der Rechtswissenschaften ernannt. Die Richter sind einer der beiden Kammern zugeteilt, sie rotieren alle drei Jahre und sind nicht auf Fachbereiche spezialisiert. Den Höchstrichtern sind an die 50 Richter als Referenten zur vorbereitenden Behandlung der Fälle zugeteilt. Etwa 5000 Fälle werden alljährlich entschieden.

§ 19 Die Niederlande

Literatur: *Chorus/Gerver/Hondius/Koekkoek* (Hrsg), Introduction to Dutch Law[3] (1999); *Blankenburg/Bruinsma,* Dutch Legal Culture[2] (Deventer – Cambridge MA 1994). W. Mincke, Einführung in das niederländische Recht (München 2002)

I. Die historischen Grundlagen

Literatur: *Wieacker,* Privatrechtsgeschichte der Neuzeit[2] (1967); *Feenstra/Waal,* Seventeenth Century Leyden Law Professors and their influence on the development of the Civil Law (Amsterdam – Oxford 1985); knapp aber einprägsam *Chorus* in *Chorus/Gerver/Hondius/Koekkoek* (Hrsg), Introduction to Dutch Law[3] (1999) 6-14.; G. C. J.J. van den Bergh, Die holländische elegante Schule (Frankfurt 2002).

Die Niederlande können auf eine ruhmreiche Tradition im Rahmen der kontinentalen Rechte zurückblicken. Im 16. und im 17. Jhdt dominierten die niederländischen Juristen im Bereich des Römischen Rechts. H. Grotius, J. Voet, A. Vinnius und U. Huber wurden zu Wegbereitern des römisch-holländischen Rechts, die Universität Leiden erlangte Weltruhm. Römisch-holländisches Recht bedeutet eine Behandlung der römischrechtlichen Quellen mit der wissenschaftlichen Schärfe philologisch und philosophisch geschulter Gelehrter des 17. und 18. Jhdts, wobei stets die Praxisbezogenheit als unabdingbar angesehen wurde. Niederländische Professoren übten ihre Lehrtätigkeit an den neu gegründeten protestantischen juristischen Fakultäten von Halle und Göttingen aus und wurden so zu Mittlern für die gesamte deutsche Rechtswissenschaft. Seit 1828 galt in den Niederlanden ein Bürgerliches Gesetzbuch, das ganz in der Tradition des Code Civil stand. Die engen wissenschaftlichen und wirtschaftlichen Kontakte zu Deutschland und der deutschen Kultur des 19. Jhdts führten naturgemäß zu einer Auseinandersetzung mit der historischen Schule und dem BGB.

II. Die Entstehung des Nieuwe Burgerlijk Wetboek der Niederlande

Literatur: Niederländisches Bürgerliches Gesetzbuch, Übersetzung der Bücher 1, 2, 3, 4, 5, 6, 7, 7A und 8 von *Nieper/Westerdijk* = Series of Translations 10, 11, 12 in gemeinschaftlicher Verlagstätigkeit bei C. H. Beck und Kluwer (München – The Hague – London – Boston ab 1995); *F. Bydlinski/Mayer-Maly/Pichler*, Renaissance der Idee der Kodifikation: Das Neue Niederländische Bürgerliche Gesetzbuch (1991); *Drobnig,* Das neue niederländische bürgerliche Gesetzbuch aus vergleichender und deutscher Sicht, European Review of Private Law 1993, 171; *Hartkamp*, Das neue niederländische bürgerliche Gesetzbuch aus europäischer Sicht, RabelsZ 1993, 664; *Schrage*, Das System des neuen niederländischen Zivilgesetzbuches, JBl 1994, 501; *Hondius,* Das neue niederländische

Zivilgesetzbuch, AcP 91 (1991) 378; *Remien*, Das neue Burgerlijik Wetboek der Niederlande und seine Erschließung durch die Rechtsliteratur, ZEuP 1994, 187.

1. Durch ein königliches Dekret wurde im Jahr 1947 der Leidener Professor E. *M. Meijers* mit der Ausarbeitung des Entwurfs eines neuen Zivilgesetzbuches beauftragt. Durch diesen Entwurf sollten das Bürgerliche Gesetzbuch und das Handelsgesetzbuch (*Wetboek van Koophandel*) überarbeitet werden. *Meijers* entschloss sich dazu, eine Reihe besonders schwieriger Probleme vom niederländischen Parlament beantworten zu lassen. Zu diesem Zweck formulierte er 52 Fragen, die der *Tweede Kamer* vorgelegt und von ihr nach einer gründlichen Diskussion beantwortet wurden. Ebenso holte er ständig den Rat der betroffenen Wirtschaftskreise und der Rechtspraktiker ein. Als *Meijers* 1954 starb, waren die ersten vier Bücher des Gesetzentwurfs im wesentlichen fertig gestellt. *Meijers* hatte aber auch eine Einleitung, *Inleidende titel* vorgesehen, in der unter anderem das Verhältnis zwischen Gesetzgeber und Rechtswissenschaft geregelt werden sollte. An diesem Vorschlag wurde jedoch viel Kritik geäußert, da vielfach behauptet wurde, dass sich das Verhältnis zwischen den beiden Rechtsquellen so stark geändert habe, dass es nicht mehr der Gesetzgeber, sondern die Rechtsprechung sei, die die Rangordnung zwischen den beiden zu bestimmen habe. Der Gesetzgeber befolgte daher den Vorschlag von *Meijers* nicht. Auch hatte *Meijers* zuerst noch ein 9. Buch zu dem Thema des intellektuellen und industriellen Eigentums vorgesehen. Dieser Bereich wurde nun im Rahmen der neueren Entwicklungen internationaler Verträge außerhalb des neuen Zivilgesetzbuches geregelt.

Nach dem Tod *Meijers* setzte eine dreiköpfige Kommission mit einem Stab ständiger Mitarbeiter die Arbeiten an dem *„Nieuw Burgerlijk Wetboek" (NBW)* fort. Die Arbeit am NBW war immer von gründlichen rechtsvergleichenden Überlegungen begleitet. Dies ist wohl der wesentliche Grund, weshalb das neue niederländische Gesetzbuch zur modernsten europäischen Privatrechtskodifikation werden konnte.

2. Das NBW besteht aus acht (mit 7A aus neun) Büchern[248]:

Buch 1:	Personen- und Familienrecht
Buch 2:	Das Recht der juristischen Personen (mit Aktien-, Vereins- und Stiftungsrecht)
Buch 3:	Allgemeiner Teil des Vermögensrechts
Buch 4:	Erbrecht
Buch 5:	Sachenrecht
Buch 6:	Allgemeiner Teil des Schuldrechts
Buch 7:	Besonderer Teil des Schuldrechts

248 Zitiert nach der Ausgabe von 1998/99.

Buch 7A:	Besonderer Teil des Schuldrechts, Fortsetzung[249]
Buch 8:	Verkehrsmittel und Transport

Die Bücher traten zu verschiedenen Zeiten in Kraft.

Januar 1970	Buch 1
Juli 1976	Buch 2
Januar 1992	Bücher 3, 5, 6 und 7
Dezember 1992	Buch 7A
April 1991	Buch 8

Buch 4 soll das Erbrecht zum Inhalt haben. Wenngleich die Arbeiten im wesentlichen abgeschlossen wurden und das neue Erbrecht (zwar kursiv gedruckt) bereits in neueren Textausgaben enthalten ist, ist es aber noch nicht in Kraft getreten.

Nicht alle Bücher traten gleich vollständig in Kraft. Erst am 1.2.1995 traten zum Beispiel die Bestimmungen des Buches 8 über das Seerecht, das Binnenschifffahrtsrecht, Straßentransporte, Schienentransporte und Bestimmungen über den Transport gefährlicher Stoffe in Kraft.

Das Buch 7A ist nur eine vorläufige Lösung und soll durch neue Titel in Buch 7 eingegliedert werden. Es ist zurzeit noch fraglich, ob noch ein neuntes und ein zehntes Buch angefügt werden sollen. Geistiges Eigentum und Internationales Privatrecht wären mögliche Themenschwerpunkte.

3. Die Einteilung des Gesetzbuches ist im Vergleich zum alten Gesetzbuch völlig neu. Untereinander unterscheiden sich die Bücher in der Einteilung jedoch nicht. Jedes Buch ist in Titel und Abschnitte eingeteilt.

Die Zählung der Artikel beginnt in jedem Buch mit „1". Beim Zitieren eines Artikels ist daher die Buchbezeichnung mit zu benennen. Die übliche Schreibweise stellt die Nummer des Buches mit einem Doppelpunkt der Artikelnummer voran, zB Art 1:120. Möglich sind aber auch Titelzitate. Hier werden dann Buch und Titel benannt, die mit einem Punkt getrennt werden, zB 7.10. Zur Zeit helfen den Juristen noch Transponierungstabellen bei der Umstellung auf die neue Zählung, die erst kurz vor der Einführung der neuen Kodifikation definitiv aufgestellt wurde.

Einen Allgemeinen Teil beinhaltet nur das 3. Buch zum Vermögensrecht. Dieser Teil ist weniger abstrakt als der Allgemeine Teil des BGB, da der Allgemeine Teil des NBW nur allgemeine Bestimmungen über Rechtsgeschäfte und Vollmacht und weniges über das Sachenrecht enthält. An sachenrechtlichen Regelungen finden sich nur allgemeine Bestimmungen über dingliche Rechte sowie allgemeine Bestimmungen über Besitz und Erwerb dinglicher Rechte. Diese

249 Soll in Buch 7 eingegliedert werden, Buch 7 beinhaltet bereits neues Recht und Buch 7A noch altes Recht.

Einteilung ist auf den Gedanken *Meijers* zurückzuführen. Den Rechten, die sich auf Sachen beziehen, ist ein Platz in Buch 5 eingeräumt worden. Diese Trennung hat Folgen für die Terminologie des NBW. Da der Begriff des Eigentums im NBW für das Recht an einer Sache reserviert worden ist, hat der Gesetzgeber für die in Buch 3 aufgenommenen Rechtsfiguren andere Namen für den Inhaber finden müssen (*rechthebbende*).

Analogiebestimmungen sind häufig zu finden (zB in den Art 6:216, 6:261 Abs 2, 3:326). Diese Vorschriften enthalten einen Auftrag für den Richter, die vorangehenden Vorschriften analog auf nicht durch den Gesetzestext erfasste Fälle anzuwenden. Diese Bestimmungen bilden allgemeine Teile innerhalb der Kodifizierung in den Bereichen, wo der Gesetzgeber einen solchen nicht für möglich oder wünschenswert hielt (vergleichbare Vorschrift zB in § 876 ABGB). Im NBW heißen diese Bestimmungen *schakelbepaling*, am besten wohl mit Verweisungsbestimmung[250] zu übersetzen. Der Terminus *schakelbepaling* wurde von *P. Neleman,* einem Mitglied des Hohen Rats erfunden.

Ziel des NBW war es, auch das gesamte Handelsrecht zu regeln. So ist das Gesellschaftsrecht im 2. Buch und das Transportrecht im 8. Buch zu finden.

III. Buch 1: Personen- und Familienrecht

1. Dieses Buch trat bereits am 1.1.1970 in Kraft[251]. Es regelt das Recht der natürlichen Personen einschließlich des Familienrechts. Das Buch gliedert sich in 20 Titel. Erweitert wurde das Buch in diesem Jahr um den Titel 5A[252].

Der erste Titel (Art 1:1-3) enthält einige allgemeine Bestimmungen. Die Titel 2 (Art 1:4-9) und 3 (Art 1:10-15) behandeln das Recht auf den Namen und den Wohnort.

In Titel 4 (Art 1:16–29F) finden sich Vorschriften zum Personenstand. Zeitgemäß, wie die Niederländer sind, finden sich dort auch Bestimmungen zur Transsexualität. So wird unter Abschnitt 13 in den Art 1:28 bis 1:28C die richterliche Anordnung zur Änderung der Angabe des Geschlechts in der Geburtsurkunde beschrieben. Die Möglichkeit einer Änderung der Angabe des Geschlechts in der Geburtsurkunde kommt nur einem Niederländer zu.

Titel 5 (Art 1:30-80) enthält Bestimmungen über die Ehe. Das niederländische Bürgerliche Gesetzbuch regelt die Voraussetzungen für die Eingehung einer

---

250 vgl *E. J. H. Schrage*, Das System des neuen niederländischen Zivilgesetzbuches, JBl 1994, 507.

251 Gesetz vom 3.4.1969, Stb 167.

252 Der Titel lautet: „Eingetragene Partnerschaft". In Kraft getreten am 1.1.1998.

Ehe, die Förmlichkeiten, die der Eheschließung vorausgehen müssen, den Einspruch gegen die Ehe, die Eheschließung selbst, die Nichtigerklärung der Ehe und den Beweis des Bestehens der Ehe. Neu sind einige Bestimmungen zur Verhinderung von Scheinehen[253]. Wenn es nicht das Ziel der Ehegatten war, die ehelichen Pflichten zu erfüllen, sondern die Aufenthaltserlaubnis für die Niederlande zu erlangen, kann dies einen Einspruch gegen die Ehe (Art 1:50) oder die Nichtigerklärung der Ehe (Art 1:71A) nach sich ziehen. Auch muss den für das Aufgebot erforderlichen Schriftstücken eine polizeiliche Erklärung beiliegen, aus der sich ergibt, dass der ausländische Ehegatte eine gültige Aufenthaltserlaubnis besitzt oder beantragt hat. Andernfalls lehnt der Standesbeamte es ab, die Ehe zu schließen.

2. Titel 5A wurde 1998 eingeführt und behandelt die eingetragene Partnerschaft. Dieses Institut soll eine Alternative zur Heirat bieten. Umgangssprachlich wird bei der eingetragenen Partnerschaft von Homoehe gesprochen. Zuerst sollte die eingetragene Partnerschaft nur für Blutsverwandte und Gleichgeschlechtliche gelten. Inzwischen ist die Eintragung eine Alternative zur Trauung. Allerdings hat die eingetragene Partnerschaft keine Rechtsfolgen für etwaige Kinder. In der Regel besteht innerhalb einer eingetragenen Partnerschaft Gütergemeinschaft. In diesem Titel wird nicht von Mann und Frau – wie in den Bestimmungen über die Ehe – gesprochen, sondern nur von Partnern und Personen, die einen Registrierungsakt durch den Standesbeamten wünschen. Mit diesen Vorschriften in den Art 1:80A bis 1:80E wird den gleichgeschlechtlichen Lebensgemeinschaften eine neue Rechtsform angeboten. Niederländern, Personen aus einem Mitgliedsland der Europäischen Union oder Personen, deren Heimatstaat Mitglied des Übereinkommens über den Europäischen Wirtschaftsraum[254] ist und die über eine rechtsgültige Aufenthaltsbewilligung verfügen, steht dieser neue Weg offen[255]. Eine Person kann gleichzeitig nur mit einer anderen Person eine eingetragene Partnerschaft eingehen, und keiner der Partner darf zeitgleich verheiratet sein. Art 1:80C enthält Vorschriften über die Beendigung und die Auflösung der eingetragenen Partnerschaft. Aufgehoben wird die eingetragene Partnerschaft normalerweise durch Konsens. Eine Entbindung durch den Richter ist aber auch möglich. In diesem Fall besteht sogar für eine gewisse Zeit eine Unterhaltsverpflichtung dem finanzschwächeren Partner gegenüber. Entbindung und Aufhebung sind 3 Monate nach Ausspruch rechtskräftig.

3. Titel 6 (Art 1:81–92A) bestimmt dann die Rechte und Pflichten der Ehegatten Titel 7 (Art 1:93-113) und Titel 8 (Art 1:114-148) regeln die gesetzliche

253 Gesetz vom 2.6.1994, Stb 405, in Kraft getreten 1.11.1994;
254 Derzeit Liechtenstein, Norwegen und Island.
255 Durch diese Einschränkung will man Eintragungstourismus vermeiden.

Gütergemeinschaft und den Ehevertrag. Art 1:93 sieht vor, dass vom Zeitpunkt der Eheschließung an zwischen den Ehegatten von Rechts wegen eine allgemeine Gütergemeinschaft besteht, die grundsätzlich alle gegenwärtigen und zukünftigen Güter und Schulden der Ehegatten umfasst (Art 1:94) und ein Miteigentum mit gewissen Bindungen herbeiführt. Die Zugewinngemeinschaft (Art 1:132 ff) ist in den Niederlanden vom vertraglichen Ehegüterrecht umfasst, die Ehegatten können aber auch andere Formen des Güterrechts wählen, wie zB die Erwerbsgemeinschaft (Art 1:123 ff) oder die Gewinn- und Verlustgemeinschaft (Art 1:128).

4. Titel 9 (Art 1:149-167) enthält Vorschriften über die Auflösung der Ehe. Titel 10 (Art 1:168-196) hat die Trennung von Tisch und Bett und die nachfolgende Auflösung der Ehe zum Gegenstand. Das Institut der Trennung von Tisch und Bett ist in den Niederlanden nicht unumstritten und wird von Jahr zu Jahr bedeutungsloser. Es ermöglicht den Ehegatten, ohne Scheidung getrennt voneinander zu leben (Art 1:168) und doch bestimmte Rechtsfolgen zu bewirken. Damit wird ua Rücksicht auf die einer Ehescheidung entgegenstehenden religiösen Grundsätze genommen und die Möglichkeit zur Versöhnung wird besser gewährt. Die Trennung von Tisch und Bett kann aus demselben Grund und auf dieselbe Weise wie die Ehescheidung beantragt werden. Nach einer Trennung von Tisch und Bett ist eine Ehescheidung nicht mehr möglich; dafür steht den Ehegatten nach drei Jahren – in Ausnahmefällen nach einem Jahr – die Möglichkeit der so genannten Auflösung der Ehe nach Trennung der Ehegatten von Tisch und Bett offen.

5. In Titel 11 (Art 1:197-226) werden die Vaterschaft und Abstammung von Kindern geregelt.

Titel 12 (Art 1:227-232) regelt die Adoption. Der einzige Grund für eine Adoption ist in den Niederlanden der Kinderschutz. Eine Adoption ist durch den Standesbeamten in das Personenstandsregister einzutragen. Nach niederländischem Recht ist die Adoption Volljähriger nicht möglich. Die minderjährige Mutter eines zu adoptierenden Kindes muss mindestens 16 Jahre alt sein, außer sie war bereits verheiratet. Jeder der Annehmenden muss mindestens achtzehn und darf höchstens fünfzig Jahre älter als das Kind sein, wenn es sich um ein ausländisches Waisenkind handelt[256]. Bei niederländischen Waisenkindern gilt diese Alterseinschränkung nicht. Eine Adoption durch die Großeltern ist aber immer unmöglich. Inzwischen ist auch die Eineltern-[257] und die Stiefelternadop-

256 Die Aufnahme ausländischer Pflegekinder ist im Gesetz vom 8.12.1988, Stb 566 geregelt und beruht auf dem Vertrag vom 29.5.1993 über Kinderschutz und Zusammenarbeit auf dem Gebiet der zwischenstaatlichen Adoption, abgeschlossen in Den Haag. Auch hier wird die Einelternadoption genannt.

257 In diesem Fall muss das Kind vor der Adoption mindestens ein Jahr im Haushalt mit gelebt haben.

tion möglich. Nach der Adoption besteht keine rechtliche leibliche Verwandtschaft mehr zu den Ursprungseltern, außer bei der Stiefelternadoption (Art 1:229 Abs 2). Ein annehmendes Ehepaar muss mindestens fünf Jahre miteinander verheiratet sein, wenn es ein ausländisches Kind adoptiert. Bei der Adoption eines niederländischen Kindes muss dieses mindestens drei Jahre im gemeinsamen Haushalt von zwei verschiedengeschlechtlichen Personen[258] mitgelebt haben. Neu ist die Möglichkeit der Adoption niederländischer Kinder für Ungetraute. Aus religiösen Überlegungen heraus war die Institution der Adoption in den Niederlanden lange Zeit stark umstritten. Die natürlich gewachsene Familie galt als unveränderbar.

6. Titel 13 (Art 1:233-244) enthält Bestimmungen über die Minderjährigkeit. In Titel 14 (Art 1:245-377) findet sich die neue Regelung zur elterlichen Sorge über minderjährige Kinder. Nun ist auch die gemeinsame elterliche Sorge nach Ehescheidung und die gemeinsame elterliche Sorge außerhalb einer Ehe kodifiziert[259]. Das Kind unterliegt jetzt unabhängig vom Familienstand seiner Eltern grundsätzlich der gemeinsamen elterlichen Sorge. In Abschnitt 5 dieses Titels ist der Verlust der elterlichen Sorge geregelt. Dieser kann auf zwei Arten geschehen: durch Entbindung von der Sorge und durch Entziehung der Sorge. Die Entbindung beruht auf verschuldensunabhängiger Ungeeignetheit oder Unfähigkeit der Eltern. Für die Entziehung dagegen ist eine vorsätzliche Pflichtverletzung oder missbräuchliche Ausübung der elterlichen Sorge, die auch schuldhaft erfolgt sein muss, erforderlich. Die Entziehung kann gegen den Willen der Eltern angeordnet werden, die Entbindung dagegen bedarf grundsätzlich der Mitwirkung der Eltern. Abschnitt 6 regelt die Vormundschaft. Eine Gegenvormundschaft ist dem niederländischen Recht nun nicht mehr bekannt[260]. Das Umgangsrecht der Eltern bzw des nichterziehungsberechtigten Elternteils wurde in Titel 15 (Art 1: 377A–377H) aufgenommen. Auch wurde das Umgangsrecht Dritter, wie zB der Großeltern, nun geregelt.

7. Titel 16 (Art 1:378-391) regelt die Kuratel. Gem Art 3:32 Abs 2 sind alle Rechtsgeschäfte eines geschäftsunfähigen Volljährigen unter Kuratel anfechtbar, dh schwebend wirksam.

Titel 17 (Art 1:392-408) enthält die Bestimmungen über den Lebensunterhalt. Titel 18 (Art 1:409-430) behandelt die Abwesenheit, Verschollenheit und Tode-

---

258 Es wird überlegt, die Adoption auch gleichgeschlechtlichen Partnern zu erlauben (Brief des Staatssekretärs für Justiz vom 6.2.1998, TK 22700, nr. 23). Bisher konnten gleichgeschlechtliche Paare nicht adoptieren, da die Adoption an die natürliche Abstammung anschließen soll. MvT, TK 24649, nr.3, p.14.

259 Gesetz vom 30.10.1997, in Kraft getreten am 1.1.1998, Stb 506.

260 Im November 1995 abgeschafft.

serklärung. In diesem Titel sind auch erbrechtliche Vorschriften für den Fall der Verschollenheit eines Erbberechtigten geregelt.

In Titel 19 (Art 1:431 – 449) sind die Bestimmungen über Anordnung der treuhänderischen Verwaltung zum Schutz Volljähriger zu finden. Auch im Fall der treuhänderischen Verwaltung wird der Betroffene nicht geschäftsunfähig. Da eine Veröffentlichung der treuhänderischen Verwaltung nicht vorgesehen ist, bedarf es hier eines weitgehenden Schutzes (gutgläubiger) Dritter.

Titel 20 (Art 1:450 – 462) regelt die Mentorschaft zugunsten Volljähriger, nach deren Anordnung die Geschäftsfähigkeit grundsätzlich bestehen bleibt. Diese Maßnahme bezieht sich auf die Volljährigen, die infolge ihres geistigen und körperlichen Zustands nicht imstande sind, ihre Interessen nicht-vermögensrechtlicher Art wahrzunehmen. Zu Rechtsgeschäften in Angelegenheiten, die seine Versorgung, Pflege, Behandlung und Begleitung betreffen, ist der Betroffene nicht berechtigt; diese werden von dem Mentor übernommen. Bei Zustimmung des Mentors kann der Betroffene auch Rechtsgeschäfte selbst vornehmen. Anders als die Kuratel wird die Mentorschaft nicht veröffentlicht. Es ist übrigens möglich, dass Mentorschaft und treuhänderische Verwaltung nebeneinander angeordnet werden.

IV. Buch 2: Rechtspersonen

1. Dieses Buch trat 1976 in Kraft und enthält die Regeln über „Rechtspersonen“, also juristische Personen einschließlich des gesamten Gesellschaftsrechts. Es ist ein wenig fraglich, warum die juristischen Personen ihren Platz in Buch 2 gefunden haben. Der Gesetzgeber ist seinem System, pro Buch eine Materie völlig abzuhandeln, nicht treu geblieben. Der Gesetzgeber hat Regelungen für bestimmte Gesellschaften wegen ihrer vertragsrechtlichen Aspekte im Buch 7 (Titel 13) untergebracht.

Zusammen mit Buch 1 enthält das 2. Buch das Personenrecht des NBW. Buch 2 gliedert sich in 9 Titel.

Titel 1 (Art 2:1 – 25) enthält allgemeine Bestimmungen über juristische Personen. Die Art 2:1-3 bestimmen, wer Rechtspersönlichkeit besitzt. Der Normzweck der Art 2:12 f ist die Regelung des Stimmrechtes der juristischen Personen. Auch wird die Nichtigkeit von Beschlüssen, die Umwandlung oder Auflösung und die Liquidation geregelt. Mit einer Gesetzesänderung vom 26.6.1994[261] wurde die Möglichkeit, die Dauer des Bestehens einer juristischen Person von vornherein zu befristen, aufgehoben. Neu ist auch die Möglichkeit, dass die In-

261 Stb 1994, 506.

dustrie- und Handelskammer – die in den Niederlanden auch das Handelsregister führt – bestimmte juristische Personen auflösen kann, wenn mit ihnen Missbrauch getrieben wird (Art 2:19A, 22A).

2. Titel 2 (Art 2:26-52) regelt den Verein. Es gibt „informelle" Vereine mit einer beschränkten Rechtsfähigkeit und auch Vereine mit voller Rechtsfähigkeit, die durch notarielle Urkunden gegründet wurden. Zur Gründung reichen zwei Personen aus (Art 2:26 Abs. 2). Eine Eintragung in das Handelsregister ist Pflicht (Art 2:29).[262]

In Titel 3 (Art 2:53-63) haben die Genossenschaft und der Versicherungsverein auf Gegenseitigkeit eine gemeinsame Regelung gefunden. Beide Gesellschaftstypen spielen vor allem im landwirtschaftlichen Sektor eine Rolle. Bis 1988 waren sie Subkategorien des Vereins. Auch heute noch bezeichnet das Gesetz sie als durch Rechtsgeschäft durch notarielle Urkunde als Genossenschaft bzw Versicherungsverein auf Gegenseitigkeit gegründete Vereine. Beide Gesellschaften müssen in das Handelsregister eingetragen werden.

Titel 4 (Art 2:64-78) regelt die Aktiengesellschaften. Titel 5 (Art 2:175-184) behandelt die Gesellschaft mit beschränkter Haftung.

V. Buch 3: Allgemeiner Teil des Vermögensrechts

1. Buch 3 (Art 3:1-326) behandelt den Allgemeinen Teil des Vermögensrechts. Durch diesen Teil erhielt die Kodifikation eine neue Struktur. Der 1.1.1992 ist daher der wichtigste Tag der Entstehung des NBW. Der Anwendungsbereich dieses Buches ist weit. In Buch 3 gibt es verschiedene Gruppen von Regeln, die mit Hilfe von so genannten Verknüpfungsregeln (*schakelbepalingen*) auf Rechtsgebiete außerhalb des Vermögensrechtes analog angewendet werden sollen.

In den Niederlanden hat man sich bewusst nur für einen Allgemeinen Teil des Vermögensrechts entschieden. Damit stellt sich klar heraus, dass das niederländische Recht die prinzipielle, schon aus dem römischen Recht herrührende Unterscheidung zwischen Personen- und Familienrecht auf der einen Seite und Vermögensrecht auf der anderen Seite beibehalten hat.

Ein zentraler Begriff des 3. Buches ist jener der Güter, der sowohl Sachen- als auch (Vermögens)-Rechte umfasst. Dies ist eine weitere Neuerung des NBW. Am Beginn des Buches (Titel 1, Art 3:1-31) findet sich die Definition der Güter. Es folgen Legaldefinitionen der Sachen (Unterteilung in unbewegliche und be-

262 Das Vereinsregister wurde in das Handelsregister integriert. Gesetz vom 8.2.1996, Stb 181.

wegliche), des Inventars als Sachgesamtheit, der Vermögensrechte, der akzessorischen und der beschränkten Rechte, der verschiedenen Arten der Früchte, der Registergüter und des guten Glaubens. Art 3:13 verbietet den Rechtsmissbrauch und Art 3:14 statuiert einen Vorrang des öffentlichen Rechts vor dem Privatrecht. Den Rest des ersten Titels füllen Vorschriften über Buchführung, vor allem solche über die Führung der öffentlichen Register, die eher verfahrensrechtlichen Charakter besitzen.

2. Titel 2 (Art 3:32-59) behandelt die Rechtsgeschäfte. Dieser Titel beginnt mit der Feststellung, dass natürliche Personen grundsätzlich rechtsfähig sind. Den deutschen Begriff der beschränkten Geschäftsfähigkeit kennen die Niederländer nicht. In den Niederlanden kann daher dieselbe Person sowohl ein (grundsätzlich) Geschäftsunfähiger sein als auch ein (relativ oder ausnahmsweise) Geschäftsfähiger. Das niederländische Recht kennt eine relative oder partielle Geschäftsfähigkeit. Mit Ausnahme der einseitigen und nicht empfangsbedürftigen Rechtsgeschäfte sind nämlich gemäß Art 3:32 Abs 2 alle Rechtsgeschäfte eines Geschäftsunfähigen nicht nichtig, sondern nur anfechtbar, dh schwebend wirksam.

Auch die Nichtigkeitsgründe sind im 2. Titel geregelt: der Verstoß gegen die guten Sitten oder die öffentliche Ordnung, der Verstoß gegen ein gesetzliches Verbot, mit Einschränkungen je nach Schutzzweck der Norm, und der Erwerb von Gütern durch Amtsträger, die im Zusammenhang mit dem Rechtsgeschäft ihre Funktion unmittelbar missbrauchen könnten (Art 3:43). Die Nichtigkeit muss nicht gerichtlich geltend gemacht werden, sie ist *ipso iure* rechtserheblich.

Die Art 3:44 ff betreffen die Anfechtung von Rechtsgeschäften. Art 3:45-48 enthalten die Gläubigeranfechtung. In der niederländischen juristischen Umgangssprache wird diese unter Rückgriff auf das römische Recht als *actio Pauliana* bezeichnet. In den Niederlanden hat der benachteiligte Gläubiger ein Anfechtungsrecht.

Die Anfechtung eines anfechtbaren Rechtsgeschäftes erfolgt durch außergerichtliche Erklärung oder auf gerichtlichem Wege. Dies ist ein Fortschritt gegenüber dem alten Recht, das in der Tradition des französischen Code civil eine außergerichtliche Erklärung nicht ausreichen ließ. Die zeitliche Geltung des Anfechtungsrechts, dh des Rechts auf Erhebung einer Nichtigkeitsklage, ist in Art 3:52 geregelt. Die Verjährungsfrist beträgt einheitlich drei Jahre; allein der Verjährungsbeginn variiert je nach dem Anfechtungsgrund. Es ist interessant, dass die Anfechtungstatbestände von Drohung, Arglist, Ausnützung von Umständen (abgeleitet von der *undue influence* des englischen Rechtes) und Gläubigerbenachteiligung (Art 3:44-48) im Zusammenhang mit dem Rechtsgeschäft als solchem behandelt werden, der Irrtum hingegen im Zusammenhang mit den Verträgen (Art 6:228-230).

Die Vollmacht wird im 3. Titel (Art 3:60-79) beschrieben.

Titel 4 (Art 3:80-106) behandelt den Erwerb und Verlust von Gütern (*goederen*). Hier wird der Erwerb von Eigentum (*eigendom*) an Sachen und der Erwerb von Forderungen und sonstigen Rechten gemeinsam geregelt. Eine Trennung von Sachenrecht und Schuldrecht findet nicht statt. Nach Art 3.80 Abs 4 werden Güter durch Übergabe (*levering*) erworben. Diese findet bei registrierfähigen Gütern (*registergoederen*), also Immobilien, Schiffen und Flugzeugen, durch die Registrierung statt (im übrigen auch der Erwerb der beschränkten dinglichen Rechte). Art 3.84 Abs 1 statuiert die Notwendigkeit eines gültigen Rechtsgrundes, einer *causa* (*titel van eigendomsverkrijging*). Nach Art 3.89 Abs 1-3 bedarf es bei der Übertragung von registrierfähigen Sachen einer notariellen Urkunde, die den Rechtsgrund zu nennen hat, als Voraussetzung für die Registrierung in den öffentlichen Registern. Das bedeutet, dass bei diesen Gütern die Übertragung des Eigentums erst durch die Registrierung erfolgt (Art 3.10). Der Registerbeamte (*hypotheekbewaarder*) hat jeden offensichtlich geeigneten Titel zu registrieren und die Registrierung weiterzugeben an den Kataster (*kadaster*). Es gibt hier freilich keinen Vertrauensschutz durch die öffentlichen Bücher: Ist der Titel fehlerhaft, so geht das Eigentum trotz Registrierung nicht über (*negatief stelsel*). Gutgläubig werden Grundstücke innerhalb von 10 Jahren ersessen, der Vorbesitz ist anzurechnen.

3. Titel 4 enthält das grundsätzliche Treuhandverbot (Art 3:84 Abs 3), das ausdrücklich auch keine Sicherungsübereignung bzw -abtretung zulässt. Die Sicherheitsübereignung eines Gegenstandes ist nichtig. Sie wird ersetzt durch ein besitzloses Pfandrecht, welches ein beglaubigtes Dokument erfordert.

Titel 4 regelt auch den Eigentumsvorbehalt. Sein Anwendungsbereich ist jedoch recht eng. Nur drei Arten von Forderungen können gesichert werden:

a) Der Preis für die Kaufsache und für Sachen, die verkauft werden sollen;

b) Ansprüche für Arbeiten, die an solchen Gütern ausgeführt werden sollen; und

c) Schadensersatzansprüche wegen Nichterfüllung solcher Verträge.

Bei der Ersitzung beträgt die Frist in den Niederlanden nur drei Jahre (Art 3:99). Voraussetzung dafür ist Eigenbesitz, der Sachbesitz sein kann, aber auch Rechtsbesitz.

4. Titel 5 (Art 3:107-125) behandelt die besitzrechtlichen Regelungen. Unter Besitz versteht die niederländische Legaldefinition Eigenbesitz.

Die Artikel 3:126 bis 165 sind für den 6. Titel über die Verwaltung reserviert.

Titel 7 (Art 3:166-200) behandelt die Gemeinschaft.

Titel 8 (Art 3:201-226) hat den Nießbrauch zum Inhalt. Diese Regelungen finden auf Nutzungs- und Wohnrechte entsprechend Anwendung.

Titel 9 (Art 3:227-275) regelt Pfandrechte und Hypotheken.

Titel 10 (Art 3:276-295) beinhaltet das Recht der Befriedigung aus Gütern. Zu Beginn dieses Titels wird der Grundsatz der persönlichen Haftung des Schuldners normiert.

Titel 11 (Art 3:296-326) benennt die Ansprüche. Hier werden Klagerechte normiert. Diese Bestimmungen sind auch ganz neu. In diesen verfahrensrechtlichen Bestimmungen werden auch die Realexekution und die Zwangssumme geregelt.

VI. Buch 5: Sachenrecht

Der Inhalt des Buches 5 bezieht sich einzig auf Sachen, nicht auch auf andere Güter. In den ersten vier Büchern sind bereits viele Bereiche des Sachenrechts geregelt worden. Im 5. Buch sind im wesentlichen nähere Vorschriften über das Eigentum, nachbarrechtliche Vorschriften, Regelungen über Grunddienstbarkeiten, Erbpacht und Erbbaurecht und das Wohnungs(eigentums)recht enthalten.

Titel 1 (Art 5:1-3) behandelt das Eigentum im allgemeinen, Titel 2 (Art 5:4-19) das Eigentum an beweglichen Sachen, Titel 3 (Art 5:20-36) das Eigentum an unbeweglichen Sachen. In Art 5:22 wird zB das Betreten von fremden, nicht eingefriedeten Grundstücken grundsätzlich erlaubt. Die Artikel 5:25-36 enthalten Vorschriften über den Konflikt von Wasser und Land. Titel 4 (Art 5:37-59) die Rechte und Pflichten von Eigentümern von Nachbargrundstücken. Die Regelungen sind wesentlich ausführlicher als im BGB. Auch hier finden sich Vorschriften über die Behandlung von Wasser und Gewässern, aber ebenso auch über die Beschaffenheit von Einfriedungen und die Entwässerung. Unter diesem Titel wird auch die *mandeligheid* geregelt, die eine besondere Form des Miteigentums, die nur unter Nachbarn bestehen kann, dargestellt. Diese Regelung des gemeinschaftlichen Eigentums der Nachbarn an Grenzeinrichtungen lässt sich auf die *mitoyenneté* des Code Civil zurückführen. Etymologisch geht die Bezeichnung des gemeinschaftlichen Eigentums mit dem Begriff *mandeligheid* auf einen friesischen Ausdruck zurück. Titel 5 (Art 5:60-69) regelt die Grenzgemeinschaft. Titel 6 (Art 5:70-84) behandelt die Grunddienstbarkeiten. In Titel 7 (Art 5:85-100) sind die Vorschriften über die Erbpacht geregelt, ein Rechtsinstitut, welches es im BGB nicht mehr gibt. Erbbaurechte werden in Titel 8 (Art 5:101 – 105) geregelt. Im deutschen Recht sind die Erbbaurechte seit 1919 in einer eigenen Verordnung geregelt und wurden aus dem BGB herausgelöst. Titel 9 (Art 5:106 – 147) behandelt die Wohnungsrechte. In Deutschland dagegen ist das Wohnungseigentumsrecht im Gesetz über Wohnungseigentum von 1951 geregelt.

1. Das sechste Buch ist in 5 Titel eingeteilt. Der erste Titel (Art 6:1 – 141) behandelt Verbindlichkeiten im allgemeinen. Hier sind die Gesamtschuldnerschaft, die Mehrheit von Gläubigern, Leistungsverweigerungsrechte, Verzug, Vertragsstrafe, Aufrechnung, Nichterfüllung und die gesetzliche Verpflichtung zum Schadensersatz geregelt. In Art 6:2 ist der Grundsatz von Treu und Glauben erklärt. Interessant ist, dass in den Niederlanden eine Leistungsstörung den Schuldner immer zum Schadensersatz verpflichtet, es sei denn, dass sie ihm nicht zugerechnet werden kann. Zuzurechnen ist sie, wenn der Vertrag es bestimmt, wenn das Gesetz es anordnet, bei Verschulden und wenn nach der Verkehrsauffassung das Risiko der Vertragsverletzung vom Schuldner zu tragen ist (Art 6:75).

Die Verpflichtung zum Schadensersatz entsteht, wenn und insoweit die ordnungsgemäße Erfüllung der Verbindlichkeit unmöglich oder der Schuldner im Verzug ist. Als eine solche Unmöglichkeit wird es auch betrachtet, wenn eine Leistungsstörung bereits zu Schaden an Person und Vermögen des Gläubigers geführt hat.[263] Verzug tritt mit dem vereinbarten Leistungstermin ein oder durch Mahnung und Verstreichen einer gesetzten Nachfrist (Art 6:81 – 83). Der Gläubiger hat dann ein Recht auf Ersatz des Verzugsschadens; er kann durch schriftliche Mitteilung auch auf den primären Erfüllungsanspruch verzichten und einen Anspruch auf Schadensersatz wegen Nichterfüllung an seine Stelle treten lassen (Art 6:87). Art 6:109 enthält eine Reduktionsklausel, die dem Richter das Recht gibt, den Schadensersatz nach Billigkeit herabzusetzen. Eine Untergrenze wird nur durch den versicherten oder pflichtzuversichernden Betrag gezogen. Schadensersatz wird grundsätzlich in Geld geschuldet, Naturalrestitution kann jedoch vom Richter angeordnet werden (Art 6:103). In Titel 1 ist auch die Vertragsauflösung geregelt. Ein Vertrag ist nun auch durch außergerichtliche Erklärung aufzulösen. Dieses stellt eine Neuerung gegenüber dem alten BW dar, das die Vertragsauflösung dem Richter vorbehielt. Aber der Gläubiger hat auch jetzt noch das Recht, den Vertrag im Klagewege aufheben zu lassen (Art 6:267), wenn die Vertragserfüllung durch den Schuldner unmöglich geworden ist, oder wenn der Schuldner im Verzug ist. Unwesentliche Vertragsverletzungen berechtigen jedoch nicht zum Rücktritt (Art 6:265 Abs 2).

Abschnitt 11 des ersten Titels enthält auch Vorschriften über Geldschulden. Gem Art 6:111 sind Geldschulden grundsätzlich Geldsummen- und nicht Geldwertschulden. Die Bestimmung eines gesetzlichen Zinssatzes (Art 6:120) ist auf den Verordnungsgeber übertragen worden und betrug 1995 acht Prozent und war

263 Vgl *Hondius,* AcP 191, 408.

somit doppelt so hoch wie in Deutschland. Im Dezember 1998 betrug der Zinssatz 5 ½ Prozent[264]. Einen besonderen gesetzlichen Zinssatz für Handelsgeschäfte gibt es nicht.

Titel 2 (Art 6:142 – 161) regelt den Übergang von Forderungen und Schulden und den Verzicht auf Forderungen.

2. Die unerlaubten Handlungen werden in Titel 3 zusammen mit der Produkthaftung behandelt (Art 6:163 – 193) und gehören nach der niederländischen Systematik zum allgemeinen Teil. Die zum Schadensersatz führenden tatbestandsmäßigen Voraussetzungen sind Schaden, Kausalität, Rechtswidrigkeit und Verschulden. Der Schutzzweck der Norm wird ausdrücklich vom Gesetz hervorgehoben (Art 6:163). Die Haftung für andere Personen betrifft Minderjährige und Angestellte. Interessant ist die Bestimmung des Art 6:169, der Eltern und Vormünder für das Fehlverhalten von Kindern unter 14 Jahren strikt haften lässt (Gefährdungshaftung), allerdings nicht für deren Unterlassung. Für Schäden, die von Kindern zwischen 14 und 16 Jahren zu vertreten sind, können die Aufsichtspflichtigen einen Entlastungsbeweis führen, und zwar derart, dass sie alles darangesetzt hatten, um den Schaden zu verhindern. Der Arbeitgeber haftet für die Schäden seiner Angestellten, die bei Ausführung ihrer Tätigkeit entstanden sind. Ein Entlastungsbeweis ist nicht zulässig. Die Haftung wurde auch auf Subunternehmer ausgedehnt und allgemein auf Vertreter zulasten des Vertretenen. Im Rahmen der Haftung für Sachen (6:173-183) gilt der Grundsatz der Gefährdungshaftung. Es haftet regelmäßig der Besitzer oder derjenige, in dessen Namen der Besitzer handelt. Die Haftung betrifft sämtliche Sachen unabhängig von ihrer potentiellen Gefährlichkeit, der Schaden muss jedoch durch einen Mangel der Sache selbst entstanden sein. Davon abweichend bedeutet die Haftung für gefährliche Stoffe eine sinnvolle Hinwendung zum modernen Umweltschutzdenken (Art 6:175 ff). Die Tierhalterhaftung (Art 6:179) und die Haftung mangelhafter Bauwerke (Art 6:174) sind noch explizit geregelt. Die Bestimmungen zur Haftung im Straßenverkehr (derzeit geregelt im *Wegenverkeerswet* in der Fassung vom 21.4.1994), im Luft- und im Seeverkehr sollen im Buch 8 geregelt werden. Die Produkthaftung auf Grund der EU-Richtlinie von 1985 ist in den Art 6:185 ff zu finden. Der Ersatz des Schadens besteht primär in Geld, der Geschädigte kann aber auch Naturalrestitution fordern, der das Gericht zustimmen kann, aber nicht muss (6:103). Allgemein ersatzfähig ist nur der Vermögensschaden. Nach Art 6:106 sind ideelle Schäden vornehmlich dann zu ersetzen, wenn der Geschädigte

264 Seit 1992 sind beachtliche Schwankungen des Zinssatzes zu verzeichnen: 1.1.1992, 12 %, Stb 1991, 712; 1.7.1993, 10 %; Stb 1993, 320; 1.1.1994, 9 %, Stb 1993, 726; 1.1.1995, 8 %, Stb 1994, 952; 1.1.1996, 7 %, Stb 1995, 621; 1.7.1996, 5 %, Stb 1996, 331.

am Körper verletzt wurde, wenn seine Ehre oder sein Ruf verletzt wurden oder wenn die Person in irgendeiner Weise beeinträchtigt wurde. Unter letzterer Bestimmung wird insbesondere die Beeinträchtigung der Privatsphäre verstanden.

Titel 4 (Art 6:198-212) regelt die Verbindlichkeiten aus den quasi-vertraglichen Institutionen der Geschäftsführung ohne Auftrag, ungeschuldeter Leistung und ungerechtfertigter Bereicherung.

3. Titel 5 (Art 6:213-179) enthält das allgemeine Vertragsrecht. Die Vertragsregelungen beruhen wesentlich auf dem Wiener UN-Kaufrecht, was sich unter anderem in der Widerruflichkeit des Angebots ausdrückt (Art 6:219 Abs 1). In Art 6:220 findet sich eine Bestimmung über die Auslobung, die als ein besonderes Problem von Angebot und Annahme betrachtet wird, und damit nicht wie in §§ 657 ff BGB ein einseitiges Rechtsgeschäft darstellt. In diesem fünften Titel sind auch die Vorschriften über allgemeine Geschäftsbedingungen integriert. Gegen unangemessene benachteiligende Klauseln gibt es ein Anfechtungsrecht (Art 6:233).

VIII. Buch 7: Besondere Verträge (Einzelne Vertragstypen neuen Rechts)

1. In Titel 1 (Art 7:1-50) werden Kauf und Tausch geregelt. Der Zahlungsanspruch gegen einen Verbraucher verjährt gem Art 7:28 nach zwei Jahren.[265] Anschließend sind in der Systematik einzelne Titel ausgelassen und das Buch 7 wird mit Titel 7 (Art 7:400-468) fortgesetzt. Hier wird der Auftrag behandelt. Es handelt sich aber nicht nur um den unentgeltlichen Vertrag, sondern um Geschäftsbesorgung, Vermittlungsverträge (ähnlich dem Maklervertrag), Handelsvertretervertrag und seit dem 1.4.1995 auch den Vertrag über medizinische Behandlung.

2. In Titel 7A finden sich dann EG-richtlinienkonforme Regelungen zum Reisevertrag. Gemäß Art 7A:500 muss eine Reisevertrag mindestens zwei Reiseleistungen umfassen, von denen eine die Beförderung oder die Unterkunft betreffen muss. Kurzreisen ohne Übernachtung, die weniger als 24 Stunden dauern, sind ausgenommen. Dem niederländischen Touristen steht ein leicht erreichbarer Anspruchsgegner im Inland zur Verfügung: Der niederländische Vermittler eines ausländischen Reiseveranstalters haftet als Quasi-Reiseveranstalter (Art 7:500 Abs 2). Die Art 7:504 und 510 sehen den Ersatz von Nichtvermögensschäden vor, der Höhe nach jedoch auf den Preis der Reise beschränkt.

3. Weiter geht es dann mit Titel 9, der die Verwahrung regelt. Im Gegensatz zum alten Recht ist die Verwahrung nun als Konsensualkontrakt und nicht mehr als Realkontrakt ausgestaltet. Es ist jedes Mal dieselbe Sache zurückzugeben. Die

265 Die reguläre Frist beträgt fünf Jahre (Art 3:308).

Sammelverwahrung von Wertpapieren fällt zB somit aus dem Verwendungsbereich heraus. Art 7:607 enthält die Feststellung, dass der Lagerschein (*ceel*) die eingelagerten oder verwahrten Sachen repräsentiert. Seine Übertragung kommt der Übertragung der Sachen gleich. Handelsrecht und bürgerliches Recht gehen hier ineinander über.

4. Mit dem 1.4.1997 wurde der Titel 10 eingefügt, der den Arbeitsvertrag behandelt. Hier sind auch Regelungen betreffend die Kosten eines schriftlichen Arbeitsvertrages zu finden, die Informationspflichten des Arbeitgebers zu Beginn des Arbeitsvertrages und die Fürsorgepflicht des Arbeitgebers, weiters die Haftung des Arbeitnehmers für Schäden, die in Ausübung seiner Tätigkeiten geschehen. Neu ist, dass nun auch ein Arbeitsvertrag zwischen Ehegatten zulässig ist. Das war bisher aus steuerlichen Gründen verboten gewesen. Demnächst werden noch Art 7:610a und 610b eingefügt werden, die die jetzt schon bestehende Rechtsprechung enthalten. Somit wird von einem Arbeitsvertrag ausgegangen, wenn über einen Zeitraum von drei Monaten wöchentlich mindestens 20 Stunden gearbeitet wurde. Art 7:610b enthält eine Arbeitsstundenumfangsvermutung, die den drei vorangegangenen Monaten entspricht.

Dann sind wieder mehrere Titel in der Zählung ausgelassen und mit Titel 14 wird das Buch 7 weitergeführt und dort sind Bestimmungen zur Bürgschaft zu finden.

Titel 15 behandelt dann den Feststellungsvertrag. In diesem Institut inbegriffen sind wohl auch das Schuldanerkenntnis und das Schuldversprechen.

IX. Buch 7A: Besondere Verträge, Fortsetzung (Einzelne Vertragstypen alten Rechts)

1. Buch 7A ergänzt das siebte Buch um das noch nicht überarbeitete besondere Vertragsrecht.

Als fünfter Titel A wird der Abzahlungskauf (Art 7A:1576-1582) geregelt. Innerhalb dieses Bereichs ist auch der Mietkauf zu finden. Mietkauf wird definiert als Kombination von Abzahlungskauf und Eigentumsvorbehalt bis zur Zahlung der letzten Rate (Art 7A:1576h).

2. Der siebte Titel behandelt die Miete (Art 7A:1583-1636b). Der Mitmieter von Wohnraum genießt eine besondere Rechtsstellung. Mitmieter ist von Gesetzes wegen der Ehegatte des Mieters, der in der Wohnung seinen Hauptaufenthalt hat (Art 7A:16233g). Andere, die ihren Hauptaufenthalt in der Wohnung des Mieters haben und dauerhaft zu seinem Haushalt gehören, müssen auf Antrag vom Vermieter als Mitmieter anerkannt werden, gegebenenfalls ist eine Feststellungsklage statthaft. Der Mitmieter ist nicht Partei des Mitvertrages, aber er haftet neben dem Mieter gesamtschuldnerisch für den Mietzins. Er tritt automatisch in den Vertrag als Mieter ein, wenn der Vertrag mit dem bisherigen Mieter endet oder der Mieter verstirbt. Der neunte Titel enthält Regelungen zur Gesellschaft des bürgerlichen Rechts (Art 7A:1655-1689) und der elfte Titel behandelt die Schenkung (Art 7A:1703-1730). Die Leihe ist im 13. Titel zu finden und das Darlehen im 14. Titel. Begründete und immerwährende Renten werden im 15. Titel geregelt und im 16. Titel die Risikoverträge.

X. Buch 8: Verkehrsmittel und Beförderung

Die Titel 1 (Art 8:1-19) und 2 (Art 8:20-159) enthalten allgemeine Bestimmungen. Zahlreiche Definitionen sind hier zu finden. Titel 3 (Art 8:160-139) regelt das Seeschiff und die Sachen an dessen Bord. Die Bestimmung in Bezug auf die Besatzung eines Seeschiffes ist in Titel 4 (Art 8:259 – 359) geregelt und der Betrieb in Titel 5 (Art 8:360-539). Titel 6 (Art 8:540-749) enthält Bestimmungen über Unfälle eines Seeschiffes. Am 10.12.1998 trat die *Hulpverlening* neu in Kraft; diese basiert auf dem Hilfeleistungsvertrag von 1989 und regelt die Hilfeleistung durch ein Schiff. Hier wird zB festgehalten, dass nicht die geretteten Menschen, sondern der Reeder den Rettungslohn zu leisten haben. Die Beschränkung der Haftung für Seeforderungen ist in Titel 7 (Art 8:750-769) geregelt. Ab Titel 8 wird die Binnenschifffahrt geregelt. An dieser Stelle wird häufig auf das Seerecht verwiesen. Titel 8 (Art 8:770-849) behandelt das Binnenschiff und die Sachen an dessen Bord. Titel 9 (Art 8:850-879) regelt die Besatzung eines Binnenschiffes. Den Betrieb eines Binnenschiffes regelt Titel 10 (Art 8:880-999). Unfälle sind in Titel 11 (Art 8:1000-1059) geregelt. Die Haftungsbeschränkung von Eignern von Binnenschiffen ist in Titel 12 (Art 8:1060-1079) behandelt. Im Anschluss daran wird das Straßentransportrecht geregelt; ab Titel 15 dann das Luftfahrzeugrecht. Titel 19 behandelt die Beförderung auf Schienen. Verjährung und Ausschluss sind in Titel 20 geregelt. Nach Art 8:1711 verjährt ein Schadensersatzanspruch, der auf einem Frachtvertrag beruht, nach einem Jahr, wobei diese Frist vertraglich verlängert werden kann (Art 8:1701). Ansprüche aus Speditionsverträgen verjähren dagegen gem Art 8:1740 bereits nach neun Monaten. Für die Beförderung von Personen gilt aber auch eine Verjährungsfrist von einem Jahr (Art 8:1750). Ansprüche im Zusammenhang mit einer Reederei verjähren nach fünf Jahren (Art 8:1770), Schadensersatzansprüche gegen einen Kapitän oder Schiffer nach zwei Jahren (Art 8:1780). Ebenfalls nach zwei Jahren verjähren die Schadensersatzansprüche aus einem Zusammenstoß (Art 8:1790) und diejenigen aus einer Hilfeleistung (Art 8:1820), während die Verjährungsfrist bei einer großen Havarie ein Jahr beträgt (Art 8:1830). Ansprüche für Schaden, der durch gefährliche Stoffe entstanden ist, verjähren innerhalb von drei Jahren (Art 8:1833). Der Fristbeginn ist für die jeweilige Regelung gesondert in den entsprechenden Artikeln festgelegt.

XI. Gesamtwürdigung

Die neue niederländische Kodifikation ist für die moderne europäische Privatrechtswissenschaft von immenser Bedeutung. Eine hoch stehende Rechtskultur hat unter Hinzuziehung ihrer besten Juristen ein Werk hervorgebracht, dass gleichermaßen den historischen Traditionen wie den zeitgemäßen sozialen Gegebenheiten und Erfordernissen verpflichtet ist. Die Niederländer haben es verstanden, ihre eigene Privatrechtsentwicklung genauso heranzuziehen wie die großen europäischen Kodifikationen, namentlich den Code Civil und das BGB, aber auch das Schweizerische Recht. Sie haben es auch nicht verabsäumt, die deutsche und französische Rechtskultur als solche in ihre Arbeiten miteinzubeziehen und gleichermaßen die Rechtsprechung zu beobachten. Schließlich erfolgte auch eine intensive Auseinandersetzung mit den anglo-amerikanischen Rechten. Das NBW ist insbesondere für die Wissenschaft der Rechtsvergleichung eine Bestätigung dafür, wie unverzichtbar rechtsvergleichendes Vorgehen, systematisch wie soziologisch und historisch, für die Entstehung von modernem Recht ist.

XII. Der Aufbau der Gerichtsbarkeit

Literatur: *Brenninkmeijer,* Judicial Organization, in *Chorus/Gerver/Hondius/Koekkoek* (Hrsg), Introduction to Dutch Law (1999) 49; *Simons*, De rechtelijke organisatie in Nederland (1996).

Die Organisation der niederländischen Gerichtsbarkeit geht auf die französische Zeit (1795-1813) zurück. Als erste Instanz fungieren entweder das *Kantongerecht* (insgesamt 62) oder die *Rechtbank* (insgesamt 19). Alle Verfahren bis 5000 Gulden werden vom Einzelrichter beim *Kantongerecht* entschieden, alle übrigen ebenfalls vom Einzelrichter bei der *Rechtbank.* Bei einem Streitwert von mehr als 2500 Gulden besteht die Möglichkeit einer Berufung gegen Entscheidungen des Richters beim *Kantongerecht* an die *Rechtbank.*

Bei Berufungen entscheidet ein aus drei Richtern bestehender Senat. Das *Kantongerecht* soll ehest möglich der *Rechtbank* eingegliedert werden, so dass nur mehr eine einheitliche 1. Instanz entscheiden würde. Berufungen gegen Urteile der *Rechtbank* werden vom *(Gerechts)Hof* entschieden. Dort entscheidet prinzipiell ein aus drei *raadsheren* gebildeter Senat. Das höchste Gericht ist *de Hoge Raad*. Gegen Urteile der zweiten Instanz kann jederzeit beim *Hoge Raad* Berufung eingelegt werden. Soll gegen ein Urteil erster Instanz berufen werden, so bedarf es der Übereinstimmung beider Streitparteien. *De Hoge Raad* besteht aus einer zivilrechtlichen, einer strafrechtlichen und einer steuerrechtlichen Abteilung. Jeder der Abteilungen sind 9-10 *raadsheren* zugeordnet. Diese entscheiden in aus fünf oder drei Richtern zusammengesetzten Senaten. *De Hoge Raad* kann die Urteile entweder bestätigen oder aufheben. Hebt er das Urteil auf, so kann er den Fall zurückverweisen oder selbst meritorisch entscheiden. Die Berufungen können sich nur auf Rechtsfragen stützen.

§ 20 Lateinamerika

Literatur: Grundlegend: *A. Guzmán Brito*, La codificación civil en Iberoamerica Siglos XIX y XX (Santiago de Chile 2000); zum Problem eines lateinamerikanischen „Subsystems“: *D. Fernandez Arroyo,* Sobre la existencia de una familia jurídica latinoamericana, Anuario Jurídico y Economico Escurialense 27 (1994) 75; *J. L De Los Mozos*, Codificaciones latinoamericanas, tradición juridíca y principios generales del derecho, Roma e America 1996, 29.

1. Bereits während der napoleonischen Besetzung Spaniens begannen ab 1811 in vielen Teilen der kolonialen Besitztümer Spaniens in Amerika Bestrebungen der Loslösung vom Mutterland. Im Verlauf der folgenden Jahre entstanden auf dem amerikanischen Kontinent eine ganze Reihe von unabhängigen Nationalstaaten, die nach einer Phase der Konflikte und Fluktuation erst in den achtziger Jahren des 19. Jhdts jene Form annahmen, die uns heute geläufig ist[266]. Nur die großen Inseln Kuba und Puerto Rico verblieben bis 1898 bei Spanien. Die spanischen Besitzungen im Amerika bildeten, obwohl verwaltungsmäßig in Vizekönigtümer aufgespalten, eine staatsrechtliche Einheit derart als sie der Krone von Kastilien unterstellt waren. Damit galt in diesen Territorien, die nach spanischer Terminologie einfach Indien hießen (Las Indias), prinzipiell kastilisches Recht[267]. Dieses war zur Zeit der spanischen Eroberungen ein Konvolut von Rechtsquellen verschiedenster Art , worunter sich insbesondere auch die *Siete Partidas* aus dem 13. Jhdt befanden, die im Jahre 1505 im Gesetz von Toro (Ley de Toro) festgehalten wurden. Für den Bereich des Privatrechtes bedeutete dies eine wichtige Rolle für das Römische Recht[268], sei es über die *Siete Partidas*, sei es als subsidiäre Rechtsquelle überhaupt, sei es auf dem Wege der Juristenausbildung. Im Jahre 1680 wurde auf der Grundlage des kastilischen Rechtes und der für Amerika geltenden Sonderbestimmungen (fast ausschließlich im Bereiche des öffentlichen Rechtes) eine Fixierung der Rechtsquellen vorgenommen: *Recopilación de la Leyes de los Reynos de las Indias*. Die Juristenausbildung erfolgte in lokalen Universitäten, die nach dem Vorbild der Universität von Salamanca aufgebaut waren. Bereits 1538 gründeten die Spanier die erste amerikanische Universität, jene von Santo Domingo; Lima und Mexiko folgten 1551. Bis 1812 gab es immerhin 31 Universitäten[269]. Auch als Antwort auf den drohenden Abfall der amerikanischen Besitzungen konnte sich Spanien 1812 zu einer ersten Verfas-

266 Panama wurde erst 1903 von Kolumbien unabhängig. Zur diffizilen Staatlichkeit in Lateinamerika: *B. Bravo Lira*, El Estado constitucional en Hispanoamerica 1811-1991 (Mexico 1992).

267 *I. Sanchez Bella*, Historia del derecho indiano (Madrid 1992).

268 Zur Bedeutung des Römischen Rechtes in Lateinamerika *Guzmán Brito* 161.

269 *Guzmán Brito* 162.

sung durchringen, jener von Cadiz, die im Artikel 258 auch einen einheitlichen Código Civil vorsah.

Die Grundgesetze und Verfassung der neu konstituierten Staaten folgten der spanischen Verfassung in der Forderung nach einer Zivilrechtskodifikation[270]. Die ersten Versuche führten entweder zur Übernahme des Code Civil oder zu seiner Adaptierung (vgl § 4 I 4):

2. Die zweite Phase der Kodifikation wurde sogleich mit einem Meisterwerk eingeleitet, dem Código Civil von Chile, der 1855 in Kraft trat[271]. *A. Bello* hatte sich seit 1833 im offiziellen Auftrag der chilenischen Regierung mit der Erarbeitung eines Zivilgesetzbuches beschäftigt. Der Código Civil besteht aus einem einleitenden Titel (Titulo preliminar) und vier Büchern. Er folgt im wesentlichen dem Institutionensystem der Römer[272]: Buch I: Personenrecht, Buch II: Über die Sachen und über das Eigentum, den Besitz, den Gebrauch und die Nutzung an ihnen, Buch III: Erbrecht und Schenkungen unter Lebenden, Buch IV: Über die Obligationen im Allgemeinen und die Verträge. Die Materien sind in 2524 Artikeln geregelt. *Bello* hatte sich in annähernd zwanzig Jahren sehr eingehend mit einer großen Zahl von Rechtsquellen und juristischer Literatur beschäftigt. Dabei flossen vor allem einheimisch-kastilisches und französisches Recht in die Kodifikation ein. Der Code Civil als liberales Gesetzbuch blieb ein großes Vorbild vor allem im Bereiche des Obligationenrechtes, aber auch *Pothier* wurde eingehend herangezogen und die rechtswissenschaftliche Literatur zum Code Civil, insbesondere *Delvincourt*, *Toullier* und *Troplong*[273]. In der Terminologie zur Willensproblematik und substantiell im Bereiche der juristischen Person beruhen *Bellos* Lösungen auf *Savigny*. Das chilenische Gesetzbuch zeichnet sich nicht nur durch vorzügliche inhaltliche Lösungen aus, sondern auch durch seine klare, präzise, bestechende, ja geradezu klassische Sprache, die wohl darauf zurückzuführen ist, dass der Autor nicht nur ein Jurist von allerhöchstem Range war, sondern auch ein anerkannter Linguist und Schriftsteller. Der Código Civil von Chile wurde im wesentlichen von Ecuador im Jahre 1858 übernommen[274], von El Salvador 1859, von Honduras 1880 und 1906 und von der gesamten kolumbiani-

270 *Gutmán Brito* 182.

271 Eindrucksvoll *Guzmán Brito* 349; in deutscher Sprache: *D. Nelle*, Entstehung und Ausstrahlungswirkung des chilenischen Zivilgesetzbuches von Andrés Bello, (Neuwied – Frankfurt 1990).

272 *A. Bello* hat auch ein Lehrbuch des Römischen Rechtes verfasst: Instituciones de Derecho Romano: heute greifbar in: Obras completas Bd XVII, der zur Gänze dem Römischen Recht gewidmet ist (Caracas 1981).

273 *Guzmán Brito* 369.

274 *Guzmán Brito* 374.

schen Republik im Jahre 1887[275]; alle diese Gesetzbücher sind auch heute noch in Kraft.

3. Nur 14 Jahre nach Inkrafttreten des chilenischen Código Civil trat im großen Nachbarstaat Chiles, in Argentinien, 1869 erstmalig ein Zivilgesetzbuch in Kraft. Ebenso wie der chilenische Código stammte auch der argentinische aus der Feder eines Mannes, *Dalmacio Vélez-Sarsfield* (1800-1875)[276]. Dieser verfasste den Código Civil in nicht einmal fünf Jahren. Dabei stützte er sich auf eine Vielzahl von Rechtsquellen und juristische Schriften: Alle damals bekannten Gesetzbücher, insbesondere der Code Civil und der Civil Code von Louisiana, der Código Civil von Chile, das ABGB, die italienischen Gesetzbücher, der spanische Entwurf von *Garcia Goyena* aus dem Jahre 1851 und der brasilianische Entwurf von *Teixeira de Freitas*. *Savigny* studierte der Kodifikator in der französischen Übersetzung des Systems des heutigen römischen Rechts (Traité de droit romain, Paris 1840-1851), unter den französischen Schriften folgte er insbesondere der 3. Auflage des *Cours de Droit Civil Français* von *Aubry/Rau*, aber auch *Troplong*. In 799 Artikeln wird direkt die Lösung der justinianischen Quellen übernommen. Über die Vorgangsweise von *Vélez-Sarsfield* sind wir besser informiert als über alle anderen Kodifikationen, da er selbst in Erklärungen *(notas)* zu jedem Artikel diejenigen Quellen anführte, die er verwendet hatte[277]. Auch der argentinische Código Civil besteht aus vier Büchern: Buch I: Personenrecht und Familienrecht, Buch II: Über die persönlichen Rechte im Zusammenhang mit den bürgerlichen Verhältnissen. Dieses Buch ist sehr allgemein gehalten, beinhaltet Bestimmungen zur Rechtsgeschäftslehre, zur Begründung und dem Untergang von obligatorischen Beziehungen, allgemeine Vertragsbestimmungen und die besonderen Verträge, Buch III: Dingliche Rechte, Buch IV: Gemeinsame Bestimmungen dinglicher und persönlicher Rechte. Hier findet man insbesondere das Erbrecht, Gläubigermehrheiten und Verjährungen. Das Gesetzbuch besteht aus 4051 Artikeln. Das argentinische Gesetzbuch galt in Paraguay von 1876 bis 1985.

4. Im Jahre 1870 wurde für den Bundesdistrikt von Mexiko und das Territorium von Baja California ein Código Civil erlassen[278], der in der Folgezeit von fast allen mexikanischen Bundesstaaten übernommen wurde. Er lehnte sich stark an den Entwurf eines spanischen Zivilgesetzbuches von *Garcia Goyena*, den

---

275 *Guzmán Brito* 402.

276 *Guzmán Brito* 441; *V. Tau Anzoategui*, La codificación en Argentina (Buenos Aires 1977); *U. Salerno*, Argentine, in Travaux Capitant 44 (1993) 121; *M. Rosti*, L'evoluzione giuridica dell'Argentina indipendente (Milano 1994).

277 Dazu *J. Cabral Texo*, Historia del Código Civil Argentino (Buenos Aires 1929).

278 *R. Batiza*, Los origines de la codificación en el derecho mexicano (Mexico 1982); *Guzmán Brito* 430 und 515.

Code Civil, die französischen Rechtswissenschaft von *Domat*, *Pothier*, *Touillier* bis *Troplong*, sowie das portugiesische Zivilgesetzbuch von 1867 an. Er bestand aus 4126Artikeln. Im Jahre 1932 ersetze ein neuer, nur mehr aus 3044 Artikeln bestehender, aber zutiefst in der mexikanischen Tradition verwurzelter Código Civil für den Bundesdistrikt und die Bundesterritorien das bisherige Gesetzbuch.[279]. Als Besonderheit des mexikanischen Rechts bleibt festzuhalten, dass der Código eigentlich nur für den Bundesdistrikt, also die Hauptstadt Ciudad de Mejico und zwei Territorien gilt, dass aber die übrigen 28 Bundesstaaten ihre eigenen Códigos nach dem des Bundesdistriktes erlassen. Das Höchstgericht *Amparo* wendet in letzter Instanz nur den Código Civil des Bundesdistriktes an. Die jüngste Kodifikation in Guatemala aus dem Jahre 1964 ist ihrerseits der mexikanischen verbunden[280].

5. Nachdem der bedeutende Jurist *A. Teixeira de Freitas* (1816-1883)[281] nach jahrzehntelangen Vorarbeiten mit seinem Entwurf (Esboco), der in den Jahren 1865-1869 vorgestellt worden war und der immerhin aus 4908 Artikeln bestanden hatte, gescheitert war[282], gebührt *Clovis Bevilaqua* (1860-1944), seines Zeichens Professor für Rechtsvergleichung, der Verdienst der aus nunmehr 1793 Artikeln bestehenden Endfassung des brasilianischen Rechtes[283]. *Bevilaqua* stützte sich dabei auf den Code Civil, den Código Civil Portugals, das brasilianische Gewohnheitsrecht, das vielfach auf dem vor der Kodifikation in Portugal geltenden portugiesischen Recht beruhte, sowie die Lehren der Historischen Schule, insbesondere die Schriften *Savignys* und *Bluntschlis*. *Bevilaqua* hat sich auch mit den Lehren des Nationalökonomen *Menger* intensiv auseinandergesetzt. Was Aufbau und Systematik anbelangt, so orientierte sich der Código Civil bereits am BGB, was insbesondere im allgemeinen Teil zum Ausdruck kommt. Der

279 Der Aufbau des Gesetzbuches mutet ungewöhnlich an: Auf einführende Bestimmungen (Art 1-21) folgen die Bestimmungen zu den Personen (Art 22-746), den Gütern (Art 747-1181), zum Erbrecht (Art 1281-1791) und den Obligationen (Art 1792-3074).

280 *Guzmán Brito* 521.

281 *Guzmán Brito* 494; *S. Meira*, Teixeira de Freitas o jurisconsulto do imperio, (Brasilia 1983).

282 Er hat allerdings wesentlich das uruguayanische Gesetzbuch von 1868 mitgeprägt: dazu *Guzmán Brito* 458.

283 *Bevilaqua* hatte seine akademische Laufbahn als Professor für Philosophie begonnen und war mehrmals politischer Amtsträger. Vgl *J. C. Moreira Alves*, O centenario do projeto de Código Civil de Clovis Bevilaqua; *Bevilaqua* selbst hat den Problemen der Kodifikation eine theoretische Abhandlung gewidmet: O problema de la codificacao do Direito Brasileiro, in Revista Academica da Faculdade do Direito de Recife VI (1896) 3. An der Endfassung arbeitete *Bevilaqua* von März bis Oktober 1899. Vgl *S. Meira*, Clovis Bevilaqua. Sua vida. Sua obra (Fortaleza 1990).

Código besteht aus Einführungsbestimmungen, einem Allgemeinen Teil und einem Besonderen Teil, insgesamt aus 1973 Artikeln. Im Allgemeinen Teil finden sich Bestimmungen zu den Personen und Gütern sowie zur Entstehung und dem Erlöschen von Rechten. Der Besondere Teil besteht aus den Bestimmungen zu den Obligationen, den dinglichen Rechten, dem Familienrecht und dem Erbrecht. Der Kodifikator selbst verfasste den ersten Kommentar zum Gesetzbuch[284]. Am 10. Januar 2002 beschloss das brasilianische Parlament einen Neuen Codigo Civil, der sich grundlegend an den vorangegangenen hält, ihn aber modernisiert und ihn in vielen Bereichen durch Einfügung von Teilreformen wieder komplett macht. Der Codigo trat am 10. Januar 2003 in Kraft. Das Gesetzbuch besteht aus einem Allgemeinen Teil (parte geral) mit drei Büchern : Personen (*Pessoas*) Artt. 1-78), Güter (*Bens*) Artt. 79-103, Rechtlich relevante Vorgänge (*Fatos juridicos*) Artt. 104-232 darunter das Rechtsgeschäft : *negocio juridico*)Artt. 104-184 und einem besonderen Teil (*parte especial*) mit fünf Büchern: Obligationenrecht (*direito de las obrigacoes*) Artt. 233-965 (ab Art. 481 Kauf *compra y venda*), Unternehmensrecht (*direito de empresa*) Artt. 966- 1195, Sachenrecht (*direito de coisas*) Artt. 1196-1510, Familienrecht (*direito de familia*) Artt. 1511-1783 und Erbrecht (*direito de sucessoes*) Artt. 1784-1990. Es folgt ein letztes Buch mit allgemeinen und Übergangsbestimmungen. Das bemerkenswerte, dogmatisch streng durchdachte und sprachlich exzellent, wenn auch extrem juristisch-technisch, formulierte Gesetzbuch findet sein Auskommen mit insgesamt 2046 Artikeln. Der prononcierte AT mit der Rechtsgeschäftslehre verweist auf die durchaus engen Beziehungen zur deutschen Rechtswissenschaft und dem BGB. Was die Eigentumsübertragung an beweglichen Sachen anbelangt, so hat der Codigo das Prinzip von titulus und modus gewählt, setzt somit die *tradicao* (Übergabe) als zwangsläufige Voraussetzung fest (Artt. 1267 1268)

6. Als besonders kodifikationsfreudig erwiesen sich die Venezolaner[285]. Sie brachten es auf insgesamt 10 Zivilgesetzbücher, von denen das letzte 1982 in Kraft trat. Während das erste Gesetzbuch aus dem Jahre 1862 im wesentlichen dem chilenischen entsprach, führte die Reform anlässlich des 3. Código Civil von 1873 zu einer Hinwendung zur italienischen Rechtskultur und dem Codice Civile von 1865. Die seither erfolgten Neuerungen waren vielfach Wiederverlautbarungen, wobei insbesondere der 9. Código aus dem Jahre 1942 italienische Reformbestrebungen, insbesondere auf Grund des gemeinsamen französisch-italienischen Obligationenrechtsprojektes, berücksichtigte. Während Venezuela schon seit langem dem italienischen Zivilrecht nahe stand, trat 1975 ein weiteres Land in die Sphäre dieser Rechtskultur: Bolivien. Sieht man von formalen Änderungen

284 *Bevilaqua*, Código Civil dos Estados Unidos do Brasil Comentado.
285 *Guzmán Brito* 406, 472 und 513.

ab, so entspricht der Código Civil von 1975 in allen wichtigen Bereichen dem Codice Civile von 1942[286]. Auch das neue Zivilgesetzbuch von Paraguay, das 1987 in Kraft trat, griff in manchen Bereichen unter Beibehaltung der ursprünglichen argentinischen Lösungen auf den Codice Civile von 1942 zurück.[287]

7. Auch die spanische Kodifikation von 1889 lebt heute noch in Lateinamerika fort. Wenn auch Kuba[288] das spanische Zivilgesetzbuch 1987 durch ein neues sozialistischer Prägung ersetzt hat, so bleibt der spanische Código Civil doch geltendes Recht in Puerto Rico. Die Zivilgesetzbücher von Nicaragua (1904)[289] und Panama (1916)[290] sind vom spanischen Gesetz bestimmt.

8. Das neue peruanische Gesetzbuch von 1984 stellt eine Überarbeitung und Erneuerung des Código Civil von 1936 dar. Als Vorbilder dienten damals das schweizerische ZGB und das OR[291].

Eine eigentümliche Sonderstellung nimmt schließlich der Código Civil von Costa Rica[292] aus dem Jahre 1886 ein. Er besteht lediglich aus 1410 Artikeln. Im wesentlichen befindet er sich im Banne der französischen Rechtskultur, der Kodifikator *A. Cruz* hat sich in den meisten Belangen an den Cours de droit civil français von *Aubry/Rau* gehalten sowie den spanischen Entwurf von *Garcia Goyena* berücksichtigt.

9. Auf Grund dieser überblicksartigen Darstellung ergibt sich ein für den Rechtsvergleicher überaus interessantes Bild: Zahlreiche Einflüsse, das Wandern von Vorbildern, Elementen und bestimmenden Faktoren können untersucht werden. Auch das Verschmelzen verschiedenster Einflüsse sei es aus Amerika selbst, sei es von den wichtigsten europäischern Rechtskulturen kann beobachtet werden. Nicht bloß die Gesetzgebung, sondern gerade auch die Rechtswissenschaft der verschiedenen Vorbilder wurde von den lateinamerikanischen Gesetzgebern intensiv bearbeitet und herangezogen. Diese Umstände führten zu einer außergewöhnlichen Dynamik der lateinamerikanischen Rechtsordnungen. Die Aufgeschlossenheit anderen juristischen Realitäten gegenüber führte zu bemerkenswerten Ergebnissen eines positiven Eklektizismus. Die allgemeine Dynamik führte weiters dazu, dass vielfach keine Scheu vor Neuerungen bestand und dass man durchaus bereit war, immer wieder zu erneuten Kodifikationen zu schreiten. Auch heute blicken die lateinamerikanischen Juristen nach Frankreich, Deutschland, Spanien, Portugal und Italien. Dies bedeutet aber nicht, dass gerade in den

---

286 *Guzmán Brito* 522.
287 *Guzmán Brito* 526.
288 *Guzmán Brito* 528.
289 *Guzmán Brito* 469.
290 *Guzmán Brito* 489.
291 *Guzmán Brito* 518 und 524.
292 *Guzmán Brito* 467.

größeren Staaten wie Chile, Argentinien, Brasilien, Kolumbien und Mexiko nicht exzellente Juristen in Rechtsprechung und Rechtswissenschaft tätig sind. Der Einfluss insbesondere des nordamerikanischen *common law* ist nicht größer als auf dem europäischen Kontinent, so dass man zweifelsfrei behaupten kann, dass alle hier erwähnten Rechtsordnungen dem römischrechtlichen Rechtskreis zuzurechnen sind.

§ 21 Die Reformstaaten Mittel- und Osteuropas

Literatur: *Csizmadia/Kovacs*, Die Entwicklung des Zivilrechts in Mitteleuropa (1848-1944) (Budapest 1970); *Eminescu/Popescu*, Les Codes Civils des Pays Socialistes (1980); *G. Ajani*, Fonti e modelli nel diritto dell'Europa orientale (1993); *Benacchio*, La circolazione dei modelli giuridici tra gli Slavi del sud (1995); *G.Ajani*, Il modello postsocialita (Torino 1997).

1. Nach dem Zusammenbruch der russisch-kommunistischen Herrschaft in Mittel- und Osteuropa und der Übernahme westlicher Wirtschaftsprinzipien stellte sich allerorts die Frage nach den zivilrechtlichen Rahmenbedingungen. Für jene Staaten, die vor der kommunistischen Machtübernahme über privatrechtliche Gesetze oder sogar Gesetzbücher verfügt hatten bot sich zumindest ein Anknüpfen an früheres Recht und Rechtskultur an. Im allgemeinen kann man davon ausgehen, dass das Römische Recht in sehr unterschiedlicher Weise rezipiert worden war[293], am stärksten in denjenigen Gebieten, die ursprünglich zum Römischen Reich deutscher Nation und später bis 1918 zu Österreich zählten: Böhmen und Slowenien. Zu den Rezeptionsgebieten müssen auch Polen und Ungarn gezählt werden, sowie die ungarischen und venezianischen Gebiete von Kroatien. Viel geringer waren die Übernahmen römischrechtlicher Einrichtungen in jenen Ländern, die der griechischen Kirche und Kultur anhingen, wie Rußland, Ukraine, Rumänien, Bulgarien, Serbien. Hinzukam eine Jahrhunderte währende türkische Fremdherrschaft. Allen Ländern ist aber gemeinsam die Beschäftigung mit der französischen und deutschen Rechtskultur des 19. Jhdts

2. In Polen[294], das erst 1919 wieder seine staatliche Unabhängigkeit wiedererreichte, galt in den preußischen Gebieten das BGB, in den österreichischen das ABGB, im Königreich Polen (Kongresspolen: Personalunion mit Rußland) der Code Civil. Die Juristenausbildung war römischrechtlich bestimmt, bereits im vorigen Jahrhundert gab es an der Universität Warschau Lehrstühle für französisches Recht und so nimmt es nicht Wunder, dass das Obligationenrecht von 1934 sowohl auf das BGB wie auch auf den Code Civil, aber auch auf das Schweizer OR zurückgeht. Kurz nach dem 2. Weltkrieg wurden auch für die übrigen Bereiche des bürgerlichen Rechtes Gesetze in Kraft gesetzt, die aus den Vorarbeiten der Kommissionen aus der Zwischenkriegszeit stammen. 1964 trat ein neues Zivilgesetzbuch in Kraft, das in knapper Form (1088 Artikel) auf abstrakte Weise den gesamten zivilrechtlichen Stoff mit Ausnahme des Familienrechtes regelt.

---

293 *Sacco*, Il substrato romanistico del diritto civile dei paesi socialisti, RDC 1969, 115.

294 Vgl den hervorragenden Überblick von *Poczobut*, Reform des polnischen Zivilrechts, ZEuP 1999, 75.; *Liebscher/Zoll*, Einführung in das polnische Recht (München 2005).

Trotz des besonderen historischen Zeitpunktes ist das ZGB von 1964 in vieler Hinsicht ein Kind der historischen Schule. Es ist in vier Bücher eingeteilt: Allgemeiner Teil, Eigentum und dingliche Rechte, Schuldrecht, Erbrecht. Neben den primären sozialistischen Instituten wurde vielfach auch an den überkommenen Einrichtungen festgehalten. In den Jahren seit 1989 wurde das ZGB zahlreichen Reformen unterzogen, die allesamt zum Ziel hatten, sozialistisches Rechtsdenken zu eliminieren und jene Rechtsgrundsätze wiederzuverankern, die auf die gemeinsame romanistische Tradition zurückgehen. 1996 wurde eine Kodifikationskommission des Zivilrechtes, die dem Justizminister unterstellt ist, eingesetzt. Bisher wurden insbesondere die dem Verbraucherschutz dienenden Richtlinien der EU in das nationale Recht übergeführt, und zwar zumeist auf dem Wege der Einfügung in das ZGB.

3. Ungarn erlebte im 19. Jhdt eine besonders tiefe Beschäftigung mit der historischen Schule. 1900, 1911-1915 und 1928 wurden Kodifikationsentwürfe, die dieser Richtung in besonderer Weise verpflichtet waren, vorgestellt. Zwar erlangten sie nie Gesetzeskraft, dienten der Praxis aber als Leitlinien.[295] Vieles von diesem Gedankengut floss auch in das ZGB von 1959, das zwar die Grundprinzipien des sozialistischen Rechtes kodifizierte, sich aber gerade wegen dem Festhalten an Althergebrachtem als erneuerungsfähig und reformierbar erwies. Seit 1978 und in verstärktem Ausmaße seit 1990 erfolgten Anpassungen an die veränderten politischen und ökonomischen Verhältnisse.[296]

4. Die Entwicklung des Zivilrechts in den balkanischen Staaten war sehr stark geprägt von einer sehr wechselhaften politischen Lage. Zu nennen wären die Zivilgesetzbücher Serbiens von 1844 und Montenegros von 1888. Beide Gesetzbücher weisen Nähen zur österreichischen Rechtskultur auf, wiewohl auch auf dem Balkan durchaus französisches Rechtsdenken an Einfluss gewann. Der serbische Kodifikator *Hadzic* hielt sich im Bereiche des Sachen- und Schuldrechtes im wesentlichen an das ABGB, der montenegrinische Kodifikator *Bogisic* war Professor in Österreich gewesen. Das montenegrinische ZGB gilt neben dem Code Civil, dem ABGB und dem BGB als bedeutende selbstständige kodifikatorische Schöpfung im Rahmen der europäischen Rechtsentwicklung. *Bogisic*, der der soziologischen Betrachtung des Rechtes anhing, schuf ein besonders volksnahes, allgemein verständliches Gesetzbuch, das sowohl der Abstraktion wie auch der Kasuistik abhold war und über Generalklauseln dem richterlichen Ermessen in Bezug auf die Fallgerechtigkeit genügend Raum zukommen ließ. Die staatliche Vereinigung der südslawischen Völker 1918 unter serbischer Führung führte zu

295 *Almasi*, Ungarisches Privatrecht (Berlin 1922/23).
296 *A. Harmathy* (Hrsg), Introduction to Hungarian Law (Den Haag – London – Boston 1998).

keiner Gesamtkodifikation, auch die kommunistischen Machthaber zogen eine Einzelgesetzgebung vor, wobei zu beachten ist, dass wichtige Gebiete des Familienrechtes und des Erbrechtes in die Gesetzgebungskompetenz der Bundesstaaten fielen. Die Republik Jugoslawien erließ erst 1978 ein Obligationenrecht und 1980 ein stark dem sozialistischen Denken verhaftetes Sachenrecht. In Slowenien[297] war das ABGB zwar 1941 außer Kraft getreten, aber in Bereichen, in denen der neue Gesetzgeber keine Lösung vorgeschrieben hatte blieb das ABGB als so genannte Rechtsregel in Kraft. Eine Renaissance auch in der praktischen Wirklichkeit erfuhr das österreichische Recht mit dem Beginn der slowenischen Eigenstaatlichkeit, da etwa im Bereiche des Obligationenrechts Schenkung, Leihe und Gesellschaftsvertrag nicht geregelt waren, im Bereich des Sachenrechts die persönlichen Dienstbarkeiten. Inzwischen gibt es konkrete Bestrebungen, über die Aufnahme der EU-Richtlinien hinaus eine neue Kodifikation des Zivilrechtes durchzuführen. Auch in Kroatien setzten Reformbestrebungen ein, die zu Teilkodifikationen führten[298]

5. In Russland erfolgte 1832 die Publikation einer umfassenden Sammlung von Normen durch den Grafen Speranskij. Die etwa 42.000 Artikel wurden 1835 als *Svod Zakonov* in 15 Bänden als gesetzliche Grundlage für das russische Reich in Kraft gesetzt. Der 10. Band ist dem Zivilrecht gewidmet. Die Abstammung vom Code Napoleon ist unverkennbar, auch wenn einer der Grundsätze der napoleonischen Gesetzgebung, die zivilrechtliche Gleichheit der Bürger, mitnichten galt. 1864 wurde eine Zivilprozessordnung nach französischem Muster in Kraft gesetzt. Noch vor dem I. Weltkrieg war man bemüht, ein neues allgemeines Zivilrecht, in dem französische, deutsche[299] (pandektistische) und einheimische Wurzeln verarbeitet wurden, fertig zu stellen. Vor allem über die Akademie der Wissenschaften gelangte die deutsche Rechtswissenschaft nach Russland. Bereits 1887 war auf Betreiben des berühmten Pandektenlehrers *H. Dernburg* in Berlin das russische Seminar für Römisches Recht begründet worden. Über die gezielte Ausbildung russischer Juristen sowie die Übersetzung von Pandektenlehrbüchern in die russische Sprache erfolgte die Weitergabe deutscher Rechtskultur. In Rußland selbst wurde Römisches Recht als allgemeine Einführung in die Zivilistik gelehrt. 1908 konnte das neue ZGB (*graždanskoje uloženie*) vorgestellt werden. Es trat aber nie in Kraft, wurde jedoch von den kommunistischen Machthabern bei ihrem ersten Gesetzgebungsprogramm 1922 herangezogen. 1964 trat ein auf das stärkste sozialistisch geprägtes ZGB in Kraft. Sofern klassi-

---

297 *Trstenjak*, Zivilrecht in Slowenien, ZEuP 2000, 77.

298 Vgl. Die ausgezeichnete Einführung von *N. Cavella/T. Boric*, Sachenrecht in Kroatien (2000).

299 *Ajani*, Alcuni esempi di circolazione di modelli romano-germanici nella Russia imperiale, in: Scritti in memoria di G. Gorla II (1994) 963.

sches Privatrecht geregelt ist, folgt es dem Aufbau der Pandektenlehrbücher. Nach dem Ende der Sowjetunion ließen die marktwirtschaftlichen Notwendigkeiten auch in Rußland eine rasche Neuordnung des Zivilrechts für nötig erscheinen. 1995 trat der erste Band[300] des neuen russischen ZGB in Kraft, 1996 der zweite Band[301]. Das erste Buch besteht aus 453 Artikeln und ist als detailreicher Allgemeiner Teil konzipiert. Die allgemeinen Bestimmungen betreffen das Personenrecht, das Eigentum und das Schuldrecht. Das 2.Buch besteht aus 656 Artikeln und regelt so wichtige Bereiche wie: Kauf, Miete, Werkvertrag, Darlehen und Geldgeschäfte, Transportverträge, Verwahrung, Schenkung, Auftrag, Gesellschaft, Versicherungsvertrag, Deliktische Haftung und Bereicherungsrecht. Im Bereiche des Kaufrechtes hat man Wert darauf gelegt, die einschlägigen Bestimmungen des Wiener Kaufrechtsübereinkommens der UNO zu berücksichtigen. Außerdem wurden zahlreiche Bestimmungen zum Schutze des Verbrauchers eingeführt. Im Bereiche der deliktischen Haftung wird im Wesentlichen eine verschuldensabhängige Haftung statuiert. Das Gesetz kennt aber auch bei gefährlichen Sachen die Gefährdungshaftung. Immaterielle Schäden werden bei Gesundheitsverletzungen anerkannt.

Der russische Gesetzgeber konnte einerseits aus der eigenen Geschichte schöpfen, zum anderen auf die wichtigen europäischen Kodifikationen zurückgreifen, nicht zuletzt auf die niederländische. Das Produkt ist zweifelsfrei den kontinentalen Rechten in der Tradition des römischen Rechts zuzuzählen.

5. Bereits vor dem Zusammenbruch des kommunistischen Regimes hatte Ungarn eine Reform im Bereich des Zivilrechtes gewagt (1977). Dieses in vieler Hinsicht in der ungarischen Rechtstradition und damit im Bereiche des römischen Rechtes stehende Gesetzbuch konnte mit relativ wenigen Anpassungen 1991 für das neue politische und gesellschaftliche System adaptiert werde. Auch das tschechische Gesetzbuch von 1964 wurde 1992 nicht durch ein neues ersetzt, sondern lediglich durch Reformgesetze adaptiert. Zugleich wurde ein Handelsgesetzbuch eingeführt. Beide Länder sind dem kontinentalen Rechtskreis zuzuzählen.

6. Verschiedene Lösungen fanden die baltischen Staaten[302], in Estland wurden z. T. unter deutscher wissenschaftlicher Beratung (Schlechtriem) Teilkodifikationen durchgeführt, wobei das hervorragende auf internationalen Vergleichen beruhende Obligationenrecht am 1. 7. 2002 in Kraft trat. In Lettland wurde das

---

300 *Solotych*, Das Zivilgesetzbuch der russischen Föderation, 1.Teil (1996); *Sadikov*, Das neue Zivilgesetzbuch Rußlands, ZEuP 1996, 258.

301 *Sadikov*, Das zweite Buch des neuen Zivilgesetzbuches Rußlands, ZEuP 2000, 903.

302 *N. Reich*, Stichtag 1. 5. 2004: Eine erweiterte Union auch ein erweitertes europäisches Zivilrecht. Zur Rolle der baltischen Privatrechtssysteme in der EU, in: ZEuP 12 (2004) 449ff.

ZGB von 1937 wieder in Kraft gesetzt und in Litauen[303] trat am 1.7. 2001 eine Gesamtkodifikation des Zivilrechtes in Kraft: Sie besteht aus einem Allgemeinen Teil (1.1-139), dem Personenrecht (2.1-2.185), dem Familienrecht (3.1-ä3.314), dem Sachenrecht (4. 1-4.262), dem Erbrecht (5.1.-5.76) und dem Schuldrecht (6.1-6. 1018) somit insgesamt 1994 Artikeln. In Litauen galt vor 1940 in Teilen (Klaipeda/Memel) das BGB, in Teilen der Code Civil. Seit dem Mittelalter ist der Einfluss des römischen rechtes in Litauen sehr groß gewesen. Das neue Gesetzbuch beruht auf der deutschen, französischen und einheimischen Tradition unter Berücksichtigung moderner Entwicklungen des EU Rechtes und der Niederlande. Es handelt sich allemal um einen zutiefst der römischrechtlichen Tradition verbundene Kodifikation.

---

303 *V. Mizaras/ V. Nekrosius*, Zivil- und Zivilprozessrecht in Litauen, in: ZEuP 10 (2002) 466ff.

§ 22 Die Mixed Legal Systems im Überblick

Literatur: *E. Örücü/E. Attwool/S. Coyle* (Hrsg), Studies in Legal Systems: Mixed and Mixing (1996); *M.Reimann,* Towards a European Civil Code: Why Continental Jurists should consult their Transatlantic Colleagues, TLR 73 (1999) 1341.

Spricht man von Mischsystemen, so denkt man innerhalb der europäischen Rechtsordnungen an solche, in denen sich Elemente des kontinentalen Rechtes mit solchen des *Common Law* verbinden. Da in allen diesen Rechtsordnungen die englische Sprache eine entweder dominierende oder zumindest eine sehr wichtige Rolle einnimmt, scheint mir die Beibehaltung des englischen Begriffes durchaus gerechtfertigt zu sein. Außer Schottland, Malta und Zypern befinden sich allesamt nicht in Europa: Die wichtigsten sind neben den bereits genannten Südafrika, Québec, Louisiana, Puerto Rico, Philippinen, Ceylon, Mauritius, Seychellen und Israel.

I. Schottland

Literatur: *D. M. Walker*, Principles of Scottish Private Law (Oxford 1988); *D. M. Walker*, The Scottish Legal System 8. Aufl. (2001); *R. S. Shiels* Scottish Legal System 2. Aufl. (2003)*M. C. Meston*, Scots Law Today, in *Styles* (ed), The Scottish Legal Tradition (Edinburgh 1991); *R. Zimmermann/J. A. Dieckmann*, Das schottische Privatrecht im Spiegel seiner Literatur, ZEuP 1995, 898; *D. L. Carey Miller/R. Zimmemann* (ed), The Civilian Tradition and Scotland, Aberdeen Quincentenary Essays (1997); *A. Mc Allister/ T. G. Guthrie,* Scottish Property Law (Edinburgh 1992); *J. Viscount of Stair* Memorial Encyclopaedia, Edinburgh 1988 – 1996; *D. M. Walker* (ed), J. Viscount of Stair, Institutions of the Law of Scotland (Edinburgh – Glasgow 1981); *L. Riegler*, Ein Europäischer Liegenschaftsvertrag (Wien 1999); *R. Evans-Jone*, Receptions of Law, Mixed Legal Systems and the Myth of the Genius of Scots Private Law, LQR 114 (1998) 228; zur schottischen Rechtsgeschichte vgl insbesondere auch *J. Cairns*, The Civil Law Tradition in Scottish Legal Thought, in *Carey Miller/Zimmermann*, Civilian Tradition 211; *K. Reid/R. Zimmermann*, A History of Private Law in Scotland, 2 Bde.(Oxford 2000)

1. In der schottischen Privatrechtsordnung wurden Elemente des *Common Law* und der kontinentalen Rechte verschmolzen. Schottland ist seit Jahrhunderten vom bald friedlichen, bald konfliktbeladenen Zusammenleben mit England bestimmt. Diese Koexistenz wurde 1707 durch den *Act of Union* institutionalisiert. Das bedeutete das Ende der schottischen Eigenstaatlichkeit und die Auflösung des schottischen Parlaments. Dieses wurde erst 1999 wiedereröffnet. Seit den Tagen des 100jährigen Krieges (im 14. und 15. Jhdt) hatten die Schotten versucht, durch enge Beziehungen zu Englands größtem Widersacher, nämlich Frankreich, die Eigenstaatlichkeit zu bewahren. Dadurch unterhielt Schottland auch enge kulturelle Kontakte zum Kontinent. Studenten der Rechtswissenschaft begaben sich nicht etwa nach England, sondern nach Frankreich, in die Niederlande und sogar nach Deutschland, um dort im Römischen Recht in der Form des *ius commune* ausgebildet zu werden. Besonderer Beliebtheit erfreute sich im 16. und 17. Jahrhundert die Universität Leiden. Schon früher hatte die Elite des Landes versucht, auch auf dem Wege von Universitätsgründungen dem Römischen Recht Eingang zu verschaffen. So hatte der Gründer der Universität von Aberdeen 1495 (damals *King's College*), Bischof William Elphinstone (1431 – 1514) in Orléans, der damals vielleicht führenden französischen Juristenfakultät, Zivilrecht studiert. Zahlreiche Juristen betätigten sich schriftstellerisch: sie alle folgten systematisch den Darstellungen des Römischen Rechts (*Institutional Writers*, vgl The Institutes of the Law of Scotland des Viscount of Stair von 1681). Das Ende des schottischen Parlaments bedeutete zum einen, dass es keine eigenständige Gesetzgebung mehr gab, zum anderen, dass das *House of Lords* auch zum schottischen Höchstgericht wurde.

2. Seit 1999 ist jedoch alles anders, eine eigenständige schottische Zivilgesetzgebung kann jederzeit in Angriff genommen werden. Die Universitäten, das *Scottish Law Institute* und auch viele Praktiker haben seit Jahrzehnten die Eigenständigkeit schottischen Rechts betont. Damit kann ab jetzt auch eine Kodifikation einzelner Rechtsbereiche nicht mehr ausgeschlossen werden. Das Gesetz ist dort, wo es existiert, primäre Rechtsquelle. Gerade in letzter Zeit wurden dabei immer schottische Eigenheiten in den Vordergrund gestellt, so der *Contract (Scotland) Act 1997.* Höhepunkt der Rezeption des englischen Rechts bildete 1893 der *Sale of Goods Act* (Warenkaufgesetz), darin wurde auch für Schottland das Konsensprinzip bei der Eigentumsübertragung anstelle von *Titulus* und *Modus* (Besitzübertragung) verbindlich gemacht. Als Rechtsquelle gelten auch die *Institutional Writings.* Besondere Bedeutung kommt aber einem wesentlichen *Common Law* Element zu, der Bindungswirkung der Gerichtsurteile (*doctrine of stare decisis*). Erstgericht ist entweder die *Sheriff Court* (Einzelrichter *Sheriff* bzw *Sheriff Principal*) oder die *Court of Session* mit dem *Outer House (Lord Ordinary).* Die Berufungen gehen an das *Inner House* des *Court of Session*, wo die *Lords of Session* entscheiden. Jährlich gibt es 10 – 15 Berufungen von dieser Instanz an das *House of Lords*, diese hat nach schottischem Zivilrecht zu entscheiden. Den Entscheidungen des *Inner House* und des *House of Lords* kommt wichtige Bindungswirkung zu. Entscheidung des *House of Lords* in englischen Berufungssachen kommt in Schottland keine Bindungswirkung zu.

II. Südafrika

Literatur: *A. Joubert*, The Law of South Africa, seit 1976 in 15 (insgesamt 35 Bände bis 1995) Bänden und Supplementen; *Will's* Principles of South African Law (1996); *M. Kaser*, Das römische Recht in Südafrika, ZSSt, Romanistische Abteilung 81 (1964) 1; *R. Zimmermann*, Das römisch-holländische Recht in Südafrika (1993); *R. Zimmermann/D. Visser*, Southern Cross, Civil Law and Common Law in South Africa (Oxford 1996).

1. Als 1652 Jan van Riebeeck im Auftrag der so genannten Ostindischen Kompanie, einem Zusammenschluss holländischer Kaufleute und Bankiers zur Beherrschung des Handels nach Mittel- und Ostasien, eine Niederlassung am Kap der Guten Hoffnung gründete, konnte man schwer ahnen, dass in kürzester Zeit das Land am Kap fest in den Händen holländischer Siedler sein würde. Erst 1814 mussten die Niederlande endgültig auf diese ihre wohl wichtigste Kolonie verzichten. Noch heute wird von der Mehrheit der weißen Bevölkerung Südafrikas Afrikaans, eine altertümliche Form der niederländischen Sprache gesprochen. Die neuen Herren aus Großbritannien brachten ihrerseits Sprache und Rechtskultur mit. Bis zur Gründung der Südafrikanischen Union 1910, blieben die Gebiete am Kap unter britischer Herrschaft. Wenn es auch bisweilen zu heftigen Auseinandersetzungen zwischen britischen Herren und holländischen Siedlern kam (Burenkrieg am Ende des 19. Jhdts), so konnte das Recht der Holländer nicht einfach beseitigt werden. Dieses Recht ist im wesentlichen das im 18. Jahrhundert in Holland geltende Recht, das Römisch-Holländische Recht (*Roman-Dutch-Law*). Dabei spielen neben den Quellen des Römischen Rechts folgende Werke eine eminente Rolle: *H. Grotius*, Inleiding tot de hollandsche Rechtsgeleertheyt (1631), *J. Voet, Commentarius ad pandectas* (1698 – 1704), *S. van Leeuwen*, Roomsch-Hollandsch Recht (Het Rooms Hollands Regt) (1664), *Van Linden*, Koopmans Handboek (1806), *C. van Bynkershoek*, Observationes Tumultuariae (dabei handelt es sich um Entscheidungen des Holländischen *Hoge Raad* 1704-1787).

2. Über diese herausragenden Werke der holländischen Jurisprudenz gelangt der heutige südafrikanische Jurist unmittelbar zu den Quellen des Römischen Rechtes. Nach wie vor ist daher das Römische Recht im Privatrecht außerordentlich stark verankert, sowohl was die dinglichen Rechte wie auch was das Vertragsrecht anbelangt, sowie im Bereich von Delikt und Bereicherung. Das Eigentum an beweglichen Sachen wird auf Grund eines Vertrages und von Besitzübertragung (*traditio*) übertragen, an Liegenschaften erst nach Eintragung in ein Register (*Deeds Registers Act Nr.47/1937*) Im Bereich der Delikte wird nach wie vor die *actio legis Aquiliae* an die Seite der *actio iniuriarum* gestellt, und das Bereicherungsrecht ist von den Kondiktionen des römischen Rechtes beherrscht. Daneben gilt das System der englischen Gerichtsbarkeit, vor allem die Regel vom *stare decisis*, was somit zu einem *case-law-system* geführt hat. Alle Untergerichte sind an die Urteile der *Appellate Division* des *Superior Court* (bestehend aus einem *Chief Justice* und 10 Richtern) gebunden, die nächst höhere Instanz sind die *Provincial Divisions of Coordinate Jurisdictions*, darunter stehen die *Magistrates' Courts*. Seit 1950 gibt es keine Berufung mehr an das *Privy Council* in London. Auch die Tätigkeit des Gesetzgebers, zuerst des englischen und später des nationalen, muss berücksichtigt werden (publiziert in den *South African Law Reports*).

3. Lange Jahrzehnte war Südafrika von einer die schwarze Bevölkerung diskriminierenden Rassentrennung (*Apartheid*) beherrscht. Die Regierungen, die dieses System propagiert hatten, stützten sich in erster Linie auf das weiße Mehrheitsvolk, die zumeist holländisch-stämmigen Afrikaner. Nach dem Ende dieser historischen Epoche und dem Ausgleich der verschiedenen Bevölkerungsgruppen ist die Frage nach der Weiterentwicklung der Privatrechtsordnung durchaus legitim, insbesondere auch deshalb, weil im Gegensatz zur vorangegangenen Epoche nun die englische Sprache, die von der großen Mehrheit der schwarzen Bevölkerung als Umgangssprache vorgezogen wird, das Afrikaans weitgehend abgelöst hat. Im Augenblick deutet aber nichts daraufhin, dass sich die Privatrechtsordnung im Rahmen des beschriebenen *mixed-legal-system* grundlegend verändern sollte. Auch zuvor war die Rechtsordnung sprachenneutral, und zwar derart, dass das römisch-holländische Recht auch in englischer Sprache existierte und keineswegs nur das Recht der Afrikaander gewesen wäre. Diese lange Tradition der Eigenstaatlichkeit seit 1910 hat offenbar eine zumindest für alle Weißen akzeptable Rechtsordnung geschaffen. Wie es scheint, dürfte auch der Integrationsprozess der schwarzen Afrikaner derart zu verstehen sein, dass infolge der Industrialisierung und Modernisierung Südafrikas, eine andere, auf genuinen Xhosa oder Zulu Traditionen basierende Rechtsordnung schwer vorstellbar ist. Zu sehr befinden sich Südafrikas Bevölkerungsgruppen bereits in der Moderne. Dies ist auch der Eindruck, den südafrikanische Juristen augenblicklich vermitteln können. Sie bestätigen die Beständigkeit der Privatrechtsordnung in ihren wichtigsten Elementen, also der Beibehaltung des römisch-holländischen Rechtes in vielen Bereichen sowie des *Case Law* und die Bedeutung der Präzedentien als Rechtsquelle. Immer wieder wird allerdings darauf verwiesen, dass die Richter sehr genau prüfen, ob die Urteile im Einklang mit der neuen Verfassung stehen. Wichtig ist vor allem, dass innerhalb kurzer Zeit ein Juristenstand entsteht, der sich aus allen Bevölkerungsgruppen zusammensetzt.

4. Auch nach Sri Lanka, vormals Ceylon, brachten holländische Siedler das römisch-holländische Recht, so wie die Briten das *Common Law*. Im Gegensatz zu Südafrika bedeutete aber die Unabhängigkeit Sri Lankas eine Entfernung von den europäischen Rechten, besonders dem römisch-holländischen Recht, wenngleich im Vertrags- und Deliktsrecht nach wie vor Einflüsse festzustellen sind.

III. Louisiana und Puerto Rico

Literatur: Louisiana: *R. Batiza,* The Louisiana Civil Code of 1808: Ist Actual Sources and Present Relevance, TLR 1971, 4; *R. Batiza*, Origins of Modern Codification of the Civil Law: The French Experience and its Implications for Louisiana Law, TLR 56 (1982) 2/578; *J. Hood*, The History and Development of the Louisiana Civil Code, TLR 33 (1958) 7; *A. Lavasseur/S.Herman,* Louisiana, in Travaux Capitant 44 (1993) 649; *J. Zekoll*, Zwischen den Welten: Das Privatrecht von Louisiana als europäisch-amerikanische Mischrechtsordnung, in *R. Zimmermann* (Hrsg), Amerikanische Rechtskultur und Europäisches Privatrecht: Impressionen aus der Neuen Welt (1995); *V.V. Palmer*, Louisiana, Microcosm of a Mixed Jurisdiction (1999); Louisiana Civil Law Treatise Series bisher 18 Bände darunter A. *N. Yiannopoulos*, Property 2. Bd. (2001), sowie die Edition des Civil Code von *A. N. Yiannopoulos.*

Puerto Rico: *E. Vazquez Bote*, Tratado teorico, practico y critico de derecho privado portorriqueno (Oxford – New Hampshire ab 1991) (auf 20 Bände angelegt; der XX. behandelt die Rechtsprechung, der IV. setzt sich auch mit der Rechtsgeschäftslehre auseinander, der XIV. und XV. mit den Besonderheiten des Immobiliarregisters, Band VIII ist den dinglichen Rechten, Band IX den Verträgen vorbehalten, Band XI dem Familienrecht); *J. Velez Torres*, Curso de Derecho Civil, derecho de Sucesiones (San Juan 1995); *C. Irizarry Yunke*, Responsabilidad Civil Extracontractual (San Juan 2000).

Abschließend sei noch auf Louisiana und Puerto Rico hingewiesen, ersterer ein wirklicher Bundesstaat der USA, der zweite ein staatsrechtlich komplexes, mit den USA seit 1900 verbundenes Gebilde zwischen Bundesstaat und Territorium. Während in Louisiana infolge der langen Zugehörigkeit zu den USA die englische Sprache und auch die formellen Prinzipien des *Common Law* eine wichtige Rolle spielen, ist Puerto Rico der spanischen Kultur verhaftet geblieben, im übrigen galt dort, als die Amerikaner die Macht übernahmen, bereits der spanische Código Civil, der bis auf den heutigen Tag geltendes Recht auf der Insel geblieben ist. Die amerikanische Bundesgesetzgebung und die entsprechend angepasste Gesetzgebung Puerto Ricos haben das Gedankengut des *Common Law* auf vielfältige Weise einfließen lassen, was durch die Möglichkeit der Berufung an amerikanische Bundesgerichte nach der Kompetenz derselben verstärkt wurde. Insbesondere kann beobachtet werden, dass die Präjudizien in steigendem Ausmaße an Bedeutung gewinnen.

Louisiana, ursprünglich von französischen Siedlern in Besitz genommen, – es galten dort die *Coutumes* von Paris und das vom französischen Staat gesatzte Recht- gehörte seit 1769 der spanischen Krone. Französische Sprache und Kultur konnten sich aber erhalten. Nach einem kurzen Zwischenspiel 1800-1803, in dem die französische Herrschaft wiederhergestellt wurde, verkaufte Napoleon das Gebiet an die USA, 1812 kam es zur Errichtung des Bundesstaates Louisiana, dessen Parlament schon zuvor im Jahre 1806 die Kodifikation des Privatrechtes beschlossen und *L. Moreau-Lislet* die Erarbeitung eines Zivilgesetzbuches anvertraut hatte. Bereits 1808 war das aus 2160 Artikeln bestehende Gesetzbuch in französischer und später in englischer Fassung in Kraft getreten. In den zwanziger Jahren erfolgte unter maßgeblicher Beteiligung von *Moreau-Lislet* eine Überarbeitung und 1825 traten die Zivilgesetze als Civil Code in englischer und französischer Sprache in Kraft (3522 Artikel). 1870 erfolgte eine letzte, marginale Überarbeitung, die zur ausschließlich englischen Fassung des Civil Code führte, der bis auf den heutigen Tag das Privatrecht in diesem Bundesstaat bestimmt. Die Gesetzgeber haben sich zwar in vielen Belangen streng an das französische Recht und an den *Code Civil* und auch an den *projet* von 1800 gehalten, waren aber durchaus zu verschiedenen Lösungen in der Lage, wo das französische Recht keine entsprechende Vorschriften enthielt. *Moreau-Lislet* berücksichtigte weiters die Schriften von *Domat* und *Pothier*, sowie *Toullier*, auch die Rechtsquellen der spanischen Kolonien wurden nicht vernachlässigt. Das Gesetzbuch von Louisiana hat in beträchtlichem Ausmaße auf die lateinamerikanischen Kodifikationen gewirkt[304] Das 1. Buch ist den Personen gewidmet (24-447), das zweite „*The Things and the different Modification of Ownership* (Art. 448-856) und das dritte Buch " *The different Modes of Aquiring the Ownership of Things*" .

Zur Eigentumsübertragung heißt es in Art. 2456: *Ownership is transferred between the parties as soon as there is agreement on the thing and the price is fixed, even though the thing sold is not yet delivered nor the price paid*

Obwohl durch die amerikanische Bundesgesetzgebung, durch die Bundesrechtsprechung und durch einzelne innerstaatliche Gesetze, die sich an gesamtamerikanische Vorbilder anlehnen, der Einfluss des *Common Law* unbestritten ist, sind Louisianas Juristen besonders stolz auf das besondere kodifizierte Recht und der Wille ist zweifellos vorhanden, dieses nicht aufzugeben. Gerade an der prestigeträchtigen Tulane-University, aber auch an anderen Universitäten, wird die Tradition des kontinentalen Rechtes gepflegt, man versucht sogar die französische Rechtsliteratur ins Englische zu übersetzen (so etwa *Aubry /Rau*).

---

304 *Knütel*, Influences of The Louisiana Civil Code in Latin America, TLR 70 (1996) 1445.

IV. Der Inselstaat Malta[305]

Die Privatrechtsordnung Maltas ist durch zwei historische Faktoren bestimmt, die kulturelle enge Beziehung seit jeher zu Italien und die englische Herrschaft (1802 – 1964). Trotz dieser Herrschaft gab es zur Mitte des vorigen Jahrhunderts eine Kodifikationsbewegung, die auch zu einem bürgerlichen Gesetzbuch führte, das eindeutig vom *Code Civil* abhängt (1868-1873) und in vieler Hinsicht eine reine Übersetzung des napoleonischen Gesetzbuches ist. 1. Buch: *Of Persons* (Artt.2-306) 2. Buch 1. Teil *Of Rights over Things* Artt. 307-565), 2. Teil: *Of the Mode of Aquiring and Transmitting Property and other Rights over or Relating to Things* (Artt. 566-2160). Das Kaufrecht ist geregelt in Art. 1346-1484. Art. 1347 lautet: *A sale is completed between the parties and as regards the seller the property of the thing is transferred to the buyer, as soon as the thing and the price have been agreed upon, although the thing has not yet been delivered and the price paid and from that moment the thing itself remains at the risk and for the benefit of the buyer:* Die Ausbildung des maltesischen Juristenstandes hat zur Annäherung an das *Common Law* geführt. Die Gerichte (*Civil Court, Court of Appeal*) kennen zwar nicht die strenge Bindungswirkung, wohl aber eine de facto Anerkennung, somit spielen die *precedents* in der Praxis durchaus eine erhebliche Rolle.; dort wo im gesatzten Recht Lücken auftreten wird von der Rechtsprechung auf *Common Law* zurückgegriffen.

V. Die Seychellen

Zu den *mixed legal systems* ist auch das Recht der Seychellen[306] zu zählen. Die französischen Kolonialherren (1756-1814) hatten auch dorthin den *Code Civil* mitgebracht. Die Briten herrschten auf den Seychellen bis 1976. Besonders eng waren die Beziehungen zu Mauritius. Bis zur Unabhängigkeit ergingen die Berufungen zum Appellationsgericht nach Mauritius. Heute gibt es ein Mehrinstanzen-System mit *Court of Appeal* und *Supreme Court*, die dem *High Court* in England entspricht. Offizielle Sprachen sind Englisch und Französisch. Die Juristen werden zumeist in England ausgebildet (meistens zum *Barrister*), sie sind daher im *Common Law* geschult. In Geltung stand bis 1976 jedoch der *Code Ci-*

305 Dazu *P. Gallo*, Malta, in Digesto sez. civile XI^4 (Torino 1994); *J. M. G. Ganado*, The third year Lecture Notes in Civil Law (Malta University Press). Interessanterweise werden die italienischen zivilrechtlichen Lehr- und Handbücher, insbesondere zum Obligationenrecht verstärkt herangezogen.

306 *A. G. Chloros*, Codification in a mixed Jurisdiction (European Studies in Law 3) (Amsterdam – New York – Oxford 1977).

vil. Mit der Unabhängigkeit 1976 traten auch neue Gesetze in Kraft. Das neue bürgerliche Gesetzbuch ist eine Modernisierung des *Code Civil*; der Aufbau und die meisten Bestimmungen bis ins Detail wurden beibehalten, die authentische Version ist in englischer Sprache.

VI. Die Philippinen

Literatur: *Paras*, Civil Code of the Philippines Annotated I-V (1989-1990).

Die Jahrhunderte währende spanische Herrschaft auf den Philippinen (1565-1898) hinterließ auch in der Rechtskultur tiefe Spuren. 1889 wurde im Inselreich der Código Civil eingeführt, der auch während der folgenden bis nach dem 2. Weltkrieg anhaltenden amerikanischen Kolonialherrschaft nie abgeschafft wurde. In dieser Zeit gelangte amerikanischer Einfluss zum Tragen, wie die Übernahme von *Trust*-Formen oder das *Estoppel*-Prinzip. Im Jahre 1950 wurde ein neues Zivilgesetzbuch erlassen, das zwar im Bereiche des Familienrechtes lokale Elemente aufnimmt, ebenso wie *Common Law*-Behelfe aufscheinen, doch in einem sehr hohen Prozentsatz wurde einfach der Código Civil von 1889 weiterverwendet. Im Verfassungsrang steht die Bindungswirkung der Urteile der Supreme Court.

§ 23 Israel

Literatur: *C. Klein*, Le droit Israélien (Paris 1990); *A. Bin-Nun*, The Law of the State of Israel (Jerusalem 1992); Besonders interessant ist der von *A. M. Rabello* herausgegebene Sammelband: European Legal Traditions and Israel (Jerusalem 1994), darunter der Beitrag des Hrsg selbst: *Rabello*, An Introduction to the New Israeli Private Legislation: Harmonisation of Civil and Common Law; *ders*, Israeli Reports to the XIV. Congress of Comparative Law (Jerusalem 1994) 1 ff; *ders* (Hrsg), Essays on European Law and Israel (Jerusalem 1996); *Hausmaninger/Koziol/A. M. Rabello/I. Gilead* (Hrsg), Developments in Austrian and Israeli Private Law (Wien – New York 1999); *N.S. Hecht/B.S. Jackson/S. M. Passamaneck/D. Piattelli/A. M. Rabello*, An Introduction to the History and Sources of Jewish Law (Oxford 1996); *A. M. Rabello*, Introduzione al diritto ebraico (Milano 2003).

I. Die Grundlagen

1. Das Rechtssystem des Staates Israel ist ohne das tiefe Verständnis seiner prägenden Faktoren nicht zu erklären. Als wichtigsten möchte ich die Einheit des Volkes Israel im mosaischen Glauben und in der Tradition der jüdischen Rechtswelt[307] nennen. Hinzu kommen unterschiedlichste Erfahrungen der Einwanderer aus zahlreichen Ländern, sowie die lokale Rechtstradition in Palästina. Daraus ergibt sich eine historische und typologische Schichtenbildung der Rechtsordnung. Wichtig ist dabei die (Wechsel-)Beziehung zwischen religiösem und weltlichem Recht. Historisch gesehen gibt es durchaus noch Reste türkischer Rechtsvorschriften, die aus der Zeit vor 1922, dem Beginn der britischen Verwaltung, stammen, insbesondere die Majelle, die förmlich erst im Jahre 1984 abgeschafft wurden (Law of abrogation of Majelle, 1982). Die von der englischen Verwaltung erlassene Grundordnung (Palestine Order in Council 1922) statuierte im Art 46 die weitere Gültigkeit des osmanischen Rechts und betonte, dass für den Fall der Unanwendbarkeit oder einer Rechtslücke die Rechtsprechung in Konformität mit dem in England geltenden *Common Law* und den Regeln der Equity (*in cornformity with the substance of the Common Law and the doctrines of Equity in force in England at that time*) erfolgen sollte. Der *High Commissioner* erließ als Gesetzgeber *ordinances* (Verordnungen), die der englischen Gesetzgebung jener Zeit entsprachen. Im übrigen wurde die Gerichtsbarkeit von den Briten organisiert und ihren Grundsätzen unterworfen, insbesondere auch was die Regeln der *precedents* und die *Stare Decisis*-Lehre anbelangte. Im Bereiche des Familien- und Erbrecht galt das Personalitätsprinzip, insbesondere unter Beachtung der verschiedenen religiösen Vorschriften.

---

307 *I. Herzog*, The Main Institutions of Jewish Law (1980); *I. Englard*, Religious Law in the Israel Legal System (1975), *A. M. Rabello*, Diritto Ebraico (1995).

2. Nach der Gründung des Staates Israel 1949 führte der Aufbau einer eigenen Gerichtsbarkeit dazu, dass man sich die Frage stellte, ob denn die Urteile der englischen Gerichte[308] weiterhin bindende Wirkung hätten, was sehr bald (1955) verneint wurde

Zur Klärung der Vorgangsweise der Gerichtsbarkeit wurde schließlich 1980 der *Foundations of Law Act* beschlossen. Darin werden die Grundlagen festgehalten, nach denen die Richter zu entscheiden haben, nach Gesetz, nach Präjudizien oder *per analogiam* sowie nach den allgemeinen in der Tradition Israels begründeten Prinzipien [Freiheit, Gerechtigkeit, Billigkeit und Friede (Moreshet Israel)]. Da seit den sechziger Jahren eine intensive legislative Tätigkeit festgestellt werden konnte und somit in Teilbereichen des Privatrechts, wie bei Eigentum, Kauf, Miete, Bürgschaft, Versicherung, Trust, Bereicherungsrecht[309], Gesetzesrecht geschaffen wurde, entstand in zunehmenden Ausmaße eine Diskussion darüber, ob nicht doch das gesamte Zivilrecht der Einheitlichkeit willen einer Kodifikation zuzuführen ist[310]. Das deliktische Schadensrecht dagegen stammt noch aus der Zeit der englischen Administration und ist von den *torts* geprägt[311]. Auch dieser Bereich soll in die Kodifikation miteinbezogen werden. Ausgeschlossen bleiben dabei jedoch gewisse Bereiche des Familienrechts, die, wie Eheschließung oder Scheidung, den verschiedenen religiösen Anschauungen entsprechen sollen.

Keinen Zweifel gibt es in Israel aber darüber, dass den Urteilen des Höchstgerichts, also der Rechtsprechung, die Funktion einer Rechtsquelle zukommt. Die Urteile binden alle übrigen Gerichte, nicht aber das Höchstgericht selbst[312]. Die Gerichtsorganisation besteht aus Grundgerichten, District Courts in Jerusalem, Tel Aviv, Haifa, BeerSheva und einem Supreme Court.

Der Stil der Urteile (meritorische Entscheidungen) zeichnet sich vor allem durch intensive wissenschaftliche Beschäftigung mit der Tradition des jüdischen Volkes und Rechtes aus sowie unter rechtsvergleichenden Aspekten in besonderem Ausmaß mit dem *Common Law*.

---

308 *Cohavi v Baker* (1955), zitiert nach *U. Yadin*, Reception and Rejection of English Law in Israel, International and Comparative Law Quarterly 1962, 70.

309 *D. Friedmann*, Independent Development of Israeli Law, Israel Law Review 1975, 515.

310 *U. Yadin*, Israel's Codification an Outmoded Form of Legislation? in *Barak/Spanicz* (Hrsg), In Memoriam Uri Yadin (1990) 89.

311 Civil Wrongs Ordinance von 1947.

312 Vgl Art 20 Basic Law: Judicature 1984.

II. Die Kodifikation[313]

Wie stark kontinentaleuropäisches Gedankengut nach wie vor den Hintergrund prägt, beweist die Verdichtung der Diskussion rund um die Kodifikation[314]. Schließlich wurde eine eigene Kommission unter Vorsitz des Präsidenten des Höchstgerichts A. Barak eingesetzt mit dem Auftrag, ein Bürgerliches Gesetzbuch zu erstellen (mit Ausnahme des Familienrechts). Die Hauptkommission besteht aus 9 Professoren, wobei rechtsvergleichende Aspekte eine große Beachtung finden. Bei den Vorarbeiten wurden der Code Civil sowie das BGB, im besonderen aber wegen ihrer Stellung zwischen den beiden letztgenannten Kodifikationen der Codice Civile und das Schweizer Obligationenrecht, sowie der Uniform Commercial Code der USA herangezogen[315]. Auch die Arbeit der *Lando*-Kommission sowie die UNIDROIT-Prinzipien wurden nicht vernachlässigt. Die Tätigkeit der Kommission beruht in vielerlei Hinsicht auf rechtsvergleichender Arbeit, wobei auch der rechtswissenschaftliche Aspekt gebührend berücksichtigt wird. Die Kommission beschäftigt sich in erster Linie mit Schuld- und Sachenrecht, Unterkommissionen mit Deliktsrecht, Erbrecht, Verjährungen. Als vorläufiger Entwurf liegt ein aus 4 Teilen bestehender Vorschlag vor. Dieser beginnt mit einem knappen allgemeinen Teil. Die Kommission ist nach wie vor tätig. Aus dem Bereich des Schuldrechtes erscheint der Umstand von Bedeutung, dass man sowohl auf die *causa* wie auf *consideration* verzichtet hat, zum anderen dem guten Glauben eine wichtige Rolle einräumte, dies auch im Rahmen der culpa in contrahendo.

---

313 *A. M. Rabello*, Working Towards Codification of Israeli Private Law: Between Common and Civil Law, in *Hausmaninger u.a.* (Hrsg), Developments in Austrian and Israeli Private Law (1999) 291.

314 *G. Tedeschi*, The Law of Laws, Prolegomena to the Civil Code, Israel Law Review 1970, 145; *Shalev/S. Herman*, A Source Study of Israel's Contract Codification, Louisiana Law Review 1975 1091; *A. Barak*, The Codification of Civil Law and the Law of Torts, Israel Law Review 1990, 628; sowie der gesamte Sammelband, herausgegeben von *A. M. Rabello*: European Legal Traditions and Israel (1994); vgl allgemein *B. Beinart*, Codification and Restatement in Uncodified Mixed Jurisdictions, The Jewish Law Annual 1979, 149 und *D. Friedmann*, Problems of Codification of Civil Law in Israel, The Jewish Law Annual 1978, 88.

315 *A. M. Rabello*, An Introduction to New Israeli Private Legislation: Harmonisation of Civil Law and Common Law, in European Legal Traditions and Israel (Jerusalem 1994) 571; vgl die Beiträge von *U. Yadin* zum Problem und zum Nutzen der Kodifikation, die *Barak* und *Spanicz* im Gedächtnisband für U. Yadin gesammelt haben.

1. Teil: Rechtsgeschäfte
   Rechts-, Geschäftsfähigkeit
   Vertretung
2. Teil: Verträge Allgemeiner Teil
   Einteilung von Verträgen
   Form und Inhalt von Verträgen
   Erfüllung
   Nichterfüllung
   Mehrseitige Verträge/Zession
   Bürgschaft
3. Teil Einzelne Verträge:
   Verträge, die zur Übertragung des Eigentums führen:
   Kauf
   Schenkung
   Besitzübertragung
   Verträge zur Nutzung des Eigentums:
   Dienstleistungsverträge
4. Teil Deliktsrecht
5. Teil: Ungerechtfertigte Bereicherung
6. Teil: I. Verschieden Formen des Eigentums: Hier sollen auch Besitz und Trust behandelt werden.

II. Privateigentum unter Einschluss von Registrierung und Besonderheiten des Baurechtes sowie Dienstbarkeiten
III. Öffentliches Eigentum
IV. Bewegliche Güter

Allein diese Aufstellung zeigt, wie sehr der Vorschlag der kontinentaleuropäischen Tradition verpflichtet ist. Die Diskussionen bezüglich der Privatrechtstradition und Kodifikation in Israel sollten von jedem Rechtsvergleicher mit besonderer Aufmerksamkeit verfolgt werden. Dies vor allem auch deshalb, weil Israels Juristen auf Grund ihrer verschiedenen Herkunft und der Tatsache, dass sie viele Traditionen implizit zu berücksichtigen haben, wahrlich die geborenen Rechtsvergleicher sind und eine Sensibilität für andere Rechtsordnungen entwikkelt haben, wie man sie kaum irgendwo auf der Welt vorfindet.

§ 24 Das islamische Recht

Literatur: *Bussi*, Principi di Diritto Islamico (Milano 1943); *J. Schacht*, An Introduction to Islamic Law (Oxford 1964); *Y. Linant de Bellefonds*, Traité de droit musulman comparé I-III (Paris 1965-1973); *Wiedenwohler*, Grundbegriffe des islamischen Rechts; RabelsZ 35 (1971) 632; *Ramadam*, Das Islamische Recht, Theorie und Praxis (1980); *Milliot/Blanc*, Introduction à l'étude de droit musulman (1987); *F. Castro*, Diritto musulmano, in Digesto civ.[4] (1990); *H. G. Ebert* (Hrsg), Beiträge zum islamischen Recht = Leipziger Beiträge zur Orientforschung 9 (Frankfurt 2000); *F. Vogel*, Islamic Law and Legal System (Leiden – Boston – Köln 2000); W. Hallaq, The Origin and Evolution of Islamic Law (Cambridge 2004).

I. Die historischen Grundlagen

1. Am Beginn des 7. Jhdts n Chr sammelte der Prophet Mohammed [arab. Muhammad (~ 570 – 632)] jene Erleuchtungen, die ihm direkt von Gott eingegeben worden waren, in einem zusammenhängenden Werk, dem Koran. Jene Vielzahl von Regeln, denen der Mensch zu gehorchen hat, will er selig werden, nennt man *šarí 'a*. Jene Bestimmungen sind, da unmittelbar von Gott gegeben, für jeden gläubigen Mohammedaner selbstverständlich bindend und können auch nicht durch menschlichen Eingriff verändert werden. Viele dieser Regeln betreffen die Komplexität zwischenmenschlicher Beziehungen und ordnen all das, was in westlichen Gesellschaften unter Recht verstanden wird. Die Notwendigkeit einer eigenen, unabhängigen, möglicherweise von der *šarí 'a* divergierenden Rechtsordnungen muss von einem gläubigen Mohammedaner strikt abgelehnt werden, würde doch damit die von Gott gewollte und vorgegebene Ordnung in Zweifel gezogen. Da jedoch die vom Koran vorgeschriebenen Verhaltensweisen nicht immer die Vollständigkeit menschlicher Beziehungen regeln können, ist die Interpretation der Regeln durchaus wünschenswert und somit gestattet. Die *šarí 'a* wird somit, was all jene Aspekte, die ein Europäer unter Recht versteht, anbelangt, studiert, wie ein Europäer die Bibel studieren würde. Unter islamischem Recht ist somit – und auch ganz im Sinne der Mohammedaner – primär die *šarí 'a* zu verstehen. Freilich muss einen westlichen Komparatisten durchaus interessieren, wie selbige in den einzelnen Staaten letztlich angewandt wird. Interessant ist in diesem Zusammenhang weiters die Frage, inwieweit Staaten sich zutrauen, Recht an Seite und trotz der Koranvorschriften zu setzen. Insbesondere die Staaten der arabischen Halbinsel, allen voran Saudi-Arabien, haben nie die Notwendigkeit gesehen, irgendein Recht zu satzen, bekannt ist weiters, dass vor allem der Iran, aber auch der Sudan und Pakistan die *šarí 'a* in den Vordergrund gerückt haben und dies gerade als Reaktion auf die gefürchtete und zum Teil schon eingetretene „Verwestlichung“. In anderen Staaten wird im Rahmen der Rechtsquellen auf die zentrale Rolle der *šarí ʻa* hingewiesen, obwohl es in einzelnen Bereichen des Privatrechtes andere Normen oder sogar Gesetzesbücher gibt: dies etwa in den nordafrikanischen Staaten und in Ägypten, aber auch in den Staaten, die von der laizistischen Baathpartei beherrscht wurden: Syrien und Irak.

2. 500 der 6200 Verse des Korans enthalten Bestimmungen, die ein Europäer als Rechtsvorschriften bezeichnen würde. Seit alters her haben Gelehrte sich um die Interpretation dieses Rechts bemüht. Diese Gelehrten, *faquih (pl. fuquahá)*, zogen alsbald für ihre Erkenntnisse fast notgedrungen auch andere Quellen hinzu. Unter ihnen nimmt die Sunna eine hervorragende Stellung ein. Dies ist die Überlieferung des Lebens und Wirkens des Propheten. Da das gesamte Leben und Wirken des Propheten als von Gott vorgezeichnet und inspiriert angesehen werden muss, ist selbiges zweifellos bindend. Auch die Meinung der gesamten Gemeinschaft der Gläubigen (*Umma*) gilt als unumstößlich. Dieser allgemeine Konsens (*igma'*) wird aber schon dann als gegeben angenommen, wenn niemand den einheitlichen Lehrmeinungen der Gelehrten widerspricht. Die Lehrmeinung und damit die Erkenntnis der *šarí ʻa* heißt *fiqh.* Koran (*Qur'án*), Sunna und *igma'* gelten im allgemeinen als die zu beobachtenden Rechtsquellen [*arl/pl. usúl*]. Von einem Teil der Lehre wird auch die analoge Interpretation als solche [*qiyas*] dazu gezählt. Die Lehrmeinungen der islamischen Rechtsgelehrten spielen eine enorme Rolle, weil es keinen weltlichen Gesetzgeber neben Gott geben sollte, weil islamische Richter ihre Urteile nicht zu begründen pflegen und somit auf die ratio legis a priori verzichten, und ebenso wenig gibt es ein für alle Moslems verbindliches, allgemeines islamisches Höchstgericht. Ganz allgemein gilt auch der Grundsatz, dass Lehrmeinungen, die sich etwa bis zum Jahr 1000 gefestigt hatten, nicht mehr umzustoßen sind.

Die schwerwiegenden Differenzen unter den Mohammedanern haben auch zu verschiedenen ‚Rechtsschulen‘ geführt.

Innerhalb der sunnitischen Ausbildung des Islam entstanden vier Schulrichtungen. Das Bestehen von Rechtsschulen ist zwar vom Standpunkt des nichtislamischen Juristen durchaus zu rechtfertigen, entspricht aber wohl nicht der Gesamtschau des Islam, dem es um die prinzipielle Erkennbarkeit göttlicher Vorgaben geht. Die Schulen werden nach dem Begründer genannt. Hanafiten nach *Aba Hanifa* († 767), welche vom Ottomanischen Reich als Träger der offizielle Lehre in den Vordergrund gestellt wurden, Malikiten nach *Malik ibn Anas* († 795), die vor allem im westlichen Afrika Verbreitung fanden, Schafiiten nach *Muhammad-al-Shafi* († 820), die im Jemen, in Somalia, in Pakistan und Indonesien überwiegen sowie die Hanbaliten nach *Ibn Hanbal* († 855), die vor allem in Saudi-Arabien präsent sind. Jeder Muselmane muss grundsätzlich einer dieser Lehren anhängen, kann aber im Einzelfall auch auf eine andere zurückgreifen. Auch von

Staats wegen kann der einen oder anderen Lehre der Vorzug gegeben werden. Doch gerade die Staatlichkeit an und für sich – die als politische Realität akzeptiert werden muss – schafft insofern Probleme als der Islam von der Gemeinschaft aller Gläubigen ausgeht, die im Idealfall vom Kalifen geführt werden sollte, der auch die Richter (*qada*) ernennt.

3. Unter den Nichtmuselmanen wird unterschieden, zwischen solchen, die den wahren Gott verehren (Christen/Juden, aber auch Zarathustraanhänger und selbst Hindus) und solchen, die dies nicht tun, entweder, weil sie Götzen verehren oder überhaupt Atheisten sind. Nur diejenigen, die den wahren Gott verehren, können nach einer Gegenleistung unter den Schutz des Islam (*dhimma*) gestellt werden und können, was Familie und Erbrecht anbelangt, nach ihrem eigenen Recht leben.

Grundsätzlich und unüberwindbar ist aber auf Grund der *šarí 'a* der Gegensatz zwischen Mann und Frau. Die Frau ist als schutzbedürftiges Wesen stets unter den Schutz eines Mannes zu stellen. Zum anderen hat sie aber stets konkreten Anspruch auf Unterhalt. Um der Schutzfunktion voll entsprechen zu können und zu garantieren, dass jede Frau auch einen Mann findet, erlaubt die *šarí 'a* dem Mann bis zu vier Frauen gleichzeitig zu haben. Zum anderen gilt die Frau in mancher Hinsicht nur ‚die Hälfte': zB im Bereich des Erbrechts, sie erhält nur die Hälfte von dem, was gleichrangige Männer erhalten würden, aber auch ihr Zeugnis gilt nur zur Hälfte, und im Fall ihrer Verletzung oder Tötung hat der Schädiger nur die Hälfte dessen zu leisten, was für einen Mann zu leisten gewesen wäre. Überhaupt gelten dem Muselmanen die das Personen-, Familien- und Erbrecht beherrschenden Regeln (*Mukhtaar*) als besonders bedeutsam und unter allen Umständen einzuhalten. Dabei handelt es sich im einzelnen um folgende rechtliche Lösungen: Die Familienstruktur ist streng patriarchalisch, besondere Rechte kommen dabei dem Vater und Ehemann zu, obwohl auch die Mutter bis zum 6. Lebensjahr des Kindes eigene Rechte wahrnehmen kann (*tradoma*).

Die Ehe wird auf Grund der Übereinkunft der Brautleute geschlossen, wobei auf Seiten der Braut die Mitwirkung des gradnächsten agnatischen (=männlich im Vaterstamme) Verwandten eine wichtige Rolle spielt, *wala* (bei den Schafiiten kommt ihm sogar eine vornehmliche Rolle zu). Der Bräutigam hat auch ein *makr*, eine Gegenleistung (Brautpreis) zu erbringen. Ein Mindestalter wird nicht verlangt. Jederzeit kann der Ehemann die Ehe durch Verstoßung auflösen, durch Abfall vom wahren Glauben wird die Ehe ipso iure aufgelöst.

Was das Ehegüterrecht anbelangt, so bleiben die Vermögensmassen unabhängig voneinander bestehen, nur im Fall der Schenkung bedarf die Frau der Zustimmung des Mannes. Die während aufrechter Ehe geborenen Kinder gelten als ehelich, jedoch ist diese Rechtsvermutung nur bei den Hanifiten unumstößlich. Die Erbschaft (*ab intestato*) muss angetreten werden, ohne dass es dazu irgendeines besonderen Aktes oder Rechtsgeschäfts bedürfte. Nur ein Drittel der Erbschaft steht dem Erblasser zur freien Verfügung. Auch im Bereich des Vermögensrechtes gibt es besondere auf der *šarí 'a* beruhende Regeln. Insbesondere erfährt das Eigentum als grundsätzliches Recht eine zentrale Würdigung. Die Lehre unterscheidet zwischen Stammesvermögen (*raqaba*) und Früchten (*manfa 'a*). Die *šarí 'a* kennt auch zeitlich beschränkte Rechte und solche, die auf Grund besonderer Zwecke begründet werden, also Rechte, die durchaus mit unseren Dienstbarkeiten vergleichbar sind. Zweckgebundenes Vermögen kennt die *šarí 'a* insbesondere für fromme Zwecke, was diese in die Nähe unserer Stiftungen rückt (*waqf*).

Auch der Vertrag in verschiedenen Formen ist der *šarí 'a* nicht unbekannt, streng verboten sind jedoch Glücksverträge und Zinsen.[316] Neben den durch Leistung und Gegenleistung bestimmten Verträgen, ist dem islamischen Recht auch die Vorstellung von Verträgen, die nicht von einer gleichwertigen Gegenleistung bestimmt sind, nicht fremd, wie Schenkung, Leihe, Verwahrung und Auftrag.

II. Die modernen Entwicklungen

1. Das islamische Recht besteht aber nicht nur aus den soeben aufgezeigten Quellen, sondern es kann weiters von konkretem gesatztem Recht der islamischen Staaten bestimmt werden. Die Gesetzgebung darf jedoch nicht im Gegensatz zu den Regeln der *šarí 'a* erfolgen (*siyasa šar'iyya*). Die *siyasa* ist aber ein durchaus legitimes Mittel der Rechtsfortbildung. Dieses, da nicht unmittelbar göttliches Recht, ist auch auf Nicht-Muselmanen anwendbar. Die Türkei hat unter den Osmanen versucht, den Vielvölkerstaat mit Hilfe dieser Rechtsquellen dauerhaft zu regieren, musste dabei aber sehr mit der Opposition islamischer Rechtslehrer rechnen, denen die *šarí 'a* und ihre Interpretation völlig ausreichend erschien. Auch die eigentlich islamischen Richter weigerten sich vielfach neues Recht anzuwenden. Reformbewegungen müssen sich daher innerhalb der *šarí 'a* abspielen und versuchen, die eigentlichen von Gott gewollten und gegebenen Regeln zu ergründen und zu erkennen, und falsch Verstandenes als nicht zu befolgende Gewohnheit zu brandmarken.[317]

---

316 Vgl *Piccinelli*, Banche islamiche in contesto non islamico (Roma 1994). Seit alters her war man darum bemüht, sich an diesem Verbot vermittels Tricks und Kniffen (*hiyal*) vorbeizumogeln: Als Umgehungsgeschäft wandte man einen Doppelkauf an, derart, dass der Schuldner dem Kreditgeber eine Sache verkaufte, diese aber um den Wert der gewünschten Zinsen erhöht wieder zurückkaufte.

317 *Aluffi Beck-Peccoz*, La modernizzazione del diritto di famiglia nei paesi arabi (Milano 1990).

Allerdings scheinen diese Reformversuche vorwiegend dadurch beschränkt zu sein, dass die große Mehrheit der islamischen Rechtslehrer, Juristen, aber auch der einfachen Gläubigen, der Ansicht sind, dass die bis zum Ende des 10. Jhdts abgeschlossene Interpretation der wahren Lehre nicht von neuem begonnen werden sollte. Die bis dahin feststehenden Grundsätze und Regeln sollten weiterhin als unumstößlich gelten. Während die verschiedenen Kolonialmächte den islamischen Gerichten weitgehende Freiheiten gewährt hatten, und die Bevölkerung, im Gegensatz zu den christlichen Herren, ihrem überlieferten Recht besondere Bedeutung beimaß, war dies seit der Unabhängigkeit grundsätzlich anders, da gerade die vielfach westlich geschulte Elite nach westlichen Rechtsvorschriften und einer westlichen Gerichtsverfassung blickte.[318]

2. Im türkischen (osmanischen) Großreich versuchte die Reformbewegung Tanzimat zwischen 1839 und 1878 die Europäisierung von Staat und Gesellschaft voranzutreiben. Der erste Versuch einer nach Westen und insbesondere auf Frankreich gerichteten kodifikatorischen Zivilgesetzgebung erfolgte mit der Einführung eines Handelsgesetzbuches (1850/1861) und eines Seehandelsgesetzbuches (1863). Viele Juristen beabsichtigten, den Code Civil als solchen zu übernehmen, der Vorsitzende der Zivilrechtsreformkommission Djeved Pascha bestand aber auf einer eigenständigen Lösung. Unter dieser Vorgabe erarbeitete die Reformkommission von 1869 bis 1877 ein eigenes Zivilgesetzbuch in 16 Büchern, die Majelle.[319] Die Grundlage stellt modernisiertes türkisches Recht dar, zahlreiche französische Lösungen wurden übernommen.

Es handelt sich um eine ziemlich vollständige Sammlung vermögensrechtlicher Bestimmungen, die zwar in vielen Belangen auf die hanifitische Schule zurückgingen, die aber unter Beachtung des französischen Rechts nach europäischem Muster in Artikeln (ca 1850) geordnet wurden, um die Anwendung vor staatlichen Gerichten zu ermöglichen. Erstmals war das Recht der *šarí 'a* – wenn auch nicht in seinem zentralen Bereich die Personen betreffend – von staatlicher Autorität in Form eines Gesetzbuches in Kraft gesetzt worden. In der Türkei wurde das Gesetzbuch 1926 durch eine moderne, europäische Zivilgesetzgebung nach Schweizer Muster ersetzt. Das alte türkische Gesetzbuch lebte teilweise in Israel und Zypern fort, nachdem es in den Nachfolgestaaten des osmanischen Reiches (Syrien, Irak, Libyen, Jordanien) durch vom ägyptischen Zivilgesetzbuch von 1949 abhängige Gesetzbücher ersetzt worden war. Bereits 1932 galt im Libanon ein am Code Civil orientiertes Zivilgesetzbuch.

---

318 Vgl *Castro*, šari'a e diritto romano nella codificazione dei paesi arabi (Roma 1991); *K. Bälz*, Die Islamisierung des Rechts in Ägypten und Libyen: Islamische Rechtssetzung im Nationalstaat, RabelsZ 62 (1998) 437.

319 *Tedeschi*, Le centenaire de la Majelle, RIDC 21 (1969) 125 ff; *J. Lafon*, L' Empire Ottoman et les Codes occidentaux, Droits 26 (1997) 51.

3. Ägypten war seit den Tagen Napoleons ein Spielball der Großmächte, bald unter osmanischem, bald unter englischem, bald unter französischem Einfluss. Diesem Einfluss und der Tatsache eines blühenden Handels zwischen Ägyptern und Europäern – man bedenke, dass Alexandria als eine der blühendsten europäischen Städte bezeichnet wurde – wurde man insofern gerecht als man für die Handelsbeziehungen zwischen Ägyptern und Europäern ein eigenes Gesetzbuch schuf. Auf Grund dieses im wesentlichen von den französischen Gesetzen bestimmten Gesetzbuches wurde ein neues ägyptisches Zivilgesetzbuch geschaffen[320], das 1949 nun auch für die Beziehungen der Ägypter untereinander in Kraft gesetzt wurde[321]. Da die meisten Regeln den Ägyptern bereits geläufig waren, wurde das Gesetzbuch nicht als ein Fremdkörper angesehen. Vater des ägyptischen Zivilgesetzbuches war der bedeutende Jurist *Al-Sanhûrî* (1895-1971), welcher selbst einen 12-bändigen Kommentar verfasste (1952-1970). Dieses als Wasît geläufige Werk genießt nicht nur in Ägypten, sondern auch in vielen anderen arabischen Ländern größtes Ansehen, sodass man durchaus behaupten kann, er sei geradezu als Rechtsquelle zu verstehen. In diesem Kommentar finden sich zahlreiche Hinweise zu anderen arabischen, aber auch europäischen Rechtsordnungen. Dies zeigt, in welchem Ausmaße den Verfassern die rechtsvergleichende Dimension bedeutungsvoll erscheinen musste. *Al-Sanhuri* selbst war Schüler von *E. Lambert* gewesen, der seit 1900 an der Ecole Française de Droit in Kairo zahlreiche Vorlesungen über Europäische Rechtsgeschichte, Rechtsvergleichung und französisches Zivilrecht gehalten hatte. Die Vorgangsweise der ägyptischen Juristen anlässlich der Kodifikation ist bemerkenswert, ging es doch darum, inzwischen in Ägypten rezipiertes europäisches Recht mit dem islamischen Wurzeln des Staates in Einklang zu bringen. Aus den Materialien ergibt sich, dass insbesondere die Rechtsvergleichung als wichtigstes methodisches Fundament herangezogen wurde. Auch der etablierten ägyptischen Rechtsprechung wurde große Aufmerksamkeit geschenkt und im Weiteren auch das islamische Recht nicht vernachlässigt[322]. Im Wesentlichen geht das Vermögensrecht auf den Code Napoléon zurück. Dies geht so weit, dass wichtige Normen fast wortwörtlich übernommen wurden. So entspricht der Art 163 des ägyptischen ZGB dem Art 1382 Code Civil, womit die Generalklausel des Schadensrechtes ident ist. Daneben flossen auch durchaus genuin islamische Bestimmungen in das Vermögensrecht ein, wie das Vorkaufsrecht : *shuf'a.* Eine ganze Reihe

320 1940/1941 erschien ein zweisprachiges Avant-projet (arabisch-französisch) du Code Civil revisé. Die Arbeiten am Zivilgesetzbuch waren 1945 beendet.

321 *Bätz*, Europäisches Privatrecht jenseits von Europa. Zum fünfzigjährigen Jubiläum des ägyptischen ZGB 1948, ZEuP 1997, 51; vgl weiters *P. Arminjon*, Le Code Civil en Egypte, Livre du centenaire 735.

322 *E. Hill*, Al-Sanhuri and Islamic Law (Kairo 1987).

von arabischen Staaten hat das ägyptische ZGB mehr oder minder unverändert übernommen[323]: Syrien (1949), Irak (1951), Libyen (1954), Algerien (1975), Jordanien (1976), Kuwait (1980), Vereinigte Arabische Emirate (1985). Auch in Somalia gilt seit 1971 im Wesentlichen das ägyptische ZGB. Die weite Verbreitung des ägyptischen Gesetzbuches[324] hat wesentlich dazu beigetragen, eine moderne panarabische Rechtswissenschaft zu begründen. Die damit verbundenen strukturellen und institutionellen Verbindungen der einzelnen Rechtsordnungen haben dazu geführt, dass man inzwischen sogar von einem ägyptischen Rechtskreis spricht[325].

4. Tunesien und Marokko haben ein vom Juristen Santillana geschaffenes Obligationenrecht nach französischem Muster. Bei der Vielzahl an politischen Systemen und Tendenzen innerhalb der islamischen Welt, ist es schwer von einem islamischen Recht außerhalb der *šarí 'a* zu sprechen. Während vielfach nicht nur in der Türkei, sondern im Gefolge der europäischen Kolonialmächte – Frankreich in Nordafrika und Syrien, England auf der arabischen Halbinsel, im Irak und in Indien (insbesondere im islamischen Bengalen, dem heutigen Pakistan und im Osten im heutigen Bangladesh), die Niederlande in Indonesien – eine Laisierung und Entislamisierung von Staat und Gesellschaft zu beobachten war, so ist diese heute programmatisch nur in den von der Baáth-Partei beherrschten Ländern Irak und Syrien und zum Teil im Libyen Ghadhafis zu beobachten. Grundsätzlich bekennen sich auch die nordafrikanischen Staaten Tunesien, Algerien und Marokko zu einer Staatlichkeit nach westlichem Muster. Konsequenzen hinsichtlich des Rechtes sollte diese Laisierung im Familienrecht bringen: man denke an staatliche Eheschließung und Scheidung beispielsweise. Während Saudi-Arabien und andere Staaten immer rigoros an der althergebrachten Ordnung festhielten, so bedeutete die von Khomeini siegreich durchgeführte Revolution im Iran einen geistigen Ruck in der gesamten islamischen Welt zugunsten von Althergebrachtem, zugunsten der *šarí 'a.* In zunehmenden Ausmaß – man denke nur an Pakistan und Afghanistan – werden andere Modelle schlechthin abgelehnt. Die allgemeine geistige Hinwendung zu den Traditionen des Islam bewirkt immerhin in den meisten anderen Ländern ein Abstandnehmen von westlich geprägten Reformversuchen, sodass im islamischen Bereich trotz des Grund-

---

323 *Castro*, La codificazione del diritto privato negli stati arabi contemporanei, RDC 31 (1985) 387; *Salek*, Civil Codes of Arab Countries: The Sanhuri Codes, Arab Law Quarterly 8 (1993) 161.

324 Vgl die Festschrift zum fünfzigsten Jubiläum des Zivilgesetzbuches: Cinquanténaire du Code Civil Égyptien, Kairo 1998 (Hrsg: République Arabe d'Egypt, Ministère de la Justice).

325 *Krüger*, Überblick über das Privatrecht der Staaten des ägyptischen Rechtskreises, Recht van Islam 14 (1997) 67.

satzes: „Ein Staat, eine Rechtsordnung“ eine auf der *šarí 'a* beruhende starke Einheit festgestellt werden kann. Von besonderem Interesse ist im Augenblick die Entwicklung in den ehemaligen Sowjetrepubliken Kasachstan, Usbekistan, Turkmenistan, Aserbaidschan, aber auch in den islamischen Kaukasusrepubliken Russlands, wie Tschetschenien und Ossetien. In Ermangelung einer zivilen Gesetzgebung stellt sich hier die Frage, inwieweit die *šarí 'a* zur Anwendung zu bringen ist, bzw wieweit der von Staats wegen bis 1991 geprägte Atheismus und Laizismus Wurzeln geschlagen hat. Dies gilt im Übrigen auch für die islamischen Staaten Europas, Bosnien und Albanien. Albanien hat inzwischen 1994 unter Federführung des italienischen Juristen G. M. Ajani im Wesentlichen den Codice Civile übernommen.[326]

326 *G. M. Ajani*, Die Kodifikation des Zivilrechts in Albanien, in: Recht in Ost und West (1993) 257; *ders*, Fonti e modelli nel diritto dell'Europa orientale (Trento 1993); *ders*, La circulation des modèles juristiques dans le droit post-socialiste, RIDC 1994, 1087 ff.

§ 25 Das indische Recht

Literatur: *Zweigert/Kötz*, Rechtsvergleichung[3] § 23; *Derrett*, Hindu Law Past and Present (1959); *Derrett*, Religion, Law and the State of India (1968); *Derrett*, Introduction to Modern Hindu Law (1969); *Setalvad*, The Common Law in India (1960); *Setalvad*, The Role of English Law in India (1966); *Lingat*, The Classical Law of India (1973); *Banerjee*, English Law in India (1984); *Menski* (s.v.), „Diritto dell'India", in: Enciclopedia giuridica XI (1989); *Galanter*, Law and Society in Modern India (1989); Mulla's Princioles of Hindu Law 2 Bde(New Dehli bei Butterworth 1998). Zum Case Law : The Law Reports of India, All India Reports AIR (etwa SC für Supreme Court); Malika Mashanda's Encyclopaedia of Statutory Rules (Hsgg. *K. B. Seth/K. B. Asthana*) 32 Bde (2005); *R. Aiyer*, Law Lexicon (2001); *R. Aiyer*, Advanced Law Lexicon 3. Aufl. (2005); *C.P. Singh/Mayamur* Judicial Dicionary Butterworth (2001): Indian Law Institute: The Indian Legal System (1978).

Bei der Betrachtung des indischen Rechts muss zwischen dem traditionellen Hindu-Recht, den islamischen Einflüssen[327] und der Rechtsentwicklung auf indischem Boden in der Neuzeit unterschieden werden.

I. Die Prinzipien des Hindu-Rechts

Rechtsregeln sind nach hinduistischer Auffassung ein Teil jener allgemeiner Verhaltensregeln (*dharma*), die sich aus den allgemeinen kosmischen Grundsätzen (*rita*) ergeben. Sie sind kasten- und geschlechtsbezogen und betreffen die Religion wie das menschliche Zusammenleben. Unter letzteres fallen auch Regeln zur Konfliktsteuerung. Das Erkennen der Regeln ist zwar prinzipiell allgemein möglich, doch kommt weisen Lehrern eine besondere Rolle zu, den Mitmenschen den rechten Weg zu weisen. Die Lehren wurden in Versform der Allgemeinheit zugängig gemacht, man bezeichnet diese Werke als *dharmasastra*, in Schriftform gebracht *smriti*. Eine der wichtigsten Sammlungen wurde bereits im 2. Jhdt v Chr von *Manu* verfasst. Typisch für die hinduistische Auffassung ist die Existenz einer großen Anzahl von *sastra*, aus deren natürlicher Autorität das *dharma* ins-

327 Auf die islamische Entwicklung wird im weiteren nicht näher eingegangen. Seit etwa 1000 n Chr nahm der islamische Einfluss ständig zu und eine große Anzahl von islamisch geprägten Staaten entstanden am indischen Subkontinent. Nach Erlangen der Unabhängigkeit trennten sich das islamische Bengalen (Pakistan) und Bangladesch (ursprünglich bei Pakistan) vom hinduistisch geprägten Indien. Das moslemische Kaschmir ist nach wie vor umstritten. Die Briten gewährten den islamischen Richtern (*mufti*) weite Freiheiten bei der Anwendung islamischen Rechtes. 1937 wurde der *Shariat Act* promulgiert. Vgl *Mahmood*, The Muslim Law of India[2] (1982).

gesamt erkannt werden kann. Innerhalb der Kategorie der *dharmasastra* entwickelte sich eine besondere literarische Form, die sich im Wesentlichen mit der Gerichtsbarkeit, Regeln im Bereiche des Privatrechtes, der Rechtsdurchsetzung und strafrechtlichen Maßnahmen auseinandersetzte: *vyavahara*. Aus dem Bereiche des Privatrechts nach westlichem Verständnis sind das Personen-, Familien- und Erbrecht von Bedeutung. Das Eigentum ist stark an die Familie gebunden, das Obligationenrecht äußerst rudimentär. Dennoch, dem Geiste nach handelt es sich um eine religiöse Einheit, aus der Verhaltensregeln abgeleitet wurden, die nach westlichem Verständnis dem Bereiche des Rechts zuzuordnen sind. Auf Grund der Weitläufigkeit Indiens entwickelten sich lokale Gewohnheiten, die für sich in Anspruch nahmen, die Lehren des *dharma* wiederzugeben. Den vielen lokalen Herrschern kam im Rahmen der Rechtsfortbildung und Gerichtsbarkeit eine zentrale Rolle zu. Sie hatten sich grundsätzlich darum zu kümmern, dass das *dharma* zur Anwendung gebracht werden konnte. Zu diesem Zweck oblag ihnen die staatliche Organisation, die auf Grund von Gesetzesrecht im Bereiche der Verwaltung und des Strafrechtes erfolgte. Dabei mussten sie bedacht sein, den Aufbau und das Funktionieren des Staates, das nach den Regeln des *artha* erfolgte, nicht im Gegensatz zum *dharma* zu bringen. An Seite der königlichen Gerichtsbarkeit existieren nach Kasten organisierte Gerichte in Form von Volksversammlungen (*panchayat*). Die Tätigkeit des Richters stand in Indien stets in hohem Ansehen, wobei der Grundsatz galt, dass er nur innerhalb des *dharma* entscheiden konnte. Wegen der vielfältigen Überlieferung desselben bot sich ihm ein erheblicher Spielraum. Im übrigen haben Präjudizien oder Präzedenzfälle im historischen Indien nie eine Rolle gespielt. Innerhalb der Weisen, die die Wahrheit erkennen konnten, lässt sich eine besondere Gruppe unterscheiden, die ihre Weisheit im Sinne des *dharma* der Klärung von rechtlichen Problemen zur Verfügung stellte: die *pandit*. Doch als Juristen im europäischen Sinne kann man sie nicht bezeichnen, noch hat es im eigentlichen Hindu-Recht je eine Rechtswissenschaft oder juristische Berufe als solche gegeben.

II. Die britische Herrschaft

Ab etwa 1700 begann, anfangs sehr punktuell, die Herrschaft der Engländer über Indien. Bereits 1726 unterstanden die Gebiete von Bombay, Kalkutta und Madras (*presidency towns*) unmittelbar der britischen Verwaltung. Königlich englische Gerichte wurden eingerichtet. Diese entschieden für den Fall, dass zumindest eine der Parteien britischer Bürger war, entweder unmittelbar auf Grund des englischen Rechtes oder auf der Grundlage von Bestimmungen, die von den britischen Behörden für den territorialen Bereich erlassen worden waren. Ab 1781 erlangten die britischen Gerichte allgemeine Kompetenz und versuchten Rechtsstreitigkeiten unter der indischen Bevölkerung nach dem Personalitätsprinzip zu entscheiden: Dies führte zur Anwendung von Hindu-Recht und islamischem Recht durch diese Gerichte. 1858 wurde ganz Indien dem britischen Reiche einverleibt. Die Kolonialmacht organisierte ein allgemeines System der Gerichtsbarkeit und beabsichtigte, auf der Grundlage des Personalitätsprinzips die Rechtsprechung durchzuführen. Zu diesem Zwecke erfolgte eine umfassende Aufzeichnung der lokalen Hindu-Gewohnheiten. Doch allein die Anwendung der englischen Sprache sowie der englischen Prozessregeln führte zu einer Anglisierung des Hindu-Rechtes (*Anglo-Hindu-Law*). Hinzukam, dass das Hindu-Recht nach europäischen Maßstäben äußerst lückenhaft erscheinen musste. Dies betraf insbesondere den Bereich des Vermögensrechtes, das auf eine überaus statische Kastengesellschaft ausgerichtet war und mit der Modernisierung von Wirtschaft und Gesellschaft nach der Vorgabe der Briten nicht mithalten konnte. So kam es zu einer massiven Einführung von Regeln des *Common Law*, was insbesondere auch im Interesse jener Inder war, die an der Modernisierung teilhatten. Die Publikation der Gerichtsurteile nach englischem Muster führte in relativ kurzer Zeit dazu, dass den Richtern Präjudizsammlungen zur Verfügung standen, die, ganz im Sinne des englischen Rechtes mit Bindewirkung versehen, den Richtern als Entscheidungsgrundlage dienten. Auf der Grundlage einer allgemeinen Vorgangsweise im britischen Weltreich gingen die Richter bei Rechtslücken, die sich insbesondere auch aus der Notwendigkeit ergeben konnten, auf Grund lokaler Gegebenheiten entscheiden zu müssen, nach den Prinzipien von *Justice, Equity and Good Conscience* vor. Im Jahre 1887 entschied der *Privy Council* in London, dass diese Vorgangsweise Rezeption des englischen Rechtes bedeuten müsse[328]. Im Bereiche des traditionellen Personen-, Familien- und Erbrechts blieben für diejenigen Hindus, die dies wünschten, die traditionellen, auf das *dharma* zurückgehenden Regeln erhalten, gekleidet nun in Präjudizien, auf die sich englische Richter stützen konnten. Erstaunlicherweise fühlten sich die britischen Kolonialherren, aufgewachsen im nicht kodifizierten *Common Law,* dazu berufen, wo nur möglich, kodifiziertes Recht in Geltung zu setzen. Schon 1835 wurde zu diesem Zwecke eine *Indian Law Commission* ins Leben gerufen. Diese Kommission war bestrebt, englisches Recht und nicht wie immer geartetes lokales Recht zur Geltung zu bringen. Im Bereiche des Privatrechtes wurde 1859 eine Zivilprozessordnung in Kraft gesetzt, 1872 ein *Contract Act*, 1882 ein *Transfer of Property Act* im selben Jahr ein *Trusts Act.* Selbst in das Erbrecht wurde durch den *Succession Act* 1865 eingegriffen. Der britische Gesetzgeber war klug und vernünftig genug, nicht blindlings und kompromisslos, die Grundsätze des *Common*

328 *Waghela v Sheik Masludin*, 1887, Law Reports 14 Indian Appeals 89, 96.

Law als kodifiziertes Recht der indischen Bevölkerung aufzudrängen. Er versuchte vielmehr, jene Regeln und Vorgangsweisen, die in der typischen historischen Realität Englands verwurzelt waren, durch behutsame Modernisierung für den indischen Raum annehmbar zu gestalten. Die Kodifikation bot auch die Möglichkeit, über das rein englische Recht hinauszugehen und insbesondere über das zweite britische Recht, nämlich das schottische, kontinentaleuropäische Grundsätze in Erwägung zu ziehen.

III. Das unabhängige Indien

Der 1947 in die Unabhängigkeit entlassene indische Staat erhielt 1950 die noch heute gültige Verfassung. Diese hat insbesondere den Aufbau der Gesellschaft nach Kasten verboten. Der moderne indische Staat hat ausgehend von dieser Grundprämisse das Gesetzgebungswerk der Briten im traditionellen Bereich des Hindu-Rechtes fortgesetzt: Anhand des *Hindu Marriage Act* 1955 und 1964 kann man feststellen, wie sehr der Gesetzgeber bestrebt war, die Modernisierung voranzutreiben: Die Kinderehen wurden verboten, ausschlaggebend für die Gültigkeit der Ehe sollte der Konsens der Verlobten sein, die Polygamie wurde verboten, die Scheidung und der Unterhalt nach Auflösung der Ehe eingeführt. Durch den *Hindu Succession Act* 1956 wurde die erbrechtliche Gleichheit zwischen Mann und Frau hergestellt.

Das moderne indische Recht ist nach wie vor in hohem Ausmaße von demjenigen Recht geprägt, das die Briten geschaffen hatten. Die Rezeption englischen Rechtes in derart beeindruckender Weise und nach 1947 auf freiwilliger Basis ist nur auf ein sehr ausgeprägtes Fehlen einer eigen juristischen Dimension zurückzuführen. Die Dimension „Recht" weitgehend getrennt von religiösen Anschauungen als wichtiges Element der modernen Staatlichkeit, die juristische Terminologie, der Aufbau der Gerichtsbarkeit und die Rechtswissenschaft ist wahrscheinlich das wichtigste Vermächtnis, das die Briten in Indien hinterlassen haben. Hinzu kommt die englische Sprache, die nach wie vor, nicht nur was die Rechtsprechung anbelangt, ein einigendes Band in Indien bildet. Entsprechend den territorialen, in der Geschichte begründeten Traditionen ist Indien ein Bundesstaat. Auch die Zivilgerichtsbarkeit ist bundesstaatlich organisiert, derart, dass es jeweils ein bundesstaatliches Höchstgericht gibt. Darüber steht der *Supreme Federal Court of India* bestehend aus einem *Chief Justice of India* und 13 Richtern, die ihren Sitz in Dehli hat. Im Sinne der englischen Tradition der *Stare decisis* gilt überall in Indien der Grundsatz der Präjudizien. Auch die Höchstgerichte der einzelnen Bundesstaaten fühlen sich an ihre vorangegangenen Entscheidungen gebunden. Sie selbst werden durch die Entscheidungen des Bundeshöchstgerichtes in Neu-Delhi gebunden. Innerhalb der Bundesstaaten gelten jeweils eigene Präjudizien. Nur das Bundeshöchstgericht kann von seiner eigenen Spruchpraxis abgehen. Abschließend muss hervorgehoben werden, dass die moderne indische Rechtsordnung in vieler Hinsicht vom englischen Modell geprägt ist.

§ 26 China

Literatur: *v. Senger*, Einführung in das chinesische Recht (1994); *Sacco*, „Cina", in: Digesto civ.[4] (1988); *Zweigert/Kötz*, Rechtsvergleichung[3] § 20; *Cohen/Edwards/Chen* (Hrsg), Essays on China's Legal Tradition (1980); *Weggel*, Chinesische Rechtsgeschichte (1980); *Gerke*, Die Schlichtung im chinesischen Recht (1992); *Zheng*, China's New Civil Law, A.J.C.L 34 (1986) 699; *Bünger*, Zivil- und Handelsgesetzbuch sowie Wechsel- und Scheckgesetz von China (1934); v. senger, Einführung in das chinesische Recht (2004).

I. Die traditionelle chinesische Rechtskultur

Unbestrittenermaßen haben bedeutende philosophische Lehren das Weltbild und das Zusammenleben der Chinesen zutiefst geprägt. Insbesondere die Lehren des *Konfuzius* (551-479 v Chr) sind auch für zahlreiche juristische Aspekte von großer Bedeutung. Das Harmoniestreben, das zu einem der Eckpfeiler konfuzianischer Weisheit zählt, führte dazu, dass in zwischenmenschlichen Beziehungen grundsätzlich Kompromisse zu suchen sind, dass Zwist und Streitigkeiten auf gütlichem Wege beizulegen sind. Diejenigen, die über die Jahrhunderte als Streitschlichter tätig waren, auf einer höheren Ebene insbesondere die Mandarine, wurden nach ihrer sozialen und philosophischen Kompetenz, nicht aber wegen ihrer spezifisch juristischen Kenntnisse auserwählt. Diese sollten auf Grund verschiedener Vorgangsweisen versuchen, den sozialen Frieden und somit die allgemeine Harmonie zu bewahren und falls nötig wiederherzustellen. Dabei konnten sie sich auf vier Wege stützen:

ch'ing: Menschlichkeit

-li: die ritualisierte Achtung des anderen mit Hilfe der Freundlichkeit, insbesondere im Hinblick auf seine konkrete Rolle und Funktion in der Gesellschaft unter Zuhilfenahme philosophischer Grundsätze und Lehren. Das *li* galt stets als Voraussetzung einer öffentlichen Laufbahn.

-Lii: Vernunft

-fa: Recht/Gesetz

Dem kann entnommen werden, dass es in China sehr wohl eine explizite juristische Dimension gegeben hat, dass diese aber anderen Wegen der Konfliktvermeidung und Konfliktbeseitigung untergeordnet war. Nach den Lehren des Konfuzius stellten die Gesetze ein notwendiges Übel dar, die aber im Bereiche des Strafrechtes und der staatlichen Organisation unentbehrlich waren. Seit der staatlichen Vereinigung Chinas am Ende des 3. Jhdts v Chr Herrschten die kaiserlichen Dynastien mit Hilfe von Gesetzen, die tatsächlich vornehmlich die Verwaltung und das Strafrecht betrafen. Explizite Gesetze die privatrechtliche Bestimmungen zum Inhalt hatten, wie Verträge, Eigentumsübertragung, Erbrecht etc. gab es nicht. Aus dem 7. Jhdt n Chr stammt das erste vollständig erhaltene Gesetzbuch (Zeit der T'ang-Dynastie) Häufig wurde eine unmittelbare Berufung auf das *fa*, die eine Gewaltanwendung nach sich zog, sogar als Verstoß gegen das bestimmende *li* gesehen, der im Widerspruch zum allgemeinen Harmoniebedürfnis stand. Während viele westliche Interpreten das *fa* negativ gesehen hatten und seine Funktion ausschließlich auf den Bereich des Strafrechtes und des Verwaltungsrechtes beschränkten, unterstreicht Sacco die positiven Elemente der juristischen Dimension. Im übrigen sei nicht abzustreiten, dass über den strafrechtlichen Schutz das *fa* auch auf die Familie oder das Eigentum einwirke. Vor allem aber sei es geboten, dass der westliche Beobachter die Trennungslinie zwischen juristischer und nichtjuristischer Dimension anders ansetze, als dies auf Grund der bisherigen interpretativen Übersetzungen aus dem Chinesischen der Fall war. Nach westlichem Verständnis müsse man viele Elemente des *li* in den Rechtsbereich rücken. Dabei werde man sehr bald bemerken, dass den Chinesen gerade wegen der tiefen Ritualisierung das Phänomen der Präzedenzfälle nicht unbekannt geblieben war. Im übrigen hätten sie sich der Methode nach auch des Analogieschlusses bedient. Das Verhältnis zwischen *li* und *fa* betrifft aber noch eine weitere Ebene: Verstöße gegen das *li* werden durch das *fa* geahndet. Dies beweist, dass das *fa* als notwendig und sozial positiv angesehen wurde und keineswegs allgemein die Beschreitung dieses Weges als verwerflich galt. Vergleicht man die traditionelle Rechtsordnung Chinas mit denjenigen Europas so muss auffallen, dass den Chinesen eine juristische Dimension zwar geläufig und unentbehrlich war, dass es in China aber keine professionellen Juristen gegeben hat. An ihrer Stelle waren vornehmlich philosophisch geschulte Entscheidungsträger tätig, denen in erster Linie der Ausgleich und das friedliche Ende von Zwistigkeiten am Herzen lag. Somit muss das traditionelle chinesische Recht als System ohne Juristen bezeichnet werden, was dazu führte, dass die Anwendung des Rechts in mannigfaltiger Weise von nichtjuristischen Faktoren bestimmt war. Dies liegt primär in der bevorzugten Funktion des *li* als wichtigstes soziales Regulativ. Wer, ohne sich um die Grundsätze des *li* zu kümmern, sich ausschließlich auf das *fa* stützte und dabei die philosophische Komponente außer Acht ließ, setzte in den Augen der Chinesen ein sozial höchst verwerfliches Verhalten. Diejenigen Ratgeber, die sich ausschließlich auf das *fa* beziehen und damit die soziale Harmonie gefährden, wurden von den Chinesen mit großer Verachtung gestraft, vergleichbar nur mit den übelsten Winkelschreibern der europäischen Tradition. Sie aber einfach als Juristen zu bezeichnen, wie dies aus den Übersetzungen hervorgehen könnte, ist aber verfehlt: es sind schlicht und einfach Menschen, die sich unter Missachtung der anderen Vorgangsweisen, insbesondere des *li,* ausschließlich auf das *fa* stützen.

II. Die modernen Entwicklungen

1. Seit den letzten Jahrzehnten des 19. Jhdts gab es unter chinesischen Juristen Bestrebungen, eine Zivilrechtskodifikation nach europäischem Muster einzuleiten. Dabei wandte man sich verstärkt dem Studium der historischen Rechtsschule zu. Sowohl der Dresdner Entwurf, wie auch das BGB und die Zivilgesetzgebung der Schweiz fanden bei den Redaktionsarbeiten in den späten zwanziger Jahren des 20. Jhdts Beachtung. Das 1934 in Kraft getretene chinesische Zivilgesetzbuch wurde 1949 von den kommunistischen Machthabern abgeschafft. In Taiwan ist es nach wie vor in Geltung.

Die von Deng Xiao Ping in den achtziger Jahren eingeleiteten ökonomischen und administrativen Reformen brachten auch die Notwendigkeit mit sich, neue Zivilgesetze zu erlassen. In der Tradition des deutschen bürgerlichen Rechtes wurde 1986 ein Gesetzbuch in Kraft gesetzt, das die allgemeinen Grundsätze des Zivilrechtes festschrieb. Dieses Gesetz besteht somit nur aus einer Vielzahl allgemeiner Bestimmungen, ohne dass die einzelnen Rechtsinstitute bestimmt worden wären.

2. Auf Grund sehr spezieller Vorgängergesetze trat im März 1999 ein einheitliches Vertragsrecht in Kraft. Dies soll insbesondere den Warenaustausch zwischen öffentlichen und privaten chinesischen Unternehmen einerseits und ausländischen Partnern andererseits im Sinne der Rechtssicherheit fördern. In diesem Gesetz sind das Recht der Stellvertretung (Art 48 ff), der Abschluss von Verträgen unter Einschluss des E-Commerce (Art 10 f), die vorvertragliche Haftung (Art 42 f), die freie Wahl des anzuwendenden Rechtes bei einer ausländischen Beteiligung am Vertrag (Art 126) sowie die Leistungsstörungen geregelt. Im Bereiche der Leistungsstörungen sind der Rücktritt (Art 94) und der Schadensersatz (Art 108 ff) relevant. Eine Partei kann vom Vertrag zurücktreten,

a) bei höherer Gewalt,

b) wenn die andere Partei bereits vor Fälligkeit der Leistung zu erkennen gibt, dass sie nicht leisten werde,

c) bei Verzug trotz erneuter Aufforderung zur Leistung,

d) wenn ein Vertragsbruch die Unmöglichkeit der Leistung bewirkt hat,

e) im Falle von ausbedungenen weiteren Voraussetzungen.

Aus dem anglo-amerikanischen Recht wurde das Institut der *specific performance* übernommen, allerdings zugunsten des Schadensersatzes in beschränkter Funktion. Die Anwendung des Grundsatzes der Leistung Zug um Zug ergibt sich aus den Artikeln 68 und 69. Demnach besteht ein Leistungsverweigerungsrecht zugunsten desjenigen, der zur Vorleistung verpflichtet worden war, wenn sich die ökonomische oder allgemeine Lage des Vertragspartners signifikant verschlechtert hat. Der Vertragspartner kann seinerseits entweder vorleisten oder Sicherheitsleistungen erbringen. Tut er dies nicht, kann der andere den Vertrag einseitig auflösen. Im Artikel 128 wird ausdrücklich auf Mediation und Schiedsgerichtsbarkeit hingewiesen, wobei die Parteien auch einen ausländischen Schiedsgerichtshof wählen können.

§ 27 Japan

Literatur: *Marutschke*, Einführung in das japanische Recht (1999); *Zweigert/Kötz*, Rechtsvergleichung[3] § 21; *Gorai*, Influence du Code Civil français sur le Japon, in: Le code Civil: Livre du Centenaire (1904) 783; *Kitagawa*, Das Methodenproblem in der Dogmatik des japanischen bürgerlichen Rechts, AcP 66 (1966) 330; *ders*, Rezeption und Fortbildung des europäischen Rechts in Japan (1970); *Tanaka*, The Japanese Legal System (1976); *Ishii*, A history of Political Institutions in Japan (1980); *Oki*, Schlichtung als Institution des Rechts, ein Vergleich von europäischem und japanischem Rechtsdenken, Rechtstheorie 16, 1985; *Taniguchi/Kojima* (s.v.), „Diritto Giapponese", in: Enciclopedia Giuridica XI (1989); *Rahn*, Rechtsdenken und Rechtsauffassung in Japan (1990); *Baum/Drobnig* (Hrsg), Japanisches Handels- und Wirtschaftsrecht (1994); *Menkhaus*, Das Japanische im japanischen Recht (1994); *Baum*, Rechtsdenken, Rechtssystem und Rechtswirklichkeit in Japan – Rechtsvergleichung mit Japan, RabelsZ 59 (1995) 258; *H. Oda*, Japanese Law (Oxford 1999); beachtenswert ist die Schriftenreihe Japqanisches Recht, hrsg von *Baumgärtel/Klingmüller/Meissner/Oehler* (ab 1980): Band VII: *Pape*, Gyoseishido und das Anti-Monopolgesetz in Japan (1980); *R. R. Bahr*, Das Tatemonohogoho in der höchstrichterlichenvRechtsprechung Japans – Rezeption und Handhabung der Gebäudemiete und Grundstücksnutzung im modernen Japan (1980); Band XV: *Ishikawa/Leetsch*, Das japanische BGB in deutscher Sprache (1985); Band XXII: *dies*, Das japanische Handelsrecht in deutscher Übersetzung (1988); Zeitschrift für Japanisches Recht der deutsch-japanischen Juristenvereinigung e.V.; *Rahn*, Rechtsdenken und Rechtsauffassung in Japan (1990); *Rahn/Scheer* (Hrsg), Gewerblicher Rechtsschutz in Deutschland und Japan – Systeme und Strategien (Symposium der DJJV 29.-30.10.1993) (1995); *Rabinovitz*, The Genesis of the Japanese Foreign Investment Law of 1950 (2000); *A. Gruber*, Die Ergänzungsfunktion des Schmerzensgeldes im japanischen Zivilrecht (Isharyo) (2000); *Elben*, Staatshaftung in Japan (Hamburg 2001); *Müller-Freienfels/Stoll/Frank/Hohloch/Leipold/Stürner* (Hrsg), Recht in Japan; *R. Knütel/S. Nishimura*, 100 Jahre Japanisches Zivilgesetzbuch (Köln-Berlin-München 2004)– Berichte über Entwicklungen und Tendenzen im Japanischen Recht (2000); Supreme Court of Japan, Annual Judicial Statistics.

I. Die historische Entwicklung

Die Geschichte eines einheitlichen japanischen Staatswesens geht bis in das 2. Jhdt n Chr zurück. Kaiser regierten ein von großen Sippen dominiertes Land. Der traditionelle Glaube der Japaner, der Schintoismus, prägte die Regeln des gesellschaftlichen Lebens. Seit Beginn des 7. Jhdts nChr nahmen die kulturellen Einflüsse aus China zu. Die Lehren des Konfuzius, vor allem aber der Buddhismus fanden zahlreiche Anhänger in Japan. In das ausgehende 7. Jhdt fällt die Übernahme chinesischer Rechtsbestimmungen, die in Japan als veritable Rechtsbücher unter Berücksichtigung der japanischen Verhältnisse übernommen wurden: *ritsuryo*. Aus dem zusammengesetzten Wort lassen sich die Rechtsgebiete ermitteln: Verwaltungs- und Strafrecht. Kundige Interpreten sollten die Anwendung der Bestimmungen garantieren. Diese „Rechtsexperten" sollten bis zur Mitte des 19. Jhdts die einzigen Juristen im europäischen Sinne des Wortes bleiben. Ein in verschiedenen Formen auftretendes striktes Feudalsystem mit einem eindeutig hierarchisch-militärischen Charakter blieb bis zur Öffnung Japans dem Westen gegenüber um die Mitte des 19. Jhdts bestimmend. Die politische Macht des Kaisers wurde zugunsten des obersten Kriegsherren (*Schogun*) ausgehöhlt.[329] Zivilrechtliche Regeln im Bereiche des Familien-, Personen- und Erbrechtes ergaben sich aus der Gewohnheit religiöser Traditionen. Im Konfliktfall wurde alles daran gesetzt, den sozialen Frieden nicht zu gefährden. Die Streitschlichtung war stets das Ziel und nicht der Rechtsstreit. Ab dem 17. Jhdt kann man eine Auflösung des strikten, am Land orientierten Feudalwesens beobachten, derart, dass das Eigentum an Grund und Boden weiteren Bevölkerungsschichten zugänglich gemacht wurde. Obwohl immer wieder die Unveräußerlichkeit und Unteilbarkeit von Grund und Boden hervorgehoben wurde, begann sich dennoch ein rudimentäres Vermögensrecht zu entwickeln. Japans Moderne beginnt mit dem Ende des Schogunats. Dem über Jahrhunderte auf eine rein zeremonielle Funktion beschränkten Kaiser gelang zum Teil auf dem Wege der Revitalisierung des Schintoismus die Rückkehr zu tatsächlicher politischer Macht. 1867 legte der letzte Schogun alle Macht in die Hände des Kaisers zurück. Ab diesem Datum wird Japan nach dem Prinzip moderner Verwaltung (Einteilung in Präfekturen) und Regierung (Ministerpräsident, Minister) gelenkt. Die Jahre bis 1900 waren geprägt von der Aufgabe des traditionellen japanischen Rechts und der Übernahme westlichen, materiellen und formellen Rechtes und westlicher Gerichtsorganisation.

II. Das japanische BGB

1. Das Bestreben, ein neues Zivilgesetzbuch einzuführen führte 1878 zu einem ersten Entwurf, der im Wesentlichen dem französischen *Code Civil* entsprach.[330] Ausgehend von diesem ersten Entwurf wurde der Pariser Rechtsprofessor *G. Boissonade* beauftragt, ein auf allgemeinen europäischen Rechtsprinzipien beruhendes Gesetzbuch zu erstellen, das der japanischen Realität gemäß sein sollte. Naturgemäß war auch dieser Entwurf in erster Linie dem französischem Recht verpflichtet. Nach heftiger Kritik sowohl von Seiten japanischer Traditionalisten wie auch von Juristen, die am deutschen und englischen Recht

329 Der bedeutendste Schogunat war derjenige der Tokugawa Familie (1600-1867). Unter ihrer Herrschaft wurde 1638 die Isolation dem Westen gegenüber beschlossen.

330 *Tanaka*, The Japanese Legal System (1976) 229.

geschult waren, wurde ein weiterer Versuch gewagt, der schließlich zum heutigen japanischen BGB führte, das 1898 in Kraft trat. Die Einflüsse des zweiten Entwurfes zum deutschen BGB sowie des sächsischen BGB sind unverkennbar.

2. Das Gesetzbuch folgt insbesondere dem Pandektensystem: Allgemeiner Teil, Sachenrecht, Schuldrecht, Familienrecht und Erbrecht. Trotz dieses eindeutig deutschen Aufbaues (Achtung: Sachenrecht vor Schuldrecht) hat das japanische BGB viele Bestimmungen aus dem vorangegangenen französischen Entwurf beibehalten. Im Allgemeinen Teil finden sich vornehmlich jene Bestimmungen, die auf die theoretischen Überlegungen der historischen Rechtsschule zurückgehen: Das Rechtsgeschäft und die Willenstheorie, Vertretung, Willenserklärungen und Willensmängel. Als Art 1 wird programmatisch der Grundsatz von Treu und Glauben gestellt. In den Rechtsfolgen sind jedoch Abweichungen von der deutschen Lösung festzustellen. Dies kann anhand des Irrtums (Art 95) besonders deutlich gemacht werden. Irrtümlich abgeschlossene Rechtsgeschäfte sind nichtig. Die Nichtigkeit ist aber nur unter den Parteien relevant, Dritte können sich auf sie nicht berufen. In der Lehre wird im verstärkten Ausmaße die Ansicht vertreten, dass die Motive unabhängig davon, ob sie mitgeteilt worden waren oder nicht, Beachtung finden sollten. Unter Arglist oder Drohung zustande gekommene Rechtsgeschäfte sind dagegen vernichtbar (Art 96). Die Vernichtung erfolgt vermittels außergerichtlicher Anfechtung und führt zur Auflösung des Rechtsgeschäftes ex tunc. Die Verjährungsfrist im Falle der Anfechtung beträgt 5 Jahre ab Kenntnis der Arglist oder Beendigung der Bedrohung und allgemein 20 Jahre. Rechts – oder sittenwidrige Rechtsgeschäfte sind nichtig (Art 90). Abgesehen von speziellen kürzeren Fristen beträgt im Bereiche des Obligationenrechtes die Verjährung 10 Jahre.

Besitz, Eigentum, Erbbau – und Erbpachtrechte, Dienstbarkeiten und dingliche Sicherungsrechte scheinen im 2. Buch auf. Das Erbbaurecht ist die notwendige Voraussetzung, um Eigentum am Gebäude zu erlangen. Der Grundsatz *superficies solo cedit* (§ 94 deutsches BGB) gilt somit nicht. Das Eigentum, das als dingliches Vollrecht konzipiert ist (Art 206)[331] wird ausschließlich, ohne Unterschied zwischen Immobilien und beweglichen Sachen, infolge eines Rechtsgeschäftes, zumeist Kauf oder Schenkung, übertragen (Art 176), das japanische BGB folgt somit dem Grundsatz des französischen Rechts.[332] Dem Grundbuch

331 Der Eigentümer darf die Sache benützen, aus ihr Nutzen ziehen und über sie verfügen. Nur das Gesetz kann das Eigentum beschränken. Die Verfassung garantiert das Eigentum, bestimmt aber, dass das öffentliche Interesse zu berücksichtigen ist, in dessen Rahmen und gegen Entschädigung auch enteignet werden kann (Art 29 der Verfassung). Stark ausgeprägt, auch über die Rechtsprechung, ist der Mieterschutz.

332 Die Formulierung der Norm Art 176 jBGB ist nicht eindeutig, so dass in der Lehre darüber diskutiert wird, ob es neben des außer Zweifel stehenden obligatorischen

kommt keine konstitutive Funktion im Rahmen des Erwerbs dinglicher Rechte zu. Eine Eintragung in das Grundbuch ist erforderlich, um gutgläubigen Dritten gegenüber abgesichert zu sein (Art 177). Auch diesbezüglich folgt das japanische Recht dem französischen Modell. Eingetragen werden müssen rechtliche Veränderungen an Grundstücken, Gebäuden und bestimmten Bäumen. Neben den dinglichen Rechten können auch Mietverhältnisse registriert werden. Anders als in Deutschland gilt nicht im Sinne des Vertrauensgrundsatzes die Richtigkeit des Grundbuches. Bei beweglichen Sachen erfüllt diese Funktion der Publizität mit Wirkung Dritten gegenüber die Besitzübertragung (Art 178). Gutgläubiger[333] Eigentumserwerb an beweglichen Sachen erfolgt durch Besitzerwerb. Der japanische Artikel 192 geht auf den französischen 2279 zurück. Innerhalb von 2 Jahren kann der Eigentümer einer gestohlenen Sache diese vom gutgläubigen Erwerber verlangen (Art 193). An Liegenschaften kann Eigentum gutgläubig nur mit Hilfe einer 10 jährigen Ersitzungszeit erworben werden. Die allgemeine Ersitzungszeit, die auf den guten Glauben verzichtet, beträgt 20 Jahre.

Das Schadensrecht ist durch die Generalklausel des Art 709 geprägt:

Eine Person, die vorsätzlich oder fahrlässig die Rechte anderer verletzt, haftet für den durch die Vorgangsweise verursachten Schaden.

Die japanische Lehre folgte, was die Voraussetzungen des Schadensersatzes anbelangt, der deutschen, hält somit auch die Prüfung der Rechtswidrigkeit für erforderlich. Die Fahrlässigkeitsproblematik wird auf zwei Ebenen weiterentwikkelt: Verkehrssicherungspflichten und Vorhersehbarkeit der Pflichtverletzung. Auf diese Weise erfolgt eine Objektivierung der Voraussetzung. Ausgehend vom Begriff des Art 400 wird die Vorhersehbarkeit nach dem Maßstab einer vernünftigen Person bewertet. Besondere Berufskategorien treffen besondere Verpflichtungen. Minderjährige haften nur dann, wenn sie die Tragweite ihres Verhaltens erkennen konnten (Art 712), Geschäftsunfähige nach Art 713 überhaupt nicht. Haftbar gemacht werden kann derjenige, dem eine derartige Person zur Beaufsichtigung anvertraut worden war, es sei denn dieser Person gelingt der Beweis, dass er seine Aufsichtspflicht nicht verletzt hatte (Art 714). Unternehmer haften für ihre Angestellten in Ausübung ihrer Tätigkeit, es sei denn, sie können ihre Sorgfalt bei der Auswahl und Überwachung des Angestellten nachweisen (Art 715). Besitzer von Bauwerken oder Anlagen haften für alle Schäden, die infolge von Bau – oder Wartungsmängeln auftreten, es sei denn sie beweisen, dass sie die nötige Sorgfalt zur Verhinderung von Schadensfällen obwalten haben lassen. Gelingt ihnen das, so haftet u. U. der Eigentümer. Höhere Gewalt schließt die

Rechtsgeschäftes noch einer ausdrücklichen Willensübereinstimmung bezüglich der Übertragung des Eigentums bedürfe.

333 Das Gesetz schließt bei Fahrlässigkeit ganz allgemein die Gutgläubigkeit aus.

Haftung aus. Starke Elemente der Gefährdungshaftung finden sich auch im Umweltrecht (seit 1973) und im Kraftfahrzeugrecht (seit 1955), das die Haftung des Halters (Eigentümer oder Besitzer) festschreibt. Großzügig war von allem Anfang an die Position des Gesetzbuches gegenüber ideellen Schäden. Nach Art 710 sind bei der Verletzung am Körper, der Freiheit, der Ehre und des Vermögens auch Nichtvermögensschäden zu berücksichtigen. Eltern, Ehegatten und Kindern steht der Ersatz ideeller Schäden bei Tötung ihres Angehörigen zu. Gerade im Bereiche des Schadensrechts blicken die japanischen Juristen in zunehmenden Ausmaße nach Amerika.

III. Der Aufbau der Gerichtsbarkeit, der Zivilprozess und die Juristen

1. Die ordentliche Gerichtsbarkeit besteht aus Summarischen Gerichten, Bezirksgerichten, Berufungsgerichten und dem Obersten Gerichtshof. Eine außerordentliche Gerichtsbarkeit gibt es nur für Familiensachen. Eine Verwaltungs- oder Verfassungsgerichtsbarkeit kennt das japanische System nicht. Als erste Instanz fungieren je nach Streitwert die Summarischen Gerichte (bis 900.000 Yen) oder die Bezirksgerichte. Es gibt etwa 400 summarische Gerichte, an denen etwa 800 Richter tätig sind und 50 Bezirksgerichte (eines pro Präfektur) mit etwa 900 Richtern. Am summarischen Gericht entscheidet stets der Einzelrichter, am Bezirksgericht nur dann, wenn es sich um ein erstinstanzliches Verfahren handelt. Entscheidet das Bezirksgericht als Berufungsgericht gegen Entscheidungen des summarischen Gerichts, so erfolgt dies durch einen aus drei Richtern zusammengesetzten Senat. Die Berufungsgerichtshöfe haben ihren Sitz in acht bedeutenden Städten. Etwa 300 Richter versehen ihren Dienst bei diesen Gerichtshöfen. Senate aus drei Richtern entscheiden in letzter Instanz bei Verfahren, die an den summarischen Gerichten begonnen worden waren, in zweiter Instanz gegen Urteile der Bezirksgerichte. Der Oberste Gerichtshof besteht aus 15 Richtern, die von der Regierung bestellt und vom Kaiser ernannt werden. Er ist die letzte Berufungsinstanz und entscheidet üblicherweise in Senaten aus fünf Richtern. Das Plenum wird nur dann eingeschaltet, wenn eine Norm als verfassungswidrig angesehen wird oder wenn das Höchstgericht beabsichtigt, von seiner bisherigen Spruchpraxis abzuweichen. Eine Berufung an das Höchstgericht ist nur bei Verfassungsbruch oder spezifischen Rechtsfragen möglich. Erstaunlich gering ist die Erfolgsrate bei Berufungen: Von den etwa 2000 Urteilen aus dem privatrechtlichen Bereich, gegen die alljährlich Berufung eingelegt wird, werden nahezu 90% bestätigt.

2. Die Dauer von Zivilprozessen beträgt bei den Bezirksgerichten durchschnittlich etwa ein Jahr, wenige Monate bei den summarischen Gerichten, etwas mehr als ein Jahr bei den Berufungsgerichtshöfen. Die Verfahren vor dem Höchstgericht sind von oft jahrelanger Dauer. Auffallend gering ist die Zahl der Richter (etwa 2000 ausgenommen die Richter der summarischen Gerichte) und der Anwälte (etwa 18.000) für eine Bevölkerung von 120 Millionen Menschen. Obwohl beruflich streng getrennt gibt es für Richter und Anwälte einen Oberbegriff, den des Rechtsanwenders (*'hoso*). Zum Teil mag dies mit dem tief in der japanischen Gesellschaft verwurzelten Streben nach allgemeinem sozialem Ausgleich und Streitschlichtung zusammenhängen. Ein eigenes Gesetz regelt die Streitschlichtung und institutionalisiert sie durch Einrichtung von Komitees, die aus einem Berufsrichter und zwei Schlichtungskommissären bestehen. Die Mitglieder werden insbesondere nach ihrer sozialen Kompetenz ausgewählt. Durch gegenseitiges Nachgeben soll eine friedliche Beilegung von Differenzen erfolgen. Eine besondere Bedeutung kommt der Streitschlichtung im Rahmen der Verkehrsunfälle zu. Insbesondere die Versicherungen waren bemüht, neutrale Streitbeilegungsstellen, die mit zahlreichen Anwälten besetzt sind, einzurichten. Im Übrigen gilt der Zivilprozess als langwierig und kostenaufwendig. Dennoch wäre es zutiefst verfehlt, die Bedeutung des Zivilprozesses in Japan in Frage zu stellen, allein vor den summarischen Gerichten werden jedes Jahr über anderthalb Millionen Zivilprozesse anhängig, vor den Familiengerichten etwa 350.00 und von den Bezirksgerichten werden immerhin über 100.000 jährlich entschieden.

3. Die Ausbildung der Juristen erfolgt zum einen in den etwa 90 Rechtsfakultäten. Die Ausbildung soll auf allgemeiner theoretischer Grundlage zum Recht hinführen und ist nicht praxisorientiert. Eine breite sozialwissenschaftliche Basis wird für zukünftige Juristen als wichtig erachtet. Nach Erlangung eines Hochschulabschlusses müssen diejenigen, die Richter, Staatsanwalt oder Rechtsanwalt werden wollen, ein einheitliches Staatsexamen bestehen, dessen Schwierigkeit sprichwörtlich ist. Diejenigen, die das Examen bestanden haben, werden von einem speziellen, beim Obersten Gerichtshof angesiedelten Institut aufgenommen: die ersten und letzten vier Monate der zweijährigen Ausbildung erfolgt am Institut, die übrigen 16 Monate in der Praxis. Die Ausbildung auf diesem Niveau ist naturgemäß praxisorientiert. Eine Prüfung beschließt die Tätigkeit am Institut. Diejenigen, die dieses zweite Examen bestanden haben, sind für die oben genannten Berufe qualifiziert.

Das japanische Rechtssystem ist für einen europäischen rechtsvergleichenden Betrachter von besonderem Interesse. Die Verbindung, Aufarbeitung und Weiterentwicklung von französischem, deutschem und zuletzt, wenn auch in geringem Ausmaße, von *Common Law* auf der Basis einheimischer Rechtstraditionen in einer historisch und gesellschaftlich von Europa oft sehr unterschiedlichen Realität, ermöglicht profunde Erkenntnisse über die Rezeptionsfähigkeit von Rechtsordnungen und den Wandel von Systemen. Von allen asiatischen Rechtsordnungen steht die japanische den europäischen zweifellos am nächsten. Innerhalb der europäischen Familien muss eine besondere Beziehung zu den kontinentalen (römischrechtlichen) Rechtsordnungen hervorgekehrt werden.

3. Teil: Der Institutionelle Vergleich. Eigentumsübertragung, Unwirksamkeit von Verträgen und Schadensersatz. Eine Bestandsaufnahme und ein Vergleich

Ziel dieses dritten Teiles ist, anhand einiger besonders bemerkenswerter zivilrechtlicher Institute, Eigentum, Vertrag und Schadensersatz die konkreten Lösungen in wichtigen europäischen Rechtsordnungen vorzuführen. Dabei muss in erster Linie auf die Gesetze selbst eingegangen werden, um zu zeigen, in welchem Ausmaße sie übereinstimmen oder Differenzen aufweisen. Im weiteren müssen auch die Erkenntnisse der Rechtswissenschaft, die Lehre, und die konkrete Anwendung durch die Gerichte, die Rechtsprechung, herangezogen werden. Der Vergleich wurde auf drei zentrale Institute im Bereiche des Sachenrechts und des Schuldrechts beschränkt, anhand derer exemplarisch die Methode und der Nutzen der Rechtsvergleichung dargestellt werden sollen. Dadurch sollen Zusammenhänge, Unterschiede, Ähnlichkeiten und Gleichheiten erhellt werden.[334] Die Übersetzungen der englischen, französischen, italienischen und spanischen Texte stammen ausschließlich von mir.

A. Übertragung des Eigentums unter Lebenden

In den folgenden Paragraphen soll ein Überblick darüber gegeben werden, unter welchen juristischen Voraussetzungen in Deutschland, Frankreich, Italien, Spanien, Österreich, Schweden und England das Eigentum unter Lebenden übertragen werden kann.

334 Allgemein zur Eigentumsübertragung aus rechtsvergleichender Sicht *A. Röthlisberger*, Traditionsprinzip und Konsensprinzip bei der Mobiliarübereignung (Zürich 1991). In dieser hervorragenden Arbeit werden die iberischen und lateinamerikanischen Rechte behandelt. Dem kann entnommen werden, dass das auf den Code Civil zurückgehende Konsensprinzip in Portugal, Bolivien, Mexiko, Venezuela, Costa Rica, Guatemala, Nicaragua gilt; überall sonst das Traditionsprinzip, also Vertrag und Übertragung des Besitzes.

§ 28 Das Eigentum

I. Allgemeine Einführung

Literatur: *J.M. Rainer,* Zur Eigentumsübertragung in der EU, in: Europa e Diritto Privato (2004) 387ff

Das Eigentum ist ohne Zweifel als das zentrale Recht das Fundament aller hier zu behandelnden Rechtsordnungen. Das Eigentum als starkes und gegenüber jedermann durchsetzbares Herrschaftsrecht bietet die Grundlage dafür, dass der Mensch frei über ihm zugeordnete Güter verfügen kann. Diese Verfügbarkeit erstreckt sich auch auf die Zeit nach dem Tode des Berechtigten. So entstanden rechtliche Formen, Einrichtungen (Institute) oder Figuren mit Hilfe derer die Verfügbarkeit juristisch ausgestattet wurde, unter Lebenden sowie von Todes wegen. Insbesondere die Verträge dienen der freien Verfügbarkeit. Der Schutz des Eigentums ist zweidimensional strukturiert: Der nichtbesitzende Eigentümer ist zum einen berechtigt, von jedem Dritten die Sache mit Hilfe der Eigentumsklage zu verlangen, zum anderen kann er von jedem, der die Sache beschädigt, Schadensersatz fordern. Angesichts dieser zentralen Rolle im Privatrecht ist es erstaunlich, dass das Eigentum im Rahmen der Gesetzesbücher, also in den kodifizierten Rechten, nicht gerade an prominenter Stelle, sondern eingebettet unter vielen anderen Normen, zu finden ist.

II. Die Position des Eigentums in den einzelnen Gesetzgebungen

1. Im BGB findet man das Eigentum unter den Sachenrechten im 3. Buch. Bevor überhaupt auf das Eigentum eingegangen wird, regelt das Gesetz ebendort den Besitz (§§ 854-872). Im 2. Abschnitt des 3. Buches unter „Allgemeine Vorschriften über Rechte an Grundstücken" erscheint zum ersten Male der Hinweis auf das Eigentum. Dieser Hinweis ist keineswegs programmatischer Natur.

Was das Eigentum eigentlich ist, erfährt man erst im § 903 am Beginn des 3. Abschnittes, der ausdrücklich dem Eigentum vorbehalten ist.

Der 3. Abschnitt selbst ist eingeteilt in fünf Titel:
Inhalt des Eigentums (§§ 903 – 924),
Erwerb und Verlust des Eigentums an Grundstücken (§§ 925 – 928),
Erwerb und Verlust des Eigentums an beweglichen Sachen (§§ 929 – 984),
Ansprüche aus dem Eigentum (§§ 985 – 1007) und
Miteigentum (§§ 1008 – 1011).

2. Im französischen *Code Civil* sind das zweite und dritte Buch, zumindest der Bezeichnung nach, mit dem Eigentum in Zusammenhang zu bringen. *Des biens et des différentes modifications de la propriété* (Über die Güter und die verschiedenen Ausgestaltungen des Eigentums) heißt das zweite Buch, während das dritte Buch sich allgemein mit dem Erwerb des Eigentums beschäftigt. Insbesondere der zweite Titel des zweiten Buches (*de la propriété*) Art 544 – 577 enthält die wesentlichen Bestimmungen zum Eigentum, wobei das Eigentum selbst in den Art 544, 545 und 546 programmatisch erläutert wird. Die folgenden Artikeln beschäftigen sich im wesentlichen mit dem Zuwachse, somit mit dem originären Eigentumserwerb. Was das Miteigentum anbelangt, so wurde an Stelle des abgeschafften Artikels 664 ein eigenes Gesetz (*loi 10 juill. 1965*) eingefügt, welches das Miteigentum bei Gebäuden regelt. Die Eigentumsübertragung findet sich im dritten Buch, also – modern gesprochen – im Bereich des Obligationenrechtes, sowohl im dritten Titel unter den allgemeinen Bestimmungen, wie auch im sechsten Titel, der den Kauf behandelt. Auch der Besitz ist im 3. Buch geregelt (20. Titel).

3. Der italienische *Codice Civile* widmet ein eigenes Buch (das dritte) dem Eigentum (*Della proprietà*). Die Bezeichnung ist freilich insofern irreführend als das Buch eigentlich den dinglichen Rechten insgesamt gewidmet ist. Das Buch selbst ist in 9 Titel gegliedert. Im einleitenden 1. Titel wird allgemein über die Güter informiert (Art 810 – 831) und über deren mögliche Einteilungen und Zuordnungen. Der 2. Titel ist dem eigentlichen Eigentum vorbehalten. Er ist untergliedert in Allgemeines (*Disposizioni generali* Art t 832 – 839), Grundeigentum (*della proprietà fondiaria* Art t 840 – 921), Eigentumserwerb (*Dei modi di acquisto della proprietà* Art t 922 – 947) und Eigentumsschutz (*Delle azioni a difesa della proprietà* Art t 948 – 951). Der 3. Titel handelt von der Superficies, dem Baurecht (Art t 952 – 956), der 4. vom Erbbaurecht (*Dell' enfiteusi* Art t 957 – 977), der 5. Titel vom Nießbrauch, Gebrauch und Wohnrecht (*Dell' usufrutto, dell' uso e dell' abitazione* Art t 978 – 1026), der 6. Titel von der Dienstbarkeit (*Delle servitù prediali* Art t 1027 – 1099), der 7. Titel vom Miteigentum (*Della comunione* Art t 1100 – 1139) und erst der 8. Titel beschäftigt sich mit dem Besitz (*Del possesso* Art t 1140 – 1170) während abschließend im 9. Titel die *denunzia di nuova opera e di danno temuto*, also baurechtliche Sonderrechtsbehelfe, geregelt sind.

4. Das 2. Buch des spanischen *Código Civil* beschäftigt sich mit den Gütern, dem Eigentum und seinen Veränderungen (*De los bienes, de la propiedad y de sus modificaciones*). Nach einem einleitendem Titel betreffend die Einteilung der Güter behandelt der **2.** Titel das Eigentum selbst (*De la propiedad*). Der Titel ist in mehrere Kapitel unterteilt: *De la propiedad en general* (Allgemeine Bestimmungen Art 348 – 352), *Del derecho de accesión* (Vom Zuwachse Art t 353 –

383). Kapitel 3 und 4 (Art t 384 – 388) behandeln Sonderfälle der Abgrenzung und Umzäunung, Kapitel 5 Gefährliche Bauten und Bäume (Art t 389 – 391), Titel III behandelt das Miteigentum (Art t 392 – 406), Titel IV einige Sonderformen des Eigentums (Art t 407 – 421), Titel V ist dem Besitz gewidmet (*De la posesión* Art t 430 – 465), Titel VI dem Nießbrauch, dem Gebrauch und dem Wohnrecht (*Del usufructo, del uso y de la habitación*), Titel VII behandelt die Servituten (Art t 549-604), Titel VIII das Eigentumsregister (*Del registro de la propiedad* 605 – 608). Das 3. Buch behandelt den Eigentumserwerb (ab Art 609).

5. Im österreichischen *ABGB* findet man die einführenden und allgemeinen Bestimmungen zum Eigentum im 2. Hauptstück der 1. Abteilung des Sachenrechts (§§ 353 – 379). Es folgt damit auf den Besitz. Das 3. Hauptstück lautet: Von der Erwerbung des Eigentums durch Zueignung (§§ 380 – 403), das 4. Hauptstück: Von der Erwerbung des Eigentums durch Zuwachs (§§ 404 – 422), das 5. Hauptstück: Von der Erwerbung des Eigentums durch Übergabe (§§ 423 – 446).

§ 29 Deutschland

Literatur: Grundlegend *Baur/Stürner*, Lehrbuch des Sachenrechtes[17] (1999) insbesondere §§ 16-23 (Liegenschaftsrecht) und §§ 51-52 (Fahrnisrecht); die einschlägige, vorzügliche Behandlung im Münchner Kommentar erfolgte durch *Wacke* und *Quack*; *Wieling*, Sachenrecht[3] (2004); *v. Caemmerer*, Rechtsvergleichung und Reform der Fahrnisübertragung, RabelsZ 12 (1938/39) 675; *Schlechtriem* in Deutsche Beiträge zum X. Internationalen Kongress für Rechtsvergleichung in Budapest (1978) 44; PrüttingSchwab, Sachenrecht ein Studienbuch 31. Aufl. (2003)

I. Allgemeine Voraussetzungen

1. § 903, Befugnisse des Eigentümers: *Der Eigentümer einer Sache kann, soweit nicht das Gesetz oder Rechte Dritter entgegenstehen, mit der Sache nach Belieben verfahren und andere von jeder Einwirkung ausschließen.*

Grundsätzlich ist das Eigentum als absolutes Herrschaftsrecht ausgestaltet, in der Realität stehen sowohl privatrechtliche Beschränkungen (beschränkte dingliche Rechte, Nachbarrechte, etwa § 906) wie auch nicht wenige Bestimmungen aus dem öffentlichen Recht der Absolutheit des Eigentums entgegen. Verfassungsrechtlich ist das Eigentum durch Art 14 GG geschützt, wobei nach der im wesentlichen einheitlichen Rechtsprechung von BVerfG und BGH die Sozialbindung des Eigentums in unmittelbarer Rücksichtnahme auf Allgemeinbelange liegt.

2. Bei der Eigentumsübertragung unter Lebenden wird unterschieden je nachdem, ob es sich um eine bewegliche Sache oder um eine Liegenschaft handelt. Beiden ist aber gemeinsam, dass nur unter Heranziehung zweier Rechtsgeschäfte sowie der Übergabe eine Übertragung stattfinden kann, die auch Bestand haben wird. Dabei wird zwischen Verpflichtungsgeschäft und Verfügungsgeschäft unterscheiden, die nicht in einem kausalen Zusammenhang stehen (Trennungsprinzip). Verpflichtungsgeschäfte, die zur dauernden Überlassung führen sind Kauf (§§ 433 – 514), Tausch (§ 515), Schenkung (§§ 516 – 534), im Sonderfall der Gesellschaftsvertrag (§§ 705, 718). Das deutsche Recht der Eigentumsübertragung ist weiters beherrscht vom Abstraktionsprinzip. Weder bedarf das dingliche Rechtsgeschäft einer Zweckbestimmung (inhaltliche Abstraktion), noch hängt es von der Wirksamkeit des Verpflichtungsgeschäfts ab (äußerliche Abstraktion). Die Verfügung ist zweckfrei und vom kausalen Rechtsgeschäft unabhängig, als *ratio legis* gelten Klarheit und Rechtssicherheit. Die Übertragung eines dinglichen Rechtes und der Bestand desselben sollte nicht durch Unklarheiten betreffend die causa in Frage gestellt werden. Diese Lehre, die auch den Römern nicht fremd war, geht in der modernen Fassung auf *Savigny* zurück[335]. Das Problem der Unwirksamkeit der *causa* ist damit aber nicht beseitigt sondern nur verschoben worden. Lag dem Verfügungsgeschäft keine *causa* zu Grunde, oder wurde diese später unwirksam, so liegen die Voraussetzungen der Leistungskondiktionen vor. Das Abstraktionsprinzip ist einer der wesentlichen Gründe der enormen Wichtigkeit des Bereicherungsrechtes im Rahmen des deutschen Zivilrechts. Nach Abschluss des Verpflichtungsgeschäfts besteht – auch bei bereits erhaltener Gegenleistung – nur ein Anspruch auf Abschluss des Verfügungsgeschäfts. Das Verfügungsgeschäft ist ein Rechtsgeschäft, auf welches die Bestimmungen des allgemeinen Teils des BGB grundsätzlich anzuwenden sind. Dies führt dazu, dass unabhängig von der Gültigkeit des Grundgeschäftes die Gültigkeit des Verfügungsgeschäftes zu prüfen ist. Nicht selten wird man bei Unwirksamkeit des Grundgeschäfts wegen fehlender Geschäftsfähigkeit, Verstoß gegen ein gesetzliches Verbot (§ 134), Anfechtung bei Eigenschaftsirrtum (§ 119 Abs 2) und nach gefestigter Rechtsprechung bei § 138 (Sittenwidrigkeit) auch die Wirksamkeit des Verfügungsgeschäfts in Frage stellen (Fehleridentität). Allemal sind die Voraussetzungen bei beiden Rechtsgeschäften gesondert zu prüfen. Wird auch im Falle der Sittenwidrigkeit auf Fehleridentität entschieden, so bedeutet dies, dass auch das an und für sich sittlich neutrale dingliche Verfügungsgeschäft auf seinen Wertgehalt überprüft wird.

II. Die Übertragung des Eigentums an Liegenschaften

1. Die Übertragung des Eigentums an Liegenschaften ist in den §§ 873 (Erwerb durch Einigung und Eintragung) und 925 (Auflassung) geregelt.[336]

§ 873. [Erwerb durch Einigung und Eintragung] (1) *Zur Übertragung des Eigentums an einem Grundstücke, zur Belastung eines Grundstücks mit einem Rechte sowie zur Übertragung oder Belastung eines solchen Rechtes ist die Einigung des Berechtigten und des anderen Teiles über den Eintritt der Rechtsänderung und die Eintragung der Rechtsänderung in das Grundbuch erforderlich, soweit nicht das Gesetz ein anderes vorschreibt.*

(2) *Vor der Eintragung sind die Beteiligten an die Einigung nur gebunden, wenn die Erklärungen notariell beurkundet oder vor dem Grundbuchamt abgegeben oder bei diesem eingereicht sind oder wenn der Berechtigte dem anderen Teile eine den Vorschriften der Grundbuchordnung entsprechende Eintragungsbewilligung ausgehändigt hat.*

---

335 *Felgenträger*, Savignys Einfluss auf die Übereignungslehre (1927).

336 *Eickmann*, Grundbuchrecht^3 (1995).

§ 925 [Auflassung] (1) *Die zur Übertragung des Eigentums an einem Grundstück nach § 873 erforderliche Einigung des Veräußerers und des Erwerbers (Auflassung) muss bei gleichzeitiger Anwesenheit beider Teile vor einer zuständigen Stelle erklärt werden. Zur Entgegennahme der Auflassung ist, unbeschadet der Zuständigkeit weiterer Stellen, jeder Notar zuständig. Eine Auflassung kann auch in einem gerichtlichen Vergleich erklärt werden.*

§ 925a [Urkunde über Grundgeschäft] *Die Erklärung einer Auflassung soll nur entgegengenommen werden, wenn die nach § 313 Satz 1 erforderliche Urkunde über den Vertrag vorgelegt oder gleichzeitig errichtet wird.*

Die im Gesetz genannte Einigung zwischen Veräußerer und Erwerber ist das Verfügungsgeschäft, das dingliche Rechtsgeschäft (dinglicher Vertrag).

Nach § 313, somit nach einer Bestimmung aus dem allgemeinen Teil des Schuldrechtes, bedürfen Verträge, in welchem sich jemand verpflichtet, das Eigentum zu erwerben oder zu übertragen der notariellen Beurkundung. Freilich besagt der Paragraph auch, dass die Nichteinhaltung der Form durch die Auflassung und Eintragung in das Grundbuch geheilt werden kann. Dies ist der Grund, weswegen die Bestimmung des § 925a nicht ein Müssen, sondern ein Sollen enthält.

2. Das Grundbuchrecht ergibt sich teils aus den Bestimmungen des BGB selbst, teils aus der Grundbuchsordnung (GBO). Getragen ist das Grundbuchsrecht vom Publizitätsgrundsatz (formelle Publizität: allgemeine Einsichtnahme). Die Eintragung in das Grundbuch ist von konstitutiver Bedeutung, sie ist demnach unverzichtbare Voraussetzung der Eigentumsübertragung. Die Gutglaubenswirkung besagt, dass der Grundbuchstand die Vermutung der Richtigkeit für sich hat (§ 891) und dass der Erwerb daher gutgläubig erfolgen kann (§ 892) (materielle Publizität).

Die Grundbücher werden von den Amtsgerichten geführt (Grundbuchämter). Grundbuchsachen sind dem Rechtspfleger übertragen in Ausübung der freiwilligen Gerichtsbarkeit (RechtspflegerG § 3 Nr.1h). Jedes Grundstück ist katastermäßig erfasst. Die Katasterparzelle ist dabei die Grundeinheit (Flurstück), die identifiziert werden kann. Ein Grundstück kann aus mehreren Katasterparzellen bestehen. Entscheidend für den Begriff Grundstück ist, dass es durch ein besonderes Grundbuchblatt ausgewiesen ist.

Über jedes Grundstück (bzw zusammenhängende Grundstücke) wird ein Grundbuchblatt geführt (dieses Blatt ist eigentlich das Grundbuch im BGB). Neben der Aufschrift ist das Blatt in Bestandsverzeichnis und Abteilungen gegliedert:

a) Bestandsverzeichnis:

Laufende Nummer des Grundstücks, die sich aus dem Kataster ergebenden Angaben über Gemarkung

Parzellennummer
Karte, in der Parzelle verzeichnet ist
Größe
Wirtschaftsart
Lage
Die mit Eigentum verbundenen Rechte
b) Abteilungen:
Abteilung I
Eigentümer + Erwerbsgrund
Abteilung II
Alle dinglichen Beschränkungen außer III (Dienstbarkeiten)
Abteilung III
Hypotheken, Grund-, Rentenschulden

3. Im Falle der Eigentumsübertragung bedeutet dies, dass als erster Schritt der dingliche Vertrag nach § 925 I (= Auflassung) vor der zuständigen Stelle bei gleichzeitiger Anwesenheit von Veräußerer und Erwerber (in der Regel vor dem Notar) erklärt werden muss. Beide Parteien können dann die Eintragung in das Grundbuch verlangen, indem sie die Auflassung vorlegen (Antragsprinzip). Jeder Antrag wird mit Eingang beim Grundbuchamt wirksam. Nach § 19 GBO muss die Eintragung von demjenigen bewilligt werden, der auf ein Recht verzichtet, somit der Veräußerer (formelles Konsensprinzip: der Grundbuchbeamte prüft dabei nicht die materiellrechtlichen Voraussetzungen). Die Eintragungsbewilligung ist als Willenserklärung den allgemeinen Regeln des BGB unterworfen.

Nach Prüfung der formellen Voraussetzungen verfügt das Grundbuchamt die Eintragung bzw lehnt den Antrag ab.

4. Der Erwerb vom Nichtberechtigten:

Der gutgläubige Erwerb wird von dem jeweiligen Stand des Grundbuchs (= der Richtigkeit desselben) abhängig gemacht. Dem Erwerber schadet nur die positive Kenntnis der Unrichtigkeit, auch ein grob fahrlässiges Verhalten ist nicht relevant. Dies hängt mit der starken Sicherheit des Grundbuchs zusammen. Unrichtigkeit ergibt sich uU dadurch, dass inhaltliche Divergenzen zwischen Einigung und Eintragung entstanden sind, bzw dass auf Grund einer materiell unwirksamen dinglichen Einigung eingetragen wurde. Da das Grundbuchamt nicht von sich tätig werden kann, hat der Berechtigte einen Anspruch auf Berichtigung des Grundbuches (§ 894).

III. Eigentumsübertragung an beweglichen Sachen[337]

1. § 929: *Zur Übertragung des Eigentums an einer beweglichen Sache ist erforderlich, dass der Eigentümer die Sache dem Erwerber übergibt und beide darüber einig sind, dass das Eigentum übergehen soll. Ist der Erwerber im Besitze der Sache, so genügt die Einigung über den Übergang des Eigentums.*

Die Einigung ist das Verfügungsgeschäft, also der dingliche Vertrag. Übergabe bedeutet Besitzübertragung, nach § 929 auch zur kurzen Hand, nach § 930 auch in Form des Besitzkonstitutes. Mittelspersonen (Besitzdiener/Besitzmittler) werden anerkannt.

2. Der Erwerb vom Nichtberechtigten § 932: (1) *Durch eine nach § 929 erfolgte Veräußerung wird der Erwerber auch dann Eigentümer, wenn die Sache nicht dem Veräußerer gehört, es sei denn, dass er zu der Zeit, zu der er nach diesen Vorschriften das Eigentum erwerben würde, nicht in gutem Glauben ist. In dem Falle des § 929 Satz 2 gilt dies jedoch nur dann, wenn der Erwerber den Besitz von dem Veräußerer erlangt hat.*

(2) *Der Erwerber ist nicht in gutem Glauben, wenn ihm bekannt oder infolge grober Fahrlässigkeit unbekannt ist, dass die Sache nicht dem Veräußerer gehört.*

Wer infolge einer Übergabe redlicher Besitzer einer Sache geworden ist, erwirbt selbst dann unverzüglich das Eigentum an der Sache, wenn der Veräußerer nicht in der Lage gewesen war, das Eigentum zu übertragen. Die Gutgläubigkeit ist durch die Legaldefinition des Absatzes 2 bestimmt: Nur die positive Kenntnis der Umstände und die Unkenntnis derselben infolge grober Fahrlässigkeit schließen die Gutgläubigkeit aus, die natürlich auf Grund allgemeiner Regeln stets vermutet werden muss. Die Redlichkeit bezieht sich auf die Verfügungsberechtigung des Veräußerers. Grobe Fahrlässigkeit wird in ständiger Rechtsprechung (ab BGHZ 10, 14 und 16) dann angenommen, wenn der Erwerber „die erforderliche Sorgfalt nach den gesamten Umständen in ungewöhnlich großem Maß verletzt und dasjenige unbeachtet gelassen hat, was jedem hätte einleuchten müssen". Der Erwerb ist nicht auf entgeltliche Rechtsgeschäfte beschränkt, gilt also auch im Falle einer Schenkung. Bei unentgeltlichem Erwerb steht dem Eigentümer ein bereicherungsrechtlicher Anspruch (§ 816 I S 2) zu. Die wesentlichen Beschränkungen ergeben sich aus § 935. Gestohlene, verloren gegangene oder sonst abhanden gekommene Sachen können nicht gutgläubig erworben werden. Erweitert wird der Tatbestand dadurch, dass auch Sachen, die dem unmittelbaren Besitzer (bei mittelbarem Besitz des Eigentümers) abhanden gekommen sind,

---

337 *Th. Hahn*, Die Eigentumsübertragung von beweglichen Sachen bei Kauf im englischen und deutschen Recht (1998).

nicht erworben werden können. Beim Besitzmittler handelt es sich um jene Fälle, in welchen der Eigentümer selbst eine Sache aus der Hand gegeben hat entweder vermittels eines Rechtsgeschäftes, wie Miete, Leihe oder Verwahrung, oder einfach durch faktisches Überlassen. Verzichtet der Besitzmittler dagegen freiwillig auf den Besitz gegen den Willen des mittelbaren Besitzers, veruntreut er somit die Sache, sind die Voraussetzungen des gutgläubigen Eigentumserwerbes erfüllt. Während „abhandenkommen" im Falle des Eigentümers oder des Besitzmittlers als unfreiwilliger Verlust gedeutet wird, stehen die herrschende Lehre und die Rechtsprechung (seit RGZ 106, 4 und 6) auf dem Standpunkt, dass im Falle eines Besitzdieners das selbe Verb auch die Veruntreuung miteinschließe. Als Begründung für die gesetzliche Regelung wird das Verkehrsinteresse genannt, als Begründung für die extensive Interpretation die Tatsache, dass es nach § 855 BGB einzig und alleine auf den Willen des Besitzherren ankomme. Veruntreut somit ein Mitarbeiter oder Angestellter, so kann das Eigentum nach den Regeln des gutgläubigen Erwerbes nicht erworben werden. Nach § 935 Abs 2 gelten die Einschränkungen nicht im Falle einer öffentlichen Versteigerung.

§ 30 Frankreich

Literatur: Grundlegend *Carbonnier*, Droit Civil III: Les Biens[19] (2000) (das gesamte Buch); *Dagot*, JCP 1972, I 2448 (rechtsvergleichend); *Gobert*, Etude Flour (1979) 207; *Jobard-Bachellier*, D. 1988. Chron. 247; *Lemaire*, JCP 1991 I 447 (von besonderem Interesse wegen der sechs vergleichenden Aspekte der damaligen 12 EU-Staaten); *Zénati*, RTDC 1993, 305; *Witz*, Analyse critique des règles régissant le transfert de propriété en droit français à la lumière du droit allemand, in Jahr-FS (1993) 533; *J-L. Bergel/M. Bruschi/S. Cimamonti*, Traité de Droit Civil sous la direction de *J. Ghestin* (Paris 2000). *Ph. Malaurie/ L. Aynès* , Les Biens (2004).

I. Allgemeine Voraussetzungen

1. Art 544 CC: *La propriété est le droit de jouir et disposer des choses de la manière la plus absolue, pourvu qu'on n'en fasse pas un usage prohibé par les lois ou par les règlements.*

Art 544: „Das Eigentum ist das Recht, auf das Uneingeschränkteste die Sachen zu nutzen und über sie zu verfügen, unter der Voraussetzung, dass dies nicht auf eine von den Gesetzen oder anderen Bestimmungen verbotene Weise geschieht."

Geradezu klassisch die Definition des Eigentums durch den Code Civil, Ergebnis einer seit den Römern immer wieder verfeinerten Dogmatik und Definitionskunst. Das Eigentum wird als solches unbeschadet seiner Qualität genannt, als zentrales und absolutestes aller Rechte, das nur durch ausdrücklichen normativen Eingriff beschränkt werden kann, insbesondere wenn der Nutzung desselben ein Verbot entgegensteht.

2. Art 711: *La propriété des biens s'acquiert et se transmet par succession, par donation entre vifs ou testamentaire, et par l'effet des obligations.*

Unter Lebenden wird somit das Eigentum entweder schenkungshalber oder auf Grund der (Aus)Wirkung der Obligation übertragen. Daher handelt es sich um die im Art 1136 genannten Obligationen des Gebens (*obligations de donner*). Inhalt dieser Art von Obligationen ist grundsätzlich die Übergabe (*livraison*) sowie die Erhaltung der Sache (*conservation*) bis zur Übergabe:

Art 1136: *L'obligation de donner emporte celle de livrer la chose et de la conserver jusqu'à la livraison, á peine de dommages et intérêts envers le créancier.*

Art 1136: „ Die Vepflichtung zu geben beinhaltet jene, die Sache zu übergeben und sie bis zur Übergabe zu bewahren, widrigenfalls dem Gläubiger Schadenersatz zu leisten ist."

Dass die Vereinbarung als reiner Konsensualvertrag zu verstehen ist, ergibt sich aus Art 1138: *L'obligation de livrer la chose est parfaite par le seul consentement des parties contractantes. Elle rend le créancier propriétaire et met la chose à ses risques dès l'instant où elle a dû être livrée, encore que la tradition n'en ait point été faite, à moins que le débiteur ne soit en demeure de la livrer; auquel cas la chose reste aux risques de ce dernier.*

Art 1138: „ Die Verpflichtung, die Sache zu übergeben entsteht durch die alleinige Willensübereinkunft der Vertragsparteien. Sie macht den Gläubiger zum Eigentümer und lässt die Gefahr in dem Moment auf ihn übergehen, in dem die Sache übergeben werden hätte müssen, auch wenn die Übergabe noch keineswegs erfolgt ist, es sei denn der Schuldner befindet sich im Verzug bezüglich der Übergabe selbst; in diesem Falle trägt er selbst weiterhin das Risiko".

Der zweite Satz des Artikels enthält die eigentliche Eigentumsübertragung und ist zu Recht berühmt geworden: allein die Willensübereinstimmung im Vertrag führt zusammen mit der Entstehung der Obligation zur Übertragung des Eigentums. Ein Unterschied zwischen Mobiliargütern und Liegenschaften wird nicht gemacht. Im Weiteren wird die Gefahrtragung behandelt: Sie ergibt sich nicht zuletzt in Verbindung mit Art 1136. Zum einen verpflichtet diese Norm, den Besitzer die Sache bis zur Übergabe zu bewahren, zum anderen statuiert Art 1138, dass der Erwerber die Risiken – somit unverschuldete Verschlechterung und Untergang – von jenem Augenblick an zu tragen hat, in dem die Sache übergeben werden hätte sollen. Im Zweifelsfalle bedeutet dies sofort und zeitgleich mit der Eigentumsübertragung. Freilich der Vertrag kann anderes bestimmen und insbesondere kann der Schuldner durch Nichtleistung selbst in Verzug gelangen, so dass er weiterhin die Gefahr zu tragen hat wie dies ausdrücklich vom Gesetz vorgeschrieben ist.

3. Im Artikel 1583 wird die spezielle Norm, und zwar der Kaufvertrag, im Hinblick auf die Eigentumsübertragung statuiert.

Art 1583: *Elle* (und zwar die *vente*) *est parfaite entre les parties, et la propriété est acquise de droit à l'acheteur à l'égard du vendeur, dès qu'on est convenu de la chose et du prix, quoique la chose n'ait pas encore été livrée ni le prix payé.*

Art 1583: „Dieser (der Kaufvertrag) entsteht gültig zwischen den Vertragsparteien und das Eigentum wird von rechtswegen vom Käufer gegenüber dem Verkäufer erworben, sobald Einigung über die Sache und den Preis erzielt wurde, auch wenn die Sache noch nicht übergeben und der Preis noch nicht gezahlt worden ist".

Unabhängig von Preiszahlung und Übergabe der Sache geht das Eigentum auf den Käufer über, sobald Einigung über die *essentialia negotii* erzielt wurden, somit über Ware und Preis (*chose/prix*). Hinreichende Individualisierung von

Ware und Preis ist erforderlich (1000 l Wein: um welchen Wein es sich dabei im konkreten handeln muss). Der Kassationsgerichtshof steht nach wie vor auf dem Standpunkt, dass das im Art 1583 statuierte Prinzip streng einzuhalten sei. So hat die Cour de Cassation (civ. 3^e^) in einem *arrêt* vom 6. März 1996 (Bull. civ. III 66) ausdrücklich festgehalten, dass der Kaufvertrag als Konsensualvertrag zur unmittelbaren Übertragung des Eigentums führen muss. Das Höchstgericht hat dabei auch festgehalten, dass die Norm dispositives Recht ist, dass *sauf stipulation contraire* deren Inhalt gelte. Es unterliegt somit dem Willen der Parteien, andere Leistungen vertraglich festzulegen, wobei u.a. der Eigentumsvorbehalt zu verstehen ist (*Réserve de propriété*) oder auch der Eigentumsübergang im Zusammenhang mit der Besitzübertragung.

II. Die Übertragung des Eigentums an Liegenschaften

1. Als wirkliche Besonderheit ist die so genannte *publicité foncière* zu werten (Dekret 4.1.1955). Dies bedeutet eine Öffentlichkeitswirkung in Grundstücksangelegenheiten über die Registrierung der Eigentumsübertragung. Nach Art 1 des Dekretes führen die *conservateurs des hypothèques* (Registerbeamte, wörtlich: Bewahrer der Hypotheken) ein Immobilienregister (*fichier immobilier*) in jeder Gemeinde, aus welchem sich der jeweilige rechtliche Stand der Immobilien ergeben sollte und zwar unter den Namen der jeweiligen Eigentümer.

Nach Art 28 sind zwangsläufig 1.) sämtliche Akte (*actes*) unter Lebenden, die eine Veränderung oder Begründung eines dinglichen Rechtes mit sich bringen (ausgenommen Pfandrechte, *privilèges et hypothèques,* deren Veröffentlichung ohnehin bereits vom Code Civil Art 146 ff vorgesehen war), auch solche, die unter Suspensivbedingung stehen sowie gerichtliche Entscheidungen, im *bureau des hypothèques* zu veröffentlichen und im Auszug zu verwahren, und 2.) sämtliche notarielle Bestätigungen, die im Todesfalle die Begründung oder Übertragung dinglicher Rechte belegen sollen.

Aus dem Angeführten ergibt sich weiters, dass im Falle der Ersitzung von Grundstücken die Publikation keine Rolle spielen kann, dass allemal das Eigentum nach den Regeln der Ersitzung ersessen wird (Civ. 3^e^, 6 nov. 1975; Bull. civ. III 323).

2. Der Publikation und Registrierung kommt niemals konstitutive Wirkung zu, die rechtlichen Folgen sind sehr eingehend im Art 30 des besagten Dekrets angeführt, das im übrigen auf eine gesetzliche Bestimmung aus dem Jahre 1855 (23.3.) zurückgeht: Dort findet sich das Prinzip der *inopposabilité*. Selbst dann, wenn in einem früheren Vertrag das Eigentum übertragen worden war, in einem weiteren Vertrag aber eben dieselben Grundlagen bezüglich desselben Rechtes geschaffen wurden und dieser Vertrag beim *bureau des hypothèques* publiziert wurde, kann der Erwerb des 2. Käufers vom ersten nicht angefochten werden (Civ.3e, 11 juin 1997, Bull. Civ. III 140). Für Schenkungen hatte bereits der Code Civil mit den Art 939, 941 entsprechende Einschränkungen vorgesehen.

Selbstverständlich wird durch diese gesetzliche Bestimmung keineswegs den allgemeinen Bestimmungen des CC bezüglich der Gültigkeit von Verträgen derogiert, sodass die Publikation eines nichtigen Aktes nicht zu den im Art 30 des Dekrets vom 4.1.1955 genannten Folgen führen kann (zuletzt Civ. 3^{e}, 10. Mai 1977, Bull. civ. III 201). Bei Publikation eines rechtsgültigen Aktes – in der Regel eines nach Art 1583 gültigen Vertrages – durch den zweiten Erwerber wird dieser stets obsiegen. Es kann außerdem kein Zweifel daran bestehen, dass der Tatbestand beschränkt ist auf die Doppelveräußerung ein und desselben Veräußerers. Nur dann kann von konkurrierenden Rechten (*droits concurrents*) gesprochen werden. Wurden beide Verkäufe nicht publiziert, so gilt der Grundsatz *prior tempore potior iure* (Civ. 1re ,12. Nov. 1975, Bull. civ. I 323). Als Dritter im Sinne der *inopposabilité* gilt nie der Verkäufer. Dieser kann demnach nicht gegenüber dem 1. Käufer die Publikation des 2. Vertrages geltend machen (Civ. 3e ,10. juill.1996, Bull.civ. III 181).

3. Freilich, seit den Tagen des Gesetzes von 1855 sieht die Rechtsprechung Anlass, in bald strikter, bald weniger strikter Form das Verhalten der Vertragsparteien einer moralischen Wertung zu unterziehen. Die Missbilligung der Doppelveräußerung durch den Kassationsgerichtshof vom 8. Dezember 1858 stützte sich dabei auf die *faute*. Der Gerichtshof führte in diesem Zusammenhang aus, dass im Falle betrügerischen Zusammenspiels (*concert frauduleux*) vom Verkäufer und zweiten Erwerber dies dem ersten Erwerber nicht schaden dürfe (vgl aus der neueren Rechtsprechung Civ. 3^{e}, 10 mai 1972, Bull. civ. III. 300). Im Besonderen wird auf die Prüfung der Bösgläubigkeit des 2. Erwerbers Wert gelegt, wobei diese nur im Wissen vom bereits erfolgten Kaufvertrag bestehen kann.

Darin sieht die Rechtsprechung eine *faute*, einen Mangel, der den Erwerb des Rechtes verhindern muss. Gewiss, die Bösgläubigkeit ist stets von dem darzutun, der sie behauptet, der Richter 1. Instanz wird aber hier in voller Freiheit die Wertung vornehmen (Civ. 3^{e}, 28 mai 1979, Bull. civ. III 116). In diesem Urteil wird weiters der wichtige Grundsatz hervorgehoben, dass nur das Wissen zähle, nicht aber um in der deutschen Diktion zu bleiben das „Wissen Müssen“. Die Fahrlässigkeit ist demnach völlig irrelevant (vgl zuletzt Civ. 3e, 22 mai 1990, Bull. civ. III 128). Liegt demnach Wissen und zwar im Augenblick des Abschlusses des Kaufvertrages, also bei der Willenseinigung, vor bezüglich der Existenz eines früheren Kaufvertrages, so wird der 2. Käufer allemal unterliegen, auch wenn sein Akt beim *bureau des hypothèques* publiziert worden ist.

III. Der Eigentumserwerb an beweglichen Sachen

1. Grundsätzlich gilt natürlich auch im Falle des abgeleiteten Mobiliarerwerbs die Regel, dass die Willensübereinstimmung beim Vertrag zur Übertragung des Eigentums führt. Die Besonderheiten liegen dabei im gutgläubigen Erwerb, der in den Artikeln 2279 und 2280 geregelt wird (wichtigste Ausnahmen: See- und Luftschiffe, vgl Art 531). Beschränkt ist der gutgläubige Erwerb auf bewegliche Sachen sowie auf Inhaberpapiere (dazu Civ. 1re, 6 mai 1997, Bull. Civ. I 144). Die Rechtslage ergibt sich am deutlichsten aus der Formulierung des Gesetzes selbst.

Art 2279: *En fait des meubles, la possession vaut titre.*

Néanmoins celui qui a perdu ou auquel il a été volé une chose peut la revendiquer pendant trois ans, à compter du jour de la perte ou du vol contre celui dans les mains duquel il la trouve; sauf à celui-ci son recours contre celui duquel il la tient.

„Was die beweglichen Sachen anbelangt, bedeutet der Besitz den Titel. Dennoch kann derjenige, der eine Sache verloren hat, oder dem sie gestohlen wurde, selbige während eines Zeitraumes von drei Jahren, gerechnet vom Zeitpunkt des Verlustes oder des Diebstahls an, mit Hilfe der Eigentumsklage von demjenigen, der sie hat, zurückverlangen. Letzterem bleibt der Rückgriff gegenüber demjenigen, von welchem er sie erhalten hat“.

Art 2280: *Si le possesseur actuel de la chose volée ou perdue l'a achetée dans une foire ou dans un marché, ou dans une vente publique, ou d'un marchand vendant des choses pareilles, le propriétaire originaire ne peut se la faire rendre qu'en remboursant au possesseur le prix qu'elle lui a coûté.*

„Wenn der gegenwärtige Besitzer der gestohlenen oder verloren gegangenen Sache selbige auf einer Messe, einem Markt, bei einem öffentlichen Verkauf, bei einem Geschäftsmanne, der mit derlei Sachen Handel treibt, gekauft hat, so muss der ursprüngliche Eigentümer, um die Sache zurückzuerhalten, jenen Preis dem Besitzer erstatten, den dieser bezahlt hat“.

Kein Zweifel bestand jemals darüber, dass der in den beiden Artikeln genannte Besitz die Gutgläubigkeit zur Voraussetzung habe, die als Tatsachenfrage nicht vom Kassationsgerichtshof zu prüfen ist (Civ. 1re, 23 mars 1965, Bull. civ. I. 206). Der gute Glaube betrifft die Überzeugung, dass der Veräußerer Eigentümer ist. Jeder wie immer geartete Zweifel zerstört die Gutgläubigkeit. Die Voraussetzungen müssen jedenfalls zum Zeitpunkt des Besitzerwerbs vorliegen (Civ. 1re , 4 janv. 1972, Bull. civ. I 4). Ebenso klar ist es, dass die Gesamtheit der Bestimmungen heranzuziehen ist und nicht nur der programmatische Einleitungssatz des Artikels 2279.

2. Die Einschränkungen der Art 2279 und 2280 ergeben folgende Rechtsfolgen:

War die Sache verloren gegangen oder war sie gestohlen worden, so kann sie trotz guten Glaubens des Erwerbers während eines Zeitraums von 3 Jahren ab dem Verlust vom Eigentümer zurückverlangt werden. Art 2280 ist eine Einschränkung der Einschränkung derart, dass bei gestohlenen und verloren gegangenen Sachen die Rückgabe nur gegen Erstattung des vom gutgläubigen Käufer tatsächlich bezahlten Kaufpreises erfolgen kann, wobei es sich dabei um Kaufverträge mit großer Öffentlichkeitswirkung (Markt, Messe etc), oder um solche handeln muss, die mit einem Geschäftsmann abgeschlossen werden, der üblicherweise dieser Art Waren verkauft. Auch in diesem Falle gilt die Präklusionsfrist des Art 2279 Abs 2.

Bei Bösgläubigkeit des Erwerbers zur Zeit des Besitzerwerbs kann der wahre Eigentümer weiterhin die Eigentumsklage anstrengen (Civ. 1re, 7 fevr. 1989, Bull. civ. I 57), also nach den Regeln des Art 2262 innerhalb eines Zeitraumes von dreißig Jahren. Die Rechtsprechung hält sich streng an die vorgegebenen Ausnahmen. Eine Erweiterung, in welche Richtung auch immer, wird strikt abgelehnt (zuletzt Civ. 1re, 9 janv. 1996, Bull. civ. I 22).

3. Nach Berücksichtigung besagter Ausnahmen stellt sich die Frage, für welche Fälle denn die Regel des Artikels 2279 I eigentlich gelte. Prinzipiell sind dies all jene, in welchen der Eigentümer, sei es faktisch, sei es vertraglich, willentlich die Sache einem Dritten anvertraut hat. Klassische Beispiele sind dabei Auftrag, Verwahrung und Leihe. Damit hat er immerhin die Sache einem erhöhten Risiko ausgesetzt. Von diesem Vertrauensmann muss sie direkt oder auf Umwegen zum gutgläubigen Besitzer gelangen, wobei der Besitzerwerb zur tatsächlichen Sachherrschaft führen muss. Geradezu als modellhaft ist in diesem Zusammenhang die Lösung des Art 1141 zu sehen.

Art 1141: *Si la chose qu'on s'est obligé de donner ou de livrer à deux personnes successivement, est purement mobilière, celle des deux qui en a été mise en possession réelle est préférée et en demeure propriétaire, encore que son titre soit postérieur en date, pourvu toutefois que la possession soit de bonne foi.*

„Handelt es sich bei einer Sache, die man vertraglich zwei Personen zu geben oder zu übergeben versprochen hat, um eine bewegliche Sache, so wird derjenige, der tatsächlich Besitz an ihr erworben hat vorgezogen und bleibt Eigentümer, selbst wenn sein Titel zeitlich später begründet wurde, vorausgesetzt freilich er war gutgläubig".

Beim Doppelverkauf beweglicher Sachen wird also derjenige Eigentümer, dem die Sache zuerst übergeben worden war, unter der Voraussetzung er war gutgläubig. Rechtlich wird damit dem allgemeinen Prinzip, dass der Konsens alleine die Eigentumsübertragung bewirkt keineswegs derogiert, Eigentümer ist nach dem ersten Kauf tatsächlich der 1. Käufer geworden, der Verkäufer bleibt bis zur erfolgten tatsächlichen Übergabe Prekarist, wie wenn der Käufer die Sache zur Verwahrung hinterlegt hätte. Rein dogmatisch bedeutet dies ebenso wie in allen anderen Fällen des Art 2279, dass der gutgläubige Besitzer unmittelbar das Eigentum erwirbt. Der gute Glaube wird im übrigen vermutet (Art 2268).

4. Der Norm Art 2279 werden üblicherweise zwei Funktionen zugeschrieben: Der Eigentumserwerb (*fonction acquisitive de la propriété*) und die Rechtsvermutung, dass der Besitzer als rechtmäßig bezeichnet werden muss (*fonction probatoire*). Dies ist insbesondere dann der Fall, wenn der ursprüngliche Eigentümer den Klageweg beschreitet und er die Unrechtmäßigkeit (*précarité*) des Besitzes des Beklagten beweisen muss. Gelingt dies nicht, so behält der Besitzer die Sache (vgl zuletzt Civ. 1re, 11 juin 1991, Bull. civ. I 199).

	Kläger	Beklagter	Klage	Verjährung
1.	Eigentümer, der Sache verloren hat	Finder	Eigentumsklage	30 Jahre
2.	Eigentümer, dem Sache gestohlen wurde	Dieb	Eigentumsklage	30 Jahre
3.	Eigentümer, dem Sache gestohlen worden war oder deren er verlustig gegangen war	Gutgläubiger Erwerber	Eigentumsklage	3 Jahre
4.	wie 3.	Gutgläubiger Erwerber bei Markt, öffentlichem Verkauf, Geschäftsmann	Eigentumsklage nur unter Erstattung des bezahlten Kaufpreises durch Kläger	3 Jahre
5.	Eigentümer, der die Sache aus freien Stücken aus der Hand gegeben hat	Innehaber/ Detentor		30 Jahre
6.	wie 5.	Bösgläubiger Erwerber	Eigentumsklage	30 Jahre
7.	wie 5.	Gutgläubiger Erwerber, Eigentumserwerb	keine Klage, sofortiger Eigentumserwerb	

Im Allgemeinen wird das Prinzip des gutgläubigen Eigentumserwerbs mit der Notwendigkeit gerechtfertigt, den Rechtsverkehr und damit den Geschäftsverkehr bei beweglichen Sachen nicht über die Maßen zu beschweren. Die Praxis lehrt, dass beim raschen Warenaustausch die Überprüfung des Eigentums bis ins letzte Detail zu nicht unerheblicher Behinderung führen müsste.

§ 31 Italien

Literatur: *Trabucchi,* Instituzioni di diritto civile[41] (2004) §§ 167-173; *De Martino*, Del diritto di proprietà, in: *Scialoja/Branca* (Hrsg), Commentario (1976); *Rodotà*, Il terribile diritto[2] (1990); *Trabucchi* in: ED "proprietà"; *Gambaro*, Il diritto di proprietà, in: Trattato Cicu-Mesineo (Milano 1996).

I. Allgemeine Bestimmungen

1. § Art 832: *Contenuto del diritto- Il proprietario ha diritto di godere e disporre delle cose in modo pieno ed esclusivo entro i limiti e con l'osservanza degli obblighi stabiliti dall'ordinamento giuridico.*

Art 832 „Inhalt des Rechts – Der Eigentümer der Sache hat das Recht die Sachen zu gebrauchen und über sie zu verfügen in vollem Ausmaße und jeden anderen auszuschließen innerhalb der Grenzen unter Beachtung der von der Rechtsordnung festgesetzten Verpflichtungen".

Die Bestimmung wird regelmäßig in Verbindung mit Art 42 der Verfassung gesehen: Dort lautet der entscheidende Passus: Das Privateigentum wird vom Gesetz anerkannt und geschützt. Das Gesetz bestimmt die Erwerbsarten, die Gebrauchsarten und die Grenzen, damit seine soziale Funktion erfüllt werden kann und es allen offen stehen kann.

2. Nach Art 922 (*Modi di acquisto- La proprietà si acquista per occupazione (923 ss) per invenzione (927 ss), per accessione (934 ss), per specificazione (940), per unione o commissione (939), per usucapione (1158 ss), per effetto di contratti (1376 ss), per successione a causa di morte (456 ss) e negli altri modi stabiliti della legge*) zählt zu den Erwerbsarten „die Folge (oder die Wirkung) von Verträgen", somit der eigentlich abgeleitete Eigentumserwerb unter Lebenden. Dazu stellt Art 1376 fest:

Contratto con effetti reali. Nei contratti che hanno per oggetto il trasferimento della proprietà di una cosa determinata la costituzione o il trasferimento di un diritto reale ovvero il trasferimento di un altro diritto, la proprietà o il diritto si trasmettono e si acquistano per effetto del consenso delle parti leggittimamente manifestato.

„Verträge mit dinglicher Wirkung. Bei jenen Verträgen, die die Übertragung des Eigentums an einer bestimmten Sache, die Errichtung oder Übertragung eines dinglichen Rechtes oder die Übertragung eines anderen Rechtes zum Inhalt haben, wird das Eigentum oder das Recht alleine durch die von den Parteien auf rechtliche Weise zum Ausdruck gebrachte Willensübereinstimmung übertragen und erworben".

Im Art 1378 wird ausdrücklich hervorgehoben, dass auch Genus-Sachen der Bestimmung des Art 1376 unterliegen, vorausgesetzt, dass die Sachen hinreichend individualisiert sind. Unter den Verträgen mit dinglicher Wirkung sind typischerweise der Kauf und der Tausch zu nennen. Die Schenkung folgt anderen Grundsätzen, insbesondere jenen der Förmlichkeit eines öffentlichen (zumeist notariellen) Aktes (*atto publico* Art 782). Von dieser Formvoraussetzung kann nur abgesehen werden, wenn es sich um bewegliche Sachen von geringem Wert handelt: in diesem Falle ist freilich die Übertragung des Besitzes Voraussetzung des Eigentumserwerbs (Art 783).

3. In der Praxis ist somit Art 1376 in allererster Linie auf den Kauf (*compravendita*) zu beziehen. Der Kauf hat seinerseits typischerweise zum Ziel, das Eigentum zu übertragen.

Art 1476 *Obbligazioni principali del venditore – Le obbligazioni principali del venditore sono:*

1.) quella di consegnare la cosa al compratore

2.) quella di fargli acquistare la proprietà della cosa o il diritto, se l'acquisto non è effetto immediato del contratto.

Art 1479 „Hauptsächliche Verpflichtungen des Verkäufers – Die wichtigsten Verpflichtungen des Verkäufers sind:

1.) die Sache dem Käufer zu übergeben

2.) für den Fall, dass das Eigentum nicht als unmittelbare Folge des Vertrags übertragen wurde, den Erwerb beim Käufer zu gewährleisten".

II. Die Besonderheiten des Immobiliarerwerbs

Literatur: *Ferri/D'Orazi-Flavoni/Zanelli*, Trascrizione, in: *Branca/Scialoja,* Commentario (Bologna 1995).

1. Die Besonderheiten liegen in der *trascrizione*, der Registrierung bestimmter Akte beim *Registro immobiliare*. Die Publizierung erfolgt auf Grund der Bestimmungen des *Codice Civile* Art 2643 ff (6. Buch: *della tutela dei diritti*: über den Schutz der Rechte). Nach Ziffer 1 Art 2643 müssen jene Verträge, die die Übertragung von Immobiliareigentum zum Inhalt haben, auf dem Wege der Registrierung veröffentlicht (*rendere publici*) werden. Die *trascrizione* (Überschreibung) hat bei den Ämtern des Immobiliarregisters zu erfolgen (*ufficio dei registri immobiliari*). Voraussetzung ist im Falle des Vertrages entweder eine öffentliche Urkunde (*atto publico* Art 2699), dh üblicherweise eine von einem Notar oder von einem hiefür ermächtigten Beamten (*pubblico ufficiale*) angefertigte Urkunde oder eine private Urkunde, deren Unterschrift vom Notar oder einem anderen hierfür ermächtigten Beamten beglaubigt worden ist (Art 2703). Der *conservatore dei registri immobiliari* (ein eigener Beamter, der Verwaltung und nicht der Gerichtsbarkeit zugehörig) muss Tag für Tag nach dem Zeitpunkt des Antrages (*nota*), also streng chronologisch, die einzelnen Titel (wobei Titel hier Urkunde bedeutet) im Generalregister vermerken (Art 2678). Dabei sind auch die Namen der beteiligten Parteien, sowie der Inhalt des Geschäftes anzuführen. Üblicherweise wird eine beglaubigte Abschrift des Vertrages in den Archiven des *Registro immobiliare* aufbewahrt. In den Anträgen sind auch die betroffenen Liegenschaften zu beschreiben (Art 2659). Die Anträge (*note*) werden im *registro particolare delle trascrizione* gesammelt. Anträge wie Titel werden in die jeweiligen Register unter einer jährlich durchgehenden Zählung eingetragen. Der *registro particolare delle trascrizione* beruht auf dem Persönlichkeitsprinzip, die *note* werden unter den Namen der beteiligten Parteien vermerkt, somit sowohl unter demjenigen des Veräußerers wie des Erwerbers. Strenge Regeln werden insbesondere zur Führung des Generalregisters aufgestellt: Jedes Blatt muss vom Gerichtspräsidenten oder zumindest einem delegierten Richter, in dessen Sprengel sich das Registeramt befindet, kontrolliert und gutgeheißen werden. Darüber ist Protokoll zu führen. Das Register ist in ununterbrochener Folge ohne Freiräume und ohne Zusätze zu führen. Streichungen müssen vom *conservatore* mit eigener Unterschrift bestätigt werden (am Ende der Seite). Täglich ist das Buch abzuschließen mit dem Hinweis auf die Anzahl der eingetragenen Titel sowie mit Unterschrift des *conservatore* (Art 2680). Die Register dürfen aus dem Amt nur entfernt werden, wenn dies ein Appellationsgerichtshof anordnet (Art 2681).

2. Dem Register kommt mannigfache Bedeutung zu:

a) Der Publizitätsgrundsatz: sollte sich ein Widerspruch zwischen dem Eingetragenen oder Verwahrten und den von den Parteien aufbewahrten Urkunden ergeben, so gilt das Eingetragene. Jedermann hat weiters das Recht auf Einsichtnahme sowie das Recht auf Kopien (Art 2673).

b) Die wichtigste rechtliche Folge ist im Art 2644 festgehalten: Daraus ergibt sich die Vorrangigkeit registrierter Verträge (*atti trascritti*) gegenüber nicht registrierten Verträgen, also eine Rechtslage, die vom Prioritätsprinzip des Art 1376 entscheidend abweicht. Eigens wird noch hervorgehoben, dass eine spätere Registrierung einer früheren weichen muss, auch wenn der Vertrag der 2. Registrierung zeitlich vorher abgeschlossen worden war, wobei hinzuzufügen wäre, dass der Inhalt der *nota* von entscheidender Bedeutung ist. Dieser kann also Dritten entgegengehalten werden. Die Bösgläubigkeit des 2. Erwerbers bricht im Gegensatz zur französischen Rechtsauffassung nicht den Grundsatz der Registrierung. Derjenige, dessen Erwerb zuerst registriert worden war, bleibt Eigentümer, auch wenn er von einem vorangegangenem Rechtsgeschäft Kenntnis hatte (Cass. 11.4.1991/3815).

Hinzugefügt werden muss noch, dass das österreichische Grundbuchsystem in den Provinzen Bozen-Südtirol, Trento, Gorizia und Trieste, sowie der Gemeinde Cortina D'Ampezzo beibehalten wurde (zuletzt Gesetz 29.10.1974, n. 594).

III. Der gutgläubige Erwerb

Literatur: *Mengoni*, Gli acquisti „a non domino"[3] (1976).

Art 1153 *effetti dell'acquisto del possesso: Colui al quale sono alienati beni mobili da parte di chi non è proprietario, ne acquista la proprietà mediante il possesso, purché sia in buona fede (1147) al momento della consegna e sussista un titulo idoneo al trasferimento della proprietà.*

La proprietà si acquista libera da diritti altrui sulla cosa, se questi non risultano dal titolo e vi è la buona fede dell'acquirente.

Art 1153 „Folgen des Besitzerwerbs: Derjenige, dem vom Nichteigentümer bewegliche Sachen veräußert werden, erwirbt das Eigentum durch den Besitz unter der Voraussetzung, dass er zum Zeitpunkt der Übergabe gutgläubig gewesen ist und er auf einen Titel verweisen kann, der zur Übertragung des Eigentums geeignet wäre".

Das Eigentum wird dabei frei von Rechten Dritter erworben, falls diese sich nicht aus dem Titel ergeben und der Erwerbende diesbezüglich im guten Glauben ist.

Der gute Glaube wird im Art 1147 mittels Legaldefinition erklärt:

Art 1147 *Possesso di buona fede: È possessore di buona fede chi possiede ignorando di ledere l'altrui diritto.*

La buona fede non giova se la ignoranza dipende da colpa grave. La buona fede è presunta e basta che vi sia stata al tempo dell'acquisto.

Art 1147 „Gutgläubiger Besitz: Gutgläubiger Besitzer ist derjenige, der nicht weiß, dass er dadurch das Recht eines Dritten beeinträchtigt. Der gute Glaube kann dort nicht helfen, wo die Unwissenheit auf grober Fahrlässigkeit beruht.

Der gute Glaube wird vermutet. Es reicht aus, dass er zum Zeitpunkt des Besitzerwerbs vorhanden war."

Daraus ergibt sich folgende Rechtslage:

Der gutgläubige Eigentumserwerb erfordert primär die Übertragung des Besitzes in Form einer tatsächlichen Übergabe. Der Schwerpunkt liegt weiters auf der Gutgläubigkeit des Erwerbers, es kommt weder auf den ursprünglichen Eigentümer an, noch darauf, wie er den Besitz verloren hat. Somit kann auch das Eigentum an gestohlenen oder verloren gegangenen Sachen gutgläubig erworben werden. Grobe Fahrlässigkeit, somit der Umstand, dass der Erwerber wissen hätte müssen, schließt die Gutgläubigkeit an der Wurzel aus. Für den Erwerb ist außerdem von entscheidender Bedeutung, dass irgendein geeignetes Rechtsgeschäft, dass, wenn vom Eigentümer abgeschlossen, selbstverständlich zur Eigentumsübertragung geführt hätte, rechtsgültig abgeschlossen worden ist. Dazu gehören Kauf (Art 1470), Tausch (Art 1552), Zwangsversteigerung (*vendita forzata*, Art 2919) als auch die Schenkung (Art 769). Von Bedeutung ist auch, dass auf diese Weise weder Gesamtsachen noch solche beweglichen Sachen, die in einem öffentlichen Register verzeichnet sind, erworben werden können (Art 1156). Dazu zählen insbesondere Kraftfahrzeuge, was von großer praktischer Relevanz ist. Als *ratio legis* des Gutglaubenserwerbs wird auch in Italien zumeist die Notwendigkeit der raschen und endgültigen Abwicklung von Rechtsgeschäften genannt.

§ 32 Spanien

Literatur: Comentario del Código Civil, Ministerio de Justicia I und II, Madrid 1991 (verschiedene Autoren); *J. L. De Los Mozos*, Estudios sobre Derecho de los Bienes (1991); *Rubio Garrido*, Contrato de compraventa y trasmissión de la propiedad (Bologna 1993); *J. B. Vallet de Goytisolo*, Estudio sobre derecho de Cosas I (Madrid 1985) 2; *J. A. Alvarez-Chaperochipi*, Derecho inmobiliario Registral (Madrid 1986); *A. M. López y López/V.L. Montés Penadés*, Derechos Reales y Derecho Inmobiliario Registral (Valencia 1994); *C. Diez-Picazo/A. Gullón*, Instituciones de Derecho Civil II (Madrid 1995).

I. Allgemeine Bestimmungen

1. Art 348: *La propiedad es el derecho de gozar y disponer de una cosa, sin mas limitaciones que las establecidas en las leyes. El propietario tiene acción contra el tenedor y el posedor de la cosa para reivindicarla.*

Art 348: „Das Eigentum ist das Recht, eine Sache zu gebrauchen und über sie zu verfügen, wobei sich die Beschränkungen ausschließlich aus dem Gesetz ergeben müssen.

Dem Eigentümer steht gegenüber dem Inhaber wie dem Besitzer einer Sache eine Klage zu, um die Sache zurückzuverlangen."

Auch das spanische Recht kennt somit ein absolutes Recht, ohne dessen absoluten Charakter explizit hervorzuheben. Man kann eine Sache gebrauchen, sie benützen und über sie verfügen. Der absolute Charakter ergibt sich aus der Formulierung bezüglich der Beschränkungen: nur soweit die Gesetze dies bestimmen, ist das Recht beschränkt. Daraus ergibt sich auch der Charakter der Exklusivität des Rechts.

Insbesondere Art 33 der Verfassung von 1978 bestimmt:

1. Se reconece el derecho a la propiedad privada y a la herencia.

2. La función social de estos derechos delimina su contenido de acuerdo con las leyes.

1. Das Recht des Privateigentums und das Erbrecht werden anerkannt.

2. Die soziale Funktion dieser Rechte wird ihrem Inhalt nach im Einvernehmen mit den Gesetzen begrenzt.

Gerade in Spanien hat der Verfassungsgerichtshof (*Tribunal Constitucional*) immer wieder auf die soziale Komponente des Eigentums gepocht und stärker als anderswo diesen Aspekt betont (sentencia 26.3.1987 no. 37: Nicht nur die Interessen des Individuums, sondern die soziale Funktion ist notwendigerweise mitenthalten, *como parte integrante del derecho mismo*, also als ein Bestandteil des Rechts selbst[338].

II. Die Eigentumsübertragung[339]

1. Zur Übertragung des Eigentums statuiert der Artikel 609 CC:

La propiedad se adquire por la ocupación. La propiedad y los demás derechos sobre los bienes se adquieren y transmiten por la ley, por donación, por sucesión testada e intestada, y por consecuencia de ciertos contratos mediante la tradición.

Pueden también adquirirse por medio de la prescripción.

Art 609: „Das Eigentum wird durch Okkupation erworben. Das Eigentum und die übrigen dinglichen Rechte an Vermögensgütern (*bienes*) werden erworben und übertragen auf Grund der Gesetze, auf Grund der Schenkung, gesetzlicher oder gewillkürter Erbfolge und als Folge gewisser Verträge auf dem Wege der Übergabe".

Auch auf dem Wege der Ersitzung kann erworben werden.

Zur Eigentumsübertragung unter Lebenden muss unterschieden werden – abgesehen von der umstrittenen, kasuistisch aufgefassten, insbesondere das öffentliche Recht betreffenden und dogmatisch unergiebigen Übertragung durch das Gesetz – zwischen Schenkung und Vertrag. Die Schenkung wird vom *Código Civil* als reines Verfügungsgeschäft verstanden, das keine obligatorische Wirkung entfalten kann. Dieses Verfügungsgeschäft bedarf nach herrschender Lehre und Rechtsprechung keiner Übergabe. Das Höchstgericht hat im Urteil vom 22.12.1986 dies bekräftigt und unterstrichen, dass „man aus dem Artikel 609 CC erkennen kann, dass die Schenkung als darstellendes Rechtsgeschäft unmittelbar und ohne irgendeine wie immer geartete Form der Übergabe zur Übertragung des Eigentums (*traspaso de la propiedad*) führt.

2. Was die Übertragung in Folge von Verträgen anbelangt, so wird im Art 609 die Lehre vom Titel und Modus statuiert, die fest in der spanischen Rechtstradition verwurzelt ist.

Im 2. Kapitel des 1. Titels des 4. Buches, in welchem Bestimmungen über die Wirkung der Obligation enthalten sind, weist Art 1095 auf die Notwendigkeit der Übergabe (*entrega*) hin:

---

338 *López y López*, La Disciplina constitucional de la propiedad privada (Madrid 1988).

339 *v. Gerlach*, Der Einfluß des deutschen und französischen Rechts auf den Eigentumserwerbsschutz beweglicher Sachen im spanischen Recht (1995).

El acreedor tiene derecho a los frutos de la cosa desde que nace la obligación de entregarla. Sin embargo, no adquirirá derecho real sobre ella hasta que le haya sido entregada.

Art 1095: Der Gläubiger hat Anspruch auf die Früchte der Sache vom Zeitpunkt der Entstehung der Verpflichtung zur Übergabe. Dennoch wird er das dingliche Recht an der Sache erst dann erwerben, wenn ihm selbige übergeben sein wird.

Im Zusammenhang mit dem Titel gebührt dem Kaufvertrag (*compraventa*: Art 1445 – 1537) grundlegende Bedeutung, was dadurch zum Ausdruck gebracht wird, dass im Gesetz diesem Vertrag eine paradigmatische Funktion zukommt. Den Verkäufer trifft die Verpflichtung, die Sache zu übergeben (Art 1461), den Käufer, den Preis zu bezahlen (Art 1500). Falls keine besondere Vereinbarung erfolgte, muss die Übergabe vor Zahlung des Kaufpreises erfolgen (Art 1466). Kann infolge Zahlungsunfähigkeit des Käufers mit einer Erfüllung seinerseits nicht gerechnet werden, so ist der Verkäufer zur Vorleistung nicht verpflichtet. Zu nennen wäre als gültiger Titel weiters der Tausch (Art 1538-1541), sowie jene Innominatverträge, die zum Austausch einer Sache gegen irgendwelche Gegenleistungen dienen. (Generell nennt man all diese Verträge *contratos transmisivos* bzw *contratos de cambio*).

Der Vertrag verhält sich zur Übergabe durchaus kausal, derart dass nach Art 1300 ff im Falle der Nichtigkeit des Vertrages alle Sachen, die auf Grund des Vertrages geleistet wurden samt der Früchte zurückzustellen sind. Da im spanischen Recht die Nichtigkeit ebenso wie die Vernichtbarkeit von Verträgen vermittels einer Klage (*acción de nulidad*) durchzusetzen ist, kann nur über diese Klage die Rechtsfolge des Art 1303 erreicht werden. Diese besondere Klage ist im spanischen Recht im Sinne eines speziellen Anspruchs zwischen der Eigentumsklage und der Bereicherungsklage angesiedelt. Das führt dazu, dass die spanische Rechtswissenschaft der Übergabe selbst eigenständigen Charakter zuerkennt und trotz des ungültigen Vertrages den Verlust des Eigentums lehrt, zweifellos ein Ausdruck des Abstraktionsprinzips. Die Übergabe bedeutet Einräumen des Besitzes und der sachenrechtlichen Herrschaft (Art 1462 I, Art 438) wobei auch die *brevi manu traditio* auf Grund einer einfachen „übertragenen Willensübereinstimmung“ möglich ist. Die Übergabe wird als juristischer Akt *sui generis* aufgefasst, der dazu dient, eine Obligation zu erfüllen (*acto jurídico debido* oder *solutorio*).

III. Die Übertragung des Eigentums an Liegenschaften

1. Besondere Regeln gelten für die Übertragung des Eigentums an Liegenschaften. In diesem Zusammenhang ist die Eintragung in das Eigentumsregister von nicht geringer Bedeutung.

Geregelt ist die Materie in den Artikeln 605 – 608 des CC, sowie im Hypothekengesetz (*ley hipotecaria 1909*, neugefasst 1946) und insbesondere in den Ausführungsbestimmungen zu diesem Gesetz: *Reglamento para la ejecución de la ley hipotecaria* (14.2.1947), die immerhin aus 624 Artikeln besteht und die gesamte Organisation der öffentlichen Bücher zum Inhalt hat. Das Eigentumsregister wird von öffentlichen Beamten (*Registradores de la Propiedad*), die unter Aufsicht der Gerichte stehen, geführt. Das Register ist einheitlich für den gesamten Staat geführt und hängt verwaltungsrechtlich-organisatorisch von der *Dirección General de los Registros y del Notariado* beim Justizministerium ab. Da das Gesetz ursprünglich primär die Publizität der Hypotheken im Visier hatte, sprechen spanische Juristen vielfach vom *Registro Hipotecario* und vom Hypothekenrecht, wenn sie auch die Gesamtheit der Publizität im Liegenschaftsrecht meinen. Inzwischen ist man dabei, die Register mit Hilfe von EDV auf den neuesten Stand der Dinge zu bringen (Dekret 430/30.3.1990). Nach Art 605 CC werden in Eigentumsregistern jene Akte oder Verträge registriert, die das Eigentum und andere dingliche Rechte betreffen:

Art 605 CC: El Registro de la Propiedad tiene por objeto la inscripción o anotación de los actos y contratos relativos al dominio y demás derechos reales sobre bienes inmuebles.

Das Register ist nach dem Realfoliensystem organisiert. Grundeinheit ist das Grundstück (*finca*), das entweder auf Grund notarieller Gegebenheiten als solches aufscheint oder vom Eigentümer innerhalb seiner Güter als solches ausgewiesen wird. Die Eintragung (*registración*) oder Löschung (*cancelación*) der Rechte erfolgt in ununterbrochener Reihenfolge. Auf Grund der Gesetze betreffend das Stockwerkseigentum (Gesetz 27.1.1960 no. 49, *propiedad horizontal*) gelten natürlich auch Stockwerke oder Teile desselben als eigenständige *fincas*, wobei freilich auch das gesamte Gebäude als Zusammenhang der *finca* eingetragen werden muss. Die erste Eintragung (*inscripción*) eines Grundstücks erfolgt bei der ersten Nennung des Eigentums. Anlässlich der ersten Registrierung wird ein Blatt (*folio*) mit entsprechender Nummer eröffnet. Dabei werden auch bestimmte grundsätzliche Beschreibungen aufgenommen: die Natur des Grundstücks, je nachdem städtisch (*urbana*) oder ländlich (*rústica*), die örtliche Bezeichnung derselben, und falls ländlich, der Hinweis, ob kultiviert mit oder ohne Bewässerung (was bei der häufigen Wasserknappheit auf der iberischen Halbinsel mehr als verständlich ist), des weiteren die Grenzen auch im Hinblick auf die angrenzenden Grundstücke. In der Stadt werden weiters Straße und Hausnummer angeführt. Zuletzt erfolgt die Angabe der Größe nach dem Metermaß. Die Registrierung erfolgt auf Antrag des Berechtigten beim *Registrador* – was als einseitige Willenserklärung verstanden wird – unter Vorlegen des entsprechenden Titels, die eigentliche *causa iuris*, der Rechtsgrund. Der Titel ist in öffentlicher Urkunde vorzulegen (also zumeist eine notarielle Urkunde) und beim territorial zuständigen Register einzureichen. Das Einschreiben der Urkunde ist, was den Zeitpunkt anbelangt, von größter Bedeutung, hängt doch davon die berühmte Drittwirkung ab. Dabei kommt es auf den exakten Zeitpunkt an. Aus formellen, sofort ersichtlichen Gründen – keine öffentliche Urkunde etwa – kann der *Registrador* den Antrag sofort zurückweisen, ansonsten wird er vorläufig angenommen (*asiento de presentación*). Spätestens nach 60 Tagen, vorläufig aber bereits nach 15, muss der *Registrador* endgültig über die Registrierung entscheiden. Zum Zwecke der genaueren Kenntnis des Einreichungszeitpunktes wird ein Eingangsregister (*registro de entrada*) geführt. Kommt der *Registrador* zum Entschluss, das der Eintragung keine Hindernisse im Wege stehen, so wird er diese durchführen (*asiento de inscripción*). Für die Übertragung des Eigentums ist die Registrierung an und für sich bedeutungslos, sie kann nie die Übergabe, also den Modus, ersetzen, damit kommt ihr eine rein deklaratorische Funktion zu (ganz eindeutig Art 609, 1095, 1462 – 1464 CC). Eine Mindermeinung spricht der Registrierung eine Hilfsfunktion im Rahmen der Übergabe zu.

2. Die wichtigste Rechtsfolge ergibt sich aus Art 606 CC:

Los títulos de dominio, o de otros derechos reales sobre bienes inmuebles, que no estén debidamente inscritos o anotados en el Registro de la Propiedad, no prejudican a tercero.

Art 606: „Die Titel betreffend das Eigentum oder ein anderes dingliches Recht an Liegenschaften, welche nicht wie vorgeschrieben im Eigentumsregister eingetragen oder angemerkt wurden, können Dritten nicht entgegengehalten werden".

Das bedeutet, dass wenn bei einer Mehrfachveräußerung zuerst ein späterer Erwerber das Eigentum registrieren lässt, dieser auch zum Eigentümer geworden ist (so explizit Art 1473). Voraussetzung ist freilich ein gültiges Titelgeschäft, sowie die Gutgläubigkeit, die darin liegen muss, dass der Erwerber glaubte, der Veräußerer sei zur Übertragung des Eigentums berechtigt. Das Gesetz erwähnte zwar nicht expressis verbis die Voraussetzung der Gutgläubigkeit beim Liegenschaftserwerb, jedoch Lehre und Rechtsprechung haben diese von allem Anfang an angenommen. 1944 erfuhr diese Voraussetzung Aufnahme in die *Ley Hipote-*

caria (Art 34 – 36)[340]. In Art 34 wird bestimmt, dass jeder, der im guten Glauben ein Recht von demjenigen erwirbt, den das Register als den Berechtigten ausweist, zu Recht erworben hat. Nach Art 36 steht die Bösgläubigkeit dem Erwerb entgegen. Die Bösgläubigkeit umfasst dabei a) das Wissen, dass der Veräußerer dazu nicht befugt gewesen war, b) alle vernünftigen Hinweise und ausreichende Beweggründe (*medios racionales/motivos suficientes*), die Anlass gegeben hätten müssen, an der Position des Veräußerers Zweifel zu hegen. Der gute Glaube muss beim Rechtserwerb vorhanden gewesen sein, also bei Titulus und Modus (Urteil 23.12.1992 TS). Alles in allem nützt somit dem Bösgläubigen die Tatsache, dass er die Eigentumsübertragung als erster registrieren hatte lassen, nichts.

Die Rechtslage im Falle der Mehrfachveräußerungen von Immobilien weicht grundsätzlich von jener bei beweglichen Sachen ab. Abgesehen vom Umstand, dass es bei beweglichen Sachen keine Registrierung geben kann, bestimmt *Art 1473: Si una misma cosa se hubiese vendido a diferentes compradores, la propiedad se transferiá a la persona que primero haya tomado posesión de ella con buena fe, si fuera mueble.*

Si fuera inmueble, la propiedad pertenecerá al adquirente que antes la haya inscrito en el Registro. Cuando no haya inscripción, pertenecerá la propiedad a quien de buena fe sea primero en la posesión.

Art 1473: „Wenn eine und dieselbe Sache verschiedenen Käufern veräußert wurde, geht das Eigentum auf denjenigen über, der zuerst an ihr gutgläubigen Besitz erworben hat, für den Fall, dass es sich um eine bewegliche Sache gehandelt hat.

Wenn es sich um eine unbewegliche Sache handelt, geht das Eigentum auf den Erwerber über, der das Eigentum zuerst im Register eintragen hat lassen. Im Falle des Fehlens einer Eintragung gehört das Eigentum demjenigen, der es als Erster gutgläubig besitzt."

Im Gegensatz zum Liegenschaftserwerb steht im Falle einer Mehrfachveräußerung von beweglichen Sachen das Eigentum demjenigen zu, der als erster an der Sache gutgläubig Besitz erworben hat. Eindeutig ist somit diese Regelung im Sinne des Grundsatzes *prior tempore, potior iure.*

3. Der gutgläubige Eigentumserwerb an beweglichen Sachen ist im Art 464 geregelt.

Art 464: La posesión de los bienes muebles, adquirida de buena fe equivale al título. Sin embargo, el que hubiese perdido una cosa mueble o hubiese sido privado de ella ilegalmente, podrá reivindicarla de quien la posea.

340 Vgl den schauerlichen Gesetzgebungsstil des Art 36, ein Paradebeispiel exzessiver legistischer Kasuistik.

Art 464: „Der gutgläubig erworbene Besitz beweglicher Sachen bedeutet Erwerbstitel. Dennoch, wer eine bewegliche Sache verloren hat, oder wem sie auf illegale Weise entwendet wurde, kann sie von demjenigen mit der Eigentumsklage zurückverlangen, der sie besitzt".

Wenn der Besitzer einer verloren gegangenen oder illegal abhanden gekommenen beweglichen Sache diese gutgläubig bei einer öffentlichen Versteigerung (*venta pública*) erworben hat, so kann sie der Eigentümer nur zurückverlangen, wenn er den dafür bezahlten Preis erlegt.

Gutgläubigkeit bedeutet demnach prinzipiell Eigentumserwerb an Mobilien, es sei denn, die Sache war gestohlen worden oder verloren gegangen. In diesen Fällen ist freilich die Klage des Eigentümers gegenüber dem gutgläubigen Besitzers ab Besitzverlust nur innerhalb von drei Jahren möglich. Wer sich auf Art 464 beruft, trägt die volle Beweislast (TS 4.7. 1975).

Der gutgläubige Erwerb von einem Geschäftsmann, der üblicherweise mit Waren dieser Art Handel treibt (*comerciante legalmente establecido y habitualmente dedicado al tráfico de objetos análogos*) wird im Art 85 des Handelsgesetzbuches (*Código de Comercio*) geregelt im Sinne der Unmöglichkeit der Beeinspruchung des Erwerbs, wobei die Herkunft der Ware unerheblich ist.

Art 433 gibt die Legaldefinition der Gutgläubigkeit:

Se reputa poseedor de buena fe al que ignora que en su titulo o modo de adquirir exista vicio que lo invalide.

Art 433: „Derjenige wird für den gutgläubigen Besitzer gehalten, der nicht weiß, dass entweder beim Titel oder beim Modus des Erwerbs ein Mangel vorliegt, der den Erwerb ungültig machen würde".

Hervorzuheben wäre, dass nur die Kenntnis des Mangels die Gutgläubigkeit ausschließt. Fahrlässiges Verhalten, das zum Nichtwissen des Mangels führt, spielt demnach keine Rolle. Nach Art 434 wird der gute Glaube vermutet. Der gute Glaube bezieht sich nach Art 1950 auf das Eigentum des Vormannes sowie seine Befugnis zur Eigentumsübertragung.

§ 33 Österreich

Literatur: *Klang* in *Klang*, Kommentar zum ABGB II^2 (1950) 297 ff; *Koziol/Welser*, Grundriss des bürgerlichen Rechts I: Allgemeiner Teil, Sachenrecht, Familienrecht[13] (bearbeitet von A. Kletecka)(2006); ; *Aicher*, Das Eigentum als subjektives Recht (1975); *ders*, Verfassungsrechtlicher Eigentumsschutz und Enteignung (1985); *Spielbüch; Karner*, Gutgläubiger Mobiliarerwerb (2005).

I. Allgemeine Bestimmungen

1. Die Definition des Eigentums findet sich in den §§ 353 und 354 ABGB, sowie 362, verfassungsrechtlichen Schutz genießt das Eigentum durch Art 5 Staatsgrundgesetz von 1867.

§ 354. Als ein Recht betrachtet, ist Eigentum das Befugnis, mit der Substanz und den Nutzungen einer Sache nach Willkür zu schalten, und jeden andern davon auszuschließen.

§ 362. Kraft des Rechtes, frei über sein Eigentum zu verfügen, kann der vollständige Eigentümer in der Regel seine Sache nach Willkür benützen oder unbenützt lassen; er kann sie vertilgen, ganz oder zum Teile auf andere übertragen, oder unbedingt sich derselben begeben, das ist, sie verlassen.

2. Die Übertragung des Eigentums unter Lebenden beruht auf den Grundprinzipien von Titel und Modus (rechtliche Erwerbungsart).

§ 380: Ohne Titel und ohne rechtliche Erwerbungsart kann kein Eigentum erlangt werden.

§ 424: Der Titel der mittelbaren Erwerbung liegt in einem Vertrage; in einer Verfügung auf den Todesfall, in dem richterlichen Ausspruche; oder, in der Anordnung des Gesetzes.

§ 425: Der bloße Titel gibt noch kein Eigentum. Das Eigentum und alle dinglichen Rechte überhaupt können, außer den in dem Gesetze bestimmten Fällen, nur durch die rechtliche Übergabe und Übernahme erworben werden.

Nach diesen allgemeinen Grundvoraussetzungen liegt der Titel unter Lebenden primär in einem schuldrechtlichen Rechtsgeschäft. Dieses ist entweder der Kauf (§§ 1053 ff), der Tausch (§§ 1045 ff), das Darlehen (§§ 983 ff), die Schenkung (§§ 938 ff), sowie die Sicherungsabrede, die zum Sicherungseigentum führt, eine in Österreich von der Lehre geschaffene und von der Rechtsprechung übernommene Rechtsfigur.[341]

---

341 Dazu *Wellspacher*, Sicherungsübereignung und Konkursordnung, GZ, 1918, 49; *Frotz*, Aktuelle Probleme des Kreditsicherungsrechts (1970) 104 ff; *Mayerhofer*, Erweiterter Eigentumsvorbehalt und Sicherungsübereignung, ÖJZ 1969, 197; *E. Bydlinski*, Zur Sicherungsübereignung verpfändeter Sachen, ÖBA 1988, 788.

§ 1053 erwähnt ausdrücklich, dass der Kauf wie der Tausch als Titel im Rahmen der Eigentumsübertragung anzusehen sind. Alle genannten Rechtsgeschäfte sind kausal zu verstehen, was dazu führt, dass ein nicht vorhandener oder wie immer gearteter ungültiger Titel nie zur Übertragung des Eigentums führen kann. Auch bei nachträglicher erfolgreicher Anfechtung des Titels (Irrtum, Arglist) ist davon auszugehen, dass das Eigentum nie übergegangen war. Man spricht in diesem Zusammenhang von der sachenrechtlichen ex tunc-Wirkung der Anfechtung[342].

Der Modus wird heute im Gegensatz zur ursprünglichen österreichischen Auffassung auch als Verfügungsgeschäft verstanden. Der historische Gesetzgeber hat dagegen den Modus als reinen Realakt aufgefasst, als tatsächliche Vollzugshandlung zur Übertragung des Besitzes. Das bedeutet, dass nach heutiger herrschender Lehre die Parteien ein weiteres Rechtsgeschäft abschließen mit dem Inhalt, dass das Eigentum übertragen werden solle. Die Lehre vom Verfügungs- und Verpflichtungsgeschäft wurde somit im wesentlichen der deutschen Lehre entnommen. In neuester Zeit ist dagegen eine bemerkenswerte Wende in der Rechtsprechung eingetreten, die den Modus wieder in den Bereich der tatsächlichen Rechtsakte zu setzen scheint. Diese Unterscheidung ist keineswegs marginal, würde doch ein doppeltes Rechtsgeschäft allemal bedeuten, dass beide Male die allgemeinen Voraussetzungen des Rechtsgeschäfts zu prüfen sind im Hinblick auf die Gültigkeit derselben[343]. Festzuhalten bleibt, dass unabhängig von der dogmatischen Betrachtungsweise der Übertragungsart allemal auch eine tatsächliche Handlung vollzogen werden muss, die Übergabe, also Übertragung des Besitzes bei beweglichen Sachen, die Eintragung in das Grundbuch bei Liegenschaften.

II. Die Eigentumsübertragung an Liegenschaften

1. Während die Übergabe bei beweglichen Sachen im Sinne der Übertragung des Besitzes in den hierfür vom Gesetz vorgesehenen Arten und Weisen (von Hand zu Hand, *brevi manu traditio*, Übergabe durch Zeichen und Erklärung) keine weiteren Probleme verursacht und den Eigentumserwerb mit der Vollendung der Übertragung des Besitzes einhergehen lässt – stets unter Vorliegen ei-

342 ZB *Rummel* in *Rummel*, ABGB[3] I § 871 Rz 20; *Koziol/Welser*, Grundriss I[11], 139 (jeweils mwN).

343 Vgl OGH ÖBA 1987, 81, der hier der Auffassung *Spielbüchlers* (Der Dritte im Schuldverhältnis [1973] 101 ff) folgt, demzufolge der dingliche Vertrag zwar existiere, im Rahmen der Übereignung jedoch bereits im Titelgeschäft enthalten sein solle.

nes gültigen Titels – bedeutet die Eintragung in das Grundbuch im Rahmen des *modus* eine näher zu betrachtende Eigenart des österreichischen Rechts.

§ 431: Zur Übertragung des Eigentums unbeweglicher Sachen muss das Erwerbungsgeschäft in die dazu bestimmten öffentlichen Bücher eingetragen werden. Diese Eintragung nennt man Einverleibung (Intabulation).

2. Beim Grundbuch[344] handelt es sich um ein von den Bezirksgerichten geführtes öffentliches Register, in dem nach dem Realsystem, also nach Grundstücken geordnet, die dinglichen Rechte vermerkt sind. Das Grundbuch besteht aus dem Hauptbuch und aus den Urkundensammlungen. Die flächenmäßige Einheit besteht entweder aus einer Liegenschaft oder zusammenhängenden Liegenschaften (Parzellen). Jede Einheit weist eine Einlagezahl auf (EZ). Jede Einlage besteht aus drei Blättern: A-Blatt = Gutbestandsblatt, B-Blatt = Eigentumsblatt und C-Blatt = Lastenblatt. Das Gutbestandsblatt enthält zwei Abteilungen. In A-1 sind alle Grundstücke des Blattes (= Grundbuchskörper) mit Grundstücksnummer (= Katasterzahl) und Art der Benützung aufgeführt, in A-2 sind alle mit den Liegenschaften verbundenen Rechte aufgeführt. In A-2 ist aber auch angeführt, dass eine Maschine nicht dem Liegenschaftseigentümer gehört. Dies ergibt sich aus der besonderen Rechtsfolge des § 279a ABGB demzufolge Geräte und Maschinen, die als geradezu typisches Zubehör eines Betriebes gelten müssten, nur dann nicht mit der Liegenschaft in Verbindung zu bringen sind, wenn dies im Grundbuch vermerkt ist. Im B-Blatt sind die Eigentumsverhältnisse eingetragen, die Eigentumsübertragungen sowie die persönlichen Beschränkungen des Eigentümers bezüglich der Vermögensverwaltung. Im C-Blatt sind alle objektiven Belastungen und Beschränkungen des Eigentümers erwähnt (Pfandrechte, Dienstbarkeiten, Veräußerungs-, Belastungsverbote, Vor- und Wiederkaufsrechte).

In der Urkundensammlung werden in Original oder Abschrift jene Urkunden aufbewahrt, die Grundlage der Eintragung waren. Als Hilfseinrichtungen dienen die Grundbuchsmappe, eine Landkarte, in der sämtliche Grundstücke verzeichnet sind, sowie ein Eigentümerverzeichnis. Für Stadtgebiete werden auch Straßenverzeichnisse angelegt. Die Grundbücher werden nach sog. Katastralgemeinden geordnet, die nicht unbedingt mit den politischen Gemeinden übereinstimmen müssen, meist gibt es sogar mehrere je nach Größe der politischen Gemeinde.

Als abgeschlossen muss die EDV-mäßige Erfassung und damit Abrufbarkeit des Grundbuches bezeichnet werden.

3. Im Zusammenhang mit dem Modus beim Liegenschaftserwerb ist die Einverleibung – so nennt sich die spezifische Eintragung- von zentraler Bedeutung.

---

344 Allgemeines Grundbuchgesetz (GBG) von 1955. Dazu *Feil*, Österreichisches Grundbuchsrecht (1972); *Hofmeister*, Die Grundsätze des Liegenschaftserwerbs (1977); *Marent/Preisl*, Grundbuchsrecht^2 (1994).

Diese, auch Intabulation genannt, führt zum unbedingten Rechtserwerb bzw Rechtsverlust im Rahmen der Eigentumsübertragung.

Die Einverleibung erfolgt entweder auf Grund einer gerichtlich oder notariell beglaubigten Privaturkunde oder einer öffentlichen Urkunde (vom Notar bzw einer öffentlichen Behörde im Rahmen ihrer Befugnisse aufgenommene Urkunde (§§ 31-33 GBG).

Die Urkunden müssen enthalten:

a) die genaue Angabe der Liegenschaft oder des Rechtsbehelfs, dem die Einverleibung folgen soll.

b) die ausdrückliche Erklärung desjenigen, dessen Recht beschränkt, belastet, aufgehoben oder auf eine andere Person übertragen werden soll, und dass er in die Einverleibung einwilligt. (so Gesetzeswortlaut GBG § 32 Abs 1a und b).

Diese letztere Erklärung, ohne welche keine Einverleibung vorgenommen werden darf, heißt Aufsandungserklärung. Sie kann in der Titelurkunde selbst, in einer besonderen Urkunde bzw im Grundbuchgesuch abgegeben werden. Aus § 432 f ABGB ergibt sich die Erfordernis der Beurkundung des Titels des obligatorischen Verpflichtungsgeschäfts. § 433 ist diesbezüglich sehr eingehend:

Die Urkunde muss die genaue Angabe der Personen, die das Eigentum übergeben

und übernehmen; der Liegenschaft die übergeben werden soll, mit ihren Bestandteilen; des Rechtsgrundes der Übergabe; ferner des Ortes und der Zeit des Vertragsschlusses enthalten; und es muss von dem Übergeber in dieser oder in einer besonderen Urkunde die ausdrückliche Erklärung abgegeben werden, dass er in die Einverleibung einwillige.

Aus § 432 ergibt sich weiters die Notwendigkeit einer öffentlichen oder öffentlich beglaubigten Urkunde. Die Praxis lehrt, dass es sich hierbei um eine Domäne des Notariats handelt. In der Praxis kann somit entweder nach Bestimmungen der § 432 ABGB und §§ 31, 32, 33 GBG eine einheitliche Urkunde sowohl über das Titelgeschäft und die Aufsandungserklärung zusammen mit dem Grundbuchsgesuch abgegeben werden oder eigene Urkunden als Titelgeschäft und Aufsandungserklärung mit den jeweiligen, in den erwähnten Paragraphen angeführten Form- und Inhaltserfordernissen. Damit sind die Erfordernisse von Titel und Modus erfüllt und das Eigentum kann als übertragen angesehen werden. Die Einverleibung ist somit ein konstitutives Element der Eigentumsübertragung an Liegenschaften (vgl auch § 4 GBG). Ausnahmen von diesem Prinzip sind die sog. außerbücherliche Ersitzung (*argumentum e contrario* aus § 1500 ABGB[345]), die Errichtung eines Gebäudes nach § 418 ABGB, nie aber bei der Übertragung von Eigentum.

---

345 OGH JBl 1985, 369.

Dem Rechtspfleger als Grundbuchsorgan obliegt die formelle Prüfung der Urkunden (§ 946 GBG), nicht aber die materielle Richtigkeit der Titelurkunde. Dem Gesuch wird mit Beschluss stattgegeben bzw es wird abgewiesen, wogegen Rekurs zulässig ist, welcher (§§ 122 ff) vom Gericht zu entscheiden ist. Gegen diese Entscheidung ist Revisionsrekurs an den OGH zulässig (vgl §§ 13-15 AußStrG). Nach § 440 ABGB in Verbindung mit § 29 GBG ergibt sich, dass der Eigentumserwerb im Falle von Mehrfachveräußerung sich generell nach dem Zeitpunkt der Einverleibung richtet, wobei maßgeblich das Einlangen der Eingabe beim Grundbuchsgericht ist (Prioritätsprinzip).

Auf Grund des Öffentlichkeitsgrundsatzes hat jedermann das Recht, Einsicht in das Grundbuch zu nehmen (§ 7 GBG).

III. Der gutgläubige Eigentumserwerb

1. Der gutgläubige Erwerb von beweglichen Sachen ergibt sich aus dem § 367 ABGB, bei Liegenschaften aus dem Vertrauensgrundsatz des Grundbuchsrechts.

§ 367: Die Eigentumsklage findet gegen den redlichen Besitzer einer beweglichen Sache nicht statt, wenn er beweist, dass er diese Sache in einer öffentlichen Versteigerung, oder von einem zu diesem Verkehre befugten Gewerbsmanne, oder gegen Entgelt von jemandem an sich gebracht hat, dem sie der Kläger selbst zum Gebrauche, zur Verwahrung, oder in was immer für einer andern Absicht anvertraut hatte. In diesen Fällen wird von den redlichen Besitzern das Eigentum erworben, und dem vorigen Eigentümer steht nur gegen jene, die ihm dafür verantwortlich sind, das Recht der Schadloshaltung zu.

Die Redlichkeit selbst wird zwar von der herrschenden Lehre und der Rechtsprechung streng verstanden, im Sinne dass sie bereits durch leichte Fahrlässigkeit ausgeschlossen wird[346], doch gibt es eine bemerkenswerte Mindermeinung: So hat *Spielbüchler*[347] die vormals lange Zeit vertretene interessante Auffassung neuerlich unterstrichen, dass, was die Redlichkeit anbelangt, allein auf die positive Kenntnis abzustellen ist. Nur die Kenntnis selbst derjenigen Umstände, die den unmittelbaren Eigentumserwerb verhindern, kann die Redlichkeit ausschließen. Im Weiteren seien beim gutgläubigen Eigentumserwerb die im § 368 genannten objektiven Umstände in Betracht zu ziehen, die den Erwerb verdächtig machen und scheitern lassen können. § 368 muss so in engstem inhaltlichen Zu-

---

346 OGH SZ 58/75; JBl 1994, 330; *Apathy*, Redlicher oder unredlicher Besitzer, NZ 1989, 173.

347 In *Rummel*, ABGB I^3 § 326 Rz 2, § 368 Rz 1 ff.

sammenhang mit § 367 verstanden werden.[348]. Die Problematik, die von Spielbüchler mE weitestgehend gelöst wurde, ist insbesondere deshalb im Bereich des ABGB entstanden, weil der historische Gesetzgeber wohlüberlegt eine besondere Terminologie wählte, die wenig mit derjenigen von der Zivilrechtslehre des 19. Jahrhunderts entworfenen Fahrlässigkeitsdoktrin zu tun hat. Auch hier hat die Übernahme, um nicht zu sagen das Aufpfropfen der Lehre des 19. Jahrhunderts und in verstärktem Maße die mehr oder minder offene Rezeption des BGB ihre Spuren hinterlassen. Wichtig ist auch, dass die Redlichkeit bei Titelgeschäft und Übergabe, also bis zur Vollendung des Erwerbes, vorhanden sein muss. Das Titelgeschäft muss weiters objektiv gültig sein. Nur entgeltliche Rechtsgeschäfte kommen in Frage, so dass sich in der Praxis § 367 auf den Kauf beschränkt (Tausch ist natürlich auch vorstellbar). Ausgeschlossen bleibt die Schenkung.

2. Als zweite Voraussetzung ist entweder die öffentliche Versteigerung vorgesehen, der Erwerb vom befugten Gewerbsmanne (wobei dies heute wohl unrichtig dahin verstanden wird, dass die Gewerbebefugnis maßgeblich ist) oder der Erwerb vom Vertrauensmann. Der Eigentümer hat sich den Vertrauensmann selbst ausgesucht, er hat ihm die Sache übertragen (OGH SZ 53/163). Die Übertragung an den Vertrauensmann erfolgt zumeist auf vertraglicher Basis: Verwahrung, Leihe, Miete, Pacht, Pfand, Prekarium (dazu OGH 58/75). Als Vertrauensmann gilt gemeinhin auch der Vertrauensmann des Vertrauensmannes[349]. Während bei der öffentlichen Versteigerung sowie beim Erwerb vom befugten Geschäftsmanne es keine Rolle spielen kann, wie die in Frage kommende Sache dem ursprünglichen Eigentümer abhanden gekommen war – also durchaus auch bei gestohlenen Sachen – spielt der Wille des Eigentümers, die Sache aus seiner Hand gegeben zu haben, beim gutgläubigen Erwerb vom Vertrauensmanne eine entscheidende Rolle. In allen genannten Fällen wird das Eigentum bei Vorliegen der Voraussetzungen sofort übertragen. Gibt es gegenüber dem ursprünglichen Eigentümer einen Verantwortlichen, so muss dieser den entstandenen Schaden ersetzen, und zwar nach der Diktion des ABGB in Form der Schadloshaltung, was die objektiv abstrakte Schadensermittlung bedeutet.

3. Im Bereich des Eigentumserwerbs an Liegenschaften bedeutet der Vertrauensgrundsatz, dass der gutgläubige Dritte auf die Richtigkeit des Grundbuches vertrauen darf. Dies ist der Fall, wenn das Grundbuch unrichtig ist und der

---

348 § 368 (Unredlicher Besitzer): „Wird aber bewiesen, dass der Besitzer entweder schon aus der Natur der an sich gebrachten Sache, oder aus dem auffallend zu geringen Preise derselben, oder aus den bekannten persönlichen Eigenschaften seines Vormannes, aus dessen Gewerbe oder andern Verhältnissen einen gegründeten Verdacht gegen die Redlichkeit seines Besitzes hätte schöpfen können; so muss er als ein unredlicher Besitzer die Sache dem Eigentümer abtreten."

349 So *Spielbüchler* in *Rummel*, ABGB I^3 § 367 Rz 9.

Erwerber darauf vertraut. Nach §§ 62 ff GBG gilt die Maxime: Was eingetragen ist, gilt. (positiver Aspekt des Vertrauensgrundsatzes), was nicht eingetragen ist, gilt nicht, (negativer Aspekt des Vertrauensgrundsatzes). Der gutgläubige Erwerb Dritter wird insbesondere dann anzunehmen sein, wenn der Dritte (C) eine Liegenschaft erwirbt, die der ursprüngliche Eigentümer (A) veräußert hatte. Der Erwerber (B) hatte die Einverleibung erwirkt, ebenso C. A ficht das Titelgeschäft an und dringt durch, zwar wird damit B Nichteigentümer wegen der dinglichen *ex tunc*-Wirkung des Wegfalls der causa, doch C bleibt bei Vorliegen der Gutgläubigkeit Eigentümer. Der OGH hat übrigens auch bei Liegenschaften analog zu § 367 ABGB die Entgeltlichkeit des Verpflichtungsgeschäfts angenommen (OGH SZ 62/219).

§ 34 England

Literatur: *Pugliese* (s.v.), Property, in: Enciclopedia Giuridica Treccani, XXIV, 1990; *Panforti*, La vendita immobiliare nel sistema inglese. Storia di un problema nell'analisi comparativa (Milano 1992); *Eisenhauer*, Moderne Entwicklung im englischen Grundstücksrecht = Studien zum ausländischen und internationalen Privatrecht Bd. 59 (1997); *Moccia*, Il modello inglese di proprietà, in *Alpa/Bonnell/Corapi/Moccia/Zeno-Zencovich* (Hrsg), Diritto privato comparato(1999) 35; *Butterworth*'s Property Law (1999); *E.H Burn/J. Cartwright*, Modern Law of Real Property[17] (2006); *P.H. Kenny/R. Hewiton*, Property Law (3. Aufl.) (2002).

I. Der Inhalt des Eigentums

Vielschichtig erscheint der Eigentumsbegriff des englischen Rechts. Während *'ownership'* und *'propriety'* durchaus den abstrakten, deutschen Juristen geläufigen, Rechtsbegriff wiedergeben, bezieht sich das Wort *'property'* auch auf die konkreten im Eigentum stehenden, also zugeordneten Güter. Dies ist, zumindest der Theorie nach und dem terminologischen Verständnis entsprechend, auch heute noch von erheblicher Bedeutung, und zwar deshalb, weil es nach wie vor an Grund und Boden kein absolutes Eigentumsrecht gibt, sondern nur im Rahmen eines Systems von Belehnungen (*tenures*) an dessen Spitze die Krone steht, Landzuweisungen. Freilich die Betonung muss auf dem Terminologischen bleiben. *'Ownership'* gibt es zwar nicht, wohl aber durchaus absolute Rechte (*estates*). Seit dem Eingriff des Gesetzgebers, insbesondere aus den Jahren 1922/1925 mit *dem 'The Law of Property Act'*, der die verwirrende Vielfalt an Rechten zurückgedrängt hatte, gilt folgendes:

Dem Eigentum kontinentaler Prägung entspricht *'estate in fee simple absolute in possession'*, ein dingliches Nutzungsrecht auf Zeit ist *'term of years absolute'*. Erstere werden auch als *'estates of free hold'* bezeichnet, letztere als *'lease holds'*. Bezüglich der Klagen gelangt freilich der Begriff der *'property'* wieder zu Bedeutung. *'Real property'* ist jenes Recht, das sich aufgrund einer *actio in rem* darstellen lässt. Dabei handelt es sich ursprünglich ausschließlich um *'estates of free hold'*, die der Klage unterliegen, die zum ausschließlichen Ziel die Rückerstattung des Grundstücks hat. Inzwischen ist die Rückerstattung bei allen weiteren dinglichen Rechten an Grund und Boden zum Einsatz zu bringen, auch wenn jene dem Begriff der *'personal property'* unterliegen. Die Einteilung ist tatsächlich rein historischer Natur, da ursprünglich bei sämtlicher *'property'* Ansprüche außer dem eigentlichen Eigentumsanspruch (*estate in fee simple*) mit einer *actio in personam* vorgegangen werden musste. Der wesentliche Unterschied zur *actio in rem* liegt darin begründet, dass der Beklagte wohlweislich auch Geldersatz leisten könnte und kann. Im Zusammenhang mit 'personal property' werden die beschränkten dinglichen Rechte, insbesondere die *'lease holds'* als *'chattels real'* bezeichnet. Alle übrigen Eigentumsansprüche, insbesondere an Mobilien heißen *'chattels personal'* oder *'(pure) personality'*. Unter letzteren wird weiters unterschieden – ohne dass dies grundsätzlich eine Auswirkung auf die Klage hätte – zwischen *'choses in posession'* und *'choses in action'*. Erstere entsprechen im Eigentlichen den beweglichen Sachen des deutschen Rechts (*'rights, which can be protected by physical control'*), letztere den Rechten (*rights, which can be protected only by legal action*): Wertpapiere aller Art , Patente und Urheberrechte, Forderungen.

II. Die Übertragung des Eigentums

1. Grundsätzlich bedarf es zu einer Eigentumsübertragung eines Vertrages (*contract*) und einer förmlichen Handlung, damit der Zeitpunkt des Eigentumsübergangs klar erkannt werden kann. Nach *section* 40 des *Law of Propriety Act* müssen Kaufverträge, welche Grundstücke betreffen, entweder schriftlich abgefasst sein oder die Existenz des Vertrages muss zumindest über schriftliche Urkunden nachgewiesen werden können (sieht man nach den Regeln der *'equity'* von *'part performances'* ab, also Teilerfüllungen, die den Vertragsabschluß bei Fehlen der Schriftlichkeit beweisen können).

Wenngleich im wesentlichen freie Vereinbarungen durchaus möglich wären (*open contract*), so wird doch in den meisten Fällen die förmliche Variante bevorzugt. Dabei werden folgende *'conditions'* berücksichtigt: *Particulars, Special Conditions, General Conditions. Particulars* sollen das Grundstück selbst beschreiben, *Special Conditions* variieren, legen somit Besonderheiten des Vertragsabschlusses fest. *General Conditions* sind geradezu nach Art der Allgemeinen Geschäftsbedingungen standardisiert. Die *Law Society* bzw die örtlichen *Law Societies* haben derartige *'conditions'* ausgearbeitet.

Üblicherweise hinterlegt der Erwerber einen Teil des Kaufpreises (meist 10 %). Scheitert der Vertrag infolge Verschuldens des Erwerbers, verfällt dieser Betrag. Als wichtigste Folge des Abschlusses des Vertrages müsste die Tatsache angesehen werden, dass

a) der Veräußerer (*vendor*) zum Treuhänder (*trustee*) des Erwerbers (*purchaser*) wird.

Der Erwerber hat ein *'equitable interest'*, er ist *'equitable owner'*.

b) der Veräußerer am Grundstück ein *'equitable lien'* erhält, so lange der Kaufpreis nicht bezahlt worden ist, eben in Höhe des Kaufpreises. Dieses *'lien'* ist als typischer Bereich der *equity* so lange existent, bis der Veräußerer seine Kaufpreisforderung auf anderem Wege sichert.

c) der Erwerber die Gefahr für Feuerschäden trägt.

Sollte die Erfüllung des Vertrages daran scheitern, dass der Veräußerer einen Mangel im Titel entdeckt, so kann der Erwerber das Hinterlegte zurückfordern, sowie jene Auslagen, die er im Zusammenhang mit dem Vertragsabschluß getätigt hat (*Bain v Fothergill* [1874] LR 7 HL 158)

2. Zwischen Vertragsabschluß und der Vollendung der *conveyance* muss der Veräußerer dem Erwerber alle jene Beweisstücke zur Verfügung stellen, aus denen sich sein Recht zur Eigentumsübertragung ergibt (*a valid title to convey*).

Das ist bei registriertem Land nicht weiter problematisch, aus dem *'land register'* muss sich auch die Belastung des Grundstückes ergeben. Das *'land certificate'* ist der Beweis des Rechts am Grundstück. Bestimmte Belastungen finden sich nicht im Register (*overriding interests*). Darunter fallen insbesondere *'leaseholds'* von weniger als 21 Jahren, *'legal closements'* und *'profits á prendre'* (als Dienstbarkeiten, wobei die *'profits á prendre'* zu irgendeiner Entnahme am Grundstück berechtigen) sowie *'local land charges'*. Letztere sind Beschränkungen im Gebrauch des Grundstückes, die auf lokale Behörden zurückgehen, ihrerseits aber im *'local land charges register'* eingetragen sein müssen. All Diese Belastungen sind in der Zwischenphase zu überprüfen. Diese setzen Untersuchungen des Erwerbers (*searches*) voraus. Wegen der Komplexität der Vorgangsweise werden diese Schritte meistens vom *solicitor* übernommen. In diesem Zusammenhang wird meistens auch eine Nachfrage bei der lokalen Planungsbehörde empfohlen, ob nicht etwa bestehende zukünftige Beschränkungen dem Erwerb im Wege stehen könnten.

Danach gelangt man zu Phase 3, der eigentlichen Vollendung der Eigentumsübertragung (*completion of the conveyance*). Diese beruht auf einer vom Verkäufer in Gegenwart eines Zeugen abgefassten Urkunde (*deed*) sowie der Namensänderung im Register.

III. Das Register

Seit 1925 (*Land Registration Act* in der Fassung von 1985 und 1988) wird das Land systematisch erfasst und registriert. Heute sind über 90% des Landes in England und Wales erfasst. Es gibt 13 Distrikte. Die EDV-mäßige Erfassung ist weitgehend abgeschlossen, es finden sich über 13 Millionen registrierte Titel. Es gibt *HM Land Registry* in London sowie *District Registries*. Jeder Eigentümer erhält ein *land certificate.* Das Register ist in drei Teile geteilt, die ebenfalls Register genannt werden: *property register*, *proprietorship register*, *charges re-*

gister. Jedes *register* ist mit Einzelkarten (*cards*) geführt. Im *property register* ist das Land selbst beschrieben – auch kartographisch- sowie die Berechtigung: entweder *freehold* oder *leasehold.* Dienstbarkeiten (*easements*) können vermerkt werden, in diesem Falle wirkt die Eintragung als Titel. Im *proprietorship register* scheint der Name und die Adresse des Eigentümers auf, sowie Eigentumsbeschränkungen. Ebenfalls scheint hier die Art des Titels auf: 1. *absolute title*, der vom *Registrar* begutachtet und offiziell anerkannt wurde, 2. *good leasehold title*. Grundsätzlich einzutragen sind ab 1.12.1990 nur die *fee simple absolute in possession* und *term of years absolute*, falls dieses Recht länger als 21 Jahre dauern soll. *Leases* von weniger als 21 Jahren, gesetzliche Dienstbarkeiten, örtliche Landlasten sind nicht eingetragen und folgen damit nicht den Regeln des vom Staate her garantierten absoluten Vertrauensschutzes des Registers. Sodann erhält der Erwerber das *'land certificate'*.

IV. Der Schutz des Eigentums

1. Grundlegend verschieden vom System kontinentaleuropäischer Rechte ist auch die Vorgangsweise zum Schutz von Immobilieneigentum. Hier ist nämlich in erster Linie der *Criminal Law Act 1977* SS 6-13 anzuwenden. Jeder, der gegen den Willen die freie Nutzung eines Grundstückes, sei es gegenüber einem *„freehold“*, sei es gegenüber einem *„leasehold“* bis zu 21 Jahren, beeinträchtigt, begeht ein *„offence“*. Dies insbesondere auch dann, wenn sich der 'Besitzer' weigert, das Grundstück zu verlassen. Auch im Schadensrecht, den *'torts'*, kann der Eigentümer Schutz und Zuflucht finden; die *torts* ersetzen die negatorischen Ansprüche des kontinentaleuropäischen Rechtes. Zu nennen sind vornehmlich *'private nuisances'* und *'trespass to land'*.[350]

2. Auch im Bereich der Kategorie der beweglichen Sachen *'choses in possession'* erfolgt der Schutz über Strafgesetze sowie das Schadensrecht: [*Wrongful Interference with goods/Torts Act 1977*]: *'trespass to goods'* im Falle der wie immer gearteten Verletzung des ruhigen Besitzstandes, also insbesondere des Entzuges oder der Beschädigung der Sachen, sowie *'conversion'*, das privatrechtliche Spiegelbild aller Arten von Diebstahl, das vorsätzliche Ansichbringen einer fremden Sache, auch Hehlerei im weitesten Sinn[351], aber ohne jedes Verschulden

350 In diesem Zusammenhang ist auch jene Klage zu sehen, mit welcher vorenthaltene Grundstücke wiedererlangt werden können (*action of ejectment*). Mit dieser Klage ist auch Schadenersatz wegen der Besitzstörung verbunden.

351 So schon *Hollins v Fowler* (1875) LR 7 HL 757, wo ein Baumwollhändler, der Baumwolle, die er von einem Dritten gekauft hatte, der sie seinerseits illegal erworben hatte, weiterverkauft hatte, verurteilt worden war.

des Betreffenden. Diese beiden Torts sind in diesem Zusammenhang bei weitem am häufigsten. Die vom Gesetz gemeinte, allgemeine Auffangklausel nach s 1 – *'negligence so far as it results in damage to goods ... and any other tort so far as it results in such damage'* – ist in der Praxis von geringer Bedeutung geblieben.

V. Die Übertragung des Eigentums an beweglichen Sachen

Literatur: *Atiyah*, The Sale of Goods[8] (1990); *Chalmers*' Sale of Goods Act 1979[18] (1981; bearbeitet von *Mark*); *M. Bridge*, The Sale of Goods (1997); *M. Bridge*, The International Sale of Goods (2000).

Die vertragliche Eigentumsübertragung an beweglichen Sachen ist seit dem *Sale of Goods Act 1893* (SGA) (überarbeitet 1979, zuletzt *Sale of Goods Amendment Acts* 1994 und 1995) gesetzlich geregelt. Dabei hatte man Bedacht darauf genommen, das geltende *case law* zu sichten und auf Grund desselben die Kodifikation durchzuführen[352]. Die allgemeinen Regeln von *Common Law* und *equity* sind nach der heute geltenden Fassung anwendbar, sofern sie dem Gesetz nicht widersprechen [Sec.62 (2)]. Grundsätzlich wird das Eigentum an Mobilien entweder durch bloßen Vertrag oder durch Schenkung (*gift*) übertragen. Bei Schenkungen ist die Übergabe als zweite Voraussetzung zum Eigentumserwerb erforderlich. Als Vertrag kommt dabei nur der unbedingt geschlossene Kaufvertrag (*sale*) von solchen Sachen in Frage, die bereits hinreichend konkretisiert sind. Eine Übergabe (*delivery*) ist also grundsätzlich nicht erforderlich, kann aber ausbedungen werden, ebenso wie der zeitliche Ablauf der Übertragung. Bis zur *delivery* ist die Eigentumsübertragung nur *'between the parties'* gültig, erst mit erfolgter *delivery: to all purposes.* Die entscheidende Bestimmung findet sich in *Section 18 (rule 1): Where there is an unconditional contract for the sale of specific goods in a deliverable state, the property of the goods passes to the buyer when the contract is made, and it is immaterial whether the time of payment or the time of delivery or both be postponed.*

Nach *Section 20* geht im Augenblick der Eigentumsübertragung auch die Gefahr auf den Käufer über, es sei denn, anderes wurde vereinbart.

Doch auch in diesem Bereich gilt es, sich vor Schematisierungen in Acht zu nehmen. Die Bedeutung der *delivery* erscheint in *Stock v Wilson* (1913, 2 KB 235) in einem anderen Licht: In diesem Falle war entschieden worden, dass die einfache *delivery* auch ohne Vertrag zur Übertragung des Eigentums ausreichen würde, wenn der Übergebende dies nur gewollt habe. Sein Irrtum sei dabei uner-

352 Der Schöpfer und Redaktor des Gesetzes war *Sir Mackenzie Chalmers* (1847-1927).

heblich. So schafft die *delivery* letztendlich selbst einen Titel, der nicht auf einem konkreten Vertrag beruhen muss. Unter den nicht seltenen Besonderheiten sei der Verkauf einer Schiffsladung genannt, wo die Aushändigung der *'bill of lading'* zur Übertragung des Eigentums führt.

VI. Der gutgläubige Eigentumserwerb an beweglichen Sache

Literatur: *W. Dreyer*, Der gutgläubige rechtsgeschäftliche Erwerb beweglicher Sachen im englischen Recht (1996).

Das englische Recht steht dem gutgläubigen Eigentumserwerb grundsätzlich negativ gegenüber. Dies betrifft sowohl die Grundsätze des *Common Law* wie die gesetzliche Regelung im *Sale of Goods Act.* Das englische Recht hat immer am römischrechtlichen Grundsatz festgehalten, dass niemand mehr an Rechten übertragen könne als er selbst habe[353]. Als Rechtsregel des englischen Rechtes lautet der Grundsatz *nemo dat quod non habet*, der als solcher regelmäßig zitiert wird. Im *Sale of Goods Act* heißt es in S 21(1): *The buyer acquires no better title to his goods than the seller had.* Der gutgläubige Erwerber kann jedoch nach S 12 (1) *Sale of Goods Act* den Vertrag selbst anfechten und so den Kaufpreis zurückerlangen. Das Problem des Interessenausgleiches zwischen dem wahren Eigentümer und dem gutgläubigen Erwerber wurde von Lord Denning, einem der bedeutendsten Richter dieses Jahrhunderts, in *Bishopsgate Motor Finance Corporation Ltd v Transport Brakes Ltd* (1949 1KB 322, 336 f) auf den Punkt gebracht: Einerseits Schutz des Eigentums, andererseits Schutz des freien Warenverkehres. Diesem Ausgleich diente seit alters her die Schaffung von Einzeltatbeständen, die allesamt Eingang in gesetzliche Regelungen fanden. Grundlegend ist in allen Fällen der gute Glaube (*good faith*), der im *Sale of Goods Act*, S 61 (3) definiert ist. Die wichtigste Ausnahme vom allgemeinen Prinzip findet sich auch in S 21 (1) des *Sale of Goods Act:" ... unless the owner of the goods is by his conduct precluded from denying the seller's authority to sell".*

Der Eigentümer muss also selbst dazu Anlass gegeben haben, dass der Erwerber keinen Zweifel daran haben konnte, dass der Verkäufer zum Verkauf ermächtigt war. Damit sind all jene Fälle gemeint, die man unter dem Begriff der Rechtsscheinsvollmacht verstehen kann. Darunter fallen zwei Aspekte: der Anschein der Vertretungsmacht (*ostensible authority*) und der Anschein der Verfügungsbefugnis (*ostensible ownership*). Dieser Tatbestand fällt in den Bereich des

---

353 Der Satz geht auf den römischen Juristen *Ulpian* zurück: *Nemo plus iuris ad alium transferre potest quam ipse habet* und findet sich in den Digesten Justinians 50, 17, 54.

estoppel, damit soll ein *venire contra factum proprium* sanktioniert werden. Die Ausnahmebestimmung der S 21 (1) wird als *estoppel by representation* bezeichnet, je nach Verhalten kann unterschieden werden zwischen *estoppel by conduct* und *estoppel by negligence*. Im ersten Fall ist das Verhalten als bewusst (*wilfully*) einzustufen, dieses Verhalten erweckt den Eindruck der Veräußerungsbefugnis (*Spiro v Lintern* [1973] All ER 319, 328). Im zweiten Fall muss eine *duty of care*, eine Sorgfaltspflicht dem Erwerber gegenüber vorgelegen haben, diese muss fahrlässig verletzt worden sein. So wird die Unterfertigung von Blankoformularen in *Mercantile Credit Co Ltd v Hamblin* (1964) 3 All ER 592, 604 als ausreichend erachtet, um zwar noch unbestimmten Dritten gegenüber eine Sorgfaltspflicht zu begründen. Der reine Eigenbesitz des Veräußerers reicht im übrigen nicht aus, um die tatbestandsmäßigen Voraussetzungen zu erfüllen. Der wahre Eigentümer muss durch sein besonderes Verhalten *estopped* sein. In *Henderson & Co v Williams* ([1895] 1 QB 521) hatte der Eigentümer einem betrügerischen Käufer Waren verkauft, die sich in einem Lager befanden. Infolge des Betruges war der Kaufvertrag nichtig, das Eigentum somit nicht übergegangen. Der Eigentümer wies jedoch den Lagerhalter an, die Waren für den Erwerber zu lagern. Der betrügerische Erwerber bot seinerseits die Waren einem Dritten zum Kauf an. Dieser hegte Zweifel an der Redlichkeit des Veräußerers und stellte beim Lagerhalter Nachforschungen an. Der Lagerhalter informierte ihn, dass er die Waren für den Veräußerer lagere. Daraufhin kaufte der Dritte vom unredlichen Veräußerer. Als der erste Käufer dem ersten Verkäufer den Preis nicht bezahlte, forderte dieser vom Lagerhalter die Herausgabe der Ware. In diesem Falle wurde entschieden, der Eigentümer sei *estopped*, da er dem Lagerhalter angeordnet habe, in seinen Büchern den Namen des Erwerbers einzutragen. Ein derartiges Verhalten gilt als *indicia of title.*

Lange Zeit galt die *estoppel-Regel* auf Grund ihrer unzweideutigen Herkunft aus dem Bereiche der *equity* als prozesstechnische Vorgangsweise, die kein neues Eigentum schaffen konnte, somit nur im Streit zwischen zwei Parteien entscheidend war. Inzwischen kann man davon ausgehen, dass der gutgläubige Erwerber Eigentum jedermann gegenüber erwirbt. Man spricht vom *common law estoppel*, das in der Lage ist, einen echten Titel zu übertragen. Lord Denning sprach davon, dass das *estoppel* keine Beweisregel sei, sondern *a principle of justice and equity* (*Moorgate Mercantile Co Ltd v Twitchings* [1975] All ER 314).

Weitere Tatbestände sind im *Sale of Goods Act* geregelt. Dabei handelt es sich um die Doppelveräußerung nach S 17, sowie um den Erwerb von einem Käufer, der die Sache schon besitzt, ohne Eigentümer geworden zu sein (S 25 (1)). Beim *sale by seller in possession* erwirbt derjenige Eigentum, der als erster den unmittelbaren Besitz erworben hat und der, was die Veräußerungsbefugnis des Vormannes anbelangt, gutgläubig war. Im zweiten Falle hat der Erwerber bereits den unmittelbaren Besitz erworben, nicht aber, etwa wegen Eigentumsvorbehaltes des Veräußerers, das Eigentum. Für den Fall, dass der erste Veräußerer Eigentümer gewesen war, führt ein zweiter Kaufvertrag gemeinsam mit der erfolgten Besitzübertragung zum Eigentumserwerb beim gutgläubigen Käufer (vgl die Entscheidung des House of Lords in: *National Employers Mutual General Insurance Association Ltd v Jones* [1988] 2 All ER 425).

Im Falle, dass das Eigentum des Veräußerers durch die Vernichtung eines ersten Kaufvertrages verloren ging, behält der zweite Erwerber das gutgläubig erworbene Eigentum (S 23).

Der Tatbestand des Erwerbes auf dem offenen Markt wurde durch den *Sale of Goods Amendment Act* 1994 abgeschafft. Sonderregeln gelten nach wie vor für den Kauf von Kraftfahrzeugen (*Hire-Purchase Act* 1964), bei Abzahlungskäufen und dem Erwerb vom Handelsvertreter (*mercantile agent*) nach *Factors Act* 1889 S 2. Bei Handelsvertretern gelten folgende Voraussetzungen: Besitz der Ware mit Zustimmung des Eigentümers, Verkauf im Rahmen eines üblichen Geschäftsbetriebes, Gutgläubigkeit des Erwerbers.

Besonders hervorzuheben ist, dass niemals an gestohlenen Sachen Eigentum erworben werden kann.

In allen anderen Fällen erwirbt auch der Gutgläubige nicht das Eigentum. Der wahre Eigentümer kann gegen jeden Besitzer wegen *wrongful interference with goods* im Bereiche der *conversion* vorgehen (*Torts/Interference with goods Act* 1977). Der Anspruch ist verschuldensunabhängig. Der nichtberechtigte Besitzer muss die Sache entweder herausgeben oder Wertersatz (*paying damages by reference to the value of the goods*) leisten. Die Klage aus *conversion* verjährt in sechs Jahren ab der ersten Verletzungshandlung. Nach Ablauf der Frist geht der Eigentümer seines Titels verlustig und der Besitzer wird Eigentümer. Bei gestohlenen Sachen erwirbt der Besitzer gleichermaßen nach sechs Jahren, allerdings nur für den Fall der Gutgläubigkeit.

§ 35 Schweden*

Literatur: *Malmström/Agell*, Civilrätt[15] (Malmö 1997).

I. Allgemeine Bestimmungen

1. Die *„saker"* der schwedischen Rechtslehre sind individuell bestimmte materielle Dinge, sowohl beweglicher als auch unbeweglicher Natur. Wird eine Sache als *„egendom"* bezeichnet, so beruht dies auf der Annahme, dass eben diese Sache einer oder mehreren Personen gehört (*tillhörighet*). Doch nicht nur diejenigen (körperlichen) Sachen, die einer Person zum Eigentum sind, werden als *„egendom"* betrachtet, sondern auch alle anderen Vermögenswerte wie beispielsweise Patent- oder Mietrechte, Forderungen und Aktien fallen ebenfalls in sein Eigentum.

Das Eigentumsrecht ist ein Vollrecht, das dem Eigentümer grundsätzlich die Möglichkeit gibt, mit der in seinem Eigentum stehenden Sache, so zu verfahren, wie er will. Er darf die Sache sogar zerstören. Besitzt eine andere Person diese seine Sache unrechtmäßig, so hat der Eigentümer die Möglichkeit diese auch mit Unterstützung der Staatsgewalt zurückzufordern. Diese Klage wird *„vindikationstalan"* genannt.

Die schwedische Rechtslehre unterscheidet in weiterer Folgen zwischen unbeweglichem („*fast*") und beweglichem („*lös*") Eigentum, wobei die Wertpapiere („*värdepapper*") eine Sonderstellung einnehmen. Dies hat seinen Ursprung in der Unterscheidung zwischen beweglichen und unbeweglichen Sachen. Zu Zeiten der Kodifikation des *Sveriges rikes lag* betrachtete man das Eigentum an unbeweglichen Sachen noch als wichtiger und wertvoller als jenes an beweglichen Sachen. Diese Entwicklung hat sich im Laufe der Jahrhunderte bis in die heutige Zeit umgekehrt.

2. Die Qualifikation als „*fast egendom*" oder *„lös egendom"* hat in verschiedenen Zusammenhängen unterschiedlich große Bedeutung. Beispielsweise fordert die Eigentumsübertragung mittels Kauf für den Grundstückskauf die Einhaltung einer besonderen Form. Das Kaufrecht[354] selbst ist nur für „*lös egendom*" anwendbar.[355]

---

* Für Vorarbeiten bin ich meinem Dissertanten Dr. Chr. Pongratz zu großem Dank verpflichtet.

354 Köplagen (1990:931).

355 *Ramberg*, Köplagen[1] (Stockholm 1995) 135.

Die größte Bedeutung dieses Unterschiedes liegt allerdings im Sachenrecht und nicht im Schuldrecht und ergibt sich aus dem Umstand der unterschiedlich starken Beweglichkeit der Sache. Beim Verkauf von „*fast egendom*“ erfährt der Käufer der Liegenschaft Schutz gegen Ansprüche der Gläubiger des Verkäufers bereits durch den Kaufvertrag. Beim Kauf von „*lös egendom*“ muss der Erwerber den Kaufgegenstand in seinen Besitz bringen, um denselben Schutz zu erfahren. Im Kap. 1 und 2 JB (*Jordabalk*) zeigt sich die Einteilung zwischen „festem“ und „losem“ Eigentum ganz deutlich.

Unbewegliches Eigentum wird als Land bezeichnet, welches in Grundstücke eingeteilt ist. Diese Liegenschaften („*fastigheter*“) sind spezielle, juristisch von anderen Liegenschaften abgetrennte Grundstücke mit dem dazugehörigen Raum oberhalb und unterhalb des Bodens. Alle anderen selbständigen Sachen fallen in die Kategorie der „*lös egendomen*“. Bei Bauwerken wird unterschieden, ob sie als eigenständige Sachen qualifiziert werden können. In diesem Fall werden sie den beweglichen Sachen zugerechnet. Zum anderen können sie auch als Zubehör („*tillbehör*“) des Grundes, auf dem sie aufgeführt wurden, aufgefasst werden, was aus ihnen in Verbindung mit dem Grundstück eine unbewegliche Sache macht. Baut der Bauherr sein Haus auf eigenem Grund, so wird das Haus zum Zubehör der Liegenschaft und somit zu „*fast egendom*“ des Eigentümers. Andererseits bleibt die Hütte des Baumeisters und der Baumannschaft als „*lös egendom*“ weiterhin im Eigentum des Baumeisters und wird nicht zum Zubehör der Liegenschaft.

3. Die Grenzen des grundsätzlich uneingeschränkten Eigentumsrechtes ergeben sich aus geschriebenen und ungeschriebenen Normen. Das Recht des Eigentümers ist als „allgemein umfassendes Verfügungsrecht mit bestimmten Einschränkungen“ zu klassifizieren.

Einerseits kann die Einschränkung sich auf „konventionelle“ Weise ergeben, in der Form, dass der Eigentümer sich die Restriktionen selbst auferlegt. Dazu gehören Situationen wie die Vermietung des Eigentums, bei der ein Eigentümer es zulassen muss, dass der Mieter sein Eigentum benutzt. Weiters ist hierbei auch die Verpfändung anzuführen, bei der ebenfalls das Recht des Eigentümers freiwillig eingeschränkt wird.

Andererseits gelten auch Einschränkungen seitens der Rechtsordnung selbst, über die der Eigentümer nicht auf freiwilliger Basis disponieren kann. Hier sind diejenigen Rechtsvorschriften angesprochen, welche die staatliche Sicherheit, die Ökonomie, den Umweltschutz und andere öffentliche Bedürfnisse schützen wollen.

Eine besondere Einschränkung erfährt das Eigentumsrecht durch das schwedische „*nödrätt*“, welches einer Person erlaubt, in fremdes Eigentum einzugreifen. Dies darf allerdings nur geschehen, wenn durch diese Maßnahme ein wesentlich höherer Schaden vermieden werden kann als durch den Eingriff entsteht.

Das *miljöskyddslagen* (1969:387) sorgt für den Schutz der Nachbarn vor Immissionen, in dem es die Umwelt gefährdende Aktionen der Eigentümer verbietet. Eine bemerkenswerte schwedische Besonderheit, die aus den Ursprüngen des schwedischen Rechtes kommt, ist das im *brottsbalken* geregelte „*allemansrätten*“, welches bestimmt, dass kein Eigentümer es dritten Personen gegenüber generell verbieten kann, seine Gründe zu betreten.[356]

II. Der Erwerb des Eigentums bei beweglichen Sachen „lös egendom“

1. Ein entscheidender Punkt im Rahmen des Eigentumsrechtes ist die Frage nach den Voraussetzungen, die vorliegen müssen, um überhaupt Eigentum erwerben zu können. Die schwedische Rechtswissenschaft unterscheidet hierbei drei verschiedenartige Möglichkeiten des Eigentumserwerbs. Der originäre Eigentumserwerb („*originära fång*“) zeichnet sich dadurch aus, dass der Eigentümer das Recht an einer Sache nicht von jemandem übertragen bekommt, sondern dieses selbst an einer herrenlosen Sache begründet. Beim abgeleiteten Eigentumserwerb („*derivativa fång*“) empfängt der neue Eigentümer dieses Recht von einem Vorgänger, der es ihm überlässt. Die dritte Art des Erwerbs ist der extinktive Erwerb („*extinktiva fång*“), bei dem das Recht des ursprünglichen Eigentümers erlischt. In diesem Fall vollzieht sich der Eigentumserwerb ohne sein Zutun.

2. Durch „*ockupation*“ wird derjenige Eigentümer einer herrenlosen Sache, der sie an sich nimmt („*att ta hand om*“). Diese Art des Rechtserwerbs kommt vor allem bei „*lös egendom*“ in Frage und vollzieht sich beispielsweise beim (legalen) Fischfang und der Jagd, beim Pflücken von Blumen und dem Sammeln von Pilzen. Dies ergibt sich aus dem Umkehrschluss des Kap. 12 § 2 BrB (*Brottsbalken*). Wildbret, Bären etc gelten nicht als Zubehör zu einer Liegenschaft und sind folglich nicht das Eigentum des Grundstücks- oder Liegenschaftseigentümers der Liegenschaft, auf der sich diese Tiere aufhalten. Der originäre Eigentumserwerb an „*fast egendom*“ ist ausgeschlossen, da alles Land, welches nicht im Eigentum einer oder mehrerer bestimmter Personen steht, zum Eigentum des schwedischen Königreiches gehört.

Eine weitere Möglichkeit des originären Eigentumserwerbs ist der Fund („*fynd*“). Hierbei findet der neue Eigentümer eine Sache, die vom vorigen Rechtsinhaber absichtlich weggegeben (*res derelictae*) wurde, wobei aber ausgeschlossen sein muss, dass der ursprüngliche Eigentümer noch im Besitz der Sa-

356 Kap 12 Brottsbalken.

che ist. Es reicht, wenn der neue Eigentümer die Sachen an sich nimmt (*att ta hand om*).

Bei solchen Sachen, die nicht weggegeben, sondern verloren oder vergessen wurden, besteht hingegen eine Pflicht des Finders, diese Fundgegenstände anzumelden, um dem Eigentümer die Möglichkeit zu geben, diese seine Sache wieder zu bekommen. Bei Unterlassung dieser Fundanmeldung macht sich der Finder nach Kap. 10 § 4 und Kap. 10 § 8 BrB der ungesetzlichen Verfügung („*olovligt förfogande*") und der Fundunterschlagung („*fyndförseelse*") schuldig. Meldet sich der ursprüngliche Eigentümer allerdings nach einer bestimmten Zeit nicht, so kann der Finder grundsätzlich Eigentum an dem Fundstück begründen. Gesetzliche Grundlage für den Eigentumserwerb an Fundsachen ist das *Lag (1938:121) om hittegods*. In bestimmten Fällen kann der Finder nach diesem Gesetz auch sofort ohne Fundanmeldung Eigentümer der Sache werden, nämlich für den Fall, dass es offensichtlich unmöglich für einen ehemaligen Eigentümer ist, sein Recht an der verlorenen Sache zu beweisen. Dies kommt bei Sachen vor, deren Verlustzeitpunkt lange zurückliegt, die aber ihrerseits keinen Altertumsfund darstellen („*fornfynd*"), für den besondere Regelungen gelten oder auch bei Fundstükken, bei denen es unmöglich ist, den ursprünglichen Eigentümer zu identifizieren. Des weiteren müssen die Regeln des *hittegodlagen* nicht bei Sachen beachtet werden, deren Lebensdauer zu kurz ist, um den ursprünglichen Eigentümer auszuforschen, die nicht weiterverkauft werden können, oder die von unbedeutendem Wert sind.

Die vorangegangenen Absätze behandeln „alte" Güter, also solche, die bereits vorher existierten. Betreffend neuer Sachen lässt sich von vorn herein feststellen, dass der Eigentümer einer Sache auch der Eigentümer an den Erträgen wird, die diese Sache abwirft.

Eine neue Sache kann auch dadurch entstehen, dass eine alte Sache oder Rohmaterialien bearbeitet werden. Für den Fall, dass derjenige, der die Materialien bearbeitet auch der Eigentümer dieser ist, wird dieser konsequenterweise auch Eigentümer dessen, was er geschaffen hat. Arbeitet er aber an und mit fremden Materialien, so sind die daraus resultierenden Rechtsfolgen nicht in gleicher Weise einfach abzuleiten. Im allgemeinen ist es so, dass derjenige, der das Material bearbeitet, diese Tätigkeit mit der Zustimmung des Eigentümers durchführt. Als Beispiel sei ein Werkvertrag angeführt, in welchem der Werkunternehmer eine vom Besteller beigebrachte Holzfigur restauriert. Dieser hat selbstverständlich das Recht nach Bezahlung des Werklohnes die Herausgabe seines Eigentums zu verlangen. Problematisch wird diese Situation nur dann, wenn der Werkunternehmer vor Herausgabe des Werkstückes zahlungsunfähig wird. Es stellt sich die Frage, ob der Werkbesteller seine Eigentumsrechte geltend machen kann. Zu dieser Fragestellung gibt es verschiedene Ansichten in der schwedischen Lehre. Einerseits lässt sich auf den Wertunterschied zwischen der Sache vor und nach der Bearbeitung abstellen. Hat sich der Wert der Sache wesentlich verändert, so ist nach einer Meinung[357] die Eigentümerschaft des Werkunternehmers gegeben. Andererseits gibt es eine Entscheidung des schwedischen Höchstgerichtes[358], die auf den Wertzuwachs und den Vergleich des Warenwertes keine Rücksicht nimmt.

Wird eine Sache ohne die Zustimmung des Eigentümers bearbeitet, so ist die darauf anwendbare Rechtslage unklar. Diese Situation wird so gehandhabt, dass unabhängig vom guten Glauben („*god tro*") der Bearbeiter des fremden Materials dann Eigentümer der Sache wird, wenn der Wert der neu entstandenen Sache wesentlich höher ist, als der Wert der Rohmaterialien oder der Sache vor der Bearbeitung. Ist dies der Fall, so wird der Bearbeiter zum Eigentümer durch „*specification*". Die Unklarheit ergibt sich aus der Unbestimmtheit des Begriffes der Wesentlichkeit der Wertänderung.

Eine weitere Möglichkeit eine neue Sache entstehen zu lassen, ist das Zusammenfügen von mehreren verschiedenen Sachen jeweils verschiedener Eigentümer zu einer Sache. Hierbei sind verschiedene Lösungen denkbar. Kann die neue Sache ohne Problem und ohne ihren Wert zu vernichten wieder in ihre einzelnen Bestandteile zerlegt und getrennt werden, so behalten die Eigentümer ihr Recht an ihrer speziellen Sache. Können die einzelnen Teile nicht getrennt werden und sind nicht bestimmte beigefügte Sachen untergeordnetes Zubehör („*bisak*") zu einer Hauptsache, so entsteht wertabhängiges Miteigentum der Eigentümer an der neuen Sache.

3. Beim derivativen Erwerb wird das Recht des neuen Eigentümers vom alten Eigentümer hergeleitet. Bei dieser Art des Rechtsüberganges lässt sich „*singulärfång*" und „*universalfång*" unterscheiden.

Zum „*singulärfång*" gehören verschiedene Arten der Überlassung („*överlåtelse*"): der Kauf, der Tausch und die Schenkung. Das Bezeichnende an dieser Art ist das Faktum, dass der ursprüngliche Inhaber des Rechtes, dieses gänzlich jemand anderem überlässt. Hierzu gehört auch die Zur-Verfügung-Stellung („*upplåtelse*"). Bei dieser kann zwar kein Eigentum übertragen werden, da es in diesem Fall nur zur Übertragung eines Teils des Rechtes kommt, aber auf diesem Wege können Dienstbarkeiten und Pfandrechte übergehen. Das Besondere am „*singulärfång*" ist die Möglichkeit, dass im Falle eines gutgläubigen Rechtserwerbes („*godstrosförvärv*")[359] derjenige, der das Recht von seinem Vorgänger ableitet, ein „besseres" Recht erhält als sein Vorgänger es hatte.

---

357 *Almèn/Eklund,* Om köp och byte av lös egendom[4] (1960) § 2 Rz 10, 16;

358 NJA 1959, 590.

359 Vgl dazu Lag (1986:796) om godstrosförvärv av lösöre.

Beim *„universalfång“* oder *„universalsuccession“* ist die Rechtslage anders. Hier tritt der Rechtsnachfolger genau in die selbe Position, in der sein Vorgänger stand. Dies bedeutet, dass er für die Schulden seines Rechtsvorgängers in Anspruch genommen werden kann. Einen gutgläubigen Rechtserwerb wie beim *„singulärfång“* gibt es nicht. Beispiele für den *„universalfång“* gibt es im Familien- und Erbrecht.

4. Manchmal wird ein Recht nicht von einer Person zur anderen hergeleitet, sondern es wird erstritten (*„i strid“*). Das erstrittene Recht lässt das alte erlöschen. Dies geschieht beim Gutglaubenserwerb (*„godstrosförvärv“*), bei welchem jemand, der nicht das Recht dazu hatte (zB Dieb), jemand anderen eine Sache übereignet, der im guten Glauben auf dessen Berechtigung zur Übereignung vertraut.[360]

Weiters gehören zu dieser Gruppe zwangsweise Erwerbsarten wie Versteigerungen und Expropriation.

III. Der Eigentumserwerb an Liegenschaften („fastighetsrätten“)

1. Das schwedische Eigentumsrecht der Liegenschaften unterscheidet sich merklich von dem des *„lös egendom“*. Durch die Unbeweglichkeit der Liegenschaften und der damit verbundenen Andersartigkeit des Besitzes dieser ergeben sich anders gelagerte Voraussetzungen für die Ausübung des Eigentumsrechtes. Zu den Besonderheiten des Liegenschaftsrechtes bezüglich des Eigentumsrechtes gehören die verschärften Formvorschriften bei Verträgen wie Kauf, Tausch und Schenkung, genauere Bestimmungen, wie über das Eigentum verfügt werden kann, und das Publizitätsprinzip, welches besagt, dass eine Eigentumsübertragung in den öffentlichen Registern (*„fastighetsböker“*) publik gemacht werden muss. Weiters kann bemerkt werden, dass das Liegenschaftsrecht größere Anforderungen an die Geschäftsfähigkeit (*„myndighetskontroll“*) stellt als bei *„lös egendom“*. Die bestimmenden Rechtsnormen für das Liegenschaftsrecht finden sich im neuen *jordabalken* (1970:994) und im *fastighetsbildningslag* (1970:988).

Ein extinktiver Erwerb ergibt sich bei *„fast egendom“* in der Form des Gutglaubenserwerbes[361] bei schützenswertem Vertrauen auf das schwedische Grundbuch und durch die Ersitzung (*„hävd“*).[362] Um Eigentum begründen zu können, muss der neue Eigentümer über 20 Jahre lang das Grundstück/die Liegenschaft

360 Vgl dazu § 2 Lag (1986:796) om godstrosförvärv av lösöre.
361 Siehe dazu Kap 18 Jordabalk.
362 Siehe dazu Kap 16 Jordabalk.

mit Eigentumsanspruch („*äganderrättsanspråk*") innegehabt haben, ohne dass jemand ein stärkeres Recht im Streitverfahren gegen ihn halten konnte.[363]

IV. Der Schutz des Eigentums

Die Rechtsordnung hat dafür zu sorgen, dass ein Eigentümer, dem sein Eigentum rechtswidrig abhanden gekommen ist, dieses von dem herausfordern kann, der seine Sache unrechtmäßig besitzt. Dieser Vorgang nennt sich „*vindikationsprincipen*" und gewährleistet dem Eigentümer Schutz gegen ungesetzliche Ansprüche.

Durchbrochen kann dieses Prinzip von dem „*exstinktionsprincipen*" werden, wonach derjenige, der gutgläubig Eigentum vom Nichteigentümer erworben hat[364], durch die Eigentumsklage nicht mehr belangt werden kann.

Das schwedische Recht[365] hat sich für einen Kompromiss zwischen diesen beiden Prinzipien entschieden und regelt diesen Sachverhalt dahingehend, dass die Möglichkeit der Eigentumsklage des ursprünglichen Eigentümers zeitlich auf drei Monate nach Bekanntwerden des Gutglaubenserwerbes befristet ist.[366]

B. Die Unwirksamkeit von Verträgen

Im folgenden sollen die verschiedenen tatbestandsmäßigen Voraussetzungen vorgestellt werden, die entweder einen Vertrag gar nicht entstehen lassen oder ihn zur Aufhebung bringen können. Die Begriffe der Nichtigkeit und Vernichtbarkeit spielen dabei eine zentrale Rolle.

---

363 Kap 16 § 1 *Jordabalk*.

364 Zum gutgläubigen Eigentumserwerb siehe Kap 2.4.3.

365 Vgl dazu Lag (1986:796) om godstrosförvärv av lösöre.

366 *Tiberg* in *Tiberg/Sterzel/Cronhult* (Hrsg), Swedish Law[1] (Stockholm 1994) 150.

§ 36 Deutschland

Literatur: *K. Simitis*, Gute Sitten und ordre public (Marburg 1960); *H. Honsell*, Die zivilrechtliche Sanktion der Sittenwidrigkeit, JA 1986, 573; *Mayer-Maly*, Die guten Sitten als Maßstab des Rechts, Jus 1986, 596; *ders*, Was leisten die guten Sitten, AcP 94 (1994) 105; *Schmid*, Rechtliche Schranken der Testierfähigkeit nach § 138 Abs 1 BGB, NJW 1990, 40; *Medicus*, Allgemeiner Teil des BGB[8] (2002) §§ 38-50. Münchner Kommentar I 4. Aufl. (2001).

I. Die Nichtigkeit

Die Nichtigkeit stellt zweifellos den stärksten Grad der Unwirksamkeit dar. Sie hindert das Zustandekommen des Rechtsgeschäftes und ist gegenüber jedem Dritten zu beachten. Sie wurde vom Gesetzgeber in folgenden Fällen angeordnet:

Gesetzes- und Sittenverstoß, §§ 134/138 BGB
Mentalvorbehalt, Schein, Scheingeschäft, §§ 116 – 118 BGB
Geschäftsunfähigkeit, § 105 BGB
Formmangel, § 125 BGB

1. *§ 134 BGB* (Gesetzliches Verbot) *Ein Rechtsgeschäft, das gegen ein gesetzliches Verbot verstößt, ist nichtig., wenn sich nicht aus dem Gesetz ein anderes ergibt.*

Verbotsgesetze sind alle Gesetze im materiellen Sinn. Die Formulierung des § 134 macht deutlich, dass sich die Nichtigkeit aus dem Verbotsgesetz selbst oder dessen Auslegung (teleologische Reduktion) ergeben muss. Da die zivilrechtlichen Bestimmungen die Folgen der Nichtigkeit ohnehin statuieren, wird man dabei an nicht zivilrechtliche Normen denken müssen. Als Beispiel soll das Gesetz zur Bekämpfung der Schwarzarbeit genannt werden.

2. *§ 138 Abs 1BGB* (Sittenwidriges Rechtsgeschäft, Wucher) *(1) Ein Rechtsgeschäft, das gegen die guten Sitten verstößt, ist nichtig.*

Durch die Einführung der guten Sitten ist eine außerjuristische Dimension in die Rechtsordnung aufgenommen worden. Diese außerjuristische Dimension hat den Vorteil, dass moralische Vorstellungen, die zT von den geistigen, historischen und gesellschaftlichen Vorstellungen der Menschen abhängen, der Zeit angepasst sind und so die Weiterentwicklung des Rechts erleichtern. Daneben darf freilich nicht vergessen werden, dass sich die guten Sitten sehr wohl auf unabänderliche moralische Grundwerte beziehen, die der abendländischen Kultur und oft der gesamten Menschheit eigen sind. Bereits das Reichsgericht (RGZ 48, 114, 124) hat zur Bestimmung der guten Sitten folgende Formulierung gewählt: Das

Anstandsgefühl aller billig und gerecht Denkenden[367]. Richtig ist die Ansicht, dass die Wertungen des Grundgesetzes die Bestimmung der Sittenwidrigkeit beeinflussen[368]. Richtig erscheint auch die von *Medicus* in besonders klarer und übersichtlicher Weise vorgenommene Einteilung in Fallgruppen[369], der die Beobachtung zugrunde liegt, dass in mehreren Bereichen die guten Sitten in Lehre und Rechtsprechung eine erhebliche Rolle spielen.

a) Sexuelle Sphäre: Eine besondere und zT kuriose Ausprägung hat die Sittenwidrigkeit im Rahmen der so genannten „Geliebtentestamente“ gefunden[370]. Anhand derselben wird sehr deutlich, dass man das Rechtsgeschäft nicht aus seinem Umfeld und den dazugehörigen Motiven abstrahieren kann. Der BGH war zB der Ansicht, dass ein derartiges Testament nichtig sei, wenn es zum Zweck der Entstehung der geschlechtlichen Hingabe oder zur Fortsetzung der sexuellen Beziehung verfasst wurde (BGHZ 53, 369 und 375). Wollte der Erblasser die Geliebte dagegen bloß versorgen, so entschied der BGH, dass keine Sittenwidrigkeit vorliege (BGH, in: NJW 1983, 174). Doch auch in vielen anderen Fällen wird es, was die Sittenwidrigkeit anbelangt, schwer sein, das Motiv vom Rechtsgeschäft zu trennen, man denke etwa an Geldzahlungen. In diesem Bereich spielt die Prostitution eine erhebliche Rolle. Der Vertrag mit einer Prostituierten muss zweifellos als sittenwidrig bezeichnet werden, bereicherungsrechtliche Rückforderungsansprüche scheitern jedoch an den Bestimmungen des § 817 Satz 2 BGB. Ein besonderes Problem stellen die so genannten Hilfsgeschäfte dar. Ist die Pacht eines Bordellbetriebes sittenwidrig? Dies wird zwar grundsätzlich verneint, soll aber dort gelten, wo ein hoher Pachtzins zur Ausbeutung der Prostituierten führt (BGHZ 63, 365, 367).

b) Kreditsicherung: In diesem Bereich spielt die Schuldnerknebelung eine wichtige Rolle. Die Kollision einer Globalzession zumeist an eine Bank mit einer in einem verlängerten Eigentumsvorbehalt enthaltenen Zession der Forderung auf den Veräußerungserlös wurde im Sinne der Sittenwidrigkeit des Vorgehens der Bank entschieden und damit der Vorrang des verlängerten Eigentumsvorbehaltes unterstrichen (BGHZ 30, 149).

c) Verletzung von Standesregeln: Darunter wird insbesondere das Erfolgshonorar von Anwälten verstanden (BGH NJW 1987, 2431 und 3203, zuvor RGZ 115, 141). Der Verkauf einer Praxis, sei es von Ärzten oder Anwälten, gilt nicht

---

367 *Coing*, Allgemeine Rechtsgrundsätze in der Rechtsprechung des Reichsgerichts zum Begriff der „guten Sitten“, NJW 1947/48, 213; vgl zuletzt *B. Rüthers*, Die Verbindlichkeit des Unverbindlichen, NJW 1992, 879.

368 Vgl *Medicus*, Der Grundsatz der Verhältnismäßigkeit im Privatrecht, AcP 192 (1992) 35, 43; *Canaris*, Grundrechte und Privatrecht, AcP 184 (1984) 201.

369 *Medicus*, Allgemeiner Teil[7] § 46 IV.

370 Vgl *Simshäuser*, Zur Sittenwidrigkeit der Geliebtentestamente (1971).

mehr als sittenwidrig, wenn der Käufer dadurch nicht übermäßig belastet wird (BGH NJW 1989, 763).

d) Übersteigung der Leistungsfähigkeit des Schuldners: Lange Zeit hat der BGH an der Ansicht festgehalten, dass jeder seine eigenen ökonomischen Fähigkeiten im Rahmen der Privatautonomie einschätzen müsse. Nur wenn der Gläubiger bewusst eine für den Schuldner aussichtslose Lage geschaffen hat, sei Sittenwidrigkeit anzunehmen (BGH BB 1990, 96). Eine Wende im Sinne einer schuldnerfreundlichen Rechtsprechung zeichnet sich seit dem Urteil des BVerfG (NJW 1994, 36) ab, insbesondere im Bereich der Bürgschaft. Die Bürgschaft naher Angehöriger wird seither gezielt unter die Lupe genommen (BGH NJW 1994, 1278, 1341), um feststellen zu können, ob das Heranziehen naher Angehöriger meistens durch Banken sittenwidrig gewesen sein könnte.

Eine besondere Ausprägung wollte der Gesetzgeber der Sittenwidrigkeit durch die ausdrückliche Nichtigerklärung wucherischer Geschäfte geben

§ 138 Abs 2: Nichtig ist insbesondere eine Rechtsgeschäft, durch das jemand unter Ausbeutung einer Zwangslage, der Unerfahrenheit, des Mangels an Urteilsvermögen oder der erheblichen Willensschwäche eines anderen sich oder einem Dritten für eine Leistung Vermögensvorteile versprechen oder gewähren lässt, die in einem auffälligen Missverhältnis zu der Leistung stehen.

Dabei ist genau auf die tatbestandsmäßigen Voraussetzungen zu achten.

a) Das Missverhältnis, das, so der BGH, nicht für alle Fälle und Zeiten durch festgefahrene Prozentsätze bestimmt sein könne. Eine Überschreitung des üblichen Zinssatzes um mehr als das Doppelte kann nicht eo ipso als sittenwidrig angesehen werden.

b) Eine der im Gesetz genannten weiteren Voraussetzungen, die mit der Ausbeutung eines besonderen Zustandes umschrieben sind.

3.§ 116 BGB Mentalreservation

§ 117 BGB Scheingeschäft

§ 118 BGB Mangel der Ernstlichkeit

Von besonderer praktischer Bedeutung ist in diesem Zusammenhang der Vertrag über einen Grundstückskauf, der notariell zu einem niedrigeren Preis als dem vereinbarten beurkundet wird (zB zur Ersparnis von Steuern und Gebühren). Das beurkundete Rechtsgeschäft ist nach § 117 Abs 1 nichtig. Das Rechtsgeschäft mit dem tatsächlich vereinbarten Preis müsste jedoch gültig sein. Allerdings ist dieses wiederum wegen Formmangels nach § 125 nichtig, da nach § 313 Satz 1 die notarielle Beurkundung derartiger Verträge erforderlich ist. Gültig wird der Vertrag, wenn Auflassung und Eintragung im Grundbuch erfolgen (§ 313 Satz 2).

4. Geschäftsunfähigkeit §§ 104, 105 BGB:

Nichtig ist danach jedes Rechtsgeschäft, das von einem Kind unter 7 Jahren oder einem Geisteskranken abgeschlossen wurde. Nach § 108 kann der gesetzliche Vertreter eines Minderjährigen (7 – 18 Jahre) das Rechtsgeschäft nachträglich genehmigen (schwebende Unwirksamkeit). Dabei kann der Geschäftspartner den gesetzlichen Vertreter zur Genehmigungserklärung auffordern, worauf dieser 2 Wochen Zeit hat, um selbige zu erteilen; erfolgt sie nicht, so gilt sie als verweigert, mit der Folge, dass das Rechtsgeschäft nichtig ist (die Ausnahmen, wie das Taschengeld nach § 110, kann man den §§ 110 – 113 entnehmen).

5. Formmangel §125 BGB:

Während das Familien- und Erbrecht streng durch Form und Formvorschriften geprägt sind, stehen Obligationen- und Mobiliarsachenrecht unter dem Grundsatz der Formfreiheit (Ausnahmen: § 518 Schenkung, § 766 Bürgschaft). Unter den Formvorschriften seien genannt: Die Schriftform (§ 126), die insbesondere die eigenhändige Unterschrift vorsieht, die öffentliche Beglaubigung (§ 129), die durch den Notar stattfindet und sich ausschließlich auf diese Unterschrift bezieht und die notarielle Beurkundung (§ 128), wobei der Notar den Text der Urkunde prüft und zumeist auch entwirft.

6. Nichtigkeitsvorschriften finden sich weiters im Allgemeinen Teil des Schuldrechts:

§ 306 (Unmögliche Leistung)

§ 310 (Vertrag über künftiges Vermögen)

§ 312 (Vertrag über Nachlass eines lebenden Dritten)

7. Aufgrund des bekannten Abstraktionsprinzips und der strengen Trennung zwischen Verpflichtungsgeschäft und Verfügungsgeschäft hat man sich die Frage zu stellen, welche Folgen die Nichtigkeit eines Rechtsgeschäfts tatsächlich haben kann. Klar ist, dass jedes Rechtsgeschäft, falls es für nichtig befunden wurde, juristisch nie in Erscheinung getreten sein kann. Was geschieht mit jenen Verfügungsgeschäften, die infolge der nichtigen Verpflichtungsgeschäfte geschlossen werden? Hierbei hängt es davon ab, ob Fehleridentität herrscht oder nicht. Betrifft somit der Nichtigkeitsgrund beide Rechtsgeschäfte, wie bei der Geschäftsunfähigkeit und m. E. bei der Sittenwidrigkeit, ist die Fehleridentität allemal zu bejahen. Bei den Formvorschriften bedarf es einer Überprüfung, für welches Rechtsgeschäft diese nicht eingehalten wurden. Bei der Verletzung von Verbotsgesetzen ist darauf zu achten, welches Rechtsgeschäft vom Verbot bedroht war. Bei Fehleridentität liegt auch Nichtigkeit des Verfügungsgeschäfts vor, was bei vermeintlicher Eigentumsübertragung bedeutet, dass dem Veräußerer der Vindikationsanspruch (§§ 985 ff) offen steht, bei Gültigkeit des Verfügungsgeschäfts ist dagegen wegen nicht vorhandener causa bereicherungsrechtlich vorzugehen.

Diese kann erfolgen bei:

a) Irrtum

b) Arglistiger Täuschung

c) Widerrechtlicher Drohung

1. Die Anfechtung ist in Form eines Gestaltungsrechts gekleidet. Dieses Recht ist vererblich und geht auch bei sonstiger umfassender Rechtsnachfolge über. Die Anfechtung erfolgt durch empfangsbedürftige Willenserklärung (§ 143), somit außergerichtlich. Sie kann formlos erfolgen und muss auch das Wort „anfechten" nicht enthalten. Anfechtungsgegner ist regelmäßig der Vertragspartner. Die Anfechtung ist befristet, nach § 121 hat die Irrtumsanfechtung unverzüglich nach Kenntnis des Irrtums zu erfolgen, nach § 124 (arglistige Täuschung, Drohung) binnen eines Jahres ab Entdeckung der Täuschung oder Beendigung der Zwangslage. Die Anfechtung verjährt endgültig nach 30 Jahren (§§ 121 Abs 2 und 124 Abs 3). § 142 statuiert als Wirkung der Anfechtung die rückwirkende (*ex tunc*) Vernichtung des Rechtsgeschäfts. Das Geleistete ist nach Bereicherungsrecht (*condictio indebiti*) zurückzustellen. Auch das Verfügungsgeschäft kann angefochten werden und führt somit zur Nichtigkeit *ex tunc*.

2. Irrtum[371]

§ 119 (Anfechtbarkeit wegen Irrtums) *(1) Wer bei der Abgabe einer Willenserklärung über deren Inhalt im Irrtume war oder eine Erklärung dieses Inhaltes überhaupt nicht abgeben wollte, kann die Erklärung anfechten, wenn anzunehmen ist, dass er sie bei Kenntnis der Sachlage und bei verständiger Würdigung des Falles nicht abgegeben haben würde.*

(2) Als Irrtum über den Inhalt der Erklärung gilt auch der Irrtum über solche Eigenschaften der Person oder der Sache, die im Verkehr als wesentlich angesehen werden.

Prinzipiell spielen weder Erkennbarkeit noch Fahrlässigkeit eine Rolle, der Vorsatz ist per definitionem vorgegeben, da sonst kein Irrtum vorliegen kann. Der Irrtum ist beachtlich:

a) Irrtum über die Bedeutung des durch die Worte Ausgedrückten: Der Irrende meint etwas, seine gewählten Worte und Zeichen bedeuten etwas anderes.

b) Irrtum über die Erklärung: Der Irrende irrt nicht bezüglich der Bezeichnung, sondern bezüglich des Inhalts selbst (man spricht kaufen, will aber verkaufen).

---

371 Grundlegend *Flume*, Allgemeiner Teil II: Das Rechtsgeschäft[3] (1979).

c) Eigenschaftsirrtum 119 Abs 2 BGB: Hier wird für die einen auf die Verkehrswesentlichkeit abgestellt, für andere (insbesondere *Flume*[372]) auf die Vertragswesentlichkeit, also auf das, was im konkreten zum Inhalt des Vertrags gemacht worden war. Die Rechtsprechung hat sich seit langem um eine Einordnung und Klärung dieser höchst umstrittenen Norm bemüht: Dabei sollen alle tatsächlichen und rechtlichen Verhältnisse in Betracht kommen, die infolge ihrer Beschaffenheit und Dauer auf die Brauchbarkeit und den Wert des Gegenstands von Einfluss sind. Die Beziehungen des Gegenstandes zur Umwelt sind aber nur dann rechtserheblich, wenn sie in der Sache selbst ihren Grund haben, von ihr ausgehen und den Gegenstand kennzeichnen oder näher beschreiben (BGHZ 70, 47 – 48 zu einem Kaufgegenstand).

Aus dem Wortlaut der Entscheidung ist weiters zu erkennen, wie strikt sich der BGH gegen die Anerkennung des Motivirrtums stellt, wobei ein Großteil der Lehre auch diese Meinung vertritt. Die Anfechtung hat nach § 121 unverzüglich ab Kenntnis des Irrtums zu erfolgen. Die absolute Verjährungsfrist beträgt 30 Jahre.

Nach § 122 besteht gegebenenfalls eine Ersatzpflicht des Anfechtenden, wenn der Vertragspartner oder ein Dritter auf die Gültigkeit der Erklärung vertraut hatten. Unabhängig vom Verschulden ist bei erfolgreicher Anfechtung dem Vertragspartner das Vertrauensinteresse (also auf die Beständigkeit des Rechtsgeschäfts) zu ersetzen. Begrenzt ist dieses sog. negative Interesse durch das Erfüllungsinteresse (positives Interesse). Kannte der Anfechtungsgegner den Irrtum oder kannte er ihn aus grober Fahrlässigkeit nicht, so entfällt die Ersatzpflicht.

3. *§ 123* (Anfechtbarkeit wegen Täuschung oder Drohung) *(1) Wer zur Abgabe einer Willenserklärung durch arglistige Täuschung oder widerrechtlich durch Drohung bestimmt worden ist, kann die Erklärung anfechten.*

Die Täuschung ist das vorsätzliche Hervorrufen eines Irrtums, und zwar eines jeden, somit auch des Motivirrtums. Schädigungsabsicht ist dabei unerheblich. Auch Behauptungen, die ohne weiteres Wissen und Überprüfungen angestellt werden, sind darunter zu verstehen. Täuschung kann auch in der mangelnden Aufklärung bestehen. Entscheidend ist das Gesamtverhalten des täuschenden Teils. Anfechten kann nur, wer durch die Täuschung zum Abschluss des Rechtsgeschäfts bestimmt worden ist (Kausalität). Im Gegensatz zur Rechtslage bei der Irrtumsanfechtung entfällt auch jede Ersatzleistung auf Seiten des Anfechtenden.

Im Falle der Drohung ist auf deren Widerrechtlichkeit abzustellen (Drohung mit Verbotenem, Verfolgung eines verbotenen Zwecks). Die Anfechtungsfristen stimmen im Falle von Täuschung und Drohung überein, nämlich 1 Jahr ab Kenntnis bzw Ende der Zwangslage. Nach 30 Jahren ist das Recht verjährt. Im

372 AT II^3 § 24 2.

Falle der Drohung bleibt freilich analog zu § 853 BGB die Einrede so lange bestehen, bis die entsprechende Klage nicht verjährt ist. Ersatzansprüche gegen den Bedrohten entfallen natürlich.

§ 37 Frankreich

Literatur: Nach wie vor grundlegend *J. Chevallier/G. Durry*, Inexistence, nullité, annulabilité en droit civil, Travaux Ass. Capitant XIV 1962, 513; *Capitant*, De la cause des obligations (1923); *Ghestin*, Traité de droit civil (1990) n. 819 ff; *Célice*, L'erreur dans les contrats (Th. Paris 1922); *Rowinski*, La violence dans la formation du contrat (Th. Aix 1987); *Carbonnier*, Droit Civil IV: Les obligations[21] (2000); *F. Terré/P. Simler/Y. Lequette*, Droit Civil : Les Obligtions (2005)

I. Die absolute Nichtigkeit (Nullité absolue/inéxistence)

1. Im französischen Recht wird unterschieden zwischen *inexistence, nullité absolue, nullité relative*, wobei die ersten beiden Nichtigkeitsstufen durchaus auch gemeinsam verstanden und behandelt werden können. Zur *inexistence* (Nichtvorhandensein) des Vertrages führt das Fehlen von drei Grundvoraussetzungen des Art 1108 CC (die Probleme der vierten, in Art 1108 CC genannten Grundvoraussetzung, nämlich der Geschäftsfähigkeit, werden vom Gesetz eigens behandelt und fallen in den Bereich der Vernichtbarkeit).

Art 1108: Quatre conditions sont essentielles pour la validité d'une convention:
-Le consentement de la partie qui s'oblige;
-Sa capacité de contracter,
-Un objet certain qui forme la matière de l'engagement;
-Une cause licite dans l'obligation.

Art 1108: „Vier Voraussetzungen sind grundlegend für die Gültigkeit einer Übereinkunft:
-Die Zustimmung der sich verpflichtenden Partei.
-Ihre Fähigkeit, rechtsgeschäftlich tätig zu werden.
-Ein bestimmter Gegenstand, der den Inhalt der Verpflichtung darstellt.
-Ein erlaubter Grund (*cause*) bei der Verpflichtung".

Im einzelnen sieht die Rechtslage freilich differenzierter aus. Fehlende Willensübereinstimmung, fehlender Gegenstand und fehlende *cause* bedeuten juristisch schlichtweg, dass kein Vertrag entstanden ist. In diesen Fällen spricht man von *inéxistence*, wobei der Kassationsgerichtshof durchaus auf dem Standpunkt steht, dass auch diese Form der Nichtigkeit gerichtlich geltend gemacht werden könne, freilich ohne Beschränkung durch Verjährungsfristen.

2. Fehlen der Willensübereinstimmung (Dissens):

Dazu zählt insbesondere der Irrtum über die Natur des Rechtsgeschäfts und der Irrtum den Gegenstand selbst betreffend (*erreur abstracte*), darunter ist dogmatisch auch der Irrtum bezüglich der causa zu zählen (*fausse cause*).

Fehlen eines „*objet*“:

Auch die französischen Juristen sprechen vom „Inhalt“ (*contenu*); vgl *Art 1126: Tout contrat a pour objet une chose qu'une partie s'oblige à donner, ou qu'une partie s'oblige à faire ou à ne pas faire.*

Art 1126: „Jeder Vertrag hat eine Sache zum Inhalt. Eine Partei verpflichtet sich die Sache hinzugeben oder etwas zu tun oder nicht zu tun“.

Art 1129 statuiert, dass das *objet* zumindest dem *genus* nach bestimmbar sein muss.

II. Die nullité absolue

1. Als allgemeine Regel gilt – ohne dass dies expressis verbis im *Code Civil* aufscheint – dass Unmöglichkeit oder Unbestimmbarkeit des Vertragsinhaltes sowie der Verstoß gegen ein Verbot oder gegen die guten Sitten im Rahmen der *cause* zur absoluten Nichtigkeit führen und somit innerhalb von 30 Jahren gerichtlich geltend gemacht werden muss.

Art 1131: L'obligation sans cause, ou sur une fausse cause, ou sur une cause illicite, ne peut avoir aucun effet.

Art 1131: „Eine Verpflichtung ohne *cause* oder auf Grund einer falschen *cause* oder auf Grund einer rechtswidrigen *cause* kann keine Wirkung zeitigen“.

Das Vorliegen der *cause* hängt vom Zeitpunkt der Zustimmung ab (Civ. 3e, 17 juill. 1996, Bull. civ. III 193). Bei Vorliegen einer verbotenen *cause* kann dennoch das Geleistete zurückgefordert werden (Civ. 1re, 27 Nov. 1984).

Die verbotene *cause* (*cause illicite*) erfährt im Art 1133 eine Definition.

Art 1133: La cause est illicite, quand elle est prohibée par la loi, quand elle est contraire aux bonnes moeurs où á l'ordre public.

Art 1133: „Die *cause* ist unzulässig, wenn sie von Gesetzes wegen verboten ist, wenn sie gegen die guten Sitten verstößt oder gegen den ordre public“.

2. Die *cause*[373] als allgemeine Grundvoraussetzung betrifft das konkrete Umfeld des Vertrags, das Interesse (spezifische Art) der Parteien an Entstehung und

373 Nach wie vor grundlegend *H. Capitant*, De la cause des obligations (1924). Die Lehre von der das französische Obligationenrecht beherrschenden *causa* geht auf *J. Domat* (Lois civiles part. 1, liv. 1, tit. 1 sect. 1, 5 ff) zurück. Seit dem Hervorheben des Gedankens der Abstraktion vor allem durch die deutsche Begriffsjurisprudenz erfolgt die Auseinandersetzung von Seiten der französischen Juristen mit der deutschen Lehre, insbesondere mit den im BGB verankerten Grundsätzen (vgl *Osias*, De l'acte abstrait en droit comparé [Th Paris 1924]). Die Entwicklung und Anerkennung der Lehre vom Wegfall der Geschäftsgrundlage wird durchaus als Überwindung der absoluten Abstraktion gesehen. Vgl eingehend zur subjektiven Seite der

Erfüllung. Eine Legaldefinition der *cause* gibt es nicht, die Übersetzung Rechtsgrund wäre falsch, obwohl die französische Lehre durchaus eine allgemeine, abstrakte begriffliche Grundlage kennt, die natürlich von Fall zu Fall subjektiv konkretisiert werden muss. Die subjektive Seite beinhaltet zweifellos die konkrete Basis, das Motiv[374] des Rechtsgeschäfts, oder wie französische Juristen zu sagen pflegen, den Hintergrund (*l'arrière plan du consentement*). Das Vorhandensein einer *cause* gilt als die abstrakt/objektive Seite, die zuerst zu prüfen ist, bevor man sich dem Konkreten oder der subjektiven Seite zuwendet, um etwa festzustellen, ob die *cause* verboten oder sittenwidrig ist. Der Begriff der „*fausse cause*" wird gemeinhin in Bezug auf den Irrtum gesehen: Der Vertragsschließende ist der Ansicht, es gebe eine *cause*, während es aber keine gibt. Letztlich ist die *fausse cause* nur ein subjektiver Aspekt der nicht vorhandenen *causa* (Civ. 1re, 10 mai 1995, Bull. civ. I 194; Civ. 1re, 2 avr. 1996, Bull. civ. I 159). So wird beim Kaufvertrag, der als synallagmatischer Vertrag zu verstehen ist, die *cause* auf Seiten des Käufers so verstanden, dass ihm das Eigentum übertragen und die Sache übergeben wird. So liegt die *cause* bei der Verpflichtung des Verkäufers in den grundlegenden Bewegungsgründen (*mobiles*), ohne welche eben der Käufer den Vertrag nicht abgeschlossen hätte (Civ. 1re ,12 juill. 1989, JCP 1990 II 21546). Im Falle eines Vertrages einer Klinik mit einem Arzt, der diesem die Ausübung seiner beruflichen Tätigkeit in der Klinik gestatten sollte, liegt die *cause* für die Klinik in der Tatsache, dass innerhalb der festgesetzten Voraussetzungen der Arzt notwendigerweise seinen Beruf ebendort ausüben müsse, nicht aber in der Zurückzahlung von Honoraren (*rétrocession d'honoraires*), die infolge von Leistungen, die dieser erbracht hatte, an den Arzt erfolgt waren (Civ. 1re, 17 juin 1997, Bull. civ. I 201). Bei synallagmatischen Verträgen (BGB gegenseitige, ABGB entgeltliche Verträge) bedeutet der Wegfall einer *cause* naturgemäß im Sinne der Abhängigkeit der Verpflichtungen voneinander die Nichtigkeit des Vertrages. Bei einseitigen Verträgen (hierzu zählt die französische Lehre insbesondere die Realverträge wie Verwahrung und Leihe (*dépôt/prêt*)) liegt die *cause* bei der Verpflichtung zur Rückstellung in der tatsächlich erfolgten Hingabe der Sache. Wichtig und bemerkenswert ist weiters der Umstand, dass die *cause* zwar vorhanden sein muss, dass sie aber im konkreten Vertrag oder der hierfür errichteten Urkunde nur selten aufscheint. Bei der Frage, ob denn eine *cause* erlaubt (*licite*) oder verboten (*illicite*) ist, stützen sich Lehre und Rechtsprechung auf die grundlegenden Motive (*mobiles*), die zum Abschluss des Vertrages geführt ha-

---

cause: L. Josserand, Les mobiles dans les actes juridiques du droit privé (1928). Allgemein *Ghestin* n. 841-879.

374 So ausdrücklich die Cour de Cassation im Hinblick auf *contrats à titre gratuit* (ohne Gegenleistung) Civ. 1re, 6. oct. 1959, D. 1960, 515.

ben. Dh zuerst muss die abstrakte/objektive *cause* feststehen, dann kann man sich erst die Frage stellen *licite* oder *illicite*? Warum bezahlt ein Mieter den Mietpreis: Um die Wohnung benützen zu können: = abstrakte *cause*. Was treibt er in der Wohnung? Er nützt sie erstens als Familienwohnung = *cause licite*, und zweitens als Sitz einer Terrororganisation = *cause illicite*. Auch bei der Leihe oder dem Kreditvertrag kann man die *cause illicite* leicht darstellen, geht es doch darum, welchen Zweck beispielsweise der Kreditnehmer mit dem Geld erreichen will.

3. Die vom Gesetz genannte *cause illicite* wird im Gesetz entweder als vom Gesetz verboten, als den guten Sitten oder dem *ordre public* widersprechend definiert. Das bedeutet freilich infolge der Einheitlichkeit des Bergriffs, dass die Grenzen bei der Bestimmung desselben nicht allzu streng zu bewerten sind, da der Begriff der *illicité* grundlegend ist[375]. Üblicherweise fasst man das vom einzelnen Gesetz erfasste Verbot und den Verstoß gegen den *ordre public* (allgemeine Grundvoraussetzung der Rechtsordnung, aus der das Verbot abgeleitet wird) zusammen als *cause illicite* im engeren Sinne (*au sens strict*). Als gegen die guten Sitten verstoßende *cause* (*cause immorale*) wurden Verträge angesehen (Kauf, Miete) zur Betreibung von Freudenhäusern und dgl., sowie Verträge, die im Zusammenhang mit der Spielleidenschaft stehen[376]. Die Rechtsprechung ist reichhaltig und kasuistisch. Als *cause illicite* gelten grundsätzlich Verhaltensweisen, die dem Ethos eines Berufsstandes (*déontologie professionnelle*) widersprechen, etwa wenn der Vertrag gegen den *ordre public* verstößt[377]. So genannte Ehelosigkeitsklauseln gelten als verboten. Das Fehlen der Rechtsprechung in letzter Zeit belegt, dass dieses Problem kaum mehr Aktualitätswert hat. Zum anderen wurden Bestimmungen, die das Arbeiten eines Ehepartners im gemeinsamen Unternehmen verhindern sollten, als verboten betrachtet (JCP 1984 II 20230). Jeder Vertrag, der Gegenleistungen für den Fall einer erfolgreichen Adoption verspricht, ist wegen *cause illicite* nichtig (Civ. 1re, 22 juill. 1987, D. 1988, 172).

4. Im Bereich der gegen die guten Sitten verstoßenden *cause* finden sich besonders zahlreiche Entscheidungen im Zusammenhang mit Zuwendungen an Geliebte (*libéralités entre concubins*). Dabei kann jedenfalls herausgefiltert werden, dass eine derartige Zuwendung an sich nicht auf einer unsittlichen *cause* beruhen

---

375 Dazu TGI La Roche-sur-Yon 3 mai 1995, D. 1997, 13. Als gegen den *ordre public* oder die guten Sitten verstoßend gilt, wenn der Erblasser Berechtigte dafür strafen will, dass sie ihm sein blutschänderisches Verhalten nicht verziehen haben.

376 Civ. 1re 31 janv. 1984, D.1984, 40; Geldüberlassung, um zu spielen.

377 Bei den Ärzten wird streng darauf geachtet, welche Behandlungsmethoden vom Gesetze her verboten sind; Civ. 1re, 11 juin 1996. Der Kassationsgerichtshof hat eine Teilung des örtlichen Honorars zwischen Arzt und Klinik für verboten erachtet; Civ. 1re, 5 oct. 1996 Bull. civ. I 376.

muss. Sie wird es freilich dadurch, dass die Zuwendung zu einer Gegenleistung wird, also dazu dient, die sexuelle Beziehung aufzunehmen, sie aufrecht zu erhalten oder sie wieder zu begründen. Eine sehr lange bestehende Beziehung zu einer Geliebten schließt den Gedanken der Gegenleistung zumeist aus (Civ. 1re, 28 janv. 1997, Dr. fam. 1997 no. 184; so schon Civ. 1re, 22 oct. 1980 angesichts eines Vermächtnisses). Wenn dagegen ein Mann seiner Geliebten ein Haus zukommen lässt, um die ehebrecherische Beziehung, die als unmoralisch gilt, zu verlängern (Civ. 1re, 2 dec. 1981, D. 1982, IR 474) oder zu ihren Gunsten eine Lebensversicherung abschließt, eben mit demselben Zweck (Civ. 1re, 8 nov. 1982, Bull. civ. I 321), so ist hier eine den guten Sitten widersprechende *cause* gegeben und der Vertrag ist nichtig. Grundsätzlich hat derjenige, der die unerlaubte *cause* behauptet, sie zu beweisen, wobei zur Nichtigerklärung des Vertrages auch die Tatsache zu berücksichtigen ist, ob der Vertragspartner von dieser *cause* wusste oder sie zumindest in Erfahrung bringen hätte können, wobei die Rechtsprechung sogar bisweilen in Umkehrung der Rechtsvermutung zugunsten des guten Glaubens die Bösgläubigkeit angenommen hat. Zum anderen steht der Kassationsgerichtshof auf dem Standpunkt, dass die Erlaubtheit (*licité*) der *cause* vermutet wird (Civ. 1re, 1 oct. 1986, Civ. 1re, 20 dec. 1988, D. 1990, 241). Die *cause* bietet ein besonders anschauliches und lehrreiches Beispiel für die Lebendigkeit und Attraktivität des französischen Rechts und der französischen Rechtskultur. Eine lange Reihe von höchstgerichtlichen Urteilen und eine große Anzahl an kontroversiellen Publikationen belegen dies, sie belegen aber auch, dass weder die Väter des *Code Civil* noch seine Anwender jemals an der Realitätsfremdheit deutscher Begriffsjuristen gelitten haben.

5. Bisweilen – in seltenen Fällen – ist die feierliche Form (*forme solennelle*) vorgeschrieben, die durch die *authenticité* erzielt wird. Nach Art 1317 CC wird die *authenticité* derart definiert, dass es sich um eine Urkunde handelt, die von einem *officier public* aufgesetzt wird (zumeist vom Notar). Darunter fallen beispielsweise die Schenkung unter Lebenden (Art 931), die Begründung einer Hypothek (Art 2127) sowie Eheverträge (Art 1394). Nichtbeobachtung der Form führt zur *nullité absolue*, ist also klageweise geltend zu machen, wobei die Klage in einem Zeitraum von 30 Jahren verjährt (Civ. 1re, 26 janv. 1983, D. 1983, 317)

6. Umstritten ist die Frage, ob die Inexistenz[378] (Dissens, Fehlender Inhalt, Fehlende causa) stets beachtlich ist oder mit Hilfe der Klage geltend zu machen ist. Diese wird auch durch die Rechtsprechung nicht endgültig gelöst. Eindeutig ist, dass Probleme hinsichtlich der *cause illicite* (also Verstoß gegen Verbot oder gute Sitten) sowie objektive Unmöglichkeit bzw Unbestimmbarkeit des Inhalts

378 Für die strikte Trennung *inexistence – nullité absolue*: *Aubry/Rau* I § 37 n. 3; dagegen heute hL: *Ghestin* n. 739 f.

allemal Gegenstand der *action en nullité*, der Nichtigkeitsklage, sein müssen. Die praktische Bedeutung des Problems ist dann gegeben, wenn infolge eines nichtexistenten Vertrages geleistet wurde oder wenn sich die Frage der Verjährung stellt. Bei einem nichtexistenten Vertrag, dessen Nichtexistenz auch ohne Richterspruch feststeht, kann sich die Frage der Verjährung nicht stellen. Der Kassationsgerichtshof spricht zwar zum einen in allen Fällen von *nullité absolue* und vermeidet die *inexistence*, stellt aber zum anderen fest, dass bei Fehlen einer wesentlichen Existenzvoraussetzung die Wirkungen der absoluten Nichtigkeit zu erweitern seien und dass sogar insbesondere die Verjährbarkeit wegfalle (In ständiger Rechtsprechung zuletzt Civ. 3ᵉ, 22 juin 1976, D. 1977, 619 und Civ. 1ʳᵉ, 10 juin 1987).

7. Die Grundverschiedenheit zum deutschen Recht liegt somit nach der Praxis der Kassationsgerichtshofes im in den meisten Fällen notwendigen gerichtlichen Vorgehen. Bei absoluter Nichtigkeit kann jeder, der an der Vernichtung des Rechtsgeschäfts Interesse hat, die Klage anstrengen (*action en nullité*), also zumindest die Erben und die Einzelrechtsnachfolger. Jeder Vertragsschließende ist zur Klageerhebung prinzipiell legitimiert, auch wenn ihm das zum Nachteil gereicht, wobei gerade bei der *cause immorale* durchaus der Grundsatz *nemo auditur propriam turpitudinem allegans* anzuwenden ist, also dass niemandem Gehör zu schenken ist, der seine eigene Schändlichkeit zur Grundlage der Klage macht, so dass die Auffassung der Römer in: D. 12, 5, 2 u. 8 nach wie vor Beachtung findet (Com., 20 Janv.1987, JCP 1988, 2, 20987). Während eines Verfahrens kann auch der Richter von Amts wegen die absolute Nichtigkeit beachten. Die Klage verjährt nach 30 Jahren (Art 2262 CC). Bei Erfolg wird der Vertrag an der Wurzel (ex tunc) vernichtet (*anéantissement du contrat*). Dabei ist jede erfolgte Leistung zurückzustellen. Die Parteien sind so zu stellen, als ob der Vertrag nie abgeschlossen worden wäre. Dies betrifft selbstverständlich auch die Eigentumsübertragung. Im einzelnen gelten bei der Rückerstattung die im Zusammenhang mit der Bereicherungsklage entwickelten Maximen (Art 1379 und 1380) der *condictio indebiti*: Dort hängt das Ausmaß der Rückerstattung von der Gutgläubigkeit/Bösgläubigkeit ab, bei Verschlechterung der Sache vom Verschulden. War der Betreffende im Augenblick des Vertrages gutgläubig (also im Bezug auf die Nichtigkeit), muss er lediglich das tatsächlich Erhaltene zurückerstatten, bei Bösgläubigkeit ist ein umfassender Wertersatz fällig, wobei auch die Früchte Berücksichtigung finden.

Dabei handelt es sich um die Willensmängel: Irrtum – Gewalt – Arglist (*erreur – violence – dol*) sowie um Fragen der Geschäftsfähigkeit (*capacité*).

1. Der Irrtum wird im Art 1110 Absatz 1 auf die Substanz der Sache bezogen, in Absatz 2 wird auch der Irrtum bezüglich der Person anerkannt. Die Substanz betrifft dabei wesentliche Eigenschaften, wegen denen der Vertrag abgeschlossen wurde (Authentizität, Herkunft, Verwendung). Häufiges Anwendungsgebiet ist der Kunstmarkt (Civ. 1re, 7 nov. 1995, Bull.civ. I, 401). Der Irrtum muss entschuldbar (*excusable*) sein, womit Elemente des Verschuldens das Irrtumsrecht bestimmen. Bezüglich des Irrtums die Person betreffend gilt, dass der Irrtum dann relevant ist, wenn der Vertrag gerade wegen dieser Person abgeschlossen wurde (*intuitus personae*). Die Klage auf Annullierung des Vertrages kann nur vom Irrenden vorgebracht werden und zwar innerhalb eines Zeitraumes von 5 Jahren ab Kenntnis des Irrtums (Art 1304). Die Einrede dagegen kann nie verjähren (Civ. 1re, 19. dec 1995, infolge des Grundsatzes: *Quae temporalia sunt ad agendum, perpetua sunt ad excipiendum*). Bei Erfolg gilt der Vertrag als vernichtet und zwar ex tunc. Bei Kalkulationsirrtum gilt der Grundsatz der Verbesserung, nicht der Annullierung, die Beachtlichkeit des Motivirrtums ist ausgeschlossen.

2. Von besonderem Interesse ist die Konkurrenz zwischen Irrtum und Gewährleistung (*action redhibitoire*) wegen versteckter Mängel (*vices cachés*). Dabei ist hervorzuheben, dass die Nichtigkeit des Vertrages wegen Irrtumes 5 Jahre ab Kenntnis des Irrtums selbst geltend zu machen ist, während die gewährleistungsrechtlichen Ansprüche nach Art 1648 nach kurzer Dauer (*bref délai*) abhängig vom Gegenstand des Kaufvertrages und den lokalen Bräuchen verjähren. Während ein prominenter Teil der Lehre sich für die freie Wahl zwischen beiden Rechtsbehelfen ausgesprochen hatte (etwa Esmein in Planiol/Ripert IV n.184) hatte die *Cour de Cassation* auch 1960 (Civ. 1re, 4 janv.1960) nochmals auf die Verschiedenartigkeit der Klagen hingewiesen und unterstrichen, dass wenn der Irrtum einen versteckten Mangel beträfe, die kurzen Fristen der Gewährleistungsklage auf die Irrtumsklage anzuwenden seien (Bull. civ. I 408: vgl. RTDC 1961, 332 mit einer Stellungnahme von Carbonnier). Die Entscheidung hatte zur Folge, dass im Falle der versteckten Mängel ausschließlich die Gewährleistungsklage zur Anwendung gelangte, da diese im Gegensatz zum Irrtum auch Schadenersatz versprach. Im Jahre 1978 verließ die *Chambre commnercial* diese Rechtssprechung und erkannte die volle Konkurrenz der Ansprüche an (Com. 8 mai 1978, Bull. civ. IV 135). Im Jahre 1988 folgte die dritte Zivilkammer der Ansicht der Handelskammer (Civ 3 eme, 18 mai 1988, D.1989, 450) und 1989 verließ auch die *Première Chambre* ihre bisherige Rechtsauffassung

(Civ. 1re, 28 juin 1989, Bull. Civ. 268). Doch die völlig freie Wahl zwischen diesen beiden Rechtsbehelfen sollte nicht lange währen: Bereits 1996 rückte die 1. Zivilkammer von ihrer vorangegangenen Entscheidung ab und hob die grundsätzliche Verschiedenheit und damit im gegeben Fall die Ausschließlichkeit der gewährleistungsrechtlichen Ansprüche hervor (Civ. 1re, 14 mai 1996, D.1998, 305). Der Umstand, dass im Jahre 2000 auch die 3. Zivilkammer der *Cour de Cassation* (Civ. 3e 7 juin 2000) diese Rechtsmeinung bevorzugte, kann vorderhand nur bedeuten, dass die Spezifizität und Exklusivität beider Rechtsbehelfe untermauert wurde. In diesem Zusammenhang hatte die Cour de Cassation ausdrücklich hervorgehoben, dass im Falle versteckter Mängel, die den üblichen Gebrauch der Sache verhindern würden, der gewährleistungsrechtliche Anspruch ausschließlich in Frage kommen würde[379].

3. Bezüglich der Drohung erfolgt eine Definition durch das Gesetz:

Art 1111: La violence exercée contre celui qui a contracté l'obligation est une cause de nullité, encore qu'elle ait été exercée par un tiers autre que celui au profit duquel la convention a été faite.

Art 1112: Il y a violence, lorsqu'elle est de nature à faire impression sur une personne raisonnable, et qu'elle peut lui inspirer la crainte d'exposer sa personne ou sa fortune à un mal considérable et présent.

On a égard, en cette matière, à l'âge, au sexe et à la condition des personnes.

Art 1111: „Die Drohung gegen einen der Vertragspartner führt auch dann zur Vernichtbarkeit, wenn sie von einem Dritten ausging und nicht von demjenigen zu dessen Gunsten der Vertrag abgeschlossen wurde".

Art 1112: „Drohung liegt dann vor, wenn sie von der Art ist, dass eine vernünftige Person dadurch eingeschüchtert wird, und sie geeignet ist ihr Angst einzuflößen, dass sie selbst oder ihr Vermögen einer bedeutsamen und unmittelbaren Gefahr ausgesetzt wird.

Diesbezüglich ist auf Alter, Geschlecht und Umstände der Personen Rücksicht zu nehmen".

---

379 *Mais attendu que la cour d'appel a retenu, à bon droit, que la garantie des vices cachés constituant l'unique fondement de l'action exercée pour défaut de la chose vendue la rendant impropre à sa destination normale d'habitation, la responsabilité du vendeur ne pouvait etre recherchée sur le fondement de l'erreur....*: Vgl *Capitant*, Les grands arrêts de la jurisprudence civile II[11] 2000 n. 253-254 mit einer sehr kritischen Note zu den letzten Urteilen des Kassationsgerichtshofes. Das Hauptargument des Kommentators, dass, da beide Rechtsbehelfe auf verschiedene chronologische Ereignisse der Vertragsbildung *(formation et exécution)* einwirken, man nicht von Spezifizität sprechen könne, erscheint mir nicht gerechtfertigt zu sein.

Art 1113 bestimmt, dass die Drohung auch gegenüber dem Ehegatten, den Abkömmlingen oder den Vorfahren bestehen kann, während nach Art 1114 die bloße Ehrfurcht (*crainte révérentielle*) gegenüber Vater, Mutter und anderen Vorfahren als nicht ausreichend angesehen wird.

Die Klage verjährt nach Art 1304 5 Jahre nach Ende der Drohung. Dem Bedrohten kann Schadenersatz zugesprochen werden (Civ. 1re, 17 juillet 1967, D. 1967, 509).

4. Die Arglist (*dol*) betrifft jede Art der Verleitung, Irreführung usw, um den Getäuschten zum Vertragsabschluß zu bewegen. Das Gesetz, Art 1116, spricht von *manœuvres*, von Machenschaften ohne die der Getäuschte den Vertrag nicht abgeschlossen hätte. Arglist auf der einen Seite führt zum Willensmangel Irrtum auf der anderen Seite (wobei es unerheblich ist, um welchen Irrtum es sich handelt, bedeutsam ist ausschließlich die Arglist). Arglist kann auch im Verschweigen von vertragsrelevanten Umständen liegen (vgl aus der überaus reichen Rechtsprechung Civ. 3e, 20 dec. 1995, Bull.civ. III 268: Verschweigen der Tatsache eines Bebauungsprojektes auf dem Nachbargrundstück, das die Lichtverhältnisse am verkauften Grundstück verändern sollte). Die Schadenersatzklage kann trotz Vernichtung des Vertrages angestrengt werden, ebenso wie bei Erhaltung des Vertrages der Ersatz des Schadens verlangt werden kann (Com., 18 Oct. 1994, D. 1995, 180)

5. Was die Geschäftsfähigkeit anbelangt, so sind nach Art 1124 CC die nicht für volljährig erklärten Minderjährigen geschäftsunfähig, sowie diejenigen Personen, die durch das Gesetz besonders geschützt sind (*incapables*). Die Volljährigkeit beginnt mit vollendetem 18. Lebensjahr (Art 488 CC). Art 488 bestimmt auch, wer von Gesetzes wegen einen besonderen Schutz genießt und wessen Geschäfte daher vernichtbar sind. Die Unfähigkeit wird dabei entweder als vorübergehend oder dauerhaft bezeichnet. All. 3 von Art 488 nennt weiters als geschützte Personengruppe die Verschwender, Art 489 die Geisteskranken. Was die Minderjährigen anbelangt, so steht ihnen nach Art 1305 CC eine Auflösungsklage zu (*rescision*). Die Klage verjährt 5 Jahre nach Erreichen der Volljährigkeit sowie 5 Jahre nach Kenntnis des Rechtsgeschäftes durch den Geisteskranken oder dessen Vormund, bzw 5 Jahre ab dessen Tod zugunsten der Erben (Art 1304). Voraussetzung ist freilich eine *lésion*, eine Übervorteilung, die objektiv verstanden wird, in einem Missverhältnis von Leistung und Gegenleistung, aus dem sich ein Schaden für den Minderjährigen ergibt (*préjudice pécuniaire*). Die *lésion* wird nach Art 1306 CC ausdrücklich ausgeschlossen, wenn sie die Folge zufälliger oder unvorhersehbarer Ereignisse war. Nach Art 450 CC sind diejenigen Rechtsgeschäfte gültig, die Minderjährige der Gewohnheit nach abschließen (*usage*). Nach Art 1308 sind weiters solche Verpflichtungen nicht angreifbar, die der Minderjährige im Rahmen seiner beruflichen Tätigkeit eingegangen ist. Nach

Art 489 CC ist jede Verpflichtung, die ein Geisteskranker eingeht, der Nichtigkeitsklage ausgesetzt. Nur der Betroffene selbst oder sein gesetzlicher Vertreter können die Klage erheben. Die Klage verjährt nach Art 1304 CC 5 Jahre ab Kenntnis der Verpflichtung.

§ 38 Italien

Literatur: *Trabucchi,* Istituzioni di diritto civile §§ 71-74; *ders,* in: Nuovissimo DI "Errore" sowie ders. in: Nuovissimo DI "Violenza"; *Irti*, Studi sul formalismo negoziale (1997); *C. Colombo*, Il dolo nei contratti, RID Commerciale 1993, 1; *G. B. Ferri*, Causa e tipo nella teoria del negozio giuridico (Milano 1966); *A. Zaccaria/G. De Cristoforo*, La vendita dei beni di consumo commentario agli artt. 1519 bis-1519 nonies Codice Civile (2002); V. Roppo, Il contratto (2003)...

I. Die Nichtigkeit

1. Der *Codice Civile* unterscheidet zwischen *nullità* (Nichtigkeit) und *annullabilità* (Vernichtbarkeit). Nach Art 1418 ist der Vertrag dann nichtig, wenn eine der Grundvoraussetzungen des Art 1325 fehlt. Diese sind die Willensübereinstimmung der Parteien (*accordo delle parti*), eine zulässige *causa*[380] nach Art 1343, der bestimmbare Inhalt nach Art 1346 und die vorgeschriebene Form.

Im einzelnen gilt dabei folgende Rechtslage:

2. Verträge sind nichtig nicht nur bei fehlender *causa*, sondern auch bei einer nicht erlaubten *causa* (*causa illecita*). Diese *causa* ist im Art 1343 näher bestimmt. Danach handelt es sich um eine *causa*, die gegen ein zwingendes Gebot oder Verbot (*norme imperative*), gegen den *ordine pubblico* oder gegen die guten Sitten[381] (*buon costume*) verstößt. In diesem Zusammenhang werden Verträge gegen die Sexualmoral (Prostitution), Stimmkauf, Beamtenbestechung, Ehe gegen Gegenleistung genannt. Ganz klar wird im Bereiche der *causa* auch auf das Motiv verwiesen: Wenn dem Vertrag ein unerlaubtes Motiv (*motivo illecito*) zu Grunde gelegt worden ist, und zwar von beiden Parteien (Art 1345), so ist er nichtig.

---

380 Zur *causa* vgl Abschnitt über das französische Recht. Die italienische Lehre setzt aber die Betonung mehr auf das objektiv-abstrakte Moment und sieht in ihr die ökonomisch-soziale Funktion eines jeden Rechtsgeschäfts, die nicht mit dem individuellen Zweck, dem Motiv, zu verwechseln ist (*Trabucchi* § 73). Dazu theoretisch begründend *E. Betti*, Teoria Generale del negozio giuridico; *Giorgianni* (s.v.) Causa in ED.

381 Bei den guten Sitten wird der unmoralische Zustand auf die Situation bezogen, die durch den Vertrag bewirkt werden soll (vgl *Trabucchi* in ED „buon costume". Es handelt sich keineswegs nur um die Sexualmoral, sondern um jene ethischen Grundsätze und Anforderungen des kollektiven moralischen Gewissens, die die Sozialmoral ausmachen, da die Allgemeinheit der korrekten Personen, der gutgläubigen und der von gesunden Prinzipien geleiteten sich in einem bestimmten Moment und einer bestimmten Umgebung daran hält (Cass. 81/4414) *(la generalità delle persone corrette, di buona fede e sani principi*).

3. Was die Voraussetzungen bezüglich des Inhalts des Vertrags nach Art 1346 anbelangt, so gilt, dass der Inhalt möglich, erlaubt, bestimmt oder bestimmbar sein muss.

4. Bezüglich der Form wird insbesondere die Schriftlichkeit nach Art 1350 bei folgenden Verträgen verlangt: Übertragung des Eigentums an Liegenschaften, Errichtung oder Übertragung von Nießbrauch an Liegenschaften, Baurecht oder Erbbaurecht. Begründung von Mitberechtigungen an den zuvor genannten Rechten, Errichtung und Veränderungen von Grunddienstbarkeiten, Gebrauchsrecht an Liegenschaften, Wohnrecht, sowie Verzicht betreffend die genannten Rechte und das Ende der Erbpacht, Miet- und Pachtverträge für einen Zeitraum, der 9 Jahre übersteigt, Antichresis, Gesellschaftsverträge, die die Nutzung von Immobilien für den Zeitraum von mehr als 9 Jahren zum Inhalt haben oder auf unbestimmte Zeit abgeschlossen werden, Leibrenten, Teilungen von Liegenschaften und anderen dinglichen Rechten, Vergleiche (*transazioni*) die genannten Rechtsverhältnisse betreffend.

5. Nach Art 1421 kann jeder, der daran ein Interesse hat, die Klage auf Feststellung der Nichtigkeit erheben. Sie kann auch vom Richter vom Amts wegen berücksichtigt werden. Sie verjährt nicht. Da der Vertrag als absolut nichtig angesehen wird, also überhaupt keine Wirkungen zeigt, ist aber die Befassung des Gerichts mittels *azione di nullità* nicht unbedingt erforderlich.

II. Die Vernichtbarkeit von Verträgen (annullabilità): Geschäftsunfähigkeit, Irrtum, Drohung, Arglist

1. Bei Geschäftsunfähigkeit [Art 2, Volljährigkeit ab vollendetem 18. Lebensjahr]. Nach Art 427 können bei Entmündigten der Entmündigte selbst, der Vormund, der Einzelrechtsnachfolger oder die Erben die Klagen einbringen; bei Personen, die im Augenblick des Vertragsschlusses nicht im Besitz ihrer geistigen Fähigkeiten waren (*incapaci di intendere e di volere*), ohne dass sie entmündigt worden wären, können diese selbst die Klage einbringen, die Erben sowie Einzelrechtsnachfolger, wenn sich aus den Umständen die Bösgläubigkeit des Vertragspartners ergibt (Art 428) sowie eine beachtliche Übervorteilung vorliegt.

2. Der Irrtum (*errore*) ist in den Artikeln 1428–1433 geregelt. Der Irrtum führt zur Vernichtbarkeit, wenn er wesentlich und erkennbar war.

Art 1429 Errore essenziale: L' errore è essenziale:

1) quando cade sulla natura o sull'oggetto del contratto [1322];

2) quando cade sull'identità dell'oggetto della prestazione [1346] ovvero sopra una qualità dello stesso che, secondo il comune apprezzamento o in relazione alle circostanze, deve ritenersi determinante del consenso;

3) quando cade sull'identità o sulla qualità della persona dell'altro contraente, sempre che l'una o le altre siano state determinanti del consenso;

4) quando, trattandosi di errore di diritto, è stato la ragione unica o principale del contratto.

Art 1429 Wesentlicher Irrtum: „Der Irrtum ist wesentlich:

1.) wenn er die Natur oder den Inhalt des Vertrages betrifft;

2.) wenn er die Eigenschaft des Leistungsgegenstandes betrifft, dh eine Eigenschaft, die nach allgemeiner Einschätzung oder in Bezug auf die Umstände wesentlich bei der Willensübereinstimmung sein muss;

3.) wenn er die Identität oder Eigenschaften des Vertragspartners betrifft unter der Voraussetzung, dass die eine oder die anderen entscheidende Voraussetzung der Willensübereinstimmung war;

4.) wenn im Falle von Rechtsirrtum dieser der einzige oder wichtigste Grund des Vertrages war".

Was die Erkennbarkeit des Irrtums anbelangt, so bestimmt Art 1431 die Erkennbarkeit derart, als eine Person von durchschnittlicher Sorgfalt (*normale diligenza*) diesen auf Grund des Inhaltes, der Umstände des Vertrages oder der Eigenschaften der Vertragsparteien erkennen hätte können.

Nach Art 1433 betrifft der Irrtum auch die Erklärungen (*dichiarazioni*) und Übermittlungen von Erklärungen.

3. Drohung (*violenza*) (1434-1438): Nach Art 1435 ist die Drohung dann geeignet die Vernichtung des Vertrages zu bewirken, wenn sie auch eine gefestigte Person beeindruckt hätte und eine durchaus berechtigte Angst bewirken konnte, dass Gefahr für Leib und Leben, sowie für das Vermögen besteht. Alter, Geschlecht und Umstände der Person sind zu berücksichtigen. Die Drohung gegen Ehegatten, Abkömmlinge und Vorfahren gilt zwar gleichermaßen, die reine Ehrfurcht (*timore riverenziale*) kann aber nicht als Grund der Drohung in Betracht kommen.

4. Arglist (*dolo*): Nach Art 1439 müssen die Machenschaften (*raggiri*) derart gewesen sein, dass sie die Zustimmung der Vertragspartner bewirkt haben. Auch Dritte können die Arglist ausgeübt haben, jedoch kann der Vertrag nur dann angefochten werden, wenn der Vertragspartner aus dem Vertrag Vorteile gezogen hat.

5. Nach Art 1442 verjährt die Klage innerhalb von 5 Jahren ab

-Entdeckung des Irrtums

-Entdeckung der arglistigen Täuschung

-Ende der Drohung

-Ende der Geschäftsunfähigkeit.

Nur der unmittelbar Betroffene, der gesetzliche Vertreter, der Erbe sind aktiv zur Klage legitimiert. Nicht verjährt dagegen die Einrede (Absatz IV). Die Vernichtung wirkt an der Wurzel also ex tunc. Im Falle, dass die Geschäftsunfähigkeit ursächlich für die Annullierung gewesen ist, muss der Geschäftsunfähige nur das zurückerstatten, was er zu seinem Vorteil erlangt hat (Art 1443). Dritten gegenüber – mit der einzigen Ausnahme der Geschäftsunfähigkeit – zeitigt die Annullierung des Vertrages freilich dann keine Wirkung, wenn sie Rechte bei entgeltlichen Rechtsgeschäften gutgläubig erworben haben.

§ 39 Spanien

Literatur: *M.R. Valpuesta Fernandez* (Hrsg), Derecho de obligaciones y contratos (1995) §§ 76 – 80; *J. R. de Verda y Beamonte,* Error y responsabilidad en el contrato (Madrid 1999). *J.M. Lete del Rio/ J. Lete Achinica,* Derecho de las Obligaciones II contratos (2006) ; *P. Saborrido Sanchez,* La causa ilicita (2005).

I. Die Nichtigkeit

Entgegen der Aussage des Art 1300 CC, der ausschließlich von Vernichtbarkeit („*anular*") der Verträge spricht, gehen Lehre und Rechtsprechung davon aus, dass es eine absolute Form der Nichtigkeit und eine Vernichtbarkeit gibt. Als absolut nichtig erscheinen die Verträge, die nicht den Voraussetzungen des Art 1261 entsprechen, sowie – und hier spricht der Gesetzgeber ja selbst von Wirkungslosigkeit, also wohl Nichtigkeit des Vertrages – wenn eine unerlaubte *causa* vorliegt.

1. Unter den Voraussetzungen eines gültigen Vertrages bestimmt der *Código Civil* (*Libro cuarto: De las obligaciones y contratos, Título II: De los contratos, Capítulo II: De los requisitos esenciales para la validez de los contratos)*

Art 1261: Disposición general

No hay contrato sino cuando concurren los requisitos sigiuentes:

1° Consentimiento de los contractantes.

2° Objeto cierto que sea materia del contrato.

3° Causa de la obligación que se establezca.

Art 1261: „Allgemeine Bestimmung

Es kommt kein Vertrag zustande, es sei denn, folgende Voraussetzungen liegen vor:

1. Willensübereinstimmung der Vertragsschließenden.
2. Ein bestimmter Vertragsinhalt.
3. Causa der einzugehenden Verpflichtung".

Es folgt eine Behandlung der Willensübereinstimmung (Art 1262 – 1270), des Inhaltes (Art 1271 – 1273), der causa (Art 1274 – 1277).

2. Besondere Bedeutung kommt der *causa* zu. Der *Código Civil* – im Gegensatz zum französischen und zum italienischen Gesetzbuch – versucht sie sogar zu definieren:

Art 1274: En los contratos onerosos se entiende por causa, para cada parte contractante, la prestación o promesa de una cosa o servicio por la otra parte; en los remuneratorios, el servicio o beneficio que se remunera y en los de pura beneficencia, la mera liberalidad del bienhechor.

Art 1274: „Bei entgeltlichen Verträgen gilt für jede vertragsschließende Partei als causa die Hingabe/Erfüllung oder das Versprechen einer Sache oder einer Dienstleistung durch die andere Partei; bei den Vergütungsverträgen jene Leistung oder Wohltat, die vergütet werden soll und bei den ausschließlichen Wohltätigkeitsverträgen die reine Freigiebigkeit des Wohltäters".

Diese Definition ist vielfach für ungenügend erachtet worden, stellt sie doch bei den entgeltlichen Verträgen ausschließlich auf das Synallagma ab und versucht dort innerhalb des Vertragstypus selbst die Lösung zu finden und zwar in der jeweiligen Gegenleistung. Für Wohltätigkeitsverträge ist das Ergebnis zufriedenstellend, da die Wohltat selbst als *causa* gilt. Auch in Spanien wird über den Grad der Abstraktion oder Konkretisierung der *causa* diskutiert. Einerseits versucht man einen abstrakten, typischen und beständigen Zweck zu finden, andererseits spricht man auch von einem sozial nützlichen Zweck. Auch persönliche Gründe lässt man einfließen. Als Kompromisslösung wurde vorgeschlagen, den Vorsatz (*propósito*) der Parteien, ein bestimmtes empirisch erfassbares Ergebnis zu erreichen[382], in den Vordergrund zu stellen. Die *causa* muss von allen Vertragsschließenden bewirkt oder zumindest erfasst worden sein. Ist kein bestimmter subjektiver Vorsatz erkennbar, so kann immer noch auf den objektiv-abstrakten zurückgegriffen werden. Grundsätzlich besteht der *Tribunal Supremo* auf der objektiv-abstrakten Anschauung, obwohl er darauf hinweist, dass persönliche Motive (*motivos/móviles*) wenn sie in der Willenserklärung zum Ausdruck gebracht worden sind, Auswirkungen auf die *causa* haben können (so TS 8. Juli 1977 und 4. Mai 1987).

In Art 1275 wird betont, dass eine nicht vorhandene oder unerlaubte *causa* keine Wirkungen beim Vertrag hervorrufen kann. Die unerlaubte *causa (ilicita)* ist jene, die gegen das Gesetz oder die guten Sitten verstößt.

3. Bei Nichtigkeit muss der Vertrag nicht erst durch Urteil vernichtet werden. Wird er nicht eingehalten, so entspricht dies der Gesetzeslage. Die Nichtigkeit kann von Amts wegen erhoben und ausgesprochen werden, ebenso wie während eines Rechtsstreits die Erfüllung eines nichtigen Vertrags betreffend die Nichtigkeit erklärt werden kann. Jeder Dritte, der Interesse an der Nichtigkeitserklärung hat, kann die Klage erheben. Verjährung kann es keine geben. Grundsätzlich hat volle Rückabwicklung zu erfolgen (also mit Früchten) [Art 1303]. Besonderheiten gelten bei einer unerlaubten *causa*: Bei Vorliegen eines strafrechtlich relevanten Tatbestands gibt es je nach Sachverhalt keine Klagemöglichkeit entweder für beide oder nur für eine Partei [Art 1305]. Bei Vorliegen einer unmoralischen *causa* (*causa turpe*), gilt bei beiderseitigem unmoralischem Verhalten: keine

---

382 Vgl die Diskussion bei *L. Diez-Picazo/A. Gullón*, Instituciones de derecho civil 413 ff.

Rückabwicklung, keine Erfüllungsansprüche. Betrifft die Schändlichkeit nur eine Partei, so hat diese weder Anspruch auf Rückabwicklung, noch auf Erfüllung. Die nicht betroffene Partei hat dagegen einen Erfüllungsanspruch, ohne selbst leisten zu müssen (Art 1306).

II. Die Vernichtbarkeit

Diese wird den Bestimmungen der Art 1301 und 1265 entnommen. Dabei handelt es sich um die Willensmängel Irrtum (*error*), Drohung (*violencia e intimación*) und Arglist (*dolo*), sowie um Willenserklärungen von Geschäftsunfähigen.

1. Der Irrtum (*error*) *Art 1266: Para que el error invalide el consentimiento, deberá recaer sobre la sustancia de la cosa que fuere objeto del contrato, o sobre aquellas condiciones de la misma que principalmente hubiesen dado motivo a celebrarlo.*

El error sobre la persona sólo invalidará el contrato cuando la consideración a ella hubiese sido la causa principal del mismo.

El simple error de cuenta sólo dará lugar a su corrección.

Art 1266: „Damit der Irrtum die Willensübereinstimmung wirkungslos machen kann, muss er die Substanz der Sache betreffen, die Inhalt des Vertrages war oder besondere Eigenschaften derselben, die den Vertragsabschluß hauptsächlich bestimmt haben.

Der Irrtum die Person betreffend wird nur dann den Vertrag unwirksam machen, wenn sie selbst maßgebliche Voraussetzung des Vertrages war.

Der einfache Rechenirrtum eröffnet lediglich die Möglichkeit zur Verbesserung".

Die Substanz, die Wesenstypizität einer Sache oder die Eigenschaften, wird von der Rechtsprechung durchaus subjektiv verstanden, also aus der Sicht der Vertragsparteien.

Der Motivirrtum ist *argumento e silentio* ausgeschlossen, zu berücksichtigen sind somit nur jene Motive, die sich auf die *causa* auswirken.

Der Erklärungsirrtum wird zwar vom Gesetz nicht geregelt, findet aber Anerkennung im Rahmen der Gegebenheiten des Verschuldens (Sorgfaltsverletzung würde eine Klage ausschließen). Wer selbst als Vertragsgegner nicht gutgläubig war, kann sich nicht auf den Irrtum berufen.

2. Gewalt und Drohung (*violencia e intimidación*) (Art 1267) führen ebenso zur Vernichtbarkeit, wobei die Drohung auch gegen Ehegatten, Abkömmlinge und Vorfahren gerichtet sein kann. Dabei muss die Drohung eine rationale und begründete Angst vor einer unmittelbaren Gefahr für Leib, Leben oder Vermögen auslösen.

Bei der Bewertung der Drohung sind das Alter und die Umstände der bedrohten Person zu berücksichtigen.

3. Bezüglich der arglistigen Täuschung (*dolo*) (Art 1269, 1270) stellt das Gesetz auf Worte oder sonstige Machenschaften (*maquinaciones insidiosas*) ab. Diese müssen zur Folge haben, dass der Vertragspartner gerade deshalb den Vertrag abschließt und dies ohne dieselben nicht getan hätte. Die beiderseitige Arglist schließt die Vernichtbarkeit aus. Zur Arglist selbst stellt das Gesetz fest, sie müsse schwerwiegend (*grave*) sein.

4. Infolge fehlender Möglichkeit, eine gültige Willensäußerung abzugeben, sind Verträge von Minderjährigen (*menores*) und Geschäftsunfähigen (*incapacitados*) vernichtbar.

Die Volljährigkeit beginnt mit vollendetem 18. Lebensjahr, vorgezogene Volljährigkeitserklärungen (*emancipación*) sind möglich. Die Erklärung der Geschäftsunfähigkeit von Volljährigen hat durch Richterspruch zu ergehen (Art 199), diese ist im Personenstandsregister zu verzeichnen (*Registro Civil*).

5. Die Klage kann von den Betroffenen angestrengt werden, bei Geschäftsunfähigen vom gesetzlichen Vertreter. Derjenige, der den Irrtum hervorgerufen hat, die arglistige Täuschung oder Drohung angewandt hat, ist nicht dazu legitimiert. Die Klage verjährt nach Art 1301 nach Ablauf von 4 Jahren ab Ende der Gewalt oder Drohung, bei Irrtum und Arglist nach Ablauf von vier Jahren ab Vertragserfüllung (*consumación del contrato*) und ab Ende der gesetzlichen Vertretung bei Geschäftsunfähigen. Die Klage führt bei Erfolg zur Vernichtung des Vertrags an der Wurzel (ex tunc), was zur Rückabwicklung unter Einbeziehung der Früchte und Zinsen (Art 1303) führt. Der Geschäftsunfähige hat nur das herauszugeben, worum er bereichert worden ist (Art 1304). Hat der zur Klage Berechtigte den Gegenstand des Vertrages aus Verschulden verloren, so wird ihm die Klage verwehrt (Art 1314).

III. Formmängel

Besonderer Erwähnung bedarf das Problem der Einhaltung einer gesetzlich gebotenen Form (Art 1278-1280). Nach Art 1280 bedürfen folgende Verträge der *escritura pública* (in der Regel notarielle Urkunden):

-Errichtung, Übertragung, Aufhebung, Veränderung eines dinglichen Rechts an Liegenschaften

-Miet-/Pachtverträge von mehr als 6 Jahren

-Eheverträge

-Übertragung, Ablehnung, Verzicht auf Ansprüche erbrechtlicher Natur oder im Bereich des Ehegüterrechtes.

-Übertragung von Ansprüchen aus einer *escritura pública.*

-Jeder Vertrag über 1500 Peseten (etwa 9 EURO)

Entgegen den zum Teil von der Lehre vorgebrachten Behauptungen, sieht die Rechtsprechung die Aussage von Art 1278 als grundlegend an.

Art 1278: Los contratos serán obligatorios cualquiera que sea la forma en que se hayan celebrado, siempre que en ellos concurran las condiciones esenciales para su validez.

Art 1278: „Die Verträge werden dann verpflichtend sein, wenn, unabhängig davon, in welcher Form sie abgeschlossen wurden, die Voraussetzungen bezüglich der Wirksamkeit eingehalten wurden".

Art 1279 ermächtigt die Parteien ausdrücklich dazu, wenn die öffentliche Form vorgeschrieben ist, diese untereinander als verpflichtend vorzuschreiben, sobald die Gültigkeitsvoraussetzungen erfüllt sind. Daraus leitet die Rechtsprechung den Primat der „Vergeistigung" von Verträgen ab (*sistema espiritualista*): Nicht die materielle Form, die Förmlichkeit sei entscheidend, sondern Art 1279 böte nur eine Möglichkeit mehr an. Daraus ergebe sich keine zwingende Voraussetzung (TS 30. Mai 1972). Die Voraussetzung der Schriftform wird nicht einmal als einzige Beweisform gesehen, sondern als eine Nützlichkeit hinsichtlich der Beweisführung. Die lächerliche Grenze von 1500 Peseten wäre anderswie wohl kaum noch zu rechtfertigen. Als allgemeine Grenzen der Privatautonomie gelten nach Art 1255 Gesetz, Moral und *ordre public.*

§ 40 Österreich

Literatur: *Koziol/Welser,* Grundriss des bürgerlichen Rechts II[13] (bearbeitet v. A. Kletecka) (2006) Das Rechtsgeschäft; *E. Kramer*, Grundfragen der vertraglichen Einigung (1972); *Rummel* in *Rummel*, ABGB I[3] §§ 870 ff; *Migsch*, Arglistige Täuschung beim Vertragsschluss, ÖJZ 1973, 62; *Kerschner*, Irrtumsanfechtung; insbesondere beim unentgeltlichen Geschäft (1984).

Zumindest der Lehre und Rechtsprechung nach kennt das österreichische Recht die Unterscheidung zwischen Nichtigkeit und Anfechtbarkeit.

I. Die Nichtigkeit

1. Der Vertrag kommt durch übereinstimmende Willenserklärungen zustande (§ 861). Im Dissensfall kommt daher das Rechtsgeschäft überhaupt nicht zustande Nach § 878 führt der Abschluss von „Verträgen mit geradezu unmöglichem Inhalt“[383] zur Nichtigkeit derselben. Darunter versteht man das rechtlich Unmögliche sowie das faktisch Absurde.

In den genannten Fällen ist von einer absoluten Nichtigkeit auszugehen, dh dass die Nichtigkeit auch ohne Beschreitung des Gerichtsweges stets relevant ist. Absolut nichtig sind Rechtsgeschäfte, die gegen Gesetze verstoßen, die dem Schutz von Allgemeininteressen, der öffentlichen Ordnung und Sicherheit dienen (OGH SZ 63/72). Eine besondere Geltendmachung ist nicht erforderlich, jedermann kann sich auf die Nichtigkeit berufen. Diese absolute Nichtigkeit beruht auf der Norm § 879, die auch sittenwidrige Rechtsgeschäfte als nichtig bezeichnet:

2. *§ 879* [Unerlaubtheit (Gesetzwidrigkeit; Sittenwidrigkeit)] *(1) Ein Vertrag, der gegen ein gesetzliches Verbot oder gegen die guten Sitten verstößt, ist nichtig.*

(2) Insbesondere sind folgende Verträge nichtig:

1. wenn etwas für die Unterhandlung eines Ehevertrages bedungen wird;

2. wenn ein Rechtsfreund eine ihm anvertraute Streitsache ganz oder teilweise an sich löst oder sich einen bestimmten Teil des Betrages versprechen lässt, der der Partei zuerkannt wird;

3. wenn eine Erbschaft oder ein Vermächtnis, die man von einer dritten Person erhofft, noch bei Lebzeiten derselben veräußert wird;

4. wenn jemand den Leichtsinn, die Zwangslage, Verstandesschwäche, Unerfahrenheit oder Gemütsregung eines anderen dadurch ausbeutet, dass er sich

383 *Rabel*, Zur Lehre von der Unmöglichkeit der Leistung nach österreichischem Recht, FS zur Jahrhundertfeier des ABGB II (1911) 821 = *Rabel*, Gesammelte Aufsätze I (1965, hrsg von *Leser*); OGH SZ 46/34.

oder einem Dritten für eine Leistung eine Gegenleistung versprechen oder gewähren lässt, deren Vermögenswert zu dem Werte der Leistung in auffallendem Missverhältnisse steht.

Während das gesetzliche Verbot derart ausgelegt wird, dass der Schutzzweck der Verbotsnorm zu ergründen ist, es sei denn die Nichtigkeit wird als Rechtsfolge ausdrücklich angeordnet, ist die Bestimmung der Sittenwidrigkeit, die allgemein zu verstehen ist, wesentlich problematischer[384]. Als Generalklausel geht ihre Bedeutung weit über die sexuelle Sphäre hinaus. „Sittenwidrig ist", so der OGH, „was dem Rechtsgefühl der Rechtsgemeinschaft, das ist aller billig und gerecht Denkenden widerspricht" (OGH SZ 27/19; SZ 38/217; SZ 56/72). Unschwer kann man dabei den Einfluss der deutschen Rechtsprechung (RGZ 48, 114) erkennen.

Die Bestimmungen des § 879 führen entweder zur absoluten Nichtigkeit, was bedeutet, dass die Nichtigkeit zeitlich unbegrenzt und ipso iure geltend gemacht werden kann (die Rückabwicklungsansprüche im Rahmen des Bereicherungsrechtes verjähren aber innerhalb von 30 Jahren), oder zur relativen Nichtigkeit. Die relative Nichtigkeit wird dann angenommen, wenn der gesetzliche Schutz im eindeutig überwiegenden Interesse und zum Schutze er Vertragsparteien und nicht ausschließlich zur Wahrung des *ordre public* bestimmt wurde. Sie muss regelmäßig auf dem Klagewege geltend gemacht werden. Damit ist die relative Nichtigkeit nichts anderes als eine besondere Form der Anfechtbarkeit. Die Klage verjährt nach Ablauf von 30 Jahren. In Österreich spricht man von einem gerichtlich geltend zu machenden Gestaltungsrecht. Insbesondere ist dies bei allen sittenwidrigen Rechtsgeschäften der Fall.

In Anlehnung an die Lösung des BGB wurde vom Gesetz der § 879 Abs 2 Z 4, der so genannte Wucherparagraph, ausdrücklich hervorgehoben. Hier soll dem Bewucherten die Möglichkeit gegeben sein, innerhalb von 30 Jahren von seinem Gestaltungsrechtsrecht Gebrauch machen zu können. Dabei ist stets darauf zu achten, dass ebenso wie bei § 138 Abs 2 BGB ein auffallendes Missverhältnis zwischen Leistung und Gegenleistung zum einen, und zum anderen die Ausbeutung einer ganz besonderen, in der Person des Bewucherten gelegenen Situation vorliegen müssen. Um das tatbestandsmäßige Element der Ausbeutung zu erfüllen, genügt Fahrlässigkeit (OGH SZ 44/71). Sittenwidrig sind Verträge, welche die sexuelle Sphäre betreffen, namentlich im Rahmen der Prostitution, Verspre-

---

384 *Mayer-Maly*, Bewegliches System und Konkretisierung der guten Sitten, in *F. Bydlinski* (Hrsg), Das bewegliche System im geltenden und künftigen Recht (1986) 121; *Krejci* in *Rummel*, ABGB I^3 § 879; *F. Bydlinski*, Über das Verständnis der „guten Sitten" im österreichischen Recht, in Gernhuber-FS (1993) 827.

chen, nicht zu heiraten, den Beruf nie zu wechseln oder eine bestimmte Religion ausüben zu wollen. Auch Knebelverträge gelten als sittenwidrig.[385]

3. Bei Nichtbeachtung gesetzlicher Formvorschriften ist das Rechtsgeschäft nichtig. Der Notariatsform bedürfen etwa Kauf, Tausch, Darlehensverträge unter Ehegatten oder Schenkungsverträge ohne wirkliche Übergabe. Das infolge eines formungültigen Geschäfts Geleistete kann nach § 1432 nicht zurückgefordert werden (Naturalobligation).

4. Hinsichtlich Minderjähriger (bis zur Vollendung des 18. Lebensjahres, § 21 Abs 2)[386] ist danach zu differenzieren, ob es sich um Kinder (unter 7 Jahre, vgl § 865), unmündige Minderjährige (7-14 Jahre) oder um mündige Minderjährige (ab Vollendung des 14. Lebensjahres) handelt: So können die von zumindest Siebenjährigen abgeschlossenen Rechtsgeschäfte nachträglich vom gesetzlichen Vertreter gebilligt werden (§ 151 in Anlehnung an die deutsche Rechtslage), das Rechtsgeschäft ist somit schwebend unwirksam. Nach § 865 können diese Personen "ein bloß zu ihrem Vorteil gemachtes Versprechen annehmen" – dazu bedarf es keiner Zustimmung des gesetzlichen Vertreters gem § 151. Rechtsgeschäfte, die von Kindern (noch nicht Siebenjährigen) geschlossen werden, sind grundsätzlich absolut nichtig. Dies betrifft auch Geschäfte, bei denen das Kind keine Verpflichtung eingehen würde. § 151 Abs 3 sieht allerdings eine praktisch bedeutsame Ausnahme vor: Handelt es sich um ein Geschäft, das von Kindern dieses Alters üblicherweise geschlossen wird und bei dem es sich „um eine geringfügige Angelegenheit des täglichen Lebens" handelt, so wird dieses Geschäft „mit der Erfüllung der das Kind treffenden Pflichten rückwirkend rechtswirksam" (sog „Taschengeld-Paragraph"; zB Kauf einer Wurstsemmel). § 151 Abs 2 regelt Ausnahmen hinsichtlich der Geschäftsfähigkeit der mündigen Minderjährigen (14-18 Jahre), also vor allem die freie Verfügbarkeit des Erworbenen zur Befriedigung der Lebensbedürfnisse; grundsätzlich sind auch deren Rechtsgeschäfte schwebend unwirksam.

II. Die Anfechtbarkeit: List, Zwang, Irrtum

1. Anfechtbar sind solche Rechtsgeschäfte, die durch List und Drohung zustande gekommen sind. List ist Täuschung, somit Vorspiegeln falscher Tatsa-

---

385 *F. Bydlinski*, Zulässigkeit und Schranken ewig und extrem langdauernder Vertragsbestimmungen (1992); OGH JBl 1992, 517.

386 Mit dem kürzlich in Kraft getretenen KindschaftsRÄG 2001 (BGBl I 2000/135) wurde die Volljährigkeit von der Erreichung des 19. Lebensjahres auf das vollendete 18. herabgesetzt.

chen, Verhinderung der Kenntnisnahme des wahren Sachverhalts, Ausnützung eines bereits vorhandenen Irrtums. Die Täuschung muss kausal sein.

§ 870 [List; Zwang] *Wer von dem anderen Teile durch List oder durch ungerechte und gegründete Furcht (§ 55) zu einem Vertrage veranlasst worden, ist ihn zu halten nicht verbunden.*

Die Anfechtung ist gerichtlich geltend zu machen, wobei selbstverständlich nur der Getäuschte oder Bedrohte vorgehen kann. Die Arglist kann 30 Jahre lang ab Vertragsabschluss geltend gemacht (§1478) werden, die Drohung 3 Jahre ab Ende der Bedrohungslage (§ 1487).

Nach § 874 muss der Drohende oder Täuschende vollen Schadenersatz leiten.

2. Anfechtbar[387] ist weiters das unter Irrtum zustande gekommene Rechtsgeschäft.

§ 871 [Wesentlicher Irrtum] *(1) War ein Teil über den Inhalt der von ihm abgegebenen oder dem anderen zugegangenen Erklärung in einem Irrtum befangen, der die Hauptsache oder eine wesentliche Beschaffenheit derselben betrifft, worauf die Absicht vorzüglich gerichtet und erklärt wurde, so entsteht für ihn keine Verbindlichkeit, falls der Irrtum durch den anderen veranlasst war, oder diesem aus den Umständen offenbar auffallen musste oder noch rechtzeitig aufgeklärt wurde.*

Die Lehre unterscheidet zwischen Erklärungsirrtum und Geschäftsirrtum, unter den auch der Eigenschaftsirrtum fällt. Der Geschäftsirrtum betrifft die Natur des Rechtsgeschäftes, seinen Inhalt oder eine für das Rechtsgeschäft bedeutsame Eigenschaft der Person des Geschäftspartners (OGH EvBl 1993/77). Der Irrtum ist wesentlich, wenn ohne sein Hinzutreten das Rechtsgeschäft nicht abgeschlossen worden wäre. Die Norm § 871 statuiert drei Voraussetzungen: der Irrtum muss entweder vom anderen veranlasst worden sein, hätte diesem aus den Umständen auffallen müssen, oder muss rechtzeitig aufgeklärt worden sein, ohne dass der Partner bereits Maßnahmen entsprechend dem Vertrag gesetzt hatte. Diese Voraussetzungen führen dazu, dass das Vertrauen der Vertragspartner über der Bedeutung der Willenserklärung des Irrenden steht, eine beachtliche Verschiedenheit zum deutschen Recht.

Das Recht der Geltendmachung des Irrtums verjährt 3 Jahre ab Vertragsschluss (§ 1487), die herrschende Lehre verlangt gerichtliche Geltendmachung, eine nicht unbedeutende Mindermeinung ist der Auffassung, dass die außergerichtliche Anzeige die Einrede perpetuieren würde[388].

---

387 Vgl dabei die interessante Mindermeinung von *Faistenberger*, Das Vorkaufsrecht (1967) 76 ff, der auf Grund des Wortlautes des Gesetzes für absolute Nichtigkeit eintritt.

388 *Rummel* in *Rummel*, ABGB I³ § 871 Rz 22, § 901 Rz 7a.

§ 41 England

Literatur: *Cheshire/Fifoot/Furmston*, Law of Contract[12] (1991); *Treitel*, The Law of Contract[19] (1995); Grundlegend: *H. Beale* (Hrsg), Chitty on Contracts[29] (2004).

Das englische Recht kennt folgende Voraussetzungen für die Gültigkeit von Verträgen:

a) Vertragsabsicht (*intention to contract*)
b) Geschäftsfähigkeit (*legal capacity*)
c) Formerfordernisse (*legal formalities*)
d) Considerations

Weiters ist Irrtum, Irreführung und Drohung maßgeblich bei der Betrachtung des Bestehens von Verträgen.

I. Die Vertragsabsicht

Die Vertragsabsicht konkretisiert die Willenserklärungen als Voraussetzung der Willensübereinstimmung (*agreement*). Inwieweit die Absicht vorgelegen hatte, einen Vertrag abzuschließen, wird vielfach erst vom Gericht zu klären sein: Muss beispielsweise ein Spielgewinn aufgeteilt werden? Besonders im Bereiche von Auslobungen kann demonstriert werden, ob ein Anbot vorliegt oder nicht. Dies wurde schon in *Carlill v Carbolic Smoke Ball Co* ([1893] 1QB 256) deutlich, wo ein Produzent angeblich wundertätiger Kugeln, die die Grippe abwehren sollten, jedem 100 Pfund zu geben versprochen hatte, der trotz Anwendung an Grippe erkranken würde. 1000 Pfund wurden in eine Bank hierfür hinterlegt. Die *Queen's Bench* sprach Mrs. Carlill das Geld zu, sah also das Anbot als konkretisiert an.

II. Die Geschäftsfähigkeit

Minderjährige, also Personen bis zur Vollendung des 18. Lebensjahres, die Verträge abgeschlossen haben, können diese entweder als nichtig behandeln oder sie bei Erreichen der Volljährigkeit bestätigen (*notify/affirm*): *voidable at opinion.*

Eine nachträgliche Genehmigung durch den gesetzlichen Vertreter ist nicht möglich. Von dieser Regel gibt es einige Ausnahmen. Für Dinge, die für den Minderjährigen lebenswichtig sind (*necessaries*), muss er einen angemessenen Preis bezahlen. Was lebenswichtig für Körper und Geist ist, wird von den Umständen abhängen, also auch vom eigenen Lebensstandard. Besondere Verträge, die *continuous mutual relations* verlangen, wie Mietverträge müssen ausdrücklich vom Minderjährigen widerrufen werden. Ausbildungsverträge werden für Minderjährige allgemein als nützlich gehalten und sind daher gültig. Auf Grund der Regeln der *equity* muss Erlangtes – mit einer wichtigen Ausnahme, und zwar Geld – zurückerstattet werden. Sollte sich allerdings herausstellen, dass sie infolge eines Verkaufserlöses Geld erhalten haben, kann die Zurückstellung des Geldes in Betracht kommen. Der gesamte Bereich ist im übrigen einer gesetzlichen Regelung unterzogen worden im *Minors' Contracts Act 1987*. Dort wird (s 3) den Gerichten die erweiterte Möglichkeit eröffnet, Sachen aus dem Vertrag oder Surrogate zurückstellen zu lassen, falls sie es als *„just and equitable"* empfinden. Bürgschaften sollen gelten, auch wenn der Vertrag selbst keine Bestätigung findet (s 2). Bei Geisteskranken gilt der Grundsatz der schwebenden Unwirksamkeit, dh ihre Verträge können für den Fall, dass sie ihre Vorgangsweise nicht begreifen konnten und der Vertragspartner davon Bescheid wusste, für nichtig angesehen werden. Im übrigen ist einer *„mentally disordered person"* ein gesetzlicher Vertreter des *Court of Protection* beizugeben, ein *receiver*. Es wird angenommen, dass diese Grundsätze auch für Betrunkene gelten.

III. Illegality (Widerrechtlichkeit)

Ein Vertrag kann einen widerrechtlichen Inhalt haben sowohl auf Grund von gesetzlichen Bestimmungen wie auch auf Grund des *Common Law*. Unter letzteres fallen insbesondere auch jene Verträge, die man mit einem kontinentaleuropäischen Begriff als sittenwidrig bezeichnen würde (*contracts which offend the accepted rules of morality*).

IV. Formvoraussetzungen

Gewisse Verträge (Seeversicherungen, Verbraucherkredite, Anteilsübertragungen und vor allem Übertragungen von Rechten an Liegenschaften) erfordern die Schriftlichkeit. Der *Law of Property Act 1989* setzt fest, dass Veräußerungen von Liegenschaften oder Einräumung von Rechten an Liegenschaften der Schriftform bedürfen, derart, dass alle Vertragsbestandteile in einer Urkunde, die von den Parteien zu unterfertigen ist, aufscheinen müssen. Wo Urkunden auszutauschen sind, müssen die Bestandteile des Vertrags in beiden Urkunden gleichermaßen aufscheinen. Mietverträge von weniger als 3 Jahren unterliegen nicht dem Gebot der Schriftlichkeit, ebenso wenig der Erwerb bei öffentlichen Versteigerungen.

V. Consideration

1. Die Bedeutung dieser Voraussetzung ergibt sich nicht zuletzt aus der Geschichte des *Common Law*. Nicht auf Grund einer Willensübereinstimmung kam es zu Vertrag und Folgen, sondern die Erfüllung konnte nur verlangt werden, wenn eine Gegenleistung bereits erfolgt war, dann erhielt derjenige, der geleistet hatte, ein *writ of debt*. Auf Grund der Rechtsbefugnis des Kanzlers entstand ab dem 15. Jahrhundert die Möglichkeit einfach bei Bruch eines Versprechens formlos zu klagen, *writ of assumpsit* (freilich nur bei einem entstandenen Schaden). Bei feierlichen Versprechen hatte es immer schon das *writ of covenant* gegeben. Als feierliche Versprechen gelten die *contract under seal* (versiegelte Verträge), die heute eigentlich nur im Bereiche von *gratuitous promise*, also Schenkungsversprechen, erforderlich sind. Auch heute ergibt sich die Bindungswirkung des Vertrags nicht allein aus der Willensübereinstimmung, sondern notwendigerweise aus der *consideration*, die auch durch die Schriftlichkeit keineswegs erzielt werden kann. Ein Vertrag ohne *consideration* ist demnach nichtig. Richter *Lusk* hat das Problem im Fall *Currie v Misa* ([1875] LR 10 Exch 153) folgendermaßen knapp auf einen Nenner gebracht:

A valuable consideration in the sense of the law may consist either in some right, interest, profit, or benefit accruing to one party, ore some forbearance, loss of responsibility, given, suffered or undertaken by the other. Diese Definition kann man geradezu als klassisch bezeichnen. Das Versprechen liegt somit darin, dem Vertragspartner irgendeinen Vorteil zukommen zu lassen, bei zweiseitigen Verträgen, die im englischen Recht als *consensual contracts* (im Gegensatz zu einseitigen, *unilateral contracts)* bezeichnet werden, bedeutet dies, dass auch das Gegenversprechen einen Vorteil zugunsten des Partners enthalten muss, während andererseits der Vorteil für den einen eine Minderung für den anderen bedeuten muss. Die *consideration* wird auch als Preis bezeichnet, um welchen das Versprechen des anderen Teils erkauft wird. Diese auf *Pollock* (On contracts[13], 133) zurückgehende Ansicht wurde vom House of Lords übernommen in *Dunlop v Selfridge* ([1915] AC 847, 855). Eine knappe Formel wäre *price of the bargain*.

2. *Considerations* kommen in zweierlei Gestalt vor: *executed* oder *executory*. *Executed* bedeutet, dass der Kläger sein Versprechen bereits erfüllt hat, also geleistet hat, *executory*, dass er willens und bereit ist zu leisten, wenn die Gegenleistung erfolgt. Die *consideration* muss „*real*“ sein, also von irgendeinem Wert, der nicht unbedingt ein ökonomischer sein muss. Insbesondere die Fälle der Unmöglichkeit oder Unbestimmbarkeit sind im Bereiche der *consideration* angesiedelt. Probleme finden sich beispielsweise, wenn eine bereits versprochene Leistung zur *consideration* einer zweiten Übereinkunft werden soll. In *Williams v*

Roffey Bros and Nicholls Contractors LTD ([1991]1QB1) war der *Court of Appeal* der Ansicht, dass für den Fall, dass bei einer zeitgerechten Fertigstellung dem Subunternehmen Geld versprochen worden war, der Vertrag gültig sei: Der Vorteil auf Seiten des Subunternehmens sei darin zu sehen, dass er der Konventionalstrafe entkäme, somit sei die Voraussetzung der *consideration* gegeben. Wem eine gewisse Summe geschuldet wird und wer verspricht, auch bei geringer Zahlung den Schuldner aus der Verantwortung zu entlassen, hat, falls nicht weitere Elemente vorliegen – etwa Verringerung der geschuldeten Summe bei Zahlung an einem anderen Ort – keinen Vertrag geschlossen, da die *consideration* fehlt (so die Regel im *Pinnel's Case* [1602] 5 Co Rep 117a).

3. Weitere zu beachtende Grundsätze: Der Umstand, dass die *consideration* real sein muss, bedeutet keineswegs, dass sie adäquat zu sein hat. Diese allgemeine Regel des *Common Law* beruht auf dem Gedanken, dass jeder für seine eigenen Versprechen verantwortlich sein muss. Bereits die *equity* versuchte bei krassen Fällen, insbesondere bei großen Unterschiedlichkeiten in den ökonomischen Möglichkeiten der Parteien, einzugreifen. Auch der *Consumer Credit Act 1974* ss 137 – 139 sieht vor, dass bei übermäßig hohen Forderungen das Gericht Maßnahmen zu ergreifen hat.

Consideration must move from the promises. Dies bedeutet, dass demjenigen, dem etwas versprochen wurde – also im konkreten Fall der Kläger – der Beweis obliegt, seinerseits die *consideration* erbracht zu haben.

Die *consideration* darf weiters nicht der Vergangenheit angehören (*consideration must not be „past"*). In *Roscorla v Thomas* ([1842] 3QB 234) ging es um einen Pferdekauf. Nach Abschluss des Vertrags hatte der Verkäufer Fehlerfreiheit zugesichert. In Ermangelung einer Gegenleistung für die Zusicherung war diese ohne *consideration* und damit unwirksam.

Seit 1947 wird freilich unter besonderen Umständen auf die *consideration* verzichtet, wenn die Veränderung des Vertragsinhaltes auf Grund eines ausdrücklichen, unzweideutigen und gewollten Versprechens erfolgte und der Vertragspartner sich genau daran halten wollte. Auf Grund von Vorläufern im Bereich der *equity* wurde von *Lord Denning* als *Master of the Rolls* ein so genanntes *promissory estoppel* -Prinzip entwickelt, so dass derjenige, der die Zusicherung abgegeben hatte, auch an sie gebunden war: Diese Regel gilt seit *Central London Property Trust Ltd v High Trees House Ltd* ([1947] KB 130). Bei teilweisem Erlas war demnach die Forderung der Gläubiger ab der Gesamtschuld *estopped.* Wie man sieht wirkt sich diese Neuerung auf dem Gebiete der Einwendungen (*defence*) aus.

VI. Irrtum (mistake)

1. Ein *operative mistake* macht nach *Common Law* den äußerlich wirksamen Vertrag nichtig (*void*).

Dabei irren beide Parteien

a) bezüglich der Existenz des Vertragsinhaltes

b) bezüglich der natürlichen Gegebenheiten des Inhaltes

c) bezüglich eines persönlich zugeordneten Rechts

Eigenschaftsirrtum wird nach *Common Law* nicht anerkannt. *Leaf v International Galleries* ([1959] 2 KB 86) beweist dies auf klare Weise: Beide Parteien hatten sich auf den Verkauf eines Bildes von Constable geeinigt, beide hielten das Bild für einen Constable. Als sich herausstellte, dass es sich nur um eine Kopie handelte, beide Parteien sich also geirrt hatten, klagte der Käufer, der *Court of Appeal* erachtete den Irrtum für unerheblich.

2. *Mistake which nullifies consensus*: Dies ist derjenige Fall, der zum Dissens führt. Beide, oder auch nur eine Partei, können sich im Irrtum befinden. Der Irrtum einer Partei ist nur dann relevant und führt zur Nichtigkeit des Vertrags, wenn die andere Partei davon wusste. Der Irrtum kann den Vertragsinhalt betreffen: Bei einem Kaufvertrag betreffend Baumwolle vom Schiff „Peerless", gab es zwei Schiffe desselben Namens, die von Bombay aus nach England fuhren. Die eine Partei meinte das eine, die andere das andere Schiff. Der Beklagte hatte im Dezember die Ware, die von der Peerless gelöscht worden war, verweigert, da er selbige auf einem Schiff erwartete, das im Oktober in Liverpool eingetroffen war. (*Raffles v Wichelhaus* [1864] 2 H & C 906). Der Irrtum kann auch die Person des Vertragspartners betreffen, wenn diese für den Vertragsabschluß bedeutsam (*relevant*) war. In *Ingram v Little* ([1961] 1 QB31) wollte jemand von den Ingrams ein Auto kaufen. Er wollte mit Scheck zahlen und gab an, P. G. M. Hutchinson zu sein. Die Recherchen der Verkäufer ergaben, dass es tatsächlich diesen Hutchinson gab und sie akzeptierten den Scheck. Der vermeintliche Hutchinson veräußerte in weiterer Folge das Auto an Little, in der Folge erwies sich der Scheck als ungültig. Der Vertrag zwischen Käufer 1 und Verkäufer 1 wurde wegen Irrtums der Person für nichtig erachtet. Der Erwerber musste das Auto zurückstellen. Andererseits wurde der durchaus ähnlich gelagerter Fall *Lewis v Averay* ([1972] 1QB 198) anders entschieden: Der Käufer eines Autos, der angegeben hatte, ein berühmter Schauspieler zu sein, bezahlte den Kaufpreis nicht und veräußerte das Auto an einen Dritten. Hier wurde zum einen die Schutzwürdigkeit des Dritten den Interessen des Klägers vorgezogen mit dem Hinweis, dass unabhängig von der wahren oder vorgetäuschten Existenz des 1. Käufers die

Rechtsvermutung dafür spreche, dass der 1. Verkäufer das Rechtsgeschäft allemal abschließen hätte wollen[389].

3. Im Bereiche der *equity* kann der Irrtum eine weiterreichende Beachtung finden. Diese weitergehende Beachtung wird freilich bei Nichtwissen des Irrtums durch die andere Partei bei einseitigen Irrtümern nicht gewährt (*Riverlate Properties Ltd v Paul* [1975] Ch 133). Allemal sind Verträge bei Erheblichkeit des Irrtums nur *voidable*, somit vernichtbar (*rescission*). Bei der Rückabwicklung gelten die Grundsätze der *equity: he who comes to equity must do equity*, somit ein möglichst umfassender Interessenausgleich, so Ersatz der nützlichen Aufwendung (*Cooper v Phibbs* [1867] LR 2 HL 149). Der Vertrag kann freilich auch angepasst werden (*rectification*), diese kann dazu führen, dass der Richter dann doch die *specific performance* gewährt und der Vertrag zu erfüllen ist, etwa Anpassung des Kaufpreises (*Grist v Bailey* [1967] Ch. 532).

4. Wer ein Dokument unterzeichnet, kann sich auf das *„non est factum"* berufen, wenn er ein Dokument ganz anderer Art unterschreiben wollte (ursprünglich Einwand bei Blindheit, Analphabetismus und falschen Vorschriften). Das *House of Lords* hat in *Saunders v Anglia Building Society* [1971] AC 1004 festgehalten, dass die Beweislast den treffe, der diesen Behelf vorbringe und er insbesondere dartun müsse, nicht *negligent* gewesen zu sein. Man muss alle nur mögliche Sorgfalt allen Umständen gegenüber an den Tag legen um sich von der Natur der Urkunde zu überzeugen. Wer unterschreibt ohne den Text gelesen zu haben oder eine Blankounterschrift gibt, dem kann nicht geholfen werden. Anders wenn die Urkunde grundsätzlich (*substantially, seriously, fundamentally*) verschieden war von dem, was der Unterzeichner zu unterschreiben glaubte oder wenn dem Betroffenen grundsätzlich das Wissen um die Tragweite der Urkunde fehlte. Das führt dazu, dass in erster Linie Fälle von völlig verschiedener Natur relevant sind. Man glaubt einen Spendenaufruf zu unterzeichnen und unterzeichnet eine Bürgschaftserklärung. Im Fall Saunders hatte eine alte Dame, der die Brillen zerbrochen waren, eine Urkunde unterzeichnet. Sie glaubte schenkungshalber das Haus ihrem Neffen zu überlassen, damit er es zur Sicherung eines Kredits verwenden könne, in Wirklichkeit räumte sie einem Geschäftspartner des Neffen ein dingliches Recht (*lease*) ein, auf Grund dessen dem Geschäftspartner von der Gesellschaft ein Kredit gewährt wurde, dies auf Anleitung des Neffen. Als Sicherung diente das dingliche Recht. Der Geschäftspartner war schließlich mit dem Geld verschwunden. Die Lordrichter waren der Ansicht, dass *non est factum* nicht angenommen werden könne, weil in beiden Fällen die Urkunde die Kreditsicherung

---

389 So schon *Phillips v Brook Ltd* (1919) 2 KB 243. Dort hatte ein gewisser North von einem Juwelier ein Schmuckstück gekauft und angegeben, er hieße Sir George Bullough.

zum Ziel gehabt hätte und dass somit Mrs. Saunders das dingliche Recht nicht rückgängig machen könne.

VII. Vernichtbare Verträge (voidable contracts)

1. *Irreführung (misrepresentation)*: Prinzipiell geht es um Äußerungen von Parteien, die zum Anlas der Vertragsschließung geworden sind (*statements*, die nicht zum Vertragsinhalt, *term*, werden sollen, nennt man *representations*).

Eine unwahre Behauptung ist eine *misrepresentation*. Diese haben ausdrücklich zu erfolgen; Schweigen kann nicht als *misrepresentation* aufgefasst werden. In *Ward v Hobbs* ([1878] 4 App Cas 13) hatte ein Verkäufer die Krankheiten von Schweinen, von denen er Kenntnis hatte, verschwiegen.

2. *Fraudulent misrepresentation'*: Hier geht es um eine wissentliche falsche Behauptung, die bewusst den anderen zum Vertragsabschluß bewegen soll. Der in die Irre Geführte muss dartun, dass dies zu seinem Schaden geschehen ist. Die Klage nennt sich *action of deceit*. Die *misrepresentation* muss eine Tatsache betreffen (*fact*) und keine Meinung. Das Wissen um die falsche Tatsache oder die rücksichtslose Behauptung, ohne sich um wahr oder unwahr zu kümmern, ist regelmäßig durch die Gutgläubigkeit des Behauptenden ausgeschlossen (*Derry v Peek* [1889] 14 App Cas 337), sodass wegen beidseitigem Irrtum ein *operative mistake* anzunehmen ist, der den Vertrag nichtig (*void*) macht. In allen anderen Fällen ist der Vertrag bloß vernichtbar (*voidable*). Dies hat schadenersatzrechtliche Folgen wegen *fraud/deceit*, also Betrug im Sinne der *torts*. Je nach Absicht des Getäuschten kann dieser am Vertrag festhalten oder denselben ablehnen. Tut er dies innerhalb einer angemessenen (*reasonable*) Zeitspanne, gilt der Vertrag als vernichtet (*avoided*) und es kommt zur Rückstellung alles Geleisteten. Hat der Getäuschte zu lange zugewartet und haben Dritte Rechte erworben, so geht er seines Rechtes auf Vernichtung verlustig.

3. *Innocent misrepresentation*: Fahrlässig oder auch nicht, seit dem *Misrepresentation Act 1967* gilt, dass auch im Falle von *innocent misrepresentation* stets ein Anspruch auf Aufhebung (*rescission*) des Vertrages bestehen solle. Die *rescission* als Behelf der *equity* bedeutet freilich eine Gesamtwürdigung aller Umstände durch den Richter auch gerade im Hinblick, ob eine Rückabwicklung denkbar oder sinnvoll erscheint. Umgehend kann das Gericht nach *section 2/2* anstelle der Auflösung auch Schadenersatz zusprechen. Bei fahrlässiger *misrepresentation* steht dem Irregeführten auch die Möglichkeit offen, auf Grund des *tort* vorzugehen (*Caparo Industries plc v Dickman* [1990] 2 AC 605).

4. Vernichtbar sind weiters Verträge, die durch Drohung herbeigeführt werden. Der Begriff *duress* ist dabei ziemlich weit ausgelegt, darunter fällt auch *eco-*

nomic pressure (*Dimskal Shipping Co. v International Transport Workers' Federation (HL)* [1991] 4 All ER 871). *Undue influence*, die sich aus einem besonderen Verhältnis (Arzt-Patient, Mündel-Vormund, Eltern-Kinder) ergibt, kann bei *unfairness* ebenfalls zur Vertragsauflösung führen.

VIII. Verjährung

Nach dem *Limitation Act 1980* verjähren die hier erwähnten Klagen nach Ablauf von 6 Jahren. Die Frist beginnt bei Geschäftsunfähigen mit Erreichen der Geschäftsfähigkeit, bei Irrtum und arglistigem Verhalten ab Kenntnis desselben. Die Nichtigkeit, die an und für sich relevant ist, wird, wie auch vielfach in den kontinentaleuropäischen Rechten auf dem Klagewege festgestellt. Dies geschieht dann, wenn eine Partei auf Erfüllung besteht, die andere sich auf die Nichtigkeit beruft. In diesen Fällen gilt die allgemeine Frist von 6 Jahren ab Zeitpunkt der erwarteten Erfüllung (*accrual of the cause of action*).

C. Delikt und Schadensersatz

§ 42 Deutschland

Literatur: Grundlegend: *Larenz/Canaris*, Lehrbuch des Schuldrechts II/2: Besonderer Teil[13] (1994); *Deutsch*, Unerlaubte Handlungen, Schadensersatz und Schmerzensgeld[2] (1993); *H. Kötz/G. Wagner*, Deliktsrecht 9. Aufl.(2001); *G. Chr. Schwarz*, Gesetzliche Schuldverhältnisse (2003); *D. Medicus*, gesetzliche Schuldverhältnisse 4. Aufl. (2003): *M. Fuchs*, Deliktsrecht (2004).

I. Die Verschuldenshaftung

1. Das deutsche Schadensrecht ist geprägt durch eine die Typizität der Tatbestände unterstreichende Regelung der Verschuldenshaftung.

§ 823 (1.) Wer vorsätzlich oder fahrlässig das Leben, den Körper, die Gesundheit, die Freiheit, das Eigentum oder ein sonstiges Recht eines anderen widerrechtlich verletzt, ist dem anderen zum Ersatze des daraus entstehenden Schadens verpflichtet.

(2.) Die gleiche Verpflichtung trifft denjenigen, welcher gegen ein den Schutz eines anderen bezweckendes Gesetz verstößt. Ist nach dem Inhalte des Gesetzes ein Verstoß gegen dieses auch ohne Verschulden möglich, so tritt die Ersatzpflicht nur im Falle des Verschuldens ein.

Grundsätzlich steht das BGB einer Generalklausel negativ gegenüber, deshalb werden bestimmte Güter oder Rechte konkret genannt: Leben, Körper, Gesundheit, Freiheit, Eigentum. Darüber hinaus sieht das Gesetz ohne Konkretisierung und ganz allgemein den Verstoß gegen ein „sonstiges Recht“ vor.

Im Abs 2 wird die Missachtung so genannter Schutzgesetze als tatbestandsmäßige Voraussetzung bestimmt. Diese Gesetze sind nicht auf den Bereich des Privatrechts beschränkt, allgemein bedeutsam sind strafrechtliche oder verwaltungsrechtliche Gesetze wie das Strafgesetzbuch oder die StVO.

2. Der Wortlaut des Gesetzes enthält jene tatbestandsmäßigen Elemente, die beim Schadensfall als Voraussetzung zu berücksichtigen sind, nämlich Rechtswidrigkeit und Verschulden. Wichtige Bedeutung im Rahmen der Rechtswidrigkeit kommt den von der Rechtsprechung entwickelten Verkehrspflichten zu. Weiters sind im Rahmen der Rechtswidrigkeit die Rechtfertigungsgründe zu berücksichtigen, die sich im Allgemeinen Teil des BGB finden (§ 227: Notwehr, § 228 rechtfertigender Notstand, § 229 Selbsthilfe). Das Verschulden hingegen ist im Allgemeinen Teil des Schuldrechtes geregelt, wobei der Schuldner Vorsatz und Fahrlässigkeit zu vertreten hat. Der Begriff der Fahrlässigkeit wird im § 276 Abs 1 näher bestimmt: *Fahrlässig handelt, wer die im Verkehr erforderliche*

Sorgfalt außer Acht lässt. Das BGB kennt zwar den Begriff der groben Fahrlässigkeit (§ 277), er wurde jedoch vom Gesetzgeber nicht weiter definiert.

3. Im Folgenden sollen die Besonderheiten der deutschen Rechtsordnung anhand einiger Beispiele erläutert werden. Während die Dogmatik versucht war, die Verletzung des Körpers von jener der Gesundheit genau abzugrenzen, erscheint dies dem Praktiker vielfach nutzlos zu sein, sind doch die Rechtsfolgen ein- und dieselben. Aufsehen erregt hat in diesem Zusammenhang die Vernichtung einer Spermakonserve, die unter den Begriff der Körperverletzung subsumiert wurde (BGHZ 124, 52). Im Bereiche der Gesundheitsverletzung wird auch der Schockschaden anerkannt, also jener Schaden, der durch die Übermittlung einer Hiobsbotschaft eintritt, wobei die Ersatzpflicht aller Regel nach nicht den Boten, sondern denjenigen trifft, der das Unheil angerichtet hatte (BGHZ 56, 163). Dagegen finden die rein psychischen Beeinträchtigungen durch den Tod naher Angehöriger keine Anerkennung (BGH NJW 1989, 2317).

4. Im Rahmen der im Gesetz erwähnten andere Rechten werden beschränkte dingliche Rechte, Aneignungsrechte (Jagd/Fischerei), absolute Positionen wie Anwartschaftsrechte (BGHZ 114, 161), Urheber-, Patent-, und gewerbliche Schutzrechte sowie spezielle Persönlichkeitsrechte (Namensrecht, Recht am eigenen Bild) geschützt.

Was den Besitz anbelangt, so wird dieser nicht generell geschützt, sondern nur dort, wo er durch ein obligatorisches Recht gestärkt aufscheint, wie zB im Fall der Miete. Der Mieter hat somit schadensersatzrechtliche Ansprüche gegen den Beschädiger der gemieteten Räumlichkeiten.

Umstritten ist die Frage, ob auch Familienrechte unter den Begriff des anderen Rechtes fallen. Der BGH hat Schadensersatz bei Ehebruch abgelehnt, da die eheliche Treue nicht in den Schutzbereich des Deliktrechtes falle (BGHZ 23, 215), *Medicus* dagegen (Bürgerliches Recht, Rz 616 ff) hat den Schutz über das Deliktsrecht bejaht. Das Recht der elterlichen Sorge für minderjährige Kinder (§§ 1626 ff) wurde ebenfalls bejaht (BGHZ 111, 168: der sorgeberechtigte Elternteil kann Detektivkosten ersetzt erhalten, die dazu dienten, das vom anderen Elternteil entführte Kind wieder zu finden).

Die so genannten Rahmenrechte werden von Lehre und Rechtsprechung gleichermaßen anerkannt. Was den Schutz der Persönlichkeit des Menschen in ihrer Gesamtheit anbelangte, wurde diese nach den Greueltaten der Naziherrschaft als schützenswert empfunden. Dabei bilden Art 2 Abs 1 GG (Recht auf freie Entfaltung der Persönlichkeit) und Art 1 Abs 1 GG (Menschenwürde) den verfassungsrechtlichen Rahmen, innerhalb dessen das allgemeine Persönlichkeitsrecht entwickelt wurde. Der BGH hat in mehreren Grundsatzurteilen [BGHZ 19, 334 (Leserbrief), BGHZ 26, 349 (Herrenreiter) und BGHZ 35, 363 (Ginseng)] eine ständige Rechtsprechung herausgebildet. Dadurch erfuhr die persönliche Ehre eine wesentliche Anerkennung, so dass das Eindringen in eine fremde Intimsphäre dadurch unter Sanktion gestellt werden kann. Vor allem kann auch die Tatsache berücksichtigt werden, dass von einer Person ein falsches Bild in der Öffentlichkeit gezeichnet wird[390].

Als weiteres Rahmenrecht gilt das Recht am Gewerbebetrieb, wobei die Eingriffe allerdings betriebsbezogen sein müssen (BGHZ 59, 30). Darunter fallen aber auch schädigende Werturteile (vgl BGHZ 90, 113, wo die Redlichkeit die Rechtswidrigkeit ausschließt).

5. *§ 826: Wer in einer gegen die guten Sitten verstoßenden Weise einem anderen vorsätzlich Schaden zufügt, ist dem anderen zum Ersatze des daraus entstehenden Schadens verpflichtet.*

Im Bereiche dieser Norm, die in vielen Fällen mit dem § 823 Abs 1 und 2 konkurriert, kommt dem Begriff der guten Sitten zentrale Bedeutung zu. Jenseits konkreter gesetzlicher Regelungen im Rahmen so genannter Schutzgesetze kann es demnach durch ein sittenwidriges Verhalten zur Ersatzpflicht kommen. Beachtenswert ist dabei, dass durch die Flexibilität dieses stark von gesellschaftlichen Werten bestimmten Begriffes der Rechtsprechung die Möglichkeit eingeräumt wird, rasch auf Veränderungen zu reagieren.

Die Sittenwidrigkeit des § 826 entspricht grundsätzlich jener des § 138.

II. Die Haftung aus vermutetem Verschulden

1. § 831 Haftung für Verrichtungsgehilfen: Der Verrichtungsgehilfe wird vom Geschäftsherren zur Verrichtung bestellt, er muss Dritten widerrechtlich Schaden zufügen, also somit den in §§ 823 ff genannten objektiven Tatbestand verwirklicht haben, der Schaden muss in Ausführung der Verrichtung entstanden sein. Der Geschäftsherr hat nach Abs 1 Satz 2 die Möglichkeit, den Entlastungsbeweis anzutreten. Dabei geht es darum, dass der Geschäftsherr beweist, die im Verkehr übliche Sorgfalt beobachtet zu haben und dies auch bei der Auswahl bzw bei der Überwachung des Gehilfen, bzw dass der Schaden auch bei Einhaltung der Sorgfaltspflicht eingetreten wäre.

2. § 832 Aufsichtspflicht über Personen: Die Aufsichtspflicht betrifft von Gesetzes wegen Eltern (§ 1626 Abs 1) Vormund (§ 1793), Pfleger (§ 1905). Wer kraft seines Amtes Aufsichtspflichten zu erfüllen hat, haftet nach § 839 im Rahmen der Amtspflichten. Die Aufsichtspflicht wird dabei als strenge Bewachungsverpflichtung verstanden. Nur wer der Aufsichtspflicht genügt, haftet nicht. Die Haftung ist ebenfalls ausgeschlossen, wenn der Schaden auch bei gehöriger Auf-

390 Überzeugend *Medicus*, Allgemeiner Teil[8] Rn 1079 ff.

sichtsführung entstanden wäre. In jedem Falle ist auf die geistige und körperliche Entwicklung, bzw den Geisteszustand des Aufsichtsbefohlenen abzustellen, wobei im Rahmen der Erziehung durchaus darauf Bedacht genommen werden muss, dass der Jugendliche zur Selbstständigkeit erzogen werden muss.

3. § 833 Die Haftung des Tierhalters: Die Tierhalterhaftung ist unterschiedlich strukturiert. Nach Satz 1 haftet grundsätzlich der Halter eines Tieres dafür, dass dieses Tier einen Menschen tötet, den Körper oder die Gesundheit eines Menschen verletzt oder einer Sache Schaden zufügt. Dies bedeutet, dass die besondere Haftung als reine Gefährdungshaftung ausgebildet wurde: Unabhängig davon, in welchem Ausmaße der Halter das Tier beaufsichtigt hatte, tritt die Haftung ein. Eine andere Lösung sieht das Gesetz im Satz 2 im Falle der Haltung von Haustieren vor: *Die Ersatzpflicht tritt nicht ein, wenn der Schaden durch ein Haustier verursacht wird, das dem Berufe, der Erwerbstätigkeit oder dem Unterhalte des Tierhalters zu dienen bestimmt ist, und entweder der Tierhalter bei der Beaufsichtigung des Tieres die im Verkehr erforderliche Sorgfalt beobachtet oder der Schaden auch bei Anwendung dieser Sorgfalt entstanden sein würde.* Das heißt, dass sich der Halter eines Haustieres durchaus durch einen Entlastungsbeweis aus der Ersatzverpflichtung begeben kann, wenn es ihm gelingt darzutun, dass er die im Verkehr erforderliche Sorgfalt beobachtet hat. Zu den Haustieren zählen ausschließlich zahme, nicht aber gezähmte Tiere. Bienen fallen nicht unter den Begriff der Haustiere (so schon RGZ 141, 406). Der Begriff des Tierhalters ist dahingehend zu verstehen, dass unabhängig von der tatsächlichen, sachenrechtlichen Position derjenige haftet, der im eigenen Interesse auf Dauer für das Tier sorgt.

4. *§ 836* Haftung bei Einsturz eines Bauwerkes *(1) Wenn bei einem Einsturz eines Gebäudes oder durch Herabstürzen einzelner Bauelemente ein Mensch getötet wird, an seinem Körper oder seiner Gesundheit verletzt wird bzw eine Sache beschädigt wird, so haftet der Eigenbesitzer, sofern das schädigende Ereignis auf fehlerhafte Errichtung des Gebäudes oder mangelhafte Unterhaltung desselben zurückzuführen ist.* Auch in diesem Falle gilt der Entlastungsbeweis derart, dass der Besitzer die im Verkehr übliche Sorgfalt zur Verhinderung des Einsturzes zu beweisen hat. Den Gebäuden sind alle mit dem Grundstück verbundene Werke gleichzuhalten. Werke im Sinne dieser Norm sind alle technischen Veränderungen am Grundstück wie Zäune, Gerüste, Masten, Brücken, usw.

III. Die Gefährdungshaftung

1. Auch für die Gefährdungshaftung fehlt eine Generalklausel. Wichtig ist, dass in Einzelfällen bereits das BGB die Haftung ohne Verschulden und Entlastungsbeweis kannte, und zwar im Bereiche der Tierhalterhaftung. Eine ganze Reihe von Einzelgesetzen hat auch in Deutschland die Bedeutung der verschuldensunabhängigen Haftung in einer modernen Gesellschaft klar unterstrichen.

Geregelt ist diese Haftung einmal im Bereiche des Kraftfahrverkehrs durch die §§ 7 ff StVG. Haftpflichtig ist in erster Linie der Halter, üblicherweise der Eigentümer, bisweilen der, dem das Kfz für längere Zeit zum Gebrauch überlassen worden war, in erster Linie der Mieter. Der Schwarzfahrer haftet ebenso neben dem Halter, wenn dieser aus Verschulden die Schwarzfahrt ermöglicht hat. Die Verletzung muss beim Betrieb eines Kraftfahrzeuges eingetreten sein. Sie betrifft die Tötung eines Menschen, die Verletzung des Körpers oder der Gesundheit sowie die Beschädigung einer Sache. Die eigentliche Gefährdungshaftung wird dadurch beschränkt, dass der Unfall auf einem Fehler in der Beschaffenheit des Fahrzeugs oder einem Versagen seiner Vorrichtungen beruht (§ 7 Abs 2 STVG).

Gefährdungshaftung liegt auch beim Betrieb von Bahnen und Energieleitungen vor (Haftpflichtgesetz) sowie im Falle der Haftung für Luftfahrzeuge (LuftVG), der Haftung für Schäden aus Kernenergie (AtomG), im Bereiche des Umweltschutzes (Umwelthaftungsgesetz 1991) sowie bei Gentechnik (GentechnikG 1990).

Das unabwendbares Ereignis schließt nach StVG (§ 7 Abs 2 Satz 2), die höhere Gewalt nach HpflG (§ 1 Abs 2 Satz 1) und UmweltHG (§ 4) die Haftung aus.

IV. Die Deliktsfähigkeit

Die Deliktsfähigkeit ist äußerst flexibel geregelt, nur Kinder bis zur Vollendung des siebenten Lebensjahres sind zur Gänze deliktsunfähig.

§ 828 [Minderjährige, Taubstumme] *(1) Wer nicht das siebente Lebensjahr vollendet hat, ist für einen Schaden, den er einem anderen zufügt, nicht verantwortlich. (2) Wer das siebente, aber nicht das achtzehnte Lebensjahr vollendet hat, ist für einen Schaden, den er einem anderen zufügt, nicht verantwortlich, wenn er bei der Begehung der schädigenden Handlung nicht die zur Erkenntnis der Verantwortlichkeit erforderliche Einsicht hat. Das gleiche gilt von einem Taubstummen.*

Sehr interessant ist in diesem Zusammenhang die flexible Regelung in der Altersgruppe von 7-18 Jahren.

§ 827 regelt Ausschluss und Minderung der Verantwortlichkeit, insbesondere bei Bewusstlosigkeit und Geisteskrankheit. Ist die freie Willensbestimmung dadurch ausgeschlossen, so haftet der Schädiger nicht. Das Gesetz weist im besonderen darauf hin, dass die Aufnahme von Alkohol oder anderen Mitteln, die den freien Willen beeinträchtigten könnten, nicht zum Haftungsausschluss führen kann. Der Täter haftet demnach weiterhin, jedoch nur im Ausmaß der Fahrlässigkeit, es sei denn er ist ohne sein Verschulden in diese Situation gebracht worden.

Kann auf Grund der Bestimmungen der §§ 827 und 828 weder der Schädiger selbst, noch ein Aufsichtspflichtiger haftbar gemacht werden, könnte dennoch infolge der allgemeinen Billigkeitserwägungen des § 829 unter Berücksichtigung aller Umstände der Schädiger zur Verantwortung gezogen werden. In diesem Zusammenhang muss der Richter insbesondere die Vermögensverhältnisse der Beteiligten einer Wertung unterziehen. Sichergestellt muss weiters sein, dass dem Schädiger ein angemessener Unterhalt verbleibt und er seinen gesetzlichen Unterhaltsverpflichtungen nachkommen kann.

V. Der Ersatz des Schadens

1. Der Inhalt von Schadensersatzansprüchen ergibt sich entweder aus den allgemeinen schuldrechtlichen Bestimmungen des BGB oder aus Sondergesetzen. Die grundlegende Norm ist *§ 249 BGB* [Art und Umfang des Schadenersatzes] *Wer zum Schadensersatze verpflichtet ist, hat den Zustand herzustellen, der bestehen würde, wenn der zum Ersatze verpflichtende Umstand nicht eingetreten wäre. Ist wegen Verletzung einer Person oder wegen Beschädigung einer Sache Schadensersatz zu leisten, so kann der Gläubiger statt der Herstellung den dazu erforderlichen Geldbetrag verlangen.*

Die Norm gründet auf der Naturalrestitution, was in diesem Falle einer Totalreparation gleichkommt. Der Schädiger ist insbesondere zur Wiederherstellung der Integrität verpflichtet. Im Falle der Zweckmäßigkeit kann der Geschädigte selbst nach § 249 Satz 2 die Wiederherstellung vornehmen, der Schädiger hat die Kosten zu ersetzen.

§ 249 besteht stets auf dem vollen Ersatz, der auch den entgangenen Gewinn mit einschließt (§ 252).

Ist die Wiederherstellung unmöglich, so hat Wertersatz zu erfolgen, wobei das Wertinteresse üblicherweise nicht den Nichtvermögensschaden betreffen kann (§ 253). Sind die Kosten für die Wiederherstellung unverhältnismäßig hoch, so ist gleichermaßen üblicherweise das Wertinteresse zu ersetzen. Hier wird jedoch auch ein immaterielles Interesse Platz finden können, das nur bei Unverhältnismäßigkeit auszuschließen ist. Das Wertinteresse ist bestimmt bei Zerstörung oder Beschädigung einer Sache durch den Wiederbeschaffungswert. Was die selbst vorgenommene Wiederherstellung anbelangt, so steht der BGH auf dem Standpunkt, dass auch die Kosten der fiktiven Reparatur (auf Gutachterbasis) zu ersetzen sind (BGH NJW 1989, 3009). Der merkantile Minderwert der beschädigten Sache ist ebenso zu ersetzen (BGHZ 35, 396). Ebenso der Nutzungsentgang bzw erhöhte Aufwendungen wegen der Unmöglichkeit der Nutzung, was insbesondere durch die vom BGH getroffene Entscheidung (großer Zivilsenat NJW 1968, 2037) untermauert wurde: Selbst dann, wenn dem Eigentümer eines beschädigten Hauses keine zusätzlichen Kosten entstanden sind, hat er einen ersatzfähigen Vermögensschaden erlitten, weil er das Haus nicht nutzen konnte. Adäquate Folgeschäden primärer Sachschäden sind ersatzfähig (Verdienstausfall, Kreditkarten etc.). Immaterielle Schäden können nur dort zu einem Wertersatz führen, wo das Gesetz dies auch ausdrücklich vorsieht (§ 253).

2. Bei Verletzung eines Menschen sind ersatzfähig: Heilungskosten (darunter fallen etwa auch heilungsfördernde Besuche: BGH NJW 1990, 1037), Verdienstausfall (bei Hausfrauen/-männern die Anstellung oder auch nur fiktive Nettoentlohnung einer Ersatzkraft: BGHZ 86, 372). Anstößiger Erwerb wie Schwarzarbeit oder Prostitution gelten als nicht ersatzfähig (BGHZ 67, 119), wohl aber existenzdeckendes Einkommen, Schmerzensgeld, das nach § 253 iVm § 847 Abs 1 Satz 1 bei deliktischen Körperverletzungen anzunehmen ist. Das Gesetz spricht von billiger Entschädigung in Geld. Das Schmerzensgeld soll Ausgleich und Genugtuung verschaffen. Eine lange währende restriktive Rechtsprechung scheint überwunden zu sein, die 250.000 Euro Grenze wurde bereits überschritten. Bei Gefährdungshaftung ist, außer bei Tierhalterhaftung, kein Schmerzensgeld möglich.

3. Bei Tod eines Menschen stehen dem Erben bereits entstandener Schmerzensgeldanspruch, alle bisherigen Kosten, die im Zusammenhang mit Heilung stehen, sowie die Bestattungskosten zu, den hinterbliebenen Angehörigen die Unterhaltsansprüche.

4. Immaterielle Schäden werden entgegen dem Wortlaut des Gesetzes bei Verletzung des allgemeinen Persönlichkeitsrechts zugesprochen. Der BGH (BGHZ 35, 363) hat dies damit gerechtfertigt, dass § 253 BGB durch die abweichende Wertung des GG verdrängt worden sei. Die Voraussetzung eines erheblichen Verschuldens ist inzwischen (BGH NJW 1982, 635) aufgegeben worden. Der BVerfG hat sich der Rechtsmeinung des BGH angeschlossen und gemeint, dass bei Widersprüchlichkeiten zwischen BGB und GG die Richter auch *contra legem* zur Rechtsfortbildung ermächtigt seien (BVerfG 34, 269).

5. Die deliktischen Ansprüche verjähren 3 Jahre nach Kenntnis des Schadens und der Person des Schädigers, 30 Jahre spätestens ab Eintritt des Schadens.

§ 43 Frankreich

Literatur: *Tunc*, La responsabilité civile[2] (1989) (étude de droit comparé et de philosophie de droit); *Y. Lambert/Faivre*, Le droit du dommage corporel, systèmes d'indemnisation[2] (1993); *Le Roy*, L'évaluation du préjudice corporel[2] (1993); *Viney*, Introduction à la responsabilité (1995); *Carbonnier*, Droit Civil IV §§ 198 – 296 (2000), *P. Le Tourneau/L. Codriet*, Droit de la responsabilité et des contrats (2003).

I. Verschuldenshaftung

1. In Frankreich spricht man speziell von *délits* (Delikten) oder allgemein von *responsabilité civile*. Schaden heißt *dommage* oder *préjudice*. Entgegen dem deutschen Recht enthält der *Code Civil* die berühmte Generalklausel des Art 1382; mit ihr und vier weiteren Artikeln fand das französische Gesetz sein Auslangen.

Art 1382 Tout fait quelconque de l'homme qui cause à autrui un dommage, oblige celui par la faute duquel il est arrivé à le réparer.

Art 1382 „Jede Verhaltensweise eines Menschen, die einem anderen Schaden zufügt, verpflichtet denjenigen, aufgrund dessen Verschuldens der Schaden eingetreten ist, diesen wieder gutzumachen".

Art 1383: Chacun est responsable du dommage qu'il a causé non seulement par son fait, mais encore par sa négligence ou par son imprudence.

Art 1383: „Jeder ist für denjenigen Schaden verantwortlich, den er nicht nur durch sein Verhalten, sondern durch seine Nachlässigkeit oder Unvorsichtigkeit verursacht hat".

2. Der Schaden ist entweder Vermögensschaden (*dommage matériel*) oder ideeller Schaden (*dommage moral*). Der ideelle Schaden ist in dauernder Rechtsprechung anerkannt (Civ. 1re, 13 fév. 1923). Die Geburt eines Kindes an und für sich infolge fehlgeschlagener Schwangerschaftsunterbrechung ist kein Schaden (Civ. 1re, 25 juin 1991), wohl aber wenn der Arzt eine Erbkrankheit nicht diagnostiziert (Civ. 1re, 26 mars 1996) oder eine Infektion nicht festgestellt wurde, die Eltern hatten in diesem Fall erklärt, die Schwangerschaft abbrechen lassen zu wollen (Civ. 1re, 26 mars 1996). Infolge falscher Laborergebnisse, die die Existenz von Antikörpern einer Rötelinfektion bei einer werdenden Mutter diagnostiziert hatten, hatte diese Frau die Schwangerschaft zu Ende geführt, das Kind war aber im Mutterleib gerade durch eine Rötelinfektion schwerst geschädigt worden. Die *Cour de Cassation* entschied auf vertragliche Haftung des Laborunternehmens (Cass. Ass. Plen., 17 nov. 2000, D.2001, 332). Wer durch das HIV-Virus angesteckt wird, erleidet gleichermaßen materielle wie ideelle Schäden (Civ. 2e, 2 avril 1996). Als ideeller Schaden gilt auch die Beeinträchtigung der Lebensqualität oder Lebensfreude (*préjudice d'agrément*) (Civ 2e, 19 mars 1997), darunter fällt etwa Freude am Sport, an Kunst oder gesellschaftlichem Leben. Anspruchsberechtigter ist in erster Linie der unmittelbare Geschädigte, im Todesfall auch der unmittelbar Betroffene. Dazu zählt in Frankreich die Lebensgefährtin, auch der homosexuelle Partner (TGI Belfort, 25 juillet 1995, JCP 1996 II 22724). Selbst der Geliebten wurde neben der Ehefrau Ersatz zugesprochen (CA Riom, 9 nov. 1978 JCP 1979 II 19167).

3. Das Verhalten des Schädigers setzt Tun oder Unterlassen voraus. Dieses ist vom Verschulden abhängig (*faute*). Die *faute* wiederum enthält zum einen die subjektive Komponente des Willens, zum anderen ist in ihrem Bereich auch jener objektive Maßstab mitinbegriffen, den man in der deutschen juristischen Terminologie als Rechtswidrigkeit bezeichnet. Dieser einheitlicher Begriff bedeutet auch einen besonderen Lösungsansatz, der der Systematik des deutschen Rechtes durchwegs konträr ist. Die *faute* wird unterteilt in intentionellen Schaden, hier wird der Wille erforscht, und weiter in das Erreichen des Schadens. Das Vorliegen einer Intention (oft umschrieben mit *dolosive* oder *malicieuse*) führt zu folgenden Konsequenzen: Die Kausalität gilt damit als erwiesen, der widerrechtliche Aspekt der *faute*, das *illicite,* gilt als vermutet und kann nur durch die Entschuldigungsgründe entkräftet werden. Wenngleich Elemente der Fahrlässigkeit in Art 1383 aufscheinen und die Lehre daraus im Sinne pandektistischer Begrifflichkeit versucht, verschiedene Stufen abzuleiten, stellt doch die Rechtsprechung auf die globale Betrachtung des Falles, der Umstände ab, um im Sinne einer vielmals hervorgehobenen moralischen Intuition des Richters zu einer billigen Entscheidung zu gelangen. Seit 1873 (Civ. 15 avril) nimmt der Kassationsgerichtshof das Recht für sich in Anspruch, über Vorhandensein und Tragweite der *faute* zu entscheiden. Dabei werden viele Elemente objektiver wie subjektiver Natur in die Betrachtung und Bewertung miteinbezogen. Nur jene Verhaltensweisen können weiters im Rahmen der *faute* Berücksichtigung finden, die gegen das Recht gerichtet sind (*illicite*). Wenn auch die Beweislastverteilung nicht allzu streng zu bewerten ist, geht man doch davon aus, dass der Geschädigte die Übertretung (*transgression*) des Schädigers zu beweisen hat. Die Übertretung hat einer zwingenden Regel gegenüber zu erfolgen. Diese kann im Gesetz liegen oder in der Gewohnheit. Man hat davon auszugehen, dass dadurch im Bereiche des Art 1382 den Gewohnheiten und somit dem Gewohnheitsrecht große Bedeutung zukommt, und zwar in verschiedener Form:

a) Die Bräuche von Berufsgruppen (*usages professionnels*)
b) Die guten Sitten (*bonnes moeurs*)
c) die durchschnittliche Weisheit (*sagesse moyenne*)

d) Grundsätze einer allgemeinen Moral (*morale élémentaire*), woraus sich das Prinzip ableiten lässt, dass man anderen nicht schaden soll und insbesondere keinen diesbezüglichen Willen aufbringen darf.

4. Die Deliktsfähigkeit Minderjähriger hängt nach Auffassung der *Cour de Cassation* nicht von deren Fähigkeit ab, Willensakte zu setzen (zuletzt Civ 2e, 28 février 1996, D. 1996, 602, in ständiger Rechtsprechung seit 1984). Somit sind objektive Kriterien maßgeblich, insbesondere ein Verhalten, das objektiv als *illicite* zu bezeichnen ist. Die Deliktsfähigkeit ist somit nicht an irgendeine Altersgrenze gebunden. Gleiches gilt für Geisteskranke (*aliénés*): Nach der Bestimmung des Art 489 Abs 2 CC haften sie auch ohne Verschulden. In beiden Fällen steht somit der Schutz der Opfer vor jenem der Täter.

5. Unter den Rechtfertigungsgründen (*justification*) kennt das französische Recht Notwehr (*légitime défense*), Notstand (*état de nécessité*), Einwilligung des Geschädigten (*consentement de la victime*, gilt nicht bei Tod), Erlaubnis a priori bestimmter *Tätigkeiten (licéité de certaines activités)* etwa die Chirurgie oder gewisse Sportarten, die Ausübung eines Rechtes (*exercise du droit*), es sei denn, es kommt zum Rechtsmissbrauch (*abus de droit*).

6. Art 1382 wird auch im Sinne des Schutzes eines allgemeinen Persönlichkeitsrechtes verstanden, etwa bei Diffamierung durch eine Fernsehsendung (Civ. 2e, 2. avril 1997, Bull civ. II 113). Auch im Familienrecht wird die Anwendbarkeit bejaht. Ebenso gibt es neben den Folgen der Ehescheidung genug Spielraum für Art 1382. Auch *faute* bei nicht erfolgter Ehe trotz Eheversprechens wird darunter verstanden.

II. Haftung für andere Personen sowie für Sachen (La responsabilité du fait autrui)

Art 1384: On est responsable non seulement du dommage que l'on cause par son propre fait, mais encore de celui qui est causé par le fait des personnes dont on doit répondre, ou des choses qu'on a sous sa garde.

Art 1384: „Man ist nicht nur für den Schaden verantwortlich, den man durch das eigene Verhalten bewirkt hat, sondern auch für jenen, der von Personen bewirkt wurde, für die man Verantwortung trägt oder von Sachen, die man aufbewahrt."

1. Im Bereiche der Haftung für Personen ist an erster Stelle das Eltern-Kind-Verhältnis zu nennen. Diese tritt nur dann ein, wenn alle für Minderjährige erforderlichen Voraussetzungen, insbesondere die objektive Widerrechtlichkeit, beim Minderjährigen vorliegen und Eltern und Kinder in einem gemeinsamen Haushalt leben. Aus *alinéa* 5 ergibt sich die Haftung für den Schaden, den irgendein Hausangestellter oder ein sonstiger zu einer Tätigkeit Eingesetzter (*préposé*) angerichtet hat. Hier haftet der *maître* oder einfach *commettant*, derjenige der den *préposé* für eine bestimmte Aufgabe oder einen bestimmten Zweck eingesetzt hat. Der *comettant* haftet nur bei Vorliegen einer *faute* des Eingesetzten (Civ. 2e, 8 octobre 1969, Bull. civ. IV. 269). Lehrer (*instituteurs*) haften für Schäden, die Schüler anrichten nur dann, wenn bewiesen wird, dass bei ihnen eine *faute* vorliegt (Civ 2e, 11 mars 1981, Bull. civ. II. 55). Auch der Ausbilder (*artisan*) haftet für den Auszubildenden (*apprenti*). Die Haftung aller Genannten kann dadurch ausgeschlossen werden, dass sie beweisen, dass sie das schädigende Verhalten nicht verhindern konnten (Art 1384 vorletzter Abs.). Dies gelingt den Eltern etwa, wenn sie nachweisen, dass es sich um ein wohlerzogenes Kind gehandelt hat, das ohne Beaufsichtigung hinterlassen werden konnte. (Civ 2e, 19 février 1997).

2. Was die Sachen anbelangt, die es zu bewachen gilt, damit sie keinen Schaden verursachen, so ist die Rechtsprechung immens. Um die ganze Bandbreite zu zeigen, seien nur zwei Entscheidungen genannt: Die Haftung wird bejaht beim Auslösen einer Alarmanlage, die der Überführung von Dieben in einem Kaufhaus dienen sollte und die ohne Diebesgut anschlug (Civ 2e, 5 juin 1981 D 1982, 409); andererseits nicht beim Schnee, der vom Dach gefallen war.

Das Ausmaß der Bewachungspflicht (*garde*) wird dadurch bestimmt, wie sehr der Betreffende über sie die Herrschaft ausübte und sie tatsächlich beherrschen konnte (Civ 2e, 18 juin 1997, Bull civ. II., 197). Die Haftung kann nur bei höherer Gewalt ausgeschlossen werden (*force majeure* Civ 2e, 29 mai 1996, Bull civ. II. 117, Civ 2e, 2 avril 1997, Bull civ. II. 109), wobei diese regelmäßig von außen auf die Sache eingewirkt haben muss. Das Mitverschulden des Geschädigten (*faute de la victime*) ist zu berücksichtigen Civ 2e, 28 février 1996, D. 1996, 602).

Ein Sondertatbestand findet sich in den Art 1385 und 1386. Art 1385 statuiert die Haftung des Eigentümers eines Tieres oder desjenigen, „der sich des Tieres bedient" während es zu seiner Verfügung steht, unabhängig davon, ob das Tier sich tatsächlich in seiner Obhut, Bewahrung (*garde*) befand oder entlaufen war. Der Begriff „sich bedienen" wird weit ausgelegt derart, dass darunter auch der Tierarzt fällt (*Aix en Provence*, 28 avril 1970 JCP 1970 II 16498), dem man das Tier zur Behandlung überlassen hat. Die Exkulpation ist nicht möglich, denkbar ist ausschließlich das Verschulden des Geschädigten (Civ 2e, 18 octobre 1995, Bull Civ. II. 242).

Art 1386: Le propriétaire d'un bâtiment est responsable du dommage causé par sa ruine lorsqu'elle est arrivée par suite du défaut d'entretien ou par le vice de construction.

Art 1386: „Der Eigentümer eines Bauwerkes trägt die Verantwortung für den Schaden, der durch den Einsturz desselben entstanden ist, für den Fall, dass der

Einsturz infolge mangelnder Instandhaltung oder eines Konstruktionsfehlers erfolgt ist“.

Unter Einsturz wird nicht nur der gänzliche Zusammenbruch verstanden, sondern auch der teilweise oder der Schaden, der durch einzelne mit dem Gebäude untrennbar verbundenen Teilen entsteht (also etwa durch Ziegel). Während der Bauzeit wird Haftung nach Art 1384 angenommen (Civ 2e, 21 décembre 1965, Bull civ. II 1065). Risse in einer Hauswand fallen nicht unter die Bestimmung des Art 1386. Der Beweis dreht sich nicht um die *faute* des Eigentümers, sondern einzig darum, dass entweder das Gebäude nicht entsprechend in Stand gehalten wurde oder ein Konstruktionsfehler vorgelegen hatte (Civ 3^e^, 4 juin 1973, Bull civ. III 397). Der Eigentümer haftet auch für vermietete Gebäude. Er kann sich nur dadurch entlasten, dass er dartut, dass der Schaden aufgrund äußerer Einwirkung entstanden ist, der ihm nicht zugerechnet werden kann (Civ 1re, 3 mars 1964, D. 1964, 245). Nach neuester Rechtsprechung haftet auch derjenige, der tatsächlich die Sachherrschaft über das Haus ausübt, der *gardien non propriétaire* (Civ 2e, 23 Mars 2000; D. 2001, 586).

3. Eine Sonderregelung erfuhren die Verkehrsunfälle durch ein Gesetz vom 5. Juli 1985 (*loi Badinter*). Dabei geht es prinzipiell um ein Recht auf Entschädigung und nicht mehr um eine Verpflichtung zur Ersatzleistung. Es geht um Unfälle, die im Straßenverkehr durch motorisierte Fahrzeuge (also nicht Fahrräder) ausgelöst werden. Schäden an Personen werden bevorzugt behandelt. Einer grundsätzliche Haftung des Schädigers stehen nur seine Entschuldigungsgründe gegenüber: Höhere Gewalt, Dritteinwirkung sowie *faute* des Geschädigten, ein klassisches Beispiel des Mitverschuldens im französischen Recht, das sich auf das Ausmaß der Entschädigung auswirkt. Jugendliche unter 16, Personen über 70, Invalide zu über 80%, die selbst nicht Lenker des Fahrzeuges sind, sind besonders geschützt. Ihr Mitverschulden zählt nur bei *faute intentionnelle* (freilich nur bei Personenschäden). Bei Personen zwischen 16 und 70, egal ob Beifahrer, Fußgänger oder Radfahrer, müssen ihre *fautes* unentschuldbar sein. Dieser Begriff wird von der Rechtsprechung zwischen *faute intentionnelle* und *faute lourde* angesiedelt. Dabei spielt der Wille, wenn auch nicht die böse Absicht, eine entscheidende Rolle. Ein *arrêt* der *Assemblée plénaire* (10 novembre 1995 D 1995, 633) ist eingehend der Frage nachgegangen. Dabei wurde unterstrichen, dass, wer sich in die Mitte der Straße stellt, um effizienter Autostop zu betreiben, noch nicht eine *faute inexcusable* begeht, die ratio des Urteils richtet sich nach den Gebräuchen der Fußgänger. Objektive wie subjektive Aspekte fallen gleichermaßen ins Gewicht, selbst Alkoholisierung (entweder Rausch – *ivresse* oder Berauschung – *imprégnation alcoolique* schließen Entschuldbarkeit nicht prinzipiell aus (Civ. 2e, 24 mai 1991, Bull civ. II. 152). Wer des Nachts bei Regen eine stark befahrene vierspurige Straße ohne Schutzweg überquert, obwohl ein Schutzweg in der Nähe gewesen wäre (Civ. 2e 7 février 1996, Bull civ. II. 33), dem kann nicht geholfen werden.

Die Klage, die gegen Fahrer oder Halter (*gardien*) des Fahrzeuges gerichtet ist, impliziert ipso iure auch die Beklagtenstellung des Versicherers. Ein feingesponnenes Regelwerk führt dazu, dass der Versicherer, der der eigentlich Betroffene ist, dem Geschädigten eine Entschädigungsgebühr zu unterbreiten hat (*offre d'indemnité*). Die Haftung wird als *responsabilité objective* (Gefährdungshaftung) angesehen.

Erst durch das Gesetz vom 19. Mai 1998 wurde die Produkthaftung in Frankreich eingeführt.[391]

III. Der Ersatz des Schadens

Für die Bemessung des Ersatzes ist das Ausmaß des Verschuldens theoretisch unerheblich, bei der praktischen Bewertung spielt es aber durchaus eine Rolle. Ziel ist die volle Wiederherstellung im Sinne des Integritätsinteresses. Den Richtern steht volle Freiheit bei der Bemessung zu[392], Zeitpunkt ist derjenige des Urteilsspruchs! Dem Richter obliegt es auch, die beste Art der Wiederherstellung zu bestimmen[393], etwa Ersatz einer identischen Sache bei Genussachen, wobei der Grundsatz der *réparation intégrale* (volle Wiederherstellung) gilt. Im übrigen muss der Richter insbesondere die Wünsche des Geschädigten respektieren und darf ihm keinen Zwang auferlegen. Der Schädiger hat allemal die Wiederherstellungskosten zu tragen (Civ. 2e, 19 novembre 1975, D. 1975, 137). Bei Totalzerstörung ist der Wert einer neuen Sache geschuldet (Civ. 2e, 12 déc. 1973, JCP 1974 II 17697). Bei Schmerzensgeld und ideellem Schaden ist von Fall zu Fall zu entscheiden. Auch wenn man sich an gewisse Raster (*barèmes*) hält, wird dies vom Kassationsgerichtshof prinzipiell verworfen. Bei unerwarteter Verbesserung körperlicher Schäden schließt das Höchstgericht eine Revision des Ersatzes aus, wohl aber eine Erhöhung bei Verschlechterung (Civ. 2e, 11 janv. 1995 Bull. civ. II 19). Beim Schmerzensgeld sind psychische wie physische Schäden gleichermaßen zu berücksichtigen. (Civ. 2e, 5 janv. 1994 Bull. civ. II 15). Berechtigte haben Anspruch auf Unterhaltsleistungen vom Schädiger (Civ. 2e, 2 févr. 1994 Bull. civ. II 47). Die Klage verjährt in 10 Jahren ab Kenntnis des Schadens, bzw Vergrößerung desselben. In einigen besonderen Fällen verjährt die Klage erst 20

---

391 Dazu Kommentar von *J. Ghestin*, JCP I (1998) 148.

392 Ständige Rechtsprechung seit 23.5.1911.

393 Naturalrestitution oder Wertersatz *(dommage intérêt)* (Civ. 2e, 31 mars 1993, Bull civ. III. n. 130).

Jahre ab Kenntnis, und zwar bei Folter, bei Barbarei sowie bei sexuellem Missbrauch Minderjähriger (Art 2270 Abs 1). Mehrere Schädiger haften solidarisch und können regressieren (Art 1214).

§ 44 Italien

Literatur: *Trabucchi,* Istituzioni di diritto civile §§ 87-91; *Franzoni*, Dei fatti illeciti, in: Comm. *Scialoja/Branca/Galgano* (1993); *Alpa/Bessone/Zeno Zencovich*, I fatti illeciti, in: Trattato Rescigno[2] (Torino 1995); *Visintini*, Trattato breve della responsabilità civile (Torino 1996); *Castronovo*, La nuova responsabilità civile[2] (Milano 1997); *Busnelli/Patti*, Danno e responsabilità civile (Torino 1997); *Petrelli*, Il danno non patrimoniale (Padova 1997); *Monateri*, La responsabilità civile, in: Trattato Sacco (Torino 1998); *P. G. Monateri*, Illecito e responsabilità civile (Torino 2002)*Alpa/ M. Bessone*, La responsabilità civile (Milano 2001).

I. Die Verschuldenshaftung

1. Auch das italienische Recht ist von Generalklauseln bestimmt.

Art 2043:[Risarcimento per fatto illecito] Qualunque fatto doloso o colposo che cagiona ad altri un danno ingiusto obbliga colui che ha commesso il fatto a riscarcire il danno.

Art 2043 „[Schadensersatz bei unerlaubter Vorgangsweise] Jede vorsätzliche oder fahrlässige Handlung, die einem anderen einen ungerechtfertigten Schaden zufügt, verpflichtet denjenigen, der die Handlung begangen hat, zum Ersatz des Schadens".

Kein Zweifel besteht darüber, dass *fatto* allgemein als Verhalten zu verstehen ist, dieses steht im kausalen Zusammenhang mit dem Schadenseintritt, wobei die adäquate Folge maßgeblich ist. Die Widerrechtlichkeit findet sich sowohl in der Bezeichnung *fatto illecito* wie im *danno ingiusto*; dieser wird als Schaden bezeichnet, der gegen Gebiete der Rechtsordnung entstanden ist (*danno antigiuridico*). Dabei steht die Rechtsprechung auf dem Standpunkt, dass dabei absolute oder primäre Rechte, die allen gegenüber geschützt sind, gemeint sind (Cass. 71/1318).

2. Die Voraussetzung des Verschuldens (*colpevolezza*) ist gleichermaßen von Vorsatz und Fahrlässigkeit bestimmt (*dolo/colpa*). Wer fahrlässig handelt, lässt, so die Definition in Art 1176 CC jene Umsicht und Vorsicht außer Acht, die jedermann im üblichen Umgang obwalten lassen muss. Grobe Fahrlässigkeit ist demjenigen vorzuwerfen, der mit außergewöhnlicher und unentschuldbarer Sorglosigkeit vorgeht und es nicht nur unterlässt, die durchschnittliche Umsicht eines guten Familienvaters (*diligenza media del buon padre di famiglia*) außer Acht zu lassen, sondern sogar jene kleinste und elementarste Sorgfalt, die alle beachten. Der Kläger hat das Verschulden des Beklagten zu beweisen.

1. Die Art 2046 und 2047 regeln die Folgen einer Schadenszufügung durch volljährige Geschäftsunfähige. Dabei wird nur auf den Umstand abgestellt, dass die Unfähigkeit (*incapacità di intendere e di volere*) im Augenblick des zum Schaden führenden Verhaltens vorgelegen hatte. Ausdrücklich wird allerdings in Art 2046 darauf hingewiesen, dass der Unfähige, der regelmäßig nicht zur Verantwortung gezogen werden kann, sehr wohl haftet, wenn er den Zustand durch Verschulden (*colpa*) herbeigeführt hat. Art 2047 bestimmt die Haftung desjenigen, der dazu angehalten war, den Unfähigen zu beaufsichtigen. Der Entlastungsbeweis (*prova liberatoria*) bleibt offen, derart, dass der Verpflichtete das Verhalten nicht verhindern konnte. Abs 2 bestimmt, dass im Falle, dass von den zur Beaufsichtigung Verpflichteten kein Ersatz geleistet werden kann, der Richter nach Bewertung der wirtschaftlichen Lage von Schädiger und Geschädigtem einen billigen Ersatz dem Schädiger auferlegen kann. Diese Haftung wird auch auf die in den folgenden Artikeln 2048 und 2049 erwähnten Tatbestände ausgedehnt.

2. Artikel 2048 regelt die Haftung der Eltern, Tutoren, Lehrer (*precettori*) und Handwerkermeister (*maestri d'arte*). Die Haftung der Eltern und Vormünder ist nur dann gegeben, wenn die Minderjährigen (*minorenni*) bei ihnen leben, diejenige der Ausbildner und Lehrer nur, während sie den Schutzbefohlenen zu beaufsichtigen hatten, also während ihrer eigenen Ausbildnertätigkeit. Die Haftung der Minderjährigen ist durch die Haftung der Verpflichteten keineswegs aufgehoben, ihre Haftung ist davon abhängig, ob sie in der Lage waren, die Tragweite ihres Verhaltens zu erkennen und zu begreifen. Somit haften Minderjährige, Eltern, Vormünder und Ausbildner solidarisch. Die Eltern und weiteren zur Aufsicht Verpflichteten können den Entlastungsbeweis antreten, dass sie das schädigende Verhalten nicht verhindern konnten. Je nach Alter, Fortschritt der Erziehung, Persönlichkeit wird die Verantwortung der Eltern stärker oder schwächer sein und dem Minderjährigen größere Bewegungs- und Entscheidungsfreiheit zukommen (Cass. 1984/5564)). Jedes außergewöhnliche und unvorhersehbare Verhalten ist zur Entschuldigung heranzuziehen.

3. Art 2049 regelt die Gehilfenhaftung. Arbeitgeber und Geschäftsführer (*padrone/committente*) haften grundsätzlich für Schäden, die durch unerlaubte Verhaltensweisen ihrer Hausangestellten (*domestici*) und Gehilfen (*commessi*) in Ausführung der Tätigkeit, die ihnen aufgetragen worden war, entstanden sind. Eine rechtliche Verbindung zwischen Kommittenten und Gehilfen ist nicht Voraussetzung, nur ein *rapporto di preposizione*, also eine faktische Abhängigkeit sowie ein Verschulden des Gehilfen. Der Begriff wird von der Rechtsprechung weit ausgelegt, so dass grundsätzlich Unternehmen für ihre Mitarbeiter haften: so haftet etwa der Rechtsträger eines Krankenhauses für den vom Arzt zugefügten

Schaden (Cass. 1988/4634). Ein Entlastungsbeweis ist nicht zulässig, so dass dieser Tatbestand der eigentlichen Gefährdungshaftung zuzurechnen ist.

III. Die Haftung aus vermutetem Verschulden

1. Im Art 2050 findet sich eine weitere Generalklausel, sie betrifft die Haftung, die durch die Ausübung einer gefährlichen Tätigkeit verursacht wird.

Art 2050:[Responsabilità per l'esercizio di attività pericolose] Chiunque cagiona danno ad altri nello svolgimento di un'attività pericolosa, per sua natura o per la natura dei mezzi adoperati, è tenuto al risarcimento, se non prova di aver adottato tutte le misure idonee a evitare il danno.

Art 2050 „[Haftung für das Ausüben gefährlicher Tätigkeiten] Jeder, der einem anderen in Ausübung einer von Natur aus oder wegen der angewandten Mittel gefährlichen Tätigkeit einen Schaden zufügt, muss Ersatz leisten, wenn er nicht beweisen kann, alle geeigneten Maßnahmen ergriffen zu haben, um den Schaden zu verhindern".

Die gefährliche Tätigkeit ist nach einer Entscheidung des Kassationsgerichtshofes durch ihre Besonderheit oder durch ihre eingesetzten Mittel gekennzeichnet, die eine erhebliche Möglichkeit zum Schadenseintritt eröffnen (Cass. 90/7571). Auch im Bereich dieser Haftung kommt es auf das Verhalten an, somit ist auch das Unterlassen relevant. Aus der reichen Kasuistik seien genannt: Bauliche Tätigkeiten wie die Errichtung von Gerüsten, nicht aber das Verputzen von Gebäuden (Cass. 91/13564), Vergnügungsbahnen auf Jahrmärkten (Cass. 1990/7571), Ausübung der Jagd (Cass. 1977/5222), Erdölleitungen (Cass. 78/662), Hochspannungsleitungen (Cass. 82/537), Vorgangsweise vermittels Pressluftbohrer (Cass. 75/391). Was den Entlastungsbeweis anbelangt, so sind strenge Maßstäbe anzusetzen. So sind die tatsächlich unternommenen Gegenmaßnahmen darzutun. Sich einzig und alleine auf die Erlaubnis durch die Verwaltungsbehörde zu berufen, ist keinesfalls ausreichend (Cass. 71/3213).

2. Art 2051 statuiert die Haftung eines jeden, der eine Sache in seiner Obhut hat (*custodia*). Die Haftung resultiert aus der Bewachungspflicht (*obbligo di custodia*). Der Schaden muss von der Sache selbst ausgegangen sein. Darunter fallen auch schlechter Erhaltungszustand von Straßen, im besonderen ein rutschiger Straßenbelag (Cass. 84/5574), von Gehwegen und Grundstücken (Cass. 91/7411), nicht aber ordnungsgemäß geschichtetes Material auf eigenem Grund (Cass. 76/2667). Wird im Kino ein Zuseher von einer herabgefallenen Flasche verletzt, so ist darauf zu achten, ob die Flasche noch im Bereiche des Unternehmers bzw seiner Angestellten war oder bereits im Bereiche eines anderen Zusehers. Nur im ersten Falle haftet der Kinobetreiber (Cass. 69/3408). Nicht haftbar gemacht werden kann der Eigentümer einer nicht bewohnten Immobilie, wenn Einbrecher über die unbewachte Wohnung in ein darunterliegendes Geschäftslokal eindringen. In diesem Falle fehlt es an der objektiven Widerrechtlichkeit, da es für Eigentümer von Wohnungen keine Rechtspflicht geben kann, Einbrüche in andere Lokalitäten zu verhindern (Cass. 82/2134).

Allemal kann der Entlastungsbeweis vorgebracht werden, der darauf abzuzielen hat, den Schadenseintritt mit einem zufälligen Ereignis (*caso fortuito*) in Zusammenhang zu bringen. Der Beklagte wird dabei dartun müssen, dass das schädigende Ereignis außerhalb des von ihm beherrschbaren Einflussbereiches entstanden ist, dass es weiters eine von außen kommende unbeherrschbare Kausalität entwickelt habe und dass es weiters völlig unvorhersehbar und außerordentlich gewesen sei (zuletzt Cass. 90/4257). Der Begriff Zufall (*caso fortuito*) wird sehr weit verstanden. Jedes Verschulden des Geschädigten oder eines Dritten schließt die Haftung aus. Es hängt von der Nähe der Sache ab, welche Maßnahmen getroffen werden müssen, um den Schaden hintanzuhalten.

3. Art 2052 handelt von der Haftung des Tierhalters. Der Eigentümer oder derjenige der sich des Tieres bedient während der Zeit, in der er es benützt, haftet für die Schäden, die das Tier zugefügt hat, sei es, dass es unter Bewachung (*custodia*) stand, oder aber verloren gegangen oder entlaufen war. Ein Entschuldigungsbeweis ist möglich, wenn die Zufälligkeit des Ereignisses (*caso fortuito*) bewiesen wird. In diesem Zusammenhang wird auf Außergewöhnlichkeit, die Unvorhersehbarkeit und die Unabwendbarkeit abgestellt (Cass. 90/4257).

4. *Art 2053 [Rovina di edificio] Il propietario di un edificio o di altra costruzione è responsabile dei danni cagionati dalle sua rovina, salvo che provi che questa non è dovuta a difetto di manutenzione o vizio di costruzione.*

Art 2053 „[Einsturz eines Gebäudes] Der Eigentümer eines Gebäudes oder eines anderen Bauwerks haftet für die Schäden, die infolge des Einsturzes entstanden sind, es sei denn er beweist, dass dieser weder infolge fehlerhafter Instandhaltung, noch infolge eines Konstruktionsfehlers erfolgt ist".

Dabei wird unter Einsturz auch jede Teilablösung am Gebäude oder Schaden von Bestandteilen desselben verstanden. Ausdrücklich subsumiert die Rechtsprechung darunter auch alle Arten von Leitungen (Cass. 84/15868). Im Falle von Miete haftet weiterhin der Eigentümer. Der Tatbestand gilt als erfüllt, wenn herabfallende Bestandteile ein Auto im Halteverbot beschädigen (Ein interessantes Beispiel vom Schutzzweck zweier Normen) (Cass. 70/2509).

5. Dem Straßenverkehr ist Art 2054 vorbehalten. Der Lenker eines Fahrzeuges (nicht Schienenfahrzeuge) haftet für jeden Schaden, der Personen oder Sachen durch das Fahren des Kraftfahrzeuges verursacht wurde, es sei denn, dass er alles daran gesetzt hat, um den Schaden zu verhindern. Straßenverkehr (*circolazione stradale*) bedeutet fließenden und ruhenden Verkehr (Cass. 90/11467). Im

Falle eines Zusammenstoßes wird angenommen, dass alle Lenker zu gleichen Teilen den Schaden bewirkt haben. Die Tatsache, dass man im Kfz-Register (*pubblico registro automobilistico*) eingetragen ist, lässt das Eigentum nur vermuten. Nießbraucher, Käufer unter Eigentumsvorbehalt haften mit dem Lenker solidarisch, es sei denn, sie beweisen, dass dieser gegen ihren Willen das Fahrzeug steuerte. Der in der Praxis extrem schwierige Entlastungsbeweis liegt darin, dass alle Vorschriften der Straßenverkehrsordnung eingehalten wurden und dass man die übliche Sorgfalt (*normale diligenza*) angewandt hat (Cass. 87/1724). Darunter versteht man eine besonders um- und vorsichtige Verhaltensweise. Die genannten Personen haften auch für mangelhafte Instandhaltung sowie für Konstruktionsmängel. In diesen Fällen führt der Entlastungsbeweis nur dann zum Ziel, wenn einerseits die kontinuierliche Kontrolle des Fahrzeuges bewiesen wird, zum anderen zufällige Ereignisse, höhere Gewalt sowie die Unmöglichkeit, den Mangel mit Hilfe der üblichen Sorgfalt zu entdecken.

IV. Der Ersatz des Schadens

1. Nach Art 2056 ist das Ausmaß des Ersatzes nach den Art 1223, 1226 und 1227 zu bestimmen. Der Gewinnentgang ist nach Billigkeitserwägungen vom Richter von Fall zu Fall in Betracht zu ziehen. Aus den genannten Artikeln ergibt sich, dass jener materielle Verlust zu ersetzen ist, den der Geschädigte unmittelbar erlitten hat (*danno patrimoniale*). Es ist also eine umfassende Wiederherstellung (*riparazione*) durchzuführen. Gewinnentgang wird auch zugesprochen, wenn die Aussicht auf Gewinn begründet erscheint (Cass. 90/5045). Die Möglichkeit des Richters, nach Billigkeitserwägungen zu verfahren, bedeutet eine möglichst umfassende Ersatzpflicht, der Geschädigte ist so zu stellen, wie wenn das schädigende Ereignis nicht stattgefunden hätte, das bedeutet entweder volle Wiederherstellung oder Wertersatz. Die Naturalrestitution kann auf Antrag des Geschädigten vom Richter angeordnet werden, er darf dies allerdings nicht tun, wenn dadurch für den Geschädigten eine allzu große Belastung (*eccessivamente onerosa*) entstünde, in diesem Falle ist auf Wertersatz zu entscheiden (Art 2058). *Reintegrazione* bedeutet auch Zur Verfügungstellen von gleichwertigen Sachen. Bei Wertersatz muss der Geschädigte keineswegs dartun, was er mit dem Geld zu tun beabsichtigt, er kann frei darüber verfügen (Cass. 1979/1264).

2. Nicht-Vermögensschäden (das Gesetz spricht einfach von *danno non patrimoniale*, die Lehre von *danno morale*) sind nach Art 2059 nur zu berücksichtigen, wenn ausdrücklich vom Gesetz intendiert. Diesbezüglich könnte etwa auf die Art 185 ff, 598 des Strafgesetzbuches (*codice penale*) verwiesen werden, was zur Folge hätte, dass ideelle Schäden nur im Bereiche des Schmerzensgeldes infolge von strafrechtlich relevanten Tatbeständen Berücksichtigung finden könnten. Diese enge Auslegung wurde vom Verfassungsgerichtshof aufgehoben (sentenza 14.7.1986/184) mit der Begründung, dass es der Funktion eines modernen Schadensrechtes entspreche, alle Schäden zu ersetzen, welche die Tätigkeit und Entfaltung einer Person hemmen. Ansonsten wäre der Schutz grundlegender Werte zu begrenzt. Der Verfassungsgerichtshof stand weiters auf dem Standpunkt, dass bereits Art 2043 CC eine umfassende Schadensersatzpflicht begründen würde. Darüber hinaus steht die Rechtsprechung auf dem Standpunkt, dass auch Strafunmündige den Bestimmungen unterliegen, sowie jene, die der Strafverfolgung nicht mehr ausgesetzt sind (Amnestie, nicht aber Verjährung (Cass. 91/877 und Cass. 89/279).

Moralische Schäden sind Schmerzensgeld im weitesten Sinne, wobei physische wie psychische Beeinträchtigungen Berücksichtigung finden. Die Bestimmung des Ausmaßes ist gerade in diesem Bereich in besonderem Ausmaß der Billigkeitsabwägung durch den Richter überlassen. Dabei wird er womöglich das tatsächliche Ausmaß des Leidens und seine Entstehung in der Zeit zu berücksichtigen haben (Cass. 85/4947). Vor allem sind alle Umstände, darunter auch die persönlichen des Geschädigten, miteinzubeziehen (*circostanze individuali).* Was im Falle der Tötung eines Elternteils die Rechte der Kinder anbelangt, so wird zwischen Vermögensschäden und ideellen Schäden getrennt. Die Vermögensschäden sind in ihrer Gesamtheit zu sehen und der Anspruch ist keineswegs auf die Minderjährigkeit oder auf die Ausbildungszeit zu beschränken, auch die Tatsache, dass der Getötete Vermögen erwerben hätte können, an dem den Kindern ein Pflichtteilsrecht zugestanden hätte, ist relevant (Cass. 81/4137). Eine durch den Tod fällig gewordene Pension kann nicht das Ausmaß des Schadensersatzes mindern (Cass. 87/9528), eine Wiederverheiratung der Ehefrau ist unter Würdigung aller Umstände möglicherweise zu berücksichtigen (Cass. 77/3112).

Wer eine Frau zur sexuellen Begegnung verführt, indem er ihr die Ehe verspricht, haftet, wenn er dadurch der Frau die Chance (konkret) einer anderen Ehe nimmt (Cass. 1991/8733).

3. Die Rechtsprechung hat weiters aus Art 2043 den so genannten biologischen Schaden (*danno biologico*) entwickelt. Diese unterscheidet (zumindest praeter legem Art 2059) zwischen moralischen Schäden, die weiterhin der Sphäre des Art 2059 zuzurechnen sind, und objektiven, die der Generalklausel unterliegen. Dieser Schaden ist regelmäßig bei der Verletzung von Körper und Gesundheit zu ersetzen. Dabei stützte sich die *Cassazione* auch auf Art 32 der Verfassung (Rechtsgut der Gesundheit als absolut schützenswertes Recht). Dabei sollen alle Beeinträchtigungen der Person abgegolten werden, die sich aus der eingeschränkten Gesundheit ergeben, das bedeutet jede gesellschaftliche Tätigkeit,

Sport und Vergnügen, aber auch sexuelle Beziehungen (Cass. 1990/6536, 1990/7101).

Auch auf dem Wege von Presse, Rundfunk, Fernsehen (also nicht allgemein) bedeutet Herabwürdigung einer Person Verwirklichung der Generalklausel. Allerdings bedeutet der gute Glaube – ausgezeichnet etwa durch seriöse Recherchen – einen Entschuldigungsgrund (Cass. 1942/1147).

Notwehr (*legittima difesa* Art 2044) und Notstand (*stato di necessità* Art 2045) schließen den Ersatz aus.

Nach Art 1227 ist das Mitverschulden des Geschädigten zu berücksichtigen (*concorso di colpa*). Bei mehreren Schädigern herrscht Solidarhaftung und Regress nach Art 2055 (*responsabilità solidale*).

Nach den Bestimmungen des Art 2947 verjährt der allgemeine Anspruch 5 Jahre nach Schadenseintritt, bei Verkehrsunfällen in 2 Jahren.

§ 45 Spanien

Literatur: Derecho de daños, in *Valpuesta Fernandez* (Hrsg), Derecho de obligaciones y contratos[2] (1995); *C. Lopez Beltran de Heredia*, Efectos civiles del delito y responsabilidad extracontractual (Madrid 1997); *Y. Lacruz Berdejo/F. Sancho Rebullida/A. Luna Serrano/J. Delgado Echeverria/F. Rivero Hernandez/J. Rams Albesa,* Elementos de derecho civil II: Derecho de obligaciones Vol. 2 (Madrid 1999); *L. F. Reglero Campos* tratado de responsabilidad civil (2006)

I. Die Verschuldenshaftung

1. *Art 1902 El que por acción u omisión causa daño a otro, interviniendo culpa o negligencia, está obligado a reparar el daño causado.*

Art 1902: "Derjenige, der durch Tun oder Unterlassen einem anderen einen Schaden zufügt, sei es aus Verschulden oder Nachlässigkeit, muss den entstandenen Schaden ersetzen".

Von widerrechtlichem oder rechtswidrigem Verhalten ist keine Rede, die spanische Lehre sieht diese aber allemal bei strafrechtlichen Tatbeständen verwirklicht, erkennt aber im übrigen nur den allgemeinen Grundsatz des *alterum non laedere* (einem andern nicht schaden) an, sowie den Rechtsmissbrauch (*abuso del derecho,* Art 7). Das Verschulden selbst ergibt sich aus der Vorhersehbarkeit des Erfolgs. Eine sorgsame und umsichtige Person hat alles zu tun, um den Schadenseintritt zu verhindern. Dabei spielen die Umstände der Person, Zeit und Ort ebenso eine Rolle, wie die Art der Tätigkeit. Dabei wird insofern das objektive Moment unterstrichen, dass die Vorhersehbarkeit im Sinne einer durchschnittlichen Person anzunehmen ist. Notwehr (*legítima defensa*) und Notstand (*estado de necesidad*), die nur im Strafgesetzbuch geregelt sind, schließen die Haftung aus. Alternative und kumulative Kausalität sind ebenso wenig geregelt, werden aber von der Rechtsprechung anerkannt (TS 8.2.1983). Mitverschulden bis zum Ausmaß der Kompensation wird zugelassen (TS 27.9.1992).

II. Haftung für andere Personen oder Sachen

1. Art 1903 regelt die Haftung der Eltern (*padres*) minderjähriger Kinder – die Volljährigkeit wird mit Vollendung des 18. Lebensjahres erreicht – der Tutoren bei Minderjährigen und Geschäftsunfähigen, der Unternehmer und der Schulen. Die Eltern haften allemal, wenn sie das Sorgerecht (*guardia*) ausüben, die Tutoren, nur wenn die Schutzbefohlenen bei ihnen wohnen. Allen steht ein Entlastungsbeweis offen, der sehr allgemein formuliert besagt, dass sie beweisen müssen, alle Sorgfalt eines guten Familienvaters aufgebracht zu haben, um den Schaden zu verhindern (... *prueben que emplearon toda la diligencia de un buen padre de familia para prevenir el daño.*). Unternehmer können freilich den Schadenersatz von ihren Angestellten zurückverlangen (Art 1904), eine Regel, die nun im Widerspruch zu einem Gesetz (1/1991 7.1.) steht, nach dem Schulen den ersetzten Schaden nur dann von den Lehrern zurückfordern können, wenn diese vorsätzlich oder grob fahrlässig gehandelt haben.

2. Art 1905 regelt die Haftung des Besitzers oder desjenigen, der sich des Tieres bedient, unabhängig davon, ob das Tier sich verlaufen hat oder entflohen ist. Zur Entlastung kann nur die höhere Gewalt (*fuerza mayor*) oder das Mitverschulden des Geschädigten vorgebracht werden.

3. *Art 1907 El propietario de un edificio es responsable de los daños que resulten de la ruina de todo o de parte de él, si ésta sobreviniera por falta de las reparaciones necessarias.*

Art 1907: „Der Eigentümer eines Gebäudes haftet für die Schäden, die auf Grund des Einsturzes des gesamten Gebäudes oder von Teilen desselben entstanden sind, wenn dieser infolge mangelhafter Instandsetzungsarbeiten erfolgt ist".

4. Schließlich auferlegt Art 1908 dem Eigentümer besondere Haftung in folgenden Fällen:

a) bei der Explosion von Maschinen, die nicht mit der notwendigen Sorgfalt gewartet worden sind,

b) bei Brand explosiver Stoffe, die nicht an sicherer Stelle gelagert worden sind,

c) bei übermäßigen Raucheinflüssen, die für Personen oder Sachen schädlich sind,

d) bei umstürzenden Bäumen, es sei denn bei höherer Gewalt,

e) bei Ausdünstungen von Kloaken oder Depots von infizierenden Stoffen, wenn diese nicht mit den entsprechenden Vorsichtsregeln errichtet wurden.

III. Die Gefährdungshaftung

Das spanische Recht steht stark auf dem Standpunkt der Verschuldenshaftung. Es kennt keine Generalklausel der Gefährdungshaftung. Außer den bereits unter II. erwähnten Ansätzen im Código Civil gibt es die Gefährdungshaftung auf Grund von Sondergesetzen:

1. Straßenverkehr: (*Ley sobre Uso y Circulación de Vehiculos de Motor* in der Fassung vom 28.6.1986)

Dabei wird unterschieden zwischen Schäden an Leib und Leben (*daños corporales*) und materiellen Schäden (*daños materiales*). Bei Schäden die Person betreffend gilt der Grundsatz, dass der Lenker haftet, es sei denn, der Schaden ist durch höhere Gewalt oder Verschulden des Geschädigten eingetreten. Mängel am Fahrzeug oder Defekte, die zum Schaden führen, ermöglichen keine Entlastung infolge höherer Gewalt. Was die Sachschäden anbelangt, so gelten die Regeln der Verschuldenshaftung des Código Civil.

2. Weitere Bestimmungen:

a) Luftfahrt (*Ley de Navigación Aérea* 21.7.1960)

Dabei geht es um Gefährdungshaftung, die innerhalb von 6 Jahren ab Schadenseintritt verjährt, ab diesem Zeitpunkt gilt die Verschuldenshaftung mit Höchstgrenze (TS 10.6.1988)

b) Atomare Anlagen (Gesetz 29.4.1964)

Gefährdungshaftung mit Höchstgrenze des Ersatzes. Verjährungszeit 10 Jahre bei unmittelbarem Schaden, 20 bei zeitlich verschobenem.

c) Jagd (*Ley de Caza* 4.4.1970)

d) Produkthaftung im Sinne der EG-Richtlinie (*directiva*) 374/1988, Gesetz 22/1994, 6.7.

IV. Der Ersatz des Schadens

Der Schaden kann entweder ein Vermögensschaden (*daño patrimonial*) oder ein ideeller Schaden (*daño moral*) sein. Der ideelle Schaden ist im übrigen streng abzugrenzen, da er nicht die geringste Auswirkung auf das Vermögen haben darf. Dabei werden sowohl psychische wie auch physische Schmerzen anerkannt, sogar die enge Freundschaft wird in Rahmen ideeller Schäden berücksichtigt (TS 26.1.1972). Bei Vermögensschäden sollte nach Möglichkeit die Naturalrestitution erfolgen, nur bei Unmöglichkeit oder großem Aufwand wird ein Wertersatz zuerkannt, der zum Tag des Urteils bestimmt wird.

Die Schadenersatzklage verjährt im Zeitraum von einem Jahr ab Kenntnis des Schadens (Art 1968).

§ 46 Österreich

Literatur: grundlegend: *Koziol*, Österreichisches Haftpflichtrecht I[3] (1997) und II[2] (1984); *Koziol/Welser*, Grundriss des Bürgerlichen Rechts II[12] (bearbeitet v. *R. Welser*) (2001).

I. Verschuldenshaftung

Das österreichische Schadensrecht ist beherrscht von einer Generalklausel, die die Haftung infolge von Verschulden regelt:

§ 1295. [Berechtigter, Verpflichteter;] (1) Jedermann ist berechtigt, von dem Beschädiger den Ersatz des Schadens, welchen dieser ihm aus Verschulden zugefügt hat, zu fordern; der Schade mag durch Übertretung einer Vertragspflicht, oder ohne Beziehung auf einen Vertrag verursacht worden sein.

§ 1294. Der Schade entspringt entweder aus einer widerrechtlichen Handlung, oder Unterlassung eines andern; oder aus einem Zufalle. Die widerrechtliche Beschädigung wird entweder willkürlich, oder unwillkürlich zugefügt. Die willkürliche Beschädigung aber gründet sich teils in einer bösen Absicht, wenn der Schade mit Wissen und Willen; teils in einem Versehen, wenn er aus schuldbarer Unwissenheit, oder aus Mangel der gehörigen Aufmerksamkeit oder des gehörigen Fleißes verursacht worden ist. Beides wird ein Verschulden genannt.

Die Formulierung, die seit dem Inkrafttreten des ABGB im Gesetz stand, kennt noch nicht die moderneren Begriffe von Vorsatz und Fahrlässigkeit. Sie betrifft die Widerrechtlichkeit von Tun und Unterlassen. Verschulden wird als willkürlich bezeichnet, dh abhängig vom Willen. Der Gesetzgeber versucht selbst eine Definition der Verschuldensstufen zu finden, wobei nur zwei Arten genannt sind: böse Absicht und Versehen, wobei das Versehen weiter bestimmt wird. Dazu zählt die schuldbare Unwissenheit, also jene Unwissenheit, die nicht entschuldbar ist, sowie der Mangel der gehörigen Aufmerksamkeit und des gehörigen Fleißes. Man sollte darauf hinweisen, dass der Gesetzgeber, durch die Wortwahl „gehörig" auf objektive Kriterien gesellschaftlichen Handelns abstellen wollte. Es ist heute in Österreich aber in Lehre und Rechtsprechung anerkannt, dass man von Vorsatz und Fahrlässigkeit spricht und damit auch operiert. Diese Interpretation ist ein beredtes Beispiel dafür, wie tief auch in die Kernbereiche des österreichischen Rechtes Gedankengut und Terminologie der historischen Schule und des BGB eingeflossen sind.

1. Unmündige nach § 153 (bis Vollendung des 14. Lebensjahres) und Geisteskranke haften nicht für den von ihnen verursachten Schaden. Haftbar zu machen sind die Aufsichtspflichtigen, aber nur dann, wenn sie die ihnen obliegende Obsorgepflicht vernachlässigt haben. Die Ausnahme von dieser Grundregel statuiert § 1310. Danach hat der Richter zu prüfen, ob dem Unmündigen oder Geisteskranken im konkreten Fall dennoch ein Verschulden vorgeworfen werden kann, oder ob der „Beschädigte" aus Rücksicht des „Beschädigers" die Verteidigung unterlassen habe. Kann dies nicht angenommen werden, so steht es dem Richter frei, mit Rücksicht auf die Vermögenslage von Täter und Opfer entweder vollen Schadensersatz auszusprechen, oder doch „auf einen billigen Teil desselben (zu) erkennen"

2. Die Haftung für den Erfüllungsgehilfen ist nach § 1313a derart geregelt, dass der Schuldner, der einen Erfüllungsgehilfen einsetzt, wie für eigenes Verschulden haftet. Voraussetzung ist somit ein Schuldverhältnis zwischen dem Geschädigten und dem Geschäftsherren. Nach § 1315 haftet ein Geschäftsherr im Falle des Besorgungsgehilfen nur dann, wenn er sich einer untüchtigen oder wissentlich einer gefährlichen Person bedient hat. Die Voraussetzung eines besonderen Schuldverhältnisses zwischen dem Geschädigten und dem Geschäftsherren entfällt.

3. Nach Amtshaftungsgesetz 1949 (AHG) haften die Rechtsträger für Schadenszufügung im Rahmen der Hoheitsverwaltung, also bei Vollzug der Gesetze, für Schäden an Vermögen oder Personen, die ihre Organe (physische Personen) durch rechtswidriges, schuldhaftes Verhalten zugefügt haben. Das Organ selbst kann vom Geschädigten überhaupt nicht zur Verantwortung herangezogen werden, aus Erkenntnissen von Höchstgerichten können überhaupt keine Ersatzansprüche abgeleitet werden.

4. Unter der Haftung für Sachen muss die des Wegehalters (§1319a) an erster Stelle genannt werden. Dieser, sowie seine Leute, haften für den mangelhaften Zustand des Weges. Voraussetzung ist zumindest ein grob fahrlässiges Verhalten, sei es des Halters selbst, sei es seiner Leute. Der Begriff „Weg" wird dabei sehr weit verstanden, dazu zählen alle Anlagen, die den Weg zu einem solchen machen, wie Brücken und Stützmauern, aber auch Skipisten.[394]

Nach § 1319 haftet der Besitzer eines Bauwerkes (worunter auch Baugerüste subsumiert werden) für denjenigen Schaden, der durch den gänzlichen oder teilweisen Einsturz des Bauwerkes entstanden ist. Der Entschuldigungsbeweis wird

394 *Welser*, Haftungsprobleme der Wintersportausübung, in *Sprung/König* (Hrsg), Das österreichische Skirecht (1977) 385 (397).

dann erfolgreich eingesetzt werden können, wenn der Besitzer dartut, dass er alle notwendigen Vorkehrungen getroffen hat.

Nach § 1320 haftet derjenige, der ein Tier angetrieben, gereizt oder nachlässig verwahrt hat, unabhängig von seiner sachenrechtlichen Position am Tier. Der Tierhalter selbst – darunter ist derjenige zu verstehen, der über die Beaufsichtigung und Verwahrung des Tieres zu entscheiden hat – haftet nur dann, wenn er nicht beweisen kann, dass er für die erforderliche Bewahrung oder Beaufsichtigung gesorgt hat.

III. Die Gefährdungshaftung

1. Auf Grund der bereits im ABGB vorhandenen Ansätze regelte der Gesetzgeber bereits 1959 im Eisenbahn- und Kraftfahrzeughaftpflichtgesetz (EKHG) die Tötung oder Verletzung eines Menschen sowie die Beschädigung einer Sache durch Unfälle beim Betrieb von Eisenbahnen und Kraftfahrzeugen (§ 1). Im Bereiche der Kraftfahrzeuge ist der haftbar zu machende Halter derjenige, der über die Verwendung des Fahrzeuges bestimmt und es auf eigene Rechnung im Gebrauch hat. Die Haftung wird ausgeschlossen durch ein unabwendbares Ereignis (§ 9 Abs 1), wenn der Verletzte wider den Willen des Betreibers oder Halters befördert wurde, wenn der Beförderte auf eigenes Ansuchen und in seinem zumindest überwiegenden Interesse und ohne Entgelt befördert wurde (Autostopper), sowie wenn der Verletzte beim Betrieb tätig war (§ 3). Die Gefährdungshaftung nach EKHG ist durch Haftungshöchstbeträge beschränkt. Die Haftung nach EKHG schließt die Verschuldenshaftung nach ABGB nicht aus, so dass der Geschädigte, der das Verschulden des Schädigers in den Vordergrund zu stellen gedenkt, durchaus nach ABGB vorgehen kann, was den Vorteil hat, dass die Haftungshöchstbeträge wegfallen.

2. Weitere Gesetze im Bereich der Gefährdungshaftung betreffen die Luftfahrt (LuftverkehrsG 1936), die Kernanlagen und Kernmaterialien (AtomHG 1964), sowie die Produkthaftung (PHG 1988) nach der EG-Richtlinie. In Österreich nehmen Lehre und Rechtsprechung in analoger Anwendung der bestehenden Tatbestände eine allgemeine, verschuldensunabhängige Haftung für gefährliche Sachen an.

IV. Der Ersatz des Schadens

Das ABGB geht im § 1323 von der Naturalrestitution aus, alles muss in den vorigen Stand zurückversetzt werden. Nur, wenn dies nicht tunlich ist, wobei zuerst die Interessen des Geschädigten und dann die des Schädigers zu berücksichtigen sind, gibt es Wertersatz. Dabei kennt das österreichische Recht die Begriffe der vollen Genugtuung und der Schadloshaltung.

§ 1324 [Volle Genugtuung; Schadloshaltung] In dem Falle eines aus böser Absicht, oder aus einer auffallenden Sorglosigkeit verursachten Schadens ist der Beschädigte volle Genugtuung; in den übrigen Fällen aber nur die eigentliche Schadloshaltung zu fordern berechtigt. Hiernach ist in den Fällen, wo im Gesetze der allgemeine Ausdruck: Ersatz, vorkommt, zu beurteilen, welche Art des Ersatzes zu leisten sei.

Somit ist folgende Rechtslage gegeben: Bei leichter Fahrlässigkeit ist nur der abstrakt-objektive Schaden zu ersetzen, bei grober Fahrlässigkeit, sowie Vorsatz dagegen das volle Interesse. Das österreichische Gesetz kennt in § 1323 unter dem Begriff der Schadloshaltung nur den Ersatz des objektiv abstrakten Vermögensschadens, unter Genugtuung auch entgangenen Gewinn und Tilgung der erlittenen Beleidigung. Gerade letztere Formulierung wurde von der Rechtswissenschaft für die Existenz ideeller Schäden geradezu als Generalklausel herangezogen, wobei die Rechtsprechung auffallende Zurückhaltung übte; dies, obwohl das Gesetz selbst, § 1331, den Wert der besonderen Vorliebe kennt. Dieser ist zu ersetzen, wenn der Schaden infolge einer strafrechtlich verbotenen Handlung, aus Mutwillen oder Schadenfreude entstanden ist. Die österreichische Rechtsprechung war aber gerade, was den Schadenersatz anbelangte, offenbar so ins Fahrwasser des BGB geraten, dass für ideelle Schäden kein Platz zu sein schien. Typisch ist in diesem Kontext die Neufassung im Rahmen der 3. Teilnovelle des § 1330 betreffend die Ehre: Diese stellte ausschließlich auf Vermögensschäden ab. Der Gesetzgeber selbst hat jedoch 1996 eine Wende vollzogen und nachhaltig auf den Ersatz ideeller Schäden bestanden, und zwar anlässlich einer Novellierung des § 1328 betreffend die sexuelle Selbstbestimmung.

Die Klage verjährt nach § 1489 drei Jahre ab dem Zeitpunkt, in welchem der Schade und die Person des Beschädigers dem Beschädigtem bekannt wurden.

§ 47 England

Literatur: *Salmond/Heuton*, On the Law of Torts (ed *Heuston/Buckley*)[21] (1996); *Winfield & Jolowicz* on Tort (ed *W. V. H. Rogers*)[14] (1994); *Markesinis/Deakin*, Tort Law[5] (2003).

I. Law of Torts: Allgemeine Bestimmungen

1. Während die Ersatzfähigkeit von Schäden auch im englischen Recht durchaus auf Schuldverhältnisse von Gesetzes wegen und auf Verträge anzuwenden ist, bedeutet *tort* strenggenommen die allgemeine Voraussetzung, die in der Rechtsordnung begründet liegt. Historisch gesehen bedeutet der *trespass* die erste Erfassung eines schadenersatzrechtlichen Tatbestandes. Dabei handelte es sich und handelt es sich noch heute um die unmittelbare und gewalttätige Beeinträchtigung von Personen und Sachgütern. Heute lässt sich auf Grund einer beständigen und noch anhaltenden Entwicklung eine beträchtliche Anzahl von typischen Tatbeständen feststellen, die den Kreis der den kontinentalen Rechtsordnungen bekannten in vieler Hinsicht übersteigt. Trotz der Typizität dieser Tatbestände lassen sich allgemeine Grundvoraussetzungen erarbeiten. Abgesehen von den ursprünglichen *trespasses*, bei welchen der Beweis der schädigenden Handlung völlig ausreicht und ein konkreter Schaden weder bewiesen noch tatsächlich vorliegen muss, ist das Vorhandensein eines im konkreten Fall nachgewiesenen Schadens von unabdingbarer Bedeutung. Die Kausalität (*causation*) als allgemeine Voraussetzung ist überall anerkannt.

Die Haftung bei *torts* (*tortious liability*) kann weiters üblicherweise nur bejaht werden, wenn der Schaden infolge eines Verschuldens (*fault*) entstanden ist. Auch der englische Jurist unterscheidet zwischen Vorsatz (*intention*) und Fahrlässigkeit (*carelessness*). Weiters spielt, ausgehend vom römischrechtlichen *iniuria*-Begriff, durchaus die Rechtswidrigkeit eine Rolle (*a legally recognized injury*); kein Wunder in einem *Case-Law* System, das keine Generalklausel kennen kann. Im Bereiche der *torts* sind Minderjährige mit wenigen Ausnahmen passiv und aktiv klagelegitimiert. Die wichtigste Ausnahme ist darin zu sehen, dass der deliktische Anspruch nicht den Grundsatz überwinden darf, dass Minderjährige nicht wegen Vertragsverletzung zur Rechenschaft gezogen werden dürfen (*Jenning v Rundall* [1799] 8 Term Rep. 335 und *Burnard v Haggins* [1863] 14 CBNS 45). In beiden Fällen handelte sich um eine Pferdemiete und Verletzung des Tieres. Im 2. Falle erfolgte die Verletzung durch Springen, was als nicht dem Vertragsinhalt entsprechend gewertet wurde, so dass die Haftung im Bereiche der *torts* bejaht wurde.

2. Mehrheit von Schädigern (*fellow-tortfeasors, joint torts*): Grundsätzlich kann sich der Geschädigte entweder an einen einzigen halten, oder nach Wahl an mehrere. Im Gegensatz zum bis zu dem bis dahin geltenden *Common Law* ermöglichte erst der *Civil Liability (contribution) Act 1978* die Möglichkeit des Regresses im Innenverhältnis (*contribution from fellow-tortfeasors*). Dabei wird prinzipiell genau auf den Anteil des Beteiligten am Schaden geachtet (*fair share*). Nach S 1 (1) des Gesetzes bedeutet dies: *as may be found by the Court to be just and equitable having regard to the extent of responsability* (des Mitbeteiligten) *for the damage.* Das kann freilich auch bedeuten, dass das Gericht zu einem Freispruch gelangt.

3. Gehilfenhaftung (*Vicarious Liability*). Dabei spielen mehrere Begriffe eine große Rolle: Einmal *master – servant* = Geschäftsherr – Gehilfe und zweitens *employer – employee*, was bedeutet, dass der Gehilfe zumindest ursprünglich im Rahmen des Angestelltenverhältnisses gesehen wurde. Das schädigende Verhalten des Gehilfen muss dabei in Ausführung des Angestelltenverhältnisses erfolgt sein (*in course of employment*), wobei die Rechtsentwicklung wohl bereits in die Richtung gegangen ist, *employment* generell als Abhängigkeitsverhältnis zu verstehen, so dass in der Tat das altmodisch anmutende Begriffspaar *master – servant* die tatbestandsmäßigen Merkmale besser zu betonen scheint. Wichtigstes Problem der Praxis ist von Fall zu Fall die Tatsachenfeststellung, inwiefern der *servant* in Ausführung des konkreten Abhängigkeitsverhältnisses gehandelt hat oder nicht. Im letzten Fall wäre die Haftung des *masters* auszuschließen. Einfache Anleitung, Gebote oder Verbote von Seiten des *master* können dessen Haftung aber keineswegs generell ausschließen. Stellt sich die Frage, welcher von mehreren *masters* die Haftung zu übernehmen hat, so gilt seit 1947 die Regel, dass dies jener sei, der die Tätigkeit des *servant* unmittelbar bestimmen konnte (*Mersey Docks and Harbour Bord v Coggins & Griffiths (Liverpool) Ltd* [1947] AC 1).

4. Erst seit 1934 werden Klagen im Bereich der *torts* aktiv und passiv vererbt (*Law Reform [Miscellaneous Provisions] Act 1934*) und zwar jeweils zugunsten bzw zu Lasten des jeweiligen Vermögens (*estate*). Davon gibt es drei bedeutende Ausnahmen, die die Ehrenbeleidigung (*defamation*), das *bereavement*, der Todesfall, der einen ökonomisch nicht messbaren Verlust bedeutet und Ersatzansprüche zugunsten naher Angehöriger entstehen lässt, sowie auf Seiten des Klägers exemplarische Schäden (*exemplary damages*) betreffen.

5. Üblicherweise konnte [*Baker v Boulton* (1808) 1 Camp. 493: *"In a civil court the death of a human being cannot be complained of as an injury."*] der Tod eines Menschen im Rahmen der *torts* nicht berücksichtigt werden. Davon gibt es eine ganz nennenswerte Ausnahme, die auf dem Gesetz beruht (*Fatal Accident Act 1846*, zum Teil verändert, zum Teil wieder verlautbart durch *Admi-*

nistration of Justice Act 1982). Dabei geht es darum, dass so genannte *dependants* dann einen Anspruch haben, wenn der Tod durch ein Verschulden des Schädigers hervorgerufen worden war, der, wäre der Verletzte am Leben geblieben, schadenersatzrechtliche Ansprüche begründet hätte. Der Kreis der *dependants* ist ziemlich weit gefasst und umfasst neben Aszendenten, Deszendenten, Ehegatten und Geschwistern auch Onkel und Tanten sowie deren Abkömmlinge. Weiters Stiefeltern, Stiefkinder, uneheliche Kinder, sowie Lebensgefährten für den Fall, dass die Lebensgemeinschaft zumindest zwei Jahre angedauert hat. Grundsätzlich richtet sich der Ersatzanspruch nach den tatsächlich in Geld messbaren Verlusten im Bereich einer breit verstandenen Unterhaltsleistung. Der Ehegatte oder die Eltern eines Minderjährigen können ganz unabhängig vom Unterhaltsanspruch eine einmalige Zahlung von derzeit 7.500,-- wegen *bereavement* fordern.

II. Verteidigungsstrategien im Recht der torts (general defences)

1. *Inevitable Accident*: Die Verletzung ist eingetreten, doch das Verhalten war derart, dass das Eintreten des Erfolges gänzlich ungewiss bleiben musste, da üblicherweise Verhaltensweisen dieser Art eben nicht zu gerade diesem Erfolg führen.

2. *Assumption of risk:* Alle Arten von persönlicher oder objektiver (gesetzlicher) Einwilligung, wobei die Hintanhaltung einer von Dritten geschaffenen Gefahr zweifellos nicht als Einwilligung bezeichnet werden kann.

III. Trespass

1. Direkte und gewaltsame Rechtsverletzung: *direct and forcible injury*

Je nach Art der Einwirkung wird unterschieden zwischen *trespass to land, to persons, to goods. Trespass to persons* ist wiederum unterteilt in *battery* und *assault*, beides Begriffe, die auch im Strafrecht einen festen Platz haben. *Assault* bedeutet unmittelbare Bedrohung, die zu einer konkreten Gewaltanwendung führen kann (Bedrohung durch eine Waffe).

Battery ist die tatsächliche, vorsätzliche oder fahrlässige Gewalteinwirkung, wobei nicht unbedingt eine Verletzung hervorgerufen werden muss.

2. *Trespass to land*: Dabei handelt es sich um jeden vorsätzlichen Eingriff in den gesetzlichen Besitz eines Grundstückes, also Betreten, Abstellen von Gegenständen, aber auch Bewerfen mit Gegenständen. *Lawful justification*, etwa eine Erlaubnis (*licence*) zum Betreten bietet hier den Entschuldigungsgrund, der die

Haftung ausschließt. Die Klage kann unabhängig vom Schadenseintritt angestrengt werden.

3. *Trespass to goods:* Geregelt durch das Gesetz und zwar *The Torts (Interference with Goods) Act 1977*. Dabei handelt es sich um einen direkten Eingriff in bewegliche Besitzgegenstände, zumeist durch materielle Benutzung oder Fortschaffung. Wusste der Schädiger vom Besitz des Dritten, so gilt *strict liability*, wusste er dies nicht und konnte er es auch nicht wissen, so gilt Verschuldenshaftung: *National Board v J.E.Evans &Co Cardiff Ltd* (1951) 2 KB 861.

4. *Conversion*: Tatbestand des *The Torts Act 1977*: Es handelt sich um Infragestellen des wirklichen Rechtes eines Dritten, etwa durch Aneignen, Verfügen aber auch Veräußern, wobei nicht unmittelbar der Besitz als physisches Faktum beeinträchtigt ist, wie beim *trespass* sondern das Recht an und für sich, sei es Eigentum, Besitz oder ein auf *equitable title* beruhendes Recht. Dabei kommt es auch gar nicht auf das Wissen des Unrechtes an. Klageberechtigt ist der zum jeweils unmittelbaren Besitz direkt Befugte: In *Armory v Delamirie* [1722] 1 Stra 505 ging es um ein Schmuckstück, das ein Schornsteinfegerjunge gefunden und zur Schätzung einem Goldschmied übergeben hatte Letzterer weigerte sich, es dem Schornsteinfeger herauszugeben, wurde aber in Ermangelung des wahren Eigentümers zur Herausgabe an den Kläger verurteilt.

IV. Negligence

1. Wird zum einen als Haftungsvoraussetzung im Sinne der Fahrlässigkeit verstanden, zum anderen als eigener Tatbestand. Dabei geht es darum, dass jedermann von Gesetzes wegen Pflichten auferlegt sind, andere nicht zu beschädigen. Diese Sorgfaltspflichten (*legal duties of care*) bilden inzwischen eine überaus wichtige Grundlage des gesamten englischen Schadensersatzrechtes, aber nicht im Sinne allgemeiner Voraussetzungen, wie die Verkehrssicherungspflichten des deutschen Rechtes, sondern als eigenständiger Tatbestand.

2. Was im einzelnen diese Verkehrssicherungspflichten sind, ergibt sich aus dem *Case Law*, dort gibt es in diesem Bereich einen besonders bedeutenden Fall: *Donoghue v Stevenson* (1932) AC 562. Die Klägerin hatte von einem Freund in einem Kaffeehaus in Paisly eine Flasche *ginger beer* geschenkt bekommen, die letzterer in dem Lokal erworben hatte. Da die Flasche undurchsichtig war, konnte man den Inhalt nicht wahrnehmen. Die Flasche enthielt zwar wie angegeben *ginger beer*, aber auch die in Verwesung begriffenen Reste einer Schnecke. Die Klägerin, die bereits einen Teil des Getränkes zu sich genommen hatte, fühlte sich in Anbetracht des restlichen Inhaltes schlecht, und musste sich in ärztliche Behandlung begeben. Die Lordrichter hielten fest, dass der Produzent damit rechnen hätte müssen, dass eine Person von der Verfassung der Klägerin das Getränk zu sich nehmen hätte können, und dass auf diese Weise Vorkehrungen zu treffen gewesen wären, auf dass das in Frage stehende Bier nichts Derartiges enthalte.

Der Fall erlangte Berühmtheit, vor allem wegen der exemplarischen Feststellungen von Seiten Lord *Atkins*, die in der Tat Regeln enthielten, auf welche Art und Weise bestimmt werden könne, ob denn eine *duty of care* vorliege: „*The liability for negligence ... is no doubt based upon a general moral sentiment of moral wrongdoing for which the offender must pay. But acts or omissions which any moral code would censure cannot in a practical world be treated so as to give a right to every person injured by them to demand relief. In this way rules of law arise which limit the range of complainants and the extent of their remedy. The rule that you love your neighbour becomes in law: You must not injure your neighbour, and the lawyer's question: who is my neighbour, receives a restricted reply. You must take reasonable care to avoid acts or omissions which you can reasonably foresee would be likely to injure your neighbour. Who then, in law is my neighbour? The answer seems to ought reasonably to have them in contemplation as being so affected when I am directing my mind to the acts or omissions which are called in question.*" Interessant ist gewiss der Rückgriff auf die Bibel, was den Schutz des Nächsten anbelangt. Immer wieder erscheint in der Argumentationsführung das Wort *reasonable* – vernünftigerweise. Die vernünftige Vorhersehbarkeit wird zum entscheidenden Kriterium (*reasonable foresight rule*).

3. Richtig wurde dabei gesehen, dass die von Lord *Atkin* begründete Regel der strengen, sprich einschränkenden Auslegung, verpflichtet ist: Der eingetretene Schaden (*harm*) muss vernünftigerweise vorhersehbar sein, weiters müssen die Umstände derart sein, eine enge und direkte Beziehung (*proximity*) zwischen den Streitparteien herzustellen. Diese tatbestandsmäßige Voraussetzung muss bei der Bewertung des Falles immer wieder der Interpretation durch die Gerichte unterliegen, die generell davon ausgehen, ob die Umstände als *just and reasonable* bezeichnet werden können. Insbesondere die *proximity* unterliegt einer ständigen und zT unabsehbaren Würdigung durch die Gerichte. So entschied der High Court in *Hill v Chief Constable of West Yorkshire* (1989) 2 All ER 238 gegen das Vorliegen der *proximity*: Frau Hill, die Mutter einer jungen Frau, die das letzte Opfer des Serienmörders Sutcliffe geworden war, hatte den Chef der lokalen Polizei auf Schadenersatz wegen *negligence* verklagt, denn hätte die Polizei schneller ihre Untersuchungen abgeschlossen, wäre wohl ihre Tochter gerettet worden. Hier konnte sich das Gericht nicht entscheiden, *proximity* zur Anwendung zu bringen, da es nicht absehbar war, welche Frau im Konkreten der flüchtige Mörder als nächste töten würde. Im Fall Hill wurde ein weiteres Argument vorgebracht, das ganz allgemein eine Haftung ausschließt, und zwar *public policy*. Die Polizei durch die Möglichkeit der Anerkennung zivilrechtlicher Ansprüche unter Zugzwang zu setzen, wurde als kontraproduktiv dem öffentlichen Interesse gegenüber bewertet.

4. Als Sonderform im Rahmen der *negligence* muss die sorgfaltswidrige fälschliche Auskunftserteilung bezeichnet werden (*careless mis-statement*). Seit *Hedley Byrne & Co Ltd v Heller & Partners Ltd* (1964) AC 465 gilt der Grundsatz, dass Informationen, die von sachkundigen Personen erteilt werden, oder sich so darstellen, dass der Gegenüber annehmen muss, dass es sich um solche handelt, zur Haftung führen können.

5. Was ist im Zusammenhang mit dem Tatbestand der *negligence* die Pflichtverletzung (*breach of duty*)? Es geht darum, dass der Beklagte jene Sorgfalt nicht beachtet hat, die er vernünftigerweise beachten hätte müssen. Reich ist naturgemäß die Kasuistik, ob und in welchem Ausmaße eine *duty* bestehe und ob sie im gegenständlichen Falle tatsächlich verletzt worden war. Ist vom Beklagten jene vernünftige Sorgfalt (*reasonable care*) verletzt worden, die ein vernünftiger Mensch (*reasonable man*) in dieser Situation obwalten lassen hätte müssen? Dabei gilt es, je größer die Gefahr, das Risiko, desto umfassender die Sorgfaltspflicht. Andererseits können durchaus auch ökonomische Aspekte, wie das Aufwiegen der Kosten ins Kalkül gezogen werden. Der Begriff des *reasonable man* ergibt sich je nach den Umständen und der Person des Beklagten. Es geht immer darum, wie hätte sich ein Mensch eben dieser Bildung, dieses Berufs etc. als *reasonable* zu erweisen, wenn er auf eben diese Umstände stößt. Es geht also um sehr konkrete Standards. Das mangelnde Vermögen, eine bestimmte Tätigkeit auszuüben geht immer zu Lasten dessen, der die Tätigkeit ausführt. Grundsätzlich zählt im Rahmen der *negligence* nur der unmittelbare physische Schaden, der Personen oder im Eigentum stehenden Sachen zugefügt wird. Reiner Vermögensschaden ist weiters nur dann ersatzfähig, wenn er in unmittelbarem Zusammenhang mit den physischen Schäden steht (Ausnahme: die bereits erwähnte Regel bei fahrlässiger falscher Auskunft in *Hedley Byrne v Heller*-Fall).

Der Kläger muss beweisen, dass den Beklagten eine Verpflichtung getroffen hätte (*duty*), dass die Pflicht verletzt worden war (*breach of duty*) sowie den Schaden selbst. Bisweilen erfolgt eine Beweislastumkehr, und zwar wenn die zu beherrschende Gefahr ausschließlich in der Sphäre des Beklagten gelegen hatte; es handelt sich geradezu um eine Rechtsvermutung (*presumption of negligence*), dass der betreffende Tatbestand erfüllt sei. Der Gegenbeweis ist natürlich möglich, so dass dann eventuell der Kläger selbst doch noch den Beweis antreten müsste, wollte er zum Erfolg gelangen. Mitverschulden im Bereiche der *negligence* gibt es erst seit der gesetzlichen Lösung des *Law Reform (Contributory Negligence) Act 1945*. Bis dahin schloss eben eigenes Verschulden des Klägers jeden Schadenersatzanspruch aus; Section 1 (1) 9 des Gesetzes ermöglicht es den Gerichten, alle Arten von Zwischenlösungen zu finden *„as the court thinks just and equitable having regard to the claimant's share in the responsability of the damage."*

6. Eine besondere gesetzliche Haftung im Rahmen der *negligence* trifft insbesondere die *occupiers* (*Occupiers Liability Act 1957* in der Fassung 1984 ergänzt) von Grundstücken, aber auch anderer Strukturen auch beweglicher Natur, wie Schiffen, Flugzeugen oder Fahrzeugen, den so genannten *visitors* gegenüber. Die *visitors* gelangen zum Eigentum des *occupiers* entweder zu dessen Nutzen, zum eigenen Nutzen, etwa als Gäste oder weil sie dazu sogar ein gewisses Recht in Anspruch nehmen können. Ganz allgemein wird von *occupiers* angenommen, dass sie verpflichtet sind, Sorgfaltsmaßnahmen zu ergreifen, damit weder den *visitors* noch deren Eigentum ein Schaden entsteht (*common duty to care*). Diese Pflichten variieren natürlich von Situation zu Situation, hängen von den Strukturen, den *visitors* und den Umständen ab. Vertragliche Bestimmungen können im übrigen der Haftung derogieren. Bei ungebetenen Gästen gilt der Grundsatz, dass eine Haftung nur dann angenommen werden kann, wenn dem *occupier* die Möglichkeit ganz konkret bewusst gewesen sein musste, dass irgendein *visitor* zu Schaden kommen könnte.

V. Defamation (libel/slander)

Es handelt sich um die Veröffentlichung von Behauptungen, deren Zweck ist, das Ansehen eines Menschen in den Augen der *„right-thinking"* Mitglieder der Gesellschaft herabzusetzen.

1. *Libel* bedeutet, dass die Herabsetzung von dauerhafter Form sein muss, somit ist das geschriebene Wort gemeint, aber auch Filme oder Monumente. Das gleiche gilt für Theaterstücke (*Theater Act 1968, S 4*), Fernsehen und Rundfunk (*Defamation Act 1952*). *Libel* kann auch ohne den Hinweis eines konkreten Schadens als Anspruchsgrundlage herangezogen werden.

2. *Slander* dagegen ist die momentane zumeist öffentliche Beleidigung. Im Falle von *slander* müsste der Kläger den konkreten Schaden nachweisen. (Allerdings finden sich von dieser Regel Ausnahmen wie etwa in *Slander of Women Act 1891*, wo die Unkeuschheitsbehauptung einer Frau gegenüber unmittelbar zu sanktionieren ist.) Während *libel* auch ein strafrechtlicher Tatbestand ist, ist *slander* nur im Rahmen der *torts* relevant. Veröffentlichen heißt generell im Zusammenhang mit *defamation*, dass zumindest ein Dritter von der Äußerung erfahren musste. Die Verminderung in Ehre und Ansehen kann natürlich nur vor den Augen Dritter erfolgen. *Libels* werden auch heute noch generell vor eine Jury gebracht, freilich muss zuerst der Richter entscheiden, ob es sich tatsächlich um eine diffamierende Aussage handeln könnte. Während ursprünglich das Verschulden im Rahmen der *defamation* überhaupt keine Rolle spielte, gelten seit dem *Defamation Act 1952* besondere Regeln, die insbesondere darauf abzielen, den Schädiger im Falle seiner Absicht, Buße und Entschuldigung in angemessener Weise (durch Veröffentlichung) zu leisten, zu entlasten. Wird das Angebot angenommen, so kann das Gericht immer noch den Beklagten zu Kostenersatz verurteilen. Wird das Angebot abgelehnt, so kommt es zu einem ganz normalen Verfahren, in welchem der Beweis der Unschuld (*innocence*) einen Haftungsausschließungsgrund bedeuten würde.

3. Im Bereich der *defamation* gibt es generell drei Haftungsausschließungsgründe:

a) Rechtfertigung (*justification)*: Dies ist der Wahrheitsbeweis, im Sinne, dass die Behauptung grundsätzlich der Wahrheit entspreche.

b) Privilegierte Situationen (*privilege*): Dabei wird zwischen absolutem und qualifiziertem Privileg unterschieden. Absolut privilegiert sind Aussprüche vor Gericht oder im Parlament. Hier bedeutet auch bösartiges Vorbringen keine Möglichkeit der Rechtsfolge wegen *tort* (*malicious*). Bei qualifizierten Privilegien kommt es grundsätzlich von Fall zu Fall auf die Bedeutsamkeit der Aussage und das zT allgemeine Interesse an; Bösartigkeit ist dadurch nicht gedeckt.

Im Besonderen spielt das öffentliche Interesse beim *fair comment* eine wichtige Rolle. Die Kritik, auch für den Fall, dass sie zu *defamation* führt, soll dann gestattet und ohne Folgen bleiben, sofern sie nur fair ist. *A fair comment honestly made upon a matter of public interest.* Dabei kann die Kritik rein die Meinung betreffen wie auch die Tatsachen. Alle, die öffentliche Ämter bekleiden oder allemal im Rampenlicht der Öffentlichkeit stehen, müssen sich derartige Kritik gefallen lassen (also etwa auch Künstler etc.). Wichtig ist dabei gewiss, dass es sich um eine Meinung und nicht um eine Tatsachenbehauptung handeln muss.

VI. Nuisance[395] *(in Gegenüberstellung zum strafrechtlichen Tatbestand auch „private nuisance")*

1. Im Wesentlichen handelt es sich dabei um den Rechtsnachfolger der alten römischen *actio negatoria.* Es ist also ein Anspruch, der dazu gedacht ist, die nachbarrechtlichen Beziehungen zu regeln. Besonders deutlich wird die strukturelle Ähnlichkeit dann, wenn man bedenkt, dass ein wichtiger Tatbestand im

395 *Gordley*, Immissionsschutz, Nuisance and Troubles de voisinage in Comparative Historical Perspective, ZEuP 1998, 13.

Rahmen dieses Anspruchs die Verteidigung von *easements* ist. In diesem Zusammenhang kommt es nicht darauf an, dass ein tatsächlicher, konkreter Schaden nachgewiesen werden kann, vielmehr alleine auf die Beeinträchtigung selbst.

2. Bei einem zweiten wesentlichen Tatbestand der *nuisance* geht es allgemein um Störungen in Form von mittelbaren Immissionen (*obnoxious activity*). In diesem zweiten Fall ist tatsächlich der Schaden darzutun. Dabei ist auch dem englischen Recht der Gedanke nicht fremd, dass eine gewisse Beeinträchtigung ertragen werden muss. Häufig wird dabei die die Beeinträchtigung hervorbringende Betätigung unter die Lupe genommen, wobei es weniger darum geht, ob der Eigentümer an und für sich in Ausübung seines Rechtes gehandelt hatte, sondern vielmehr darum, ob er dieses Recht missbräuchlich ausgeübt hatte (*maliciously*). Besondere Empfindlichkeit auf Seiten des Beeinträchtigten und seiner Habe kann dagegen nicht zu dessen Gunsten ausgelegt werden (*Robinson v Kilvert* [1889] 41 Ch D 88). Auch die zeitliche Erstreckung (einmalig, selten, oft, dauerhaft) spielt bei der Anerkennung einer *nuisance* eine Rolle. Eine kuriose Entscheidung betraf einen Taxifahrer, der, von einem Golfball am Auge getroffen, an diesem erblindet war (*Castle v St. Augustine's Links Ltd* [1922] 38 Times Law Reports 615). Die dauerhafte Gefahr, die durch die häufigen Wiederholungen der auf die Straße gelangten Golfbälle hervorgerufen worden war, bewog das Gericht, im Sinne einer *nuisance* zu entscheiden.

VII. Interference with contractual relations

Voraussetzung ist dabei das Wissen um einen bestehenden Vertrag sowie eben eine *interference*, ein wie immer geartetes Einwirken letztlich auf Erfüllung oder Erfüllbarkeit des Vertrages. Die tatbestandsmäßige Erweiterung geht freilich heute in zweierlei Weise in Richtung einer Erweiterung und zwar, dass einmal auch rücksichtsloses Vorgehen ohne Wissen um den Vertrag als ausreichend erachtet wird, und dass zweitens der tatsächliche Vertragsbruch, also die Auswirkungen der *interference* erläßlich sind. Der Hinweis auf die völlig selbstlose Vorgehensweise auf Seiten des Beklagten führt keineswegs zum Haftungsausschluss.

VIII. Gefährdungshaftung (strict liability)

1. Ausgangsfall ist *Ryland v Fletcher* [1868] LR 3 HL 330. Ebenso wie im deutschen Recht spielt unter den tatbestandsmäßigen Voraussetzungen das Verschulden überhaupt keine Rolle. Der angeführte Fall tangierte das eigentliche

Problem der *strict liability* allerdings nur marginal: Ein freier Unternehmer hatte im Auftrag des Grundeigentümers ein Bassin ausgehoben, dabei war man aus Unachtsamkeit des Bauunternehmers auf einen aufgelassenen Bergwerksschacht gestoßen, der als Zuleitung zu noch intakten Schächten auf dem Grundstück des Klägers führte. Bei Anfüllen des Wasserbeckens geriet Wasser in den aufgelassenen Schacht, was zur Überflutung des Kohlenbergwerkes des Klägers führte.

Dabei hatte bereits das Erstgericht (damals *Chamber of Exchequers*) ausgeführt, dass stets derjenige, der zu eigenen Zwecken auf seinem Grund irgendetwas hinbringe, sammle oder einfach unterhalte, für jeden Schaden prima facie zu haften habe, der sich aus den Auswirkungen auf dem Grund des Nachbarn ergebe (LR 1 ExCh 265, 279-280). Lord Cairns hatte zur Begründung des Urteils der Lords, die sich im Wesentlichen auf die bereits zitierte ratio des Erstgerichts stützte, festgestellt, dass der Gebrauch des Grundstücks *non-natural* gewesen sein musste. Dies stellt eine Erweiterung der ratio dar, die ziemliche Schwierigkeiten bereitet hat und von Fall zu Fall entschieden werden muss. Ebenso unterliegt natürlich die in der ratio angeführte Bestimmung der Gefahrenquelle *„likely to do mischief if they escape"* einer fortwährenden Interpretation.

Formen der *strict liability* finden sich auch in Bereichen der Tierhalterhaftung (*liability for animals*) im *Animals Act 1971*, der *vicarious liability* und der *product liability* nach dem *Consumer Protection Act 1987.*

2. Gegenstrategien bei *strict liability*

a) Zustimmung des Klägers zur Errichtung der Gefahrenquelle/eigenes Verschulden des Klägers.

b) Aktivität des Beklagten im Rahmen gesetzlicher Bestimmungen, in diesem Fall würde freilich jedes Verschulden die Haftung begründen.

c) Von Fall zu Fall besondere Erscheinungen der Höheren Gewalt (*Act of God*), die im konkreten Fall völlig unvorhersehbar und nicht beherrschbar war.

IX. Die Rechtsfolgen im Recht der Torts

1. Das englische Recht hat keine Probleme damit, den Schaden in all seinen möglichen Komponenten ersatzfähig zu machen, das bedeutet materielle wie immaterielle Schäden werden gleicherweise berücksichtigt. Auch entgangener Gewinn gilt selbstverständlich als ersatzfähig. Genau kalkulierbare ökonomische Schäden gelten als *special damages*, jene, die im Ermessen der Gerichte entschieden werden müssen, bezeichnet man als *general damages*. Anders als in den übrigen Rechtsordnungen kennt das englische Recht auch *nominal damages* in Gegenüberstellung zu *substantial damages*. Häufig bei den Klagen aus *trespasses* werden nominelle Schadenersatzansprüche zuerkannt, also ein minimaler Ersatzbetrag, um zu zeigen, dass obwohl kein Schaden entstanden war, sehr wohl aufgrund des Verhaltens ein Ersatz auszusprechen ist. Üblicherweise wird der Schaden durch eine einmalige Zahlung abgegolten (*lump sum*), sollte es aber dem Gericht nicht möglich sein, den in der Zukunft noch zu erwartenden Schaden bestimmen zu können, gibt das Gesetz die Möglichkeit, später aufgetretenen Schaden erneut zu berücksichtigen (*Administration of Justice Act 1982*). Als wichtige allgemeine Voraussetzung im Bereich des englischen Schadenersatzrechtes muss die Kausalität gerechnet werden sowie jener Kreis, der bei uns als Adäquanz gilt. Der Begriff *remoteness* zeigt an, dass die in Betracht kommenden Folgen eines Verhaltens soweit sinnvollerweise vorhersehbar sein müssen, als üblicherweise Folgen dieser Art einzutreten pflegen. Die heute allgemein anerkannte Regel entstammt einem Urteil des *Judicial Committee* aus dem Jahre 1961: *Overseas Tankship Ltd v Morts Dock and Egineering Co Ltd* (The Wagon Mound) AC 388. Dabei wurde die Vorhersehbarkeit (*foresight*) freilich nicht auf wahrscheinliche Folgen beschränkt, sondern auch auf solche ausgedehnt, die im Rahmen der besonderen Umstände keineswegs wahrscheinlich, sondern durchaus nur möglich sein können. Die ursprüngliche Entscheidung war zuvor im Rahmen des *tort of negligence* erfolgt. In weiterer Folge wurde die *rule* vom *House of Lords* (und in vielen Dingen entspricht das amerikanische Schadensrecht dem *English Court of Appeal)* auch auf andere Tatbestände übertragen, so dass von einer Verallgemeinerung auszugehen ist (*House of Lords: Cambridge Water*, unter Bezugnahme auf *Ryland v Fletcher*, 1868).

Weiters ist von Interesse, dass, im Gegensatz zu den meisten kontinentalen Rechtssystemen, im englischen keineswegs nur der Ausgleichsgedanke ausschlaggebend ist (*compensatory*), gerade bei Verletzungen aller Art wird die Funktion der Strafe äußerst stark hervorgehoben, dabei liegt es im Ermessen der Gerichte auf das Ausmaß, die Voraussetzungen, die Umstände der Tat einzugehen und exemplarischen Ersatz *(exemplary punitive/vindicative damages* = Gedanke der Rache) zu verhängen.

2. *Injunctions*. Typischer Rechtsbehelf aus dem Bereiche der *equity* (heute vor jeder Division des *High Court*), wobei zu unterscheiden ist zwischen *mandatoring injunctions* und *prohibitoring injunctions.* Dabei geht es darum, dass einem Störer typischerweise auferlegt wird, etwas zu tun oder zu unterlassen. Der Rechtsbehelf ist durchaus willkürlich zu genehmigen, üblicherweise finden die Gerichte mit dem Schadenersatz das Auslangen, bisweilen folgt auch eine Zuerkennung von Schadensersatz und eine *injunction.* Von speziellem Interesse sind die so genannten *quia timet injunctions*, die insbesondere an römischrechtliche Behelfe aus dem Baurecht erinnern. Wenn etwa der Nachbar den Lichteinfall zu verbauen droht, so kann es im Zusammenhang mit dem *tort of nuisance* zu einer *prohibitoring injunction* kommen, nicht zu bauen.

3. Die Verjährung: Die übliche Verjährungszeit (*limitation*) im Zusammenhang mit *torts* ist 6 Jahre ab dem Setzen jenes Verhaltens, das unter den *tort* subsumiert werden kann. Davon gibt es freilich einige nicht unwichtige Ausnahmen. Bei *negligence*, *nuisance*, aber auch *trespass,* wo immer in diesem Zusammenhang auch die Verletzung der Person (*personal inquiry*) eine Rolle spielt, beginnt die Verjährungszeit mit dem Zeitpunkt der Erkennbarkeit des Schadens und dauert 3 Jahre. Dabei wird unterschieden zwischen *date of knowledge* und *date of accrual,* dem Zeitpunkt der schädigenden Handlung. Eine besondere gesetzliche Lösung beruht auf dem *Latent Damage Act 1986*. Dabei geht es insbesondere um Schäden, die nicht sofort auffallen, was beispielsweise im Baubereich der Fall sein dürfte. Auch hier wird zwischen den oben genannten Zeitpunkten unterschieden, ab dem *accrual* 6 Jahre, ab der Kenntnis 3 Jahre und eine absolute Verjährungsfrist von 15 Jahren.

§ 48 Das amerikanische Schadensrecht

In vielen Dingen entspricht das amerikanische Schadensrecht dem englischen. Das betrifft insbesondere die tatbestandsmäßige Einteilung der *torts*, darunter auch die entwickelteren wie *negligence*. Neue Tatbestände können durch Gesetzgebung oder Rechtsprechung geschaffen werden, wie das *right of privacy*. Im Falle von vorsätzlicher oder auch fahrlässiger Tötung (*wrongful death*) steht der Anspruch Verwandten bzw dem Erben zu. Bei Verletzung geht der Anspruch mit dem Tod des Berechtigten auf die Erben über (*survival of action*). *Strict liability* hat das amerikanische Recht zwar etwa im Bereich der Tierhalterhaftung bereits gekannt (*King v Blue Mountain Forest Association* 100 N.H. 212, 123 A2d 151 [1956]), doch haben die Gerichte den gesamten Bereich der Produzentenhaftung (*product liability*) dazu verwendet, diese Gefährdungshaftung massiv durchzusetzen, ausgehend von der *warranty*, eigentlich ein vertraglicher Tatbestand. Im Zentrum steht der Begriff des gefährlichen Produkts, der auch die Verpackung mit einschließt. Die Gefährlichkeit ergibt sich aus der Fehlerhaftigkeit (*defective condition*), sie betrifft das Wesen des Produkts, aber auch die Tatsache, dass der Erzeuger nicht hinreichende Hinweise zur korrekten Benutzung gegeben hat. Der Kreis der potentiell Geschützten ist besonders groß, namentlich all jene, die der *Verkäufer „should expect to be endangered by its probable use"* somit jeder potentielle Konsument (vgl Restatement 4 Torts § 95). Das amerikanische Recht teilt weiters mit dem englischen die Gleichrangigkeit materieller und immaterieller Schäden. In der Praxis besteht freilich ein entscheidender Unterschied darin, dass jeder Kläger die Abhaltung des Prozesses vor einer Jury[396] verlangen kann. Dabei findet die rein menschliche Komponente oft in verstärktem Ausmaß Beachtung. Weiters bedeutet das Erfolgshonorar für Anwälte (*contingent fee*) durchaus eine Besonderheit. In folgenden Staaten bilden *No-Fault*-Gesetze eine eigene Dimension im Bereich des Schadenersatzrechts (Arkansas, Colorado, Connecticut, Delaware, DC, Florida, Hawaii, Kansas, Kentucky, Maryland, Massachusetts, Michigan, Minnesota, New Jersey, New York, North Dakota, Oregon, Pennsylvania, South Dakota, Texas, Utah, Virginia, Washington, Wisconsin). Zuletzt sei noch auf eine weitere Entwicklung hingewiesen, und zwar die gesetzgeberische Erneuerung im Sinne einer *No-Fault*-Haftung. Dabei soll es darum gehen, bei Fahrlässigkeitsdelikten insbesondere im Bereiche des Straßenverkehrs dann Schadenersatz zuzusprechen, wenn der Schädiger entsprechend versichert

---

396 *Prosser/Keaton* On Torts §§ 98 – 99; *Wade*, On the Nature of strict Tort Liability for Products, Mississippi L.J. 44 (1973) 825.

war, unabhängig vom Verschulden. In Betracht kommen freilich ausschließlich die materiellen Schäden, nicht die immateriellen[397].

397 *Keeton*, Compensation Systems: The Search for a Viable Alternative to Negligence Law (1969); *R. H. Joast*, Automobile Insurance – one No-Fault Law[2] (1992).

§ 49 Schweden*

Literatur: *Malmström/Agell*, Civilrätt[15] (Malmö 1997) 306 f; *Bengtsson* in *Tiberg/Sterzel/Cronhult* (Hrsg), Swedish Law (Stockholm 1994) 155 ff.

I. Allgemeine Grundlagen

Die derzeitige Situation des schwedischen Schadenersatzrechtes kann als Übergangsphase charakterisiert werden. In den letzten 25 Jahren hat das schwedische Recht in mancher Hinsicht in diesem Bereiche Neuland betreten. Schädigungen und Nachteile als deren Folge sollten in zunehmendem Maße von der Allgemeinheit getragen, also auf sie umgewälzt werden. Hiefür sollte eine Mischung aus Pflicht- und Freiwilligenversicherung die Grundlage bilden. Körperverletzungen werden in vielen Fällen von der Versicherung des Verletzten sofort abgegolten.

Dieses System konnte allerdings das herkömmliche Schadenersatzrecht nicht verdrängen. Dies darf allerdings als „opferfreundlich" eingestuft werden, derart, dass die Haftung häufig als verschuldensunabhängig konzipiert ist und der Ersatz des Schadens sehr großzügig bemessen wird.

Die unmittelbare Grundlage des schwedischen Schadenersatzrechtes bildet das *Skadeståndslag* (1972:207). Es kommt nur bei Verschulden minderer Gewichtung zur Anwendung. Stärkeres Verschulden und vor allem die verschuldensunabhängige Haftung wird in Spezialgesetzen geregelt. Das schwedische Gesetz unterscheidet weiterhin zwischen physisch-körperlichem Schaden und dem reinen Vermögensschaden. Letzterer wird nur in den Fällen ersetzt, in denen der Schädiger einen Gesetzesbruch („*brott*") begangen hat und dieser ursächlich für die Schädigung war.

Das Ziel des Schadenersatzes ist die Reparation und die Prävention. Die Reparation umfasst den Gedanken, dass der Geschädigte seinen Schaden ersetzt bekommt und dadurch sein ökonomischer Verlust kompensiert wird. Die Prävention soll bewirken, dass die Rechtsunterworfenen aufgrund ihrer schadenersatzrechtlichen Verantwortung vorsichtiger werden und das Entstehen von Schäden für die Zukunft vermeiden.

---

* Meinem Dissertanten Herrn Dr. Chr. Pongratz bin ich für seine intensiven Vorarbeiten sehr dankbar.

1. Der Schaden: Das Gesetz differenziert weiter zwischen Personenschäden und Vermögensschäden verschiedenster Art Daraus resultierende Folgeschäden, wie die Genesungs- oder Reparaturkosten, fallen in die Gruppe der allgemeinen Vermögensschäden („*allmän förmögenhetsskada*"). Von der Ersatzpflicht des Schädigers sind diese Folgeschäden ebenfalls umfasst. Daneben gibt es reine Vermögensschäden („*ren förmögenhetsskada*"). Ideelle Schäden, die nicht ohne weiteres in wirtschaftlichen Werten ausgedrückt werden können (Schmerzen) müssen in manchen Fällen vom Verursacher aufgrund besonderer gesetzlicher Regelungen ersetzt werden.

2. Verursachung und Kausalität. Der Schaden muss nicht unbedingt aus einem positiven Tun entstanden sein um eine Ersatzpflicht zu begründen, sondern kann auch durch das Unterlassen einer gebotenen Handlung entstehen.

Die Handlung oder Unterlassung des Schädigers muss in einem direkten Zusammenhang mit dem Entstehen des Schadens stehen und muss weiters eine unverzichtbare *Voraussetzung (conditio sine qua non)* für den Schadensfall sein.

Eine Haftung des Schädigers setzt auch eine adäquate Kausalität zwischen der Handlung/Unterlassung und dem Schaden voraus. Hierbei wird von der Rechtswissenschaft die Formel des *„typisk sett"*, also der typischen Art und Weise verwendet, auf welche die Handlung/Unterlassung mit dem Schaden zusammenhängen muss.

3. Das Verschulden und die Rechtswidrigkeit: Voraussetzung für das Entstehen einer Pflicht den Schaden zu ersetzen ist nicht nur die Verursachung eines physischen Schadens selbst, sondern auch, dass dieser Schaden zumindest aus einer Unachtsamkeit des Schädigers heraus entstanden ist und nicht ausschließlich auf Zufällen basiert.[398] Der Gesetzesbruch indiziert die für die Schadenersatzpflicht notwendige Unachtsamkeit, die in anderen Fällen auch von einer speziellen Rechtsvorschrift (Straßenverkehrsgesetze etc.) konkretisiert wird. Die Rechtswidrigkeit ausschließende Gründe wie Notwehr[399] oder dienstliche Pflichten (Polizist, der beim Verhindern eines Einbruches die Kleider des Einbrechers beschädigt) verhindern das Entstehen einer Schadenersatzpflicht.[400]

4. Deliktsfähigkeit: Ein Minderjähriger (unter 18 Jahren) haftet dann, wenn es unter Einbeziehung seiner Entwicklung, der Handlung, einer etwaigen Haftpflichtversicherung oder anderen Vermögens oder den übrigen Umständen ange-

398 Vgl dazu Kap 2 § 1 Skadeståndslag (1972:207).
399 Vgl dazu Kap 24 Brottsbalken.
400 *Malmström/Agell*, Civilrätt[15] (Malmö 1997) 312.

bracht/vernünftig („*skälig*") erscheint.[401] In der durch diese Regelung entstandenen Realität haften grundsätzlich bereits 15-jährige wie Erwachsene. Durch das weit verbreitete Vorliegen einer Haftungsversicherung werden grundsätzlich auch Kinder unter 15 Jahren bezüglich ihrer Deliktsfähigkeit wie Erwachsene angesehen.

Die Haftung geistig behinderter Personen („*psykiskt stördas*") verläuft nach den selben Prinzipien wie bei Minderjährigen.[402]

III. Haftung für fremdes Verschulden

Kap. 3 §1 Skadeståndslag (1972:207) bestimmt die Gehilfenhaftung. Diese Art der Haftung stellt nicht auf eigenes Verschulden ab, sondern auf das Verschulden der angestellten Arbeitnehmer. In gewisser Weise sind aber auch deren Schäden auf ein Verschulden des Arbeitgebers zurückzuführen, da diesen zumindest ein Auswahlverschulden trifft. Diese Form der Risikoverteilung hat ihren Ursprung im Gedanken, dass der Arbeitgeber im Rahmen seines Direktionsrechtes die Arbeit so organisieren kann, dass er das Risiko von Schäden minimiert. Weiters hat er die Möglichkeit, sich gegen eine Haftungspflicht zu versichern. Um haftpflichtig zu werden, muss die Verfehlung des Arbeitnehmers/Gehilfen aber im Dienst („*i tjänst*") erfolgen und nicht etwa in seiner privaten Freizeit. Es genügt, wenn irgendein Arbeitnehmer den Schaden verursacht hat, es ist also nicht notwendig, dass der Schädiger bestimmbar ist. Somit haftet der Arbeitgeber auch für „anonyme" Schäden.

Dieses Prinzip gilt nicht, wenn es sich beim Schädiger um einen eigenständigen (Werk-) Unternehmer handelt, da dieser nicht im Dienste des Arbeitgebers ist und der Arbeitgeber nicht im gleichen Ausmaß Einfluss auf diesen hat. Eine Haftung solcher Art kann nur dann entstehen, wenn der Arbeitgeber sich des Werkunternehmers wie eines Angestellten bedient.

Der Rückgriff des Arbeitgebers auf seine Angestellten ist nur in dem Fall möglich, in dem ein extremer Grund („*synnerliga skäl*") dieses Vorgehen gebietet.[403]

---

401 Vgl dazu Kap 2 § 2 Skadeståndslag (1972:207).
402 *Malmström/Agell*, Civilrätt[15], 313 f.
403 Vgl dazu Kap 4 § 1 Skadeståndslag (1972:207).

IV. Verschuldensunabhängige Haftung

1. Diese Art der Haftung sieht von der Notwendigkeit der Schuld des Schädigers ab und lässt diesen nach Spezialvorschriften in besonderen Zusammenhängen haften. Diese Spezialvorschriften finden sich in der schwedischen Rechtsordnung im Bereich der Produkthaftung, der Haftung für Atomunfälle, der Umwelthaftung, der Haftung für Kraftwerke, der Haftung für Flugtransporte, Datenverarbeitungshaftung, der Haftung für Kraftfahrzeuge und der Tierhaftung.

In all diesen Fällen wird der Verursacher ohne die Notwendigkeit des Vorliegens eines Verschuldens schadenersatzpflichtig, sobald sich ein Schaden ereignet, da davon auszugehen ist, dass er eine gefährliche Tätigkeit ausübt. Um dieses Prinzip besser zu beleuchten, werden in der Folge einige wenige dieser Spezialgesetze beschrieben.

2. Die Produkthaftung: Die Haftung der Erzeuger und Vertreiber von Produkten regelt das *produktansvarlag* (1992:18). Sie gründet sich auf einem Sicherheitsmangel („*säkerhetsbrist*"), was bedeutet, dass die Sicherheit eines Produktes bei der vorgesehenen Anwendung nicht von der Art war, wie man es erwarten durfte.[404] Ersetzt werden Personenschäden und Schäden am Eigentum des Konsumenten. Das *produktansvarlag* (1992:18) begründet allerdings auch einen Selbstbehalt („*självriskbelopp*") des Geschädigten in der Höhe von 3500[405] schwedischen Kronen.[406] Die Schadenersatzpflicht entsteht nicht bei so genannten Entwicklungsfehlern. Diese sind Risiken, die aufgrund des Standes des Wissenschaft und Entwicklung zum Zeitpunkt der Einführung des Produktes unbekannt waren.[407]

3. Die Haftung im Straßenverkehr: Das *trafikskadelagen* (1975:1410) bestimmt die Versicherungspflicht für Kraftfahrzeugbenutzer. Der Geschädigte erhält den Ersatz seines Schadens direkt aus dieser Versicherung ausbezahlt. Voraussetzung für eine Haftung nach diesem Gesetz ist der Umstand, dass sich der Schaden im Verkehrsgebrauch eines motorisierten Fahrzeuges ereignet hat.[408] Von der Ersatzpflicht umfasst sind Personenschäden und bestimmte Sachschäden. Der Begriff des Verkehrsgebrauches wird seitens der Rechtsprechung allerdings weit ausgelegt, so dass auch solche Schäden davon umfasst sind, wenn ein Passagier sich beim Einsteigen in das Fahrzeug den Kopf stößt.[409]

---

404 Vgl dazu §§ 1, 3 Produktansvarlag (1992:18).

405 Entspricht ca. DM 750.

406 Vgl dazu § 9 Produktansvarlag (1992:18).

407 Vgl dazu § 8 Produktansvarlag (1992:18).

408 Vgl dazu § 1 Trafikskadelagen (1975:1410).

409 NJA 1988, 221.

4. Die Umwelthaftung: Der *miljöskadelagen* (1986:225) begründet die Haftung und die Pflicht zum Ersatz des Schadens durch Verschmutzung von Wasser, Luft oder Boden oder Störungen durch Lärm, Erschütterung und anderen ähnlich gelagerten Störungen.[410] Weiters sind alle Schäden zu ersetzen die durch Sprengungen und Grabungen hervorgerufen wurden.[411] Ersetzt werden sowohl Personen- als auch Sachschäden und ebenfalls reine Vermögensschäden.[412]

5. Die eingehende Darstellung der Rechtslage in Schweden diente dazu, klarzumachen, wie sehr das schwedische Recht seinen Platz im Rahmen der kontinentalen Rechte einnimmt. Zwar ist in manchen Bereichen die Stärke lokaler Traditionen unbestreitbar, allerdings Begriff, Inhalt und System sind klar vom römischen Recht geprägt. Das schließt keineswegs aus, dass die Rechtsentwicklung in den letzten Jahrzehnten in Schweden durchaus moderne und vielfach vorbildhafte Wege beschritten hat, die aber keineswegs dazu geführt haben, dass Schweden nun nicht mehr den kontinentalen Rechten zugeordnet werden kann. Auch der Aufbau der Gerichtsbarkeit und der Zivilprozess unterscheiden sich nicht grundlegend von den übrigen kontinentalen Rechten.

410 Vgl dazu § 3 Miljöskadelagen (1986:225).
411 Vgl dazu §§ 4, 5 Miljöskadelagen (1986:225).
412 Vgl dazu § 1 Miljöskadelagen (1986:225).

§ 50 Der Institutionelle Rechtsvergleich: Eigentumsübertragung – Unwirksamkeit von Verträgen – Delikt

I. Die Eigentumsübertragung

1. In allen hier untersuchten Rechtsordnungen gibt es das Eigentum als ein zentrales, absolutes dingliches Recht, welches allerdings allenthalben, sei es über verfassungsrechtliche Bestimmungen, sei es über einfaches Gesetz eingeschränkt werden kann. Grundsätzlich muss man unterscheiden zwischen jenen Rechtsordnungen, die der Einrichtung des Grundbuches bei der Übertragung von Eigentum an Liegenschaften eine zentrale Rolle zukommen lassen und solchen, bei denen die Eintragung nicht Voraussetzung der Eigentumsübertragung ist. In den drei großen romanischen Ländern, Frankreich, Italien und Spanien, hat die Eintragung in das Grundbuch keine konstitutive Wirkung, wohl aber in Deutschland, Österreich und England. Aus diesem Grunde gibt es bei der Übertragung von Eigentum an Liegenschaften und beweglichen Sachen keine substantiellen Unterschiede in Frankreich, Italien und Spanien. In diesen Ländern liegt die Bedeutung der Publizität der Immobiliarregister insofern in den Fällen einer Mehrfachveräußerung, als derjenige als der Eigentümer gilt, der zuerst im Register eingetragen wurde.

Während in Frankreich und Italien bei allen Gütern das kausale Rechtsgeschäft alleine ohne Hinzutreten einer weiteren tatbestandmäßigen Voraussetzung zur Übertragung des Eigentums führt, somit das reine Konsensprinzip gilt, ebenso wie in England bei beweglichen Sachen, für den Fall dass keine Besitzübertragung vereinbart worden war, müssen in Spanien und Österreich sowohl der kausale Titel (Vertrag) wie auch die Übergabe vorliegen. Es gilt somit das Traditionsprinzip.

Deutschland ist auf Grund des Abstraktionsprinzips unter Beachtung des dinglichen Verfügungsgeschäftes unter allen Rechtsordnungen allein auf weiter Flur, dies betrifft die Übertragung des Eigentums sowohl an Liegenschaften wie auch an Fahrnissen.

2. Im Folgenden soll anhand der Eigentumsübertragung bei beweglichen Sachen geprüft werden, zu welchen unterschiedlichen Konsequenzen die drei verschiedenen Modelle im Bereiche der Gefahrtragung und der Doppelveräußerung führen.

a) Der Übergang des Risikos für zufälligen Untergang ist bei der Voraussetzung der Besitzübertragung unproblematisch. Das Risiko trägt stets der besitzende Eigentümer. Dies ist die Lösung des BGB (§§ 446 ff) und des ABGB (§ 1048).

In Frankreich (Art 1182), Italien (Art 1465) und England (S 30 Sale of Goods Act) trägt der Käufer mit Eigentumsübertragung, also auch ohne Besitzübertragung die Gefahr.

Das Wiener Kaufrechtsabkommen der UNO von 1980 lässt die Gefahr mit der Übertragung des Besitzes übergehen (Art 69).

b) In einem System, das auch der Besitzübertragung eine konstitutive Funktion zukommen lässt, ist es verständlich, dass im Falle einer Doppelveräußerung derjenige Eigentümer wird, dem als erstem der Besitz übertragen wurde. Doch nicht anders ist es im französischen (Art 1141) und italienischem (Art 1155) Recht unter der Voraussetzung der Gutgläubigkeit des Dritten. Ähnliches gilt für England.

Während sich das Problem der Gefahrtragung relativ einfach durch endgültige Koppelung an die Besitzübertragung lösen lassen könnte, ist im Falle der Doppelveräußerung regelmäßig die Schutzwürdigkeit aller Betroffenen zu prüfen und wo möglich auf die Gutgläubigkeit abzustellen. Bei Gutgläubigkeit aller Erwerber wird man nicht umhinkommen, das Prinzip, dass die erstmalige Besitzverschaffung zur Eigentumsübertragung führt, anzuwenden. Der deliktische Schutz des Dritten wäre, wie dies in Deutschland bereits praktiziert wird, ein nützlicher Hinweis für eine allgemeine Lösung.

3. Wenn man sich die Frage nach den Funktionen der Eigentumsübertragung stellt, so kann man mehrere grundlegende Faktoren aufzeigen, wobei man sich stets die rechtliche und faktische Verfügbarkeit der Güter beim Erwerber als Endziel vor Augen halten sollte:

a) das Eigentum soll möglichst schnell übertragen werden,

b) dem Erwerber soll möglichst großer Schutz, vor allem gegenüber Rechtsmängeln, geboten werden,

c) der Schutz Dritter.

Das Modell des Grundbuches in Deutschland, Österreich und England gewährleistet eine hohe Sicherheit und versucht, durch exakte Eintragungen und Führung das Vertrauen Dritter nicht zu enttäuschen. Dies betrifft nicht nur die Registrierung des Eigentums, sondern im weiteren auch die Eintragung beschränkter dinglicher Rechte, die das Risiko von Rechtsmängeln minimieren soll. Der Erwerber ist in diesem System besonders gut abgesichert. Andererseits ist die Gefahr von Bürokratisierung und Formalismus nicht zu verkennen, die zu Erschwernissen bei der Liegenschaftsübertragung führen können. Durch die EDV-Erfassung des Grundbuches (so bereits in Österreich) ergeben sich zum einen Chancen, die soeben erwähnten Hemmnisse zu überwinden, zum anderen sind neue Probleme in der Zukunft nicht auszuschließen, die im Bereiche unbefugter technische Eingriffe liegen könnten. Schlussendlich erscheint angesichts der entwickelten technischen Möglichkeiten und des Vorhandenseins von Liegenschaftsregistern auch in Frankreich, Italien, Spanien und anderen Ländern einen gesamteuropäische Registereinrichtung mit einheitlichen Führungsregeln keineswegs ausgeschlossen. Die diesbezügliche Diskussion müsste in erster Linie den rechtlichen Charakter der Eintragungen klären, insbesondere die Frage, inwiefern ihnen konstitutive Bedeutung zukommen kann.

Das Konsensprinzip Frankreichs, Italiens und Englands bedeutet raschen Übergang des Eigentums und kann auch über große geographische Entfernungen der Vertragspartner hinweg zur Anwendung gebracht werden. Das Konsensprinzip ist sicher dazu angetan, im Bereiche des Warenaustausches bei der Schnelligkeit der modernen Wirtschaftsbeziehungen eine wichtige Rolle zu spielen. Während es zweifelsohne den Warenaustausch erleichtert, schafft es aber Probleme der Haftung und Gefahrtragung für den Zeitraum bis zur Übergabe, die zT über den Eigentumsvorbehalt überwunden werden können. Beim Traditionsprinzip Österreichs und Spaniens (und auch der Schweiz) wird dem Besitz auf Grund seiner Äußerlichkeit eine wichtige Funktion zuerkannt. Ein eindeutiges Kausalgeschäft sowie die Übertragung des Besitzes in allen dafür vorgesehenen Varianten, insbesondere auch Übergabe zur kurzen Hand und Besitzkonstitut, sollen endgültige Klarheit über den genauen Zeitpunkt der Eigentumsübertragung verschaffen.

Das Abstraktionsprinzip in Deutschland, das von der sehr theoretischen Überzeugung getragen wird, die Verfügung neutral zu halten, sie also nicht mit dem verpflichtenden, dem kausalen Rechtsgeschäft in Verbindung zu setzen, führt zu einer verstärkten Ausprägung bereicherungsrechlicher Ansprüche, da das Eigentum auch bei einem unwirksamen Grundgeschäft möglicherweise übertragen werden kann. Von den vorgestellten Modellen ist es zweifellos dasjenige, das den Vorstellungen der Nichtjuristen in unserer Gesellschaft am wenigsten entgegenkommt, verbindet dieser doch auch in Deutschland regelmäßig die Eigentumsübertragung mit dem Grundgeschäft. Bereicherungsrechtlichen Ausgleich zugunsten des Veräußerers zum Prinzip zu erheben, kann dazu führen, den Erwerber besser zu stellen. Dem so genannten Abstraktionsprinzip werden in der Praxis vielfach die Zähne dadurch gezogen, dass auch im deutschen Recht der Übergabe eine zentrale Rolle zukommt. Ohne Besitzübertragung gibt es auch im deutschen Mobiliarsachenrecht keine Eigentumsübertragung. Der Besitz als wichtiges Element erhöht einerseits die Sicherheit für den Erwerber und schafft andererseits auch Dritten gegenüber Klarheit.

4. Besondere Ausgestaltung erfuhr das Problem des gutgläubigen Eigentumserwerbes. Dabei geht es um einen grundsätzlichen Interessenausgleich zwischen dem Schutz des Vollrechtes Eigentum und der raschen Abwicklung des Warenaustausches unter Beachtung der Beständigkeit der Verträge. Dem Besitz und dem guten Glauben hinsichtlich der Berechtigung des Vormannes kommen dabei entscheidende Bedeutung zu. Im deutschen Recht erfährt die allgemein gefasste Regel des § 932 BGB wesentliche Einschränkungen im § 935 BGB. Grundsätzlich kann Eigentum demnach gutgläubig vom Nichteigentümer erworben werden, es sei denn die Sache war gestohlen worden, war verloren gegangen oder sonst irgendwie abhanden gekommen. Die letzte allgemeine Formulierung besagt, dass der Besitz nicht freiwillig verloren gegangen war. Dies gilt insbesondere auch für den Besitzmittler, demjenigen, der vom mittelbaren Besitzer seinen rechtmäßigen Besitz ableitet, wie Mieter, Verwahrer, Entleiher oder Pfandgläubiger. Gibt der Besitzmittler freiwillig seinen Besitz auf, veräußert er die Sache an einen gutgläubigen Dritten, so wird dieser Eigentümer. Zum anderen bedeutet die freiwillige Besitzaufgabe durch den Besitzdiener gegen den Willen des Besitzherren, etwa durch einen Angestellten oder Mitarbeiter nicht, dass der Eigentümer seinerseits auf die Sache freiwillig verzichtet hätte. Die Veruntreuung durch den Besitzdiener ist somit grundsätzlich anders zu beurteilen als jene durch den Besitzmittler. Als weiterer bedeutsamer Fall muss die Veräußerung durch denjenigen betrachtet werden, dem die Sache unter Eigentumsvorbehalt übergeben wurde. Nach § 935 Abs 2 BGB gelten die Ausnahmen nicht im Falle einer öffentlichen Versteigerung. Wer gutgläubig eine gestohlene, verloren gegangene oder sonst irgendwie abhanden gekommene Sache erworben hat, wird nach Ablauf der zehnjährigen Ersitzungsfrist Eigentümer. Dabei muss der gute Glaube bis zum Ende der Ersitzungsfrist gegeben sein.

Im französischen Recht erwirbt nach den Bestimmungen der Art 2279 und 2280 Code Civil der gutgläubige Erwerber regelmäßig das Eigentum unmittelbar, es sei denn die Sache war verloren gegangen oder gestohlen worden. In diesen Fällen bedarf es zum Eigentumserwerb einer Ersitzungszeit von drei Jahren. Ist die gestohlene oder verloren gegangene Sache auf einem Markt, einer Messe, bei einer öffentlichen Versteigerung oder von einem Geschäftsmann, der mit Sachen dieser Art Handel treibt, erworben worden, so muss der gutgläubige Erwerber dem Eigentümer die Sache zwar herausgeben, kann aber vom Kläger den von ihm bezahlten Preis verlangen.

Das italienische Recht verlangt neben der Gutgläubigkeit ein zur Eigentumsübertragung geeignetes Rechtsgeschäft sowie die Übertragung des Besitzes (Art 1153 Codice Civile). Beschränkungen welcher Art auch immer gibt es nicht.

Die spanische Lösung ähnelt der französischen. Gutgläubigkeit führt zum Eigentumserwerb, es sei denn es handelt sich um gestohlene oder verloren gegangene Sachen (Art 464 Código Civil). Die Ersitzungszeit bei verloren gegangenen und gestohlenen Sachen beträgt drei Jahre (Art 1955 Código Civil). Der Erwerb vom Geschäftstreibenden, der mit Waren dieser Art Handel treibt, führt allemal zu sofortigem Eigentumserwerb (Art 85 Código de Comercio), bei öffentlichen

Versteigerungen muss der Eigentümer einer gestohlenen oder verloren gegangenen Sache dem gutgläubigen Erwerber den Kaufpreis ersetzen (Art 464).

Im Österreichischen Recht ermöglicht § 367 ABGB den gutgläubigen Eigentumserwerb unter folgenden Voraussetzungen: Entweder Erwerb bei einer öffentlichen Versteigerung oder Erwerb von einem zu diesem Verkehre befugten Geschäftsmann oder Erwerb von demjenigen, dem der Eigentümer die Sache anvertraut hatte. Der unentgeltliche Erwerb bleibt immer ausgeschlossen. In allen anderen Fällen bedarf es der „eigentlichen" Ersitzung, die unter der Voraussetzung eines gültigen Titels und der Redlichkeit nach drei Jahren ab Besitzübertragung zum Eigentumserwerb führt (§ 1466 ABGB). Das englische Recht kennt den gutgläubigen Eigentumserwerb nur in sehr eingeschränktem Ausmaße. Auf der Grundlage des allgemeinen *estoppel*-Prinzipes kann derjenige gutgläubig Eigentum erwerben, der durch das Verhalten des Eigentümers mit der Rechtmäßigkeit der Eigentumsübertragung rechnen konnte. Weitere Tatbestände finden sich im *Sale of Goods Act* und betreffen die Doppelveräußerung (S 17) und den Erwerb vom Besitzer, der noch nicht Eigentümer geworden war (S 25). An gestohlenen Sachen kann nie gutgläubig Eigentum erworben werden.

Der Inhalt der Gutgläubigkeit ergibt sich zumeist aus Legaldefinitionen in den Gesetzbüchern. Nach § 932 Abs 2 BGB bedeutet Gutgläubigkeit tatsächliches Nichtwissen hinsichtlich der rechtlichen Position des Veräußerers als Eigentümer. Beruht dieses Nichtwissen auf grober Fahrlässigkeit, so ist die Gutgläubigkeit ausgeschlossen. Die *bonne foi* des französischen Rechtes setzt grundsätzlich Nichtwissen voraus (Art 550 Code Civil). Nach dieser Regel würde nur positives Wissen die Gutgläubigkeit ausschließen. Art 2279 Code Civil wird aber allgemein so zur Anwendung gebracht, dass jeder Zweifel die Gutgläubigkeit ausschließt. Der Erwerber muss demnach davon überzeugt sein, dass der Veräußerer Eigentümer ist. Das italienische Recht folgt im wesentlichen dem deutschen. Nach Art 1147 Codice Civile ist derjenige gutgläubig, der nicht weiß, dass er das Recht eines Dritten verletzt. Die grobe Fahrlässigkeit (*colpa grave*) schließt die Gutgläubigkeit (*buona fede*) aus. Das spanische Recht lässt die Gutgläubigkeit (*buena fé*) einzig vom Nichtwissen abhängen (Art 433 Código Civil). Derjenige ist gutgläubig, der nicht weiß, dass beim Titel oder Modus ein Mangel (*vicio*) vorgelegen hatte. Grundsätzlich ist nach österreichischem Recht derjenige ein unredlicher Besitzer *„welcher weiß oder aus den Umständen vermuten muss, dass die in seinem Besitze befindliche Sache einem anderen zugehöre"*. (§ 326 ABGB). In § 368 ABGB werden die Umstände, die zur Unredlichkeit führen müssen, erhellt: Ein auffallend geringer Preis, die Natur der Sache, die bekannten persönlichen Eigenschaften des Vormannes, oder dessen Gewerbe. Diese durchaus objektiv verstandenen Bestimmungen sollten nicht mit der modernen Fahrlässigkeitslehre vermengt werden.

Aus der überblicksartigen Darstellung des Gutglaubenserwerbs lassen sich folgende Schlüsse ziehen.

a) Abgesehen von der auffallend eingeschränkten Handhabung im englischen Recht, weisen auch die kontinentaleuropäischen Rechtsordnungen bemerkenswerte Unterschiede auf.

b) Am großzügigsten erscheint die Regelung des italienischen Rechtes: Gutgläubiger und rechtmäßiger Besitz führen zum Eigentumserwerb. Die Gutgläubigkeit kann nur durch grobe, nicht aber durch leichte Fahrlässigkeit ausgeschlossen werden.

c) Gestohlene und abhanden gekommene Sachen werden im französischen, spanischen und deutschen Recht berücksichtigt. Sie können nach deutschem Recht überhaupt nicht gutgläubig erworben werden, nach französischem und spanischem innerhalb von drei Jahren. In Spanien bedeutet Erwerb vom befugten Gewerbsmann überhaupt sofortigen Eigentumsübergang auf den Käufer.

d) Das österreichische Recht kennt einerseits die Beschränkung auf entgeltliche Geschäfte, lässt aber andererseits das Eigentum sofort an den gutgläubigen Erwerber übergehen unabhängig von der rechtlichen Beschaffenheit der Sache (also auch gestohlene oder abhanden gekommene) im Falle einer öffentlichen Versteigerung, beim Erwerb vom befugten Gewerbsmann oder dem Erwerb von demjenigen, dem der Eigentümer die Sache anvertraut hatte.

e) Durchaus restriktiv ist die deutsche Lösung, die abgesehen von der Unmöglichkeit, gestohlene oder verloren gegangene Sachen gutgläubig erwerben zu können, auch die Veruntreuung durch den Besitzdiener als Ausschließungsgrund betrachtet. Zum anderen finden aber auch unentgeltliche Rechtsgeschäfte Beachtung.

f) Besonders ausgewogen, klar und prinzipienkonform ist die französische Rechtslage nach Art 2279 und 2280 Code Civil. Grundsätzlich wird der gutgläubige Erwerb bejaht. War die Sache gestohlen worden oder war sie verloren gegangen so kann der Eigentümer sie innerhalb von drei Jahren ab Diebstahl oder Verlust und nicht ab dem gutgläubigen Erwerb zurückfordern. Wurde die verloren gegangene oder gestohlene Sache im Zuge einer öffentlichen Versteigerung, auf Märkten oder Messen oder bei einem befugten Gewerbsmann erworben, so kann sie der Eigentümer nur gegen Bezahlung des vom gutgläubigen Erwerber geleisteten Kaufpreises wiedererlangen. Prinzipienkonform erscheint die zentrale Rolle, die der Gutgläubigkeit zukommt. Zweifel welcher Art auch immer zerstören die Gutgläubigkeit; sie müssen von demjenigen bewiesen werden, der den gutgläubigen Erwerb in Frage stellt.

Der Interessenausgleich zwischen schnellem Warenaustausch und Beständigkeit der Verträge und ihrer Rechtsfolgen auf der einen Seite und Schutz des Eigentums auf der anderen dürfte somit dem französischen Gesetzgeber am besten geglückt sein.

II. Die Unwirksamkeit von Verträgen

1. Bei der Unwirksamkeit von Verträgen wird allenthalben – zumindest der Theorie nach – zwischen Nichtigkeit und Vernichtbarkeit unterschieden. Während in der deutschen Rechtssprache die Vernichtbarkeit durch die Anfechtung herbeigeführt werden muss, bedienen sich die französische und spanische Sprache des Begriffes der Nichtigkeitsklage, während die italienische Sprache, wenn es darum geht, die Anfechtung zu beschreiben, terminologisch strenger den Begriff der *azione di annullamento* (Vernichtungsklage) verwendet. Das englische Recht unterscheidet zwischen *void* und *voidable.* Dabei führen entweder konkrete gesetzliche Gebote bzw Verbote, Willensmängel oder die Geschäftsunfähigkeit zu den genannten Rechtsfolgen. Im Rahmen gesetzlicher Voraussetzungen sind nicht nur Verstöße gegen Normen, sondern auch gegen die guten Sitten zu beachten. In diesem Zusammenhang muss man für Frankreich, Italien und Spanien die Bedeutung der *causa* hervorheben, wobei die in den einzelnen Ländern unterschiedlich erfolgte Entwicklung dieses im Gesetz verankerten Begriffes das Produkt von Lehre und Rechtsprechung ist. Der Begriff der *Consideration* ist zwar als typische Besonderheit des englischen Rechts zu bewerten, könnte aber durchaus mit den romanischen Voraussetzungen der causa in Zusammenhang gebracht werden.

Rechtswidrige und sittenwidrige Rechtsgeschäfte gelten allgemein als nichtig, wobei die Nichtigkeit in Frankreich und Italien vermittels Klagen geltend zu machen ist, die allerdings regelmäßig entweder sehr lange Verjährungszeiten aufweisen, oder überhaupt nicht verjähren können. Die Nichtigkeit ist in Deutschland, Spanien, Österreich und England *ipso iure* zu beachten. Dies bedeutet, dass es keiner wie immer gearteten Feststellungsklage bedürfte. Häufig wird aber die Nichtigkeit im Zuge eines Verfahrens festgestellt, wenn sich der Beklagte einredeweise darauf stützt.

Was die Beachtung der Willensmängel anbelangt, so sind die Lösungen im Bereich des Irrtumsrechts besonders länderspezifisch, so die reine Berücksichtigung des Willens des Irrenden (Deutschland), das Hinzuziehen des Verschuldens (Frankreich) oder der Schutz des Vertrauens des Dritten (Österreich).

Alle untersuchten kontinentalen Rechtsordnungen kennen bei Irrtum, Arglist und Gewalteinwirkung die Vernichtung des Rechtsgeschäftes. In allen untersuchten Rechtsordnungen ist die Vernichtung vermittels Klage geltend zu machen mit der einzigen bedeutsamen Ausnahme: Deutschland, wo die Anfechtung als empfangsbedürftige Willenserklärung geschaffen wurde, mir Hilfe derer das zur Vernichtung des Rechtsgeschäftes führende Gestaltungsrecht ausgeübt wird. In Österreich hingegen, wo das Gesetz im Falle von Willensmängeln zwar die Nichtigkeit vorsehen würde, Lehre und Rechtsprechung jedoch die Vernichtbarkeit vertreten und daher in Anlehnung an die deutsche Terminologie von Anfechtung gesprochen wird, ist diese gerichtlich geltend zu machen. Im englischen Recht sind unter Irrtum zustande gekommene Verträge je nach Bewertung des Irrtums nichtig oder vernichtbar.

Rechtsgeschäfte Minderjähriger sind nach französischem, italienischem und spanischem Recht nicht schlechthin nichtig, sondern müssen auf dem Klagewege vernichtet werden. Anderes gilt im deutschen und im österreichischem Recht, wo die Rechtsgeschäfte Minderjähriger als schwebend unwirksam bezeichnet werden, also in Ermangelung einer Bestätigung durch den gesetzlichen Vertreter nichtig sind. In England kann nur der Minderjährige selbst nach Erreichen der Volljährigkeit den Vertrag bestätigen, ansonsten bleibt er nichtig.

Die Fristen, innerhalb derer entweder die Nichtigkeit des Rechtsgeschäftes festgestellt werden muss, das Rechtsgeschäft durch Willenserklärung vernichtet wird oder die die Vernichtung beabsichtigende Klage anzustrengen ist, sind höchst unterschiedlich. Die Verjährungsfristen von zumeist 5 Jahren ab Kenntnis des Mangels oder Ende der Zwangslage in Frankreich und Italien, von vier Jahren in Spanien sind durchaus im Sinne desjenigen, der durch den Willensmangel einen Nachteil erlitten hat. Auffallend kurz, nämlich entweder unverzüglich im Falle des Irrtums, ansonsten ein Jahr, sind die Fristen in Deutschland, was dazu führen muss, dass die Betroffenen möglichst schnell die Maßnahme ergreifen müssen. Dies wiederum bedeutet eine erhöhte Rechtssicherheit im Sinne der Beständigkeit von Rechtsgeschäften. Als durchaus kurios ist die Rechtslage in Österreich zu bezeichnen, wo neben der dreijährigen Verjährungsklage bei Irrtum und Gewalteinwirkung eine 30 jährige Verjährungsfrist im Falle der Arglist vorliegt.

2. Von der Funktion her ist in diesem Bereich zu unterscheiden:

a) Schutz Schwacher

b) Schutz bestehender Willenserklärungen

c) Bedeutung des Konsenses

d) Schutz Dritter

e) *ordre public*

Dass Bedrohte, Minderjährige, geistig Kranke sowie Getäuschte zu schützen sind, steht außer Zweifel. Ihre Willenserklärung muss somit regelmäßig für mangelhaft erachtet werden. Verfeinerungen, im besonderen im Minderjährigenrecht, sollten aber durchaus Beachtung finden. Wie der Irrtum zu bewerten ist, hängt davon ab, wen man für schutzwürdiger hält, denjenigen der die irrige Willenserklärung abgegeben hat, oder denjenigen, der sie empfangen hat und sie für mangelfrei erachten konnte. Die Lösung des österreichischen Rechtes scheint dabei auffallend dem Interessensausgleich zu dienen.

Rechtswidrige Rechtsgeschäfte sind allgemein verpönt, ebenso spielt bei der Frage der Nichtigkeit oder Vernichtbarkeit der Rechtsgeschäfte allenthalben die Sittenwidrigkeit eine Rolle, wobei sich ihre Anwendungsbereiche durch das Verlassen der rein sexuellen Sphäre gerade in letzter Zeit entscheidend erhöht haben. Die Beachtung der *causa* in den romanischen Rechtsordnungen führt zu einer stärkeren Berücksichtigung der Motive, somit subjektiver Komponenten.

3. Für den hier untersuchten Bereich der Unwirksamkeit von Verträgen liegen inzwischen Teilergebnisse aus jenen beiden prominenten Juristenkommissionen vor, die im Bereiche der europäischen Rechtsvereinheitlichung tätig sind: *The Commission of European Contract Law* (*Lando*-Kommission) und der Akademie Europäischer Privatrechtler (*Gandolfi*-Kommission):

Das 4. Kapitel *der Priciples of Contract Law* ist der Gültigkeit (*validity*) von Verträgen vorbehalten, wobei eingangs darauf hingewiesen wird, dass Rechts- und Sittenwidrigkeit noch keine Behandlung erfahren haben, ebenso wenig wie die Geschäftsunfähigkeit. Grundsätzlich sind Verträge nicht ipso iure nichtig, sondern müssen vernichtet werden (*to avoid*). Vernichtbar sind Verträge, wenn sie mit den Willensmängeln Irrtum (*mistake*), Arglist (*fraud*) und Gewalt (*threats*) behaftet sind.

Der Irrtum ist nach Art 4:103 beachtenswert, wenn er

a) durch eine Information der anderen Vertragspartei ausgelöst wurde,

b) die andere Partei den Irrtum gekannt hat oder kennen hätte müssen und es gegen Treu und Glauben und eine faire Vorgangsweise war, den anderen im Irrtum zu belassen.

c) die andere Partei auf eben dieselbe Weise irrte.

Die andere Partei muss weiters gewusst haben oder hätte wissen müssen, dass der im Irrtum befangene Vertragspartner auf diese Weise den Vertrag nicht abgeschlossen hätte.

Der Irrtum kann nicht zur Vertragsauflösung führen, wenn er unentschuldbar war oder das diesbezügliche Risiko vom Irrenden übernommen worden war. Nach Art 4:104 ist auch der Erklärungsirrtum relevant.

Die Arglist (Art 4:107) betrifft sowohl das Vortäuschen von Tatsachen durch Worte oder Verhaltensweisen, als auch das Verschweigen von Informationen, die auf Grund von Treu und Glauben und einer fairen Verhaltensweise mitgeteilt werden hätten müssen. Dabei soll die Erfahrung der Parteien sowie die Kosten einer Informationsbeschaffung von Bedeutung sein.

Die Drohung (Art 4:108) wird entweder als rechtswidriger Akt schlechthin bezeichnet oder als solcher hinsichtlich der gewählten Mittel, um zum Vertragsabschluss zu gelangen.

Die Vernichtung (Art 4:112) erfolgt über eine außergerichtliche Anfechtungserklärung (*notice of avoidance*). Eine feste Verjährungsfrist ist nach Art 4:113 nicht vorgesehen. Der Vorschlag spricht von einer vernünftigen Zeitspannen unter Beachtung der Umstände. Die Anfechtung bedeutet Vernichtung an der Wurzel. Das bereits Geleistete ist nach den Regeln des Bereicherungsrechtes zurückzustellen (Art 4:115); wenn der andere den Willensmangel kannte oder kennen hätte müssen, stehen dem Anfechtenden auch schadenersatzrechtliche Ansprüche zu (Art 4:117).

Nach Art 140 (*nullité*) des *Code Européen des Contrats* der Akademie europäischer Privatrechtswissenschaftler in Pavia sind folgende Verträge nichtig:

a) wenn sie gegen den *ordre public*, die guten Sitten, eine zwingende Regel, die im allgemeinen Interesse oder zum Schutze von Situationen von primärer sozialer Bedeutung erlassen wurden, verstoßen,

b) wenn sie gegen eine andere zwingende Norm verstoßen,

c) wenn die Willensübereinkunft, der Inhalt oder die vorgeschriebene Form fehlen,

d) wenn dies ausdrücklich wo auch immer bestimmt wird.

Die Nichtigkeit wirkt ipso iure, allerdings muss jene Vertragspartei, die sich auf sie berufen möchte, dies der anderen Partei mitteilen, und zwar innerhalb eines Zeitraumes von 10 Jahren ab Vertragsabschluss. Frühestens 6 Monate, nachdem diese Erklärung zugegangen ist, kann auch gerichtlich vorgegangen werden, um zu einem die Nichtigkeit feststellenden Urteil zu gelangen.

Nach Art 146 (*annulabilité*) kann der Vertrag in folgenden Fällen vernichtet werden:

a) Geschäftsunfähigkeit bei Minderjährigen, Entmündigten und Menschen, denen auch nur vorübergehend die Einsichtsfähigkeit fehlt (Art 150),

b) Irrtum (Art 151),

c) Moralische Drohung (Art 153).

Der Irrtum ist dann beachtlich, wenn er einen wesentlichen ökonomischen oder juristischen Aspekt des Vertrages betrifft und dieser Aspekt bei der Willensbildung von entscheidender Bedeutung gewesen ist. Der Irrtum muss weiters entweder durch eine arglistige Erklärung oder durch ein arglistiges Verschweigen der anderen Vertragspartei hervorgerufen worden sein. Der Irrtum ist auch dann beachtlich, wenn die andere Vertragspartei ihn und seine entscheidende Bedeutung erkannt hatte oder bei durchschnittlicher Sorgfalt erkennen hätte müssen und den Vertragspartner nicht aufmerksam gemacht hat. Fehlen diese Voraussetzungen, dann kann derjenige, der nicht infolge grober Sorgfaltsverletzung irrte, den

Vertrag vernichten, wenn er für ihn ohne jegliches Interesse sein sollte und er bereit ist, der anderen Vertragspartei den Vertrauensschaden zu ersetzen. Von großer Bedeutung ist die Tatsache, dass der *Code Européen des Contrats* den Motivirrtum dann anerkennt, wenn wesentliche Umstände von beiden Parteien ausdrücklich oder stillschweigend zur Grundlage des Rechtsgeschäfts gemacht worden sind. Würde die Vernichtung des Vertrages gegen Treu und Glaube verstoßen, kann sie nicht durchgeführt werden, es sei denn der Irrende ist bereit eine billige Entschädigung zu leisten.

Die Vernichtung erfolgt auf dem Wege der außergerichtlichen Anfechtung durch eine empfangsbedürftige Willenserklärung der berechtigten Vertragspartei, oder im Falle Geschäftsunfähiger des gesetzlichen Vertreters. Erst sechs (uU 3 Monate) nach dem Zugang der Erklärung sollen gerichtliche Schritte eingeleitet werden können. Diese Sperrfrist soll die außergerichtliche Streitbeilegung fördern. Ist der Anfechtungsberechtigte nicht in der Lage, bereits Geleistetes zurückzuerstatten, kann er die Anfechtung nicht vornehmen. Die andere Partei oder jeder Dritte, der daran ein Interesse hat, kann den Anfechtungsberechtigten auffordern, innerhalb von 60 Tagen mitzuteilen, ob er den Vertrag vernichten wolle. Tut er dies nicht, so verzichtet er auf das Recht der Anfechtung. Die Anfechtung muss innerhalb einer Frist von drei Jahren ab Ende der Geschäftsunfähigkeit, ab Ende der Bedrohung und ab Kenntnis des Irrtums erfolgen. Die Einrede bleibt weiterhin bestehen.

Einen definitiven Vergleich beider Vorschläge kann man noch nicht vornehmen, da im Falle der *Lando*-Kommission die Behandlung rechts- und sittenwidriger Verträge sowie der Geschäftsfähigkeit fehlt. Aus diesem Grunde ist der *Code Européen des Contrats* strukturierter und systematischer. Die Vorschläge sind das Produkt intensiver wissenschaftlicher Untersuchungen und Diskussionen. Sie zeigen an, dass die Notwendigkeit rationaler Reformen vorhanden ist und dass eine behutsame Modernisierung und Rechtsvereinheitlichung möglich ist. Die strukturelle Lösung etwa im Bereiche des Irrtumsrechts ist durchaus ähnlich. Bedenken könnten gegen die auf der Billigkeit beruhenden Anfechtungsfristen entstehen, da sie letztlich zu einer gerichtlichen Entscheidung führen müssen. Auffällig ist, dass die Akademie von Pavia die Arglist ausschließlich im Zusammenhang mit dem Irrtum behandelt.

III. Die Delikte

1. Im Bereich des deliktischen Schadensersatzes lassen sich in allen untersuchten Rechtsordnungen die Haftung für eigenes Verschulden, die Haftung für andere Personen und für Sachen, sowie die Gefährdungshaftung feststellen. Doch abgesehen von dieser strukturellen – und zweifelsohne äußerst wichtigen – Gemeinsamkeit, überwiegen die Verschiedenheiten. Der Unterschied zwischen England und den kontinentalen Rechtsordnungen ist insofern gravierend als im englischen Recht der Ersatz des Schadens streng an besondere tatbestandsmäßige Ausformungen einzelner Delikte geknüpft ist. „*The Law of Torts*" ist ein besonders einprägsamer Teil des Fallrechts.

Die Grundnorm des kodifizierten Schadensrechts ist Art 1382 Code Civil. Sie ist die perfekteste und absoluteste Generalklausel: Wer einen Schaden aus Verschulden (*faute*) hervorgerufen hat, muss ihn ersetzen. Das ABGB, der Código Civil und der Codice Civile folgen dem Code Civil insofern, als auch sie die allgemeine Ersatzfähigkeit von Schäden statuieren, allen ist aber die Abstufung des Verschuldens zueigen. Diese Abstufung in Fahrlässigkeit und Vorsatz liegt auch dem BGB zugrunde, das als einziges Gesetzbuch konkrete Tatbestände nennt.

2. Die Generalklausel des französischen Rechts unterlag im Laufe der Geschichte verschiedenen Interpretationen. Nimmt man den allgemeinen, auf das Römische Recht zurückgehenden Satz, dass niemand einem anderen einen Schaden zufügen darf, zum Ausgangspunkt, so müsste jeder Schaden, der aus Verschulden (*faute*) einem Dritten zugefügt worden ist, zu beachten sein. In dieser Allgemeinheit schien schon den ersten Interpreten die Norm nicht anwendbar zu sein, hätte dies doch dazu führen müssen, dass durchaus rechtskonformes Verhalten zum Schadensersatz führen hätte müssen. Während Zachariae von Lingenthal den überaus deutschen Gesichtspunkt der Rechtswidrigkeit vorschlug (§ 444), gefolgt von den französischen Bearbeitern Rau und Aubry (§ 444), sah *Touillier* zwei Möglichkeiten, Art 1382 zu interpretieren: Erstens muss durch das Verhalten des Schädigers ein Recht des Verletzten beeinträchtigt worden sein. Zweitens muss der Schädiger sich einredehalber darauf berufen können, seinerseits ein Recht ausgeübt zu haben. Weitere Interpreten haben in Anlehnung an die deutsche Lehre und das BGB versucht, typische Tatbestände als dem Wesen des Art 1382 entsprechend in den Vordergrund zu stellen. Die Rechtsprechung hat ihrerseits eine enorme Kasuistik entwickelt, die es der Lehre nicht leicht gemacht hat, daraus eine dogmatisch allgemein verständliche Darstellung zu erstellen. Nimmt man die heutige Rechtsprechung und die wichtigsten Werke der Lehre, so ergibt sich daraus unzweifelhaft, dass am Grundprinzip einer äußerst allgemeinen Generalklausel festgehalten wird. Die Regel, man dürfe keinem anderen schaden, gilt nach wie vor, Entschuldigungsgründe können aber im Einzelfall angeführt werden. Dies muss zu einer großen Fallabhängigkeit führen, sowohl was die Anerkennung des Schadens, wie auch, was dessen Ersatzfähigkeit anbelangt. Dabei kommt der *faute* eine grundsätzliche Maßeinheit zu, sowohl bei der Berücksichtigung des persönlich-subjektiven Aspektes wie auch bei der Beachtung objektiver Pflichtverletzungen. So wird noch heute von der Rechtsprechung trotz restriktiver Interpretationsvorschläge Art 1382 sehr weit ausgelegt, wobei Einschränkungen nur den Zweck haben sollen, eine allgemeine Ersatzpflicht unabhängig vom Verhalten des Schädigers zu verhindern.

Das BGB kannte zwar nur einzelne, konkrete Tatbestände, ermöglichte aber durch sehr allgemeine Begriffe eine extensive Interpretation. Insbesondere ausgehend vom Begriff der „sonstigen Rechte“ erfolgte eine signifikante Erweiterung der tatbestandmäßigen Voraussetzungen, welche die Schadensersatzpflicht auslösen können.

Trotz dieser „Annäherung“ stehen einander noch immer zwei Systeme mit grundsätzlich verschiedenen Ansätzen und Lösungen einander gegenüber. Dies betrifft sowohl den Gesetzestext, die Rechtsprechung wie auch die Rechtswissenschaft. Auch die heutige Praxis lehrt, dass der Flexibilität des französischen Schadensersatzrechtes immer noch eine stark strukturierte, um nicht zu sagen monolithische Erfahrung des deutschen Rechtes gegenübersteht.

3. Was die Haftung für Dritte anbelangt, so kennen alle kontinentalen Rechte die Haftung für Minderjährige seitens der Eltern oder Vormünder samt Entschuldigungsbeweis. Singular ist die deutsche Rechtslage nach § 828, die eine Haftung Minderjähriger ab dem 7. Lebensjahr unter der Voraussetzung der notwendigen Einsicht und Erkennungsfähigkeit zulässt. Deutschland und Österreich ist die Billigkeitshaftung der Minderjährigen und Geisteskranken, denen kein Verschulden vorgeworfen werden konnte, als ultima ratio gemeinsam. Beiden Rechtsordnungen liegt weiters das ausgeprägte System der Amtshaftung zugrunde, welche etwa im schulischen Bereich zu deutlichen Folgen führen kann.

Was die Haftung für Sachen anbelangt, so kennen der Code Civil sowie der Codice Civile eine Generalklausel, alle anderen jedoch nicht. Allen kontinentalen Rechtsordnungen ist die ausdrücklich bestimmte Haftung für Tiere und Bauwerke gemeinsam. Außer dem italienischen Recht kennt keine Rechtsordnung eine Generalklausel im Bereiche der Haftung für die Ausübung gefährlicher Tätigkeiten. Neben Ansätzen in den Gesetzesbüchern findet sich die Regelungen der Gefährdungshaftung vielfach in Spezialgesetzen. Auch analoge Anwendung von bereits vorhandenen Tatbeständen der Gefährdungshaftung wird von Seiten der Gerichte vorgenommen. Die Haftung im Bereich des Kraftfahrzeugverkehrs ist nur im Codice Civile ausdrücklich geregelt. Sondergesetze gibt es in Frankreich, Österreich und Spanien. Interessant ist auch die (äußerst) restriktive Haftung gegenüber ideellen Schäden. Nur Frankreich und England bilden in diesem Bereich bemerkenswerte Ausnahmen. Erhebliche Unterschiede weisen die kontinentalen Rechte bei der Verjährung der Klage auf. In Frankreich verjährt diese 10 Jahre ab Kenntnis des Schadens oder der Vergrößerung des Schadens, in besonders gravierenden Fällen, wie Folter, Barbarei oder sexuellem Missbrauch, Minderjährigen gegenüber erst in 20 Jahren, in Italien 5 Jahre nach dem schädigenden Ereignis. In Spanien beginnt die Frist ab Kenntnis des Schadens zu laufen und dauert nur 1 Jahr, während in Deutschland und Österreich dem Opfer immerhin 3 Jahre Zeit ab Kenntnis des Schadens und des Schädigers bleiben, wobei das deutsche Recht eine absolute Verjährungsfrist von 30 Jahren kennt. Das englische Recht kennt die allgemeine Verjährungsfrist von 6 Jahren ab Eintritt des Schadens.

Die Eigentumsübertragung

	D	F	I	Sp	Ö	E
Vertrag mit dinglicher Wirkung bei a) Fahrnis		x	X			x
b) Liegenschaften		x	X			
Grundbuch a) konstitutive Funktion	X				x	x
b) Publizität mit Drittwirkung		x	X	x		
Übertragung des Besitzes	X			x	x	
Vertrag in Funktion der causa				x	x	
Verfügungsgeschäft	X				x	
Abstraktionsprinziph	X					

Die Unwirksamkeit von Verträgen

	D	F	I	Sp	Ö	E
Verbotswidriges Rechtsgeschäft	XN				xN	xN
Sittenwidriges Rechtsgeschäft	XN				xN/V 30J	
Causa a) nicht vorhanden		xN	xN	xN		
b) verbotswidrig		xN	xNa 30J	xN		
b) verbotswidrig		xNa 30J	xN	xN		
c) sittenwidrig		xN	xNa 30J	xN		
c) sittenwidrig		xNa 30J	xN	xN		

Formmangel	XN	xN	xNa 30J		xN	xN
Formmangel	XN	xNa 30J	xN		xN	xN
Consideration						xN
Willensmängel a) Geschäftsfähigkeit	XN	xV 5J	xV 5J	xV 4J	xN	xV 6J
b)Irrtum	XV sofort (30J)	xV 5J	xV 5J	xV 4J	xV 3J	x VN 6J
c)Drohung	xV 1 (30J)	xV 5J	xV 5J	xV 4J	xV 3J	x
d) Arglist	XV1 (30J)	xV 5J	xV 5J	xV 4J	xV 30J	X VN 6J

N = Nichtigkeit, V = Vernichtbarkeit, Na = nullité absolue, J = Jahr

Schadensersatz bei deliktischem Verhalten

	D	F	I	Sp	Ö	E
Generalklausel bei Verschuldens-haftung		x	x	x	x	
Einzeltatbestände a) ausschließlich						x
b) gemischt	X					
Verschulden ohne Unterteilung		x				
Vorsatz und Fahrlässigkeit	X		x	x	x	x
Ersatz ideeller Schäden a) restriktiv	X				x	
b) opferfreundlich			x	x		
c) sehr opferfreundlich		x				x
Haftung für Dritte	X	x	x	x	x	x
Gefährdungshaftung	X	x	x	x	x	x
Haftung für Sachen a) Gewaltklausel		x				
b) Einzeltatbestand	X	x	x	x	x	x

Eigentumsübertragung, Unwirksamkeit von Verträgen und Schadensersatz bei Delikt wurden als besonders einprägsame Beispiele ausgewählt, anhand derer dem Leser der Nutzen und die Notwendigkeit der Rechtsvergleichung auf dem Wege zur Rechtsanpassung und Rechtsvereinheitlichung anschaulich gemacht werden sollen: Eigentumserwerb, insbesondere auch an Liegenschaften, Vertragsabschlüsse aller Art und die Begründung deliktischer Schuldverhältnisse spielen sich inzwischen in hohem Ausmaße in einem europäischen Rahmen ab. Nicht nur internationale Firmen, sondern eine große Anzahl privater Bürger nimmt am gesamteuropäischen Rechtsverkehr teil. Im Inland wie im europäischen Ausland kann jeder Bürger mit den Folgen unwirksamer Verträge, schadensersatzrechtlicher Bestimmungen und dem Erwerb von Eigentum an Liegenschaften und beweglichen Sachen konfrontiert werden. Der Erwerb von Immobilien und die schadensersatzrechtlichen Probleme infolge von Verkehrsunfällen müssen als bedeutende volkswirtschaftliche Größe bezeichnet werden. Da gezeigt werden konnte, dass zumindest funktional gesehen in allen Ländern die genannten Einrichtungen ähnliche Strukturen, Voraussetzungen und Lösungen aufweisen, kann die Vereinheitlichung gewiss für möglich erachtet werden. Die wichtigsten strukturellen Verschiedenheiten liegen bei der Eigentumsübertragung in der konstitutiven Funktion des Grundbuches, beim Vertragsabschluß in der Bedeutung der *causa* oder der *consideration* und im Deliktsrecht im Bereiche der tatbestandsmäßigen Voraussetzungen der einzelnen *torts* im englischen Recht. Bei der Rechtsanpassung oder sogar Rechtsvereinheitlichung wird man darauf achten müssen, dass sie vor allem mit den betreffenden nationalen Rechtsordnungen weitestgehend kompatibel ist und damit unschädlich vollzogen wird. Bei der Eigentumsübertragung an Liegenschaften könnte auch in den romanischen Ländern den Grundbüchern durchaus eine erweiterte Bedeutung zukommen, was zur Begründung eines nach einheitlichen Kriterien aufgebauten und EDV-mäßig geführten Grundbuches für ganz Europa führen könnte. Die Nichtigkeit bzw Vernichtbarkeit von Verträgen könnte klar und unmissverständlich geregelt werden, insbesondere unter Vereinheitlichung der Voraussetzungen und Fristen. Dabei könnte relativ leicht ein Konsens hinsichtlich der verbots- und sittenwidrigen Rechtsgeschäfte, sowie der Willensmängel im Bereich von Drohung und Arglist gefunden werden. Der Schutz der Minderjährigen sollte als solcher unter Beobachtung erhöhter Flexibilität beibehalten werden. Im Bereiche der Relevanz des Irrtums bedarf es noch eingehender rechtsdogmatischer und rechtsvergleichender Untersuchungen bevor ein einheitliches Modell vorgeschlagen werden kann. Der von der Akademie Europäischer Privatrechtswissenschaftler erarbeitete Code Européen des Contrats entspricht über weite Strecken den Forderungen nach behutsamer Anpassung und Vereinheitlichung. Was den deliktischen Schadensersatz anbelangt, wäre die Regelung der Verschuldens – und Gefährdungshaftung im Sinne einer Generalklausel vorstellbar. Im Interesse aller Beteiligten müsste aber insbesondere Klarheit und Vorhersehbarkeit über das Ausmaß des Ersatzes erzielt werden können. Dabei könnte ein für alle Mal das Problem der ideellen Schäden geregelt werden. In diesem Zusammenhang wäre weiters die Vereinheitlichung des Haftpflichtversicherungsrechtes von großer Bedeutung.

4. Teil: Das Europäische Privatrecht (EPR)

§ 51 Eine neue Wissenschaft vom Privatrecht

Literatur: Programmatisch *R. Zimmermann*, Europäisches Privatrecht und Europa, ZEuP 1993, 439; *ders*, Europäisches Privatrecht und Studium, ZEuP 1993, 215; *ders/R. Knütel/J. P. Meincke* (Hrsg), Rechtsgeschichte und Rechtsdogmatik (Heidelberg 1999); *S. Vogenauer*, Eine gemeineuropäische Methodenlehre des Rechts, in ZEuP 13 (2005) 234ff.

I. Begriffsbestimmung und Entstehung

1. Das EPR ist die Summe der Privatrechtsordnungen Europas. Dieses Privatrecht ist unter Heranziehung der in § 1 II. genannten Punkte 1 – 7 einer vergleichenden Betrachtung zu unterziehen. Zur Klärung, das EPR ist keineswegs gleichzusetzen mit Europarecht. Dieser Begriff hat sich sehr salopp in der deutschen Rechtssprache eingebürgert. Er bezeichnet die Gesamtheit des Rechts der EU, dh insbesondere auch den Aufbau der Union, ihre Institutionen, in Hinsicht auf Exekutive, Legislative und Gerichtsbarkeit, schließlich auch das von der Union unmittelbar oder mittelbar gesatzte Recht in allen Bereichen (es überwiegt eindeutig jener Bereich, der in der deutschen Rechtstradition dem öffentlichen Recht im Sinne des Verwaltungsrechts zugewiesen ist) und die Anwendung dieses Rechts innerhalb der nationalen Rechtsordnung, zuletzt auch noch das Verfahrensrecht. In den meisten anderen Sprachen der Union wird nicht von Europarecht gesprochen, sondern schlicht und einfach vom Gemeinschaftsrecht oder dem Recht der Europäischen Union. Der Bereich, wo Europarecht und Europäisches Privatrecht einander begegnen, ist die Umsetzung und Anwendung von EU-Recht auf dem Sektor des Privatrechts, betrifft also in der Regel das weite Feld der Richtlinien (mittelbare Gesetzgebung), ihre Umsetzung in nationales Recht, ihre Interpretation und Anwendung sowie den diesbezüglichen Instanzenzug zu den europäischen Gerichtshöfen.

2. Die Definition des EPR als Summe der europäischen Privatrechte kann eng oder weit verstanden werden. Sie umfasst also entweder die Rechtsordnungen der ausschließlich der Union zugehörenden Staaten oder aber die Rechtsordnungen aller europäischen Staaten. Da eine Beschleunigung des Erweiterungsprozesses der Union sehr wahrscheinlich ist, könnte diese Frage schon in Bälde von sehr geringem Belang werden. Daher empfiehlt sich allemal die weite Verwendung des Begriffs. Im übrigen würde ein Außerachtlassen der Rechtsordnung der Schweiz, einem der wichtigsten politischen, kulturellen und wirtschaftlichen Partner der Union, geradezu lächerlich erscheinen. Darüber hinaus kann das EPR in Erweiterung des rein auf der Geographie beruhenden Begriffes auch jene Rechtsordnungen zum Inhalt haben, die von europäischen Rechtsordnungen unmittelbar oder mittelbar abstammen: Darunter fallen alle Staaten des *Common Law* sowie die frankophone kanadische Provinz Québec und alle lateinamerikanischen Staaten, weiters Südafrika, Israel, Mauritius und die Seychellen. Dieses Verständnis des EPR sollte man das „wissenschaftliche" nennen. Im Rahmen dieses wissenschaftlichen Begriffes ist die Beschäftigung mit allen genannten Rechtsordnungen nicht nur legitim, sondern erwünscht. Beschränkt man sich hingegen auf den politisch-geographischen Begriff des EPR[413] so sehe ich seine Aufgabe darin, die einzelnen Rechtsordnungen Europas möglichst umfassend darzustellen und einem Rechtsvergleich zu unterziehen, der Gemeinsames, Ähnliches, aber auch Verschiedenes darlegen und erklären soll. Dies ist, unabhängig von einer möglichen Rechtsvereinheitlichung, eine im Sinn des gegenseitigen besseren Verständnisses an und für sich wertvolle Aufgabe. Sie erhält durch die zunehmende Verflechtung der Wirtschaft, die Verdichtung des Warenaustausches, aber auch aufgrund der Mobilität des europäischen Bürgers eine durchaus praktische, aus volkswirtschaftlicher wie aus menschlicher Sicht, enorme Bedeutung. Erst die wissenschaftliche Durchdringung aller europäischen Rechtsordnungen mit Hilfe der rechtsvergleichenden Methode wird das Fundament eines zukünftigen einheitlichen europäischen Privatrechtes schaffen können.

3. Man muss entgegen einem ansonsten angebrachten Pessimismus hinsichtlich der deutschen Rechtswissenschaft hier Positives vermelden. Die begriffliche wie inhaltliche Ausgestaltung des Europäischen Privatrechts ist in hohem Ausmaße der deutschen Rechtswissenschaft zu verdanken, der es in einem wahren Befreiungsschlag gelungen ist, sich aus den der späten historischen Schule und der Kodifikation des BGB entstammenden Fesseln zu befreien. Wenn man inzwischen von der Wissenschaft oder der Lehre des europäischen Privatrechts sprechen kann, so ist dies in hohem Masse das Verdienst eines Mannes, *Reinhard Zimmermann*. Ausgestattet mit der umfassenden Bildung am Max-Planck-Institut für Rechtsvergleichung in Hamburg und als letzter Spross einer hoch angesehenen Schule des Römischen Rechts, die untrennbar mit dem Namen von *Max Kaser* in Zusammenhang steht, hat wohl ein höchst außergewöhnliches Juristenschicksal *Zimmermann* zu grundlegend neuen Erkenntnissen geführt. Anstatt den

---

413 Vgl *J. Basedow*, Rechtskultur zwischen nationalem Mythos und europäischem Ideal, ZEuP 1996, 279.

üblichen Weg einer deutschen Gelehrten- oder Juristenkarriere einzuschlagen, nahm *Zimmermann* in sehr jungen Jahren einen Ruf an eine südafrikanische Universität an. Dort, am Schnittpunkt von Civil Law und Common Law, wo römisch-holländisches Recht aus der Zeit von *Hugo Grotius* ebenso galt und gilt wie subsidiär Justinians Digesten, aber auch zahlreiche Bestimmungen des Englischen Rechts, gelang *Zimmermann* mit einem bahnbrechenden Werk der erste und wohl auch entscheidende Schritt zu neuen Erkenntnissen. Der Titel lautet schlicht und einfach: *The Roman Law of Obligations*, zu deutsch sachlich und einfach: Römisches Obligationenrecht. Ungewöhnlich ist jedoch nicht der Titel, sondern viel mehr die Tatsache, dass ein deutscher Professor für Rechtswissenschaften, der obendrein zT noch auf Afrikaans lehrte, ein voluminöses, fast tausendseitiges Buch in englischer Sprache verfasste. Doch abgesehen von diesem wohl einmaligen Umstand, ist der Inhalt umso bemerkenswerter. Bereits in dieser Schrift wird deutlich, zu welchen Erkenntnissen *Zimmermann* gelangt war und welche Lehren er daraus entwickelte. Indem er die Verschiedenheiten von Common Law und Civil Law zu ergründen trachtete, und zwar ganz konkret anhand des gesamten Schuldrechts, musste er – zwangsläufig in Südafrika – auf die Wurzeln zurückgehen. Diese Wurzeln lagen für den südafrikanischen Professor ganz offen in Form des Römischen Rechts vor ihm. *The Roman Law of Obligations* ist sowohl eine brillante Abhandlung über die Wurzel, das Urrecht geworden, als auch ein methodischer Wegweiser zur Erkenntnis moderner Rechte. Dabei musste klar und deutlich werden, dass die Auseinandersetzung nicht auf die Quellen des Römischen Rechts beschränkt bleiben konnte unabhängig davon, ob es sich um klassisches Recht des 1. und 2. Jhdts nach Christus, oder um das von Kaiser Justinian im 6. Jhdt n Chr kodifizierte Recht handelte, sondern es bedurfte einer umfassenden Betrachtung der punktuellen wie linearen Entwicklung des Rechts und seiner Einrichtungen. Nur daraus folgte für *Zimmermann* die grundsätzliche Bedeutung der historischen Dimension als Erkenntnisquelle des modernen Rechts. In seinen weiteren bahnbrechenden Forschungen, insbesondere zum Verhältnis zwischen *Civil Law* und *Common Law,* war *Zimmermann*[414] bemüht, seine Erkenntnisse zu untermauern und durch methodische Verfeinerungen weiter zu entwickeln. Diese Studien haben letztlich zur Lehre vom Europäischen Privatrecht geführt, zur Erkenntnis, dass bei der globalen Erfassung der Dimension des Rechts die historische Entwicklung vom klassischen Römischen Recht bis zur Jetztzeit erforderlich ist, um streng wissenschaftlich die Determinanten einer Rechtsordnung erkennen zu können. Die historische Methode ist somit aber nicht Selbstzweck, sie ist auf die gesamte Entwicklung der rechtlichen Einrichtungen

---

414 Der Europäische Charakter des englischen Rechts: Historische Verbindungen zwischen civil law und common law, ZEuP 1993, 4.

zu beziehen und dient der Erkenntnis des geltenden Rechts. *Zimmermann* hat weiters gezeigt, dass die Historie alleine keine ausreichende Beschäftigung und Methode ist, um die Rechtfertigung eines Europäischen Privatrechts zu liefern. Dieses ist ohne den entscheidenden Aspekt der Rechtsvergleichung, nicht denkbar. *Zimmermann* selbst hat dies in wichtigen Arbeiten zum englischen Recht im Vergleich mit den kontinentaleuropäischen Rechten vorgezeichnet. Die Lehre vom europäischen Privatrecht besagt – und dies soll schon der Begriff zum Ausdruck bringen, – dass die grundsätzliche Einheitlichkeit des Rechts gegeben ist und daher die Möglichkeit besteht, sämtliche europäischen Privatrechtsordnungen in ihrer Einheitlichkeit zu betrachten und zu erfassen. *Zimmermanns* Ansichten sind insbesondere von R. *Schulze*, *J. Basedow* und anderen geteilt und weitergeführt worden. Beredtester Ausdruck ist die *Zeitschrift für Europäisches Privatrecht (ZEuP)*, die von den Genannten gemeinschaftlich herausgegeben wird. Historische Wurzeln, Untersuchungen zu den verschiedenen europäischen Rechtsordnungen, Rechtsvergleichung und Erfassung des Europarechts im Bereich des Privatrechts, dies sind die Gebiete, die der ZEuP ihr Profil geben. Inzwischen sind Zentren für Europäisches Privatrecht entstanden, beispielsweise in Münster (Schulze), in Rom und Verona, in Amsterdam und nicht zuletzt in Salzburg. Neue Zeitschriften sind der ZEuP gefolgt, so in Italien *„Europa e Diritto privato“*[415].

II. Die historische Dimension des Europäischen Privatrechts

Literatur: grundlegend *P. Koschaker*, Europa und das Römische Recht, 4. unveränderte Aufl (1966); *Wieacker*, Privatrechtsgeschichte der Neuzeit² (1967); *J. Berman*, Law and Revolution: The Formation of the Western Legal Tradition (1983); *C. Cannata/A. Gambaro*, Lineamenti di storia della giurisprudenza europea II: Dal medioevo all'epoca contemporanea³ (Torino 1984); *G. Tarello*, Storia della cultura giuridica moderna (Bologna 1976); *R. Schulze*, Vom ius commune zum Europäischen Gemeinschaftsrecht – das Forschungsfeld der europäischen Rechtsgeschichte, in *Schulze* (Hrsg), Europäische Rechts- und Verfassungsgeschichte: Ergebnisse und Perspektiven der Forschung (1991) 3; *W. Simshäuser*, Zur Bedeutung des römischen Rechts in einer europäischen Rechtsordnung, in: *Schlosser* (Hrsg), Bürgerliches Gesetzbuch 1896-1996, Augsburger Rechtsstudien 27, 97; *R. Zimmermann*, Savigny's Legacy: Legal History, Comparative Law and the Emergence of European Legal Science, LQR 112 (1998) 596; *S. Schipani*, La codificazione del Diritto Romano comune² (1999); *S. Vogenauer*, Die Auslegung von Gesetzen in England und auf dem Kontinent (Tübingen 2001).

1. Nach der Lehre vom Europäischen Privatrecht beruht die fundamentale Einheit des Privatrechts in Europa auf seinem besonderen Entwicklungsprozess.

415 Herausgegeben von einem der führenden italienischen Zivilisten, *S. Mazzamuto*.

Jede der europäischen Rechtsordnungen sollte dabei in ihrer Entwicklung seit dem Zusammenbruch des Römischen Reiches und der Entstehung der neuen Nationen und Staaten untersucht werden. Im folgenden soll versucht werden, die wichtigsten Elemente, Fakten wie Tendenzen dieses Prozesses darzustellen. Als Ausgangspunkt eines gemeineuropäischen Rechtes ist dabei stets das klassische Römische Recht zu wählen, jenes Privatrecht, das die Römer im 1. Jhdt v Chr entwickelten und im 1. und 2. Jhdt n Chr zum System verfeinerten. Die wesentlichen Aspekte dieses Systems sind uns in den Digesten überliefert, einem der Gesetzbücher, die der in Konstantinopel residierende spätrömische Kaiser Justinian (Regierungszeit 527-565) verfassen ließ und die ausschließlich aus den Schriften der klassischen Juristen bestehen. Den Abschluss einer jeden Rechtsordnung bildet die Jetztzeit. Aber bereits kurz nach dem Tode Justinians kam die römische Staatlichkeit in den meisten Gebieten des Westens zum Erliegen: So konnte 568 das germanische Volk der Langobarden eine dauerhafte Herrschaft über weite Teile Italiens errichten. Schon zuvor hatten die Westgoten auf der iberischen Halbinsel ein Reich gegründet und die Franken im damaligen Gallien, dem heutigen Frankreich. Doch das Römische Recht diente weiterhin in vielfacher Vereinfachung der romanischen Bevölkerung in Italien und Westeuropa als Grundlage. Der Erhaltung des Römischen Rechts kam das Personalitätsprinzip der germanischen Staaten entgegen, demzufolge die Germanen nach ihrem Stammesrecht lebten, die Romanen nach Römischem Recht. Bei der Beibehaltung des Römischen Rechts spielte auch die Kirche eine nicht unbedeutende Rolle, die sich als Vertreterin der romanischen Bevölkerung sah und grundsätzlich *lege Romana* lebte. Seit den Tagen des späten Römischen Rechts, aber auch zur Zeit der germanischen Herrschaft, kam dem Bischof als Gemeindevorsteher auch die wichtige Funktion eines (relativ) rechtskundigen Richters zu. Als weiteren Faktor der Erhaltung und Pflege des Römischen Rechts kann man die Wiedergeburt der Reichsidee (*renovatio imperii*) ab Karl d. Großen, der bekanntlich 800 vom Papst in Rom zum Römischen Kaiser gekrönt wurde, sehen. Wenn auch weder Karl noch seine Franken daran dachten, dem fränkischen Stammesrecht untreu zu werden, so bedeutete doch der immer wieder aufkommende Rom-Gedanke und der Wille der deutschen Könige in der Nachfolge Karls d. Großen, römischer Kaiser zu werden, einen nicht unerheblichen Nährboden für die Ansicht, dass Kaiser und Reich als Nachfolger der Römer auch das Römische Recht übernehmen sollten. Dieser Gedanke wurde ab der Mitte des 12. Jhdts Zum bestimmenden politischen Faktor, als Friedrich I. Barbarossa daranging, Reichsitalien für das Reich zurückzugewinnen. De iure war Italien – sofern nicht der Kaiser in Ostrom Ansprüche stellte, die er im Süden auch zeitweise durchsetzen konnte – Teil des Reichs. Im Rahmen der Nachfolgestaaten Karls d. Großen zählte Italien zum Ostteil des Frankenreiches, also zum deutschen Reich. Fränkische Grafen sollten im Sinne des germanisch-mittelalterlichen Feudalwesens jene Teile verwalten. Sie taten dies auch mit unterschiedlichem Erfolg in Ober- und Mittelitalien. Unbeabsichtigt und ohne Zutun der deutschen Herrscher und ihrer Vasallen in Italien, nahm dort seit etwa dem Jahre eine bemerkenswerte Entwicklung ihren Lauf, die in vieler Hinsicht – nicht nur für das Recht – für das weitere Schicksal Europas prägend sein sollte: der Aufstieg der Städte. Dieser Aufstieg, der früher begann als in allen anderen Teilen Europas beruhte auf dem Umstand, dass sich in Italien stets Reste urbaner Kultur erhalten hatten.

2. Eine lange Friedenszeit in weiten Teilen Italiens und anderen Gebieten der damals abendländischen Welt (also auch im heutigen Kleinasien und der Ägäis) bescherten Ober- und Mittelitalien einen seit Jahrhunderten nicht mehr erlebten wirtschaftlichen Aufschwung, einen veritablen „Boom“. Hand in Hand mit einem rasanten Bevölkerungsanstieg in den Städten entwickelten sich Handwerk und Handel, der nach damaligen Maßstäben bald zum Welthandel wurde. Der wirtschaftliche Reichtum und die positive demographische Entwicklung der Städte – erwähnenswert wären Pavia, Mailand, Como, Brescia in der Lombardei, Bologna, Modena, Parma entlang der Via Emilia, Florenz, Siena, Pisa, Perugia in Mittelitalien, um nur die wichtigsten zu nennen – führte zu raschen politischen Konsequenzen. Diese äußerten sich derart, dass der Vertreter der Reichsmacht sofort und der Bischof bald früher, bald später, aber letztlich doch völlig entmachtet wurden. An ihre Stelle traten unterschiedliche republikanische Regierungsformen, die sehr bald als selbständige Staatswesen auftraten. Diese organisierten alsbald eine eigenständige Justizverwaltung mit Richtern, Notaren, Verwaltungsbeamten, Prozessberatern, welche, juristisch am bestehenden römischen und germanischen Recht geschult, im Sinne des Grundsatzes „Ein Staat, eine Rechtsordnung“ durchaus Interesse zeigten, das bestehende Recht fortzubilden und neues Recht zu setzen. Der Zufall wollte es, dass gerade in der bedeutendsten Stadt, in Bologna, eine Kopie eines wichtigen Teils der justinianischen Kodifikation gefunden wurde. Um 1100 begannen die Juristen, offenbar fasziniert von der Klarheit und Aussagekraft des für sie neuen Materials, die Lektüre dieser Texte. Sie wurden nicht nur für die praktische Handhabung als nützlich erkannt, sondern auch für die Ausbildung des juristischen Nachwuchses. Die praktische Handhabung lässt sich deshalb leicht nachvollziehen, da einerseits die in Bologna und anderswo herrschenden wirtschaftlichen und sozialen Verhältnisse (Handel und Produktion zum einen, Befreiung vom Joche des agrarischen Feudalismus zum anderen) sehr den Prinzipien des Römischen Rechts entgegenkamen, und andererseits durch das neue Recht ihrerseits die ersehnte juristische Untermauerung und Rechtfertigung fanden: Ein starkes Privateigentum, Verfügungsfreiheit unter Lebenden wie von Todes wegen, Vertragsfreiheit und Ausbildung von typischen Verträgen in technischer Raffinesse. Da damals nicht nur die Waren und Güter zirkulierten, sondern auch die Ideen, sprach sich das neue Recht bald herum und wurde auch in den anderen Städten von den Juristen begierig aufgenommen, so dass man die erste Hälfte des 12. Jhdts als die Zeit der eigentlichen Rezeption des Römischen Rechts in einem nicht mehr römischen Europa bezeichnen kann. Diese Rezeption sollte zusammen mit der staatlichen Organisation weit reichende Folgen haben. Die Städte organisierten die Ausbildung der Juristen, dh eine staatliche Juristenausbildung, allen voran Bologna, aber auch in anderen Städten, da aus Lokalpatriotismus niemand den Bolognesern nachstehen wollte. Die staatliche Organisation der Juristenausbildung war der eigentliche Anlass, organisierte Bildungseinrichtungen zu schaffen. Daraus ist in Bologna die erste moderne Universität in Europa entstanden. Wenn auch ein Praktiker, Irnerius, in Bologna zum ersten Universitätsprofessor „bestellt" wurde, so brachte das Prestige der Lehre es zum einen mit sich, dass man in erster Linie Professor war und nicht mehr Praktiker. Zum anderen führte das Prestige, das die Professoren genossen, wiederum dazu, dass man sich ihrer, da sie Professoren waren, für praktische Aufgaben bediente, als hohe Staatsbeamte oder als hohe Richter. Auch bei Rechtssuchenden waren ihre Gutachten sehr gefragt, so dass die Beziehung zur Praxis nie erlosch. Die Bologneser Professoren waren es auch, die als erste die Quellen des Römischen Rechts kommentierten, und zwar in Form von Randbemerkungen (Glossen), weshalb man sie heute als Glossatoren bezeichnet. Die Kommentare waren primär für den Unterricht erarbeitet worden, dienten aber auch in Ermangelung anderer tauglicher Literatur als Grundlage für die Praxis[416]. Diese ersten Kommentare in Form von Glossen am Text wurden im 13. Jhdt von Francesco Accursio (1185 – 1263) als Glossa ordinaria geradezu als krönender Abschluss einer Epoche in eine endgültige Fassung gebracht.

3. Aus dieser Zeit lassen sich bereits einige Determinanten entnehmen, die für das EPR von grundlegender Bedeutung sein sollten:

a) Die Rechtsquelle selbst: das Römische Recht

b) Die Trennung von Kirche und Staat im Bereich des Rechts: Kurz gefasst bedeutet dies, dass der Staat die Richter stellt und die Ausbildung der Juristen übernimmt. Sieht man vom Familienrecht und vor allem dem Eherecht ab, so hat sich das EPR seither als laizistisches Recht entwickelt. Diese Tatsache wurde grundsätzlich seit jenen Tagen auch von der Kirche akzeptiert, die zwar ein eigenes Recht entwickelte, das bisweilen auch bei den staatlichen Juristen Beachtung fand – im wesentlichen im Prozessrecht –, die aber gar nicht daran interessiert war, das staatliche Recht zu ersetzen. Die Gegenüberstellung von Legisten – am Römischen Recht geschulte, staatliche Juristen – und Kanonisten ist nie ernsthaft in Zweifel gezogen worden.

---

416 *F. Testu*, Les glossateurs regard d'un civiliste, RTDC 1993, 280.

c) Das Gesetz: Der Staat bediente sich des Römischen Rechts als Rechtsquelle und er schuf in Anlehnung an den Gesetzesbegriff der Römer eigenes Recht (Statutarrecht). Die Richter hatten von Fall zu Fall die Anwendung der vorhandenen Rechtsquellen auf dem Wege der Auslegung zu bewerkstelligen, den Urteilen der Richter kam weder bindende Wirkung noch Gesetzeskraft zu.

d) Die Universitäre Ausbildung: Die staatliche Ausbildung erfolgte an eigenen, unabhängigen Lehranstalten und wurde von eigens hierfür zuständigen Professoren durchgeführt. Daraus ergibt sich die wissenschaftliche Ausbildung durch Rechtsgelehrte und nicht die Ausbildung des Nachwuchses durch die einzelnen juristischen Berufe. Daher rührt die Bedeutung des Professors als Rechtsgelehrtem, als Lehrer und Forscher, als Autor juristischer Literatur und seine Mitwirkung in hohen juristischen Staatsämtern. Richter oder andere juristische Berufe treten als Rechtsgelehrte dagegen nicht hervor. Das EPR ist somit vielfach als Professorenrecht gepflegt, weiterentwickelt und tradiert worden.

4. Die Universitäten nahmen, ausgehend von Bologna, einen ungeahnten Aufschwung und erfuhren weite Verbreitung in Frankreich (Montpellier, Paris), Spanien (Salamanca), England (Oxford, Cambridge) und schließlich (relativ spät) auch in Deutschland (Wien, Prag, Heidelberg). Überall wurden juristische Fakultäten gegründet. Wissensbegierige Studenten kamen über die Alpen aus allen Ländern nach Italien. Sprachliche Barrieren gab es keine, da Latein die Sprache der Bildung war. Es war einfach, in Bologna, Padua und später auch in Paris zu studieren. Nicht nur die Studenten „zirkulierten", es wanderten auch die Professoren, über Jahrhunderte sollte Italien andere Universitäten mit Rechtslehrern versorgen. Am intensivsten waren die Kontakte zu den französischen Universitäten. Allemal fungierten die Universitäten als vereinheitlichendes Element, als Träger und Verbreiter einer gemeineuropäischen Rechtskultur auf der Grundlage des Römischen Rechts. Professoren und Studenten trugen gleichermaßen dazu bei. Nicht, dass das Römische Recht – sei es als antikes Recht, sei es in der Kommentierung durch die Glosse oder durch die umfassenden, einerseits wissenschaftlich–systematischen, andererseits praxisbezogenen Kommentare der bedeutendsten italienischen Juristen des 14. Jhdts, *Bartolus von Sassoferrato* (1314 – 1357) Baldus (1327 – 1400) – als solches in allen Teilen Europas unmittelbar übernommen worden wäre; aber die Art und Weise, in der man sich im weiteren mit dem Recht beschäftigte, die Methode der juristischen Hochkultur, sowie die Begrifflichkeit, erfuhren durch die universitäre Rechtswissenschaft eine endgültige Prägung.

5. Je nach Ausprägung der Staatlichkeit blieben lokale Gewohnheiten oder gesatztes Recht in Kraft. Die politische Entwicklung, die zum Teil zur Bildung großer Nationalstaaten wie in England, Frankreich und Spanien führte, zum Teil auf großen Gebieten wie dem Reich die Gründung von Partikularstaaten förderte, bedeutete Organisation, zentrale Verwaltung und Justiz als Überwindung des ursprünglichen Feudalsystems. Die organisierte Staatlichkeit bedeutete Organisation der Gerichtsbarkeit und Organisation der Ausbildung: eine weitere Möglichkeit für das Römische Recht, sich durchzusetzen. Diese Entwicklung kann als allgemein bezeichnet werden und – um dies zu unterstreichen – auch England stellt hier keine Ausnahme dar. Bisweilen wurde zwar auf Grund vielfach politischer Opportunität behauptet, man dürfe das eigene Recht nicht zugunsten eines anderen Rechts aufgeben (etwa Landtag von Merton), doch auch in England setzte der König, wo es nur ging, gegen die Interessen der Feudalherren königliches Recht ein. Die *Equity* im englischen Recht ist hiervon der beredteste Ausdruck, die königlichen Universitäten Oxford und Cambridge betrieben eifrig das wissenschaftliche Studium des Römischen Rechts.

Ob das Römische Recht über lokale Gesetzgebung in die jeweiligen europäischen Rechtsordnungen eindrang, ob die wissenschaftlich geschulten Richter die Rechtsanwendung bewusst oder unbewusst nach römisch-rechtlichen Prinzipien steuerten, ob das Römische Recht subsidiäre Geltung hatte, unterlag vielfach lokalen Besonderheiten. Tatsache ist, dass spätestens zu Beginn der Neuzeit ein in ganz Europa akzeptiertes rechtliches Grundverständnis vorhanden war, ein lokal (oder bereits national im Sinne von Staat = Nation) durchaus unterschiedlich ausgeprägtes Recht, das auf der Grundlage der Gemeinsamkeiten einen mächtigen Faktor der Einheitlichkeit darstellte, zu einer Zeit als die Reformation(en) Europa auf religiöser Ebene für Jahrhunderte spalten sollte(n). In weiterer Folge änderte sich nichts: das Recht blieb eine von Professoren an Universitäten gelehrte und wissenschaftlich tradierte Materie. Auch die programmatische Wiedergeburt der Antike, in Renaissance und Humanismus, hat die allgemeinen Studien an den Quellen des Römischen Rechts verstärkt. Sie haben zu einer weiteren Verwissenschaftlichung des Rechts geführt. Die Juristen waren in Zeiten von Kirchenspaltungen und Glaubenskriegen zumeist klug genug, um religiös strittige Materie, vor allem das Eherecht, den Kirchen zu überlassen, die anderen Bereiche des Privatrechts erfuhren aber europaweit Bearbeitungen, die allgemein verständlich waren. Die Erfindung des Buchdrucks führte naturgemäß zu einer noch schnelleren Zirkulation und Verbreitung von Ideen. Juristische Literatur zählte dabei zu den wichtigsten geistigen Exportartikeln der diversen Universitäten. Professoren und Studenten fluktuierten zwar weiterhin, obwohl die konfessionelle Betonung oder sogar Ausrichtung der Universitäten in zunehmendem Ausmaß zum Hindernis werden konnte. Die fundamentale Einheit der Rechtskultur in der Verschiedenheit der einzelnen europäischen Rechtsordnungen berechtigt zweifellos, von einem einheitlichen Recht zu sprechen, dem *ius commune*.

6. Daran änderte sich auch in den Jahrhunderten zwischen 1500 – 1800 nichts. Waren – wenn auch mit regionalen Stärken und Schwächen – Differenzen vorhanden, so blieb doch das Privatrecht – und nicht nur dieses – eine für Juristen aller Länder allgemein verständliche Materie. Dies betrifft nach wie vor auch England, wiewohl dort ein starkes Abkoppeln der Praxis von der Rechtswissenschaft sowie eine Beschränkung der wissenschaftlichen Auseinandersetzung mit dem Recht auf die alten Traditionsuniversitäten und eine standesmäßig organisierte Ausbildung des juristischen Nachwuchses, festzustellen ist. Als besondere Zentren der wissenschaftlichen Beschäftigung mit dem Römischen Recht und damit der fruchtbaren Weiterentwicklung des *ius commune* sind drei Länder zu nennen: Frankreich, Holland und Deutschland. Während der gesamten in Frage kommenden Zeit waren französische Juristen zu Spitzenleistungen fähig, bald in der Theorie, bald in der Verbindung zwischen Theorie und Praxis. Unter den Theoretikern, die durch ihre wissenschaftlich scharfsinnigen Bearbeitungen der Quellen des Römischen Rechts besondere Bedeutung erlangten und deren Werke dem Wissenschafter auch heute noch höchstes Lob abringen, sind *Hugo Donellus* und insbesondere *Jacques Cujaz* zu nennen. In der zweiten Gruppe müsste man vorrangig *Jean Domat* (1625 -1692) und *Robert Joseph Pothier* (1699 – 1772) nennen. Während die Schriften ersterer noch in lateinischer Sprache geschrieben waren, sind die Schriften von *Domat* und *Pothier* bereits in französischer Sprache verfasst, ein Hinweis auf den bevorstehenden Bruch im *ius commune*. Die (lateinischen) Schriften von *Cujaz* (1522 – 1590) erfuhren noch allgemein weite Verbreitung, *Pothiers* Wirkung blieb zu seinen Lebzeiten – bedenkt man die große Verbreitung der französischen Sprache im 18. Jhdt – unverständlicherweise vielfach auf Frankreich beschränkt. Zusammen mit der Verbreitung des Code Civil erfuhren die Schriften dieses genialen Kompilators und Erneuerers jedoch verdientermaßen eine weltweite Verbreitung. Im ausgehenden 17. Jhdt und während der 1. Hälfte des 18. Jhdts erklomm die holländische Rechtswissenschaft die Spitze. Bedeutende universitäre Einrichtungen wie jene in Leiden, die Weltoffenheit eines Seefahrervolks, die intensive wirtschaftliche Tätigkeit waren die Voraussetzungen dieses Höhenflugs, der besonders auf die deutschen Universitäten ausstrahlte. Zu nennen wären hier die Juristen *Arnoldus Vinnius* (1588 – 1657), *Gerardus Noodt* (1647 – 1725) und *Johannes Voet* (1647 – 1713). In Deutschland entstand die letzte Blüte des *ius commune,* ein letztes Mal wurde in der gemeinsamen Sprache versucht, das Recht darzustellen und es den zeitlichen Gegebenheiten anzupassen. Daraus entstand eine Richtung, die man als *usus modernus pandectarum* bezeichnet, nach dem Werk des berühmten Hallenser Rechtsprofessors *Samuel Stryk* (1640-1710). Zur gleichen Zeit wurde auch an den deutschen Universitäten der Kampf gegen ein angeblich überholtes, verzopftes, schwerfälliges und obendrein unverständliches Recht eröffnet. Klarheit, Einfachheit und allgemeine Verständlichkeit waren die Postulate. Vor allem philosophisch geprägte Ideen und Schriften sollten die Wende herbeiführen. Es kam zu einer engen Verbindung zwischen Philosophie und Recht. Große Namen profunder Denker wie *Gottfried Wilhelm Leibnitz*, *Samuel Pufendorf* (1632-1694), *Christian Thomasius* (1655 – 1728) und *Christian Wolff* (1679 – 1754) prägen das 18. Jhdt Insbesondere die Universität von Halle wurde zum Zentrum der neuen Lehre. Es ist die Endphase des *ius commune*, an der so wichtige römischrechtlich geprägte Länder wie Italien oder Spanien keinen wesentlichen Anteil haben. In der Tat haben die Schriften der allgemein als Naturrechtslehrer Bezeichneten weltweite Geltung im philosophischen Bereich erlangt, in der Rechtswissenschaft sind sie mehr oder minder auf Deutschland beschränkt geblieben. Die enge Symbiose zwischen Philosophie und Rechtswissenschaft kann man als sehr typisch für die Entwicklung in Deutschland bezeichnen, im Gegensatz zu jener in Frankreich, wo die Juristen nie der Versuchung erlagen, Philosophen zu werden, und ebenso wenig die Philosophen sich in die Belange der Juristen einzumischen pflegten, sieht man von allgemeinen staatstheoretischen Überlegungen ab. *Pothier*, der das wissenschaftliche Römische Recht der Praxis des 18. Jhdts anpasste und Thomasius, der mit der Praxis nichts anzufangen wusste, kann man als hervorragende Vertreter dieser letzten Phase des *ius commune* einander gegenüberstellen. Die Naturrechtslehre fand in ganz Deutschland sowohl an den Universitäten, wie auch allgemein in den wichtigsten Staaten, Preußen und Österreich, große Verbreitung.

7. Die so genannten aufgeklärten Regierungen unter Maria Theresia, Josef II. und Leopold II. in Österreich sowie Friedrich II. in Preußen suchten, sich die Gedanken zunutze zu machen und eigenständiges, rein staatliches oder nationales Recht zu schaffen, ein Recht, das den örtlichen Ausprägungen des *ius commune* entgegenkommen sollte, und das, weil es in der (eigenen) nationalen Sprache verfasst war, allgemeine Verständlichkeit garantieren sollte. Diese allgemeine Verständlichkeit von Rechtsnormen war durchaus auch im Sinne der französischen philosophischen Vordenker der Revolution gewesen. In Frankreich wie in Deutschland wurde die lange Epoche des *ius commune* durch gezielte Kodifikationen beendet. Die preußische Kodifikation, das *Allgemeine Landrecht (ALR),* trat als erste 1794 in Kraft. Es folgten der *Code Civil* (1804) und das *ABGB* in Österreich (1812). Das ALR steht in der Tat sehr im Bann der naturrechtlichen Forderungen, entstammte doch sein Vater C.G. Suarez (1746 – 1798) dieser Schule. Der Vollständigkeit halber (an die 20.000 Normen) wurde auf allgemeine Abstraktion vielfach verzichtet. Der Code Civil steht dagegen ganz in der Tradition der letzten Phase des französischen *ius commune*, gehen doch viele Lösungen auf *Domat* und vor allem auf *Pothier* zurück. Die grundsätzliche terminologische und inhaltliche Einigkeit des Europäischen Privatrechts, des *ius commune*, war durch die Gesetzgebungen zumindest augenscheinlich und vordergründig beseitigt worden. Der Gedanke „ein Staat, ein kodifiziertes Privatrecht", setzte sich allerorts durch, mit Ausnahme der britischen Inseln, wo man an der besonderen Ausprägung des englischen Rechts festhielt, ohne es einer Kodifikation zu unterziehen. Die niederländische Neukodifikation und die Versuche in den ehemals kommunistischen Staaten Mittel- und Osteuropas zeigen, dass die Kodifikation des Privatrechts nach wie vor als wünschenswert erachtet wird. Sieht man von kuriosen Einzelfällen wie San Marino und Andorra ab, wo nach wie vor unmittelbar Römisches Recht in Form des *ius commune* gilt, ist Kontinentaleuropa lückenlos kodifiziert.

III. Die politische Dimension des EPR

1. Das 19. Jhdt war das Jahrhundert der Nationen, aber auch des Nationalismus. Trennendes wurde betont und in den Vordergrund gestellt, jede Nation bedurfte eines eigenen Privatrechts, das sich möglichst von dem der Nachbarn unterscheiden sollte, geradezu als Ausdruck des nationalen Selbstbewusstseins. So schien es den Italienern der 20er und 30er Jahren unseres Jahrhunderts noch so unerträglich, dass in ihrem Land mehr oder minder eine Kopie des französischen Code Civil galt, dass sie sich den Mühen einer Neukodifikation unterzogen. Die Reformstaaten Mittel- und Osteuropas übernehmen heute nicht etwa in Bausch und Bogen den Code Civil oder das BGB, sondern versuchen Eigenständiges zu schaffen. Der lange Schatten überholter Ideen zeigt sich dort umso intensiver, wo diese nicht zeitgerecht wirken durften. Das Jahrhundert der Nationen, das die große Revolution geboren hatte, das besonders die deutsche Romantik verklärt hatte, endete, wie man heute weiß, in einer der größten Katastrophen für die Menschheit. Der Nationalismus ist die üble Fratze der Nation, die Selbstüberheblichkeit, die Selbstüberschätzung, die zum Mythos wird. Eine Fülle zum Teil abscheulicher Klischees zeichnen ein beredtes Bild dieses Zeitgeistes. Die Nachwehen kann ganz Europa noch heute hautnah am Balkan miterleben. Dabei hat es immer warnende Stimmen gegeben, darunter nicht zuletzt unter den Juristen, die auf Grund ihrer wissenschaftlichen Untersuchungen zur Überzeugung gelangten, dass das Einende vor das Trennende zu stellen sei. Erwähnenswert sind hier die Rechtsvergleicher, erwähnenswert der Erste Internationale Kongress, der 1900 in Paris stattfand, und die Idee vom Weltenrecht. Zuletzt hat der Nationalsozialismus versucht, seinen verwerflichen Ideen juristische Rechtfertigung zu verschaffen und seine Untaten durch ein besonderes Volksrecht in juristische Kleider zu stecken. Dieses deutsche Volksrecht sollte all das ersetzen, was über das BGB vom *ius commune*, also dem Römischen Recht, in das deutsche Privatrecht gelangt war. Punkt 19 des Parteiprogramms der NSDAP hat dies sogar ausdrücklich gefordert. Mit einem Weltrecht, möglicherweise in jüdischer

Einfärbung, wollte man nichts zu tun haben[417]. Diesbezüglich war man der Auffassung, dass bereits die großen klassischen Juristen der Römer, wie schon Ulpian, der aus Tyros stammte, Juden gewesen sein mussten. Abgesehen von diesen unwissenschaftlichen Behauptungen, stand eine viel modernere und konkretere Tatsache vor den Augen aller: Der Anteil an Gelehrten jüdischer Abstammung, die sich mit dem Römischen Recht und auch mit der Rechtsvergleichung beschäftigten, war überproportional hoch. Ihre Sensibilität brachte diese jüdischen Juristen dazu, außer- und übernationales Recht in Rechtsgeschichte und Rechtsvergleichung zu suchen. Als zentrale Figur sei als einer unter vielen E. Rabel genannt. Der Nationalsozialismus hat den Nationalismus in seiner grauenhaftesten und extremsten Weise aufgezeigt und erkennen lassen. Die vernichtende Niederlage von Deutschen und Japanern, hat, so hoffen wir, die Welt des 19. Jhdts und ihre dunkelsten Gespenster begraben. Weise Politiker haben nach 1945 diese Lektion in Europa sofort begriffen. Sie haben die Grundlagen für die europäische Einigungsbewegung geschaffen. Von entscheidender Bedeutung war dabei der deutsch-französische Ausgleich: Nach den dauerhaften Kämpfen seit den Tagen Ludwigs XIV. und seinen Reunionen, nach der Revolution von 1789 und den napoleonischen Kriegen, nach zwei Weltkriegen und all den Animositäten, die sich tief in die Seelen der Menschen hineingefressen hatten, wahrlich keine leichte Aufgabe. Die gegenseitigen Feindbilder waren so eingeprägt, dass man zu Recht von Erbfeindschaft sprechen konnte. Nicht vergessen sollte man trotz der großen Verdienste von Konrad Adenauer, dass es die Siegermacht Frankreich war, der bei der Aussöhnung die zentrale Rolle zukam und dass es auch allemal als Sieger schwer ist, dem Besiegten ohne Wenn und Aber die Hand zu reichen. *R. Schuhmann*, *J. Monnet* und *Ch. de Gaulle* haben dabei ein historisches Ruhmesblatt geschrieben. Ihrer Tätigkeit zusammen mit derjenigen *K. Adenauers* haben wir die Grundlage der europäischen Vereinigung zu verdanken, die sich als umso tiefer und solider erwiesen hat, je steiniger oft die praktische Verwirklichung war. Europäische Gipfeltreffen sind inzwischen zur Routine geworden, die Währungsunion vollzogen und die Attraktivität der Union derart, dass von der Türkei bis Russland jeder Staat den Beitritt als primären Wunsch äußert. Ideologisch sind somit im Gefolge der Katastrophe von 1945 die trennenden Elemente überwunden, das Vereinigende ist zweifellos „in" und abgesehen von Demagogen auf Stimmenfang vor politischen Wahlen wird die Union auch nicht in Frage gestellt. Da Einigendes im Vordergrund steht – und dies die Sprache im Gegensatz zu den USA bekanntlich nicht sein kann – stellt sich für die Menschen, aber auch für die Wissenschaft und die Politik, die Frage, wo das Einigende gefunden werden kann. Für unseren Bereich ist dies ohne Abstriche das Privatrecht.

417 Zur Frage der so genannten „Verjudung" *Koschaker* 158.

§ 52 Die Gesetzgebungskompetenz der EU und die Übernahme des Gemeinschaftsrechtes durch die einzelnen Mitgliedsstaaten

Literatur: *Lutter*, Die Auslegung angeglichenen Rechts, JZ 1992, 593; *M. Schmidt*, Privatrechtsangleichende EU-n und nationale Auslegungsmethoden, RabelsZ 59 (1995), 569; *G. C. Rodriguez*Richtlinie-*Iglesias/K. Riechenberg*, Zur richtlinienkonformen Auslegung des nationalen Rechts, in Everling-FS (1995) 1213; *Ehricke*, Die richtlinienkonforme und gemeinschaftsrechtskonforme Auslegung nationalen Rechts, RabelsZ 59 (1995) 598; *Vogenauer*, Richtlinienkonforme Auslegung nationalen Rechts, ZEuP 1997, 158; *St. Grundemann*, Richtlinienkonforme Auslegung im Bereich des Privatrechts, insbesondere: der Kanon der nationalen Auslegungsmethode als Ganzes? ZEuP 1996, 399; *M. Klamert*, Die richtlinienkonforme Auslegung nationalen Rechts (2001); *C. W.. Canaris/A. Zaccaria*, Die Umsetzung von zivilrechtlichen Richtlinien der Europäischen Gemeinschaft in Italien und Deutschland= Band 12 Untersuchungen zum Europäischen Privatrecht (Berlin 2002); *N. Colneric*, Auslegung des Gemeinschaftsrechts und gemeinschaftsrechtskonforme Auslegung, in: ZEuP 13 (2005) 225ff.; *H. Unberath*, Die richtlinienkonforme Auslegung am Beispiel der Kaufrechtsrichtlinie, in: ZEuP 13 (2005) 5ff. Allgemein zur Umsetzung der Richtlinie 1999/44 EG: *M. Schermaier* (Hsg.) Verbraucherkauf in Europa (2003). Als sehr nützlich erweist sich das von *M. Amstutz /P. Pichonnaz/T. Probst/F. Werro* herausgegebene Buch Europäisches Privatrecht/Droit Privé Européen mit einer Ausgabe der Richtlinien in französischer und deutscher Sprache (synoptisch).

1. Die aus der historischen Entwicklung erklärbare Einheit des europäischen Privatrechtes wird durch einen institutionellen Faktor bekräftigt, und zwar die Rechtschöpfungskompetenz der EU. Zwar ist der Bereich noch stark eingeschränkt, hat aber etwa über den allgemeinen Verbraucher- (Konsumenten-) Schutz eine nachhaltige und sozial relevante Bedeutung erfahren. In einer Reihe von Richtlinien (*engl.: directive, franz.: directive, ital.: direttiva, span.: directiva*) hat die Union seit Mitte der achtziger Jahre wichtige Weichen gestellt.[418] Auch die Verbraucherkreditgesetze beruhten auf Richtlinien.[419] Zuletzt ist eine wichtige Richtlinie zum Gewährleistungsrecht ergangen.[420] Richtlinien werden auf Vorschlag der Kommission vom Rat beschlossen. Sie unterliegen der Bestätigung durch das Europäische Parlament und müssen nach Art 249 Abs 2 EGV vom nationalen Gesetzgeber umgesetzt werden, dh in die nationale Rechtsordnung überführt werden. Dadurch werden sie zu nationalen Normen und unterliegen der Anwendung durch die nationalen Gerichte. Ergeben sich aber gravierende Probleme in der Interpretation in der letzten Instanz, so ist diese vom Europäischen Gerichtshof nach Art 234 Abs 3 EGV vorzunehmen, das nationale Gericht

418 Etwa ABlEG 1985 L 210/29 (Produkthaftungs-RL).
419 ABlEG 1987 L 42/48; ABlEG 1990 L 61/14.
420 RL 1999/44/EG ABlEG 1999 L 171/12 (Verbrauchsgüterkauf-RL).

hat den Fall zur Auslegung als Vorabentscheidung dem EuGH vorzulegen. Art 234 Abs 3 EGV ist ein Meilenstein auf dem Wege der Rechtsvereinheitlichung im Zuständigkeitsbereich des EuGH.

2. Grundsätzlich hat die Übertragung und Anwendung richtlinienkonform zu erfolgen.

Artikel 249 EGV (Artikel 189 Vertrag von Maastricht)):

(1) Zur Erfüllung ihrer Aufgaben und nach Maßgabe dieses Vertrags erlassen das Europäische Parlament und der Rat gemeinsam, der Rat und die Kommission Verordnungen, Richtlinien und Entscheidungen, sprechen Empfehlungen aus oder geben Stellungnahmen ab.

Die Verordnung hat allgemeine Geltung. Sie ist in allen ihren Teilen verbindlich und gilt unmittelbar in jedem Mitgliedstaat.

(2) Die Richtlinie ist für jeden Mitgliedstaat, an den sie gerichtet wird, hinsichtlich des zu erreichenden Ziels verbindlich, überlässt jedoch den innerstaatlichen Stellen die Wahl der Form und Mittel.

Sowohl was die Umsetzung wie auch die Anwendung anbelangt, steht das Problem im Raum, wie weit nationale Kriterien heranzuziehen sind. Diese Frage spielt insbesondere bei der Auslegung der übernommenen Normen durch die nationalen Gerichte eine zentrale Rolle. Es ist klar, dass bei 15 Rechtsordnungen mehr oder minder bedeutsame Verschiedenheiten in der Vorgangsweise und der Methode der Rechtsfindung auftreten können, die nur durch Erkennen der nationalen Voraussetzungen erklärt werden können. Gerade hier hat sich dem Rechtsvergleicher ein wichtiger neuer Bereich aufgetan. Ihm obliegt es auf Grund seiner methodischen Voraussetzungen, die Ähnlichkeiten und Verschiedenheiten zu erklären und damit auch eine allgemeine Vorgangsweise durch den EU-Gesetzgeber und Richter vorzubereiten. Diese Aufgabe des Rechtsvergleichers ist keineswegs auf die Anwendung beschränkt, sie betrifft bereits die Entstehung und Umsetzung in nationales Recht selbst. Was die Anwendung anbelangt hat sich der EuGH dazu salomonisch geäußert. Demnach sollen die nationalen Gerichte „das zur Durchführung der Richtlinie erlassene Gesetz unter voller Ausschöpfung des Beurteilungsspielraumes, den ihnen das nationale Recht einräumt, in Übereinstimmung mit den Anforderungen des Gemeinschaftsrechts auslegen und anwenden".[421] Dabei soll sich das Gericht so weit wie möglich an Wortlaut und Zweck der Richtlinie ausrichten.[422] Diese Vorgabe entspricht Art 20 Abs 3 des deutschen Grundgesetzes; auch hier darf der Richter nicht gegen Wortlaut und Zweck der Norm Recht sprechen. Die Auslegung von nationalem Recht, das auf Richtlinien beruht, muss einerseits die europäische *ratio legis* und zweitens das

---

421 EuGH 10.04.1984, Rs. C-14/83, Slg 1984, 1891 (1909) (*Colson & Kamann*).
422 EuGH 13.11.1990, Rs. C-106/89 Slg 1990, 4156 (4159) (*Marleasing*).

Gesamtgefüge der jeweiligen Rechtsordnung berücksichtigen. Doch gerade anhand der Richtlinien zeigt sich die ganze, noch bestehende und hoffentlich überwindbare Schwäche des Systems. Diese liegt vornehmlich im Bereich der Entstehung der Richtlinien. Die bisherige alleinige Gesetzgebungskompetenz des Rates wurde zugunsten einer substantiellen Mitwirkung des Parlaments aufgegeben, dh es wird in Zukunft über Richtlinien in den Ausschüssen wie im Plenum debattiert werden. Die Vorlagen und Entwürfe werden dabei anders gestaltet werden müssen als bisher. Sie sollten bereits, bevor sie in den Rat und das Parlament kommen, einer öffentlichen Diskussion unterworfen werden, ebenso wie dies in der nationalen Gesetzgebung der Fall ist. Es liegt daher an der Kommission, die Legistik auf andere Grundlagen zu stellen. Denkbar wären etwa die Gründung nationaler Expertengruppen und die gezielte nationale juristische Diskussion über die Vorlage in einer ersten Phase, sowie die Einsetzung einer mit hochkarätigen Juristen besetzten europäischen Gruppe für die zweite Phase. Dazu sollten die bisher bereits bestehenden legistischen Abteilungen der Kommission, vor allem der juristische Dienst, durch praktische Mitwirkung und Endredaktion eingesetzt werden. Die Einbindung des Parlaments wird ohnehin zu einer erhöhten Öffentlichkeitswirksamkeit führen; unerlässlich wird die Publikation entsprechender Materialien sein.

Als weitere Schwäche des Systems ist die Tatsache zu werten, dass dem EuGH eine beschränkte Kompetenz zukommt. Er ist auf Vorlagen angewiesen und vor allem nicht als Höchstgericht im Sinn einer letzten Instanz zu verstehen. Letztlich erfolgt aber die Anwendung der ins nationale Recht überführten Richtlinie durch die nationale Gerichtsbarkeit, solange nationale Rechtsordnungen existieren, und das ist zweifellos so lange der Fall, wie das Privatrecht in sehr hohen Ausmaß nicht auf Gemeinschaftsrecht beruht und die Rechtsprechung Ausdruck nationaler Rechtswissenschaft und Ausbildung ist. Mit einem Federstrich des Europäischen Gesetzgebers den EuGH zu einem wirklichen Höchstgericht zu machen, ist erstens politisch augenblicklich völlig undenkbar und zweitens juristisch ein Unding, da es keine einheitliche europäische Rechtsordnung gibt, und diese erst geschaffen werden muss, um einen allgemeinen, bis zum EuGH führenden Instanzenzug zu schaffen.

3. Die Vorlage (Vorabentscheidungsverfahren)[423]an den EuGH kann anhand eines interessanten Beispiels exemplifiziert werden. Am 11.1.1996 hat der 9. Zivilsenat des BGH einen Vorlagebeschluss gefasst, der hier in Auszügen abgedruckt sein soll.[424] Er betraf die richtlinienkonforme Auslegung bei Haustürge-

---

423 *M. A. Dauses*, Das Vorabentscheidungsverfahren nach Art 177 EGV² (1995).

424 *C. Baldus/R. Becker*, Haustürgeschäfte und richtlinienkonforme Auslegung, ZEuP 1997, 874; BGH NJW 1996, 930.

schäften. Seit 1991 war der BGH[425] in ständiger Rechtsprechung davon ausgegangen, dass das HWiG nicht auf Bürgschaften anzuwenden sei, da die Entgeltlichkeit des Rechtsgeschäftes nach §1 Abs 1 nicht auf Bürgschaften anwendbar sei.

„Vorlagebeschluss: Dem Gerichtshof der Europäischen Gemeinschaften wird folgende Frage zur Entscheidung vorgelegt:

Gehört der Bürgschaftsvertrag deutschen Rechts, der zwischen einem Kreditinstitut und einer hierbei nicht im Rahmen einer selbständigen Erwerbstätigkeit handelnden natürlichen Person geschlossen und durch den eine Kreditforderung des Kreditinstituts gegen einen Dritten abgesichert wird, zu den "Verträgen, die zwischen einem Gewerbetreibenden, der Waren liefert oder Dienstleistungen erbringt, und einem Verbraucher geschlossen werden" (Art 1 Abs 1 der Richtlinie des Rates der Europäischen Gemeinschaften vom 20.12.1985 betreffend den Verbraucherschutz im Falle von außerhalb von Geschäftsräumen geschlossenen Verträgen, 85/577/EWG, Amtsblatt Nr. L 372131 vom 31.12.1985)?

Der EuGH hat in seinem Urteil vom 17.3.1998 u. a. folgende Ausführungen gemacht[426]:

„Die Frage des Bundesgerichtshofs geht dahin, ob ein Bürgschaftsvertrag, der von einer nicht im Rahmen einer Erwerbstätigkeit handelnden natürlichen Person geschlossen wird, in den Geltungsbereich der Richtlinie 85/577/EWG fällt.

Der Beklagte und die Kommission vertreten die Ansicht, die Richtlinie 85/577EWG gelte für den Bürgschaftsvertrag; sie solle Verbraucher schützen, die als Haustürgeschäft einen Vertrag schlössen, auf den sie sich nicht hätten vorbereiten können. Ebenso wie ein Käufer übernehme der Bürge Leistungsverpflichtungen, und er sei umso schutzbedürftiger, als er hiefür keine Gegenleistung erhalte.

Nach Auffassung der Kommission gilt Art 1 der Richtlinie 85/577/EWG für jeden Vertrag zwischen einer natürlichen Person und einem Gewerbetreibenden, der im Rahmen seiner beruflichen oder gewerblichen Tätigkeit für gewöhnliche Verbraucher Waren liefere oder Dienstleistungen erbringe, auch wenn der fragliche Vertrag keine solche Leistung vorsehe. Der Ausdruck „Verträge, die zwischen einem Gewerbetreibenden, der Waren liefert oder Dienstleistungen erbringt, und einem Verbraucher geschlossen werden“ sei in der Richtlinie nur verwendet worden, damit diese sich nicht allein auf Waren liefernde Gewerbetreibende beschränke.

425 BGHZ 105, 362.

426 *P. Bydlinski/Klauninger*, Zur Anwendbarkeit der Richtlinie 85/577 EWG vom 20. Dezember 1985 betreffend den Verbraucherschutz im Falle von außerhalb von Geschäftsräumen geschlossenen Verträgen auf Bürgschaftverpflichtungen von Verbrauchern, ZEuP 1998, 994.

Die deutsche, die belgische, die französische und die finnische Regierung sind dagegen der Ansicht, dass der Bürgschaftsvertrag im Wesentlichen deshalb nicht in den Geltungsbereich der Richtlinie 85/577/EWG falle, weil er kein Vertrag sei, der im Sinne von Art 1 „zwischen einem Gewerbetreibenden, der Waren liefert oder Dienstleistungen erbringt, und einem Verbraucher geschlossen wird."

Dieser Passus setzt voraus, dass der Gewerbetreibende dem Verbraucher, der sich auf die Richtlinie 85/577/EWG berufe, eine Ware liefere oder eine Dienstleistung erbringe, es reiche nicht aus, dass der Gewerbetreibende für gewöhnlich Waren verkaufe oder Dienstleistungen erbringe. Das ergebe sich besonders klar aus der englischen Fassung *(„to contracts under which a trader supplies goods or services to a consumer")*. In einem Fall wie dem vorliegenden stehe der vom Bürgen eingegangenen Verpflichtung keine Gegenleistung gegenüber, da der Bürge von dem Gewerbetreibenden als Gläubiger weder Waren noch Dienstleistungen erhalte.

Außerdem sei die Frage der Sicherheiten in der Richtlinie 85/577/EWG nicht geregelt; andernfalls hätte die Richtlinie eigene Bestimmungen u.a. darüber enthalten, was mit dem Vertrag, für dessen Erfüllung der Bürge einstehe, geschehe, wenn der Bürge von seinem Widerrufsrecht Gebrauch mache. Daher richte sich der Schutz des Bürgen allein nach nationalen Recht. Die französische Regierung trägt insbesondere vor, da die Richtlinie 85/577/EWG die Auswirkungen einer Ungültigkeit des Bürgschaftsvertrages auf die Hauptverpflichtung nicht regle, müsse die Bürgschaft angesichts ihres akzessorischen Charakters vom Geltungsbereich der Richtlinie ausgeschlossen sein.

Die Richtlinie 85/577/EWG gilt gemäß ihrem Art 1 für „Verträge, die zwischen einem Gewerbetreibenden, der Waren liefert oder Dienstleistungen erbringt, und einem Verbraucher" außerhalb der Geschäftsräume des Gewerbetreibenden „geschlossen werden", sofern sich der Gewerbetreibende nicht auf ausdrücklichen Wunsch des Verbrauchers im Hinblick auf den Vertragsschluss an den betreffenden Ort begeben hat.

Für die Frage, ob ein Bürgschaftsvertrag zur Absicherung der Erfüllung eines Kreditvertrages durch den Hauptschuldner unter die Richtlinie 85/577/EWG fallen kann, ist von Belang, dass der Geltungsbereich der Richtlinie, von den Ausnahmen in Art 3 Abs 2 abgesehen, nicht nach der Art der Waren oder Dienstleistungen beschränkt ist, die Gegenstand des Vertrages sind, sofern diese Waren oder Dienstleistungen zum privaten Verbrauch bestimmt sind. Die Gewährung eines Kredits stellt eine Dienstleistung dar; der Bürgschaftsvertrag ist nur akzessorisch und in der Praxis sehr oft Voraussetzung des Hauptvertrags.

Überdies findet sich im Wortlaut der Richtlinie kein Hinweis darauf, dass derjenige, der den Vertrag geschlossen hat, auf Grund dessen Waren zu liefern oder Dienstleistungen zu erbringen sind, der Empfänger dieser Waren oder

Dienstleistungen sein müsste. Die Richtlinie 85/577/EWG soll nämlich die Verbraucher schützen, indem sie es ihnen ermöglicht, einen Vertrag zu widerrufen, der nicht auf Initiative des Kunden, sondern auf die des Gewerbetreibenden geschlossen wurde, so dass der Kunde möglicherweise nicht alle Folgen seines Handelns überblicken konnte. Daher kann ein Vertrag, der einem Dritten zugute kommt, nicht allein deshalb vom Geltungsbereich der Richtlinie ausgeschlossen werden, weil die erworbenen Waren oder Dienstleistungen für diesen Dritten bestimmt sind, der nicht Partei des betreffenden Vertragsverhältnisses ist.

Zwischen dem Kreditvertrag und der seine Erfüllung absichernden Bürgschaft besteht ein enger Zusammenhang, wobei derjenige, der sich verpflichtet, für die Rückzahlung einer Schuld einzustehen, Selbstschuldner oder Ausfallsbürge sein kann. Daher kann die Bürgschaft grundsätzlich unter die Richtlinie fallen. Außerdem ist ein Wegfall einer Bürgschaft, die im Rahmen eines Haustürgeschäfts im Sinn der Richtlinie 85/577/EWG vereinbart wurde, nur einer der Fälle, für die sich die Frage der Auswirkung der etwaigen Ungültigkeit eines akzessorischen Vertrages auf die Hauptverbindlichkeit stellt. Daher kann allein aus dem Umstand, dass die Richtlinie nicht regelt, was mit dem Hauptvertrag geschieht, wenn der Bürge gemäß Art 5 widerruft, nicht geschlossen werden, dass die Richtlinie für Bürgschaften nicht gilt.

Aus dem Wortlaut von Art 1 der Richtlinie und dem akzessorischen Charakter der Bürgschaft folgt jedoch, dass unter die Richtlinie nur eine Bürgschaft für eine Verbindlichkeit fallen kann, die ein Verbraucher im Rahmen eines Haustürgeschäfts gegenüber einem Gewerbetreibenden als Gegenleistung für Waren oder Dienstleistungen eingegangen ist. Da die Richtlinie außerdem nur die Verbraucher schützen soll, kann sie nur einen Bürgen erfassen, der sich gemäß Art 2 erster Gedankenstrich der Richtlinie zu einem Zweck verpflichtet hat, der nicht seiner beruflichen oder gewerblichen Tätigkeit zugerechnet werden kann."

Der BGH hat sich in seinem Urteil vom 14.5.1998[427] der Argumentationsführung des EuGH vollinhaltlich angeschlossen: Ein Bürgschaftsvertrag, der zur Absicherung einer Verbindlichkeit abgeschlossen wird, die der Hauptschuldner im Rahmen seiner Erwerbstätigkeit eingegangen ist, ist kein Geschäft im Sinne des § 1 Abs 1 HWiG. Dasselbe gilt, wenn der Hauptschuldner die durch die Bürgschaft gesicherte Verbindlichkeit zwar als Verbraucher, jedoch nicht im Rahmen eines Haustürgeschäftes eingegangen ist.

Anhand dieses Beispiels wird sehr deutlich, wie wirksam der Eingriff des EuGH in die nationalen Rechtsprechungen und damit Rechtsordnungen werden kann. Seit *da Costa/Niederländische Finanzverwaltung* vom 27.3. 1963[428] ist

427 ZIP 1998, 1144.
428 Slg 1963, 63.

aber klargestellt, dass, wenn auch die Entscheidung des EuGH nur für den konkreten Falle bindende Wirkung[429] ausübt, die nationalen Gerichte zur Vorlage verpflichtet sind, wenn sie von der eingeschlagenen Rechtsprechung abweichen wollen; nichts hindert sie freilich daran, in jedem besonderen Fall den EuGH erneut mit einem und demselben Problem zu konfrontieren.

429 Vgl EuGH 3.2.1977 Slg 1977, 163 (*Murani/Benedetti*).

§ 53 Die zukünftige gesamteuropäische Kodifikation

Literatur: *Zweigert*, Grundsatzfragen der europäischen Rechtsangleichung, ihrer Schöpfung und Sicherung, in Dölle-FS II (1963) 401; *G. Gorla*, Diritto Comparato e diritto comune europeo (Milano 1981); *Kötz*, Gemeineuropäisches Zivilrecht, in Zweigert-FS (1981) 481; *J. Kropholler*, Die Wissenschaft als Quelle der internationalen Rechtsvereinheitlichung, ZvglRWiss 85 (1986) 143; *E. Kramer*, Europäische Privatrechtsvereinheitlichung – Institutionen, Methoden, Perspektiven (Saarbrücken 1988); *J. Bonell*, Harmonization of Law between Civil and Common Law Jurisdictions, in Italian National Reports to the XIIIth International Congress of Comparative Law (1990) 69; *C. Witz*, Plaidoyer pour un code européen des obligations, in D 2000 Chroniques 79; *H. Kötz*, Savigny v. Thibaut und das gemeineuropäische Zivilrecht, in ZEuP 10 (2002) 431ff; *Ph. Malaurie*, Le Code Civil Européen des obligations et des contrats, une question toujours ouverte in JCP (Semaine juridique)/Doctrine 6.2. 2002 281ff. ; *E. Kramer*, Der Beitrag des Zivilrechts zur Europäischen Rechtskultur, in: Jahrbuch des öffentlichen Rechts der Gegenwart NF 52 (2004)121ff.; *Th. Kadner Graziano*, Die Zukunft der Zivilrechtskodifikation in Europa: Harmonisierung der alten Gesetzbücher oder Schaffung eines neuen? Überlegungen anläßlich des 200 Jahrestages des Code Civil, in: ZEuP 13 (2005) 523ff. E. Kramer, Nationale Privatrechtskodifikationen, internationale Privatrechrechtsvereinheitlichung und Privatrechtsvergleichung zu Beginn des neuen Jahrhunderts, in ZSR 124 (2005, 421 ff.).

I. Kodifikationsversuche

1. Nachdem festgestellt werden konnte, dass es in der EU 16 Rechtsordnungen gibt, im übrigen Europa mindestens ebenso viele, stellt sich die Frage nach der Vereinheitlichung derselben. Dabei wurde bereits gezeigt, dass zumindest in zugegebenermaßen beschränkten Teilbereichen eine wenigstens indirekte Vereinheitlichung durch die Richtlinie angestrebt wird, dh es besteht politischer Konsens darüber, dass die Vereinheitlichung nicht grundsätzlich abzulehnen ist. Dabei gibt es mehrere Möglichkeiten:

a) Erweiterung der Richtlinienkompetenz auf weitere Gebiete des Zivilrechts, also auch in Zukunft indirekte Vereinheitlichung.

b) Erweiterung der direkten Gesetzgebungskompetenz auf bestimmte Bereiche des Privatrechts, also Fortbildung des Privatrechts ausschließlich über Gemeinschaftsrecht.

c) Eine Neufassung des Privatrechts im Sinn der Rechtsvereinheitlichung. Diese könnte als Teilkodifikation oder als Gesamtkodifikation erfolgen. Teilkodifikationen könnten klassisches Zivilrecht oder auch Teile desselben betreffen, Schuldrecht oder Familienrecht oder auch besondere Bereiche wie das Handelsrecht.

d) Der Aufbau einer europäischen Gerichtsbarkeit.

Bereits im Jahre 1989 (26.5.) hatte sich das Europäische Parlament für die Harmonisierung des Privatrechts ausgesprochen, und zwar auf dem Wege einer möglichst umfassenden Kodifikation. Die Vertiefung rechtsvergleichender Studien wurde dabei ebenso eingemahnt wie die Einsetzung von wissenschaftlichen Gremien. Am 6.5.1994 folgte eine weitere Entschließung[430]. Am 12. 2. 2003 wurde der Aktionsplan der Europäischen Kommission für ein kohärentes Vertragsrecht veröffentlicht[431].

2. Die Beschlüsse zeigten bald erfreuliche Auswirkungen. Zwei bedeutende Rechtswissenschafter, der Italiener *G. Gandolfi* und der Däne *O. Lando* organisierten Arbeitsgruppen. Die um *Lando* gescharten Juristen bezeichnet man als *Lando*-Kommission (offiziell: Ausschuss für Europäisches Vertragsrecht), jene um *Gandolfi* als Pavia-Gruppe, nach der Stadt, in der *Gandolfi* die Akademie europäischer Privatrechtler gegründet hatte. Beide Gruppen wurden im Sinn des Parlamentsbeschlusses auch von europäischen Stellen finanziell unterstützt, was ihnen eine gewisse De facto-Offizialität zukommen ließ. Sowohl *Lando* wie *Gandolfi* waren der Ansicht, sich primär dem Obligationenrecht zu widmen. Dabei begann man mit den allgemeinen Bestimmungen des Schuldrechts. Die *Lando*-Kommission bemüht sich in einer eigenen Arbeitsgruppe auch, besonders an der Praxis orientiertes Vertragsrecht zu bearbeiten. Die allgemeinen Bestimmungen wurden inzwischen mehr oder minder erarbeitet[432].

3. Die Europäische Akademie in Pavia ist stark dem kontinentalen Recht verpflichtet. Dies zeigt sich allein dadurch, dass die einschlägigen Bestimmungen des italienischen Codice Civile zum Ausgangspunkt genommen werden. Die Vorgangsweise ist dabei folgendermaßen festgesetzt worden: *Gandolfi* versendet in Zusammenarbeit mit bedeutenden italienischen Zivilisten (derzeit *G. Cian*, Padua) Fragebögen, die von den nationalen Bearbeitern unter Berücksichtigung allgemeiner Erwägungen und unter Heranziehung der nationalen Lösungen zu beantworten sind. *Gandolfi* erarbeitet auf Grund der Antworten einen ersten Entwurf samt Materialien. Diese Entwürfe werden in Sitzungen (zumeist zweimal im Jahr) in Pavia diskutiert. Sodann erarbeitet *Gandolfi* einen endgültigen Entwurf. Arbeitssprache der Diskussionen und Sprache des Textes und der Materialien sind ausschließlich französisch. Die Teilnehmer, Professoren wie Richter, kommen vornehmlich aus Italien, Frankreich, Spanien, Portugal, der Schweiz, Österreich und Deutschland, aber auch England und Schottland. Im Oktober 1998

430 *Tilmann,* Zweiter Kodifikationsbeschluss des Europäischen Parlaments, ZEuP 1995, 534.

431 *V. Heutger*, Kohärenz ein ferner Traum, in: Newsletter 8.3. 2004; *V. Heutger*, European Contract Law-The Action Plan, in:_ European Review of Private Law 4 (2003) 579ff.

432 *O. Lando*, The Principles of European Contract Law; Part I (1995).

konnte *Gandolfi* den *avant-projet* anlässlich einer Tagung in Salzburg dem damaligen EU-Ratsvorsitzenden und österreichischem Bundesminister für Justiz, Dr. *N. Michalek*, überreichen, im Juni 2006 wurde der 2. Band (besondere Verträge, insbesondere Kaufvertrag) unter der österreichischen Ratspräsidentschaft Bundesministerin K. Gastinger überreicht.

4. Der in den Rechten Süd- und Mitteleuropas verankerte Schwerpunkt der *Gandolfi*-Kommission wird durch die *Lando*-Kommission insofern ausgeglichen, als in ihrem Rahmen Common Law und skandinavisches Recht starke Berücksichtigung finden. Arbeitssprache ist englisch. Die von der *Lando*-Kommission 1980-1992 erarbeiteten Prinzipien wurden von namhaften europäischen Juristen kommentiert. Ein exzellenter von *A. S. Hartkamp, M. Hesselink, H. Hondius, J. du Perron, M. Vranken* herausgegebener Beitrag unter dem Titel *„Towards a European Civil Code"(*1994) gibt den Stand der damaligen Diskussion wider. Eine erweiterte Neuauflage erschien 1998. In den Jahren 1992-1999 wurden die *Principles* einer Überarbeitung und Erweiterung unterzogen und in englischer und französischer Sprache Ende 1999 in Utrecht der Öffentlichkeit übergeben. *O. Lando* und *H. Beale* haben einen umfassenden Kommentar herausgegeben: *Principles of European Contract Law Parts I and II, Prepared by the Commission of European Contract Law. Chairman: Professor Ole Lando. Edited by Ole Lando and Hugh Beale.* Den italienischen Juristen *Alpa, Di Majo, Roppo* und *Rovelli*, Mitglieder einer vom italienischen Justizministerium eingesetzten Kommission zur Reform des Codice Civile, ist eine Übersetzung in die italienische Sprache zu verdanken.[433]

Die Prinzipien der *Lando*-Kommission decken noch nicht den gesamten Bereich eines allgemeinen Teiles des Schuldrechtes ab: Es fehlen noch die Bestimmungen zur Rechts- und Sittenwidrigkeit der Verträge, zu den Bedingungen und Verjährungen, zu Rücktritt und Solidarhaftung.

5. Auf der Grundlage der bisherigen Tätigkeit der *Lando*-Kommission hat sich ein Mitglied dieser Kommission *Chr. v Bar* (Osnabrück) entschlossen, einen Vorschlag für ein gemeineuropäisches Zivilrecht zu erarbeiten. Unter Mitarbeit zahlreicher Mitglieder der *Lando*-Kommission sowie weiterer europäischer Juristen ersten Ranges wurde die *Study Group for a European Civil Code* ins Leben gerufen. Diese Gruppe ist folgendermaßen strukturiert: *Steering Committee* mit allgemeiner Kontroll- und Organisationsfunktion, Arbeitsgruppen mit jeweiligen *team-leaders* sowie *advisers*, die nicht an der vorbereitenden Gruppenarbeit beteiligt sind. Bisher wurden Gruppen zum Schadensrecht (Auch *Chr. v. Bar* war durch mehrere Initiativen, beginnend mit der Vereinheitlichung des Schadens-

433 Publiziert als Sondernummer der Rivista Critica del Diritto Privato 18 (Settembre 2000).

rechtes, hervorgetreten[434]), Bereicherungsrecht, zur Geschäftsführung ohne Auftrag, zu Dienstleistungsverträgen, Kaufvertrag, Eigentumsübertragung, Persönlichen Sicherheiten und Versicherungsverträgen konstituiert. Hervorzuheben wäre in diesem Zusammenhang, dass die Gruppen vielfach aus sehr jungen Juristen bestehen, die weniger durchdrungen von herkömmlicher Theorie und Praxis die neuen Regeln erarbeiten sollen. Zweimal im Jahr werden auf Generaltreffen die Ergebnisse diskutiert und versucht, bereits grundsätzliche Normenvorschläge zu erstellen. Die Sprache der Vorentwürfe, der Materialien, der Textierung und der Diskussionen ist englisch.

6. Doch auch weitere Initiativen wären zu nennen. Das Schadenersatzrecht wird von einer weiteren Gruppe, die in Tilburg gegründet wurde, auf die Vereinheitlichung hin unter Leitung von J. Spier wissenschaftlich erforscht[435]. Führende Experten nehmen an dieser Initiative teil. Die Ergebnisse wurden in einem von *J. Spier*: *The Limits of Expanding Liability: Eight Fundamental Cases in a Comparative Perspective* (1998) und einem von *H. Koziol* (Wien) herausgegebenen Band: *„Unification of Tort Law: Wrongfullness"* (1998) präsentiert. In weiterer Folge entstand unter maßgeblicher Beteiligung von H. Koziol das European Centre of Tort and Insurance Law und das Research Unit for European Tort Law beide in Wien angesiedelt, die alljährlich eine „Conference on European Tort Law „ organisieren.

Im Jahre 2001 wurde in Utrecht eine „Commission on European Family Law gegründet[436]

Erwähnung finden muss auch eine von Rechtsvergleichern und Römischrechtlern in Italien gegründete Vereinigung (ARISTEC). Es ist insbesondere das Verdienst des bedeutenden Romanisten und Komparatisten *G. Pugliese* (1914-1995), seiner Schüler *C. A. Cannata, L. Vacca* und *A. Gambaro*, dass die Aufarbeitung der verschiedensten privatrechtlichen Fragestellungen und Probleme unter rechtshistorischen und rechtsvergleichenden Aspekten in Angriff genommen worden ist und so konkrete, wissenschaftlich fundierte Lösungen einem künftigen europäischen Gesetzgeber angeboten werden können. Tagungsbände zur Ei-

---

434 Man beachte auch die wichtigen Arbeiten von *v. Bar*, Deliktsrecht in Europa, Systematische Einführung, Gesetzestexte, Übersetzung (1994) sowie *dens*, Gemeineuropäisches Deliktsrecht I (1996).

435 *Spier/Haazen*, The European Group on Tort Law (Tilburg Group) and the European Principles of Tort Law, ZEuP 1999, 469.

436 Vgl. *K. Boele-Woelki/D. Martiny*, Prinzipien zum Europäischen Familienrecht betreffend Ehescheidung und nachehelichen Unterhalt, in ZEuP 14 (2006) 6ff und 190ff.

gentumsübertragung, der *causa* und der Vertragsgestaltung sind bereits erschienen.[437]

Alleine diesen wichtigen Vorschlägen kann entnommen werden, auf welch fruchtbaren Boden der vom Europäischen Parlament gestreute Same gefallen ist. Besonders erfreulich ist die Vielschichtigkeit und die Gruppenarbeit. Nur Juristen aller europäischen Länder können gemeinsame Grundlagen schaffen, die Vielfalt der Initiativen garantiert Wissenschaftlichkeit und Dialog.

II. Chancen und Gefahren einer gesamteuropäischen Kodifikation: Das Europäische Zivilgesetzbuch (EZB)

1. Ich erachte die Ausarbeitung von Vorschlägen für eine Kodifikation des gesamten Privatrechts unter Einschluss aller Teile des klassischen Zivilrechts sowie des Handelsrechts und des Arbeitsrechts für ein wichtiges und sinnvolles Anliegen. Grundsätzlich erscheinen aber Vorschläge für Teilkodifikationen von Teilbereichen des Privatrechtes überschaubarer und kohärenter zu sein. Häufig wird in diesem Zusammenhang auf sehr unterschiedliche Traditionen im Familienrecht und Erbrecht hingewiesen. Nicht zu Unrecht! Andererseits kann man feststellen, dass in den meisten der europäischen Gesellschaften Reformen des Familienrechtes stattgefunden haben, die unabhängig voneinander gerade durch weitgehend parallele Entwicklungen gefördert wurden und im wesentlichen zu ähnlichen juristischen Lösungen geführt haben. Im übrigen verweise ich auf die schweizerische Zivilrechtskodifikation, die durch ihre besondere Technik sehr wohl Raum für Verschiedenheiten lässt. In Spanien aber hat die Kodifikation des Familienrechtes in Katalonien gezeigt, dass es auch innerhalb der nationalen Staaten verschiedenes kodifiziertes Recht geben kann. Vorschläge zu Teil – oder Gesamtkodifikation können jedoch gerade in einem Zeitalter, das sogar als das der Dekodifikation bezeichnet wird[438], überaus positive Effekte erzielen. Kodifikation bedeutete für die jeweiligen Rechtsordnungen Rechtsklarheit und Rechtssicherheit. Aus einem unüberschaubaren und unverständlichen Wust an zT sozial bereits obsoleten Rechtsquellen aller Art könnte ein überschaubarer, zusammenhängender und allgemein verständlicher Normenkatalog erarbeitet werden. Dieses Ziel ist von den Gesetzgebern, die kodifizieren wollten, eigentlich überall seit dem Code Civil erreicht worden. Dekodifikation heißt Einzelgesetzgebung, heißt, dass die Zusammenhänge in zunehmender Weise verwischt werden, heißt auch,

---

437 Vgl die von *L. Vacca* edierten Bände zur Eigentumsübertragung (trasferimento della proprietà [1992]) und zur causa (1997).

438 *N. Irti*, L' Età della Decodificazione[4] (2000).

dass durch die überall zu beobachtende Normenflut die Anwendbarkeit erschwert wird, und bedeutet letztendlich, dass die Rechtsordnung für den Normalverbraucher völlig unverständlich wird. Der Normenflut stehen Rechtswissenschaft und Rechtsprechung nicht nach. Daraus ergibt sich eine für eine demokratische Gesellschaft sowie für einen bürgernahen Staat unerträgliche Konfliktsituation. Deshalb gilt wie eh und je: Kodifikation schafft Klarheit, reduziert die Normen, ordnet sie, bringt sie in vernünftige Zusammenhänge. Das Recht wird wieder für denjenigen erkennbar und verständlich, für den es geschaffen wurde, den Bürger. Die Anwendung wird zudem vereinfacht und es steigt die Rechtssicherheit. Eine periodische Entrümpelung von Normen, Rechtswissenschaft und Rechtsprechung muss als wünschenswertes Ziel einer vernünftigen Rechtsordnung angesehen werden. Dabei können insbesondere die Notwendigkeiten der gesellschaftlichen Entwicklung Berücksichtigung finden, und der Kern der jeweiligen Norm im Sinn der Gerechtigkeit bestimmt werden. Gerade der Zusammenbruch der kommunistischen Herrschaft hat die Probleme der Kodifikation auch in Europa wieder in den Vordergrund gerückt, eine allgemeine Diskussion wäre für die Rechtsstaatlichkeit der Reformstaaten von großem Nutzen. Die niederländische Kodifikation hat die grundsätzliche Machbarkeit derartiger Vereinheitlichungen klar unter Beweis gestellt.[439] Vorschläge auf europäischer Ebene zu erarbeiten muss heißen, dass diese von der juristischen Wissenschaft und der juristischen Praxis zu erarbeiten sind. Ein gemeinsames Vorgehen insbesondere von Rechtswissenschaftern und Höchstrichtern erscheint fruchtbar zu sein. Ein derartiges Vorgehen bedeutet insbesondere eine vertiefte Beschäftigung mit allen europäischen Gesetzen, Gerichtsbarkeiten und Rechtskulturen Begrifflichkeit wie grundlegende Methode sind so sehr geprägt von der jahrtausendelangen, vom Römischen Recht bestimmten gemeinsamen Entwicklung, ebenso wie der Geist des Rechts im Sinne der Gerechtigkeit, dass eine grundsätzliche Beschäftigung europäischer Juristen mit den verschiedensten europäischen Rechtsordnungen durchaus möglich ist und jedenfalls zum gegenseitigen Kennen lernen und zur gegenseitigen Befruchtung dienen kann. Gesamteuropäische Vorschläge bedeuten auch, dass es gesamteuropäische Juristen gibt, die sich bemühen aus der Vielzahl der Nationalen Lösungen sinnvolle Vereinheitlichungsversuche zu erarbeiten und der Öffentlichkeit vorzustellen. Sie sind damit allemal Ausdruck eines europäischen Geistes. Von größter Bedeutung ist in diesem Zusammenhang der Pluralismus der Gruppen, der Pluralismus der Vorschläge und die Einbeziehung sämtlicher europäischer Rechtsordnungen als gleichwertige Partner. Wie die nationalen Kodifikationen Ausdruck der Staatswerdung wurden und oft als abgeschlossenes

---

439 *F. Bydlinksi/Mayer-Maly/J. Pichler*, Renaissance der Idee der Kodifikation, Schriften zur Rechtspolitik 5 (1991) .

Symbol dieses Staates angesehen wurden, ja gerade dem Nationalstolz dienten, so sollte das wissenschaftlich einheitliche europäische Privatrecht zu einem Symbol europäischen Geistes und europäischer Kultur werden. Vorschläge für ein Europäisches Zivilgesetzbuch (EZB) oder die europäischen Teilkodifikationsvorschläge sollten ein mögliches Ziel dieses Schulterschlusses zwischen Rechtswissenschaft und juristischer Praxis sein..

2. Dieses programmatische Bekenntnis darf allerdings nicht dazu verleiten, diese Gesamtkodifikation heute oder morgen in die Realität umzusetzen. Man muss davon ausgehen, dass die einzelnen europäischen Rechtsordnungen nicht von einer zwar einheitlichen, aber aufgezwungenen ersetzt werden können. Gerade eine solche Vorgangsweise würde zu geringer Akzeptanz und wohl auch in der Praxis zu schwerwiegenden Problemen bei der Anwendung führen. Denn es gilt heute wie im Jahre 1814, als sich F. C. v. *Savigny* in Ermangelung einer einheitlichen Rechtswissenschaft und damit Rechtskultur gegen die Kodifikation in Deutschland aussprach, dass eine neue Rechtsordnung solide Grundlagen braucht. Diese Grundlagen können nur durch ein umfassendes gegenseitiges Wissen um die verschiedenen Rechtsordnungen geschaffen werden. Hier sehe ich die vornehmliche Aufgabe der Rechtsvergleichung. Diese muss die gemeinsamen Grundlagen erarbeiten, indem zum einen die derzeit existierenden Rechtsordnungen allen Juristen zugänglich gemacht werden, und zum andern damit aus dem Vergleich Schlüsse für die Rechtsentwicklung und -vereinheitlichung gezogen werden können. Die wissenschaftliche Antwort ist die Gründung von Forschungszentren und Forschungsgruppen zum Europäischen Privatrecht. Diese Begegnungszentren bündeln die Kapazitäten und scheinen am ehesten in der Lage zu sein, immer wieder konkrete Ergebnisse vorzulegen. Die oben genannten Initiativen können geradezu als Speerspitze einer viel größeren Bewegung aufgefasst werden. Weiters erscheint die Information der Öffentlichkeit unabdingbar. In diesem Zusammenhang ist der Dialog zur Praxis aufzubauen, und vor allem zur Richterschaft. Die Bedeutung der Rechtsprechung[440] auf dem Wege zum Einheitsprivatrecht entspricht dem der Lehre. Dabei wird die Rechtsprechung stets in den wissenschaftlichen Vergleich miteinbezogen werden müssen. Nur die dauerhafte Einbindung der Rechtsprechung, der vielmals de facto die Funktion einer Rechtsquelle zukommt, kann die Grundlagen der Vereinheitlichung schaffen. Rechtsvergleichung bedeutet somit, Verständnis bei der nationalen Rechtsprechung für andere Rechtsordnungen, und damit andere Lösungen zu wecken und zu unterstützen. Das würde als weiterer Schritt für die Vereinheitlichung bedeuten, dass außernationales Recht in zunehmendem Maß von der nationalen

440 *W. Posch*, Judikative Rechtsangleichung: ein Weg zur Europäisierung des Privatrechtes, ZEuP 1998, 521.

Rechtsprechung Berücksichtigung finden würde. Hierbei wird es gewiss Aufgabe der Wissenschaft sein, die nötigen Behelfe zur Verfügung zu stellen wie Handbücher der jeweiligen Rechtsordnung, Sammlungen von höchstgerichtlichen Entscheidungen sowie auch Übersetzungen von Gesetzestexten und Gerichtsurteilen. Dazu kommt eine verstärkte Ausbildung in Fremdsprachen, im Besonderen in den juristischen Fachsprachen. Einschlägige Bücher wie „Einführung in die Rechtssprache[441]" sind der richtige Weg, ebenso Wörterbücher der Rechtssprache. Doch stehen wir erst am Beginn der Entwicklung, so dass derartige Hilfsmittel nur durch profunde rechtsvergleichende Vorarbeiten perfektioniert werden können. Die Fachsprache des Privatrechts müsste eine eindeutige Berücksichtigung finden. Letztlich können derartige Unterfangen nur im Rahmen umfassender rechtsvergleichender Projekte realisiert werden. Der Pluralismus der Initiativen wird aber auch die Schwierigkeiten, die Probleme und die teilweise Sinnlosigkeit einer Vereinheitlichung um der Vereinheitlichung willen aufzeigen.

3. Weiters muss die Schaffung der Grundlagen in der universitären Juristenausbildung ihren Niederschlag finden. Dazu dient vor allem eine fundierte und eingehende Ausbildung in der Rechtsvergleichung verbunden mit dem Studium fremder Sprachen. Es ist nicht nur eine mögliche Aufgabe, sondern eine Verpflichtung der Universitäten, moderne europäische Juristen auszubilden. Auch hier gilt es, die Defizite von Jahrzehnten auch geistig zu überwinden. Für viele akademische Lehrer in ganz Europa zählt nichts außer der nationalen Rechtsordnung. Der Kampf um die Privatrechtsvereinheitlichung in Europa ist in der jetzigen Phase in erster Linie an den Universitäten zu führen, hier muss der Durchbruch in allen Ländern glücken. Nur unter der ganz konkreten Zurückdrängung nationaler Lehrinhalte unter ständig steigender Berücksichtigung anderer europäischer Rechtsordnungen, kann die Grundlage dort geschaffen werden, wo sie in der Zukunft wirksam werden kann, nämlich in den Köpfen und Herzen des juristischen Nachwuchses in Europa. Wenngleich die nationale Vorrangigkeit rein aus beruflichen Gründen vorläufig gewahrt bleibt, muss es zur Selbstverständlichkeit werden, in anderen Privatrechtsordnungen ausgebildet zu werden. Hier bedeutet der Zusammenschluss von Anwälten zu größeren Sozietäten eine hilfreiche Entwicklung, da diese auf die Internationalität großen Wert legen. Die EU selbst hat durch die weitläufige Förderung des Studenten- und Dozentenaustausches ein wichtiges politisches Bekenntnis abgelegt. Jedem Studierenden, der dies wünscht, soll die Gelegenheit geboten werden, an einer ausländischen euro-

---

441 *Cavagnoli/Woelk*, Einführung in die italienische Rechtssprache (1997); *Daum/Blanco-Ledesma*, Eine Einführung in die spanische Rechtssprache (1997); *Sharon Byrd*, Introduction to Anglo-American Law & Language, Einführung in die angloamerikanische Rechtssprache (1997); *Schmidt*, Introduction à la langue juridique française = Lingua Juris-Kompendien zu Recht und Terminologie I (1997).

päischen Universität seine Studien zu betreiben. Gerade dadurch wird das Verständnis für die fremde Privatrechtsordnung nachhaltig gefördert werden und der junge Jurist wird dadurch wie von selber zum Rechtsvergleicher. Internationale Austauschprogramme wie Erasmus und Socrates haben zu einer ungeahnten Studentenmobilität geführt, die dem Studium anderer Rechtsordnungen auch an den Heimatuniversitäten große Bedeutung verschaffen wird. Dieser Wandel ist in relativ kurzer Zeit vonstatten gegangen, denn noch Mitte der 70er Jahre war es für Juristen europaweit unüblich im Ausland zu studieren. Hinzu kommt die Möglichkeit, durch intensiven Austausch der Lehrenden die Kenntnisse der anderen Rechtsordnungen geradezu systematisch in die Studienpläne und Lehrinhalte einzubauen.

4. Wenn man sich die Entwicklung in Europa während der letzten 25 Jahre vor Augen führt, so sind die enormen Fortschritte auf allen Ebenen auf dem Wege zur europäischen Privatrechtsvergleichung nicht zu übersehen. Dies lässt eine günstige Prognose für die Zukunft als realistisch erscheinen. Solange die einzelnen nationalen Rechtsordnungen nicht voneinander durchdrungen sind, solange das Einigende nicht endgültig im Vordergrund steht, wird die unermüdliche Tätigkeit der Rechtsvergleicher mit großer Bestimmtheit weitergehen, und dies überall in Europa. Es besteht gewiss keine Gefahr, dass dadurch die bedeutenden nationalen Ausbildungen der Rechtskulturen unwiederbringlich zugunsten einer oberflächlichen Mixtur zugrunde gehen. Die wirklich bedeutenden Besonderheiten im Verständnis des Rechts, seiner wissenschaftlichen Bearbeitung, seiner Anwendung und des Aufbaus der Gerichtsbarkeit wird es solange geben, wie es nationale Besonderheiten in der Union geben wird. Die Bereicherung, die sich aus dieser Vielfalt für Europa ergibt wird keineswegs in Frage gestellt. Dennoch wird man mit Spannung erwarten, wie die wichtigsten programmatischen kontinentaleuropäischen Rechtsordnungen, die deutsche und die französische, mit einem gemeinsamen Gesetzestext umgehen werden, wie die bedeutendsten vermittelnden Rechtsordnungen wie die italienische oder die niederländische, sich verhalten werden und schließlich zu welchen Auswirkungen ein Normenkatalog auf das Common Law führen würde. Vorschläge und Projekte sollen dazu dienen, die Wissenschaft vom europäischen Privatrecht zu fördern und als nicht zu unterschätzendes Nebenprodukt, den nationalen Gesetzgeber ohne Zwang, Möglichkeiten nationaler Reformen der Rechtsordnungen durchzuführen. Reine derartige Vorbildswirkung kann der europäischen Rechtskultur wesentlich förderlicher sein als oktroyierte Kodifikationen und seien sie auch nur Teilkodifikationen. Die Rechtskultur an und für sich ist ein hoher wert und ein hohes Gut, sie soll volksnahe sein und bürgerverbunden, sie ist insbesondere auch das Produkt einer vielhundertjährigen Entwicklung, in der sich Gesetz, Rechtswissenschaft und Rechtsprechung widerspiegelt. Währen d man rein theoretisch ein einheitliches Gesetz zwangsweise einführen kann, so ist es doch undenkbar 25-30 Rechtskulturen gleichzuschalten und verorderterweise zu vereinheitlichen.

III. Die Besonderheiten des Common Law[442]

1. Wiewohl in diesem Buch immer wieder auch die Ähnlichkeiten und die gemeinsamen Wurzeln zwischen den kontinentaleuropäischen Rechten und dem *Common Law* hervorgehoben wurden, wiewohl die Einflussnahme römischrechtlicher Einrichtungen auf viele offensichtliche institutionelle Besonderheiten des englischen Rechts nachgewiesen werden kann, so sollen doch gewichtige, um nicht zu sagen grundlegende Unterschiede in der Entwicklung und Ausbildung dieser Rechtsordnung nicht verschwiegen werden. Das *Common Law* ist in der Tat in seiner Grundstruktur ein Fallrecht, das in seiner Konzeption und Idealauffassung sowie im ganz einfachen Selbstverständnis von Juristen und einfachen Bürgern eine allzu weite Entfernung von den Fällen nicht vertragen würde. Immer wieder wird dieser Umstand auch von den wichtigsten Vertretern des englischen Rechts, den Richtern, hervorgekehrt und der Fall vor das System, das Konkrete vor das Abstrakte gestellt[443]. Der Fall als solcher sowie etwaige in der Geschichte zu suchende weitere, ähnliche Fälle bestimmen das Rechtsdenken in ganz außerordentlicher Weise. Der englische Jurist denkt und handelt in Fällen, er kennt die Leitfälle beim Namen und zitiert sie nach den Namen von Kläger und Beklagtem. Immer wieder wird auch die Fallgerechtigkeit unterstrichen[444]. Während in Systemen des kodifizierten Rechtes oder eines allgemeinen Gesetzesrechtes das Gesetz oder das Gesetzbuch von zentraler Bedeutung ist, stellen im *Common Law* trotz einer erklecklichen Anzahl von Gesetzen stets der Fall und seine oft weit in die Geschichte zurückreichenden Vorgängerfälle[445] das Wesen des Rechtes dar. Solange ein Fall herangezogen werden kann, lebt er und ist als geltendes Recht zu behandeln. Insofern ist die historische Dimension des englischen Rechts schier unermesslich und daher auch bisweilen geheimnisvoll

---

442 Nach wie vor außerordentlich nützlich: *Lévy-Ullmann*, Comment un français d'aujourd'hui peut-il aborder utilement l'étude du droit anglais et du droit anglo-américain (Paris 1919).

443 Vgl *Murphy v Brentwood District Council* (1990) 2 All ER 908 (HL).

444 Vgl die Aussage des Lordrichters *Goff* in *White v Jones* (1995) All ER 691, 710. Gegen Systematisierung und somit Rationalisierung des englischen Rechts der Lordrichter *Macmillan* in *Reeds v Lyons&Co* (1947) AC 156, 175.

445 Man beachte, wie oft berühmte Leitfälle – aber keineswegs nur sie – herangezogen werden. Zur Vorgangsweise: *Cambridge Water Co. v Eastern Counties Leather* (1994) 1 All ER 53 unter Bezugnahme auf *Rylands v Fletcher* aus dem Jahre 1868.

und für den kontinentalen Juristen teils spannend, teils unnahbar. Der Tathergang, das Faktische oder, wie der deutsche Jurist zu sagen pflegt, der Sachverhalt, ist die unmittelbare Entscheidungsgrundlage, auf Grund derer eventuell unter Hinzuziehung weiterer Sachverhalte historischer Fälle eine Entscheidung getroffen wird. Die Wiederholung lohnt: Trotz zahlreicher geschriebener und somit gesetzlicher Normen fehlt dem Anwender des *Common Law* grundsätzlich der systematische Aspekt, er entscheidet unmittelbar innerhalb der Fälle ohne das für den kontinentalen Juristen entscheidende Bindeglied, der in der geschriebenen Norm gefassten abstrakten Regel. Dies ist in der Tat ein entscheidender, in vieler Hinsicht unüberwindbarer Gegensatz.

2. Werden somit Engländer, Waliser und Iren einer europäischen Rechtsvereinheitlichung in Form eines einheitlichen europäischen Zivilgesetzbuches grundsätzlich und a priori fernbleiben müssen? Dies wurde immer wieder mit aller Schärfe betont, unter anderen auch von kontinentalen Juristen[446]: Die Ablehnung der Systematik, des Denkens in abstrakten Normen und Regeln, die darauf beruhende Technik des Subsumierens sei unvereinbar mit dem Fallrecht des Common Law. Darin liegt freilich ein fundamentaler Fehlschluss: Das Common Law scheint einer gemeineuropäischen Kodifikation in vielen Bereichen zugänglich zu sein, wie dies auch die Übernahme der europäischen Richtliniengesetzgebung vielfach gelehrt hat. Doch damit kann und soll noch lange keine absolute und damit konturenlose Rechtseinheit hergestellt werden, die von niemandem erwünscht wird und auch den Juristen des *Common Law* niemals aufgezwungen werden kann und wird. Es ginge dabei um das Ende des Fallrechts um das Ende der *precedents,* um das Ende der Besonderheiten der englischen Gerichtsorganisation. Darauf werden die Länder des *Common Law* vernünftigerweise niemals verzichten wollen und dies völlig zu Recht. Es besteht also kein Anlass zur Sorge, dass in Europa eine unbeliebte und national von niemandem akzeptierte Einheitsrechtsordnung entsteht. Das Fallrecht des *Common Law* und seine immense historische, methodische und im Sinne der Gerechtigkeit vernünftige Dimension werden immer bestehen bleiben. Ein gemeinsames europäisches Zivilgesetzbuch könnte höchstens zum Anhaltspunkt vernünftiger Entscheidungen herangezogen werden, es könnte in manchen, beileibe nicht in allen Bereichen womöglich die Rolle der Restatements in den USA spielen. Je genereller die kodifizierte Norm, umso besser kann der *Common Law*-Jurist damit leben. So könnte eine Regelung des Schadensrechtes im Sinne des Art 1382 *Code Civil* durchaus allen *torts* zur Grundlage dienen. Aus diesem Grunde sind die englischen Juristen auch nicht abgeneigt an europäischen Regelwerken mit großer Tatkraft mitzuwirken, das Fallrecht steht dabei aber keineswegs zur Disposition. Im übrigen kann man auf

446 Insbesondere *P. Legrand*, Le Droit Comparé (PUF 1999) 89-96.

den bereits in *The Prior of Bermondsey v Parson of Fivehead*[447] im Jahre 1342 getätigten Ausspruch verweisen: Wir wollen und können nicht unsere alten Gebräuche verändern.

Dieser weise Ausspruch ist letztlich auf alle Rechtsordnungen übertragbar: grundsätzlich könnte gemeinsames Recht überall gesatzt werden, doch erscheint es unmöglich und sinnlos die einzelnen Rechtskulturen gleichzuschalten, was wiederum zum Schluss führen muss, dass auch die normative Vereinheitlichung nur in Teilgebieten erfolgen kann und wenn überhaupt am Ende eines sehr langen, intensiven und pluralistischen juristischen Diskussionsprozesses stehen kann

447 YB 16 Edw. III, 1, 86, 90.

Salzburger Studien zum Europäischen Privatrecht

Herausgegeben von J. Michael Rainer

Band 1 Marc Herzog: Die Haftung des Gastwirts für eingebrachte Sachen des Gasts nach §§ 701 - 703 des Deutschen Bürgerlichen Gesetzbuchs. 1999.

Band 2 Andreas Reinhart: Familienplanungsschaden. Wrongful birth, wrongful life, wrongful conception, wrongful pregnancy. Eine rechtsvergleichende Untersuchung anhand des deutschen und des anglo-amerikanischen Rechts. 1999.

Band 3 Markus Frank: Untersuchungen zu den *Politika* des Aristoteles. 1999.

Band 4 Stefan Josef Schermaier: Der Gemeinschaftsrechtliche Staatshaftungsanspruch. Entwicklung, Perspektiven und Auswirkungen auf das österreichische Recht. 1999.

Band 5 Carmen Windhaber: Reiserecht in Österreich, Deutschland und Kanada. 2000.

Band 6 Korbinian Dietl: Unfallhaftung beim Expeditions- und Trekkingbergsteigen. Zugleich ein Beitrag zum Reiserecht für den Bereich der Bergreisen sowie zum Sporthaftungsrecht für den Bereich des Bergsports. 2000.

Band 7 Erich Jeroscheg: Eigentum an beweglichen Sachen. Französisches Recht und Rechtsvergleich. 2000.

Band 8 Thomas Tschaler: Das Moment der Gefahr als Element der Schadenszurechnung im System des Haftpflichtrechts. Eine rechtstheoretische Untersuchung der möglichen Schwächen gängiger Haftungsmodelle. 2000.

Band 9 Christian Hellenthal: Zulässigkeit einer supranationalen Fußball-Europaliga nach den Bestimmungen des europäischen Wettbewerbsrechts. 2000.

Band 10 Wolfgang Bengen: Die Systematik des § 823 I BGB im Deliktsrecht. Zugleich ein Beitrag zu den Verkehrspflichten. 2000.

Band 11 Gerhard Pöttler: Vergleichende Verbraucherschutzrichtlinienumsetzung in europäischen Mitgliedsstaaten. Anhand ausgewählter Beispiele der Pauschalreise-, Timesharing- und Produkthaftungsrichtlinie. 2001.

Band 12 Johannes Michael Rainer: Europäisches Privatrecht. Die Rechtsvergleichung. 2., überarbeitete und ergänzte Auflage. 2007.

Band 13 Erwin Schön: Allgemeines Vertragsrecht und Kaufvertragsrecht - ein Rechtsvergleich Österreich, USA, Spanien und UN-Kaufrecht. Unter Einbeziehung von PECL und UNIDROIT-Prinzipien. Gemeinsamkeiten, Unterschiede, Bewertungsversuche. 2003.

Band 14 Patrick Schenner: Skiunfall! Wer haftet? Schadenersatz im österreichischen Skirecht. 2003.

Band 15 Peter Unterkofler: Die rechtliche Stellung des Pflichtteilsberechtigten im Spannungsverhältnis zwischen Erbrecht und Privatstiftungsrecht. 2003.

Band 16 Susanne Spaun: Der Herausgabeanspruch bei Diebstahl oder illegalem Export von Kulturgütern. 2003.

Band 17 Josef Wolff: Trust, Fiducia und fiduziarische Treuhand. Historisch-rechtsvergleichende Untersuchung mit einer Darstellung des Trust in Schottland sowie des römischen und österreichischen Fideikommiss. 2005.

Band 18 Johannes Michael Rainer / Johanna Filip-Fröschl: Transfer of Title Concerning Movables Part I – Eigentumsübertragung an beweglichen Sachen in Europa Teil I. Introduction, Estonia, Italy, Poland, Portugal, Scotland, Slovenia, Spain. Einführung, Estland, Italien, Polen, Portugal, Schottland, Slowenien, Spanien. Edited by Johannes Michael Rainer – Herausgegeben von Johannes Michael Rainer. 2006.

Band 19 Mary-Rose McGuire: Transfer of Title Concerning Movables Part II – Eigentumsübertragung an beweglichen Sachen in Europa Teil II. National Report: Germany. Edited by Johannes Michael Rainer – Herausgegeben von Johannes Michael Rainer. 2006.

Band 20 Claes Martinson: Transfer of Title Concerning Movables Part III – Eigentumsübertragung an beweglichen Sachen in Europa Teil III. National Report: Sweden. Edited by Johannes Michael Rainer – Herausgegeben von Johannes Michael Rainer. 2006.

Band 21 Arthur Salomons: Transfer of Title Concerning Movables Part IV – Eigentumsübertragung an beweglichen Sachen in Europa Teil IV. National Report: The Netherlands. Edited by Johannes Michael Rainer – Herausgegeben von Johannes Michael Rainer. 2006.